D1698745

Veröffentlichungen
der Deutschen Akademie
für Sprache und Dichtung
Darmstadt
86. Veröffentlichung

Hugo Ball

Sämtliche Werke und Briefe

Herausgegeben von der
Deutschen Akademie für Sprache und Dichtung
zu Darmstadt
in Zusammenarbeit mit der
Hugo-Ball-Gesellschaft, Pirmasens

Band 4

Hugo Ball
Michael Bakunin
Ein Brevier

*Herausgegeben von Hans Burkhard Schlichting
unter Mitarbeit von Gisela Erbslöh*

WALLSTEIN VERLAG

Gedruckt mit Unterstützung durch die Stiftung der
Schweizerischen Landesausstellung 1939

Inhalt

Michael Bakunin. Ein Brevier

I. 1815-1849
Moskau, Berlin, Zürich, Paris, Prag, Dresden 11

II. 1849-1866
Irkutsk, London, Stockholm, Florenz, Neapel 89

Anhang

III. 1866-1876
Vorarbeiten 183

Editorischer Bericht 187

Abkürzungen und Siglen 201

Kommentar 213

Nachwort 437

Dank 567

Personenregister 569

Michael Bakunin
Ein Brevier.

I.
1815 – 1849
Moskau, Berlin, Zürich, Paris, Prag, Dresden.

INHALT:

* Fragment einer Selbstbiographie	Seite	15-19
Bakunin als Offizier (nach Annenkow)	"	20
Vorrede zur Übersetzung der Hegel'schen Gymnasialreden	"	21-22
* Bakunin über die Moskauer Periode abstrakten Philosophierens	"	23
Brief an Alexander Herzen, (Twer, 20. April 1840)	"	24-25
Brief an Herzen, (Berlin, 23. Okt. 1840)	"	26
Über offizielle und revolutionäre Hegelianer	"	27
Aus den »Tagebüchern[«] Varnhagen von Enses	"	28
Aus »Schelling und die Offenbarung«, Broschüre, 1842	"	29-30
Aus »Die Reaktion in Deutschland«, Herbst 1842	"	31-35
Arnold Ruge, »Erinnerung an Michael Bakunin«	"	36
Brief für Ruges »Deutsch-Französische Jahrbücher« (Mai 1843)	"	37-39
Über Kommunismus und Philosophie (Zürich, 1844)	"	40-43
* Frankreich zur Zeit der Juli-Monarchie und Proudhon	"	44-45
Bakunin in Paris (nach Alexander Herzen)	"	46-47
Erstes Zusammentreffen mit Karl Marx	"	48
Adolf Reichel über Bakunins Studien	"	49
Bakunins Polenrede (Paris, 29. Nov. 1847)	"	50-51
Brief an Georg Herwegh (Brüssel, Dez. 1847)	"	52
Brief an W. Annenkow, (Brüssel, 28. Dez. 1847)	"	53
* Paris zur Zeit der Februar-Revolution	"	54-55
Bakunin zur Zeit der Februar-Revolution (nach Alexander Herzen)	"	56
Brief an Annenkow (Köln, 17. April 1848)	"	57-58
Ruge über Bakunin in Leipzig	"	59-60

* Bakunin und Marx im Jahre 1848	Seite 61
Bakunin-Herwegh gegen Marx-Engels (die Deutsche Legion)	„ 62
* Über den I. Slavenkongress (Prag, Mai-Juni 1848)	„ 63-64
Proklamation an die Völker Europas	„ 65
Bakunins »Aufruf an die Slaven«, Broschüre 1848	„ 66-67
Die Intrige Marx-Engels in der »Neuen Rheinischen Zeitung«	„ 68
* Bakunin über seine Gegenwehr (George Sand)	„ 69
* Bakunin über Deutschland im Jahre 1848	„ 70-71
Varnhagen von Ense, Bettina und Bakunin	„ 72
Brief an Herwegh, (Berlin, August 1848)	„ 73-74
Bakunin in Köthen und Anhalt	„ 75
Brief an Herwegh, (Köthen, 8. Dez. 1848)	„ 76-77
Bakunin über seine slavisch-deutsche Aktion	„ 78
Bakunin und Richard Wagner 1849	„ 79-83
Wagner über Bakunins Beteiligung am Dresdener Mai-Aufstand	„ 83-85
Heubners Zug nach Freiberg und Chemnitz	„ 85-86
Bakunin über seine Verhaftung (Chemnitz, 10. Mai 1849)	„ 87

*Die mit * versehenen Abschnitte sind zum erstenmal aus dem Französischen übersetzt.*

Fragment einer Selbstbiographie.

Ich bin geboren am 18./30. Mai 1815 auf einem Besitztum meines Vaters in der Provinz Twer, Distrikt Torjok, zwischen Moskau und St. Petersburg.

Mein Vater gehörte zum alten Adel. Da sein Onkel gleichen Namens Minister des Äusseren unter der Kaiserin Katharina II. gewesen war, wurde mein Vater schon als Kind von acht oder neun Jahren als zur russischen Gesand[t]schaft attachiert nach Florenz geschickt, wo einer seiner Verwandten, der seine Erziehung übernahm, Minister war. Er kehrte mit nahezu 35 Jahren erst nach Russland zurück. Im Auslande also erhielt er seine Erziehung und verbrachte er seine Jugend. Mein Vater war ein Mann von sehr viel Geist, sehr gebildet, ja gelehrt, sehr liberal und philantrop, Deist, nicht Atheist, aber Freidenker; er stand in Beziehung mit allen damaligen philosophischen und wissenschaftlichen Zelebritäten des Westens – und folglich in vollkommenem Gegensatz zu all dem, was seiner Zeit in Russland obenauf war, wo einzig eine kleine, mehr oder weniger verfolgte Freimaurersekte das heilige Feuer der Menschenwürde und -Liebe insgeheim pflegte und leise schürte.

Das Petersburger Hofleben erschien meinem Vater so seicht, dass er freiwillig seine Karriere abbrach und sich für zeitlebens aufs Land zurückzog, um es nicht wieder zu verlassen. Gleichwohl war er durch seinen Verkehr mit fast allen Aufgeklärten des damaligen Russland so bekannt, dass sein Landhaus selten ohne Besuch war. Von 1817 bis 1825 nahm er Teil an der Geheimgesellschaft des Nordens, eben derselben, die im Dezember 1825 den fehlgehenden Militäraufstand in St. Petersburg unternahm. Mehrere Male hatte man ihm die Präsidentschaft dieser Gesellschaft vorgeschlagen. Aber er war zu skeptisch und auf die Dauer auch zu klug geworden, um anzunehmen. Und das war auch der Grund, weshalb er das tragische aber rühmliche Los seiner Freunde und Verwandten nicht teilte, von denen mehrere 1825 in Petersburg aufgeknüpft wurden, während man die andern zu Zwangsarbeit verurteilte oder nach Sibirien verschickte.

Mein Vater war ziemlich vermögend. Er war, wie man sich damals ausdrückte, Eigentümer von 1000 männlichen Seelen. Die Frauen rechnete man in den Zeiten der Leibeigenschaft nicht, wie man sie jetzt, in den Zeiten der Freiheit, auch noch nicht rechnet. Er war also Herr von etwa 2000 Sklaven, Männern und Frauen, mit dem Recht, sie zu verkaufen, sie zu ..., sie nach Sibirien zu schicken, sie als Rekruten in die Armee zu liefern und überhaupt sie ohne Umstände auszunützen, auf deutsch: sie zu berauben und von ihrer Zwangsarbeit zu leben. Ich sagte, dass mein Vater nach Russland ganz voller Freiheitsenthusiasmus gekommen war. Sein Liberalismus empörte sich anfangs gegen die schreckliche und schändliche Position eines Sklavenhalters. Er machte sogar einige schief kalkulierte und misslingende Anstrengungen, seinen Untertanen aufzuhelfen, aber dann, unter dem Einfluss von Gewohnheit und Interesse, beruhigte er sich, wie so viele andere Eigentümer seiner Nachbarschaft, bei der Sklaverei dieser Hunderte von menschlichen Wesen, deren Arbeit ihn ernährte.

Einer der Hauptgründe des Umschwungs, der sich in ihm vollzog, war seine Heirat. Als Vierziger bis über die Ohren verliebt in ein junges Mädchen von achtzehn, adelig wie er selbst, schön aber arm, heiratete er sie; und um diesen Egoismus vor sich selbst zu entschuldigen, bemühte er sich den ganzen Rest seines Lebens, zu ihrem Niveau hinabzusteigen, statt sie zu sich heraufzunehmen. Meine Mutter war eine Muravjew, leibliche Kusine sowohl Murawjews des Aufknüpfers wie eines aufgeknüpften Murawjews. Sie war eine eitle, egoistische Person und keines ihrer Kinder liebte sie. Unseren Vater, der während unserer Kindheit voller Güte und Nachsicht für uns war, beteten wir an.

Wir waren elf Kinder. Heute noch habe ich fünf Brüder und zwei Schwestern. Wir wurden unter den Auspizien meines Vaters viel mehr nach westlichem als nach russischem Geschmack erzogen. Wir lebten sozusagen ausserhalb der russischen Wirklichkeit in einer Welt voller Gefühl und Phantasie, aber bar jeder Wirklichkeit. Anfangs war unsere Erziehung sehr frei. Aber nach dem unseligen Ausgang der Dezemberverschwörung (1825) änderte mein Vater, erschrocken über diese Niederlage des Liberalismus, sein System. Von jetzt ab bemühte er sich, treue Diener des Zaren aus uns zu machen. Und so kam es, dass ich 1830, mit vierzehn Jahren, nach Petersburg geschickt wurde, um in die Artillerieschule einzutreten. Ich verbrachte dort drei Jahre. Im Alter von siebzehn Jahren und etlichen Monaten, 1832, wurde ich Offizier.

Einige Worte über meine intellektuelle und moralische Entwicklung während dieser ganzen Periode. Beim Verlassen meines Vaterhauses sprach ich hinlänglich Französisch, die einzige Sprache, deren

Grammatik man mich studieren liess, ein wenig Deutsch, und ich verstand recht und schlecht ein wenig Englisch. Latein und Griechisch kein Wort, keine Idee hatte ich von der russischen Grammatik. Mein Vater hatte uns alte Geschichte nach Bossuet gelehrt, er liess mich ein wenig Titus Livius und Plutarch lesen, letzteren in der Übersetzung von Amyot. Ich hatte einige sehr unsichere und vage Kenntnisse in der Geographie, und dank einem Onkel, einem verabschiedeten Generalstabsoffizier, hinreichende Kenntnisse in der Arithmetik, Algebra bis zu Gleichungen ersten Grades inklusive, und Planimetrie. Das ist alles an wissenschaftlichem Gepäck, was ich mit vierzehn Jahren aus meinem Vaterhause mitnahm. Der Religionsunterricht war gleich null. Unser Hausgeistlicher, ein prächtiger Mensch, den ich sehr liebte, weil er mir Pfeffernüsse brachte, kam und gab uns einige Katechismusstunden. Sie hatten indessen nicht den geringsten Einfluss auf mein Herz oder meinen Geist, weder positiv, noch negativ. Ich war mehr skeptisch, als gläubig, oder vielmehr indifferent.

Meine Ideen von Moral, Recht, Pflicht waren folglich ebenso vage. Ich hatte Sentiments, aber kein Prinzip. Instinktiv, also nach einer Gewohnheit, die sich aus dem Kindheitsmilieu ergab, liebte ich die Guten und das Gute, verabscheute ich den Bösewicht; ohne mir Rechenschaft darüber geben zu können, was das Gute und das Böse ausmacht, empörten und verletzten mich Grausamkeit und Unrecht. Ich glaube Indignation und Revolte waren wohl die ersten Gefühle, die sich energischer in mir entwickelten. Meine moralische Erziehung hatte schon dadurch einen Knacks bekommen, dass meine ganze materielle, intellektuelle und moralische Existenz auf ein schreiendes Unrecht gegründet war: auf die vollkommene Unmoralität, die Sklaverei unserer Bauern, von deren Arbeit wir müssig gingen. Mein Vater wusste sehr wohl um diesen Bestand, aber als Mann der Praxis sprach er uns niemals davon und wir blieben sehr lange, allzu lange ohne den Blick dafür. Und sehr abenteuersüchtig war meine Veranlagung. Mein Vater, der viel gereist war, hatte uns viel erzählt. Eine unserer Lieblingslektüren, stets gemeinsam mit ihm, war die Reisebeschreibung. Mein Vater war als Naturforscher Kapazität. Er verehrte Natur abgöttisch und vererbte uns diese Vorliebe als brennende Neugierde für aller Dinge Natur, ohne uns im geringsten mit wissenschaftlichem Aufschluss zu plagen. Die Sehnsucht, zu reisen, neue Gegenden, neue Welten zu sehen, wurde fixe Idee in uns. Diese beständige, hartnäckige Qual hatte meine Phantasie entwickelt. In meinen Mussestunden erzählte ich mir Geschichten, in denen ich stets als Flüchtling aus meinem Vaterhaus auftrat, auf der Suche nach Abenteuern weit draussen, weit draussen ... Ich verehrte sehr meine Brüder und meine Schwestern und meine Schwestern ganz besonders und meinen Vater wie einen Gott.

So stand es mit mir, als ich als Kadett in die Artillerieschule eintrat. Es war mein erster Zusammenstoss mit der russischen Wirklichkeit ...

Die Thronbesteigung des Zaren Nikolaus hatte sich kundgetan durch Unterdrückung einer Militärrevolte, die von weitläufiger Adelsverschwörung aus langer Hand vorbereitet worden war. Man nennt diese Verschwörung die der Dekabristen, nicht weil sie im Dezember angezettelt wurde, sondern weil sie im Dezember misslang. Und eine Adelsverschwörung nicht wegen ihres Programms, das im Gegenteil sehr demokratisch, in vielen Punkten sogar sozialistisch war, sondern weil nahezu ihre sämtlichen Mitglieder aus jungen Leuten der Adelskaste bestanden und sozusagen die sublimste Blüte der intelligenten Jugend dieser Zeit ausmachten. Was den Grafen Rostopschin, ehemaligen Generalgouverneur von Moskau, denselben, der 1812 die alte Zarenstadt in Brand stecken liess, um Napoleon mit seiner Grande Armée daraus zu vertreiben, und der ein ebenso intelligenter wie reaktionärer Herr war –, was ihn, sage ich, zu der ebenso charakteristischen wie treffenden Bemerkung verführte: »Man sah Adlige eine Revolution machen, um sich in den Besitz der Gewalt zu setzen. Man sah Demokraten sich gegen die Vorrechte der Aristokratie erheben. Aber man muss nach Russland kommen und dort leben, um zu sehen, wie Privilegierte und Adlige eine Revolution machen, die keinen andern Zweck hat als die Zerstörung ihrer eigenen Privilegien.«

Das war in der Tat das Hauptziel der Dekabristen. Es gab zwei Gesellschaften: eine im Norden und eine im Süden. Die erstere, Petersburg und Moskau umfassend und zur Hälfte aus Gardeoffizieren bestehend, war sehr viel mehr aristokratisch und politisch im Sinne der Staatsmacht als die zweite. Mehrere Mur[a]wjews, leibliche Vettern meiner Mutter, eingeschlossen Murawjew der Aufknüpfer, nahmen daran teil. Die Mitglieder der nördlichen Gesellschaft wollten zwar die Emanzipation der Bauern, aber sie waren gleicherzeit für den Grosstaat, dessen Integrität und Macht sie mit einer liberalen, natürlich adligen Verfassung, mehr virtuell als rechtlich, verbinden wollten, etwa wie heute die demokratische schweizer Republik de facto, wenn auch nicht im legalen Sinne, bürgerlich ist. Von vornherein für die Grösse des Kaiserreichs, erklärte sich die nördliche Gesellschaft streng gegen die Unabhängigkeit Polens.

Die südliche Gesellschaft, ganz Südrussland umfassend mit Kiew als Zentrum, war in einem freieren Sinne revolutionär und entschieden demokratisch. Nicht wegen des besonderen Charakters der Südrussen – auch diese Gesellschaft setzte sich wesentlich aus aktiven Offizieren zusammen, deren überwiegende Zahl Grossrussen waren –, sondern weil diese Offiziere von Anfang an nicht Gardeoffiziere waren und weil sie an ihrer Spitze überlegene Männer hatten: die Obersten Mur[a]wjew-Apostol, Bestujew-Rumin und einen Mann von Genie: den Generalstabsobersten Pestel.

Pestel war Föderalist und Sozialist in einem Grade, dass er sich nicht damit begnügte, nur die Befreiung der Bauern aus der Leibeigenschaft, die persönliche Befreiung zu verlangen; er forderte für sie das Eigentumsrecht an der Erde. Darüber hinaus wollte er die Umgestaltung in eine lose Föderation von Provinzen, in eine föderative Republik, wie die der vereinigten Staaten von Amerika. Fern davon, die Rechte Polens auf seine Unabhängigkeit zu verkennen, suchte man sich mit den polnischen Revolutionären zu verständigen, was Kritik und sogar Groll von seiten der nördlichen Gesellschaft eintrug. Es kam sogar zu mehreren Zusammenkünften zwischen Pestel, Murawjew-Apostol, Bestujew-Rumin und den polnischen Delegierten (deren Namen ich vergessen habe, einen einzigen ausgenommen: den Fürsten Jablonowsky).

Pestel, Murawjew-Apostol und Bestujew-Rumin waren nicht nur grosse Intelligenzen, sie waren auch grosse Charaktere. Als sie alle drei 1826 in Petersburg erhängt wurden, starben sie ohne viel Phrase als Helden. Sie hatten zum Martergenossen den Dichter Rylejew, das vorgeschrittenste Mitglied der Gesellschaft des Nordens, und den Polen Kochanowsky.

1834 bricht Bakunin aus unaufgeklärten Gründen seine militärische Laufbahn ab.

Zeugnis W. Annenkows

»Der junge Offizier zeigte sich als Mensch von ungewöhnlich logischem Verstande, durch Strenge und Präzision ausgezeichneter Dialektik und mit angeborener Befähigung zu philosophischer Beschäftigung; Fähigkeiten, die ihm leicht erlaubten, den lebendigen Gedanken auch in der trockensten Abstraktion zu finden.«

1815-1849

> In Moskau fand Bakunin einen Kreis junger Männer, zu denen Bjelinsky, Stankjewitsch, Annenkow, Turgenjew gehörten. Man bildete verschiedene Zirkel, in denen ein heftiger Zusammenstoss zwischen den Enzyklopädisten und der deutschen idealistischen Philosophie stattfand, der zunächst zugunsten der letzteren endete. Stankjewitsch wies Bakunin von Condillac auf Hegel. Bakunin übersetzte Hegel und Fichte ins Russische.

Aus Bakunins Vorrede zu seiner Übersetzung der Hegelschen Gymnasialreden.

(veröffentlicht in einem Journal Bjelinskys, 1838)

Wer hält sich jetzt nicht für einen Philosophen, wer spricht jetzt nicht mit Affirmation davon, was die Wahrheit ist und worin sie liegt? Jeder will sein eigenes besonderes System haben: wer nicht selbständig, nach seiner persönlichen Willkür denkt, der hat keinen selbständigen Geist, ist ein farbloser Mensch; wer nicht seine eigenen Ideechen ausdenkt, ist kein Genie, in ihm liegt kein Tiefsinn, aber gegenwärtig trifft man, wohin man sich wendet, Genies. Was haben die Pseudogenies ausgedacht, was ist die Frucht ihrer tiefsinnigen Ideechen und Ansichten? Was haben sie vorwärts gebracht? Was wirklich geleistet?

»Machen wir Lärm, Bruder, machen wir Lärm«, antwortet für sie Repetilow in Gribojedows Komödie. Ja, Lärm, leeres Geschwätz, – das ist das einzige Resultat dieser traurigen, gedankenlosen Anarchie des Geistes, welche die Hauptkrankheit unserer neuen Generation bildet, die abstrakt, imaginär, jeder Tatsache fremd ist. Und dieser grosse Lärm, dieses grosse Geschwätz gehen vor sich im Namen der Philosophie. Ist es da zu verwundern, dass das verständige, tatsächliche, russische Volk sich nicht einschläfern lässt, durch dieses Feuerwerk von Worten ohne Inhalt, Gedanken oder Sinn? Ist es zu verwundern, dass es nicht an die Philosophie glaubt, die ihm von einer solchen unnützen, illusorischen Seite vorgestellt wird?

Der Beginn des Übels liegt in der Reformation. Als die Bestimmung des Papismus beendet war, erschütterte die Reformation seine Autorität, wollte der erwachte Verstand, der sich von den Windeln der Autorität befreit hatte, der sich von der wirklichen Welt getrennt und sich in sich selbst versenkt hatte, alles aus sich selbst heraus ableiten, den Anfang und die Grundlagen des Erkennens in sich selbst finden. Aber der menschliche Verstand, eben erst aus dem langen Schlaf erwacht, konnte nicht sofort die Wahrheit erkennen: er war noch nicht zu ihr emporgewachsen und musste unvermeidlich eine lange Reihe von Prüfungen, Kämpfen und Sorgen durchmachen, bevor er seine Mannbarkeit erreichte ...

Das Resultat der Philosophie des Verstandes war (in Deutschland bei Fichte) die Zerstörung jeder Objektivität, jeder Tatsächlichkeit und das Versenken des abstrakten, leeren Ich in die selbstliebende, egoistische Selbstbetrachtung, die Zerstörung jeder Liebe, aber infolgedessen auch jeden Lebens und jeder Möglichkeit des Glückes ... Aber das deutsche Volk ist zu stark, zu realistisch, um ein Opfer der Einbildung zu werden. Das System Hegels krönte das lange Streben des Verstandes zur Wirklichkeit hin:

Was wirklich ist, ist vernünftig; und

Was vernünftig ist, ist wirklich –

das ist die Grundlage der Philosophie Hegels.

Bakunin hat später (1871) in einem Manuskript gegen den religiösen Dogmatismus Mazzinis die Kritik dieser Moskauer Periode abstrakten Philosophierens geschrieben. Es heisst darin:

Hier, was uns in jungen Jahren so sehr revoltierte, und was der Grund war, weshalb wir alle mehr oder weniger Idealisten waren: wir fühlten uns dank unserer jugendlichen Phantasie und dem jugendlich hitzigen Blute, das in unseren Adern glühte, so unendlich, dass selbst die Unendlichkeit der sichtbaren Welt uns zu eng erschien. Wir sahen mit Verachtung auf sie herab und flogen sehr hoch. Wohin? In die Leere der Abstraktion, ins Nichts ... Ja, unsere Unendlichkeit war das Nichts, das »Absolute Nichts«, das wir eifrigst mit phantasmagorischen Gebilden, mit den Träumen unserer Delirien-Einbildung zu erfüllen suchten. Als wir aber diese Gebilde näher betrachteten, sahen wir, dass unsere Phantasieen und Träume, anscheinend so unendlich und reich, nichts als bleiche Reproduktionen und monströse Übertreibungen derselben wirklichen Welt waren, die wir mit soviel Verachtung behandelten. Und begriffen schliesslich, dass wir, wenn wir uns so hoch, bis ins Leere erhoben, nicht reicher, sondern im Gegenteil an Herz und Geist ärmer wurden; nicht mächtiger, sondern im Gegenteil ohnmächtig. Sahen schliesslich ein, dass wir mit unserem kindlichen Vergnügen, träumend die unermessliche Leere, Gott, das von unserer eigenen Abstraktions- oder Negationskraft geschaffene Nichts zu beleben, – dass wir, sage ich, die Gesellschaft, uns selbst, unsere ganze reale Existenz im Stich liessen und dafür Propheten, Träumer, religiöse, politische und ökonomische Exploiteure der »göttlichen Idee von der Welt« wurden. Und dass wir, auf der Suche nach einer ideellen Freiheit ausserhalb der Bedingung der wirklichen Welt, uns selbst zur traurigsten und schändlichsten Abhängigkeit verurteilten.

Wir begriffen, dass wir, um unser Erdengeschick zu erfüllen (und wir erkannten nichts anderes), jeden unserer Gedanken, unsere Anstrengungen einzig auf die Emanzipation der menschlichen Gesellschaft auf dieser Erde zu richten hätten.

1839 kam Alexander Herzen (1812-1870) aus der Verbannung nach Moskau. Zu seinem Kreise gehörten Nikolaus P. Ogarjow (1813-1878), Nikolaus M. Satin und andere. Man war sehr fortschrittlich gesinnt, politisch radikal, Sozialist, der abstrakten Spekulation abgeneigt und sympathisierte mit den Enzyklopädisten. Ende 1839 stiessen Bakunin, Bjelinsky und die übrigen Moskauer Hegelianer zum erstenmal auf sozialistische (Saint-Simonistische) Ideen. Die Freundschaft mit Herzen wurde für Bakunin sehr fruchtbar und folgenreich.

BRIEF AN ALEXANDER HERZEN.

Twer, 20. April 1840

Lieber Herzen, hierhergekommen finde ich bei meinem Vater Zustimmung zur Reise nach Berlin und die Bereitwilligkeit, mich mit Geld zu unterstützen. Aber da seine Verhältnisse infolge von Misswuchs und Dürre sich etwas in Unordnung befinden, kann er mir jetzt nichts anderes geben als Versprechungen. Er sagt, wenn seine Verhältnisse sich bessern, kann er mir 1500 Rubel jährlich geben; aber dies Wenn ist so unbestimmt, dass, wenn meine Hoffnungen nur darauf gegründet wären, es leicht kommen könnte, dass sie zerschmelzen wie Wachs vor dem Feuer. Es kann sein, dass bei aller Bereitwilligkeit, mir zu helfen, er mir nicht mehr als 1000 oder 500 Rubel jährlich geben wird und daher, lieber Herzen, muss ich mich, um meiner Reise nach Berlin eine feste und unerschütterliche Grundlage zu geben, an Dich wenden.

Wenn Du und Deine Freunde die 5000 Rubel geben könnt, von denen Du zu mir gesprochen hast, wird mich das vollständig sicherstellen. Wenn ich sie in Aussicht habe, kann ich früher gehen und, indem ich im Notfall meine Reise nur auf Berlin beschränke, ohne andere Mittel dort drei Jahre hindurch leben.

Alles Übrige, was ich vom Vater bekommen oder durch eigene Arbeit verdienen werde, wird von mir auf die Erweiterung meines Reiseplans und infolgedessen auch meiner Ausbildung verwandt werden. Ich erwarte von dieser Reise eine geistige Wiedergeburt und Taufe, ich fühle in mir soviel gewaltige und tiefe Möglichkeiten und ich habe noch so wenig verwirklicht, dass jede einzelne Kopeke für mich als neues Mittel zur Erreichung meines Zieles wichtig wird. Und daher bitte ich Dich und Deine Freunde, wenn es Euch nur möglich ist, mir jetzt 2000 Rubel zu geben und im Laufe der beiden folgenden Jahre schickt mir je 1500 Rubel jährlich, wie Du es mir in Moskau sagtest. Was die 2000 Rubel betrifft, ist es desto besser, je schneller Ihr sie mir gebt, weil ich keine Minute länger zögern werde ...

Du siehst, Herzen, dass ich mich an Dich direkt und einfach wende, ohne alle Umschweife und die 52 chinesischen Zeremonien beiseite lassend. Ich tue das deshalb, weil ich von Euch nicht zur Befriedigung irgendwelcher dummer und leerer Phantasieen Geld ausleihe, sondern zur Erreichung des menschlichen und einzigen Ziels meines Lebens. Obgleich unsere Bekanntschaft vor noch nicht lange begonnen hat, brauchte ich nicht viel Zeit, um Dich von Herzen zu lieben und zu erkennen, dass in allen geistigen und seelischen Beziehungen zwischen uns viel Gemeinsames ist, und dass ich mich an Dich wenden kann ohne Furcht, missverstanden zu werden ...

Brief an Herzen

Berlin, 23. Oktober 1840

... Berlin ist eine gute Stadt, – vortreffliche Musik, billiges Leben, sehr anständiges Theater, in den Konditoreien viele Zeitungen und ich lese sie alle der Reihe nach, – mit einem Worte alles gut, sehr gut.

Die Deutschen sind schreckliche Philister. Wäre der zehnte Teil ihres reichen geistigen Bewusstseins ins Leben übergegangen, so wären sie herrliche Leute. Bis jetzt aber sind sie, ach, ein höchst lächerliches Volk ...

Ich bitte Dich, schreibe mir von Eurem Tun und Lassen. Ich hörte, dass Ogarjow sich anschickt, nach Berlin zu gehen. Ist es wahr und wo ist er? Wo ist Satin? Wo Ketscher? Bei Gelegenheit grüsse sie beide von mir. Wie steht es mit der russischen Journalistik, – was beweist Bjelinsky und woran glauben Jassykow und Tanajew?

Ist nicht etwas Neues von Puschkins, Gogols und Lermontows Werken erschienen? Drücke, ich bitte Dich, Wetlitzky die Hand: ein anderes Mal werde ich ihm schreiben. Sage ihm, dass er mir einen Brief schreiben soll, ohne den Meinen abzuwarten. Gedenkt er denn nicht, nach dem Kaukasus zu gehen und besucht er die Universität?

Das Hegelstudium und die Absicht auf eine Philosophieprofessur an der Moskauer Universität führten Bakunin nach Berlin. Er gehört sehr bald der radikalen Hegel'schen Linken an und schildert die damaligen Strömungen (in »Anarchie und Staatstum«, 1873) folgendermaassen:

Die Hegel'sche Schule teilte sich, wie bekannt, in zwei entgegengesetzte Parteien, dazu zeigte sich natürlich zwischen ihnen auch eine Mittelpartei, über die hier nichts zu bemerken ist. Die eine, die konservative Partei, fand in der neuen Philosophie die Rechtfertigung und Legitimierung alles Bestehenden. Sie stützte sich dabei auf den bekannten Standpunkt Hegels: »Alles Bestehende ist vernünftig«. Diese Partei gründete die sogenannte offizielle Philosophie der preussischen Monarchie, die schon Hegel selbst als Ideal eines politischen Organismus dargestellt hatte.

Die entgegengesetzte Partei der sogenannten revolutionären Hegelianer zeigte sich jedoch konsequenter als Hegel selbst und unvergleichlich kühner als er: sie riss seiner Lehre die konservative Maske herunter und zeigte die erbarmungslose Verneinung, die deren wahre Essenz bildete, in ihrer ganzen Na[c]ktheit. An der Spitze dieser Partei stand der bekannte Ludwig Feuerbach, den die logische Konsequenz nicht nur zur Leugnung jeder göttlichen Welt, sondern auch zur Leugnung der Metaphysik selbst führte. Weiter konnte er nicht gehen. Er selbst blieb trotz alledem ein Metaphysiker. Er musste seinen gesetzlichen Liquidatoren, den Vertretern der Schule der Materialisten oder Realisten weichen, deren grösster Teil übrigens, wie zum Beispiel die Herren Büchner, Marx und andere mehr, nicht verstanden und nicht verstehen, sich von der Herrschaft des metaphysischen, abstrakten Gedankens zu befreien.

Aus den »Tagebüchern« Varnhagen von Enses:

19. Oktober 1840:
Herr von Bakunin besuchte mich, als ich noch im Bette lag. Einen Brief Nemerows an mich hat er verloren. Er scheint ein wackerer junger Mann zu sein, edel und frei gesinnt. Er will hier hauptsächlich Hegelsche Philosophie hören.

7. November 1840:
Die jungen Russen bei mir. Turgenjew, Bakunin, Skatschkow.

10. Januar 1841:
Gestern Besuch von Herrn von Bakunin, merkwürdige Erzählungen aus Russland. Ein rechtschaffener junger Mann, von edlem Geiste.

> *Im November 1841 begann Schelling seine gegen die Junghegelianer gerichteten Vorlesungen über »Offenbarungsphilosophie« und schon anfangs 1842 erschien als Erwiderung darauf »Schelling und die Offenbarung. Kritik des neuesten Reaktionsversuches gegen die neue Philosophie«. Verfasser war Bakunin.*

Aus »Schelling und die Offenbarung«:

Ein neuer Morgen ist angebrochen, ein weltgeschichtlicher Morgen wie jener, da aus der Dämmerung des Orients das lichte, freie, hellenische Bewusstsein sich losrang. Die Sonne ist emporgestiegen, auf deren Licht die bange Menschheit harrte. Von langem Schlummer sind wir erwacht, der Alp, der auf unserer Brust lag, ist entflohen. Wir reiben uns die Augen und sehen erstaunt um uns. Alles hat sich verändert. Die Welt, die uns so fremd war, die Natur, deren verborgene Mächte uns wie Gespenster schreckten, – wie verwandt, wie heimisch sind sie uns nun! Die Welt, die uns als ein Gefängnis erschien, zeigt sich nun in ihrer wahren Gestalt, als ein Palast, darin wir alle aus- und eingehen, Arme und Reiche, Hohe und Niedere. Die Natur schliesst sich auf vor uns und ruft uns zu: Fliehet nicht vor mir! Ich bin nicht verworfen, ich bin nicht abgefallen von der Wahrheit. Kommt und sehet: es ist Euer eigenstes, innerstes Wesen, das auch mir Lebensfülle und Jugendschönheit gibt. Der Himmel ist zur Erde herniedergestiegen, seine Schätze liegen verstreut, wie die Steine am Wege. Wer nach ihnen verlangt, braucht sie nur aufzuheben. Die Welt ist wieder ein Ganzes, selbständig und frei; sehet die Tore ihres dumpfen Klosters gesprengt, das Busshemd abgeworfen und den freien, reinen Äther zur Wohnung erwählt. Sie braucht sich nicht zu rechtfertigen vor dem Unverstand, der sie nicht erfassen konnte. Ihre Pracht und Herrlichkeit, ihre Fülle, ihre Kraft, ihr Leben sind ihre Rechtfertigung. Wohl hatte einer Recht, als er vor achtzehn Hundert Jahren ahnte, dass die Welt, der Kosmos, ihn dereinst verdrängen werde, und seinen Jüngern gebot, der Welt abzusagen ...

Diese Krone, diese Braut, dieses Heiligtum ist das *Selbstbewusstsein der Menschheit*, der neue Gral, um dessen Thron sich die Völker jauchzend versammeln und der alle, die sich ihm hingeben, zu Königen macht.. Das ist unser Beruf, dass wir unser Leben fröhlich einsetzen in den letzten heiligen Krieg, dem das tausendjährige Reich der Freiheit folgen wird. Und das ist die Macht der Idee, dass jeder, der sie erkannt hat, nicht aufhören kann, von ihrer Herrlichkeit zu reden und ihre Allgewalt zu verkündigen; dass er heiter und guten Mutes alles andere wegwirft, wenn sie es fordert; dass er Leib und Leben, Gut und Blut opfert, wenn nur sie, nur sie durchgesetzt wird. Wer sie einmal geschaut hat, wem sie einmal in all ihrem Glanze erschienen ist, der kann nicht von ihr lassen, der muss ihr folgen, wohin sie ihn führt, und wär es in den Tod. Denn er weiss von ihrer Kraft, dass sie stärker ist als alles im Himmel und auf Erden, dass sie sich durchschlägt gegen alle Feinde, die sich ihr entgegenstellen. Und dieser Glaube an die Allmacht der Idee, an den Sieg der ewigen Wahrheit, diese feste Zuversicht, dass sie nimmermehr wanken und weichen kann, und wenn die ganze Welt sich gegen sie empörte, das ist die wahre Religion eines jeden echten Philosophen; das ist die Basis der wahren, positiven Philosophie, der Philosophie der Weltgeschichte. Diese ist die höchste Offenbarung, die des Menschen an den Menschen, in der alle Negation der Kritik positiv ist. Dies Drängen und Stürmen der Völker und Heroen, über dem die Idee in ewigem Frieden schwebt und endlich herniedersteigt, mitten in das Getriebe: – das ist das Reich, in dem jeder von uns an seinem Orte zu wirken und zu handeln hat. Die Idee, das Selbstbewusstsein der Menschheit ist jener wunderbare Phönix, der aus dem Kostbarsten, was es auf der Erde gibt, sich den Scheiterhaufen baut und verjüngt aus den Flammen, die eine alte Welt vernichten, emporsteigt.

1842 siedelte Bakunin zu Arnold Ruge nach Dresden über. Im Oktober 1842 veröffentlichte er unter dem Pseudonym Jules Elysard in den von Ruge herausgegebenen »Deutschen Jahrbüchern«: »Die Reaktion in Deutschland. Ein Fragment von einem Franzosen.«

Aus »Die Reaktion in Deutschland«

Freiheit – Verheissung der Freiheit – wer kann leugnen, dass dies Wort jetzt obenan steht auf der Tagesordnung der Geschichte? Freund und Feind werden und müssen das zugeben. Ja es wird niemand wagen, sich offen und keck selbst als einen *Feind* der Freiheit zu bekennen. Aber das Sagen, das Bekennen macht es nicht, wie das auch schon das Evangelium weiss, denn leider gibt es noch immer eine Menge von Leuten, die in Wahrheit in ihrem innersten Herzen nicht an die Freiheit glauben. Es ist schon der Mühe wert, sich um der Sache willen mit ihnen zu beschäftigen...

Überhaupt räume ich der Zufälligkeit keine wirkliche Gewalt in der Geschichte ein. Die Geschichte ist eine freie, somit aber auch eine notwendige Entwicklung des freien Geistes, so dass, wenn ich die gegenwärtige Oberherrschaft der reaktionären Partei zufällig nennen wollte, ich dadurch dem demokratischen Glaubensbekenntnis, welches sich einzig und allein auf die unbedingte Freiheit des Geistes gründet, den schlechtesten Dienst erweisen würde. Nichts kann der demokratischen Partei nützlicher sein als die Erkenntnis ihrer momentanen Schwäche und der relativen Kraft ihrer Gegner. Durch diese Erkenntnis tritt sie erst aus der Unbestimmtheit der Phantasie in die Wirklichkeit ein, in der sie leben, leiden und am Ende siegen muss; durch diese Erkenntnis wird ihre Begeisterung besonnen und demütig – und erst wenn sie durch diese schmerzliche Reibung mit der Wirklichkeit zum Bewusstsein ihres heiligen, priesterlichen Amtes kommen wird, wenn sie aus den unendlichen Schwierigkeiten, die nicht nur aus dem Obskurantismus ihrer Gegner fliessen, die Unzulänglichkeit ihrer ganzen gegenwärtigen Existenz erkennen und daher begreifen wird, dass ihr Feind nicht nur ausser ihr, sondern auch und viel mehr in ihr selber vorhanden ist, und dass sie damit anfangen muss, diesen ihr innewohnenden Feind zu besiegen, – erst wenn sie sich überzeugt, dass die Demokratie nicht nur in der Opposition gegen die Regierenden besteht und nicht eine besondere konstitutionelle oder politisch-ökonomische Veränderung ist, sondern eine totale Umwandlung des Weltzustandes und ein in der Geschichte noch nie dagewesenes neues Leben, eine Religion; wenn sie also durch diese Erkenntnis selbst religiös wird, das heisst *durchdrungen* von ihrem Prinzip nicht nur im Denken und Räsonieren, sondern auch im wirklichen Leben bis zu seinen kleinsten Erscheinungen, – erst dann wird die Demokratie die Welt wirklich besiegen …

Diese fanatischen Reaktionäre verhetzen uns. Wenn es möglich wäre, würden sie vielleicht selbst die unterirdische Macht der Inquisition aus den Rüstkammern der Geschichte aufrufen, um sie gegen uns zu brauchen. Sie sprechen uns alles Gute, alles Menschliche ab. Sie sehen in uns nichts anderes als eingefleischte Antichristen, gegen welche jedes Mittel erlaubt ist. Werden wir ihnen mit derselben Münze bezahlen?

Wir müssen nicht nur politisch, sondern in unserer Politik auch religiös handeln, religiös im Sinne der Freiheit, deren einzig wahrer Ausdruck die Gerechtigkeit und die Liebe ist. Ja uns allein, die wir Feinde der christlichen Religion genannt werden, ist es vorbehalten und selbst zur höchsten Pflicht gemacht, die Liebe, dieses höchste Gebot Christi und dieses einzige Wesen des wahren Christentums, selbst im heissesten Kampfe wirklich zu üben …

Das Prinzip der theoretischen Freiheit regte sich schon in der vergangenen katholischen Welt vom Anfang ihrer Existenz an. Dieses Prinzip war die Quelle aller Häresieen, an denen der Katholizismus so reich ist. Ohne dieses Prinzip wäre der Katholizismus bewegungslos gewesen und so war es zugleich auch das Prinzip seiner Lebendigkeit. So ist auch der Protestantismus allmählich hervorgegangen. Seinen Anfang hatte er im Anfang des Katholizismus selbst; einmal aber wurde diese Allmählichkeit abgebrochen und das Prinzip der theoretischen Freiheit erhob sich zum selbständigen, unabhängigen Prinzip. Da wurde erst der Gegensatz in seiner Reinheit offenbar …

Friede – sagen Sie. Ja, was man so Friede nennt. Ich behaupte dagegen, dass noch nie die Gegensätze so scharf hingestellt wurden wie jetzt; dass der ewige Gegensatz, der zu allen Zeiten derselbe ist, nur dass er sich im Fortgang der Geschichte immer mehr steigert und entwickelt, – dass der Gegensatz der Freiheit und Unfreiheit sich in unserer, der Auflösungsperiode der heidnischen Welt sonst so ähnlichen Gegenwart zu seiner letzten und höchsten Spitze getrieben und emporgeschwungen hat. Haben sie nicht auf dem Vorgrunde des durch die Revolution errichteten Tempels der Freiheit die geheimnisvollen und furchtbaren Worte »Liberté, Egalité und Fraternité« gelesen und wissen Sie und fühlen Sie nicht, dass diese Worte die gänzliche Vernichtung der bestehenden politischen und sozialen Welt bedeuten? Haben Sie nichts von den Stürmen der Revolution gehört und wissen Sie nicht, dass Napoleon, dieser vermeintliche Bezähmer des Demokratismus, die nivellierenden Prinzipien derselben als ein würdiger Sohn der Revolution in ganz Europa mit siegender Hand verbreitet hat? Haben Sie nicht auch vielleicht etwas von Kant, Fichte, Schelling und Hegel gehört, oder wissen Sie wirklich nichts von einer Philosophie, die in der intellektuellen Welt dasselbe nivellierende, revolutionäre Prinzip, das Prinzip der Autonomie des Geistes aufgestellt hat, und begreifen Sie nicht, dass dieses Prinzip im höchsten Gegensatz mit allen jetzigen positiven Religionen, mit allen gegenwärtigen Kirchen steht?

›Ja – werden Sie mir antworten, diese Gegensätze gehören ja eben zur vergangenen Geschichte: die Revolution ist in Frankreich selbst durch die weise Regierung Ludwig Philipps und die moderne Philosophie durch einen ihrer grössten Urheber, durch Schelling selbst neulichst überwunden worden; der Gegensatz ist nun überall, in allen Sphären des Lebens aufgelöst.‹ Glauben Sie wirklich an diese Auflösung, an diese Überwindung des revolutionären Geistes? Sind Sie denn blind und taub und haben Sie keine Augen und Ohren für das, was um Sie her vorgeht? Nein, meine Herren, der revolutionäre Geist ist nicht überwunden; er ist nur, nachdem er durch seine erste Erscheinung die ganze Welt in ihren Fugen erschüttert hat, wieder in sich zurückgegangen; er hat sich nur vertieft, um bald wieder sich als affirmatives, schaffendes Prinzip zu offenbaren, und gräbt jetzt, wenn ich mich dieses Ausdrucks Hegels bedienen darf, wie ein Maulwurf unter der Erde. Dass er aber nicht umsonst arbeitet, das können Sie an den vielen Ruinen sehen, von denen unser religiöser, politischer und sozialer Boden bedeckt ist ...

Sie wissen, dass die Menschheit ihrer erhabenen Bestimmung gemäss sich nur in einem universal-praktischen Prinzipe befriedigen und beruhigen kann, in einem Prinzipe, das die tausendfach verschiedenen Erscheinungen des geistigen Lebens mächtig in sich zusammenfasst, wo ist aber dieses Prinzip, meine Herren? Sie müssen doch mitunter auch lebendige und menschliche Augenblicke in dem Fortgang Ihrer sonst so traurigen Existenz erleben, Augenblicke, in denen Sie die kleinlichen Motive Ihres Alltagslebens von sich abwerfen und sich nach der Wahrheit, nach dem Grossen, dem Heiligen sehnen, Antworten Sie mir nun aufrichtig, die Hand auf Herz: Haben Sie etwas Lebendiges gefunden? Haben Sie je unter den Ruinen, die uns umgeben, diese ersehnte Welt entdeckt, wo Sie sich gänzlich aufgeben und in dieser grossen Kommunion mit der ganzen Menschheit sich wiedergebären konnten? Ist etwa diese Welt der Protestantismus? Aber er ist der furchtbarsten Anarchie preisgegeben. Ist es etwa der Katholizismus? Wo ist aber seine alte Herrlichkeit? Ist er nicht jetzt, er, der sonst über die ganze Welt gebot, ist er nicht zum gehorsamen Werkzeuge einer ihm fremden, unsittlichen Politik geworden? Oder finden Sie vielleicht Ihre Beruhigung im gegenwärtigen Staate? Ja, das wäre wirklich eine schöne Beruhigung! Der Staat ist jetzt im tiefsten innerlichen Widerspruch begriffen – weil der Staat ohne Religion, ohne eine kräftige allgemeine Gesinnung unmöglich ist. Sehen Sie nur auf Frankreich und England, wenn Sie sich davon überzeugen wollen; von Deutschland will ich schon gar nicht reden.

Sehen Sie endlich in sich selbst, meine Herren, und sagen Sie mir aufrichtig: sind Sie mit sich selbst zufrieden und können Sie mit sich zufrieden sein? Sind Sie nicht selbst, ohne Ausnahme, traurige und dürftige Erscheinungen unserer traurigen und dürftigen Zeit? Sind Sie nicht voller Widersprüche? Sind Sie ganze Menschen? Glauben Sie an etwas wirklich? Wissen Sie, was Sie wollen und können Sie überhaupt etwas wollen? Hat an Ihnen die moderne Reflexion, diese Epidemie unserer Zeit, einen einzigen lebendigen Teil übrig gelassen und sind Sie nicht bis ins Mark von ihr durchdrungen, gelähmt und gebrochen? In der Tat, Sie müssen gestehen, dass unsere Zeit eine traurige Zeit ist und dass wir alle ihre noch viel traurigeren Kinder sind. Andrerseits aber regen sich Erscheinungen, die uns verkünden, dass der Geist, dieser alte Maulwurf, sein unterirdisches Werk bereits vollbracht hat und dass er bald wieder erscheinen wird, um sein Gericht zu halten ...

Und darum rufen wir unseren verblendeten Brüdern zu: Tut Busse! Tut Busse! Das Reich des Herrn ist nah!

Den Positiven sagen wir: Öffnet Eure geistigen Augen, lasset die Toten das Tote begraben und überzeugt Euch endlich, dass der Geist, der ewig junge, ewig neugeborene, nicht in verfallenen Ruinen zu suchen ist. Und die Vermittelnden mahnen wir, ihre Herzen der Wahrheit zu öffnen und sich von ihrer armseligen und blinden Weisheit, von ihrem theoretischem Hochmut und von der knechtischen Furcht zu befreien, die ihre Seele vertrocknet und ihre Bewegungen lähmt.

Lasset uns also dem ewigen Geiste vertrauen, der nur deshalb zerstört und vernichtet, weil er der unergründliche und ewig schaffende Quell alles Lebens ist. Die Lust der Zerstörung ist zugleich eine schaffende Lust.

Aus »Erinnerung an Michael Bakunin« von Arnold Ruge

(»Neue Freie Presse«, Wien, 1876)

»Mit Leib und Seele warf sich Bakunin in die deutsche Geistesbewegung der dreissiger und vierziger Jahre, nachdem er in Berlin nicht nur die Hegel'sche Philosophie kennen gelernt, sondern auch die lebendige Dialektik, diese schöpferische Seele des Universums, sich angeeignet hatte. Er besuchte mich in Dresden, wo ich die »Deutschen Jahrbücher« herausgab, verständigte sich mit mir über die Aufhebung der abstrakten Theorie in Praxis und über die bevorstehende Revolution; wir schlossen mit einander Freundschaft und ich hab ihm ehrlich beigestanden, als er der russischen Diplomatie verdächtig und in Dresden unsicher wurde.

Georg Herwegh kam auf seiner Reise zu uns, und da Bakunin eine geräumige und bequeme Wohnung hatte, so quartierte ich Herwegh bei ihm ein, eine Gastfreundschaft, die ihm so sehr verdacht wurde, dass wir befürchten mussten, er sei in Sachsen nicht sicher. Wir beförderten unseren Freund in aller Eile nach Zürich, wobei ich es den jungen Russen verdachte, dass sie seine harmlose Gastfreundschaft gegen den jungen Dichter höher anschlugen als seinen Umgang mit mir und sein unverhohlenes Manifest gegen die »Deutsche Reaktion«, deren Untergang er unumwunden vorhersagte und als eine geschichtliche Notwendigkeit darlegte ...

Wenn man sagt, Bakunin hatte deutsche Bildung, so ist das nicht genug; er war auch imstande, den deutschen Philosophen und Politikern den Kopf zu waschen und die Zukunft vorherzusagen, die sie mit oder ohne Willen heraufbeschworen.«

*Arnold Ruge und Karl Marx bereiteten in Paris die
»Deutsch-Französischen Jahrbücher« vor. Es erschien
indessen nur ein Doppelheft; das folgenden Brief Bakunins enthält:*

PETERSINSEL IM BIELERSEE, MAI 1843

Ihren Brief aus Berlin hat mir unser Freund M. mitgeteilt. Sie scheinen über Deutschland unmutig geworden zu sein. Sie sehen nur die Familie und den Philister, der in seine engen vier Wände mit all seinen Gedanken und Wünschen eingepfercht ist, und wollen an den Frühling nicht glauben, der ihn hervorlocken wird. Oh ich gebe es zu, es ist noch weithin, bis das deutsche 1789 tagt! Wann wären die Deutschen nicht um Jahrhunderte zurückgeblieben? Aber es ist feig, zu verzweifeln. Wenn Männer wie Sie nicht mehr an Deutschlands Zukunft glauben, nicht mehr an ihr arbeiten wollen, wer wird dann glauben, wer handeln? Ich schreibe diesen Brief auf der Rousseau-Insel im Bielersee. Sie wissen, ich lebe nicht von Phantasieen und Phrasen; aber es zuckt mir durch Mark und Bein bei dem Gedanken, dass ich gerade heute, wo ich Ihnen und über einen solchen Gegenstand schreibe, an diesen Ort geführt bin. Oh es ist gewiss: mein Glaube an den Sieg der Menschheit über Pfaffen und Tyrannen ist derselbe Glaube, den der grosse Verbannte in so viele Millionen Herzen goss, den er auch hierher mit sich genommen. Rousseau und Voltaire, diese Unsterblichen, werden wieder jung; in den begabtesten Köpfen der deutschen Nation feiern sie ihre Auferstehung ...
Die Philosophie wird noch einmal die Rolle spielen, die sie in Frankreich so glorreich durchgeführt hat; und es beweist nichts gegen sie, dass ihre Macht und Furchtbarkeit den Gegnern früher klar geworden ist als ihr selber. Sie ist naiv und erwartet zuerst keinen Kampf und keine Verfolgung, denn sie nimmt alle Menschen als vernünftige Wesen und wendet sich an ihre Vernunft, als wäre diese ihr unumschränkter Gebieter. Es ist ganz in der Vernunft, dass unsere Gegner, welche die Stirn haben zu erklären: »Wir sind unvernünftig und wollen es bleiben«, den praktischen Kampf, den Widerstand gegen die Vernunft durch unvernünftige Maassregeln eröffnen. Dieser Zustand beweist nur die Übermacht der Philosophie; dies Geschrei

gegen sie ist schon ihr Sieg. Voltaire sagte einmal: »Vous petits hommes, revêtus d'un petit emploi, qui vous donne une petite autorité dans un petit pays, vous criez contre la philosophie!« Wir leben für Deutschland in dem Zeitalter Rousseaus und Voltaires und »Diejenigen unter uns, welche jung genug sind, um die Früchte unserer Arbeit zu erleben, werden eine grosse Revolution und eine Zeit sehen, in der es der Mühe lohnt, geboren zu sein.« Wir dürfen auch diese Worte Voltaires wiederholen ohne zu befürchten, dass sie das zweitemal weniger als das erstemal durch die Geschichte bestätigt werden ...

Jetzt sind die Franzosen noch unsere Lehrer. Sie haben in politischer Hinsicht einen Vorsprung von Jahrhunderten. Und was folgt alles daraus! Diese gewaltige Literatur, diese lebendige Poesie und bildende Kunst, diese Durchbildung und Vergeistigung des ganzen Volkes, lauter Verhältnisse, die wir nur von ferne verstehen! Wir müssen nachholen, wir müssen unserem metaphysischen Hochmute, der die Welt nicht warm macht, die Rute geben, wir müssen lernen, wir müssen Tag und Nacht arbeiten, um es dahin zu bringen, wie Menschen mit Menschen zu leben, frei zu sein und frei zu machen; wir müssen, ich komme immer wieder darauf zurück, unsere Zeit mit unseren Gedanken in Besitz nehmen. Dem Denker und Dichter ist es vergönnt, die Zukunft vorwegzunehmen und eine neue Welt der Freiheit und Schönheit mitten in den Wust des Unterganges und des Moders, der uns umgibt, hineinzubauen ...

Ich weiss, Sie lieben die Franzosen. Sie fühlen ihre Überlegenheit. Das ist genug für einen starken Willen in einer so grossen Sache, um ihnen nachzueifern und sie zu erreichen. Welch ein Gefühl! Welch eine namenlose Seligkeit, dieses Streben und diese Macht! Oh wie beneide ich Sie um Ihre Arbeit, ja selbst um Ihren Zorn, denn auch dieser ist das Gefühl aller Edlen in Ihrem Volke. Vermöcht ich es nur, mitzuwirken! Mein Blut und mein Leben für seine Befreiung! Glauben Sie mir: es wird sich erheben und das Tageslicht der Menschengeschichte erreichen. Es wird nicht immer die deutsche Schmach, bester Diener aller Tyrannei zu sein, für seinen Stolz rechnen. Sie werfen ihm vor, es sei nicht frei, es sei nur ein Privatvolk. Sie sagen nur, was es ist; wie wollen Sie damit beweisen, was es sein wird?

War es mit Frankreich nicht ganz derselbe Fall, und wie bald ist ganz Frankreich ein öffentliches Wesen und sind seine Söhne politische Menschen geworden. Wir dürfen die Sache des Volkes, auch wenn es selbst sie verliesse, nicht aufgeben. Sie fallen von uns ab, diese Philister, sie verfolgen uns; desto treuer werden ihre Kinder unserer Sache sich hingeben. Ihre Väter suchen die Freiheit zu morden; sie werden für die Freiheit in den Tod gehen.

Und welch einen Vorzug haben wir vor den Männern des 18. Jahrhunderts! Sie sprachen aus einer öden Zeit heraus. Wir haben die ungeheuren Resultate ihrer Ideen lebendig vor Augen. Gehen wir nach Frankreich, setzen wir den Fuss über den Rhein, und wir stehen mit einem Schlage mitten unter den neuen Elementen, die in Deutschland noch gar nicht geboren sind. Die Ausbreitung des politischen Denkens in alle Kreise der Gesellschaft, die Energie des Denkens und Redens, die in den hervorragenden Köpfen nur darum zum Ausbruch kommt, weil die Wucht eines ganzen Volkes in jedem schlagenden Worte empfunden wird, – alles das können wir jetzt aus lebendiger Anschauung kennen lernen. Eine Reise nach Frankreich und selbst ein längerer Aufenthalt in Paris würde uns von dem grössten Nutzen sein.

Im Mai 1843 kam Wilhelm Weitling von Lausanne nach Zürich. Bakunin hatte Weitlings »Garantien der Harmonie und Freiheit« gelesen, schwärmte für den von Weitling vertretenen revolutionären Kommunismus und wollte damals selbst Arbeiter, und zwar Zimmermann werden. In einem längeren Aufsatz »Kommunismus«, publiziert in Fröbels »Schweizerischem Republikaner« setzte er sich mit den neuen Ideen auseinander.

Über Kommunismus und Philosophie

Allerdings ist der Kommunismus eine sehr wichtige und gefährliche Erscheinung, und damit ist sehr viel gesagt; denn gefährlich, wirklich gefährlich für die Gesellschaft kann eine Erscheinung nur insofern sein, als sie wenigstens eine relative Wahrheit in sich enthält. Das bloss Zufällige kann einem wohlgeordneten Staate nicht gefährlich sein. Der Staat muss und kann über alle Übel erhaben sein, die aus der Bosheit von Einzelnen entstehen; dafür ist die Polizei, dafür sind die Gesetze und die Gerichte; dafür ist seine ganze Organisation da.

Ganz anders verhält es sich mit einer Erscheinung, die nicht in der Willkür, in dem bösen Willen von einzelnen Individuen, sondern in den Mängeln des Staatsorganismus ihre Quelle hat. Einer solchen Erscheinung gegenüber hat der Staat nur zwei Auswege: entweder das in ihr enthaltene Recht in seinen Organismus aufzunehmen und sich somit auf friedliche Weise zu reformieren, oder zur Gewalt seine Zuflucht zu nehmen. Auf diesem zweiten Wege aber wird jeder Staat sicher zugrunde gehen, da ein zum Bewusstsein gekommenes Recht unüberwindbar ist ...

Die heutige Philosophie muss notwendig mit dem Kommunismus viel Gemeinsames haben, da sie beide aus dem Geiste unserer Zeit geboren und die zwei bedeutendsten Offenbarungen desselben sind. Was bezweckt die Philosophie? Das Wissen der Wahrheit; und die Wahrheit ist nicht ein so abstraktes und luftiges Ding, dass sie nicht einen bedeutenden Einfluss auf die geselligen Verhältnisse, auf die Organisation der Gesellschaft ausüben könnte, ja müsste. Noch kurz vor der Revolution war der arbeitende, der beste Teil des Volkes in Frankreich im traurigsten Zustand, besass kaum den dritten Teil des Bodens; seine Arbeit selbst, dies einzige Mittel seiner Existenz, war ihm durch trübende Hindernisse verkümmert und doch musste es die ganze Last der Steuern tragen ... Wer befreite das Volk von dieser geistigen Sklaverei? Die Philosophie. Und noch jetzt setzt die Philosophie ihren hartnäckigen Kampf fort, ihren Kampf auf Leben und Tod mit allen Vorurteilen, mit alledem, was die Menschen verhinderte, ihr hohes, ihr heiliges Ziel, die Verwirklichung der freien und brüderlichen Gemeinschaft, die Verwirklichung des Himmels auf der Erde zu erreichen.

Das ist es, was die Philosophie mit dem Kommunismus verbündet. Beide streben zur Befreiung des Menschen. Hier fängt aber auch ihr wesentlicher Unterschied an; die Philosophie ist ihrem Wesen nach nur theoretisch, sie bewegt und entwickelt sich nur innerhalb der Erkenntnis. Der Kommunismus dagegen ist in seiner gegenwärtigen Gestalt nur praktisch. Wohl sind das Denken und die Tat, die Wahrheit und die Sittlichkeit, die Theorie und die Praxis in höchster Instanz ein und dasselbe, ein einziges, untrennbares Wesen; wohl besteht das grösste Verdienst der modernen Philosophie darin, dass sie diese Einheit erkannt und begriffen hat. Mit dieser Erkenntnis ist sie aber an ihrer Grenze angelangt. Jenseits dieser Grenze fängt ein höheres Wesen als sie, die wirkliche, durch die Liebe beseelte und aus dem göttlichen Wesen der ursprünglichen Gleichheit entsprossene Gemeinschaft von freien Menschen an, die diesseitige Verwirklichung dessen, was das göttliche Wesen des Christentums ausmacht, der wahre Kommunismus ...

Man muss sich wohl hüten, den Kosmopolitismus der Kommunisten mit dem des vorigen Jahrhunderts zu verwechseln. Der theoretische Kosmopolitismus des vorigen Jahrhunderts war kalt, indifferent, reflektiert, ohne Boden und Leidenschaft; er war eine tote und fruchtlose Abstraktion, ein theoretisches Machwerk, das keinen Funken von produktivem, schaffendem Feuer in sich enthielt. Gegen diesen leblosen und ungeistigen Schatten hatte die dämonische Negativgewalt der Nationalität ein unbedingtes Recht und hat auch einen vollständigen Sieg über ihn errungen.

Dem Kommunismus dagegen kann man nicht einen Mangel an Leidenschaft, an Feuer vorwerfen. Der Kommunismus ist kein Phantom, kein Schatten; in ihm ist eine Wärme, eine Glut verborgen, die gewaltig nach Licht strebt; eine Glut, die nicht mehr zu unterdrücken ist, und deren Entladung gefährlich, ja schrecklich werden kann, wenn die bevorrechtigte Klasse ihm nicht mit Liebe, mit Opfern und mit einer vollständigen Anerkennung seines weltgeschichtlichen Berufs diesen Übergang zum Licht erleichtert.

Der Kommunismus ist kein lebloser Schatten. Er ist aus dem Volke gekommen und aus dem Volke kann niemals ein Schatten entstehen. Das Volk – und unter dem Volk verstehe ich die Mehrzahl, die grösste Masse, die Armen und die Gedrückten, – das Volk, sage ich, ist immer der einzig schaffende Boden gewesen, aus dem einzig und allein alle Würde, alle grossen Taten der Geschichte, alle welterlösenden Revolutionen entstanden. Wer dem Volke fremd ist, dessen Tun und Walten ist von vorneherein mit dem Fluche der Impotenz behaftet; schaffen, wirklich schaffen kann man nur aus einer wirklichen elektrischen Berührung mit dem Volke, und wenn die Helden der französischen Revolution mit mächtiger Hand das erste Fundament des künftigen Tempels der Freiheit und der Gleichheit legten, so gelang es ihnen nur deshalb, weil sie sich im stürmischen Ozean des Volkslebens wiedergeboren hatten.

So ist die Protestation des Kommunismus gegen das Prinzip der Nationalität viel wichtiger, viel bedeutender als die der aufgeklärten Kosmopoliten des vorigen Jahrhunderts. Der Kommunismus spricht nicht aus der Theorie, sondern aus dem praktischen Instinkte, aus dem Volksinstinkte, und dieser irrt sich niemals; seine Protestation ist der Machtspruch der Menschheit, deren heilige und allein seligmachende Einheit durch die engherzige Selbstsucht der Nationen bis jetzt noch verkannt ist.

»Alle Menschen, alle ohne Ausnahme sind Brücken«, lehrt das Evangelium, und »wenn sie sich gegenseitig lieben, nur dann ist der unsichtbare Gott, die erlösende und befreiende Wahrheit in ihnen gegenwärtig«, fügt dazu Johannes. Ausser der Gemeinschaft ist der Mensch nichts, in der Gemeinschaft alles. Und wenn die Bibel von der Gemeinschaft spricht, so ist sie sehr weit entfernt, darunter einzelne, engherzig sich von einander abschliessende Gemeinden oder Nationen zu verstehen. Von nationalem Unterschied weiss das ursprüngliche Christentum nichts, und die von ihm gepredigte Gemeinschaft ist die Gemeinschaft aller Menschen, die Menschheit ...

Seit das Christentum aber nicht mehr das zusammenhaltende und belebende Band der europäischen Staaten ist – was verbindet sie noch? Was hält noch in ihnen die Weihe der Eintracht und Liebe, die durch das Christentum über sie ausgesprochen war, aufrecht? Der heilige Geist der Freiheit und der Gleichheit, der Geist der reinen Menschlichkeit, der durch die französische Revolution unter Blitz und Donner der Menschheit geoffenbart und durch die stürmischen Revolutionskriege als Same eines neuen Lebens überall verbreitet wurde.

Die französische Revolution ist der Anfang eines neuen Lebens.

Viele sind so blind zu meinen, ihr mächtiger Geist sei überwunden und gebändigt. Armselige Menschen, wie schrecklich wird ihr Erwachen sein! Nein, das revolutionäre Drama ist noch nicht geschlossen. Wir sind unter dem Gestirn der Revolution geboren, wir leben und bewegen uns unter seinem Einfluss und wir werden alle, die wir jetzt leben, ohne Ausnahme unter seinem Einfluss sterben. Wir stehen am Vorabend einer grossen welthistorischen Umwandlung, am Vorabend eines neuen, und desto gefährlicheren Kampfes, als er nicht mehr einen bloss politischen, sondern einen prinzipiellen, religiösen Charakter haben wird.

Ja, man muss sich nicht täuschen: es wird sich um nichts Geringeres handeln als um eine neue Religion, um die Religion der Demokratie, welche unter der alten Fahne mit der Aufschrift »Liberté, Egalité et Fraternité« ihren neuen Kampf, einen Kampf auf Leben und Tod eröffnen wird.

Dieser Geist ist es, aus dem der Kommunismus erstand; dieser Geist verbindet jetzt auf eine unsichtbare Weise alle Völker ohne Unterschied der Nationen; diesem Geist, diesem erhabenen Sohn des Christentums widerstreben jetzt die sogenannten christlichen Regierungen und alle monarchischen Fürsten und Gewalthaber, weil sie wohl wissen, dass ihr scheinbares Christentum, ihr selbstsüchtiges Treiben nicht imstande sein wird, seinen flammenden Blick zu ertragen. Und was tun sie, was für Mittel brauchen sie, um seinen Sieg zu verhindern? Sie suchen das Nationalgefühl im Volke auf Kosten der Menschlichkeit und der Liebe zu entwickeln; sie, die christlichen Regierungen, predigen den Hass und den Mord im Namen der Nationalität.

Weitling wurde verhaftet, Bakunin im Februar 1844 in Bern vor den russischen Gesand[t]en vorgeladen und zur sofortigen Rückkehr nach Russland aufgefordert. Er zog es vor, mit einem Freunde, dem Musiker Adolf Reichel, nach Brüssel und von dort nach Paris zu reisen. In Paris blieb Bakunin vom Juli 1844 mit kurzer Unterbrechung bis April 1848.

Frankreich zur Zeit der Juli-Monarchie

nach Bakunins Schilderung in »Bourgeoisie rurale« (Manuskript, 1871) und »Antithéologisme« (1867)

Es war die Zeit, in der die Erstausgaben der Bücher und Ideen Proudhons erschienen. Proudhon enthielt im Keim – ich bitte dafür die Herren Louis Blanc, seinen schwächsten Rivalen, und Herrn K. Marx, seinen eifersüchtigen Antagonisten um Entschuldigung – die ganze soziale Revolution, eingeschlossen die sozialistische, staatszerstörende Kommune. Aber er blieb dem Gros des Publikums unbekannt. Die damaligen radikalen Journale, der »National« und sogar die »Réforme«, die sich demokratisch-sozialistisch nannte, aber die es nur nach Art des Herrn Louis Blanc war, beherrschten sich wohl, ein Wort des Lobes oder auch nur des Tadels darüber zu sagen. Von seiten der offiziellen Repräsentanten des Republikanismus kam es zu einer Art Konspiration auf Totschweigen.

Und es war die Zeit der zwar beredten, aber unfruchtbaren Vorlesungen der Herren Michelet und Quinet im Collège de France; letztes Aufflackern eines Idealismus, der ohne Zweifel die edelsten Absichten hatte, nichts destoweniger aber zur Ohnmacht verurteilt war. Ihr Versuch, Freiheit, Gleichheit und Brüderlichkeit auf Eigentum, Staat und Gottesidee zu basieren, war ein Nonsens. Gott, Eigentum und der Staat blieben uns. Freiheit, Gleichheit und Brüderlichkeit aber haben wir heute nur noch soviel, als uns Berlin, Petersburg und Versailles geben.

All diese Theorien beschäftigten indessen nur eine sehr schwache Minderheit. Die ungeheure Mehrzahl des lesenden Publikums kümmerte sich nicht, begnügte sich vielmehr mit den endlosen Romanen von Eugène Sue und Alexandre Dumas, die die Feuilletons der grossen Journale, des »Constitutionel«, der »Débats« und der »Presse« füllten.

Der Patriotismus manifestierte sich in kommerziellen Transaktionen, die ihrer Natur nach für das Land fatal, sehr vorteilhaft aber für die Individuen waren, die diese Art Handel betreiben konnten. Die Staatswissenschaft war dadurch sehr vereinfacht. Regierungsgeschäfte reduzierten sich künftighin auf das Geschick, unter der Menge von Gewissen, die auf den Markt kamen, genau diejenigen zu finden, deren Organisation den grössten Profit versprach. Man weiss, dass Louis Philipp von diesem hervorragenden Regierungsmittel einen sehr ausgibigen Gebrauch machte …

Hier setzte Proudhon ein: Sohn eines Bauern und nach Instinkt und Talent hundertmal revolutionärer als alle die Doktrinär- und Bourgeoissozialisten, brachte er als Rüstzeug, mit dem er alle ihre Systeme zerstörte, eine ebenso tiefe wie durchdringende und erbarmungslose Kritik mit. Der »Autorität« dieser Staatssozialisten stellte er die »Freiheit« gegenüber und bekannte sich kühn als Anarchist. Ihrem Deismus oder Pantheismus ins Gesicht fand er den Mut, sich Atheist zu nennen.

Sein Sozialismus gründete sich auf die individuelle und kollektive Freiheit und auf die spontane Aktion freier Verbände. Sie anerkennen keine anderen Gesetze als die allgemeinen Gesetze der sozialen Ökonomie, die von der Wissenschaft aufgestellt oder aufzustellen sind, ausserhalb jeden gouvernementalen Reglements und jeder Staatsprotektion. Die Politik bleibt den ökonomischen, intellektuellen und moralischen Interessen der Gesellschaft untergeordnet.

Sein Sozialismus musste später und in notwendiger Konsequenz zum Föderalismus führen.

BAKUNIN IN PARIS.

(nach Alexander Herzen, »Erinnerungen«)

»In Paris! ... Ich kleidete mich an und ging aufs Gratewohl bummeln, Bakunin, Sasonow suchen ... Hier die Rue Saint Honoré, die Champs Elisées – lauter Namen, die mir seit lange so vertraut sind ... Hier Bakunin selbst.

Ich begegnete ihm an einer Strassenecke; er ging mit drei Bekannten und gerade wie in Moskau predigte er ihnen etwas, indem er beständig stehen blieb und mit seiner Zigarette herumfuchtelte. Diesmal hatte die Predigt keinen Schluss. Ich hatte sie unterbrochen, und ging mit ihm, um Sasonow durch meine Ankunft zu überraschen ...

Nach den ersten geräuschvollen Tagen in Paris begannen ernsthafte Gespräche, wobei es sich gleich herausstellte, dass wir nicht mit demselben Schlüssel gestimmt waren. Sasonow und Bakunin waren unzufrieden, dass die von mir mitgebrachten Neuigkeiten sich mehr auf die literarische und Universitätswelt bezogen als auf die politischen Kreise. Sie hatten von mir Schilderungen politischer Parteien, Gesellschaften, Ministerkrisen (unter Nikolaus), Schilderungen der Opposition (im Jahre 1847!) erwartet. Ich aber sprach über Katheder, über Granowskys öffentliche Vorträge, über Bjelinskys Aufsätze, über die Stimmung der Studenten und sogar der Seminaristen. Sie waren dem russischen Leben entfremdet und zu sehr in die Interessen der »universalen« Revolution und der französischen Fragen vertieft, um die Tatsache einzusehen, dass bei uns das Erscheinen der »Toten Seelen« ein bedeutenderes Ereignis war, als die Ernennung zweier Paskiewitschs zu Feldmarschällen und zweier Philarets zu Metropoliten ...

Ein paar Mal bin ich Proudhon bei Bakunin begegnet, mit dem er sehr intim war. Bakunin wohnte damals bei Adolph Reichel, in einer äusserst bescheidenen Wohnung jenseits der Seine, in der Rue de Bourgogne. Proudhon pflegte öfters hinzugehen, um Reichels Beethoven und Bakunins Hegel zu hören, – doch dauerten die philosophischen Debatten länger als die Symphonieen. Sie erinnerten an den berühmten »Abendgottesdienst«, den Bakunin mit Chomjakow bei Tschaadajew, bei der Jelagina im Gespräche über denselben Hegel nächtelang abzuhalten pflegte.

Einmal abends, im Jahre 1847, wurde es Karl Vogt, der auch in der Rue de Bourgogne wohnte, und öfters Reichel und Bakunin zu besuchen pflegte, etwas langweilig, die endlosen Gespräche über Phänomenologie anzuhören, und er ging nachhause. Am Tag darauf holte er Reichel ab; beide mussten in den Jardin des Plantes gehen. Er wunderte sich über das trotz der frühen Stunde aus Bakunins Kabinett dringende Gespräch. Er öffnete die Tür und siehe Proudhon und Bakunin sassen auf demselben Platze vor dem erloschenen Kaminfeuer und schlossen mit kurzen Worten die am Abend vorher eingeleitete Debatte.«

Durch Ruge wurde Bakunin mit George Sand, Chopin und Lammenais, und wohl auch mit Karl Marx bekannt. Nach dem Eingehen der »Deutsch-Französischen Jahrbücher« fanden die Sozialisten in dem von H. Börnstein herausgegebenen »Vorwärts« in Paris ein neues Organ. Börnstein nennt unter seinen Mitarbeitern Ruge, Marx, Herwegh, Bakunin und Engels.

Bakunin über sein erstes Zusammentreffen mit Marx

»Rapports personels avec Marx«, Manuskript, 1871)

Marx und ich sind alte Bekannte. Zum erstenmal begegnete ich ihm in Paris 1844. Ich war schon Emigrant, wir waren ziemlich befreundet. Er war damals sehr viel weiter vorgeschritten als ich, wie er auch heute noch unvergleichlich viel gelehrter ist als ich, wenn auch nicht weiter vorgeschritten. Ich wusste damals noch nichts von der politischen Ökonomie, stack noch in metaphysischen Abstraktionen, und war mehr aus Instinkt Sozialist. Marx, obgleich jünger als ich, war schon Atheist, gelehrter Materialist, und Sozialist aus Reflexion. Es war präzis die Zeit, in der er die ersten Fundamente legte an seinem heutigen System. Wir sahen uns ziemlich oft. Ich schätzte sehr sein Wissen und seine leidenschaftliche, ernste Hingabe an die Sache des Proletariats, wenn sich in diese Hingabe auch immer seine persönliche Eitelkeit mengte. Und ich suchte gierig seine immer instruktive und geistvolle Unterhaltung, die noch viel geistvoller gewesen wäre, wenn sie nicht hätte von Hass und Mesquinerie ausgehen wollen, was leider allzu oft der Fall war. Nie aber bestand freie Intimität zwischen uns. Unsere Temperamente vertrugen sich nicht. Er nannte mich einen sentimentalen Idealisten und er hatte Recht; ich fand seine Eitelkeit perfid und versteckt und hatte ebenfalls Recht.

Adolf Reichel über Bakunin
(in »La Révolte«, 1893)

»Wenn er bis dahin seine Anstrengungen auf eine Revolution hin richtete, die er vielleicht zu sehr in einer theoretischen und spekulativen Weise erwartete, fand er in Paris nicht nur Gelegenheit, sich den revolutionären Elementen in mehr aktiver Weise anzuschliessen, ... sondern war auch ermutigt, sich moralisch zu kräftigen, um bereit zu sein, in einer vielleicht kommenden Bewegung seinen Platz einzunehmen. So beschäftigte er sich immer eifriger mit der Geschichte der früheren französischen Revolutionen und den Taten und Reden der Staatsmänner, die diese Geschichte leiteten oder sich darin verloren; und das gab mir viele Gelegenheit, ihn über das ewige Buch zu necken, an dem er täglich schrieb, ohne es je zu vollenden.«

Am 29. November 1847 feierten die polnischen Emigranten in Paris den 17. Jahrestag der polnischen Revolution von 1830. Bakunin trat in der von 1500 Zuhörern besuchten Versammlung, in der Hippolyte Vavin, General Dwernicky, Ludwic Wotowsky und andere sprachen, zum erstenmal als Redner auf, und bot den Polen »im Namen der russischen Demokratie« eine revolutionäre Allianz an.

Seine Rede erschien deutsch unter dem Titel »Russland wie es wirklich ist«; ich zitiere daraus nur den Schluss, der für die weitere Darstellung wichtig ist.

Aus Bakunins Polenrede

(29. November 1847 in Paris)

... Ja, glauben Sie mir: an revolutionären Elementen fehlt es in Russland nicht! Russland wird lebendig, es erhitzt sich, es zählt seine Kräfte, besinnt sich, vereinigt sich, und der Augenblick ist nicht mehr fern, in welchem der Sturm, der grosse Sturm zu unser aller Heil losbrechen wird. (längerer Beifall)

Meine Herren, im Namen dieser neuen Gesellschaft, im Namen dieser wahren russischen Nation, schlage ich Ihnen ein Bündnis vor ... (Beifall)

Durch ein verhängnisvolles und unvermeidliches Geschick, durch eine lange dramatische Geschichte, deren traurige Folgen wir alle jetzt zu tragen haben, aneinander gekettet, haben unsere beiden Länder sich lange Zeit verwünscht. Aber die Stunde der Wiedervereinigung hat geschlagen: es ist Zeit, dass unsere Misshelligkeiten ein Ende nehmen. (Beifall)

Wir haben viel gegen Euch verbrochen, und Ihr habt uns viel zu verzeihen. Aber unsere Reue ist nicht weniger gross, und wir empfinden in uns eine Fülle guten Willens, der alle Eure Leiden wieder gut zu machen und das Vergangene Euch vergessen zu lassen vermag. Dann wird unser Hass sich in Liebe verwandeln, in eine umso glühendere Liebe, als unser Hass unversöhnlich war. (lebhafte Zustimmung)

Die Wiedervereinigung Russlands und Polens ist ein unermessliches Werk und wert, dass man sich ihm ganz weihe ... Es ist die

Befreiung aller slavischer Völker, die unter einem fremden Joch seufzen; es ist endlich der Sturz, der unwiderrufliche Sturz des Despotismus in Europa.

Die Rede bewirkte, dass die durch Kisselew vertretene russische Gesand[t]schaft Bakunins sofortige Ausweisung verlangte, die das damalige französische Ministerium (Duchâtel, Guizot) auch sofort verfügte. Auf eine Anfrage Guizots bei Kisselew über Bakunin antwortete Kisselew: »C'est un homme qui ne manque pas de talent, nous l'avons employé, mais aujourdhui il est allé trop loin et nous ne pouvons pas souffrir sa présence à Paris.« *Diese Verläumdung, die Kisselew auch in der polnischen Emigration verbreitete, wurde später von den Gegnern Bakunins aufgegriffen und gegen ihn ausgespielt.*

Brief an Georg Herwegh

Brüssel, Dezember 1847.

Lieber, erst heute kann ich zum Schreiben kommen. Viel werde ich Dir über das hiesige Treiben zu erzählen haben. Aus der demokratischen Alliance kann wirklich etwas Gutes werden. Die Deutschen aber, Handwerker Bornstädt, Marx und Engels – vor allem Marx, treiben hier ihr gewöhnliches Unheil. Eitelkeit, Gehässigkeit, Klatscherei, theoretischer Hochmut und praktische Kleinmütigkeit; – Reflektieren auf Leben, Tun und Einfachheit; literarische und diskurierende Handwerker und ekliges Liebäugeln mit ihnen –« Feuerbach ist ein Bourgeois« und das Wort Bourgeois zu einem bis zum Überdruss wiederholten Stichwort geworden, – alle selbst aber vom Kopf bis zu Füssen durch und durch kleinstädtische Bourgeois –; mit einem Wort: Lüge und Dummheit, Dummheit und Lüge. In dieser Gesellschaft ist keine Möglichkeit, einen freien, vollen Atemzug zu tun. Ich halte mich fern von ihnen und habe ganz entschieden erklärt, ich gehe in ihren kommunistischen Handwerkerverein nicht und will mit ihm nichts zu tun haben ...

Brief an W. Annenkow
Brüssel, 28. Dezember 1847

Von den Polen sah ich Lelewel, Skrznecky, Graf Tiszkiewitsch und noch weiter zwei andere, die es sich nicht zu nennen lohnt. Mit Ausnahme Lelewels, mit dem ich bereits seit langen Jahren bekannt bin, sind mir alle etwas unsympathisch; sie bilden eine besondere Partei unter Tiszkiewiczs Führung und haben den kleinlichen Hass und Klatsch, diese allen Emigrationen, besonders der polnischen, eigene Krankheit zum höchsten Grade der Entwicklung gebracht. Trotzdem werde ich wahrscheinlich bald wieder als Redner auftreten müssen; vorläufig sprechen Sie niemand davon mit Ausnahme Turgenjews. Ich fürchte, dass es die Panslavisten durch Sasonow erfahren werden. Die Sache ist aber noch nicht beschlossen. Es kann sein, dass man mich auch von hier verjagt; sie mögen mich ausweisen, ich werde desto kühner, schärfer und treffender sprechen.

Bis jetzt wurde fast mein ganzes Leben durch unfreiwillige Wendungen bestimmt, unabhängig von meinem Willen; Gott weiss, wohin es mich führen wird. Ich fühle nur, dass ich nicht umkehren und nie meinen Überzeugungen untreu werden kann. Darin liegt meine ganze Kraft und mein Wert; darin die ganze Wirklichkeit und Wahrheit meines Lebens; darin mein Glaube und meine Pflicht; an dem übrigen ist mir wenig gelegen: es soll werden, wie es will.

Das ist meine Beichte, Annenkow. Sie werden sagen, in alledem stecke viel Mystizismus. Wer ist denn kein Mystiker? Gibt es denn eine Spur von Leben ohne Mystizismus? Nur dort ist Leben, wo es einen strengen, unbegrenzten, und daher etwas mystischen Horizont gibt. Wahrlich wir alle wissen fast nichts. Wir leben in einer lebendigen Atmosphäre, umgeben von Wundern und Lebenskräften, und jeder unserer Schritte kann sie ohne unser Wissen und oft sogar unabhängig von unserem Willen zutage fördern …

Aber genug davon. Gigot grüsst Sie. Marx treibt hier dieselbe eitle Wirtschaft wie vorher, er verdirbt die Arbeiter, indem er Räsonneurs aus ihnen macht: derselbe theoretische Wahnsinn und dieselbe mit sich selbst unzufriedene Selbstzufriedenheit.

Die hiesigen Zeitungen begrüssten mich sehr freundlich; überhaupt ist meine Lage geordnet …

Auf die ersten Nachrichten vom Ausbruch der Februar-Revolution (1848) eilte Bakunin nach Paris. Über die Februar-Revolution schreibt er in »Bourgeoisie rurale« (Manuskript 1871):

Man weiss, dass sich am Vorabend der Februarrevolution in Paris etwas sehr Seltsames zutrug: es gab auf einmal keine Monarchisten mehr, alle waren ergebene und eifrige Republikaner geworden. Die verbohrtesten und kompromittiertesten Menschen, Leute, die im Dienste der monarchistischen Reaktion, der Polizei und der Militärgewalt alt und grau geworden waren, schwuren, sie seien im tiefsten Herzensgrunde stets Republikaner gewesen ... Sogar die Kirche segnete die Republik, was sage ich! Sie feierte ihren Triumph wie einen eigenen Sieg. War die christliche Lehre nicht die Lehre von Freiheit, Gleichheit und Brüderlichkeit? Und der Christ – war er nicht der Freund des Volkes und der erste Revolutionär der Welt? Solcherlei proklamierten nicht nur einige häretische vorlaute Philosophen der Schule Lammenais oder Buchez, sondern in allen Kirchen die Priester selbst. Allerorten trugen sie das Kreuz dem Symbol der Volksfreiheit, der roten Fahne entgegen und weihten die Freiheitsbäume. Die Schüler des Polytechnikums, die Studenten der Moral, der Philosophie, Philologie, der Geschichte und der Rechte, samt den enthusiastischen Hörern der Herren Michelet und Quinet, alle gleicherweise verdummt von einem dicken, metaphysisch holpernden und in der Praxis zweideutigen Idealismus, der indessen für die Bürgerjungens die gerade passende geistige Kost war, da die reinere Wahrheit und die strengeren Deduktionen der Wissenschaft ihrer Verdauung nicht lagen, weinten vor Freude und Aufregung ...

Das jesuitische und päpstliche Rom hütete sich wohl, der demokratisch-republikanischen Revolution von 1848 mit einem Syllabus oder der Unfehlbarkeitserklärung seines Chefs zu antworten. Man handelte viel geschickter: man proklamierte sich selbst als demokratisch und republikanisch, zwar nicht für Italien, aber für Frankreich. Man setzte die rote Jacobinermütze dem gekreuzigten Christus als Krone auf. Es lag einem gar nichts daran, mit jener Monarchie zu fallen, die jahrhundertelang für Rom mehr als eine Alliierte, eine ergebene und treue Dienerin gewesen war. Man segnete die Republik, da man übrigens sehr wohl wusste, dass dieser Segen niemandem mehr Glück brachte. Mit vielem Klarblick sah man ein, dass diese

Entwicklung nicht nur unvermeidlich, sondern auch heilsam war, indem die Republik nach Wegräumung der sogenannten liberalen, zweideutigen Einrichtungen des Bourgeoisregimes und nach dem Sturz der Herrschaft der Städte über das Land, gerade durch die Opposition des Landes gehindert würde, sich zu organisieren und festzusetzen. Diese Opposition gehorchte der beinahe unbeschränkten Herrschaft des Klerus und musste unfehlbar zu der einzigen Herrschaft führen, die der Kirche wirklich passen konnte, zur Herrschaft des reinen Despotismus, sei es in Gestalt einer legitimen Monarchie, oder einer offenen militärischen Diktatur. Die folgenden Ereignisse bewiesen, dass die Berechnungen der Kirche nur zu richtig waren.

Bakunin zur Zeit der Pariser Februarrevolution

(nach Alexander Herzen, »Nachgelassene Schriften«)

Die ersten Tage nach dem Ausbruch der Februarrevolution waren die besten im Leben Bakunin[s]. Aus Belgien zurückgekehrt, wohin ihn Guizot für seine Rede bei der Jahresfeier der polnischen Revolution gejagt hatte, stürzte er sich mit Leib und Seele in das Meer der Revolution. Er verliess nicht die Kasernen der Montagnards, pflegte dort die Nacht zuzubringen, mit ihnen zu essen, predigte in einem fort den Kommunismus und égalité du salaire, die Nivellierung im Namen der Gleichheit, die Befreiung aller Slaven, die Vernichtung aller Staaten à la Österreich, die Revolution en permanence, den Kampf bis zur Ausrottung des letzten Feindes.

Der Barrikadenpräfekt Cossidière, der aus der »Unordnung« Ordnung zu schaffen suchte, wusste nicht wie er den teuren Prediger loswerden sollte und fasste gemeinsam mit Flocon den Gedanken, ihn in der Tat mit einer brüderlichen Akkolade zu den Slaven zu schicken, in der Zuversicht, dass er sich dort den Hals brechen und nicht mehr stören werde.

»Quel homme! Quel homme!«, pflegte Cossidière von Bakunin zu sagen, »am ersten Tage der Revolution ist er einfach ein Schatz, am zweiten muss man ihn einfach erschiessen.«

›Saget Cossidière‹, sagte ich scherzend zu seinen Freunden, ›er unterscheide sich eben dadurch von Bakunin, dass auch er, Cossidière, ein braver Mensch sei, dass es aber besser wäre, ihn am Vorabend der Revolution zu erschiessen.‹

Später, im Jahre 1854, erinnerte ich ihn in London daran. Der Präfekt im Exil schlug sich mit seiner ungeheuren Faust an seine mächtige Brust mit einem Schwunge, mit dem man Pfähle in die Erde zu treiben pflegt und rief aus: »Hier trage ich Bakunin, hier!«

> *Nach Golowin (»Geschichte des Nihilismus«) erhielt Bakunin von Flocon, der wie Arago und Lagrange zu seinen damaligen Bekannten gehörte, 3000 Francs, einen französischen Pass und den Auftrag, Deutschland (oder Russland?) zu revolutionieren. Anfangs April 1848 reiste er über Frankfurt, Köln, Berlin, Leipzig nach Breslau.*

BRIEF AN ANNENKOW
Köln, 17. April 1848

Ich war so in Eile und habe mich den letzten Tag in Paris so müde gelaufen, dass ich nicht dazu gekommen bin, von Ihnen und Turgenjew Abschied zu nehmen. Sie können sich deshalb kaum vorstellen, wie traurig mir zu mute war, aber in der letzten Zeit war ich wie verrückt, konnte weder zur Besinnung kommen noch frei aufatmen. Erst hier in Deutschland und zwar in Köln, bin ich zu mir gekommen. In Frankfurt war ich immer noch wie im Fieber. Hier ist das Fieber unmöglich, da trotz der ganzen vermeintlichen, scheinbaren Bewegung hier eine Philisterruhe herrscht.

Sonderbar! Der grösste Teil Deutschlands ist in Unruhe, ohne eigentlich Revolution zu haben, was jedoch die Deutschen nicht hindert, beim Rheinwein von »innerer Revolution« zu sprechen. Übrigens ist es, wie man sagt, in Berlin lebhafter. In Baden schlägt man sich ohne Zweifel schon.

Die Abwesenheit jeder Zentralisation macht sich jetzt mehr als je fühlbar. Da schlagen sich in Aachen (sechs Stunden Wegs von Köln) die Arbeiter bereits seit sechs Tagen verzweifelt gegen die Bourgeoisie, während hier Todesstille herrscht. Zwar gibt es auch hier viele Klubs, wo der Deutsche mit Stolz die Sicherheit des Wortes geniesst, aber entschieden keine Revolution. In Frankfurt war es bedeutend lebhafter und es wird im Mai wieder lebhaft zugehen, sobald sich nur die Deputierten aus allen Teilen Deutschlands versammeln werden. Ich habe dort mindestens fünfzig rührige, einflussreiche und energische Demokraten kennen gelernt und mich besonders mit dreien von ihnen befreundet: mit Jacoby aus Königsberg, dem Grafen Reichenbach aus Schlesien, und dem verabschiedeten Artillerieleutnant Willig, der wegen Verbreitung kommunistischer Gedanken aus dem preussischen Heere fortgejagt wurde. Dem letzteren wurde jetzt das Kommando über die vereinigte, aus badenser Bauern und deutschen Auswanderern aus Paris und der Schweiz bestehende Revolutionsarmee anvertraut; dort ist auch jetzt unser Freund Herwegh tätig, von ihm habe ich nichts gehört..

Jetzt sind nicht Könige, nicht Fürsten mächtig, sondern die Bourgeoisie, die verzweifelt die Republik verwirft als etwas, das die sozialen Fragen und den Sieg der Demokratie nach sich zieht. Übrigens ist die Republik in Deutschland unvermeidlich: die alte Gewalt fällt überall in Trümmer, sie ist überall der Initiative beraubt; eine revolutionslose Anarchie, das ist Deutschlands Zustand und nur eine Republik kann den vernichteten und beschimpften deutschen Bund ersetzen und Deutschland die Einheit geben, dies Ideal jedes Deutschen. »Deutsche Einheit!« Sie können sich kaum denken, wie viel Dummheiten über dies Thema schon ausgesprochen wurden! Während dieser vierzehn Tagen hat der Deutsche sehr viel gesprochen und er möchte, dass dies alles gedruckt wird. Was in Deutschland lebendig ist, das ist das Proletariat, das sich zu regen beginnt, und der Bauernstand; hier wird es noch eine schreckliche Revolution und eine wahre Flut von Explosionen geben. Diese Flut wird alle Trümmer der alten Welt von der Oberfläche der Erde hinwegschwemmen und dann wird es dem guten, geschwätzigen Bürger schlimm, sehr schlimm ergehen.

Die Symptome dieser Revolution treten überall hervor: Geld gibt es wenig, noch weniger Käufer, die Fabriken feiern und mit jedem Tag vermehrt sich die Zahl der Arbeitslosen. Die demokratische Revolution wird hier nicht später als in zwei oder drei Monaten losbrechen. Jetzt organisieren ihre Führer allmählich die Kräfte und bemühen sich, Einheitlichkeit in die revolutionäre Bewegung in ganz Deutschland zu bringen; es fehlt nicht an klugen, tüchtigen Leuten und sie wissen gut zu handeln …

In Berlin werde ich nicht mehr als zwei Tage bleiben und von da direkt nach Posen gehen. Soll ich es Ihnen sagen, Annenkow, je weiter ich nach Norden komme, desto trauriger und schrecklicher wird die Welt.

Arnold Ruge über Bakunin in Leipzig

(»Neue Freie Presse«, 1876)

In Leipzig fand eine Agitation für die Wahlen ins deutsche Vorparlament statt. Der »Sächsische Vaterlandsverein« sollte seine Kandidaten aufstellen. Ruge kandidierte, doch war ihm das Vereinskomitee nicht günstig gesinnt. Im »Odeon« wurde ein Meeting abgehalten. Als Ruge dort anwesend war, meldete man ihm, ein Herr aus Paris wolle ihn sehen.

Ich sagte, ich sei einige Stunden notwendig beschäftigt. Da übergab mit der Bote eine Karte mit dem Namen Bakunin. Ich konnte nicht widerstehen. Ich eilte hinaus und fand ihn in der Droschke.

»Komm nur herein!«, rief er mir zu. »Lass Deine Philister im Stich und fahr mit mir ins Hotel de Pologne. Ich habe Dir unendlich viel zu erzählen.«

Ich protestierte und bat ihn, mir nur ein paar Stunden Zeit zu lassen. Ich sei fest überzeugt, wenn ich nicht dabei wäre, so spielten sie mir übel mit und setzten ihren Willen, mich von der Liste zu streichen, doch noch durch. Er komme ihnen zur Hilfe wie ein Gott vor Ilium.

»Komm, alter Freund, trinken wir eine Flasche Champagner! Es wird ja doch nichts draus. Ein Redeübungsverein mehr, weiter nichts! Hältst Du denn etwas davon?«

»Allerdings nicht viel. Man kann sie aber doch nicht im Stich lassen. Allein finden sie sich nicht aus dem Hause«.

»Nun, da tust Dus am Ende doch nur aus Mitleid. Verpfuscht wird die Sache nun einmal. Und wenn Du nicht mit dabei bist, hast Dus nicht mit zu verantworten. Komm nur herein!«

Ich liess mich wirklich bereden und was ich vermutet hatte, trat ein: der Vaterlandsverein liess meine Kandidatur fallen.

Bakunin war mit Paris gar nicht zufrieden. »Glaub Du nur nicht, dass Ihr Sachsen die Philister gepachtet habt. Paris schwärmt davon wie von Maikäfern.« Die Bewegung scheine ins Stocken zu geraten und es werde sicherlich ein Rückschlag eintreten. Schon dass man Spanien und Italien im Stich lasse, sei ein Fehler. Lamartine sei ein hohler Phrasendrechsler, und für die deutsche und slavische Revolution habe man vollends kein Verständnis. Dass wir andern auch nach Existenz lechzen, will dem Spies[s]bürger der grossen Nation nicht in den Kopf. Nur mit grosser Mühe sei es ihm gelungen, sich die Mittel zu einer Agitation in Russland zu verschaffen; er wolle sich zu diesem Zwecke nach Breslau begeben, um der russischen Grenze näher zu sein. Von den Pariser Politikern hatte er sich besonders an de Flotte angeschlossen, aber der stimme darin mit ihm überein, dass die Revolution im Ermatten und feindliche Elemente im Aufsteigen begriffen seien ...

Bakunin über seine Beziehungen zu Marx 1848
(»Rapports personels avec Marx«, 1871)

1848 waren unsere Ansichten geteilt. Und ich muss sagen, dass das Recht sehr viel mehr auf seiner als auf meiner Seite war. Er hatte gerade seine deutschen Kommunistensektionen in Brüssel und Paris gegründet und in Verbindung mit den französischen und einigen englischen Kommunisten, unterstützt von seinem Freunde und von ihm untrennbaren Genossen Engels eine erste internationale Assoziation von Kommunisten verschiedener Länder in London ins Leben gerufen. Dort redigierte er zusammen mit Engels im Namen dieser Assoziation jene äusserst bemerkenswerte Schrift, die unter dem Titel »Kommunistisches Manifest« bekannt geworden ist.

Ich dagegen, hingerissen vom Rausch der revolutionären Bewegung in Europa, war viel mehr mit der negativen als mit der positiven Seite dieser Revolution beschäftigt, viel mehr mit dem Umsturz des Bestehenden als mit dem Aufbau und der Organisation dessen, was sein sollte.

Gleichwohl gab es einen Punkt, in dem ich gegen ihn im Rechte war. Als Slave wollte ich die Emanzipation der slavischen Rasse von der deutschen Bevormundung, und zwar durch die Revolution, durch Zerstörung der russischen, österreichischen, preussischen und türkischen Monarchien, durch Reorganisation der Völker von unten nach oben, in einer Freiheit, die das Volk selbst sich gibt auf der Basis völliger ökonomischer und sozialer Gleichheit, und nicht mittels irgend einer Autoritätsgewalt, so revolutionär und intelligent sie auch sei.

Schon damals zeigte sich die Verschiedenheit der Systeme, die uns heute in einer auch von meiner Seite jetzt bewussten Weise trennen. Meine Betrebungen und Ideen mussten Marx sehr missfallen. Vor allem weil es nicht die Seinen waren, sodann weil sie seinen autoritär-kommunistischen Überzeugungen zuwiderliefen, zuletzt aber, weil er als deutscher Patriot schon damals gegen das Recht der Slaven auf ihre Loslösung von der deutschen Herrschaft war, wie er noch heute dieses Recht nicht zugestehen will, da er heute wie damals die Deutschen für berufen hält, jene zu zivilisieren, das heisst: sie gutwillig oder mit Gewalt zu germanisieren.

Die von Bakunin und besonders von Herwegh vertretene Idee einer »Deutschen Legion« (bestehend aus badenser Bauern und deutschen Emigranten aus Paris und der Schweiz) scheint der Anlass des offenen Bruchs mit dem Marx-Engels'schen Kreise gewesen zu sein.

Engels schreibt

(»Sozialdemokratische Bibliothek«, Zürich, 1885):

»Wir widersetzten uns dieser Revolutionsspielerei aufs Entschiedenste. Mitten in die damalige Gährung Deutschlands eine Invasion hineinzutragen, die die Revolution zwangsmässig von aussen importieren sollte, das hiess der Revolution in Deutschland selbst ein Bein stellen, die Regierungen stürzen und die Legionäre selbst – dafür bürgt Lamartine – den deutschen Truppen wehrlos in die Hände liefern.«

Bakunin

(in »Sophismes historiques de l'école doctrinaire des communistes Allemands«, 1871):

»Immerhin blieben wir Freunde bis 1848. Im Jahre 1848 beging ich in ihren Augen das grosse Unrecht, gegen sie die Partei eines berühmten Dichters – warum soll ich ihn nicht nennen – Herrn Georg Herweghs zu nehmen, für den ich eine tiefe Freundschaft empfand und der sich von ihnen in einer politischen Angelegenheit trennte, in welcher, wie ich jetzt denke und offen sage, das Recht, die richtige Würdigung der allgemeinen Lage, auf ihrer Seite war. Sie griffen ihn mit der Sansfaçon an, die ihre Angriffe charakterisiert und ich verteidigte ihn in seiner Abwesenheit mit Wärme persönlich gegen sie in Köln.

> *Ende Mai bis Mitte Juni 1848 tagte in Prag ein »Erster allgemeiner Slavenkongress«. Nach Nettlau (»Michael Bakunin, eine Biographie«) werden als unmittelbare Anreger des Kongresses einerseits Stur, andrerseits Moraszewsky genannt. »Nur die Polen meinten es ehrlich damit, das heisst im Sinne der damaligen europäischen Revolution, auf die sie ihrerseits für ihre polnischen Ziele bauten. So schrieb Dembinsky aus Breslau im Namen der polnischen Emigration nach Prag, man solle auf dem Kongress für die Versöhnung der Südslaven und Magyaren wirken, gleichzeitig Friedensdeputationen nach Pest und Agram schicken; alle Slaven sollten sich gegen den Zarismus erheben.«*

Bakunin über den »Ersten allgemeinen Slavenkongress«

(Manuskript, 1870)

1848, auf dem ersten Slavenkongress in Prag, einem Kongresse, der von dem Grafen Thun, von Palacky und Rieger in einer reaktionären Absicht einberufen worden war, der Absicht nämlich, unter habsburgischem Szepter einen mächtigen tschechischen Staat zu bilden, einem Zwangskongress, der die neue österreichische Monarchie bestätigen sollte, der aber unter unseren vereinten Anstrengungen, dank besonders der entschieden revolutionären Dispositionen des Volkes und der Jugend von Prag einen direkt entgegengesetzten Verlauf nahm, so dass der Kongress von den österreichischen Truppen bombardiert und zerstreut wurde, – auf diesem Kongresse bekämpfte ich mit aller mir zu gebote stehenden Kraft die Panslavisten, als eine Partei, die unter dem Protektorat Petersburgs steht, und proklamierte laut die Notwendigkeit der Zerstörung des Kaiserreichs aller Russen, ebenso sehr im Interesse der Freiheit Europas und der Emanzipation der österreichischen und türkischen Slaven, wie im Interesse der Befreiung der russischen Völker selbst, die an diesem Kaiserreich zugrunde gehen wie an einem schrecklichen Gift. Es ist wahr, dass ich ebenso wenig Federlesens machte mit den deutschen wie mit den offiziellen und offiziösen russischen Ambitionen.

Ich erhob gleicherweise die Forderung einer notwendigen Zerstörung des Kaiserreichs Österreich wie des Königtums Preussen und das ist es, was die deutschen Patrioten und Demokraten mir nie verzeihen konnten, sie, die von der Nationalversammlung in Frankfurt und von allen provinzialen Teilversammlungen nichts anderes erträumten als die Wiedererrichtung eines kaiserlichen Grossdeutschland, mit liberalen und demokratischen Institutionen, versteht sich; als ob sich das mit einem solchen Kaiserreich vereinbaren liesse.

> *Nach Springer (»Geschichte Österreichs«) brachte das »grösste Leben in die vertraulichen Sitzungen der Russe Bakunin.«*

Aus der »Proklamation des ersten Slavenkongresses an die Völker Europas«

»Leider ist das Gesetz, dass kein Volk über das andere herrschen soll, in unseren Tagen auch in den gebildeten Völkern noch nicht nach Gebühr erkannt und gewürdigt worden. Ansprüche von Aufsicht, von Bevormundung, die man den Individuen gegenüber willig fallen liess, erhebt man noch immer einzelnen Völkern gegenüber; man strebt nach Herrschaft im Namen der Freiheit und weiss diese von jener nicht zu trennen.

Wir beantragen die sofortige Beschickung eines allgemeinen europäischen Völkerkongresses zur Ausmachung aller internationalen Fragen; denn wir sind überzeugt, dass sich freie Völker leichter unter einander verstehen als bezahlte Diplomaten. Möchte doch dieser Vorschlag beizeiten beobachtet werden, ehe die Reaktionspolitik einzelner Höfe es wieder dahin bringt, dass die durch Neid und Hass aufgestachelten Völker sich unter einander zerfleischen.«

Aus einem »Aufruf an die Slaven«

(Broschüre, im Selbstverlag, 1848)

Brüder!
Die Stunde der Entscheidung hat geschlagen. Es handelt sich darum, offen und entschieden Partei zu ergreifen, entweder für die Ruine der alten Welt, um diese noch für einen kurzen Augenblick zu stützen, oder für die neue Welt, deren Licht hereingebrochen ist; die den kommenden Geschlechtern gehört, und der die kommenden Jahrtausende gehören ...

In zwei Heerlager ist die Welt geteilt. Hier Revolution, dort Kontrerevolution – das sind die Losungen. Für eine von beiden muss sich ein jeder, müssen auch wir uns, müsset Ihr, Brüder, Euch entscheiden ...

Trauet nicht den diplomatischen Künsten. Polen haben sie ins Verderben gestürzt, sie werden auch Euch ins Verderben stürzen ...

Diese Politik, die wir verdammen, die wir verfluchen, ist nicht die Politik des werdenden deutschen Volkes, ist nicht die Politik der deutschen Revolution, der deutschen Demokratie, sondern es ist die Politik des alten Staatstums, die Politik der Fürstenrechte, der Aristokraten und Privilegierten aller Art ...

Heilige Pflicht ist es für uns, für die Demokraten aller Länder, dass wir unsere Kräfte vereinigen, dass wir sorgen, uns untereinander zu verständigen und uns eng zusammenscharen, damit wir verbunden die Feinde unserer gemeinsamen Freiheit bekämpfen und besiegen ...

Aufgelöst erklärt die Revolution aus ihrer Machtvollkommenheit die Despotenstaaten ... aufgelöst das preussische Reich ... aufgelöst Österreich ... aufgelöst das türkische Reich ... aufgelöst das russische Reich ... aufgelöst also, umgestürzt und neugestaltet den ganzen Norden und Osten Europas ... und das Endziel von allem: die *allgemeine Föderation der europäischen Republiken* – und das alles im Namen der Freiheit, der Gleichheit, der Brüderlichkeit aller Natio[n]en ...

Brüder! Ich bin eine Russe, ich spreche zu Euch als Slave. Meine Gesinnungen, meine Gefühle, meine Gedanken habe ich Euch auf dem Kongresse zu Prag offen dargelegt. Ihr wisset, dass ich als Russe das Heil meiner Landsleute nur in der Gemeinsamkeit mit allen übrigen Brüdern, nur in der Verbindung aller slavischen Völker als einer Föderation freier Stammesgenossenschaften erblicke. Ihr wisset, dass ich mir die Beförderung dieses grossen und heiligen Zwecks zur Aufgabe meines Lebens gemacht habe. Dies gibt mir ein Recht, so zu Euch zu sprechen, wie ich es tue, denn in Euren Angelegenheiten bin ich bei meiner eigenen; Eure Sache ist die Unsrige, Euer Heil unser Heil, Eure Ehre unsre Ehre, Eure Schmach unsre Schmach und Euer Verderben unser Verderben. Im Namen von 60 Millionen Slaven richte ich das Wort an Euch, im Namen von 60 Millionen Eurer Brüder ...

In Moskau wird die Knechtschaft der unter russischem Szepter stehenden und aller slavischen Völker und mit ihr alle europäische Knechtschaft zerbrochen und auf ewig unter ihrem eigenen Schutt und unter ihren eigenen Trümmern begraben werden; in Moskau wird aus einem Meer von Blut und Feuer hoch und herrlich das Gestirn der Revolution emporsteigen und zum Leitstern werden für das Heil der ganzen befreiten Menschheit ...

Der Revolution sollt Ihr Euch hingeben, ganz und unbedingt ...

Was hat die Konspiration der Despoten zunächst zu ihrer Aufgabe gemacht?

Die Erhaltung Österreichs. Österreich ist der Mittelpunkt des Kampfes.

Was müssen wir demnach wollen?

Das Gegenteil von dem, was jene wollen: die vollständige Auflösung des Kaiserreichs Österreich ... denn die Auflösung dieses Österreich ist die Erlösung und Erhebung aller der vielen in der österreichischen Einheit geknechteten Völker und die Befreiung des Herzens von Europa ...

Vor allem sollt Ihr die militärische Macht Österreichs brechen; diese Macht, durch welche die freie Erhebung der Völker niedergehalten und gehemmt wird, und die dem Siege der allgemeinen Freiheit, Gleichheit und Brüderlichkeit der Völker sich entgegenstellt ...

Der Geist der neuen Zeit spricht und handelt nur im Sturme. Unsere slavische Natur ist nicht die des abgelebten Greisenalters, dem nur das Abgeschwächte und Verdünnte zusagt; sie ist nicht verdorben und verfault, sondern einfach und gross, und nur das Aufrichtige und Ganze wirkt auf sie. Die Slaven müssen Feuer werden, um Wunder zu tun ...

»Neue Rheinische Zeitung, Organ der Demokratie«, Köln
Redaktion Marx und Engels

6. Juli 1848. Pariser Korrespondenz:

»Den Kämpfen der Slavenrasse in Böhmen, Ungarn und Polen folgt man hier trotz unserer inneren Gährungen mit sehr aufmerksamen Augen. In Bezug auf die Slavenpropaganda versicherte man uns gestern, sei George Sand in den Besitz von Papieren gelangt, die den von hier verbannten Russen M. Bakunin stark kompromittierten, indem sie ihn als ein Werkzeug oder in jüngster Zeit gewonnenen Agenten Russlands darstellen, den der grösste Teil der Schuld der neuerdings verhafteten unglücklichen Polen trifft. George Sand hat diese Papiere einigen ihrer Vertrauten gezeigt. Wir haben hier nichts gegen ein Slavenreich, aber durch den Verrat der polnischen Patrioten wird es nimmermehr zu Stande kommen.«

Bakunin, »Brief an die Redaktion der Liberté« (Zürich, 1872) und »Aux compagnons de la Fédération jurassienne« (1872):

1848 war ich jung, impressionibel, und folglich viel weniger geduldig und indifferent, als ich es heute sein kann. Kaum hatte ich von jener Korrespondenz des Journals der Herren Marx und Engels gelesen, als ich auch schon einen Brief an Frau George Sand schrieb, die damals viel revolutionärer war, als sie es heute zu sein scheint, und für die ich sehr aufrichtige und lebhafte Bewunderung empfand. Der Brief wurde ihr übermittelt von meinem Freunde Adolf Reichel ... Frau George Sand antwortete mir in entzückender Weise und versicherte mir ihre unveränderte Freundschaft. Gleichzeitig richtete sie an die Herren Marx und Engels einen energischen Brief und erbat sich indigniert Aufschluss über den Missbrauch, den man mit ihrem Namen trieb. Und ich ersuchte einen polnischen Freund, Koszielsky, der in eigenen Angelegenheiten nach Köln fuhr, in meinem Namen von den Herren Redakteuren der »Neuen Rheinischen Zeitung« entweder einen öffentlichen Widerruf oder Genugtuung mit den Waffen zu fordern. Unter dieser doppelten Pression zeigten sich die Herren sehr verständig und zuvorkommend. Sie veröffentlichten den Brief, den Ihnen Madame Sand geschickt hatte, – einen für ihre Eitelkeit sehr unangenehmen Brief –, und fügten einige Zeilen dazu, in denen sie ihr Bedauern ausdrückten, dass in ihrer Abwesenheit in ihrer Zeitung eine so unsinnige Korrespondenz gegen die Ehre ihres »Freundes Bakunin« gedruckt worden sei, für den sie selbst alle Neigung und Hochachtung empfänden.

Die Beschuldigung, die mich wie ein Steinwurf an den Kopf just in demselben Augenblicke traf, da ich mitten in der Organisation revolutionärer Dinge begriffen war, lähmte für einige Wochen vollständig meine Aktion. Alle meine deutschen und slavischen Freunde rückten von mir ab. Ich war damals der erste Russe, der sich in aktiver Weise an der Revolution beteiligte, und ich brauche Ihnen nicht zu sagen, mit welchem traditionellen Misstrauen jeder Westeuropäer von vornherein sich wappnete, wenn er von einem revolutionären Russen sprechen hörte.

Bakunin über Deutschland 1848

(»Aux compagnons de la Fédération jurassienne«)
Manuskript, 1872

Den Vorwurf des Mystizismus hat man gegen die Deutschen vor 1848 erheben können. Seit dieser Epoche, die für ganz Deutschland den jähen Übergang von der Theorie zur Praxis bedeutete, denkt niemand mehr daran, ihnen Mystizismus vorzuwerfen. Sie sind wirklich sehr praktisch geworden. Schlimmerweise hat sie dieser neue, so ganz und gar praktische Geist, in dem sie sich von diesem denkwürdigen Jahre an präsentierten, in vollkommenen Widerspruch mit all ihren früheren humanitären Träumen gebracht. So gütig, gerecht und menschlich diese Träume waren, so bösartig beschränkt und hässlich fiel die Praxis aus. Die deutschen Träume hatten aus Deutschland eine tief sympathische Nation gemacht, der die Verehrung der ganzen Welt gehörte. Die Realität, die Praxis von neuerdings, verwandelten Deutschland in eine Nation, die man verwünschte, machten aus ihm eine Bedrohung für alle Welt.

1848 hörte ich in Deutschland von den Aposteln und Doktrinären dieses neuen politischen Geistes auf alle edleren Proteste, die sich, sogar aus der Bourgeoisie in einer Art letzten Besinnung noch erhoben, jene bezeichnenden Worte, die überall einstimmige Resonnanz fanden und vom ganzen Lande wie ein furchtbares Losungswort wiederholt wurden: »Seien wir praktisch! Lassen wir unseren Enthusiasmus! Fort mit Träumen und Kindlichkeit! Wir haben Grossdeutschland zu gründen! Seien wir endlich praktisch!«

Und sie wurden wirklich praktisch. Infolge stillschweigenden Einvernehmens zwischen der liberalen, gemässigten Bourgeoisie und der bourgeoisen, sogar sozialistischen Demokratie der Städte war das Erste, was man in ganz Deutschland unternahm, die Lähmung der revolutionären Bauernbewegung. Die Bauern nämlich, wie schon 1830, sehr unzufrieden mit ihrer von der Feudalknechtschaft noch nicht völlig gelösten ökonomischen Situation, schienen geneigt, die grossen Aufstände von 1524 und 1525 zu wiederholen. Ich bin fest überzeugt: wären die deutschen Demokraten weniger doktrinär und dafür revolutionärer gewesen, als sie es in Wirklichkeit waren; hätten sie, statt ihr Heil in National- und Provinzparlamenten zu suchen, die Hand jener spontanen Bauernbewegung, die sich natürlicherweise wie immer gegen die adligen Herrenhäuser und

Grossgrundbesitzer richtete, reichen wollen; hätten sie sich dazu mit dem städtischen Proletariat verbunden, – so wäre bei der allgemeinen Verwirrung und der vollkommenen Ohnmacht, in der sich die Regierungen befanden, im März und April der Triumph einer ernstlichen Revolution in Deutschland möglich gewesen.

Aber eine solche, sachliche, lebendige, energische, frei volkstümliche Revolution, eine Tatsachen-, nicht Phrasenrevolution wäre dem Ordnungsgefühl und den sozial konservativen Instinkten der bürgerlichen und sogar der sozialistischen deutschen Demokraten, die – sie selbst werden sich darüber nichts vormachen –, in der Anerkennung der »öffentlichen Ordnung« ersterben, zu sehr gegen den Strich gegangen, wenn es dazu gekommen wäre.

Wie kann man die Volksmassen, die unwissende, brutale Menge, wollen, handeln, und sich selbst organisieren lassen! Disziplinieren muss man sie und folglich: sie regieren um jeden Preis. Sie braucht entweder die Diktatur – so sehr man die Träume desavouiert[,] träumt man doch heute mehr als je davon –, oder das parlamentarische Regime. 1848 war die Diktatur offensichtlich unmöglich, und deswegen suchte man das, was man die Revolution nannte, mit Hilfe von Parlamenten zu erreichen.

Die deutschen Parlamente 1848 brachten, was alle Parlamente der Welt in Zeiten der Revolution bringen: sehr viele Phrasen und eine Flut wenn nicht direkt reaktionärer, so doch die Reaktion begünstigender Akte. Die Regierungen liessen sie eine Zeitlang gewähren, um sie in den Augen der Volksmassen zu diskreditieren, und als dann die Gleichgiltigkeit, um nicht zu sagen die Erbitterung der Massen gegen diese bürgerlichen Sprechakademieen ein genügend festgestelltes Faktum war, verfügten und vollzogen sie ohne die geringste Schwierigkeit deren Auflösung.

Stets von dieser Art neuem praktischem Geiste geleitet, der von dieser Zeit an die Individuen und politischen Parteien erfasste, haben die deutschen Parlamente von 1848 für die Freiheit Ernstes und Bleibendes tatsächlich nicht geleistet. Sie bereiteten im Gegenteil die Elemente der gegenwärtigen deutschen Einheit vor. Und so kann man sagen, dass der Pseudorevolutionarismus der deutschen Patrioten von 1848 für den Bismarckianismus von 1871 war, was in Frankreich der General Cavaignac für Napoleon III.: ein Vorläufer.

Mitte Juni kam Bakunin von Breslau nach Berlin. Er verkehrte mit demokratischen Abgeordneten der preussischen Nationalversammlung, so mit Karl d'Esther, Waldeck, Lothar Bucher. In der Hippel'schen Weinhandlung lernte er Bruno Bauer und Max Stirner kennen. Auch mit Marx traf er in Berlin wieder zusammen.

Aus Varnhagen von Enses »Tagebüchern«

17. Juli 1848:
Bettina (von Arnim) sagte mir, dass Bakunin hier sei und gestern bei ihr mit Arago (Emanuel, dem französischen Gesandten in Preussen) eine lange Unterredung gehabt habe.

24. Juli 1848:
Gestern abend kam der Russe Bakunin, kraft- und mutvoll wie nur je, stolz und freudig, voll süsser Hoffnung. Der riesige Körper leistet ihm jeden Dienst. Er erzählte mir seine Erlebnisse von Paris, Prag, Breslau; hier hält er sich für ziemlich sicher und etwas wagen, meint er, müsse er schon, denn er habe Tätigkeiten auszuüben. Seine Verbindungen erscheinen ausgedehnt, er rühmt sich vieler Freunde in Russland, besonders solcher, die es ihm erst geworden, seit er verfolgt werde. Erklärungen und Aufrufe in russischer Sprache zu 10 000 Abdrucken, Freiheit aller Slaven, der Polen, Tschechen, Illyrier etc. Geistliche tätig. Er lebt hier unter dem Namen Jules, die Minister Kühlwetter und Milde wissen von ihm, Graf Reichenbach ist sein Freund ...

Brief an Georg Herwegh
Berlin, anfangs August 1848

Deutschland stellt jetzt das interessanteste und sonderbarste Schauspiel dar: nicht ein Schattenkampf, ein Kampf von Schatten, welche sich für Wirklichkeiten nehmen und doch in jedem Augenblick ihre unermessliche Schwäche fühlen und unwillkürlich zeigen.

Die offizielle Reaktion und die offizielle Revolution wetteifern in Nichtigkeit und Dummheit, und dabei alle hohlen, philosophisch- religiös- politisch- poetisch- gemütlich- gewichtigen Phrasen, welche, nachdem sie solange in deutschen Köpfen spukten, sich jetzt am Lichte zeigen. Nein, wirklich, wir haben es mit Dir oft gesagt und wiederholt, dass es mit der Bourgeoisie und mit der alten Zivilisation aus ist; wir hatten auch geglaubt, was wir gesagt haben, aber nie, nie hätten wir gedacht, auf diese Weise und bis zu diesem Grade recht zu haben.

Die Reaktion – und ich meine hier die Reaktion im weitesten Sinne des Wortes – die Reaktion ist ein Gedanke, der durch Alter zur Dummheit geworden ist; die Revolution ist aber viel mehr ein Instinkt als ein Gedanke, sie wirkt, sie verbreitet sich als Instinkt, und als Instinkt wird sie auch ihre ersten Kämpfe kämpfen; deshalb erscheinen auch die Philosophen, Literaten und Politiker, alle die, welche ein fertiges Systemchen in ihrer Tasche tragen, und diesem unergründlichen Ozean eine Grenze und eine Form anzwingen möchten, darum erscheinen sie auch so dumm und so impotent; sie haben nichts von diesem Instinkt und sie fürchten sich, in den Wellen dieses Ozeans zu baden.

Aber die Revolution ist da, lieber Freund, wirkend, gährend, ich habe sie überall gefühlt und gefunden, und ich fürchte mich nicht vor der Reaktion.

Nun, Georg, wirst Du mir doch zugeben, dass Proudhon, gegen den Du immer so einen Widerwillen gehabt, jetzt doch der Einzige in Paris ist, der Einzige der politischen Literatenwelt, der noch etwas versteht. Er hat einen grossen Mut gezeigt[,] seine Rede (vom 31. Juli 1848) war in dieser schlechten und heuchlerischen Zeit eine wirkliche, eine edle Tat. Wenn er zur Regierung käme und sein Doktrinarismus aus einem negativen zu einem positiven geworden wäre, dann würden wir wahrscheinlich gezwungen, gegen ihn zu kämpfen, denn am Ende hat auch er ein Systemchen im Hintergrunde, aber jetzt ist er mit uns, und in jedem Falle wirst Du gestehen, dass er einen grossen, bewunderungswürdigen Mut gezeigt hat.

Übrigens interessiere ich mich sehr wenig für Parlamentsverhandlungen, die Zeit des parlamentarischen Lebens, der Assemblées und Constituantes, Nationals etc. ist vorüber; und wenn man sich aufrichtig fragen wollte, so müsste ein jeder gestehen, dass er eigentlich kein Interesse mehr, oder nur ein gezwungenes, eingebildetes Interesse für diese alten Formen hat. Ich glaube nicht an Konstitutionen und an Gesetze; die beste Konstitution würde mich nicht befriedigen können. Wir brauchen etwas anderes: Sturm und Leben und eine neue, gesetzlose und darum freie Welt ...

> *Cuno Sander, radikaler Deputierte im Dessauer »Konvent«, später Bakunins Genosse während der Dresdener Maitage, in Rastatt verhaftet und nach Amerika entlassen, schreibt an Nettlau:*

»Bakunin kam im Herbst 1848 nach Köthen und wenn ich nicht irre, von Leipzig aus, wo ihm Empfehlungen an Dr. Alfred von Behr mitgegeben wurden[,] in dessen Hause er auch wohnte. Köthen war damals die Oase der Freiheit in Deutschland. Das Ministerium des vereinigten Anhalts und die Polizei von Köthen waren auf unserer Seite, und wenn eine ernste Requisition von Preussen aus anlangte, wurden wir sofort benachrichtigt und schafften Bakunin oder andere Flüchtlinge nach dem Gute meiner Mutter, eine Stunde von Köthen ... Derartige Fälle waren jedoch selten und die Sicherheit unseres Freundes war so ausgesprochen, dass er mit uns während der Sitzungen des Vereinigten Landtags nach Dessau ging und dort fast einen Monat verweilte ... Er hatte seine eigene Wohnung in Dessau, wo wir häufig zusammenkamen, nahm Besuche von seinen nächsten Bekannten an, worunter die Minister Habicht und Köppe, dessen Bruder und die sämtliche radikale Partei zu zählen sind, namentlich Wolter, von Behr, Schilling, Vierthaler, u. andere. Sollte d'Esther damals bei uns gewesen sein, was sehr wahrscheinlich ist, weil wir mit ihm in stetem Verkehr standen, so ist er natürlich auch mit ihm zusammengekommen.«

Brief an Georg Herwegh.

Köthen, 8. Dezember 1848

Hier mein Aufruf an die Slaven; Du wirst aus demselben ersehen, dass ich den Mut nicht im Geringsten verloren habe; Während dieser neun Monate habe ich mich an Geduld, an Warten und an Ausdauer gewöhnt. »J'attendrai, Monseigneur!« – das ist meine Antwort auf die triumphierende Reaktion; und die Anarchie, die Zerstörung der Staaten wird doch bald kommen müssen. Aber sehr oft habe ich an Dich gedacht und Dir recht gegeben, als ich die Verhältnisse und die Vorgänge in Deutschland näher sah. Ich erinnerte mich an die Worte, die Du mir in Paris vor der Revolution so oft wiederholt hast: »Die erste Revolution in Deutschland wird für uns nichts Tröstliches haben, da sie der Sieg der bourgeoisen Niedertracht sein wird.« Wie gross diese Niederträchtigkeit des deutschen Philisters ist, das habe ich erst jetzt in vollem Maasse gesehen.

Nirgends ist der Bourgeois ein liebenswürdiger Mensch, aber der deutsche Bourgeois ist niederträchtig mit Gemütlichkeit. Selbst die Art dieser Leute, sich zu empören, ist empörend ... Mit einem Wort, Freund, dies ist mein letztes und wahrlich ein sehr begründetes Urteil: wenn die deutsche Nation bloss aus der grossen, leider zu grossen Masse der Spiessbürger, der Bourgeoisie bestünde, aus dem, was man heute das offizielle, sichtbare Deutschland nennen könnte, – wenn es unter dieser offiziellen deutschen Nation nicht Stadtproletarier, besonders aber eine grosse Bauernmasse gäbe, dann würde ich sagen müssen: es gibt keine deutsche Nation mehr, Deutschland wird erobert und zu grunde gerichtet werden.

Nur ein anarchischer Bauernkrieg einerseits und die Besserung der Bourgeoisie durch die Bankerotte können Deutschland retten. Für das zweite werden die Verhältnisse selbst und eine eiserne Notwendigkeit sorgen. Für das erste hat man bis jetzt so gut wie gar nicht gesorgt. Ich finde keinen Ausdruck, um Dir die Stupidität, den Leichtsinn und die abstrakte Prinzipienreiterei der sogenannten demokratischen Führer in Deutschland zu bezeichnen. Mit abstrakten politischen, konstitutionellen oder republikanischen Phrasen glauben sie die Bauern in Bewegung setzen zu können; sie haben das Volk nicht von Tag zu Tag empört und bearbeitet, sondern bruchweise durch illusorische und Illusion hervorbringende Volksversammlungen auf das Volk wirken wollen, – sie haben mit ihrer ganzen renommistischen Schreierei nichts gemacht. Aber das Volk, nicht wegen, sondern trotz dieser Führer, ist doch gegenwärtig ein anderes. Es will alles haben, alles nehmen und wird sich durch nichts befriedigen lassen; es ist soweit, dass es glaubt, allein berechtigt zu sein, und ist in diesem Glauben durch den Hof und die Komplimente, die beide Parteien ihm machen, bestätigt.

»Schlechte« Leidenschaften werden einen Bauernkrieg hervorbringen, und das freut mich, da ich nicht die Anarchie fürchte, sondern sie von ganzer Seele wünsche. Sie allein kann uns aus dieser verfluchten Mitte, in der wir seit so lange vegetieren müssen, mit Gewalt herausreissen ...

Der Deutsche muss sich etwas konzentrieren, um gescheit zu werden. Die politische Liederlichkeit war zu gross. Jetzt fängt man an, was man eigentlich schon von Frühjahr an tun musste, aber die betrunkenen Menschen waren dazu nicht zu bringen. Jetzt fängt man Gott sei Dank an, sich so ziemlich zu organisieren und geheime Gesellschaften zu gründen. Man will den Kampf, den man allgemein hier im Frühjahr erwartet, gründlich vorbereiten ...

Im März 1849 kam Bakunin nach Dresden in der Absicht, von dort aus Prag von neuem zu revolutionieren und die tschechische Bewegung mit der deutschen zu verbinden. Er schreibt darüber 1863 an die Redaktion von »Aftenbladet«, Stockholm:

1849 – als der Kaiser Nikolaus sich mit Österreich verbündete, um die legitime Insurrektion in Ungarn zu ersticken, versuchte ich, dieser verbrecherischen Allianz die heilige Allianz der Völker gegenüberzustellen und vor allem die Slaven Böhmens mit den deutschen Demokraten zu versöhnen. Meine Anstrengungen blieben nicht ganz erfolglos. Deutsche und Slaven gaben sich die Hand zu einer gleichzeitigen und allgemeinen Bewegung, die, wenn sie gelungen wäre, Italien und Ungarn gerettet, Polen zum Aufstand gebracht und die Revolution nach Russland getragen hätte. Aber all dies geschah zu spät ...

Die Insurrektion in Dresden, die früher ausbrach, als man vermutet hatte, infolge eines berechneten Staatsstreichs, überraschte mich in dieser Stadt gerade im Augenblick, als ich nach Prag abreisen wollte, wo ich erwartet wurde. Es wurde mir unmöglich, mich zu entfernen und so kam es, dass ich, ein Fremder, ohne daran zu denken und ohne es zu wollen, ein Quasi-Mitglied des insurrektionellen Komitees in Dresden wurde.

BAKUNIN ZUR ZEIT DES
DRESDENER MAI-AUFSTANDES 1849

(nach Richard Wagner, »Mein Leben«)

»Die Kapelle hatte, um sich einer grossen Einnahme zu versichern, nochmals zur Aufführung der neunten Symphonie Beethovens gegriffen. Der Generalprobe hatte heimlich und vor der Polizei verborgen, Michael Bakunin beigewohnt; er trat ohne Scheu nach Beendigung derselben zu mir an das Orchester, um mir laut zuzurufen, dass, wenn alle Musik bei dem erwarteten grossen Weltenbrande verloren gehen sollte, wir für die Erhaltung dieser Symphonie mit Gefahr unseres Lebens einzustehen uns verbinden wollten.

Bereits seit längerer Zeit hatte ich die Bekanntschaft dieses sehr ungewöhnlichen Menschen gemacht. Schon vor Jahren war mir sein Name aus den Zeitungen unter ausserordentlichen Umständen aufgestossen. Als Russe war er in einer Pariser Polenversammlung aufgetreten mit der Erklärung, ob Russe oder Pole gelte nichts, aber ob man ein freier Mann sein wolle, gelte alles. In späterer Zeit erfuhr ich durch Georg Herwegh, dass er eben damals in Paris allen seinen Hilfsquellen als Glied einer bedeutenden russischen Familie entsagt und eines Tages, da sein Vermögen nur noch aus zwei Franken bestand, diese auf dem Boulevard einem Bettler abgetreten habe, da es ihm peinlich war, durch diesen Besitz an irgend eine Vorsicht für das Leben noch gebunden zu sein. Sein Aufenthalt in Dresden wurde mir eines Tages von Röckel, als dieser schon gänzlich in die Wildnis übergetreten war, gemeldet und zwar mit der Einladung, in Röckels eigener Wohnung, wo jener aufgenommen worden war, seine Bekanntschaft zu machen. Bakunin war nämlich durch seine Beteiligung an den Prager Ereignissen im Sommer 1848, als Teilnehmer an dem ihnen vorangehenden Slavenkongress daselbst, von der österreichischen Regierung verfolgt, und hatte sich nun hiergegen zu schützen, indem er zugleich nicht weit von Böhmen sich zu entfernen suchte ...

Als ich ihn nun selbst im dürftigen Schutze der Röckel'schen Gastfreundschaft antraf, war ich zunächst durch die fremdartige, durch aus imposante Persönlichkeit dieses Mannes, der damals in der Blüte der dreissiger Jahre stand, wahrhaft überrascht. Alles war an ihm kolossal, mit einer auf primitive Frische deutenden Wucht. Ich habe nie den Eindruck von ihm empfangen, als ob er viel auf meine Bekanntschaft gebe, da ihm im Grunde auf geistig begabte

Menschen nicht mehr viel anzukommen schien, wo gegen er einzig rücksichtslos tatkräftige Naturen verlangte: wie es mir späterhin aufging, was aber auch hierin die theoretische Forderung in ihm tätiger, als das rein persönliche Gefühl, denn er konnte eben hierüber viel sprechen und sich erklären, überhaupt hatte er sich an das sokratische Element der mündlichen Diskussion gewöhnt, und augenscheinlich war ihm wohl, wenn er sich, auf dem harten Kanapee seines Freundes ausgestreckt, mit recht viel verschiedenartigen Menschen über die Probleme der Revolution diskursiv vernehmen lassen konnte. Bei diesen Gelegenheiten blieb er stets siegreich; es war unmöglich, gegen seine bis über die äussersten Grenzen des Radikalismus nach jeder Seite hin mit grösster Sicherheit ausgedrückten Argumente sich zu behaupten.

Er war so mitteilsam, am ersten Abend unserer Zusammenkunft mich über den Gang seiner Entwicklung zu unterrichten. Als russischer Offizier von vornehmer Familie hatte ihn, den unter dem Druck des borniertesten Militärzwangs Leidenden, die Lektüre Rousseau'scher Schriften dahin gebracht, unter dem Vorwand eines Urlaubes nach Deutschland sich zu flüchten; dort in Berlin hatte er sich mit dem Eifer eines zur Kultur erwachenden Barbaren auf die Philosophie geworfen; es war die Hegel'sche Philosophie, welche er als herrschende antraf, und in welcher er sich schnell soweit schulte, dass er die renommiertesten Jünger des Meisters mit einem in streng Hegel'scher Dialektik sich bewegenden Aufsatze aus dem Sattel ihrer eigenen Philosophie warf. Nachdem er so die Philosophie, nach seinen Aussprüchen, in sich beiseite gebracht, war er nach der Schweiz gegangen, hatte dort den Kommunismus gepredigt und war über Frankreich und Deutschland nun wieder an die Grenzen der slavischen Welt zurückgekehrt, von welcher er, ihrer mindesten Verdorbenheit durch die Zivilisation wegen, das Heil der Regeneration der Menschheit erwartete.

Seine Hoffnung in diesem Betreff gründete er in Wirklichkeit auf den im russischen Nationalcharakter am stärksten ausgeprägten Typus der Slaven. Als Grundzug desselben glaubte er naive Brüderlichkeit und den Instinkt des Tieres gegen den verfolgenden Menschen im natürlichen Hasse des russischen Bauern gegen den ihn quälenden Edelmann zu erkennen. Hierin berief er sich auf die kindisch dämonische Freude des russischen Volkes am Feuer, auf welche schon Rostopschin sein Stratagem gegen Napoleon beim Brande von Moskau berechnet hatte. Er meinte, dem russischen Bauern, in welchem die natürliche Güte der bedrückten menschlichen Natur sich am kindlichsten erhalten habe, sei nur beizubringen, dass die Verbrennung der Schlösser seiner Herren mit allem, was darin und daran, vollkommen gerecht und Gott wohlgefällig sei, um eine Bewegung über die Welt hervorzurufen, aus welcher mindestens doch eben die Zerstörung alles dessen hervorgehen müsse, was, aus dem tiefsten Grunde beleuchtet, selbst dem philosophischsten Denker des zivilisierten Europa als eigentlicher Quell des Elends der ganzen modernen Welt erkenntlich sein müsste. Diese zerstörende Kraft in Bewegung zu setzen, dünkte ihm das einzig würdige Ziel der Tätigkeit eines vernünftigen Menschen ...

Die Zerstörung aller Zivilisation war das seinem Enthusiasmus vorschwebende Ziel; hierfür aller Hebel der politischen Bewegung als Hilfsmittel sich zu bedienen, war seine einstweilige, oft zu ironischer Heiterkeit dienende Unterhaltung. Er empfing in seinem Versteck alle Nuancen der Revolution angehörender Persönlichkeiten; am nächsten standen ihm diejenigen der slavischen Nationalität, weil er diese für das erste am erfolgreichsten auf die Zerstörung des russischen Despotismus zu verwenden erachten konnte. Von den Franzosen, trotz ihrer Republik und ihres Proudhon'schen Sozialismus, hielt er nicht das Mindeste. Über die Deutschen äusserte er sich mir nie. Demokratie, Republik, und alles, was ihnen gleicht, war ihm keiner ernstlichen Beachtung wert; jedem Einwurf, der ihm von solchen gemacht wurde, welche an die Rekonstruktion des zu Zerstörenden dachten, wusste er mit vernichtender Kritik entgegenzutreten ... Seine Tröstung bestand dann darin, dass er darauf deutete, wie Konstruktoren der neuen Weltordnung sich ganz von selbst finden würden, dass wir dagegen nach nichts anderem zu fragen hätten, als woher die Kraft der Zerstörung zu nehmen; ob denn einer von uns so wahnsinnig sein könne, zu glauben, dass er über das Ziel der Zerstörung hinaus noch würde bestehen können? Man solle sich nur die ganze europäische Welt, mit Petersburg, Paris und London in einen Schutthaufen verwandelt denken: ob den Brandstiftern über diese ungeheuren Trümmer hinweg noch eine Besinnung zuzutrauen sein könne? Jeden, der sich bereit zur Aufopferung erklärte, wusste er zu verwirren, wenn er ihn darauf verwies, dass nicht die sogenannten Tyrannen das Furchtbare seien, sondern die behaglichen Philister, unter denen er als Typus den protestantischen Pfarrer aufstellte, an dessen Menschwerdung er nicht eher glauben wollte, als bis er selbst sein Pfarrhaus mit Weib und Kind den Flammen übergeben hätte.

Gegen so furchtbare Behauptungen blieb ich eine Zeitlang umso verlegener, als Bakunin andrerseits sich als wirklich liebenswürdiger, zartfühlender Mensch mir kundtat. Keine meiner tief verzweifelten Besorgnisse für die ewige Gefährdung meiner idealen Wünsche für die Kunst schien ihm unverständlich zu bleiben. Zwar wies er es zurück, über meine Kunstpläne näher unterrichtet zu werden. Meine Nibelungenarbeiten wollte er nicht kennen lernen. Ich hatte damals, von der Lektüre der Evangelien angezogen, einen für die ideale Bühne der Zukunft entworfenen Plan zu einer Tragödie »Jesus von Nazareth« verfasst; Bakunin bat mich, ihn mit der Bekanntmachung damit zu verschonen; da ich ihn durch einige mündliche Andeutungen meines Planes dafür zu gewinnen schien, wünschte er mir Glück, bat mich aber völlig inständig, »Jesus« jedenfalls als schwach erscheinen zu lassen. In Betreff der Musik riet er mir in allen Variationen die Komposition nur eines Textes an: der Tenor solle singen »Köpfet ihn!«, der Sopran: »Hängt ihn!«, und der basso continuo »Feuer, Feuer!«. Nun wurde ich mir doch wieder eines seltsam behaglichen Gefühles über diesen ungeheuerlichen Menschen bewusst, als ich ihn eines Tages dazu brachte, die ersten Szenen meines »Fliegenden Holländers« von mir sich vorspielen und vorsingen zu lassen. Als ich eine Pause machte, rief er, nachdem er aufmerksamer als irgend ein anderer zugehört, mir zu: »Das ist ungeheuer schön!« und wollte immer mehr davon hören.

Da er das traurige Leben eines ewig Versteckten zu führen hatte, lud ich ihn des Abends manchmal zu mir ein; meine Frau setzte ihm zum Abendbrot zierlich geschnittene Wurst und Fleischstückchen vor, welche er, ohne sie nach sächsischer Weise spärlich auf das Brot zu verteilen, sogleich haufenweise verschlang; da ich Minnas Entsetzen hierüber gewahrte, machte ich mich wirklich der Schwäche schuldig, ihn darauf aufmerksam zu machen, wie man bei uns sich dieser Zubereitung bediene, worauf er mir lächelnd beteuerte, er habe ja genug, man solle es ihm nur gönnen, das Vorgesetzte auf seine Weise zu verzehren …

Wie an diesen und ähnlichen unscheinbaren Zügen es sich herausstellte, dass in diesem merkwürdigen Menschen eine völlige kulturfeindliche Wildheit mit der Forderung des reinsten Ideales der

Menschlichkeit sich berührte, so waren die Eindrücke meines Umgangs mit ihm schwankend zwischen unwillkürlichem Schrecken und unwiderstehlicher Angezogenheit. Ich holte ihn öfters zu meinen einsamen Spaziergängen ab. Meine Versuche, ihn bei den hierbei gepflogenen Unterhaltungen mit der Bedeutung meiner Kunsttendenzen eindringlicher bekannt zu machen, blieben, solange wir eben das Feld der blossen Diskussion nicht verlassen konnten, ohne Erfolg. Alles dies schien ihm verfrüht; er wollte durchaus nicht zugeben, dass aus den Bedürfnissen der schlechten Gegenwart die Gesetze für eine Zukunft bestimmt würden, welche aus ganz anderen Voraussetzungen der gesellschaftlichen Bildung sich zu gestalten habe ...

(über Bakunins Beteiligung am Aufstand)

Die verbarrikadierte Altstadt Dresdens bot für den Beschauer genug des Interessanten, und mir, der ich nun immer verwunderungsvoll der Bewegung zu wirklichem Widerstand folgte, war es einzig zerstreuend, plötzlich Bakunin aus seinem bisherigen, sorgsam gewahrten Versteck, im schwarzen Frack, über diese Hindernisse des Strassenverkehrs daher wandeln zu sehen. Gar sehr irrte ich mich aber, da ich glaubte, das von ihm Wahrgenommene müsse ihn unterhalten; er gewahrte in allen angetroffenen Verteidigungsmaassregeln bloss die kindische Unvollkommenheit derselben, und erklärte, bei dem gegenwärtigen Zustande der Dinge in Dresden für sich nur das einzig Angenehme zu erkennen, dass er sich jetzt vor der Polizei nicht mehr zu hüten habe, und ungestört an sein Weiterkommen denken könne; denn hier, so vermeinte er, sei unter so schlaffen Verhältnissen, jedenfalls keine Verlockung zur Beteiligung für ihn vorhanden. Während er sich mit der Zigarre herumtrieb, um über den naiven Stand der Dresdener Revolution sich lustig zu machen, fesselte mich der Anblick der vor dem Rathaus auf den Appell ihres Kommandanten im Gewehr versammelten Kommunalgarde ...

Ich erinnere mich, dass das alles durchaus keinen erhebenden Eindruck auf mich machte, wogegen die von neuem mir geäusserten Bedenken des immer umherschweifenden Bakunin, über die Nichtigkeit all dieser Dinge, immer verständlicher wurden ...

Während von Seiten der provisorischen Regierung alles auf die Hoffnung gesetzt war, durch moralischen Druck den Konflikt zur friedlichen Lösung zu bringen, sah er mit klarem Blick das Gegenteil eines wohl überlegten militärischen Angriffs von Seiten der erwarteten Preussen voraus und meinte, dass dem wiederum nur durch gute strategische Maassregeln zu begegnen sei, weshalb er, da es dem sächsischen Aufstand an allen militärischen Kapazitäten zu mangeln schien, die Akquisition einiger erfahrener polnischen Offiziere, welche sich in Dresden befanden, eindringlich anriet. Hiervor entsetzte sich alles; dagegen schien man viel von Unterhandlungen mit der in letzten Zügen liegenden Reichsgewalt in Frankfurt zu erwarten ...

Am Sonnabend, den 6.ten Mai früh, sah man nun ein, dass die Sache ernster werde; die preussischen Truppen waren in die Neustadt eingerückt und das sächsische Militär, mit welchem man den Angriff zu wagen doch nicht für rätlich gehalten hatte, ward so in strenger Fahnenpflicht erhalten ...

Um nähere Erkundigung einzuziehen, eilte ich auf das Rathaus zurück, konnte aber zunächst aus der ungeheuren Verwirrung, welche ich vorfand, mir nichts entnehmen, bis ich endlich mitten unter der Hauptgruppe Bakunin antraf, welcher mit ungemeiner Präzision mir folgendes berichtete: es sei von dem bedrohtesten Punkte einer Barrikade am Neumarkt der Bericht nach dem Hauptquartier gelangt, dass dort vor dem Angriff der Truppen alles in Auflösung begriffen sei; hierauf hatte mein Freund Marschall von Bieberstein mit Leo von Zichlinsky, einem gleich beteiligten Chargierten der Bürgerwehr, Freiwillige aufgerufen, und diese nach dem bedrohten Punkte hingeführt. Ohne alle Waffen und mit entblösstem Haupte hatte der Freiberger Kreis-Amtmann Heubner als einziges am Fleck gebliebenes Mitglied der provisorischen Regierung sich zuerst auf die bereits von allen Verteidigern verlassene Barrikade gestellt, um, rückwärts gewandt, die Freiwilligen mit erhabenen Worten zur Nachfolge anzufeuern ... Diesem Auftritte hatte Bakunin, welcher den Freiwilligen gefolgt war, in unmittelbarer Nähe beigewohnt; jetzt erklärte er mir, Heubner möge eine noch so bornierte politische Meinung haben, (er gehörte der mässigen Linke der sächsischen Kammer an), er sei ein edler Mensch, dem er sich sofort mit seinem Kopfe zur Verfügung gestellt habe. Dieses Beispiel habe er nur erleben wollen, um nun zu wissen, was für ihn zu tun sei. Auch Heubner mochte nun die Notwendigkeit der energischsten Maassregeln erkannt haben, und schreckte vor keinem hierauf zielenden Vorschlage Bakunins mehr zurück. Dem Kommandanten, dessen Unfähigkeit sich wohl schnell herausgestellt hatte, wurde der Kriegsrat erfahrener polnischer Offiziere zur Seite gesetzt; Bakunin, der von der eigentlichen Strategie nichts zu verstehen erklärte, verliess das Rathaus und Heubner nicht mehr, um nach jeder Seite hin mit merkwürdiger Kaltblütigkeit Rat und Auskunft zu erteilen. Der Kampf beschränkte sich für den Rest des Tages auf Scharfschützengeplänkel aus den verschiedenen Positionen.

Am folgenden Morgen des Montags, 8. Mai, versuchte ich von meiner, vom Kampfplatz abgeschnittenen Wohnung aus, um Erkundigungen über den Stand der Dinge willen, nochmals bis zum Rathause vorzudringen ... Dort erfuhr ich nun von Bakunin, dass die provisorische Regierung auf seinen Rat hin sich entschlossen habe, die von Anfang herein gänzlich verwahrloste und somit auf die Dauer unhaltbare Position in Dresden aufzugeben, und einen bewaffneten Rückzug nach dem Erzgebirge anzutreten, wo die von allen Seiten, namentlich auch von Thüringen herbeiströmenden Zuzüge sich in solcher Stärke zu sammeln anliessen, dass dort wohl die vorteilhafte Position zu einem ohne Zweifel beginnenden deutschen Volkskrieg einzunehmen sein würde, während das längere Festhalten der einzelnen verbarrikadierten Strassen Dresdens dem so mutig geführten Kampfe doch nur den Charakter einer städtischen Emeute belassen würden. Ich muss gestehen, dass dieser Gedanke mir grossartig und bedeutend erschien ...

(über den Zug nach Freiberg und Chemnitz)

Mit allerlei Unterbrechungen gelangte der ziemlich konfuse Zug nach Freiberg, in dessen Strassen Freunde Heubners diesem entgegenkamen, um ihn dringend aufzufordern, über ihre Vaterstadt nicht das Unglück eines verzweiflungsvollen Strassenkampfes durch Festsetzung der provisorischen Regierung daselbst zu bringen; dieser schwieg dazu und bat Bakunin und mich, ihm in seine Wohnung zu einer Beratung zu folgen ... Ein Frühstück ward bereitet, und nachdem man sich zunächst in ziemlich guter Laune gestärkt, hielt nun Heubner eine kurze ruhige, aber feste Anrede an Bakunin, welchen er vorher nur so oberflächlich kennen gelernt hatte, dass er nicht einmal seinen Namen richtig auszusprechen wusste: »Lieber Bakunin«, sprach er zu ihm, »ehe wir jetzt weiteres beschliessen, muss ich von Dir eine Erklärung darüber haben, ob Dein politisches

Ziel wirklich die rote Republik ist, von welcher man mir gesagt hat, dass Du ihr Parteigänger seist; erkläre Dich mir offen, damit ich weiss, ob ich ferner Deiner Freundschaft vertrauen darf.« Unumwunden erklärte ihm Bakunin, dass er kein Schema für irgend welche politische Regierungsform habe, und weder für das eine, noch für das andere sein Leben daransetze. Was seine weitreichenden Wünsche und Hoffnungen betreffe, so hätten diese mit dem Strassenkampf in Dresden und allem, was sich für Deutschland daran knüpfen könnte, nichts eigentlich zu tun. Er habe den Dresdener Aufstand solange für eine törichte und zu bespöttelnde Bewegung angesehen, bis er die Wirkung des edlen und mutigen Beispiels Heubners wahrgenommen habe. Von da ab sei jede politische Rücksicht und Absicht in ihm gegen die Teilnahme an dieser begeisterten Haltung zurückgetreten, und er habe sofort den Entschluss gefasst, als ergebener tatkräftiger Freund dem trefflichen Manne zur Seite zu stehen.

Hierdurch erklärte sich Heubner befriedigt, und frug jetzt nur nach Bakunins Meinung über den jetzigen Stand der Dinge: ob es nicht gewissenhaft und redlich sei, die Leute zu entlassen und einen doch wohl hoffnungslosen Kampf aufzugeben. Hiergegen erklärte nun Bakunin mit seiner gewohnten Ruhe und Sicherheit, dass den Kampf aufgeben dürfe wer wolle, nur er, Heubner nicht. Er, als erstes Mitglied der provisorischen Regierung, habe zu den Waffen gerufen, seinem Rufe sei man gefolgt; Hunderte von Leben seien geopfert: die Leute jetzt wieder auseinanderzuschicken, heisse soviel, als ob man diese Opfer einem eitlen Wahn gebracht habe, und wenn sie beide allein übrig blieben, so hätten sie ihren Platz nicht zu verlassen; ihr Leben hätten sie verwirkt im Falle des Erliegens, ihre Ehre müsse aber unangetastet bleiben, damit in Zukunft nicht alle Welt einem gleichen Aufruf gegenüber in Verzweiflung gerate.

Dies bestimmte Heubner; er verfasste sofort den Aufruf zu den Wahlen einer konstituierenden Versammlung für Sachsen, welche er nach Chemnitz berief. Er nahm an, dass er dort, sowohl durch die Bevölkerung als die von überall her noch angemeldeten zahlreichen Volkskämpferscharen unterstützt, das Zentrum einer provisorischen Regierung bis zur Klärung der allgemeinen Lage Deutschlands würde aufrechterhalten können.«

> *Am 10. Mai früh wurden Bakunin und Heubner von Chemnitzer Bürgern im Gasthof zum »Blauen Engel« festgenommen und in Altenburg preussischem Militär übergeben.*

Bakunin in »Rapports personels avec Marx«:

1849 wurde ich verhaftet, vor Gericht gestellt und in Sachsen zum Tode verurteilt. 1850 wurde ich an Österreich ausgeliefert. Der König von Sachsen wollte, trotzdem wir, meine beiden Genossen (Röckel und Heubner) und ich es verschmähten, um Gnade zu bitten, keinen hinrichten lassen. In Österreich gerichtet und abermals zum Tode verurteilt, wurde ich 1851 an Russland ausgeliefert, da Österreich dem König von Sachsen versprochen hatte, mich nicht hinzurichten. Russland musste dem König von Sachsen sein Versprechen erneuern und man sieht also, dass dieser König zwar ein passionierter …, aber doch kein schlechter Mensch war.

II.
1849 – 1866
Irkutsk, London, Stockholm, Florenz, Neapel.

INHALT:

Bakunin über seine Kerkerhaft in Deutschland, Österreich und Russland	Seite	93-95
Russland um 1860 und die Londoner Emigration	"	96
Brief an Herzen, (Irkutsk, 17. Nov. 1860)	"	97-99
Brief an Herzen, (Irkutsk, 8. Dez. 1860)	"	100
Brief an Herzen und Ogarjow (San Francisco, 10. Okt. 1861)	"	101-102
Bakunin über seine Ankunft in London	"	103
Herzen über die Intrige der Marxisten	"	104
Bakunin in London (nach Alexander Herzen)	"	105-106
Über Liberalismus; Mitarbeiter der »Glocke«	"	107
Brief an Familie Prof. Vogt in Bern, (London, 23. Juni 1862)	"	108
Aus »Die Volkssache. Romanow, Pugatschew oder Pestel?«, Broschüre, 1862	"	109-111
An Herzen und Ogarjew (Datum unbekannt)	"	112
Tschernischewsky und Bakunin als Konspiratoren	"	113-114
Brief an Herzen, (London, 3. Okt. 1862)	"	114-115
Brief an Emma, die dickste und edelste, (London, 19. Nov. 1862)	"	116
* An das Zentralkomitee des Polenaufstandes	"	117-118
Entwurf einer Proklamation an die Polen	"	119
Brief an Alexander von Guttry, (London, 3. Febr. 1863)	"	120-121
* Über die »Lapinsky'sche Expedition«	"	122
Brief an Herzen und Ogarjow, (Helsingborg, 31. März 1863)	"	123-128
* Bakunins Bankettrede in Stockholm (28. Mai 1863)	"	129-131
Brief an ein Mitglied von »Land und Freiheit«, (Stockholm, 9. Juli 1863)	"	132-133

Über den polnischen Nationalismus	Seite	134
Brief an Herzen, (Stockholm, 1. Aug. 1863)	"	135
Herzen an Bakunin, (London, 1. Sept. 1863)	"	136-137
Ogarjow an Bakunin, (London, 12. Okt. 1863)	"	138
Brief an Tchorzewsky, (Florenz, 24. April 1864)	"	139-140
Brief an Demontowicz, (Genua, 24. Jan. 1864)	"	141
Brief an Herzen und Ogarjew, (Florenz, 4. März 1864)	"	142
* Zusammentreffen mit Marx in London 1864	"	143
Über Marx und Proudhon	"	144-145
Bakunin in Florenz (nach Angelo de Gubernatis)	"	146-147
* Bakunin und die toskanische Freimaurerei (der Syllabus von 1864)	"	148-150
Bakunin an Herwegh, (Sorrent, Sommer 1865)	"	151
Brief an Herzen und Ogarjow, (Neapel, 8. Oktober 1865)	"	151-152
* Über Garibaldi und Mazzini	"	153-156
Brief an Herzen und Ogarjow, (Neapel, 23. März 1866)	"	157
Erste sozialrevolutionäre Propaganda (in Neapel und Sizilien)	"	158
* Brief an einen Unbekannten (Elisée Reclus?), Neapel, 6. Jan. 1867	"	159-160
Brief an Herzen und Ogarjow, (Ischia, 19. Juli 1866)	"	161-168
* Statut der »Fraternité internationale«, (Frühjahr 1866)	"	169-180

*Die mit * versehenen Abschnitte wurden zum erstenmal aus dem Französischen übersetzt.*

Bakunin über seine Auslieferung an Russland

(mündlich und in Briefen an Alexander Herzen)

Ungefähr ein Jahr in Prag, ungefähr fünf Monate in Olmütz, immer in Ketten und in Olmütz sogar an die Mauer geschmiedet … ja, glaubst Du es nicht, Herzen, ich freute mich wie ein Kind, obgleich ich nichts Gutes für mich erwarten konnte. Man führte mich in ein abgeschlossenes Zimmer. Ein russischer Offizier erschien und man begann die Übergabe wie eine Sache; offizielle Dokumente in deutscher Sprache wurden verlesen. Der österreichische Offizier, ein magerer kleiner Jude mit kaltem leblosem Blick, verlangte die Rückgabe der mir in Österreich angelegten Ketten. Der russische Offizier, zaghaft, mit gutmütigem Gesichtsausdruck, stimmte sofort dem Wechsel der Ketten zu. Man nahm mir die österreichischen Ketten ab und legte sofort russische Ketten an. Ach Freunde, die Ketten erschienen mir leichter, ich freute mich über sie, und heiter lächelte ich dem russischen Offizier, den russischen Soldaten zu. »Ach Kinder«, sagte ich, »in Eurem Lande versteht man zu sterben«. Der Offizier sagte: »Es ist nicht erlaubt, zu sprechen.« Die Soldaten schwiegen und sahen freundlich auf mich. Dann setzte man mich in einen Wagen, geschlossen wie eine Hühnersteige, mit kleinen Luftlöchern …

Zwei Monate nach meiner Ankunft (in der Peter Pauls-Festung) erschien bei mir im Namen des Zaren Graf Orlow. »Der Zar schickt mich zu Ihnen mit dem Auftrag, Ihnen zu sagen: ›Sage ihm, dass er mir schreibt wie ein Beichtkind dem Beichtvater schreibt.‹ – Wollen Sie schreiben?« Ich dachte einen Augenblick nach und überlegte, dass ich vor einer Jury bei offenem Gerichtsverfahren meine Rolle bis zu Ende spielen müsse, dass ich aber innerhalb vier Mauern, in der Macht des Bären, ohne Schande in der Form nachgeben könne und verlangte einen Monat Zeit. Man stimmte zu und ich schrieb eine Art Beichte, etwas in der Art von »Wahrheit und Dichtung«; meine Handlungen waren übrigens so offen, dass ich nichts zu verschweigen hatte. Nachdem ich dem Zaren in entsprechenden Ausdrücken für seine herablassende Aufmerksamkeit gedankt hatte, fügte ich hinzu: »Zar, Sie wollen, dass ich Ihnen meine Geschichte aufschreibe; gut, ich werde sie aufschreiben, aber es ist Ihnen bekannt, dass bei der Beichte niemand für fremde Sünden büssen soll. Nach meinem Schiffbruch blieb mir nur ein Schatz übrig, meine Ehre und das Bewusstsein, keinen derjenigen, die mir vertrauten, verraten zu haben, und daher werde ich keinen Namen nennen.« Darauf, à quelques exceptions près, erzählte ich Nikolaus mein ganzes Leben im Auslande mit allen Gedanken, Eindrücken und Gefühlen, wobei es nicht ohne viele lehrreiche Bemerkungen auf Rechnung seiner äusseren und inneren Politik abging. Mein Brief in Erwägung einerseits der Tatsache, dass meine Lage aller Voraussicht nach hoffnungslos war, andrerseits des energischen Charakters von Nikolaus, war sehr fest und kühn geschrieben – und gefiel ihm gerade deshalb sehr gut. Wofür ich ihm in der Tat dankbar bin, ist: dass er, nachdem er ihn erhalten, mich über nichts weiter fragte.

Nachdem ich in der Peter-Pauls-Festung drei Jahre gesessen, wurde ich bei Beginn des Krieges 1854 nach Schlüsselburg überführt, wo ich noch drei Jahre sass. Ich bekam Skorbut und es fielen mir die Zähne aus. Lebenslängliche Gefangenschaft ist etwas Schreckliches: das Leben dahinschleppen ohne Ziel, ohne Hoffnung, ohne Interesse. Sich jeden Tag sagen: »Heute bin ich dümmer geworden, aber morgen werde ich noch dümmer sein.« Ich hatte schreckliche Zahnschmerzen, die wochenlang dauerten und wiederkamen, meist zweimal im Monat, konnte Tag und Nacht nicht schlafen, – was ich immer tun und lassen mochte: immer wenn die Zeit des Schlafes kam, fühlte ich ein unruhiges Pochen im Herzen und der Leber mit dem sentiment fixe: ich bin ein Sklave, ein Kadaver, ein Toter. Nur geistig bin ich nicht verfallen; wenn ich noch etwas Religion gehabt hätte, wäre diese definitiv in der Festung zerstört worden. Ich wünschte nur eines: nicht versöhnt, resigniert zu werden, mich nicht zu ändern; mich nicht dazu zu erniedrigen, in irgend einer Täuschung Erleichterung zu suchen, – bis zum Tode voll und ganz den heiligen Geist der Empörung zu bewahren ...

Nikolaus starb, ich begann lebhafter zu hoffen. Es kam die Krönung, die Amnestie. Alexander Nikolajewitsch strich mich eigenhändig aus der ihm vorgelegten Liste und als nach einem Monat meine Mutter ihn um meine Begnadigung bat, sagte er ihr: »Sachez, Madame, que tant que votre fils vivra, il ne pourra jamais être libre.« Darauf verabredete ich mit meinem Bruder Alexey, der zu mir gekommen war, dass ich mich verpflichte, geduldig noch einen Monat zu warten, wogegen er mir versprach, mir Gift zu bringen, wenn ich nach Ablauf dieser Zeit die Freiheit nicht erlangt hätte. Aber der Monat verging und ich erhielt die Wahl zwischen dem Verbleib in der Festung und der Verschickung nach Sibirien. Es versteht sich, dass ich das letztere wählte. Nicht leicht wurde meinen Angehörigen meine Befreiung aus der Festung; der Zar mit der Hartnäckigkeit eines Widders schlug verschiedene Versuche ab; einmal kam er zum Fürsten Gortschakow mit meinem Brief in der Hand, dem nämlichen, den ich 1851 an Nikolaus geschrieben hatte, und sagte: »Mais je ne vois pas la moindre répentence dans cette lettre!« ...

Schliesslich im März 1857 ging ich aus Schlüsselburg, brachte eine Woche in der III. Abteilung zu und nach allerhöchster Erlaubnis, vierundzwanzig Stunden im Dorf bei den Meinen zuzubringen, wurde ich im April nach Tomsk geführt.

Während Bakunin in Sibirien Gelegenheit fand, die russische Wirklichkeit zu studieren und über die Polenfrage und die deutsche Wirklichkeit nachzudenken, hatten Alexander Herzen und Nikolaus Ogarjow ihren Wohnsitz nach London verlegt. Herzen gab dort den »Polarstern« und seit 1857 auch die »Glocke« heraus. Beide Zeitschriften gelangten in Russland rasch zu grossem Ansehen. Die »Glocke« wurde sogar vom Zaren und der Zarin gelesen.

Es war die Zeit, da Alexander II. mit halben Maassnahmen die Leibeigenschaft aufhob. In Russland zeigten sich die ersten Anfänge einer revolutionären Bewegung. Man las Darwin, Spenzer, Mill. An der Spitze der Rationalisten stand Bjelinsky. Pisarew begründete den Nihilismus. Tschernischewsky, N. Serno-Solovjewitsch und Pantielejew betrieben die von den Zeitschriften »Der Zeitgenosse« und »Der Grossrusse« ausgehende sozialistische Propaganda. Auch die Anfänge einer energischen Studentenbewegung (um Sajtschniewsky) zeigten sich, aus der die jakobinischen, blanquistischen und macchiavellistischen Terroristen Karakasow (Attentat 1866), Beresowsky (Attentat 1867) und Netschajew hervorgingen.

Herzen, ein glänzend und sehr vielseitig begabter Publizist, war der Erste, der in Russland eine öffentliche Meinung schuf.

Brief an Herzen

Irkutsk, 17. November 1860

Vor etwa sieben Monaten schrieb ich Dir einen überaus langen Brief von über zwanzig Bogen. Verschiedener Umstände wegen gelangte er nicht zu Dir. Es war der erste Ausbruch des befreiten Wortes nach langem Schweigen. Jetzt werde ich mich kürzer fassen.

Vor allem erlaube mir, dem vom Tode Erstandenen, für Deine edlen, sympatischen Worte zu danken, die Du öffentlich über mich während meiner traurigen Gefangenschaft äussertest. Sie drangen durch die Steinmauern, welche mich von der Welt absonderten und verschafften mir grossen Trost. Du hast mich begraben, ich aber bin gottlob auferstanden, bin lebendig und nicht tot. Ich bin von derselben leidenschaftlichen Liebe zur Freiheit, zur Logik, zur Gerechtigkeit erfüllt, die jetzt wie früher den ganzen Sinn meines Lebens ausmachen. Die achtjährige Gefangenschaft in verschiedenen Festungen hat mich der Zähne beraubt, aber nicht meiner Überzeugungen; nein, diese haben sich eher befestigt: in der Festung gibt es Zeit genug zum Nachdenken und so konzentrierten und klärten sich dort meine Instinkte, die Triebfedern meiner ganzen Jugend. Es ist mir, als seien sie fähiger geworden, sich praktisch zu äussern.

Vor etwa vier Jahren wurde ich aus der Schlüsselburger Festung entlassen und seitdem ist auch meine Gesundheit fester geworden. Ich bin verheiratet, glücklich, habe eine Familie. Trotz alledem bin ich wie früher bereit und dazu mit der früheren Leidenschaft, in meine früheren Sünden zu verfallen. Wäre nur ein Anlass dazu vorhanden. Ich kann mit Faust sagen

> Ich bin zu alt, um nur zu spielen
> Zu jung, um ohne Wunsch zu sein;

und die Zukunft, ja die nächste Zukunft verheisst scheinbar vieles. Auch über das russische Volk beginnt bereits ein Unwetter heraufzuziehen und es will mir scheinen, dass es nicht ohne Donner und Blitz ablaufen wird. Die russische Bewegung wird eine ernste sein; der russische Geist hegt doch nur wenig Phantastereien und Phrasen, aber viel Tüchtigkeit, und das weite, wenn auch etwas maasslose russische Herz ist nicht imstande, sich mit Kleinigkeiten zu begnügen. ...

Man muss Sibirien trotz aller Mängel, welche sich dort durch die stetige Flut von verschiedenen, oft sehr unsauberen Elementen, eingebürgert haben, Gerechtigkeit widerfahren lassen. Trotz der dort herrschenden Ehrlosigkeit, des Egoismus, der Verstocktheit, des gegenseitigen Misstrauens, zeichnet sich Sibirien durch eine besondere Weite des Herzens und des Gedankens, durch eine wahre Grossmut gegen die politischen und sogar gegen alle Verbrecher aus. Der Sibirier hat keine Vorurteile, er verrät weder aussergewöhnliche Neugierde, noch überflüssiges Zartgefühl, noch Groll, und von jedem Verbannten, was er auch in Russland begangen haben mag, hängt es ab, durch ein ehrliches, und hauptsächlich durch kluges Benehmen sich Ansehen zu verschaffen. Die Sibirier sind ein kluges Volk, sie mögen die Dummköpfe nicht, und verzeihen eher eine Niederträchtigkeit als eine Dummheit. Durch Niedertracht, Bosheit und irgendwelche Abscheulichkeit kann man den Sibirier nicht verblüffen, soviel hat er in seinem Leben davon gesehen. Aber die politischen Verbrecher geniessen noch von lange her, ich glaube seit den Zeiten Menschikows und Münichs eine besondere Achtung in Sibirien. Nicht wenig hat dazu in letzter Zeit der edle Einfluss der Dekabristen, die sich in Sibirien so hohes Ansehen verschafften, beigetragen, und der nicht minder edle Einfluss der polnischen politischen Verbrecher, die in noch grösserer Anzahl in den sibirischen Wüsten verstreut sind ...

Ihr wisst doch, wie heilig den Dekabristen ihr freundschaftliches Zusammenleben dort war; es mag wohl die beste Zeit ihres Lebens gewesen sein, diese Epoche, in der sie, geläutert durch ihre Leiden und das Gefühl der höheren Verantwortlichkeit vor ganz Russland, zum ersten Mal zum moralischen Bewusstsein ihrer Heldentat kamen. Später, aus der Haft entlassen, erlagen sie alle der Abgeschmacktheit des alltäglichen russischen Lebens; von einander getrennt mussten sie ihr Leben in der Verbannung ohne Tätigkeit und ohne Ziel in einer abgeschmackten Umgebung verbringen; kleinliche Bedürfnisse, kleinliche Leidenschaften liessen viele von ihnen bedeutend unter das Niveau ihrer Moralität zur Zeit ihrer Einkerkerung sinken: auf der früheren Höhe haben sich nur wenige vollkommen erhalten. In der Petersfestung waren sie alle gleich gross und heilig, gleich untereinander, Kluge und Dumme, Gebildete und Ungebildete, Reiche und Arme. Brüderlich teilten sie alles: Gedanken und Gefühle sowie materielle Mittel, alles hatten sie gemeinschaftlich ...

Ich muss Euch noch sagen, dass, obgleich in die Bergwerke von Nertschinsk vorzugsweise kluge, talentvolle, nach Charakter und Herz merkwürdige Polen verbannt wurden, dort vielleicht gerade deswegen der polnische Fanatismus seine höchste Entwicklung erlangte. Der Pole Ehrenberg war der Begründer des polnischen Kreises in Nertschinsk. Er und seine nach ihm verbannten Landsleute verliehen dieser ganzen Richtung jenen träumerisch exaltierten, mystisch patriotischen Charakter, der, im Anfang weit expansiver und inhaltsreicher, später zum ausgangslos engen, polnisch-katholischen Fanatismus einschrumpfte. Wie altgläubige Juden, die überzeugt sind, dass sie nicht deshalb zugrunde gehen, weil sie Juden bleiben, sondern weil sie noch zu wenig Juden sind, so redeten auch sie sich ein, dass sie weder aus Katholizismus, noch aus jüdisch-polnischer Exklusivität, sondern aus Mangel an Katholizismus und nationaler Exklusivität zugrunde gingen ...

Brief an Herzen

Irkutsk, 8. Dezember 1860.

Ein sonderbares Schauspiel stellt jetzt das russische Leben, das offizielle wie das nichtoffizielle, dar. Es ist ein Schattenreich, in welchem nur Zerrbilder von lebenden Menschen sich bewegen, sprechen, scheinbar denken und handeln, in der Tat aber gar nicht leben. Sie besitzen die Rhetorik aller Leidenschaften, aber keine einzige Leidenschaft, keine Wirklichkeit, keinen allgemein vorherrschenden Charakter. Literatur, Schriftstellerei und leeres Geschwätz, aber kein Tropfen Leben und Handeln; für nichts hegen sie ein wirkliches Interesse. Wie soll man mit ihnen sprechen wollen, wenn man von vornherein weiss, dass aus all den Worten nie eine Tat wird. Die Literatur ist jetzt in ihrem Elemente, sie fühlt sich wie ein Fisch im Wasser. Die Panajews, sie triumphieren, und die kritzelnde Brüderschaft, sie schlägt sich leidenschaftlich in die hohle Brust und aus der Brust ertönt ein heller Klang, weil sie kein Herz birgt. In den Köpfen polierter Windbruch mit fertigen Kategorien und Worten, und kein lebendiges schaffendes Gehirn. In den Armen keine Kraft, in den Adern kein Blut: lauter Schatten, beredsame, hohltönende Schatten, so dass man unter ihnen selbst zum Schatten wird. Sie führen jetzt einen Kleinhandel mit geringem Kapital, das sie aus Stankjewitschs, Bjelinskys, Granowskys und Deinen Werken zusammengeschlagen haben. Sie schlafen, träumen laut, die Hände schwingend, und erst dann erwachen sie zum Bewusstsein der Wirklichkeit, wenn ihre Person, ihre Eitelkeit im Spiele ist, die einzig wirkliche Leidenschaft der sogenannten anständigen Leute ... Können wir denn von Schatten Wunder erwarten? Und Russland kann nur durch Wunder des Geistes, der Leidenschaft und des Willens gerettet werden. Ich erwarte gar nichts von den bekannten Namen in der Literatur, ich glaube jedoch an die schlummernde Kraft des Volkes. Ich glaube an den Mittelstand, der sich fortwährend aus den Freigelassenen, den Kommis, Kleinbürgern, Pastorensöhnen bildet. In Ihnen hat sich noch der russische scharfsichtige Verstand und der russische verwegene Unternehmungsgeist erhalten; auch glaube ich, dass der Adel selbst vieles in sich birgt ...

Brief an Herzen und Ogarjow

San Franzisko, 15. Oktober 1861

Freunde!
Es ist mir gelungen, aus Sibirien zu flüchten und nach langer Wanderschaft am Amur, an den Ufern der tatarischen Meerenge und in Japan, kam ich heute in San Franzisko an. Aber diese Wanderungen haben meine ohnedies geringen Geldmittel erschöpft, so dass ich, hätte ich nicht einen guten Menschen gefunden, der mir bis nach New York 250 Dollars lieh, in grosser Verlegenheit wäre. Bis zu Euch ists weit, hier habe ich weder Freunde noch Bekannte. In New York werde etwa am 30. November sein. Ihr werdet diesen Brief nach meiner Berechnung etwa am 15. November erhalten, so dass Eure Antwort Ende dieses Monats nach New York gelangen kann. Ich hoffe, dass man Euch aus Russland Geld für mich geschickt hat. Wie dem auch sei, ich bitte Euch, mir nach New York 500 Dollars, wie es mir scheint 100 Pfund Sterling, zu schicken, die mir zur Dekkung meiner Reiseausgaben nach London nötig sind. Ich würde dann etwa am 22. Dezember bei Euch sein. Noch eine Bitte: sobald Ihr diesen Brief erhalten habt, benachrichtigt unverzüglich durch Eure Freunde in Russland meinen Bruder (Twer oder Gouvernement Twer, Stadt Torjok, Dorf Prjamuchino, Nikolai Alexandrowitsch Bakunin), dass ich glücklich in San Franzisko angekommen bin und Mitte Dezember nach London kommen werde. Meine Frau ist zweifelsohne bei den Unsern auf dem Lande und sobald sie Eure Nachricht erhält, wird sie sich in Begleitung eines meiner Brüder oder sonst jemandens nach London begeben. Noch eine Bitte: mietet mir in Eurer Nähe ein billiges Eckchen und schreibt mir nach New York, wohin ich mich in London wenden soll. Wenn sich das Eckchen zu eng erweisen sollte, so werde ich schon sehen, nach Ankunft meiner Frau ein anderes zu mieten. Meine Adresse in New York ist: Mr Bakunin, Howard House, low Broadway and Courtland. Fügt Eurem Brief ein Zettelchen an mich bei in der Art einer Nachricht von Eurem Bankier mit der Angabe der mir geschickten Summe, sowie des Namens des New Yorker Bankiers, durch den ich diese zu bekommen habe.

Freunde, mein ganzes Sein sehnt sich nach Euch und so bald ich nur angekommen bin, werde ich mich an die Arbeit machen; ich werde bei Euch der polnisch-slavischen Sache dienen, die seit 1846 meine idée fixe und in den Jahren 1848 bis 1849 meine praktische Spezialität war. Die Zerstörung, die völlige Zerstörung der österreichischen Monarchie wird mein letztes Wort sein; ich sage nicht meine letzte Tat, das wäre zu ehrgeizig. Um dieser grossen Idee zu dienen, bin ich bereit, Paukenschläger zu werden, mich sogar zum Profoss herabzuwürdigen, und wenn es mir gelingen sollte, sie nur um ein Haarbreit vorwärts zu bringen, werde ich zufrieden sein. Und dann wird die herrliche freie slavische Föderation ans Tageslicht treten, – der einzige Ausweg für Russland, die Ukraine, Polen und überhaupt für alle slavischen Völker.

Bakunin über seine Ankunft in London.

(»Rapports personels avec Marx«)

Ende Dezember 1861 kam ich in London an. Ich traf dort meine Landsleute Herzen und Ogarjow und machte durch sie die Bekanntschaft Mazzinis. Das erste, was Herzen, Ogarjow und Mazzini mir erzählten, war dies: während ich, doch wirklich nicht zu meinem Vergnügen, in den deutschen und russischen Festungen und in Sibirien lag, hatten Marx und Genossen in den deutschen und englischen Zeitungen die infamsten Gerüchte ausgeschrieen, publiziert und kolportiert: ich sei keineswegs in irgend einer Festung, im Gegenteil, Zar Nikolaus habe mich mit offenen Armen aufgenommen, mir alle erdenklichen Annehmlichkeiten und Vergnügungen bereitet, galante Damen, Sekt etc etc.

Es war infam, aber auch blöde ... und es rächte sich. Ich schulde Mazzini und seinem edlen Freunde, dem Polen Worcel, Führer der polnischen Demokratie, unendlichen Dank. Sie haben in meiner Abwesenheit und während ich verhindert war, mich selbst zu verteidigen, sehr energisch meine Partei ergriffen.

Alexander Herzen
Über die Intrige der Marxisten

(Nachgelassene Schriften, »Die Deutschen in der Emigration«)

Ein Jahr nach meiner Ankunft in London wandte sich die Marx'sche Bande wieder mit einer abscheulichen Verläumdung gegen den damals im Alexey Rawelin begrabenen Bakunin. David Urquhardt, ein Mensch mit Talent und Energie, ein exzentrischer Radikaler aus Konservativismus mit seinen beiden fixen Ideen von der Zukunft der Türkei und der Bestechung aller europäischen Diplomaten und auch Revolutionäre durch Russland – er verdächtigte auch Mazzini –, dieser Mensch, der offen aussprach, dass von Guizot und Derby bis Espartero, Cobden und Mazzini alle russische Agenten seien, war ein Schatz für die Bande verkannter deutscher Staatsmänner, die das verkannte Genie erster Grösse, Marx, umgaben. Sie bildeten aus seinem misslungenen Patriotismus und seiner fürchterlichen Prätention eine Art Hochschule der Verleumdung und Verdächtigung aller Leute, die mit grösserem Erfolge als sie selbst aufgetreten waren. Es fehlte ihnen ein ehrlicher Name. Urquhardt gab ihn. Mit Urquhardt und dem Publikum der public houses traten im Morning Advertiser die Marxisten und ihre Freunde ein. Eines schönen Morgens nahm der Morning Advertiser die Frage wieder auf: war Bakunin ein russischer Agent oder nicht?

»Die Glocke« hatte, als Bakunin nach London kam, kein politisches Programm. Herzen war als Sozialist Anhänger der Theorie vom Gemeindeeigentum an Grund und Boden, formulierte jedoch seine politische Überzeugung nicht. Er griff einzelne Regierungsvertreter, nicht aber das System an und zog sich dadurch die Kritik Tschernischewskys zu. Was Herzen erstrebte, war eine allgemeine geistige Bewegung auf breiter Basis, in deren Verlauf er selbsttätige freiheitliche und reformistische Kundgebungen der Gesellschaft erwartete. Die Revolution als politisches Mittel entsprach weder seinem, noch Ogarjows Temperament. Beide standen den Unternehmungen Bakunins zögernd und mit passivem Widerstand gegenüber. Einzig in der Polenfrage, die, soweit sie sich auf das Grundeigentum bezog, Herzens Sympathie besass, gelang es Bakunin, entschiedenen Einfluss zu gewinnen.

Bakunin in London.

(nach Alexander Herzen, »Nachgelassene Schriften«)

»In London begann er zuerst, die »Glocke« zu revolutionieren und sprach im Jahre 1862 gegen uns fast dasselbe, was er 1847 gegen Bjelinsky gesprochen hatte. Man mache zu wenig Propaganda, man müsse unbedingt sie zur Tat machen, man müsse Zentren, Komitees organisieren, man brauche eingeweihte und halb eingeweihte Brüder, eine Organisation in Russland, eine slavische, eine polnische Organisation. Bakunin fand, dass wir mässig seien, unsere Lage nicht auszunützen verstünden und nicht genügend energische Mittel liebten. Er verlor übrigens nicht den Mut und hoffte, uns noch auf den rechten Weg zu bringen.

Während er uns zu bekehren suchte, versammelte er um sich einen Kreis von Slaven. Es befanden sich darunter Tschechen, Serben, endlich ein Bulgare, Arzt in der türkischen Armee, Polen aus allen Eparchieen: der bonapartistischen, Mieroslawsky'schen, Tschartorysky'schen; Demokraten ohne soziale Ideen, aber mit einer Offiziersnuance; Sozialisten, Katholiken, Anarchisten, Aristokraten und einfache Soldaten, die sich bloss schlagen wollten in Nord- oder Südamerika, vorzüglich aber in Polen.

Nach neunjährigem Schweigen und Einsamkeit atmete Bakunin unter ihnen etwas auf. Er debattierte, predigte, kommandierte, schrie, fasste Beschlüsse, korrigierte, organisierte und ermunterte den ganzen Tag, die ganze Nacht, alle vierundzwanzig Stunden. In den wenigen freien Minuten pflegte er zum Schreibtisch zu stürzen und dann begann er zu schreiben, fünf, zehn, fünfzehn Briefe nach Semipalatinsk und Arad, nach Belgrad und Konstantinopel, nach der Moldau und Belogriniza ...«

Bakunin über Liberalismus.
Sein Standpunkt als Mitarbeiter der »Glocke«.

(Brief an Herzen, 8. Dezember 1860)

Man sagt, dass es in Russland jetzt taut, aber unter dem Eise findet sich genug Mist, und Mist riecht. Das echt russische Leben, die echt russischen kleinlichen Intrigen und Leidenschaften, der echt heimisch riechende Kot, der Bodensatz von niederträchtigen Interessen und kleinlicher, unerbittlicher Eitelkeit, Frivolität, Neid, Hass, Hohlheit, lebloser Herzensstarrheit und hochherziger Phrasen, kleinlicher Handlungen und geräuschvoller Worte: das alles strebt jetzt an die Oberfläche und da bis jetzt kein anderes Organ vorhanden ist als Eure »Glocke«, so strebt alles dahin. Sich unter der Maske des Liberalismus und Demokratismus verbergen ist heutzutage nicht schwierig. Wem sind nicht edle Worte und Phrasen geläufig! Sie sind so billig, so schad- und gefahrlos geworden, man hört sie in allen Ecken, sogar in Sibirien oft zu rechter und unrechter Zeit, dass man sich wirklich schämen muss, sie selbst zu äussern. Regierungsliberalismus, Regierungsdemokratismus: nur Worte, Worte und nochmals Worte, hinter denen jedoch eine so abscheuliche, kleinliche Wirklichkeit steckt, dass einem übel wird. Worte in Russland wirken auf mich wie ein Brechmittel: je effektvoller und stärker sie sind, umso übler wird mir. Man muss nur demjenigen glauben, der dafür bürgen kann, dass sein Wort zur Tat werden wird; je schöner einer die Worte drechselt, einen umso höheren Galgen würde ich ihm errichten ...

Brief an Familie Prof. Vogt in Bern.

(mit der Bakunin seit 1848 intim befreundet war)

Gemeinsames Schreiben des russischen Apostels Bakunin an die urgermanische Vogt'sche Familie. Den 28. Juni 1862. London, 10 Paddington Green W.

Liebe Mama, geliebte Brüder, Schwestern und Freunde. Da ich solange geschwiegen, habt Ihr vielleicht gedacht, dass ich Euch vergessen, Euch untreu geworden bin. Das ist aber nicht wahr. Faul bin ich gewesen, das ist aber mein urrussisches Recht und dazu noch ungeheuer beschäftigt mit urslavischer, revolutionärer, teilweise auch antigermanischer Propaganda, was mich nicht hinderte noch hindert, hier mit dem Herrn Professor Gustav – sonst Peter genannt – in intimster und herrlichster Freundschaft zu leben, worüber er Euch ohne Zweifel als pünktlicher Deutscher, d.h. zahm gewordener Germane, einen pünktlichen Bericht erstattet hat. Es war mir wirklich eine grosse Freude, ihm zu begegnen, – und obgleich in verschiedenen, oft entgegengesetzten Lagern, verstehen wir uns pünktlich.

Meine lieben Freunde, ich habe Euch allen eine treue, herzliche, wenn auch nicht viel schreibende Freundschaft bewahrt. Tief gerührt bin ich gewesen, als ich noch in Amerika von Mama Numero 2, das heisst von Luise erfuhr, auf welche Weise mein edler, guter, aber immer kalt scheinen und seiner Gefühle sich schämen wollender Emil Auskunft über mich dem hartnäckigen Muravjew gleich einer Sirene auszulocken wusste. Ihr seid alle prächtige Menschen – Mama, es freut mich ungeheuer, das sagen zu können, durch und durch revolutionär – und die Söhne keine Philister. Ich hoffe in wenigen Monaten zu Euch mit meiner Frau kommen zu können, welche als echte Polin an den lieben Gott, ein wenig auch an die lieben Heiligen glaubt, sonst eine prächtige Seele ist – und es wird mir eine unendliche Freude sein, meine alten Freunde wieder zu umarmen ...

Die Zeit des polnischen Aufstandes (1863) nahte. In einem »Aufruf an meine russischen, polnischen und alle slavischen Freunde« (»Glocke«, Februar 1862) hatte Bakunin seine Flucht und Freiheit mitgeteilt und zur Vereinigung gegen die offizielle Macht aufgefordert. Er versuchte, auf den Zusammenschluss aller revolutionären Kräfte in Russland (unter N. Serno-Solovjewitsch?) hinzuarbeiten und scheint auf Herzen im Sinne einer Vereinigung mit Tschernischewsky eingewirkt zu haben. Ziel war: »die grosse und freie slavische Föderation«, und zu diesem Zweck eine Allianz der russischen und polnischen Revolutionäre. Zugleich galt es, der Sache neue Freunde zu werben und die Opposition in Russland selbst bewusster zu machen und zu stärken.

Aus »Die Volkssache. Romanow, Pugatschew oder Pestel«

(Broschüre, London, September 1862)

Jetzt muss ein Jeder ernsthaft darüber nachdenken: Wohin, wozu, mit wem gehen und wem folgen? Noch vor einigen Monaten strebten alle nach Freiheit, ohne zu wissen, zu welchem Lager sie gehörten. Jetzt ist die Zeit gekommen, wo sich wirkliche Parteien in Russland bilden können. Die ersten Feuersbrünste, die, vielleicht ein Vorzeichen der russischen Revolution, in Russland aber eine gewöhnliche, fast periodische Erscheinung, diesmal ganz zufällig entstanden, geben der Regierung Anlass, die fortschrittliche Jugend beim Volke zu verleumden, um es gegen die Studenten aufzureizen. Und es fanden sich unter den Vertretern der Literatur Leute, die aus Furcht vor der herannahenden Bewegung sich zu den Verläumdern gesellten und sich mit dem Worte »Fortschritt« und der grossmütigen Phrase »Wir sind für die Zivilisation gegen die Barbarei« deckten ...

Die Mehrzahl unserer fortschrittlichen Jugend hat anscheinend gut begriffen, dass die westeuropäischen Abstraktionen konservativer, bourgeois-liberaler oder sogar demokratischer Natur auf unsere russische Bewegung nicht anwendbar sind, die demokratisch und im höchsten Grade sozial, sich unter ganz anderen Bedingungen als im

Westen entwickelt. Und die Hauptbedingung ist, dass diese Bewegung hauptsächlich nicht unter den Gebildeten und Privilegierten Russlands auftritt, wie es bei den Dekabristen der Fall war. Jetzt wird die Hauptrolle dem Volke zufallen. Fern von Büchern und fremden westlichen Idealen hat das Volk seine innere lebendige Geschichte bewahrt, seine Ideale, seine innere Welt, und wie es scheint will es jetzt das Wort ergreifen. Wir glauben an seine Zukunft. Wir hoffen, dass fern von allerhand westeuropäischen Vorurteilen unser Volk der Geschichte neue Prinzipien geben, eine andere Zivilisation und mit ihr neuen Glauben, ein neues Recht und neues Leben schaffen wird. Die Jugend hat nichts mit der lächerlichen Rolle eines unberufenen Lehrers, den Kadavern der Moskauer und Petersburger privilegierten Journalistik zu tun. Nach Abstammung, Bildung, Gewohnheiten selbst ein Teil der privilegierten offiziellen Welt, hat die Jugend die Heldentat der *Annäherung an das Volk und der Versöhnung mit ihm* zu vollbringen. Wir sind nach Gewand und Sprache dem Volke fremd und besonders, was unser ganzes Leben betrifft. Es betrachtet uns als Feinde. Wie sollen wir es belehren, wenn es uns nicht vertraut? Und was könnten wir es lehren? Abgesehen von der Mathematik und der Naturwissenschaft würde sich doch unsere ganze Lehre, unsere ganze Weisheit auf die Verneinung des Westens beschränken müssen. Doch unser Volk war nie von ihm begeistert, wozu dann das Verneinen? Das Volk mag roh und ungebildet sein – ich sage nicht unentwickelt, weil es eine bedeutendere historische Entwicklung hat als wir – aber es pulst Leben in ihm, es hat eine Kraft, eine Zukunft, es existiert. Wir aber sind nichts: unser Leben ist leer und zwecklos, und haben wir eine Zukunft, so ist es in und mit dem Volke: wir werden ihm eine Form zum Leben, es wird uns das Leben selbst geben. Wir müssen uns beim Volke zu belehren, seine Ziele zu erfüllen suchen, nicht aber es belehren ...

Blutige Revolutionen sind dank der menschlichen Dummheit manchmal notwendig, doch sind sie immer ein Übel, ein ungeheures Übel und ein grosses Unglück. Nicht nur in Anbetracht der Opfer, sondern auch um der Reinheit und Vollkommenheit des zu erreichenden Zieles willen, in dessen Namen sie stattfinden. Das hat man an der französischen Revolution gesehen ...

Jetzt, wo die Zeit drängt, müssen wir die Zeit unter jeder Bedingung zur Annäherung an das Volk benützen, damit es uns als die Seinen anerkenne. Der einzige Weg dazu ist die Aufrichtigkeit, die

Wahrheit. Unser Volk ist klug, wenn es nur wahre Freunde haben wird, wird es sie bald erkennen. Wie das zu bewerkstelligen ist, das lässt sich nicht beschreiben. Möge also jedermann ins Volk gehen, aufrichtig, ohne Lug und Trug. Möge jeder junge Mann sich inmitten des Volkes von neuem erziehen …

An Herzen und Ogarjow

(Datum unbekannt)

Gegen Euch aufzutreten oder von Euch getrennt zu handeln, ohne vorher alle Mittel zur vollständigen Versöhnung gesucht zu haben, sollte sie auch durch Verleugnung jeder Eigenliebe und sogar der Überzeugungen von sekundärer Wichtigkeit erreicht werden können, das wäre das grösste Verbrechen in meinen Augen, um so mehr, als wir[,] wie es mir scheint, nur in den Wegen und Mitteln auseinandergehen. Ja, nicht nur ein Verbrechen, sondern auch eine Dummheit. Ihr habt eine Macht geschaffen. Eine andre derartige Macht zu schaffen, ist nicht leicht, ich besitze nicht das Talent eines Herzen, wenn wir dieses Wort im weiten, nicht nur im literarischen Sinne auffassen. Aber immerhin bin ich eine nützliche und edle Kraft, die Ihr wohl nicht anerkennen möget, deren ich mir aber bewusst bin. Diese der Untätigkeit weihen will ich nicht und habe auch kein Recht dazu. Wenn ich zur Überzeugung gelangen werde, dass ich im Verein mit Euch diese meine Kraft weder äussern noch betätigen kann, so werde ich mich selbstverständlich von Euch trennen und nach Mitteln und Fähigkeiten selbständig handeln, im vollen Bewusstsein, dass ich Euch dadurch keinen Nachteil verursachen, mich aber einer festen Stütze berauben und in den Augen unseres gemeinschaftlichen Publikums viel verlieren werde.

Ich habe noch nicht im Geringsten jenen Glauben verloren, mit dem ich nach London gekommen bin, sowie die feste Absicht, unter jeder Bedingung und wie schwierig es auch sein mag, Euer Freund zu werden, der Dritte im Bunde zu sein; die einzige Bedingung, unter welcher unsere Vereinigung möglich ist. Wenn nicht, so werden wir Verbündete, ja womöglich Freunde sein, doch völlig unabhängig und ohne für einander verantwortlich zu sein.

Auf dreierlei konspiratorische Gruppen gründete Bakunin seine Politik gelegentlich des Polenaufstandes (1863): auf ein russisches Offizierskomitee in Warschau, das sich anfangs 1862 bildete und revolutionäre Aufrufe an die Offiziere und Soldaten der russischen Armee in Polen verteilte; auf die bereits genannten revolutionären Kreise in Petersburg und Moskau; und auf die Emigration in London (Herzen, Ogarjow, Kelsiew), der er seit 1861 selbst angehörte.
Im Mittelpunkte der Konspiration in Russland stand Tschernischewsky. Wie sehr Tschernischewsky an den polnischen Angelegenheiten interessiert war, beweist, dass er in dem von ihm herausgegebenen »Grossrussen« schon im Juli 1861 schrieb: »Die polnische Frage verlangt eine sofortige Lösung«. Aus dem Kreise des »Grossrussen« kamen jene russischen Offiziere, darunter Potebnja, die dem Warschauer Zentralkomitee angehörten. Und vom »Grossrussen« aus gründeten Tschernischewsky und N. Serno-Solovjewitsch die revolutionäre Organisation »Land und Freiheit«, die rasch einen mächtigen Aufschwung nahm und zu den grössten Hoffnungen berechtigte, solange Tschernischewsky und N. Serno-Solovjewitsch dahinterstanden. (bis Juli 1862)
Im Juni 1862 wurden der russischen Polizei Briefe verraten, die Paul Wietochin aus dem Herzenkreise nach Russland brachte. Die Briefe wurden abgefangen. Es war darunter ein Brief Kelsiews an Serno-Solovjewitsch folgenden Inhalts: »Sobald ein Zentrum vorhanden ist, werden Herzen und Ogarjow in der ›Glocke‹ ihren Beitritt verkünden und Sie werden alle Gruppen aufnehmen«. Und ein weiterer Brief Herzens an Serno-Solovjewitsch, in dem er sich bereit erklärte, gemeinsam mit Tschernischewsky den »Zeitgenossen« in London oder Genf herauszugeben. Tschernischewsky wurde im Juli verhaftet, am gleichen Tage Serno-Solovjewitsch.
Ende September 1862 kamen dann die Polen Padlewsky, Giller und Milowicz mit einem Briefe des Warschauer Zentralkomitees nach London und Bakunin führte sie zu Herzen. Sie glaubten, wohl nach einer Aus-

sprache mit Bakunin in Paris (Sept. 1862), hinter der Londoner Emigration stehe eine starke russische Bewegung (die indessen nur eingeleitet war).

Der Brief des Zentralkomitees enthielt zwei Programmvorschläge: 1) Ausstattung der Bauern mit Land aufgrund der Theorie vom Gemeindeeigentum an Grund und Boden. 2) Wiederherstellung des ehemaligen Polen mit Litauen und Rotrussland. Der erste Punkt war im Sinne Herzens. Von dem zweiten fürchtete er, er werde den russischen Liberalismus auf die Seite der Reaktion bringen und alles verderben. Auch hielt er die revolutionäre Organisation noch für zu schwach. Schliesslich gab er aber dem Drängen Bakunins nach.

Brief an Herzen

London, 3. Oktober 1862

Herzen, ich bin durchaus nicht der Meinung, dass man auf das Schreiben des Warschauer Zentralkomitees mit einem Brief an die Offiziere antworten darf. Nach meiner festen Überzeugung müssen wir auf ein Dokument mit einem Dokument, das heisst mit einem Schreiben an das Komitee antworten, worin unsere Grundsätze und Hoffnungen in Betreff Russlands, Kleinrusslands und Polens dargelegt sind, und das mit unseren drei Namen bestätigt sein soll. Mir scheint, dass dies die Gerechtigkeit und unsere Würde erfordern. Im Bündnisse mit den Polen nehmen wir die praktische Verantwortung auf uns, so dass wir uns nicht zu verstecken brauchen; sonst wird die Bescheidenheit als Feigheit und als Wunsch, sich nicht zu kompromittieren erscheinen. Das fragliche Schreiben muss wie ich glaube, ebenso kurz wie das der Polen sein und in einigen Worten unser politisches Programm aussprechen. In derselben Nummer könnten wir dann auch das Schreiben an die Offiziere veröffentlichen, welches einen Kommentar zum ersteren bieten würde.

Gestern bestürzte mich das Vergnügen, mit dem Du Dich mit dem Journal Mieroslawskys einverstanden erklärtest, nämlich dass die »Glocke« eine rein abstrakt-zerstörende Richtung ohne jeden Plan für die Zukunft, ohne jedes praktische Ziel hätte. Erstens ist das ungerecht: die »Glocke« predigt seit lange das Selbstbestimmungsrecht der Semstwos, die repräsentative Selbstverwaltung in Landgemeinden und Provinzen und endlich die Föderation derselben. Dieses Prinzip und Ziel ist klar, bestimmt praktisch völlig ausreichend, um die strengsten Forderungen zu befriedigen, – und gebe Gott, dass die Polen uns ein Programm vorweisen, welches ebenso praktisch wäre wie das Unsere. Nun, hätte Mieroslawsky wirklich Recht? Es wäre doch unverzeihlich schlimm, Herzen. Ich wiederhole: Bescheidenheit würde als Feigheit bezeichnet werden, wenn Du Dich nicht jetzt zu einer offenen praktischen Handlung entschliessen solltest. Den Vorwurf anmaassenden Selbstvertrauens wird man Dir machen – denn es gibt Neider und Feinde – aber die Ehre der aufrichtigen und offenen Handlung wird man Dir lassen müssen. Du hast eine Macht, eine ungeheure Macht geschaffen, – diese Ehre kann Dir niemand nehmen. Jetzt liegt die Frage aber darin, was Du aus dieser Macht machen wirst. Russland fordert jetzt eine praktische Führung zum praktischen Ziel. Wird dies die »Glocke« leisten oder nicht? Wenn nicht, so wird sie vielleicht in einem oder einem halben Jahr ihre Bedeutung und ihren Einfluss verlieren und die ganze von Dir geschaffene Macht wird vor dem ersten besten kühnen und arroganten Jungen zusammenbrechen, der aus Unfähigkeit, so zu denken wie Du, sich erdreisten wird, es besser tun zu wollen. Schwinge also, Herzen, Dein Banner für die Sache, schwinge es mit der ganzen, Dir eigenen Vorsicht, mit jedmöglicher Klugheit und Takt, doch schwinge es kühn. Wir aber werden Dir folgen und mit Dir gemeinschaftlich arbeiten …

An Emma, die dickste
und edelste unter den Sterblichen

London, 19. November 1862

Sie bitten um Neuigkeiten. Was kann ich Ihnen eigentlich Interessantes mitteilen? Über Politik spotten Sie, und ich besuche weder das Theater noch Assembleen, mit Moden gebe ich mich nicht ab. Ich kann nur über Politik sprechen. Und so sehen Sie, meine Verehrteste, dass es uns endlich gelungen ist, mit dem polnischen Zentralkomitee ein Schutz- und Trutzbündnis zu schliessen, um mit vereinten Kräften die gegenwärtige Ordnung der Dinge zu stürzen. Unsere Heere im Königreich Polen, in Litauen und der Ukraine, das heisst die Offiziere von zwei Korps, schlossen bereits ein Bündnis und organisierten ein Kriegskomitee mit der Parole »Land und Freiheit«, die Ziel und Sinn der beabsichtigten Bewegung bestimmt. Nicht wahr, schrecklich? Was? Warten Sie nur – es wird noch schrecklicher werden. Zum Frühling wird im Königreich Polen ein polnisch-russischer Aufstand ausbrechen, woran auch ich zweifelsohne mich diesmal beteiligen werde. Für das Erste, Verehrteste, wird dies wohl genügen; sind Sie aber unzufrieden, so zürnen Sie sich selbst, das zweitemal fordern Sie keine Neuigkeiten von mir.

Mit dem Belagerungszustande zugleich, den die Regierung jetzt allerorten erklärt, verbreiten sich über ganz Russland Kriegskomitees und verbinden sich untereinander. Unser Bündnis mit dem unglücklichen und gepeinigten Polen ist in Moskau und Petersburg gesegnet worden. Freiheit für alle, unsere Grenzen aber zwischen Polen und der Ukraine werden natürlich vom freien Willen der befreiten Völker bestimmt werden. Das letzte Wort ist: eine slavische Föderation; was aber dem Slaven zuträglich, das ist für den Deutschen der Tod. Überall findet jetzt in Russland eine Agitation statt, deren Ziel die Einberufung eines allgemeinen Reichstags ist, der allein imstande sein wird, ohne Blutvergiessen die unaufschiebbaren, für unsere Regierung aber unlösbaren Fragen zu lösen. Ich weiss, dass das gar nicht nach Ihrem Sinne ist, und dass Sie fürchterlich über mich schimpfen werden. Aber ich glaube so an Ihren Edelsinn, dass ich nicht fürchte, Ihnen die Wahrheit zu sagen. Überdies ist dies alles auch der Regierung selbst kein Geheimnis mehr. Sie sieht die Gefahr, aber es gibt keine Waffe dagegen.

*Der Aufstand, den man für Frühjahr 1863 vorbereitete, brach, von der Regierung provoziert, bereits in der Nacht vom 22. auf den 23. Januar aus. Es fehlte trotz allem Enthusiasmus der Revolutionäre an Waffen und Mitteln. Die Bauern schlossen sich nur teilweise an. Die Führer waren über Führung und Form der Bewegung noch nicht einig geworden.
Bakunin schreibt*

An das Zentralkomitee des Polnischen Aufstandes

London, 2. Februar 1863

Gott behüte mich, in Vorwürfe zu verfallen. Denn wir Russen haben, in diesem Augenblick ganz besonders, allen Grund, uns den leisesten Tadel der polnischen Nation gegenüber zu ersparen. Die gegenwärtige Situation verlangt jedoch folgende Klarstellung:

Das Warschauer Zentralkomitee, das anfangs ein herzliches Einvernehmen mit der russischen revolutionären Partei zu wünschen und mit der sympathischen Haltung der in Polen stationierten russischen Truppen sehr zu rechnen schien, scheint im letzten kritischen Augenblick seine Ansicht völlig geändert zu haben und, misstrauisch gegenüber den Zusicherungen unserer Offiziere, zur Überzeugung gelangt zu sein, es sei eine Tollheit, auf die Hilfe der russischen Truppen zu rechnen, man müsse vielmehr deren politische Demoralisation und Unentschiedenheit benützen, um unversehens über sie herzufallen und sie zu entwaffnen. Da die Polen keine Waffen besassen, sollten mit Gewalt die Soldaten entwaffnet werden. Moralisch waren die Polen in ihrem guten Rechte, denn solange ein russischer Soldat auf polnischem Boden steht, solange er wenigstens nicht als Verbündeter und als Freund da ist, solange ist er vogelfrei. Nichts natürlicher und mehr in der Ordnung, als dass man ihn überfällt, tötet und ihm die Waffen abnimmt. Ich glaube nur, dass das Warschauer Zentralkomitee einen Rechenfehler machte: es hat sich auf diese Weise nicht gerade sehr viele Waffen verschafft, aber dafür mit einem Schlage die Arbeit eines ganzen Jahres zu nichte gemacht; es hat sich einer wichtigen, ja schrecklichen Waffe beraubt der russischen Regierung gegenüber, die bankerott und im Innern gänzlich demoralisiert, nach aussen aber verächtlich, unfähig gewesen wäre, mit den vereinten Russen und Polen den Kampf aufzunehmen. War eine solche Vereinigung möglich? Ja, denn die Propaganda war wirksam und unsere Soldaten warteten mit Ungeduld auf die Stunde der Befreiung. Auf den ersten Revolteruf der polnischen Patrioten hin hatten mehrere Kompagnieen den Fahneneid geleistet auf das Volksbanner »Land und Freiheit«; man wartete nur auf den Zustrom der revolutionären Banden, um sich mit ihnen zu vereinigen. Als diese aber, statt die Hand zu reichen, über sie herfielen, um sie mit Gewalt zu entwaffnen, sie zu erwürgen, schlug bei denselben Soldaten, die so gut vorbereitet waren und sich mit und für Euch erheben wollten, notwendigerweise die Stimmung um und sie wurden Eure Feinde. Es ist zu befürchten, dass sie jetzt gegen Euch wüten werden, wie sie Euch anfangs sorglos mit ihrer Sympathie und ernstlich mit ihren Hoffnungen entgegenkamen. Die russische Regierung wird nicht verfehlen, ihre Erbitterung nach Kräften zu verhetzen und zu vergiften und die Folge davon: anstatt des ersehnten und erhofften Bündnisses zwischen Polen und Russen ein Guerillakrieg, ein Unglück, das nur den Deutschen in Berlin und Petersburg zustatten kommt und das, verzeihen Sie mir, meine Herren, Polen ein zweites Mal verloren gehen lässt.

Bakunin beschloss, jetzt selbständig vorzugehen. Er bemühte sich um eine offizielle Einladung nach Polen und entwarf die nachstehende Proklamation für eine von ihm innerhalb der Aufstandsbewegung geplante »Russische Legion«.

Entwurf einer Proklamation an die Polen

Brüder Polen!
Ihr seid für die Freiheit, für Euer heimatliches Heiligtum aufgestanden zu einem ungleichen Kampfe, provoziert von der schlimmsten Regierung der Welt, der Petersburger Regierung. Schon lange sind wir Russen überzeugt, dass die Sache der polnischen Unabhängigkeit und der polnischen Freiheit untrennbar von der Sache der Befreiung Russlands ist und so kamen wir, die wir nicht minder als Ihr das Petersburger deutsche Kaisertum hassen, das Russland und Polen zugrunde richtet und sie an Preussen und andere Deutsche verrät – wir, die wir über die Greueltaten empört sind, die von unseren unglücklichen, verblendeten und trunkenen Soldaten verübt wurden –, so kamen wir zu Euch, um Euer Schicksal zu teilen, um mit Euch die gemeinschaftliche Sache der Freiheit zu retten oder mit Euch zu grunde zu gehen, weil wir wissen, dass die Freiheit nicht verloren ist, und dass das befreite Polen bald die Bruderhand zu Russlands Befreiung reichen wird.

BRIEF AN ALEXANDER VON GUTTRY.

London, 3. Februar 1863

Aus Ihrem Briefe schliesse ich, dass es für mich noch nicht Zeit ist, nach Polen zu gehen, aber ich will und kann diesem Plane nicht entsagen, der zu den liebsten Hoffnungen meines ganzen Lebens gehört. Zu seiner Ausführung muss ich vorher überzeugt sein, dass man meine Ankunft in Polen wünscht; aber vergebens habe ich mich aus diesem Anlass an meine Freunde im früheren polnischen Zentralkomitee gewandt; es war ein ziemlich schlechter Korrespondent schon vor der Revolution und er muss jetzt bis über den Hals in Arbeit stecken. Ausserdem weiss ich nichts, ob mir bekannte Mitglieder übrig geblieben sind ...

In Kurzem werde ich nach Stockholm gehen, um dort Nachrichten abzuwarten und ich werde alle meine Kräfte aufbieten, um eine Bewegung in Finnland hervorzurufen, welche nicht nur wir, sondern zugleich mit uns auch unsre Petersburger Freunde wollen. Wenn die Bewegung in Polen noch ein oder zwei Monate aushält, halte ich die Sache für vollständig gewonnen. Erlauben Sie mir, mich offen auszusprechen: nach Nachrichten, die wir in London erhalten haben, vertrauen die polnischen Diplomaten vielmehr der Diplomatie und der ausländischen Hilfe der westlichen Höfe, als den eigenen Kräften der polnischen Revolution. Aber damit die Diplomatie für uns arbeitet, muss die polnische Bewegung sich unbedingt in sich selbst einmütig und ernst zeigen und insbesondere einige Zeit aushalten. Wenn das Unglück eintritt, dass sie in einigen Tagen erstickt, so erwarten Sie nichts oder nur sehr wenig. Ich halte die Polen für Patrioten; alle, zu welcher Partei sie auch gehören, müssen die Fortdauer der angefangenen Revolution wollen und müssen dazu mit allen Mitteln beitragen. Was mich betrifft, so bin ich vollständig überzeugt, dass, wenn die Bewegung nur einen Monat aushält, wir vollständig siegen werden, weil unter der russischen Regierung Minen gelegt sind, sie sich aber für sicher hält. Darum ärgere ich mich garnicht, dass ich eine oder zwei Wochen in Stockholm vor mir habe. Wenn es mir gelingen wird, die ehrgeizigen Herren in Schweden zu einer Bewegung in Finnland anzutreiben, halte ich mich für ganz glücklich und zufrieden. Die Wirkung einer solchen Divergierung auf die russische Regierung, auf Europa, auf ganz Russland, wird furchtbar sein. Aber ich will und muss in Polen sein ...

Um der insurrektionellen Bewegung eine feste Grundlage zu geben, ist es notwendig, eine russische revolutionäre Legion zu bilden, die auf die Gefangenen wirkt, die massenhaft eingebracht werden. Die Gründung einer solchen Legion wird ohne Zweifel mit den grössten Schwierigkeiten verbunden sein; aber wenn sie einmal gegründet ist, hoffe ich fest, dass das Beispiel wirken und die Sache von selbst weitergehen wird. Ihr Nutzen muss uns allen auffallen. Um dies zu unternehmen, muss ich vorher überzeugt sein von der Sympathie und dem Mitwirken der polnischen Militärchefs, die dazu guten Willen und Macht haben; darum schreibe ich an .., den ich kenne. Ich hoffe, dass Sie alles in Ihrer Kraft stehende tun werden, um diesen Brief an ihn und seine Antwort an mich zu besorgen. Verlieren Sie nicht den Mut, die Sache geht noch nicht schlecht; man muss fest aushalten bis zum Ende und rufen wir: »Es lebe die Revolution!«

Am 21. Februar 1863 trat Bakunin seine Reise nach Stockholm an. Er fuhr über Hamburg, Kiel, Kopenhagen. Da das polnische Komitee ihn in wiederholten Briefen bat, seine Reise nach Polen und die dort geplante Tätigkeit zu verschieben, blieb er in Schweden. Der Aufenthalt, der erst nur für kurze Zeit berechnet war, währte, von der sogenannten »Lapinsky'schen Expedition« unterbrochen, tatsächlich bis zum Herbst 1863.

BAKUNIN ÜBER DIE »LAPINSKY'SCHE EXPEDITION« (21.-30. MÄRZ 1863)

(aus »Un dernier mot sur M. Louis Mieroslawsky«, Genf, 1868)

Diese Expedition, die so unglücklich verlief und die Herr Mieroslawsky die »Expedition Bakunin, Lapinsky und Co« zu nennen beliebt, wurde ohne mich zu befragen beschlossen, organisiert und geleitet von Personen, von deren Existenz und Namen ich, bevor ich ihnen in dem schwedischen Hafen Malmö begegnete, keine Ahnung hatte. Ich begab mich von Stockholm aus dorthin zufolge einer Depesche, die ich zwei Tage vorher erhielt. In dieser Depesche bat man mich, die Expedition aufzusuchen und teilte mir mit, ich fände dort die Personen, die mich über den Zweck des Mandats unterrichten würden. Als ich Stockholm verliess, wusste ich ungefähr, dass eine Expedition unterwegs sein sollte, aber sicher war ich dessen nicht.

Die Lapinsky'sche Expedition« war unternommen, zu dem Zweck, die polnischen Insurgenten mit Waffen und Munition zu versehen. Sie scheint der russischen Regierung schon von Anfang an bekannt gewesen zu sein und scheiterte an der Anwesenheit eines zu spät entlarvten Spions und dem Widerstand des englischen Kapitäns.

Brief an Herzen und Ogarjow

Helsingborg, 31. März 1863

Freunde, unsere Depeschen werden Euch von dem traurigen Misslingen unserer vortrefflich geplanten, aber sehr schlecht ausgeführten und, was das Schlimmste ist, zu spät abgesandten Expedition unterrichtet haben.

Ihr Erfolg wäre unter zwei Bedingungen möglich gewesen: Schnelligkeit und Geheimhaltung. Man hat sie aber unverzeihlicherweise bis zum 21.ten hingeschleppt und indem man die polnischen Emigranten am 14.ten aus Paris nach London berief, bevor man noch ein Schiff gemietet hatte, war das Geheimnis zu Ende. Endlich war die Hauptbedingung die Wahl eines guten, tüchtigen Schiffskapitäns, von dessen ehrlicher Entschlossenheit der Erfolg des ganzen Unternehmens abhing. Statt dessen wählte man einen ausgesprochenen Feigling und Schuft und vernichtete dadurch jede Möglichkeit eines Erfolgs, denn man verliess sich so blind auf ihn, dass man es nicht einmal für nötig hielt, Demontowicz eine Kopie des Kontraktes und ein Verzeichnis der Ladung, das heisst der mit dem Schiff geschickten Gewehre und Geschosse zu geben.

Mich hat man zu spät benachrichtigt. Ich erhielt Cards Telegramm am 22.ten um 3 Uhr nachmittags, und da es von Stockholm nach Helsingborg keinen anderen Weg gibt als über Göteborg, zwischen Stockholm und Göteborg aber nur ein Morgenzug verkehrt, so konnte ich erst am andern Tag, also den 23.ten um acht Uhr morgen[s] fahren. Indessen telegraphierte ich für jeden Fall nach Helsingborg, dass ich am 26.ten dort eintreffen würde. Und hätte ich dies nicht getan, so hätte ich die Expedition versäumt. Diese kam in Helsingborg am 25.ten abends an und verlor in Erwartung meiner fast einen ganzen Tag, und darauf wurde sie durch einen Sturm und den Verrat des Kapitäns aufgehalten. Die Wahl Helsingborgs zum Zusammentreffen mit mir war im höchsten Grade unglücklich; der ganze Sund wimmelt von russischen Spionen mit und ohne Gehalt. Es war daher angebracht, den Sund rasch zu passieren, ohne sich irgendwo aufzuhalten. Helsingborg ist von Helsingör aus sichtbar, Helsingör aber ist von alters her ein Spionen- und zwar ein russisches Spionennest ...

Nachdem die Expedition mich vierundzwanzig Stunden erwartet hatte, wurde sie durch den Sturm und noch mehr durch die Böswilligkeit des Kapitäns doppelt so lange aufgehalten. Nach der allgemeinen Aussage hatte er sich bis Helsingborg anständig benommen und er wie die ganze Mannschaft hatten grosse Sympathie für den Zweck der Expedition gezeigt. In Helsingborg veränderte er sich plötzlich. Hier erklärte er zum erstenmal, dass ihm von Seiten der russischen Kreuzer, die uns begegnen könnten, grosse Gefahr drohe, weil er weder die für die Ladung, noch die für die Mannschaft nötigen Papiere mitgenommen habe; er habe die Expedition nicht noch um einige Tage mehr aufhalten wollen. Vorher hatte er zu niemand etwas davon gesagt, erst in Helsingborg fiel es ihm ein. Erst sprach er nur von einer Strafe von 500 Pfund Sterling, die ihn wegen seiner Nachlässigkeit treffen könnte, als man ihn aber erinnerte, die Polen würden es ihm ersetzen, falls nur die Expedition gelänge, begann er vom Galgen und von Sibirien zu sprechen.

Unter verschiedenen Vorwänden hielt er uns am 26.ten und 27.ten in Helsingborg hin und erst am 28.ten um ein Uhr nachmittags vermochten wir ihn dazu zu bringen, dass er uns auf das Schiff nahm. Inzwischen war es ihm gelungen, sich mit dem Wirt des Hotels, wo wir abgestiegen waren, und durch ihn mit dem russischen Konsul, einem Kompagnon und Freund des Wirts zu verständigen und wir erfuhren durch den Kellner, dass Wirt und Konsul gemeinschaftlich an die russische Gesandtschaft nach Stockholm telegraphiert hätten. Ich zweifle also nicht daran, dass wir auf Befehl der russischen Behörden solange aufgehalten wurden. Man benutzte diese Zeit, um sich zu unserem Empfang vorzubereiten.

Kaum schifften wir uns ein, als wir erfuhren, der Kapitän habe die Matrosen versammelt und ihnen eine Rede gehalten, worin er ihnen die Gefahren schilderte, denen sie sich aussetzten, wenn sie mit uns nach dem baltischen Meere steuerten. Wir berieten untereinander, es beunruhigte uns die immer mehr zu tage tretende Gewissenlosigkeit des Kapitäns, der uns, als wir ihn der Doppelzüngigkeit ziehen, mit Tränen in den Augen seine Ergebenheit versicherte. Andrerseits erhielten wir Eure Depesche, worin Ihr uns von den Maassnahmen der Regierung in Litauen berichtetet, und mussten nachdenklich werden. Wir beschlossen, den Kapitän zu überreden, dass er uns nach Gotland bringe. Kaum hatten wir nun den Sund verlassen, so begannen wir auch schon den Revolver in der Hand mit dem Kapitän zu sprechen und drohten ihm, dass er seinen Kopf verliere, wenn er sein Versprechen nicht halte.

In Gotland angekommen wollten wir unsere Leute in zwei Fischerboote verteilen, eines an das russische Ufer zwischen Polangen und Libau, das andere an das preussische Ufer zwischen Polangen und Memel auf Kundschaft ausschicken, um so mit unseren Freunden, die uns gewiss erwarteten, in Verbindung zu treten und mit ihrer Hilfe unter allen Umständen das Begonnene, von dessen Erfolg soviel abhing, zu Ende zu führen. Ob es der Kapitän erriet, oder ob er den schon in England mit den russischen Agenten gemeinsam gefassten Plan ausführte: genug, statt bei Gotland landete er in Kopenhagen, unter dem Vorwand, er müsse das Schiff mit frischem Wasser versehen, wozu er – schau einer an! – während unseres viertägigen Aufenthalts in Helsingborg keine Zeit gehabt hätte, was aber nach seinen eigenen Worten nicht mehr als zwei Stunden in Anspruch nehmen konnte. Er ging selbst in die Stadt. Wir warteten den ganzen Abend und die Nacht auf ihn.

Am andern Tage, Sonntag, ging ich auf die Bitte meiner Freunde, selbst in die Stadt, war bei dem mir bekannten Redakteur von »Vaterland et Ploug« und auf seinen Rat beim englischen Gesand[t]en Sir Paget, einem vollkommenen Gentleman, der mich mit aufrichtiger Teilnahme empfing und sofort alle offiziösen Massnahmen traf, die er überhaupt nur treffen konnte, um uns zu helfen. Noch am Abend vorher hatte er unseren niederträchtigen Kapitän gesehen, der uns bei ihm zu verleumden suchte, indem er ihm versicherte, wir seien Barbaren, Räuber, die durch ihre Rohheit und Gewaltsamkeit die edle grossbritannische Entrüstung der Matrosen erregten; er schilderte es so, als hätten sich die Matrosen infolgedessen gegen ihn selbst empört und sich entschieden geweigert, weiterzusteuern. Doch alle Bemühungen des Schuften waren vergeblich. Sir Paget schenkte ihm keinen Glauben. Er schrieb alle seine unverzeihlichen Handlungen seiner niederträchtigen Feigheit zu.

Ihr müsset wissen, dass in Kopenhagen ein Haus Hansen & Co existiert, das die Agentur derselben englischen Gesellschaft hat, die mit Czwierczakiewicz den Kontrakt machte, und zugleich Agent der russischen Kriegsflotte für Kohlenlieferungen ist, und dass man gerade jetzt für ein morgen erwartetes russisches Kriegsschiff Kohlen vorbereitet. Sir Paget begab sich persönlich dorthin. An die Fortsetzung der Expedition war also nicht mehr zu denken. Auf die Einflüsterungen des Kapitäns hin verliessen sämtliche Matrosen unseren Dampfer mit Ausnahme von zweien, die bei uns blieben: des ersten Maschinisten, eines ehrlichen jungen Mannes, der mit Entrüstung und Scham die Handlungen des Kapitäns verurteilte, sowie des dänischen Lotsen. Es blieb uns nur eines zu wünschen: möglichst schnell Kopenhagen zu verlassen und in den nächsten schwedischen Hafen einzulaufen.

Da die dänische Regierung infolge der einfältigen Note Russels über die schleswig-holsteinischen Fragen fast alle Welt gegen sich sah, stützte sie sich auf das Petersburger Kabinett, das deshalb in Dänemarck einen weit grösseren Einfluss als hier in Schweden hat, wo es von allen, Regierung und Volk, gleich leidenschaftlich gehasst wird. Wären wir noch einen Tag in Kopenhagen geblieben, so hätte man auf die Forderung der russischen Gesand[t]schaft hin uns und unsere Waffen sequestriert. Im günstigsten Falle wären wir zurückgeschickt worden, unsere ganze Ladung aber wäre für immer verloren gewesen. Damit nun die Gesellschaft nicht die Möglichkeit habe, zu sagen, wir seien auf unseren eigenen Wunsch nach Malmö gebracht worden, forderten wir, dass man uns nach der Insel Gotland bringe. Der Kapitän willigte nicht nur nicht ein; aus Furcht vor den russischen Kreuzern, vor unsern Revolvern und unserer Drohung, wir würden, wenn er uns einem Kreuzer entgegenführe, zuerst versuchen, diesen zu entern und im Falle des Misslingens uns samt ihm in die Luft sprengen, – aus Furcht also wollte er uns mit seinen Matrosen nicht einmal bis Malmö fahren. Die Agenten der Gesellschaft waren also gezwungen, uns einen dänischen Kapitän und dänische Matrosen zu mieten, mit deren Hilfe unser armer Dampfer denn, von allen Engländern verlassen, am 30. März abends um fünf Uhr in den Hafen von Malmö einlief. In Anbetracht der drohenden gegenwärtigen Ereignisse, die für das Schicksal Polens entscheidend sind, muss man gewissenhaft sagen, dass die Expedition mit einer verbrecherischen Naivetät und Fahrlässigkeit organisiert und abgesandt war.

Ich will nun einige Worte über mich und das Personal unserer misslungenen Expedition sagen. Gerade vor der Abreise schrieb ich Euch aus Helsingborg einen traurigen Brief, worin ich in der Meinung, dass ich vielleicht zum letztenmal mit Euch spräche, Euch in ziemlich offenen und vielleicht harten Worten anklagte. Da ihr zu ernst und gerecht seid, um nicht einzusehen, dass ich recht hatte, so hoffe ich, dass Euch der Brief nicht verletzt und gezwungen hat, an meiner heissen Liebe zu Euch zu zweifeln. Ihr habt mich wie ein Kind behandelt, indem Ihr mich erst in der letzten Minute und, wie Ihr selbst seht, zu spät mit Eurem knappen Telegramm benachrichtigt habt. Dabei bereitete man die Expedition über einen Monat lang vor. Ihr hattet Zeit genug, mich von allem klar und ausführlich zu unterrichten und da Ihr dies nicht getan habt, habt Ihr der Expedition bedeutend geschadet. Wäre ich rechtzeitig verständigt worden, so hätte ich ihr gerade hier in Schweden unstreitig sehr grossen Nutzen bringen können. Ich forderte die Einzelheiten von Czwierczakiewicz, doch geruhte er auf Euren Rat oder aus eigener Erwägung nicht, meiner Bitte nachzukommen, wahrscheinlich nahm er an, ein Wink von ihm genüge, um mich dahin zu expedieren, wohin es ihm beliebe. Aber darin hat er sich gründlich geirrt, und Ihr habt gut daran getan, Juniors Telegramm seinem voranzuschicken, da mich seines nicht von der Stelle hätte bewegen können. Ihr wusstet, Euer Ruf genügt, dass ich mich blindlings hinstürze, Ihr wusstet das und habt Euch nicht geirrt, denn mein Glaube an Euer Wort ist in der Tat beinahe grenzenlos. Aber selbst eine solch heisse Liebe, die einem festen Glauben entspringt, darf man nicht missbrauchen. Bedenket doch, dass ich kein Kind bin, dass ich bald fünfzig Jahre werde und dass es sich nicht ziemt, ja auch unmöglich ist, dass ich Euer Laufbursche bin, und dass ich endlich von nun an an keiner Sache mehr teilnehme, wenn mir nicht alle Details derselben bekannt sind.

Ich hätte mich an dieser Expedition selbst dann beteiligt, wenn ich auch früher gewusst hätte, wie wenig Aussicht auf Erfolg sie habe, sowie dass meine Frau in London angekommen ist. Ich hätte mich beteiligt daran, weil mein ganzes Wesen die Pflicht, unter allen Umständen nach Polen zu gehen, erkannte, empfand und verstand; kurz aus demselben einfachen Grunde, der mich auch jetzt hinzieht. Überdies war ich überzeugt, dass eine Sache, an der Ihr, meine klugen vorsichtigen und ewigen Kritiker einen so regen und lebhaften Anteil hattet, nicht anders unternommen und ausgeführt werden könne als unter Wahrung des tiefsten Geheimnisses und aller Bedingungen des Erfolgs. Ich habe mich getäuscht. Die Sache war von den Händen eines faulen Kindes geleitet und geregelt. Doch genug davon. Wir wollen zu unseren armen Argonauten übergehen ...

In Stockholm wurde Bakunin sehr gefeiert. Der Bruder des Königs empfing ihn, er hatte Besprechungen mit Ministern. Baron L. J. Hierta, Besitzer der grossen liberalen Zeitung »Aftonbladet«, August Sohlman, Redakteur von »Aftonbladet« und August Blanche waren seine nächsten Bekannten. Auf einem Bankett im Hotel Fenix hielt er eine französische Rede, die der polnischen und russischen Revolution viele Sympathieen gewann, zu Angriffen in der reaktionären schwedischen Presse und zu einer ausführlichen Darstellung seiner Russland betreffenden Ziele und Anschauungen in »Aftonbladet« führte.

AUS BAKUNINS BANKETTREDE IN STOCKHOLM.
(28. Mai 1863)

... Meine Herren, dies junge Russland, jung nicht an Jahren, aber an Erfahrung und in der Politik, dies Volksrussland, seit Jahrhunderten gemartert und deshalb der Feind des sogenannten kaiserlichen Russland, es existiert und seine Zeit ist gekommen. Wir, die wir Jungrussland aus der Nähe kennen und einen tiefen Blick werfen konnten in die inneren Dinge, die sich vorbereiten, wir sehen schon, wie es sich erhebt, wächst und seine Kräfte rüstet für den Endkampf. Europa wird es ohne Zweifel in Kürze auf den Plan treten sehen, frei und gross, aber friedliebend und gerecht; sehen, wie es sich auf den Ruinen des zerbrochenen Imperialismus erhebt.

In diesem Augenblick erschöpft sich das Petersburger Regime in vergeblichen Anstrengungen, Europa zu überzeugen, dass die schändliche, unverschämte und brutale Politik, die es in Polen verfolgt, Ausdruck und Wunsch eines Sechzigmillionen-Volkes ist, das angeblich bereit ist, für dieses Regime die Waffen zu führen und zu sterben. Wenn das wahr wäre, wäre es ein grosses Unglück für Polen und eine ewige Schande für Russland. Aber glücklicherweise ist es unwahr. Diese Regierung lügt stets. Lügen ist ihre Stärke, ihr Leben, Lügen ist das ewige Geheimnis ihrer Existenz. Diese Regierung ist die Lüge in System gebracht und keine Regierung der Welt kann diesem himmlischen Kaiserreich die Palme strittig machen, wenn es sich um die Verfälschung der Wahrheit handelt. Alle diese quasi-populären Regierungsakte, von denen man soviel Aufhebens macht, alle diese Huldigungsadressen, die heute die Spalten der Moskauer und Petersburger gekauften Zeitungen füllen, sind ebenso viele faustdicke Lügen. Und Sie können selbst ein Urteil fällen, meine Herren, wenn Sie die jüngsten Geschehnisse in Finnland betrachten ...

Nein, das russische Volk hat mit dieser Regierung nichts zu tun und niemand weiss das so gut, als diese Regierung selbst. Sie lebt in beständiger Angst. Der Horizont verdunkelt sich rings um sie; der Boden wankt unter ihren Füssen und sie fühlt sich nicht einmal mehr von jenem religiösen Vertrauen gestützt, das anmassend und unverschämt die Stütze des Kaisers Nikolaus war.

Und hier, meine Herren, appelliere ich an Ihre Gerechtigkeit. Man nennt uns, die Gegner dieses Regimes, Revolutionäre. Aber ist nicht im Gegenteil dieses Regime der leibhaftige Revolutionär? Robespierre und Marat – hätten sie mehr tun können? Der verrückteste und verbrecherischste Herostrat – hätte er mehr tun können? Und alles das, meine Herren, geschieht zynischerweise mit Feierlichkeit vor den Augen des räsonnierenden, diplomatisierenden, protokollisierenden guten alten Europa, das keine Empörung mehr aufzubringen scheint ...

Was sind wir also, meine Herren, wir, die wir das Petersburger Regime bekämpfen? In Wahrheit sind wir die Erhalter. Wir verabscheuen das Blutvergiessen; aber wenn Blut unbedingt fliessen soll – eh bien! mag es fliessen nicht für den *Ruin*, sondern für das *Heil* Russlands und Polens.

Meine Herren, eine weit verzweigte patriotische Gesellschaft, konservativ, liberal und demokratisch hat man jüngst in Russland ins Leben gerufen. Sie trägt den Namen »Land und Freiheit« – Zemla i Wola. Ihr Zentrum hat sie in Petersburg, ihre Anhänger und Mitglieder in allen grösseren russischen Provinzen. Sie vereinigt alle Klassen der russischen Gesellschaft, alle wohlgesinnten Russen ohne Rücksicht auf Vermögen und Stellung: Generäle und Offiziere, grosse und kleine Zivilbeamten, adlige Besitzer, Kaufleute, Popen, Popensöhne und Bauern, dazu Millionen Sektierer und Dissidenten, die dasselbe wollen wie wir und ohne es zu wissen mit uns zusammenarbeiten. Diese regelrecht und stark organisierte Gesellschaft hat alle Aussicht, sozusagen einen Staat innerhalb des Staates darzustellen. Sie organisiert ihre Finanzen, ihre Verwaltung, ihre Polizei, und bald wird sie hoffentlich auch ihre Armee haben. Sie hat in aller Form ein Bündnis mit dem Warschauer Zentralkomitee, das heute das nationale polnische Regiment darstellt, auf ebenso breiter wie gerechter Grundlage geschlossen, die jedem Volk, so klein es sei, jeder Provinz, gross oder klein, das absolute uneingeschränkte Recht der Selbstbestimmung verbürgt. Auf derselben Grundlage hat sie ein zweites Bündnis mit den Patrioten Kleinrusslands geschlossen und wenn die Finnländer nur wollen, wird man ihnen in der gleichen Voraussicht die Hand reichen. Das Ziel dieser Gesellschaft ist rein menschlich und eigentlich konservativ: es ist das Ziel, Russland zu retten vor der verbrecherischen Tollhäuselei des Imperialismus und ohne Blutvergiessen die bevorstehende grosse politische und soziale Revolution durchzuführen. Je mächtiger diese Gesellschaft wird, desto weniger Unheil wird es geben, denn die Macht bringt Ruhe und Maass mit sich, die Ohnmacht allein ist grausam. Ihr Programm ist denkbar einfach:

1) Das Land soll den Bauern gehören ohne Rückkaufsrecht. Die gegenwärtigen Besitzer werden aus dem gesamten Nationalgut bezahlt.

2) Die Kommune als Basis genommen, will man die gegenwärtige deutsche Bürokratie ersetzen durch ein System nationaler Vertreter, und die auf Gewalt gegründete Zentralisation des Reiches durch eine Föderation autonomer und freier Provinzen.

3) Die Rekrutierung, diese Blutsteuer, die heute die Bevölkerung dezimiert, wird abgeschafft und anstelle eines stehenden Heeres, das mit der Freiheit unvereinbar ist, ein System nationaler Verteidigung eingeführt: eine zwar für die Sicherheit des Landes hinreichende, für Eroberungen aber unzureichende Miliz.

4) Um alle diese Ideen, die der reinste Ausdruck des Volkswillens sind, zu verwirklichen, fordert man laut die Einberufung einer Nationalversammlung, die sich zusammensetzt aus Abgeordneten aller Provinzen und Städte Grossrusslands ohne Rücksicht auf Klasse, Vermögen und Stellung.

So, meine Herren, sieht die Gesellschaft aus, der anzugehören und die vor Ihnen zu vertreten, ich die Ehre habe. Im Namen dieser Gesellschaft, im Namen dieses Neurussland, das in Kürze triumphieren wird und das dem ganzen Norden Europas fruchtbaren brüderlichen Frieden verspricht, biete ich den schwedischen Patrioten meine Hand, trinke ich auf die nächste Zukunft und auf das Gedeihen einer grossen skandinavischen Union im föderalistischen Sinne.

Dass Tschernischewsky der eigentliche (sehr vorsichtige) Inspirator der Gesellschaft »Land und Freiheit« gewesen war, konnte Bakunin nicht wissen. Erst Kulczycki (»Geschichte der russischen Revolution«, 1911) hat es ziemlich sicher festgestellt. Nach Tschernischewskys Verhaftung (Juli 1862) konnte mit einer Gesellschaft »Land und Freiheit« nicht mehr gerechnet werden und ihm verdankte diese Gesellschaft ihre anfängliche Macht und Bedeutung. Alle auf dieser Gesellschaft basierenden Entschlüsse und Hoffnungen Bakunins und seiner Freunde waren also seit Juli 1862 illusorisch. Sie gründeten sich auf eine Gesellschaft, die, nur von Pantielejew und Leuten wie Utin und Provansow vertreten, in übertriebenen Gerüchten weiterlebte.

BRIEF AN EIN IM AUSLANDE BEFINDLICHES MITGLIED VON »LAND UND FREIHEIT«

Stockholm, 9. Juli 1863

Ich sage ohne Prahlerei, dass ich hier ein sehr wichtiges Resultat erreicht habe. Die ganze schwedische Nation, ich kann sagen alle Skandinavier, selbst Dänemarck, Norwegen und Finnland eingeschlossen, sind jetzt von der unabänderlichen Nähe der russischen Revolution überzeugt und begriffen, dass diese Revolution für sie wichtiger und heilbringender ist, als selbst die Befreiung Polens. Infolgedessen geniesst die Gesellschaft »Land und Freiheit« eine sehr grosse Popularität und die Schweden, die früher Russland ohne Unterschied hassten, machen jetzt einen scharfen Unterschied zwischen der Petersburger Regierung, auf die sich all ihr Hass vereinigt, und dem russischen Volk, zu dem sie bereit sind, ernsthafte Sympathieen zu hegen. Das gefiel den Polen nicht. Nicht nur der Aristokratie, sondern auch den Demokraten. Jeder Pole hasst mehr oder weniger nicht nur die Regierung, sondern das russische Volk selbst, und sie suchen, wenn sie auch nicht über mich persönlich herfallen, die Schweden zu überzeugen, dass ich ein Utopist, ein Idealist sei, und dass mit Ausnahme von zwei, drei Leuten ganz Russland mit dem Zaren gehe. Die Schweden davon zu überzeugen, gelang ihnen nicht. Der Glaube an die russische Revolution ist jetzt hier fest; aber trotzdem waren die Schmutzereien, die der junge H. hierherbrachte, schädlich und unangenehm. All das bringt mich dazu, die schleunigste Feststellung meiner Beziehungen zu der Gesellschaft zu wünschen ...

Im Februar traf ich in London Provansow, der in Eurem Namen zu uns gekommen war. Er nahm mich formell in Eure Gesellschaft auf und gemäss dem von einem Komitee, dessen Mitglied er war, gegebenen Recht, gab er mir die Vollmacht, im Namen der Gesellschaft in Schweden, Polen und überhaupt überall zu handeln, wohin mich die Verhältnisse verschlugen. Gleichzeitig versprach mir Provansow, mir sofort aus Petersburg nach Stockholm, wohin ich zu gehen im Begriffe stand, bevor ich nach Polen ginge, einen Vertrauensmann zu schicken, mit dessen Hilfe ich feste Beziehungen zu der Gesellschaft anknüpfen und mich über den Aktionsplan verständigen könnte. Ich wartete vergebens. Provansow wurde krank und blieb in Europa, und nach zwei Briefen wichtigen Inhalts, in welchen er mir nicht einmal die Adresse angab, hörte er überhaupt zu schreiben auf.

ÜBER DEN POLNISCHEN NATIONALISMUS

(Brief an Herzen, 17. Nov. 1860)

Wir wollen die Polen nicht zuviel beschuldigen, bedauern wir sie lieber. Auch haben wir Russen sie nicht zu beschuldigen. Wir haben mit unseren eigenen Händen die polnischen Universitäten und Schulen geschlossen. Wir nahmen ihnen alle Mittel zur Bildung. Indem wir ihnen auf die Füsse traten und sie zum Teil den Deutschen verkauften, stürzten wir sie in eine verzweifelte Lage, in der die schädliche nationale idée fixe, die krankhafte gereizte, trostlose Grübelei zu einer natürlichen, notwendigen, wenn auch verderblichen Erscheinung wurde. Nur der ist gesund, klug, stark, der es verstanden hat, sein Ich zu vergessen. Über sich nachzudenken, bekümmert zu sein, ihr Schicksal zu beklagen, das ist unzweifelhaft das Recht der Polen. Die Nationalität wie auch das Individuum, selbst der Lebensprozess, die Verdauung, das Atmen, sie haben nur dann Recht, sich mit sich selbst zu befassen, wenn man sie verneint. Daher heben die Polen, die italienischen, ungarischen, alle unterdrückten Slaven natürlicherweise und mit vollem Recht das Nationalitätsprinzip hervor und vielleicht aus eben diesem Grunde kümmern wir Russen uns so wenig um unsere Nationalität und vergessen sie um höherer Fragen willen. Nichtsdestoweniger ist dieses Recht zugleich eine schädliche, gefährliche Krankheit. Bringet das Gespräch mit einem Polen auf Goethe und er wird Euch gleich sagen: »Welch einen Dichter haben wir in Mi[c]kiewicz!«; auf Hegel, und er wird euch ein Lied singen von dem grossen polnischen Philosophen Trekowsky, von dem grossen Philosophen und Nationalökonomen Czetkowsky. Das krankhafte Gefühl der nationalen Eitelkeit ruiniert sie – ein armseliger Trost in ihrer kritischen Lage. Statt vorwärts zu blicken, schauen sie rückwärts, wo sie nichts als Tod finden werden; statt ihr nationales Leben durch Wechselwirkung mit dem Weltleben zu erneuern, schliessen sie sich wie die Juden von ihm ab und brüsten sich mit einer Art Messiasberuf. Die jüdische Selbstüberhebung wird sie zu grunde richten, sollten wir Slaven und vor allem wir Russen sie nicht aus dieser krankhaften Selbstbetrachtung reissen. Ich wiederhole, dass gerade wir Russen ihnen gegenüber zu besonderer Nachsicht und Geduld verpflichtet sind und, mögen sie wollen oder nicht, uns zu unserer gegenseitigen Rettung versöhnen und verbrüdern müssen.

Brief an Alexander Herzen
Stockholm, 1. August 1863

Ja, mit den Polen haben wir einen schweren Stand. Wiss[t] Ihr, was Demontowicz mir zuletzt sagte? Dass er nicht nur eine russische Revolution nicht wünsche, sondern sie als ein schreckliches Unheil fürchte, und sollte er die Wahl zwischen einem neuen Sieg des Kaisertums und der Rettung Polens haben, so würde er eher einen zeitweiligen kaiserlichen Sieg vorziehen, da man sich vom Kaisertum früher oder später befreien könne, während eine russische soziale Revolution die polnische Zivilisation entgültig vernichte, indem sie das polnische Barbarentum zu Tage fördern würde. Und so, Freunde, hattet Ihr in dieser Frage recht, ich dagegen Unrecht: ja, der Pole ist uns als Russen feind. Und dennoch können wir weder abseits von der polnischen Bewegung stehen bleiben, noch die von uns eingeschlagene Richtung bereuen. Während einer solchen Katastrophe zu schweigen und untätig zu sein, hiesse sich moralisch und politisch zugrunde richten. Da wir aber gezwungen waren, zwischen einem abscheulichen Henker und einem edlen Opfer zu wählen, mussten wir die Partei des Opfers nehmen ohne darauf zu achten, ob diese Partei edel war oder nicht. Überdies ist Polens Knechtung ein Unglück für uns. Die Taten der russischen Heere in Polen sind unsre Schmach. Ein Sieg Petersburgs über Polen wäre Russlands Verderben. Daher sind wir der heiligen Pflicht treu geblieben und werden in diesem Sinne auch weiter handeln, ohne auf das Petersburg-Moskauer, noch auf das Warschauer Geschrei zu hören.

Meiner unerschütterlichen Überzeugung nach ist Petersburg unser Hauptfeind. Deshalb wird mich nichts aufhalten, den Krieg auf Leben und Tod gegen dasselbe weiter zu führen. Ja, ich sage mich laut von dem kaiserlich russischen Staatspatriotismus los und ich werde mich über die Zerstörung des Reiches freuen, von welcher Seite sie auch kommen mag. Selbstverständlich werde ich nicht im Gefolge von Franzosen, Engländern, Schweden und ihren Freunden, den Polen, nach Russland gehen. Sollte es mir aber gelingen, mich in das Innere Russlands zu schleichen und während des Krieges mit dem Auslande die Bauern aufzuwiegeln, so werde ich es in dem vollen Bewusstsein tun, eine heilige Pflicht zu erfüllen und der hehren russischen Sache zu dienen. Das ist mein Bekenntnis.

Der Polenaufstand scheiterte in seiner Gesamtheit. Der russische Liberalismus erklärte sich gegen die Polen, und die polnische Adelspartei gegen die russischen Revolutionäre. Herzen, dessen Standpunkt nicht die gleiche Festigkeit hatte wie der Bakunins, sah sich sowohl bei den Polen, wie bei seinem liberalen russischen Publikum kompromittiert. Hier mögen zwei Briefe folgen, die Dragomanow im »Briefwechsel Bakunins mit Herzen und Ogarjow« mitteilt und die als Abschluss dieser Epoche eine scharfe, wenn auch nicht ganz gerechte Kritik von Bakunins damaliger Tätigkeit enthalten.

Alexander Herzen an Bakunin

London, 1. September 1863

Dem praktischen Leben entrissen, von Jugend auf in den deutschen Idealismus hineingeschleudert, aus welchem die Zeit nur dem Schema nach eine realistische Anschauung machte; ohne Russland vor Deiner Gefängnishaft noch nach Sibirien gekannt zu haben, aber von grossem leidenschaftlichem Streben nach edler Tätigkeit erfüllt, lebtest Du bis zum 50. Jahre in einer Welt von Trugbildern, studentischer Ausgelassenheit, hoher Pläne und kleinlicher Mängel. Nicht Du hast für den preussischen König, sondern der König von Sachsen und Nikolaus haben für Dich gearbeitet. Nach zehnjähriger Haft tratest Du als derselbe Theoretiker auf, mit der ganzen Unbestimmtheit du vague, als Schwätzer, ohne Skrupel in Geldsachen, behaftet mit einer Dosis stillen, aber hartnäckigen Epikuräertums und einem Jucken nach revolutionärer Tätigkeit, der nur die Revolution mangelt. Durch Geschwätz hast Du nicht allein Nalbandow, sondern auch Woronow zugrunde gerichtet. Deine überflüssige Bemerkung über ihn im Briefe an Nalbandow brachte ihn aus dem Kaukasus in die Festung und darauf in die Verbannung.

Was Wunder, wenn die Schweden aufknackten und erschracken? Du bist hochgewachsen, schimpfst und lärmst, daher sagt Dir auch niemand ins Gesicht, dass, wer nicht imstande ist, weder durch Achselzucken, noch durch Kopfschütteln ein Geheimnis zu verraten, ein schlechter Konspirator sei. Zwar bin ich auch ein schlechter, aber, lieber Bakunin, ich beanspruche doch nicht einen solchen Titel.

Wie Miloradowitsch nimmst Du die Leute durch Energie, aber nicht durch Intuition ein. Der beste Beweis dafür ist das polnische Bündnis. Es war unmöglich; sie handelten uns gegenüber nicht offenherzig. Das Resultat war, dass Du beinahe ertrunken wärest und wir auf eine Sandbank gerieten. Was wirfst Du mir vor, dass ich es sah und Dich nicht aufhielt? Du, Bruder, bist ein Naturelement. Du »brichst Stroh«. Wie soll man Dich aufhalten?

Nikolaus Ogarjow an Bakunin

London, 12. Oktober 1863

Du möchtest, dass alles sofort, möglichst schnell geschieht, und schlägst Alarm. Trotzdem bewegen sich die Dinge nicht vom Platze. Du wirst mich doch nicht des Konservatismus verdächtigen, ich möchte nur, dass die Dinge sicher vorbereitet werden, dass jedes Wort zur rechten Zeit kommt; vieles, was erst in einem Jahre möglich sein wird, kann jetzt die Reaktion nur erwecken und befördern. Ich fordere Erwägung der Umstände, ferner ruhige Tätigkeit, Anbahnung von Wegen, Vorbereitung von Leuten, kurz eine adäquate Propaganda durch das Wort und durch Vergrösserung der Gesellschaft. Werden die Verhältnisse andere, so muss man dann den Ton ändern. Wir haben schon genug Fehler begangen. Und es ist Zeit, einzusehen, dass wir für die Sache da sind, und nicht die Sache für uns. Im letzteren Falle würden wir nur Revolution spielen.

Das ist beinahe alles, was ich Dir sagen kann. Ausserdem will ich Dir noch folgendes sagen: ich flehe Dich an, Bakunin, beschwichtige Deine innere Unruhe, Deinen Gedankenandrang und Deine Tätigkeitswut; bezähme sie und weihe sie jetzt den Vorbereitungsarbeiten, denn eine Explosion wirst Du jetzt nicht hervorrufen, eine Grundreform in Russland wirst Du ohne Vorbereitungstätigkeit durch literarische und Maulwurfsarbeit nicht erreichen. Vergiss die revolutionären Tendenzen ins Blaue hinein; sie sind allerorten misslungen. Vertiefe Dich mit Deinen Gedanken in die Vorbereitung der Leute zu einer wirklichen Revolution. Ob einer friedlichen oder nicht friedlichen, das wird von der Stärke der Reaktion abhängen. Ich flehe Dich an, Bakunin, wir haben schon viele Fehler begangen und vieles Unheil angerichtet, Du vor allem. Vertiefe Dich in die jüngste Vergangenheit, und wenn Du aufrichtig bist, wirst Du einsehen, dass ich Recht habe. Zürne mir nicht, weil ich ohne Bosheit, sine ira et studio, schreibe. Ich schreibe Dir, weil ich tief von der Wahrheit überzeugt bin; nicht aus Feindseligkeit gegen Dich, sondern aus alter Freundschaft.

Es ist schade, dass Du nicht Deine Memoiren geschrieben hast. Sie hätten Dir ein Vermögen eingebracht. Jetzt werden sie Dir nur fürs Leben ausreichen, auch das ist nicht übel. Tritt mit Deinen Brüdern in Unterhandlungen, scherze nicht mit Geld. Ich spreche nicht in Hinsicht auf die äussere Moral, sondern damit Deine Feinde Dich nicht mit Steinen bewerfen und Deine Freunde nicht ihre Häupter schütteln.

> *Bakunin gab die Sache der Polen noch nicht auf. Er glaubte, der Aufstand werde im Frühjahr 1864 zu einem europäischen Kriege führen und trat Ende 1863 über London, Belgien, Frankreich und die Schweiz eine Orientierungsreise nach Italien an mit Empfehlungsbriefen von Mazzini und Saffi an »alle ihre Freunde«. Sein Plan war, insbesondere die von Garibaldi und Mazzini vertretenen Freiheitsparteien kennen zu lernen und der allgemeinen Diplomatenkonspiration eine Konspiration der mit einander in Verbindung gesetzten europäischen Revolutionäre gegenüberzustellen. Damit beginnt Bakunins internationale Tätigkeit.*

Brief an Tchorzewsky
Florenz, 24. April 1864

Der erste und ohne Zweifel traurigste Akt der polnischen revolutionären Tragödie gelangte, scheint es, zum Abschluss. Aber verzweifeln Sie nicht, Tchorzewsky; die polnische Revolution ist nicht nur nicht zu Ende, sondern nach meiner festen Überzeugung beginnt sie erst. Zu Ende ist nur der blutige Prolog mit dem Titel »Heroischer Fall der polnischen Adelsdemokratie«. Von dem revolutionären Bürgerstand und der Bevölkerung der Städte sind nicht alle erwürgt oder nach Sibirien verschickt. Es blieben ohne Zweifel einige Tausend verzweifelte Leute übrig, die alle im Laufe des furchtbaren Jahres solche Verluste und solchen Kummer erlitten haben, wie sie andere Völker kaum im Laufe von Hundert Jahren erleben. Wenn wir annehmen, dass die Hälfte, seien es auch zwei Drittel von ihnen, moralisch tot sind – die andern sind dafür abgehärtet und gegen alles gefeit: sie werden nicht vor irgend einem Hindernis Halt machen und sind zu allem bereit. Das ist eine ungeheure Kraft, eine von jetzt ab vernünftige Kraft, weil sie endlich vollständig begriffen hat, dass die Zukunft Polens wie aller slavischen Völker in den Bauern liegt, und dass das einzige Mittel zum Heil aller ist: die schöne soziale ... Revolution. Ich traf schon solche Leute und bin überzeugt, dass ich noch mehr treffen werde. Mit ihnen ist eine Verbindung möglich und notwendig. Sie können uns auch die richtigen klein- und grossrussischen Leute finden.

Im Westen ist die Flut der Reaktion zu Ende und es begann von neuem die Flut der Revolution. Und nachdem wir den des Aksakow'schen »Tages« würdigen chinesischen Gedanken von der Verschiedenheit der russischen und slavischen Bewegung und der angeblich erloschenen, in Wahrheit aber nur erstarrt gewesenen und wiederauferstehenden Bewegung verworfen haben, müssen wir endlich begreifen, dass es in ganz Europa, unser Russland nicht ausgenommen, nur zwei Lager, zwei Arten von Vaterland gibt: das eine heisst Revolution, das andre Gegenrevolution. Die Polen, von denen ich spreche, werden in einem Monat endgiltig mit uns gehen, wenn sie sich nämlich endgiltig überzeugt haben werden, dass von Napoleon und dessen Konferenz sich für Polen nichts ergibt.

Also, Tchorzewsky, beunruhigen Sie sich nicht. Es stirbt jetzt nicht Polen, sondern die letzte Illusion der Adelsfreiheit und der Adelsdemokratie in Polen, und in Polen, gerade in Polen beginnt das Ende des russischen Kaisertums und des gesamtrussischen Reiches.

Brief an Demontowicz.

Genua, 24. Januar 1864

Wir kehrten gestern von Caprera zurück, wo wir von dem General (Garibaldi) freundlich aufgenommen wurden. Er ist ein wackerer Mann, vollständig gesund und bereitet sich zu neuen Bewegungen vor. Er klagt über die auswärtigen Vertreter Polens und ganz natürlich. Aber er folgt im Geiste der polnischen Bewegung; unglücklicherweise weiss er nichts von ihr. Ausser einem gewissen Priester Kalinsky, der hierherkam, um, ich weiss nicht in wessen Namen, Geld zu verlangen, und der allgemeine Verachtung hervor rief, war [ein Pole] weder bei dem General noch bei anderen Vertretern der fortschrittlichen Partei ...

Auf diese Weise wird Eure heilige Sache systematisch im Innern und im Äussern ruiniert ... Schreibe um Gotteswillen; wir wissen hier nichts. Ich schreibe jetzt kurz um Dir meine Adresse zu geben ...

Brief an Herzen und Ogarjow

Florenz, 4. März 1864

Palatzky und seine Frau, die ich oft sehe, halten einen selbständigen ungarischen Aufstand für dieses Jahr für unmöglich, ausser es erhebe sich Italien. Mazzini und Garibaldi, jetzt versöhnt und zusammenarbeitend, bereiten unzweifelhaft eine Bewegung vor – ein Anfang dürfte Ende März oder Anfang April in Venetien gemacht werden und dann werde Garibaldi ganz Italien aufrufen. So hoffen sie die Regierung in einen Krieg mit Österreich zu ziehen. Die Regierung füllt Livorno, Genua, die Insel Magdalena bei Caprera mit ihren Spionen. Die piemontesische Partei, auch der König selbst, sind, wie man versichert, gegen die Einigung Italiens, weil sie fürchten, dabei nur für die Republik zu arbeiten ... Wie ihr seht: hier wie in ganz Europa herrscht eine schreckliche Verwirrung. Keine Frage ist rein und klar gestellt. Überall legitime Forderungen und Bewegungen mit einer Mischung von napoleonischem Gift. Aber mir scheint, dass die Ebbe zu Ende ist, die Flut beginnt von neuem ...

Im August 1864 kehrte Bakunin nach Schweden zurück, wo er sich endgiltig von der aussichtslosen polnischen Sache getrennt zu haben scheint. Im Oktober 1864 reiste er zum zweitenmal nach Florenz. In London begegnete er diesmal Marx. In Paris sah er zum letzten Mal Proudhon.

Über das Zusammentreffen mit Marx

(»Rapports personels avec Marx«)

Damals war es, als ich von Marx ein Billet empfing, das ich noch heute aufbewahre und in dem er anfragt, ob ich ihn andern Tags empfangen wolle. Ich bejahte und er kam. Wir hatten dann eine Auseinandersetzung; er beteuerte mir, niemals etwas gesagt, noch etwas gegen mich unternommen zu haben. Er habe im Gegenteil mir stets die lauterste Freundschaft und Hochachtung bewahrt. Ich wusste, es sei nicht wahr, was er sagte, aber einerlei: ich trug es ihm nicht nach. Im Übrigen interessierte mich in anderer Hinsicht sehr, seine Bekanntschaft zu erneuern. Ich wusste, er hatte mächtigen Anteil an der neuerlichen Gründung der »Internationalen« genommen. Ich hatte das Manifest gelesen, das er im Namen des provisorischen Generalrats geschrieben hatte und dies Manifest war bemerkenswert, tüchtig und tief, wie alles, was aus seiner Feder kommt, wenn er sich nicht in persönlicher Polemik ergeht. Schliesslich schieden wir äusserlich als sehr gute Freunde, ohne dass ich indessen seinen Besuch erwiderte. Ich kehrte nach Florenz zurück, blieb in Neapel bis September 1867. Wir wechselten einige Briefe. Dann verloren wir uns wieder aus den Augen.

Über Marx und Proudhon

(Brief »Aux frères de l'Alliance en Espagne«, 1872)

Wir wollen jetzt anerkennen, dass Marx als Ökonom ein sehr ernster und tiefer Denker ist. Er hat jenen unendlichen Vorteil vor Proudhon, dass er die Dinge materialistisch sieht. Proudhon blieb trotz all seiner Anstrengungen, von den Traditionen des klassischen Idealismus loszukommen, zeitlebens ein unverbesserlicher Idealist, der sich noch zwei Monate vor seinem Tode zugleich an der Bibel und am römischen Recht erbaute; stets Metaphysiker von Kopf bis zu Fuss, ist sein grosses Unglück, dass er nie die Naturwissenschaften studierte und sich doch deren Methode aneignete. Er hatte den Instinkt des Genies, das ihn den rechten Weg ahnen liess. Aber hingerissen von den schlechten und idealistischen Gewohnheiten seines Geistes, verfiel er immer wieder in die alten Fehler und daran lag es, dass Proudhon ein beständiger Widerspruch blieb, ein kraftvolles Genie, ein revolutionärer Denker, der sich stets gegen die Phantome des Idealismus schlug, ohne sie doch unterkriegen zu können.

Marx ist als Denker auf dem guten Wege. Er hat das Prinzip aufgestellt, dass alle religiösen, politischen und juridischen Evolutionen in der Geschichte nicht die Ursachen, sondern die Folgen ökonomischer Entwicklungen sind. Das ist ein grosser und fruchtbarer Gedanke, den er zwar keineswegs erfunden hat, – viele andere vor ihm ahnten ihn und sprachen ihn teilweise aus –, aber schliesslich gebührt ihm das Verdienst, ihn ein für allemal begründet zu haben, indem er ihn zur Basis seines ganzen ökonomischen Systems machte. Von einem andern Punkte aus hatte Proudhon die Freiheit sehr viel besser begriffen und gefühlt als er. Wenn Proudhon nicht Doktrin und Metaphysik machte, hatte er den wahren Instinkt des Revolutionärs; er verehrte Satan und proklamierte die Anarchie. Es ist sehr wohl möglich, dass Marx sich theoretisch zu einem noch rationelleren System der Freiheit erheben kann als Proudhon, aber dessen Instinkt fehlt ihm. Als Deutscher und Jude ist er vom Scheitel bis zur Sohle für die Autorität.

Und daher die beiden genannten Systeme: das anarchistische System Proudhons, das von uns erweitert, entwickelt und von seinem metaphysischen, idealistischen und doktrinären Beiwerk befreit wurde, so dass es nun in der Wissenschaft den Materialismus, in der Geschichte die soziale Ökonomie als Basis aller sonstigen Entwicklungen nimmt. Und das System Marxens, des Chefs der deutschen autoritären Kommunisten.

In Florenz lebte Bakunin bis Sommer 1865. Zu seinem engeren Kreise gehörten Ludmilla Assing, Franz Palaczky, der junge russische Nihilist und Soziologe N. D. Nozin, und wohl auch eine Anzahl Mazzinisten, Garibaldianer und Freimaurer. Florenz war damals politischer Mittelpunkt. In Florenz waren ein Menschenalter vorher Verwandte Bakunins russische Minister und Attaches gewesen.

Bakunin in Florenz

(nach Angelo de Gubernatis, »Selbstbiographie«)

»Ende 1864 und Anfang 1865 wollte der Zufall, dass ich im Hause des berühmten ungarischen Verbannten F. R. Pulsky den russischen Sozialisten Michael Bakunin kennen lernte. Er sass da, mit der vor ihm stehenden grossen Tasse Thee klirrend, die man ihm seiner Verdauungsfähigkeit gemäss zu geben pflegte. Es umgab ihn ein Kreis verschiedener Personen, die seinen gelehrten, fliessenden inhaltsreichen und witzigen Reden lauschten. Er hatte viele Menschen und Dinge kennen gelernt und sprach gerne und mit Verständnis über die Hegel'sche Philosophie.

Eines Abends, da er merkte, dass ich mit besonderer Aufmerksamkeit ihm zuhörte, sprach er weiter fort, sich beständig an mich wendend, obwohl ich ihm noch nicht vorgestellt war. Es schien, als ob er mich mit seinem Blick bannen wollte. Bei einer Stelle, als er über Schopenhauer sprach, hielt er plötzlich inne und sagte dann: ›Aber wozu erzähle ich Euch von den Lehren Schopenhauers. Hier ist jemand, der uns mehr davon erzählen kann, da er uns zu zeigen vermag, woher Schopenhauer seine Ideen nahm‹ – und er zeigte auf mich. (Gubernatis war Professor des Sanskrit). Ich war also entdeckt und liess mich leicht hinreissen. Bakunin erhob sich bald, näherte sich mir und drückte mir die Hand, indem er mich etwas geheimnisvoll fragte, ob ich nicht Freimaurer sei? Ich antwortete, dass ich es nicht sei und auch nicht sein möchte, da ich einen Widerwillen gegen jede geheime Gesellschaft hätte. Bakunin sagte mir, ich hätte Recht; auch er empfinde keine grosse Achtung vor der Freimaurerei, doch verschaffe sie ihm Mittel, etwas anderes vorzubereiten. Er fragte mich darauf, ob ich Mazzinist oder Republikaner sei. Ich antwortete, es läge nicht in meiner Natur, jemandem zu folgen, und sei er auch noch so gross; ich könnte wohl Republikaner werden, doch nicht Mazzinist, wenn ich auch anerkenne, dass Mazzini der Freiheit grosse Dienste geleistet habe. Die Republik scheine mir jedoch ein leeres Wort, jetzt wenigstens bedeute sie nichts anderes. Es gebe aristokratische Republiken und demokratische Monarchien; in Italien aber herrsche jetzt keine Monarchie, sondern bürokratische Ordnung, die einem nur Langeweile verursache; was man jetzt brauche, das sei die Freiheit, die Möglichkeit, die Gesellschaft so zu reformieren, dass ein Jeder nicht nur vor dem Gesetze, sondern auch der Brotfrage gegenüber gleich wäre; eine Frage, die nicht für alle von gleicher Bedeutung sei, da die einen im Überfluss lebten, die andern aber Mangel litten.

Hier drückte mir Bakunin fest die Hand und sagte: ›Nun, dann sind Sie also der Unsere, da wir uns mit dieser Sache abgeben; Sie müssen sich ihr anschliessen.‹ Ich erwiderte, dass ich frei bleiben und für alle meine Handlungen öffentlich verantwortlich sein möchte. Da wandte er seine ganze, nicht geringe Beredsamkeit auf, mich zu überzeugen, dass angesichts der düsteren Verschwörung der Staaten zum Unheile der Gesellschaft eine Gegenverschwörung von nöten sei. Er sagte: ›Die Reaktionäre sind alle unter sich einig, die Liberalen aber sind zerstreut, getrennt, uneinig; man muss daher einen geheimen internationalen Bund gründen.‹

Von diesem Augenblick an umgarnte mich die grosse Schlange mit ihren fatalen Ringen. Ich sträubte mich nicht lange und erklärte schliesslich, dass ich der geheimen Gesellschaft beitreten würde, wenn es zur unmittelbaren sozialen Revolution kommen sollte.«

Die toskanischen Freimaurerlogen, deren Grossmeister Dolfi zu Bakunins florentinischen Bekannten zählte, – er selbst scheint in London Freimaurer geworden zu sein – führten einen erbitterten Kampf gegen das Papsttum. Der Ende 1864 erschienene päpstliche Syllabus kann die direkte Veranlassung für die Niederschrift der folgenden Gedanken gewesen sein, die Bakunin in »Antithéologisme« 1867 und später in »Dieu et l'état« 1870-71 weiter ausführte und die in veränderter Form immer wieder an der Spitze seines Systems erscheinen.

Wenn die Freimaurerei wieder ein lebendiger und nützlicher Körper werden will, muss sie sich wieder ernstlich dem Dienste der Humanität weihen. Was bedeutet aber heute das Wort »Dienst der Humanität«? Bedeutet es Schutz der Unschuld, Krankenpflege, Nährung und Kleidung Bedürftiger, Unterricht für die Kinder der Armen? Alle diese Liebeswerke verdienen unsere volle Hochachtung, die praktische Befolgung der menschlichen und brüderlichen Ideale aber, die sich in ihnen darstellt, ist je nach den Möglichkeiten des Einzelnen nicht nur Pflicht des wahren Freimaurers, sondern auch jedes Menschen, dem die Grundsätze der Charität nicht fremd sind. Hätte die Freimaurerei kein anderes Ziel, so würde sie sich nicht im Geringsten von unzähligen religiösen Körperschaften unterscheiden, die sich dem Liebeswerk ebenso widmen. Der unendliche Unterschied zwischen der Freimaurerei und all den ihr verwandten Gesellschaften besteht in dem verschiedenen Geiste, aus dem heraus die eine und die andern wirken. Unerlässliches Endziel aller christlichen Korporationen ist jenseits der Linderung menschlicher Leiden die Ehre Gottes, der Triumph der religiösen Idee, die Unterwerfung des Menschen unter das göttliche Joch und folglich unter das Joch der Kirche und aller von der Kirche sanktionierter zeitlicher Autoritäten. Als notwendige weitere Folge ergibt sich der Verlust und die Verabdankung der menschlichen Vernunft, des menschlichen Willens und die Verneinung jeglicher Freiheit, die Sklaverei. Die Freimaurerei dagegen muss, wenn sie ihrer ursprünglichen Bestimmung treu bleiben will, die völlige Unabhängigkeit des Menschen erstreben auf den Trümmern jeder Autorität, die Errichtung der Menschlichkeit durch die Freiheit.

Die Religion sagt: es gibt einen ewigen, absoluten, allmächtigen persönlichen Gott, ausserhalb der Welt. Er umfasst die Welt und ist ausserhalb und über ihr, die er erschaffen hat. Er ist ganz Licht, Weisheit, Liebe, Schönheit, Wahrheit, Güte und Gerechtigkeit. Ausser ihm gibt es in der Welt und im Menschen, wenn nicht ein besonderer Gnadenakt eintritt, nur Lüge, Frevel und Finsternis, also nur Tod. Nie kann der Mensch sich aus eigener Kraft zu Gott erheben. Hilflos und sich selbst überlassen würde er niemals auch nur Verlangen und Sehnsucht danach empfunden haben – denn die Lüge lässt keine Empfindung für Wahrheit oder Finsternis zu, sie ist der Verlust des Instinkts für das göttliche Licht. Diese Sehnsucht wird im Menschenherzen nur geweckt durch jenen göttlichen Gnadenakt, der eine Unruhe hervorbringt, zur Läuterung einlädt und befähigt, den Geist Gottes zu empfangen. Da aber der Mensch aus eigener Kraft sich nicht bis zum Himmel erheben kann, so vermag doch Gott in seiner höchsten Güte herabzusteigen zur Erde und zum Menschen, um ihn zu erleuchten, zu sich emporzuziehen und ihn zu retten durch seine Gnade.

So die reine katholische Lehre. So die strenge Konsequenz jeder, ob katholischen, protestantischen, muhamedanischen, jüdischen, selbst heidnischen Religion. Denn Religion ist immer systematische Verarmung, Demütigung und Unterwerfung des Menschen zugunsten der Gottheit, und das Christentum ist höchstes Prinzip nicht nur jeder Religion, sondern auch jeder Metaphysik, die einen persönlichen, ausserweltlichen, das heisst realen Gott zum Gegenstand hat. Der unpersönliche Gott der Pantheisten ist nichts anderes als ein imaginäres Gedankenphantom.

Ich sage, dass der Theismus ebensogut wie der Trinitarismus, wenn man die Einheit Gottes, wie die sogenannte rationalistische Theologie ihn lehrt, einmal zulässt, die Entrechtung des Menschen notwendig fordern muss. Da Gott alles ist, ist der Mensch nichts. Da Wahrheit und Gerechtigkeit nicht in ihm wohnen, muss er sie als Offenbarung von oben durch die Vermittlung von Auserwählten Gottes beziehen, Auserwählten, die als seine ihn zum ewigen Leben anleitenden Fürsprecher, Lehrer und Herren notwendigerweise zugleich die Mission haben, ihn zu regieren und ihm auf dieser Erde zu befehlen. Dafür schuldet er ihnen Glauben und bedingungslosen Gehorsam, und also ergibt sich aus der Existenz Gottes notwendig der Verzicht auf die menschliche Vernunft, das Gewissen und den Willen: die Verneinung der Freiheit, die Sklaverei.

Von allen auf der Erde existierenden Religionen hat das Christentum das allein begriffen, und unter allen christlichen Sekten hat der römische Katholizismus es allein mit rücksichtsloser Konsequenz gefordert und verwirklicht. Und also nochmals: das ist der Grund, weshalb das Christentum die absolute und weshalb die römisch-apostolische Kirche die einzig konsequente, rechtmässige und göttliche Religion ist.

Die Herren Talmiphilosophen, die Herren Talmidenker und leider auch alle unsere Brüder in der Freimaurerei, die den grossen Weltenbaumeister verehren und eine neue Kirche und einen neuen Kult errichten wollen, werden das nicht gerne hören, denn sie glauben die göttliche Idee mit der menschlichen Freiheit vereinbaren zu können. Aber in diesem unangenehm rücksichtslosen und logischen Alphabet wird, wer einmal A gesagt hat, unbedingt auch zum Z gelangen, und wer zu Gott betet, wird seine Menschenwürde und seine Freiheit opfern müssen.

Von Sorrent aus wandte sich Bakunin im Sommer 1865 auch an Georg Herwegh mit dem Vorschlag, »ein klares Programm für die Partei zu schreiben, das dem Volk die Prinzipien deutlich auseinandersetzte, sowie das, was gegenwärtig zu tun sei. Gerade er, Herwegh, könne das, und es sei so sehr an der Zeit.« Herwegh ging darauf nicht ein.

Brief an Herzen und Ogarjow

Neapel, 8. Oktober 1865

Ich habe für die »Glocke« bereits einen Artikel geschrieben, um den Gedanken des friedlichen, nicht revolutionären Sozialismus zu widerlegen. Ich war mit ihm nicht zufrieden und habe begonnen, ihn umzuarbeiten. Es ist eine Broschüre daraus geworden und diese wächst allmählich fast zu einem Buche an. Ein öffentliches Auseinandergehen mit Euch in einer für mich so wichtigen Frage ist eine höchst bedeutungsvolle Sache; jeder Gedanke muss daher kontrolliert, jedes Wort erwogen werden und deshalb möchte ich nicht eilen …

So wurde also Michailow umgebracht. Man wird auch Tschernischewsky umbringen. Zweifellos war Nikolaus besser als Euer tolles Kalb Alexander. Als Muravjew-Amursky nach Ostsibirien kam, – es war im Jahre 1848, nämlich im Jahre der wütendsten Reaktion –, da war es sein Erstes, alle Verbannten, Russen wie Polen, von allen Zwangsarbeiten, Ketten und Bedrückungen zu befreien. Aus Irkutsk ergossen sich sofort Denunziationen gegen ihn. Aber Nikolaus, nachdem er sie gelesen, sagte: »Endlich habe ich einen Menschen gefunden, der mich verstanden hat. Dort kann man ja wie mit Menschen mit ihnen umgehen.«

Was habt Ihr über Potanin und die entdeckte sibirische Verschwörung gehört? Potanin habe ich nicht nur persönlich gekannt, sondern ich war, ich darf es wohl sagen, sein Schöpfer oder richtiger gesagt, sein Entdecker. Ich habe ihn vom Kosakenjoch befreit und nach Petersburg geschickt …

Unsere Freunde vernichtet man, die schwarze russische Bauernhütte aber, die nach Euren Worten die Lösung der sozialen Fragen in sich schliesst, schlummert tot und unfruchtbar wie seit Jahrhunderten, weil der Staat sie bedrückt. Und sie wird denselben dummen Schlaf weiterschlafen, und die russische soziale Frage wird keinen Schritt vorwärts machen, solange dieser Staat existieren wird. Wenn man aber Schritte unternimmt, so wird es nach rück- oder seitwärts sein, keineswegs aber nach vorwärts.

Handle doch wie ein Vater an mir und schicke mir das vor kurzem erschienene Werk über die Molekanen und wenn es möglich, wenn Euch das Opfer nicht zu gross ist, auch den Stoglaw.

ÜBER GARIBALDI UND MAZZINI.

(Brief »Aux citoyens rédacteurs du ›Réveil‹«, 1869)

Nirgends kann man heute so gut wie in Italien die Nichtigkeit des alten Prinzips der ausschliesslich politischen Revolution, den Verfall der Bourgeoisie, dieser heute ausschliesslichen Repräsentation der Ideen von 1789 und 1793, sowie dessen, was man heute revolutionären Patriotismus nennt, studieren.

Italien war verjüngt und triumphierend aus einer nationalen Revolution hervorgegangen, hatte im übrigen das so seltene Glück, in Garibaldi und Mazzini einen Heroen und einen grossen Mann zu besitzen. Italien, das Land der Intelligenz und der Schönheit musste, so schien es, in wenigen Jahren alle anderen Nationen an Wohlstand und Grösse überbieten. Es überbot sie aber nur an Elend.

Weniger als fünf Jahre Unabhängigkeit hatten genügt, um die Finanzen zu ruinieren, das ganze Land in eine ökonomische Situation ohne Ausweg zu stürzen, seine Industrie, seinen Handel zu ersticken, und noch mehr, in der bürgerlichen Jugend jenen Geist heroischer Hingabe zu vernichten, der während mehr als dreissig Jahren für Mazzini eine so mächtige Stütze war.

Der Triumph der nationalen Sache hatte, anstatt alles neu zu beleben, alles zerstört. Nicht nur der materielle Wohlstand, der Geist selbst war erstorben und man war überrascht, zu sehen, dass diese Jugend eines politisch neu geborenen Landes geistig ich weiss nicht um wie viele Jahrhunderte zurück war, und, wenn sie auch nichts vergass, so doch keine Lust zeigte, etwas Neues dazuzulernen. Wirklich, ich kenne kein anderes Land, wo die bürgerliche Jugend ebenso unwissend in Fragen der Aktualität und ebenso gleichgiltig gegenüber der modernen Geistesbewegung ist.

Die Mazzinisten und Garibaldianer täuschen sich, wenn sie all dies Elend und diese Schande nur der unbestreitbar schädlichen Einwirkung der Monarchie zuschreiben. Die Monarchie bringt in Italien wie überall Unheil, das ist ihr Métier. Warum aber hält sie sich? Ist es das Volk, das sie gemacht und beklatscht hat und das sie noch heute aushält? Nein, die Bourgeoisie. Und nicht ein Land- oder Stadtproletarier, sondern ein Advokat, ein Bürger, ein ehemaliger Mazzinist und Garibaldianer, der Chef der radikalen Parlamentspartei, Crispi, hat das so berühmt gewordene Wort geprägt: »Die Republik trennt, aber die Monarchie einigt uns«. Die Partei Crispis,

Extrakt des bürgerlichen Radikalismus, ist es, die noch heute sich vergeblich bemüht, diese armselige Monarchie zu retten, die zusammenbricht unter ihrer Sündenlast.

Und weshalb soll sie um jeden Preis erhalten bleiben? Weil sie die Intelligenz und den Instinkt für die wahren Interessen der Bourgeoisie hat; weil sie begriffen hat, dass heute zum wenigsten in Europa, wo die grossen ausschliesslich politischen oder bourgeoisen Republiken unmöglich geworden sind, der Triumph der Republik notwendig den Triumph des Sozialismus nach sich ziehen muss und weil sie weiss, dass der Sozialismus das Ende der Bourgeoisie bedeutet.

Weniger scharfsichtig, aber edler als die Partei, die sich »parlamentarische Linke« nennt, träumen die Parteigänger Garibaldis und Mazzinis, übrigens reichlich dezimiert durch eine neuerdings in der italienischen Jugend seuchenartig auftretende Philosophie des persönlichen Nutzens, träumen sie, sage ich, die Revolution. Doch man muss den Unterschied berücksichtigen, der die Garibaldianer von den Mazzinisten trennt und der sich immer mehr vertieft.

Die Partei des Generals Garibaldi ist eine reichlich tolerante Partei. Es fehlt ihr an Charakter, weil es ihr an Prinzipien fehlt; sie besteht aus einer Art Persönlichkeitskult, einer Art mehr oder weniger blinden Glaubens an den Stern eines Heroen; derart, dass wenn Garibaldi plötzlich verschwände, mit ihm auch seine Partei verschwinden würde. Die politischen und sozialen Ideen dieser Partei sind so unbestimmt, so verworren, dass man zu gewissen Zeiten sich den König Victor Emanuel selbst und auch den fatalen Rattuzzi unter ihren Anhängern denken könnte. Noch heute reicht diese Partei bis in die offiziellen Regionen, das Parlament sowohl, wie in die Verwaltung, und umfasst eine Menge Personen, die ihrem ganzen Ideenkreis, ihren politischen Gefühlen und den Interessen ihrer Stellung nach nichts weniger als Revolutionäre sind. Dazu kommt eine ursprünglich ziemlich grosse, neuerdings aber sehr zurückgegangene und täglich noch abnehmende Menge von jungen Leuten voller Begeisterung und Unruhe, mehr oder weniger kriegslustig und ohne Stellung und Arbeit, die sich eine Karriere schaffen wollen oder auf Abenteuer ausgehen, von denen aber keiner im Geringsten eine Idee im Kopfe hat. So sah eigentlich immer und so sieht heute mehr als je die Partei Garibaldis aus.

Vernarrt in die italienische Einheit, in ein mächtiges ruhmreiches Grossitalien, ist Garibaldi als treuer Diener der Monarchie doch eigentlich kein Revolutionär. Er ist es nur manchmal geworden aus Verbitterung und Ungeduld. Er wacht so eifersüchtig über der Ehre seines Landes, dass ihn die schmähliche Gefälligkeit, die fatale Unterwürfigkeit seiner Regierung den Ratschlägen, um nicht zu sagen Befehlen ihres gefährlichen Wohltäters, des Kaisers Napoleon III. gegenüber erzürnen und empören mussten. Als diese Gefälligkeit, diese Unterwerfung, wie es nicht anders kommen konnte, bis zur Vertagung der grossen italienischen Zukunft gingen, bis zum Verzicht auf die Besitzergreifung von Rom, der ewigen Stadt, wurde Garibaldi Revolutionär.

Er hat seiner ganzen Partei zwei schreckliche Niederlagen eingetragen, war aber dank einer zehnjährigen Vergangenheit so gebunden, von seinen eigenen Ideen so betört, dass Aspramonte und Mantua scheinbar nicht genügten, ihm über die Gefahr königlicher Bündnisse die Augen zu öffnen. Er will nicht begreifen, dass kein König jemals ernstlich gegen das Papsttum vorgehen wird und dass kein italienischer König je so toll sein wird, aus Rom eine Trümmerstätte für die Monarchie zu machen.

Ebenso wie Garibaldi und schon vor ihm hat Mazzini die Erfüllung der grossen Idee »Einheit Gesamtitaliens und Zerstörung des Papsttums« erstrebt. Aber Mazzini wollte und will noch etwas anderes: die italienische Republik. Diesem Ziel hat er seine ganze grosse Intelligenz, seinen stählernen Willen, sein ganzes Leben geopfert. Es gibt in unserem Jahrhundert keine edlere, keine grössere Erscheinung als die Seine, und wenn Italien entgegen dem berühmten Wort des alten Metternich, der in Italien nur einen »geographischen Begriff« sehen wollte, heute politisch existiert, so hat dazu niemand mehr beigetragen als Mazzini.

Unglücklicherweise fiel dieses Italien, zu dessen Gründung er soviel beitrug, ganz anders aus als er es träumte. Das ist die ebenso unbestreitbare wie traurige Tatsache. Und weshalb kam es so? Weil seine Ideen ebenso wie die Klasse, auf die er seinen Plan der italienischen Wiedergeburt gründete, gleicherweise totgeboren waren oder im Sterben liegen.

Mazzinis Ideen sind bekannt. Sie umfassen die zwei Worte Dio e Popolo, Gott und das Volk. Dio ist die grosse Abstraktion, der grosse Protest des menschlichen Wesens gegen alle Miseren des realen Lebens. Dio ist die grosse Leere, bevölkert und bereichert mit allen menschlichen Sehnsüchten und Erwartungen. »Volk« wie Mazzini es versteht, ist nicht das wirkliche Volk, mit seinen Bedürfnissen und Interessen, seinen Leiden und wirklichen Ansprüchen. Das Volk nach Mazzini besteht nicht aus den ungezählten Millionen menschlicher Wesen, die ewig geschuhriegelt, unterdrückt, ausgebeutet und dezimiert werden in majorem gloriam des Staates und zum Vorteil der privilegierten Klassen; nicht die furchtbare Masse, die heute müde ihrer Sklaverei zur Erkenntnis ihrer Menschenrechte und ihrer kollektiven Allmacht gekommen ist, um nun den Umsturz alles dessen vorzubereiten, was sie bedrückt und auf den Trümmern der Vergangenheit ihre eigene Welt, die Welt der Zukunft aufzubauen.

Das Volk Mazzinis ist eine Abstraktion wie sein »Gott«, eine Art freiwilligen Sprungbretts für die Grösse, die Macht und den Ruhm seines Staates: ein Volk von Mönchen und religiösen Fanatikern, die unter Verzicht auf allen materiellen Genuss ihr höchstes Glück im Opfer finden und sich ewig dem Tod verschreiben, damit die grosse italienische Republik leben kann; die mit ihrem Fleisch jene Fiktion der kollektiven Freiheit im Staate füttern, eine Freiheit, die ich mir nur als Friedhof vorstellen kann, wo willig oder widerwillig alle individuellen Freiheiten begraben werden ...

> *Von Oktober 1865 bis September 1867 blieb Bakunin in Neapel und Umgebung. In Neapel gelang es ihm zum erstenmal, für seine Ideen einen Kreis von Männern zu gewinnen, die teilweise bis in sein spätes Alter seine nächsten Freunde blieben. Aus diesem Kreise ging die italienische Internationale hervor und die erste anarchistische Propaganda.*

BRIEF AN HERZEN UND OGARJOW
Neapel, 23. März 1866

Ich bitte Euch, Freunde, denkt nicht mehr, dass ich mich einmal ernstlich mit der Freimaurerei abgegeben habe. Sie mag wohl als Maske oder als Pass nützlich sein, etwas Ernstes aber in der Freimaurerei suchen ist wohl ebenso schlimm oder möglicherweise noch schlimmer, als im Weine Trost suchen. In London wollte ich Dich, Herzen, nicht eines andern belehren, da ich nicht auf die andern Fragen antworten konnte. Jetzt werde ich das Recht dazu haben und von Freimaurerei wird zwischen uns nicht mehr die Rede sein ... Brief und Druck passen besser für gewissenlose Leute, weil man das, was man mit der Feder schreibt, nicht mit der Axt aushacken kann. Für uns gewissenhafte, nicht eitle Leute aber wird ein Gespräch besser sein, und so wollen wir denn alles bis zum Juni verschieben.

Das unitäre Italien geht aus dem Leim, in allen italienischen Provinzen wächst eine immer stärker werdende Opposition gegen die Regierung. Das Defizit, die Furcht vor den neuen Steuern, das Sinken der Fonds, der bürokratische Schmutz und die Bedrückungen, die Stockungen in allen Geschäften und Unternehmen haben endlich ihre Wirkung auf die ganze Bevölkerung, sogar auf die Gleichgiltigsten und Apathischsten, ausgeübt, und es ist kein anderer Ausweg denkbar als der Krieg. Dasselbe scheint auch in Frankreich der Fall zu sein. Man wird sich wieder Mühe geben, das italienische Volk durch nationale Faseleien in Aufruhr zu versetzen ... Ich fürchte, dass auch Garibaldi sich zum zehntenmal anführen lassen und in den Händen (Ihr wisst wohl wessen) ein Werkzeug zur Täuschung des Volkes werden wird. Das alles ist sehr wenig erquicklich und unschön, aber anscheinend unvermeidbar.

Im Oktober 1866 erschien die erste sozialrevolutionäre italienische Publikation »La Situatione italiana«, von Bakunin verfasst und von A. Tucci italienisch redigiert. Sie enthält eine Besprechung der Lage und Parteien Italiens (Mazzini, Garibaldi) und eine Darstellung der Macht, Leiden und Ziele des wirklichen italienischen Volkes, von dem allein die befreiende Revolution der Zukunft ausgehen könne. Drei Feinde sind zu überwinden: »La chiesa, lo stato centralista e i suoi necessari elementi – i privilegi soziali«. Und anfangs 1867 konstituierte sich in Neapel die Ortsgruppe »Libertà e Giustizia«, die eine Reihe Manifeste und Zirkulare sowie eine Zeitschrift »Libertà e Giustizia« herausgab, in der Bakunin eine von Ludmilla Assing ins Italienische übersetzte Artikelserie über den Panslavismus publizierte.

Bakunins Tätigkeit erstreckte sich bis nach Palermo und scheint, so wenig davon erhalten blieb, sehr fruchtbar gewesen zu sein. Wenigstens schreibt der sonst so skeptische Herzen: »Dass Deine Tätigkeit in Neapel von Nutzen ist, das schätzte ich jetzt, als ich in Florenz und Venedig war und Eure Journals las«. (29. April 1867) Zugleich versuchte Bakunin, die Verbindungen seiner nach dem Muster der Freimaurerei 1864 gegründeten »geheimen Brüderschaft« weiter auszudehnen.

Brief an einen Unbekannten
Neapel, 6. Januar 1867

Erlauben Sie mir, Ihnen bei dieser Gelegenheit meinen Gedanken zu entwickeln. Glauben Sie: nicht mit der lächerlichen Anmassung, Sie zu belehren in einer Sache, in der Sie unterrichteter sind als ich, sondern um Ihnen mehr Überblick zu geben über die Arbeit, für die meine Freunde und ich sich noch immer, früher oder später, Ihre aktive Anteilnahme erhoffen.

Denken Sie nicht auch mit mir, dass man zu Unrecht in fast allen Ländern die zwei Worte Patriot und Revolutionär vermengt? Dass man aufrichtig zu gleicher Zeit nur Patriot und Reaktionär sein kann, und dass in den meisten Fällen der Patriotismus, wie ihn gemeinhin die Öffentlichkeit versteht, in notwendiger Konsequenz zur Reaktion führt? Nur in den seltenen Momenten, wo eine Nation wirklich das allgemeine Interesse, das Recht und die Freiheit der gesamten Menschheit vertritt, kann ein Bürger, wenn er sich Patriot nennt, zugleich sich Revolutionär nennen. So war die Situation der Franzosen 1793 – eine in der Geschichte einzigartige Situation, zu der man vergebens vorher oder nachher eine Parallele suchen würde. Die französischen Patrioten von 1793 haben gestritten, gekämpft und triumphiert im Namen der Freiheit der Welt, denn das zukünftige Geschick der ganzen Menschheit war mit der Sache des revolutionären Frankreich identisch, mit ihm verknüpft. Der Nationalkonvent stellte das umfassendste Freiheitsprogramm auf, das der Welt bekannt geworden ist: es war eine Art menschlicher Offenbarung im Gegensatz zur göttlichen Offenbarung, die das Christentum gab. Es war die vollständigste Theorie der Menschlichkeit, die man bis dahin aufgestellt hatte, aber – sie enthielt nicht alles. Und wir, die wir unser Wissen dank der Konsequenz der Geschichte in notwendiger Entwicklung des Programms von 1793 erweitert haben, wir finden in diesem Programm drei grosse Fehler. 1) Das Programm von 1793 hatte die unsichtbare, aber deshalb nicht weniger schwere Kette, die den Menschen an eine fiktive Gottheit fesselt, nicht nur nicht zerbrochen, sondern als fundamentales Prinzip noch befestigt. 2) Aufgrund dieses vorzüglich religiösen Charakters hat es die brennende und wahrhaft revolutionäre Frage der sozialen und ökonomischen Gleichheit ignoriert. 3) Religiös und antisozialistisch wie dies Programm einmal war, musste es notwendig die Herrschaft einer unterrichteten Intelligenz über die unwissenden Massen und die Herrschaft des Erbeigentums über die ungeheure Mehrheit der Enterbten aufrechterhalten und garantieren; musste es den Staat schaffen und herausbilden, dieses abstrakte, fiktive, und deshalb die Freiheit aller Welt negierende Gebilde; den zentralisierten Staat der Jacobiner, der, was für historische Rechte es auch gegeben haben mag, die seine Erhaltung oder Neuschaffung durch die Revolutionäre erklärlich und notwendig machten, doch nichts Geringeres war, als die eingewurzelte, siegreiche und mächtige Reaktion mitten im Herzen der Revolution. Er lähmte alle deren Anstrengungen und immer sich selbst gleich, getreu seinem jede Freiheit untergrabenden Prinzip, führte er zum brutalen Despotismus Napoleons I., wie zum vorzüglich korrumpierenden Despotismus Napoleons III. Der Staat, wofern er nicht das anfänglich von den Päpsten und Karl V., dann von Napoleon und heute von einigen Russen geträumte Weltreich ist, das heisst das Allerdespotischste und Verhassteste, was man sich denken kann, – der Staat, sage ich, ist notwendig ein Einzelstaat, der Staat einer Nation, und folglich die Negation der Menschlichkeit. Diese Negation proklamiert der revolutionäre Patriot als höchstes Ziel der Anstrengungen aller seiner Mitbürger und diese Negation verpflichtet alle anderen Nationen zum ausschliesslichen Kult der Grösse ihres Staates allein; da aber in jeder Nation der gleiche Egoismus und die gleiche abgeschlossene Eitelkeit erwacht, verwandeln sich alle in ebenso viele getrennte und einander feindliche Festungen, und jede nährt in sich den gleichen anmassenden Dünkel, die Menschheit ganz allein zu vertreten ...

Brief an Herzen und Ogarjow
Ischia, 19. Juli 1866

Nun wollen wir zu unseren Angelegenheiten übergehen. Ihr habt mir meine Untätigkeit zu einer Zeit vorgeworfen, wo ich tätiger war als je; ich spreche nämlich von den letzten drei Jahren. Meine ausschliessliche Tätigkeit bestand in der Gründung und Organisation einer internationalen, revolutionär-sozialistischen Geheimgesellschaft. Ich weiss zwar, dass Ihr Eurem Temperament nach und bei der jetzigen Richtung Eurer Tätigkeit ihr nicht beitreten könnt, doch da ich einen bedingungslosen Glauben an die Festigkeit und die Ehrlichkeit Eurer Charaktere habe, so schicke ich Euch in einem besonderen geschlossenen Packet, das Euch die Fürstin (Obolensky) übergeben wird, das vollständige Programm der Gesellschaft; die Darlegung der Prinzipien und der Organisation. Übersehet die literarischen Unvollkommenheiten dieser Arbeit und lenket Eure Aufmerksamkeit nur auf das Wesen der Sache. Ihr werdet manche überflüssige Einzelheit finden, aber bedenket, dass ich unter Italienern schrieb, denen, ach, die sozialen Ideen fast ganz unbekannt waren.

Einen besonderen Kampf hatte ich mit den sogenannten nationalen Leidenschaften und Ideen, mit der von Mazzini und Garibaldi sehr stark angefachten, abscheulichsten patriotischen Bourgeoisrhetorik zu bestehen. Nach schwerer dreijähriger Arbeit erreichte ich positive Resultate. Wir besitzen Freunde in Schweden, in Norwegen und Dänemarck, auch in England, Belgien, Frankreich, Spanien, Italien. Es sind Polen darunter, sogar mehrere Russen. In Süditalien ist der grössere Teil der Mazzini'schen Organisationen, die Phalanx sacra, in unsere Hände übergegangen. Ich füge hier ein kurzes Programm unserer italienischen nationalen Organisation bei. In einem Sendschreiben an seine Freunde in Neapel und Sizilien hat mich Mazzini förmlich denunziert, indem er mich »il mio illustre amico Michele Bakunin« nannte, eine mir ziemlich unbequeme Denunziation, da in Mazzinis Phalangen, besonders in Sizilien, sich viele Agenten der Regierung befinden, und er mich deshalb ernstlich kompromittieren konnte. Zu meinem Glück versteht die Regierung noch nicht die soziale Bewegung, und daher fürchtet sie dieselbe nicht und beweist dadurch ihre nicht unbeträchtliche Dummheit, da nach dem vollständigen Schiffbruch aller anderen Parteien, Ideen und Motive in Italien nur eine lebendige, allein mögliche Kraft übrig geblieben ist: die soziale Revolution ...

Dies wird genügen, Euch zu erklären, womit ich mich während dieser drei Jahre beschäftigt habe. In Übereinstimmung mit Euch, dass man zum Erfolg einer Sache sie von allem Nebensächlichen und Überflüssigen absondern und sich ihr ausschliesslich widmen müsse, beschäftigte ich mich ausschliesslich mit ihr und abstrahierte mich von allem Übrigen. Und so ging ich, wenn nicht im Ziele, so doch in der Methode mit Euch auseinander. Ihr wisset aber: »La forme entraîne toujours le fond avec elle« ...

Euer jetziger Weg ist mir unverständlich geworden, mit Euch polemisieren möchte und mit Euch einverstanden sein konnte ich nicht. Ich verstehe einfach Eure Briefe an den Kaiser nicht, weder ihren Zweck, noch ihren Nutzen. Ich sehe umgekehrt in ihnen nur den Schaden, dass sie in unerfahrenen Köpfen den Gedanken hervorbringen können, es sei vom Staate im allgemeinen und besonders vom panrussischen Staate und der ihn repräsentierenden Regierung etwas Gutes für das Volk zu erwarten. Nach meiner Überzeugung leisten sie das ihrige, indem sie ihre Abscheulichkeit, ihr ekelhaftes Zeug, ihr Unheil ausüben. Ihr habt von den englischen Whigs gelernt, die Logik verachten. Ich aber achte sie und erlaube mir, Euch in Erinnerung zu bringen, dass es sich hier nicht um eine willkürliche Logik des Individuums, sondern um die Logik der Tatsachen, der Wirklichkeit selbst handelt.

Wenn man Euer Schreiben an Alexander II liest, muss man denken, dass Ihr an die Möglichkeit ihn zu bessern glaubt. Ich hingegen bin der Meinung, dass, sollte man uns auf seinen Platz setzen und ein oder zwei Jahre da festhalten, wir ein ebensolches ... wie er werden würden. Ihr behauptet, dass die Regierung in der Lage, in der sie sich befand, »Wunder im Plus wie im Minus« (»Glocke« vom 15. Dez. 1865) verrichten konnte. Ich bin jedoch überzeugt, dass sie nur was das Minus betrifft, mächtig, und dass kein Plus für sie möglich ist. Ihr werfet Euren ehemaligen Freunden und jetzigen Staatspatrioten vor, sie seien Denunzianten und Henker geworden. Mir dagegen scheint es, dass, wer die Integrität des Reiches wahren will, sich auf die Seite Muravjews stellen müsse, der als standhafter Repräsentant, als Saint-Just und Robespierre des panrussischen Staatssystems erscheint, und dass es ein unverzeihlicher Kleinmut wäre, ohne die Herrschaft eines Muravjew die Integrität aufrecht erhalten zu wollen. Bei den in zwei Parteien gespaltenen Dekabristen war mehr Logik und mehr Entschlossenheit vorhanden. Jakuschkin wollte Alexander Pawlowitsch die Kehle abschneiden, nur weil er es wagte, an die Wiedervereinigung Litauens und Polens zu denken. Pestel aber verkündete kühn die Vernichtung des Kaiserreichs, die freie Föderation und die soziale Revolution. Er war kühner als Ihr, da er vor dem wütenden Geschrei seiner Freunde und Verschwörungsgenossen, der edlen, aber blinden Mitglieder der »Gesellschaft des Nordens« nicht verzagte. Ihr aber erschracket und bebtet vor dem erkünstelten, erkauften Jammergeschrei der Moskauer und Petersburger Journalisten, die unterstützt wurden von der abscheulichen Menge der Plantatoren und der moralisch bankerotten Mehrzahl der Schüler Bjelinskys und Granowskys; Deiner Schüler, Herzen; unterstützt von der Mehrzahl der alten humanästhetisierenden Bruderschaft, deren Bücheridealismus, ach, dem Andrang der schmutzigen offiziellen russischen Wirklichkeit nicht standhielt.

Du, Herzen, hast Dich diesem Verrat gegenüber, den Dein scharfer, kluger, streng logischer Verstand hätte voraussehen können, wäre er nicht von Deiner Herzensgüte verdunkelt, als schwach erwiesen. Bis jetzt vermagst Du nicht, ihrer Herr zu werden, es zu vergessen und Dich zu trösten. In Deiner Stimme liegt noch jetzt ein verletzter, gereizter Kummer. Du sprichst beständig mit ihnen, Du suchst sie zu ermahnen, wie Du es auch mit dem Kaiser tust, statt einmal für allemal auf Dein ganzes altes Publikum zu spucken, ihm den Rücken zu kehren und Dich an das neue, junge Publikum zu wenden, das in seinem Tatendrang einzig und allein fähig ist, Dich aufrichtig, ganz zu verstehen. Und so vergehst Du Dich gegen Deine Pflicht aus allzu grosser Zärtlichkeit für Deine allzu sündigen Alten. Du befassest Dich nur mit ihnen, Du redest, Du erniedrigst Dich für sie, indem Du Dich mit dem Gedanken tröstest, »dass wir die schlimmere Zeit hinter uns haben, und dass auf Euer Geläute aus der patriotischen Heerde Eure verlorenen Söhne mit grauen Haaren und ganz ohne Haar bald wiederkommen werden«. (»Glocke«, 1. Dez. 1865) Bis dahin aber weihst Du Dich »zum Erfolge der praktischen Propaganda« der schwierigen undankbaren Pflicht, »Deinem (traurigen) Chor« gewachsen und ihm immer um *einen* Schritt, niemals aber um zweie voraus zu sein. Ich begreife wahrlich nicht, was es bedeuten soll, den Anhängern Katkows, Skarjatins, Muravjews, selbst denen der Miljutin, der Samarin, der Aksakow, um einen Schritt voraus zu sein. Ich glaube, dass zwischen Dir und ihnen nicht nur ein quantitativer, sondern auch ein qualitativer Unterschied besteht, dass es nichts Gemeinschaftliches zwischen Euch gibt und auch geben darf. Sie sind vor allem, wenn wir ihre persönlichen und Standesinteressen, deren Macht sie übrigens unwiderstehlich ins feindliche Lager zieht, ausser Betracht lassen, – sie sind patriotische Anhänger des Staatstums, Du aber bist Sozialist, deshalb musst Du aus Konsequenz überhaupt ein Feind jeden Staates sein, da der Staat mit der wirklichen, freien, weiten Entwicklung der sozialen Interessen der Völker unvereinbar ist. Mit Ausnahme ihrer Person und ihrer Interessen sind sie bereit, alles, Menschheit, Wahrheit, Freiheit, Recht und Wohlstand der Völker zur Unterstützung, zur Kräftigung und Erhöhung der Staatsgewalt zu opfern. Du aber, als aufrichtiger Sozialist, bist zweifelsohne bereit, Dein Leben und Vermögen der Zerstörung desselben Staates zu opfern, dessen Vorhandensein weder mit dem Willen noch mit dem Wohlstand des Volkes vereinbar ist. Oder bist Du ein Staatssozialist, der bereit ist, sich mit der von unserem Jahrhundert erzeugten abscheulichen und gefährlichen Lage zu versöhnen? Mit dem Regierungsdemokratismus, mit dem roten Bürokratismus?

Nirgends äusserst Du dies klar. In Deinen Aufsätzen kann man sogar vieles zwischen den Zeilen lesen, viele treffende Bemerkungen finden, welche geradezu das Staat[s]tum verneinen. Doch zur selben Zeit sprichst Du von Wunder[n], welche die Regierung zu verrichten vermöchte, von einem »Kaiser, der, sich vom petrinischen System lossagend, den Zaren und Stenka Rasin in sich vereinigen werde«. Das ist doch ein Unsinn, Herzen, und ich begreife wirklich nicht, wie er in Deinem Kopfe entstehen und Deine Feder führen konnte ...

Ich weiss, dass Euch das Wort Revolution verhasst ist, aber was ist zu tun, Freunde? Ohne Revolution ist es weder Euch noch irgend einem andern möglich, einen Schritt vorwärts zu machen. Um doppelt so praktisch zu sein, habt Ihr Euch eine unmögliche Theorie einer sozialen Umwälzung ohne eine politische ausgedacht, eine Theorie, die in jetziger Zeit ebenso unmöglich ist wie eine soziale Revolution ohne eine politische; beide Umwälzungen gehen Hand in Hand und bilden eigentlich ein Ganzes. Ihr seid bereit, dem Staate alles zu verzeihen, Ihr seid vielleicht sogar bereit, ihn zu unterstützen, wenn nicht direkt – das wäre ja zu schändlich – so indirekt, wenn nur Euer mystisches Sanktuarium, die grossrussische Dorfgemeinde unberührt bleibt, von der Ihr mystisch – seid mir für das beleidigende, aber richtige Wort nicht böse –, ja mit mystischem

Glauben und theoretischer Leidenschaft nicht nur für das grossrussische Volk, sondern für alle slavischen Länder, für Europa, ja für die ganze Welt das Heil erwartet.

Saget doch, weshalb Ihr, isoliert und stolz auf die von niemand begriffene und angenommene Theorie eines geheimnisvollen, in der Tiefe der russischen Dorfgemeinde verborgenen Lichts und einer Macht, – weshalb Ihr nicht geruhtet, auf den Euch von Euren Freunden gemachten ernsthaften Einwand ernst und klar zu antworten? »Ihr erschöpft Euch«, schreibt Euch dieser Freund »Ihr bildet Euch ein, dass die Entwicklung einen friedlichen Weg gehen wird. *Sie wird aber einen friedlichen* Weg nicht gehen. Es mag wohl sein, dass Ihr in dieser elften Stunde noch auf die Regierung hofft, sie kann aber nur Schaden bringen. Ihr stolpertet über die russische Bauernhütte, die selbst stolperte und mit ihrem Recht auf Grund und Boden seit Jahrhunderten in ihrer chinesischen Unbeweglichkeit stand.« Weshalb solltet Ihr diese wichtige, für Eure Theorie entscheidende Frage in Eurer »Glocke« nicht weiterentwickeln: nämlich warum diese Dorfgemeinde, von der Ihr soviele Wunder für die Zukunft erwartet, im Laufe der zehn Jahrhunderte ihres Bestehens nichts als die traurigste und abscheulichste Sklaverei hervorgebracht hat? Die empörendste Erniedrigung der Frau, die absolute Verneinung und Verkennung des Rechts und der Ehre der Frau, und die apathische, gleichgiltige Bereitwilligkeit, sie jedermann, dem ersten besten Tschinownik oder Offizier preiszugeben; die abscheuliche Verfaultheit und völlige Rechtlosigkeit des patriarchalen Despotismus und der patriarchalen Sitten; die Rechtlosigkeit des Einzelnen der Gemeinde gegenüber und die alles erdrückende Last derselben, die jede Möglichkeit einer individuellen Initiative erstickt; das Fehlen nicht nur eines juridischen Rechts, sondern sogar der Gewohnheitsrechte in den Gemeindebeschlüssen, und ihre harte boshafte Rücksichtslosigkeit gegen alle machtlosen oder armen Mitglieder; ihre systematische, schadenfrohe, grausame Bedrückung all derer, die Ansprüche, sei es auch nur auf die geringfügigste Kleinigkeit erheben; sowie die Bereitwilligkeit, Recht und Gerechtigkeit für einen Kübel Wodka zu verkaufen: das ist in der Gesamtheit ihres wirklichen Charakters die grossrussische Dorfgemeinde. Füget noch hinzu die momentane Verwandlung jedes gewählten Bauern in einen Bedrücker, einen bestechlichen Tschinownik – und das Bild wird vollständig sein, das vollständige Bild einer jeden unter dem

Schutze des panrussischen Staates ruhig und gehorsam hinlebenden Gemeinde. Zwar ist auch eine Kehrseite vorhanden: das Russland der Aufstände, der Stenka Rasin und Pugatschew, der Sektierer, die einzige Seite, von der man nach meiner Meinung eine moralische Hebung und Rettung für das russische Volk erwarten kann. Doch ist diese Seite keine sich friedlich entwickelnde mehr, keine staatliche, sondern eine rein revolutionäre, und sogar da revolutionäre, wo sie im Namen des Zaren erwacht ...

Was ist aber dem Erwachen der Freiheit hinderlich? Der Staat: der Moskauer Staat, der in Russland alle lebendigen Keime der Volksaufklärung, der Entwicklung und des Gedeihens, die in Nowgorod und später in Kiew bereits aufzugehen begannen, wieder ertötete; der Staat, der diese Keime durch die Unterdrückung des Kosakentums und des Sektenwesens wieder vernichtete; der petrinische Staat, der wie Ihr wisst, ausschliesslich auf der Verneinung der Volksselbständigkeit und des Volkslebens aufgebaut ist, und der sich nicht zu einem volkstümlichen Staatsgebilde umgestalten kann, da er mit dem Volke ausser dem äusseren mechanischen Band, das den Bedrücker und Ausbeuter mit seinem Opfer verbindet, nichts gemeinsam hat. Der bürokratische und Militärstaat aber wird, solange er existiert, nicht rein zufällig, sondern aus Selbsterhaltungstrieb und seiner ganzen Anlage nach vom Volke immer mehr Soldaten und Geld fordern, und da kein Volk eines wie das andere gern leistet, so wird dieser Staat es immer mehr bedrücken und ruinieren. Es ist die einzige für ihn mögliche Art zu existieren, und daher seine einzige Bestimmung. Die Formen, oder besser gesagt, die Etiketten dieses Staates können sich wohl ändern, sein Wesen aber ist unveränderlich. Und ich glaube, dass es die erste Pflicht von uns russischen Verbannten, die wir gezwungen sind, im Auslande zu leben, ist: *laut die Notwendigkeit der Zerstörung dieses abscheulichen Reiches zu verkünden.* Dies muss das erste Wort in unserem Programm sein.

Eine solche Verkündigung sei unpraktisch, werdet ihr sagen ... Wie, sollten denn Leute, die den wahren Sachverhalt kennen und die wissen, wohin man gehen und wohin man nicht gehen soll, sollen sie sich denn der Popularität wegen hinreissen lassen und lügen? Worin bestehen denn eigentlich Eure vielgerühmten praktischen Fähigkeiten? Haben denn nicht im Jahre 1859 dieselben praktischen Rücksichten Mazzini veranlasst, das republikanische Banner zu neutralisieren, an Papst und König Sendschreiben zu schicken, und haben nicht sie ihn dann von Zugeständnis zu Zugeständnis bis zur völligen eigenhändigen Vernichtung der republikanischen Partei in Italien gebracht? Eben sie haben den Volkshelden Garibaldi in einen stummen Diener Victor Emanuels und Napoleons III. verwandelt. Man behauptet, dass Mazzini und Garibaldi dem Willen des Volkes weichen mussten. Das eben ist die Sache, dass sie nicht dem Volkswillen, sondern einer geringen Bourgeoisie-Mehrheit nachgaben, die sich das Recht anmaasste, im Namen des gegen alle diese politischen Veränderungen gleichgiltigen Volkes zu sprechen. Dasselbe war auch mit Euch der Fall. Ihr habt das literarische, grundherrliche Jammergeschrei für den Ausdruck des Volkes genommen und Ihr verzagtet. Daher dieser Frontwechsel, Euer Kokettieren mit den glatzköpfigen Freunden, Verrätern, und Eure neuen Sendschreiben an den Kaiser, sowie die Artikel in der Art desjenigen vom 1. Mai d.J., Artikel, die ich um nichts in der Welt unterschrieben hätte ...

Es ist Zeit, das Resumé zu ziehen: es unterliegt keinem Zweifel, dass Eure jetzige Propaganda nicht einmal den zehnten Teil des Einflusses geniesst, den sie vor vier Jahren hatte. Das Geläut Eurer »Glocke« ertönt und verhallt jetzt gleichsam in einer Wüste und niemand achtet darauf ... Sie läutet also umsonst und verkündet nicht das, was nötig ist. Es bleiben Euch nur zwei Auswege: entweder sie einzustellen oder ihr eine andere Richtung zu geben. Ihr müsst Euch entschliessen. Worin soll eigentlich die neue Richtung bestehen? Vor allem müsst Ihr bestimmen, an wen Ihr Euch zu wenden habt. Wo ist Euer Publikum? Das Volk liest nicht, folglich vermöget Ihr nicht vom Auslande aus auf das Volk einzuwirken. Ihr müsst also diejenigen leiten, die durch ihre Stellung berufen sind, auf das Volk einzuwirken, nämlich auf diejenigen, welche Ihr durch Eure praktischen Zugeständnisse sowie durch Eure Zufluchtnahme bald zur Regierung, bald zu Euren glatzköpfigen verräterischen Freunden systematisch von Euch entfernt habt. Vor allem müsst Ihr auf alle Ansprüche, Hoffnungen und Absichten verzichten, auf den jetzigen Lauf der Dinge, den Kaiser, die Regierung, Einfluss haben zu wollen. Dort hört niemand auf Euch, vielleicht verspottet man Euch sogar, dort wissen alle, wohin sie gehen und was sie nötig haben; sie wissen auch, dass der panrussische Staat durch keine andern Ziele und keine andern Mittel als die »Petersburger« existieren kann.

Indem Ihr Euch an diese Welt wendet, verliert Ihr nur die kostbare Zeit und kompromittiert Euch umsonst. Suchet ein neues Publikum in der Jugend, in den halbgebildeten Schülern Tschernischewskys und Dobroljubows, in den Basarows, in den Nihilisten, – hier ist Leben, hier ist Energie, hier ist ein ehrlicher und starker Wille vorhanden. Doch nährt sie nicht mit halbem Licht, mit halber Wahrheit, mit halben Worten. Ja, schwinget Euch wieder aufs Katheder, lasset die vermeintlichen und wirklich sinnlosen Rücksichten, schlaget blindlings drein, nehmt kein Blatt vor den Mund und achtet nicht mehr darauf, um wieviele Schritte Ihr dem Publikum vorausseid. Fürchtet nichts; es wird nicht zurückbleiben und wird im Notfalle, wenn Ihr Euch ermüdet habt, Euch vorwärts drängen. *Dieses* Publikum ist stark, jung, energisch. Es braucht das volle Licht, und Ihr werdet es mit keiner Wahrheit erschrecken. Predigt ihm praktische Umsicht und Behutsamkeit, doch saget ihm die volle Wahrheit, damit es bei ihrem Licht erfahre, wohin es zu gehen und das Volk zu führen habe ...

> *Das Programm, das Bakunin mit dem vorstehenden Briefe durch die Fürstin Obolensky an Herzen schickte, war das Statut der »Fraternité internationale«.*
>
> *Das genaue Gründungsjahr der »Fraternité« steht nicht fest, doch verweist ihr Name in die Zeit, da Bakunin sich mit der Freimaurerei beschäftigte und schon in London (1864) sollen Talendier und Garrido Mitglieder gewesen sein. Begeisterte Anhänger fand die »Fraternité« erst in Neapel. Zu ihren Mitgliedern gehörten dann Fanelli, Friscia, Tucci, Talendier, Elie und Elisée Reclus, Malon, Naquet, Rey, Mroczkowsky und andere.*
>
> *Das Programm der »Fraternité« ist der erste Versuch Bakunins, seine Gedanken, wie sie sich unterm Einfluss Proudhons und nach seinen praktischen Erfahrungen in den französischen, deutschen und slavischen Revolutionen 1848/49 und 1863 gebildet hatten, systematisch darzustellen.*
>
> *Der französische Text des hier folgenden Statuts lag Nettlau teils in Bakunins, teils in Mroczkowskys Handschrift vor und stammt aus dem Frühjahr 1866.*

STATUT DER »FRATERNITÉ INTERNATIONALE«
(Frühjahr 1866)

Organisation.

1) Die internationale revolutionäre Gesellschaft soll aus zwei verschiedenen Organisationen bestehen
    I. Die internationale Familie und
    II. Die nationalen Familien.
Diese letzteren sollen überall so organisiert sein, dass sie stets der unbedingten Oberleitung der Internationalen Familie untergeordnet bleiben.

I.
Die internationale Familie

2) einzig und allein aus internationalen Brüdern bestehend, die sowohl Ehrenmitglieder wie aktive Glieder der Gesellschaft sein können, soll

der Grundstock sein, auf dem unser ganzes grosses Unternehmen ruht. Der Erfolg dieses Unternehmens wird also hauptsächlich von der guten Wahl dieser internationalen Brüder abhängen.

Die zum Eintritt in die internationale Familie erforderlichen Eigenschaften.

3) Ausser den für jeden Revolutionär unerlässlichen Eigenschaften, Vertrauen, Mut, Klugheit, Verschwiegenheit, Ausdauer, Festigkeit, Entschlossenheit, grenzenlose Hingabe, Selbstlosigkeit, Intelligenz, Erfahrung, muss der Kandidat auch aus ganzem Herzen, mit aller Willens- und Geisteskraft die Grundsätze unseres revolutionären Katechismus angenommen haben.

a) er muss Atheist sein und mit uns für den Menschen und die Erde zurückfordern all das, was die Religionen dem Himmel übertragen und ihren Göttern zuerkannt haben: Wahrheit, Freiheit, Gerechtigkeit, Glück und Güte. Er muss erkennen, dass die Moral, unabhängig von jeder Theologie und von jeder göttlichen Metaphysik, keinen andern Ausgangspunkt hat als das kollektive Gewissen der Menschheit.

b) er muss wie wir Feind sein jedem Autoritätsprinzip und alle Spielarten und Folgen dieses Prinzips verdammen, ob in der intellektuellen und moralischen, oder in der politischen, ökonomischen und sozialen Welt.

c) er muss über alles die Freiheit und die Gerechtigkeit lieben und mit uns anerkennen, dass jede auf die Verneinung oder selbst nur auf die Einschränkung dieses unbedingten Prinzips der Freiheit aufgebaute politische oder soziale Organisation notwendig zu Frevel oder Zerrüttung führen muss, und dass die einzig vernünftige, billige, mit der Würde und dem Glück des Menschen zu vereinbarende soziale Organisation diejenige sein wird, deren Basis, Seele, einziges Gesetz und letztes Ziel die Freiheit ist.

d) er muss einsehen, dass die Freiheit ohne Gleichheit undenkbar und dass die Gerechtigkeit nichts anderes ist, als die Verwirklichung der grössten Freiheit in der vollkommensten rechtlichen und tatsächlichen politischen ökonomischen und sozialen Gleichheit.

e) er muss wie wir alle Föderalist sein, sowohl innerhalb wie ausserhalb seines Landes; muss begreifen, dass das Bestehen der Freiheit unvereinbar ist mit dem Bestehen von Staaten. Er muss also die Zerstörung aller Staaten wollen, somit die Zerstörung aller religiösen, politischen und sozialen Institutionen, als da sind: offizielle

Kirchen, stehende Heere, Zentralgewalten, Bürokratie, Regierungen, Einheitsparlamente, Staatsbanken und – Universitäten, aristokratische und bürgerliche Monopole. Nur so kann auf den Trümmern all dieser Dinge sich schliesslich die freie menschliche Gesellschaft erheben, die sich künftig nicht mehr wie heute von oben nach unten, vom Zentrum nach der Peripherie, auf dem Wege erzwungener Einheit und erzwungener Zentralisation organisieren wird, – sondern vom freien Individuum, der freien Vereinigung und der autonomen Gemeinde aus von unten nach oben, von der Peripherie nach dem Zentrum, auf dem Wege der freien Föderation.

f) er muss sowohl in der Theorie wie in der Praxis und mit allen Konsequenzen den Grundsatz annehmen: jedes Individuum, jede Vereinigung, Gemeinde, Provinz, Region und Nation haben das volle Recht, über sich selbst zu verfügen, sich zu verbinden oder nicht zu verbinden, Bündnis mit wem sie wollen zu schliessen und diese Bündnisse aufzulösen, ohne Rücksicht auf die sogenannten historischen Rechte oder auf Verträge mit ihren Nachbarn. Und muss überzeugt sein, dass diese neuen Föderationen von Gemeinden, Provinzen, Regionen und Nationen nur dann wirklich stark, fruchtbar und unauflösbar sein können, wenn sie von der Allgewalt ihrer durch die Freiheit sanktionierten natürlichen Neigungen und den ihnen innewohnenden Notwendigkeiten geschaffen werden.

g) er muss also das sogenannte Prinzip der Nationalität, ein zweideutiges Prinzip voller Scheinwahrheit und Fallen, das Staatsprinzip ehrgeiziger Bürger, auflösen in das viel grössere, einfachere und einzig berechtigte Prinzip der Freiheit. Jedes Individuum, jede kollektive Körperschaft, die frei sind oder sein sollen, haben das Recht, es nach eigener Façon zu sein, und niemand hat das Recht, ihnen sein Kostüm, seine Gebräuche, seine Sprache, seine Meinungen und seine Gesetze aufzuerlegen; jeder muss für sich selbst unbedingt frei sein. Hierauf führt in aller Einfachheit das nationale Recht zurück. Alles, was darüber hinausgeht, ist nicht Bestätigung der eigenen nationalen Freiheit, sondern Verneinung der nationalen Freiheit des andern. Der Kandidat muss also wie wir alle diese schiefen, lächerlichen, für die Freiheit tötlichen und folglich verbrecherischen Ideen von nationaler Grösse, nationalem Ehrgeiz, nationalem Ruhm abschwören. Sie sind gut nur für die Monarchie, die Oligarchie und heute für die Grossbourgeoisie, weil sie ihnen helfen, die Völker täuschen und gegeneinander aufzubringen, um sie besser knebeln zu können.

h) der Patriotismus soll in seinen Gedanken künftighin nur eine sekundäre Rolle einnehmen und zurücktreten hinter der Gerechtigkeits- und Freiheitsliebe. Falls sein eigenes Vaterland das Unglück haben sollte, sich hiervon zu entfernen, zögere er nicht, die Partei der Gerechtigkeit und Freiheit selbst gegen sein Vaterland zu nehmen. Es wird ihm nicht schwerfallen, wenn er, wie er es sein muss, überzeugt ist, dass es für jedes Land Glück und Grösse nur gibt aufgrund von Gerechtigkeit und Freiheit.

i) er muss überzeugt sein, dass das Glück und die Grösse seines Vaterlandes, weit entfernt davon, im Widerspruch mit Glück und Grösse aller übrigen Länder zu stehen, im Gegenteil ihrer zur Verwirklichung jener Ideale im eigenen Lande bedarf; dass zwischen den Bestimmungen aller Nationen eine notwendige allgewaltige Solidarität besteht und dass diese Solidarität, indem sie allmählich den beschränkten und nur zu häufig ungerechten egoistischen Patriotismus umformt, schliesslich die universale Weltföderation schafft.

j) er muss Sozialist sein in jedem Sinne, den diesem Wort unser revolutionärer Katechismus gibt. Er muss es mit uns für gerecht und berechtigt halten, dass er nichts anderes wünscht, und bereit ist, seine Kräfte keinem anderen Ziele zu opfern als dem Triumph einer sozialen Organisation, in der jedes menschliche Individuum, Mann oder Frau, die gleichen Mittel für seinen Unterhalt, seine Erziehung, seinen Unterricht in der Kindheit und in der Jugend findet, und in der jedes Individuum später, wenn es volljährig geworden ist, die äusseren Bedingungen so erleichtert findet, (gleiche politische, ökonomische und soziale Bedingungen), dass es sein eigenes Wohl schaffen kann, wenn es die verschiedenen Kräfte und Fähigkeiten seiner natürlichen Begabung, die ein für alle gleichgünstiger Unterricht entwickelt hat, der allgemeiner Arbeit zuführt.

k) der Kandidat muss verstehen, dass ebenso wie die Erbsünde – ein Begriff, der überall von der Rechtswissenschaft verworfen wird –, so auch und mit derselben Rechtslogik der Begriff des Erbguts zu verwerfen sei; dass die Toten, da sie nicht mehr existieren, unter den Lebenden auch keinen Willen mehr haben sollen, und dass mit einem Worte die ökonomische, soziale und politische Gleichheit als Ausgangspunkt für Jeden und als eine unerlässliche Bedingung für die Freiheit aller, unvereinbar ist mit dem Erbeigentum, mit dem Nachfolgerecht.

l) er muss überzeugt sein, dass die Arbeit allein sozialen Reichtum schafft und dass jeder, der ohne zu arbeiten geniesst, die Arbeit eines andern ausbeutet, also ein Dieb ist. Da die Arbeit die Grundlage der Menschenwürde und das einzige Mittel ist, durch das der Mensch wirklich die Freiheit schafft und besitzt, dürfen alle politischen und sozialen Rechte künftighin nur denen gehören, die Arbeit leisten.

m) er muss erkennen, dass die Erde, ein Geschenk der Natur an Jedermann, niemandens Eigentum sein kann noch soll; dass aber ihr Ertrag, soweit er Arbeitserzeugnis ist, nur denen zukommen darf, die die Erde mit eigener Hand erbauen.

n) er muss uns zustimmen, dass die Frau, die zwar anders geartet ist als der Mann, aber nicht hinter ihm zurückbleibt, intelligent, arbeitsam und frei wie er, in allen politischen und sozialen Rechten für gleich erklärt werden muss; dass in der freien Gesellschaft die religiöse und Zivilehe durch die freie Ehe zu ersetzen ist. Unterhalt, Erziehung und Unterricht müssen für alle Kinder zu gleichen Bedingungen auf Kosten der Gesellschaft erteilt werden, wobei diese letztere, wenn sie die Kinder gegen Torheit, Nachlässigkeit oder Übelwollen der Eltern schützt, nicht nötig haben soll, sie den Eltern wegzunehmen. Die Kinder gehören nicht der Gesellschaft und nicht den Eltern, sondern ihrer eigenen künftigen Freiheit, und die schützende Autorität der Gesellschaft darf kein anderes Ziel und keine andere Aufgabe haben, als durch eine rationelle und mannhafte Erziehung, die sich auf die Gerechtigkeit, menschliche Achtung und den Kult der Arbeit stützt, vorbereitend zu wirken.

4) er muss Revolutionär sein, muss einsehen, dass eine so vollständige und gründliche Änderung der Gesellschaft notwendig eine Zertrümmerung aller Privilegien, Monopole und Gewalten mit sich bringt, und naturgemäss nicht mit friedlichen Mitteln zu erwirken ist. Aus demselben Grunde wird dieser Umsturz in allen Ländern alle Machthaber und Kapitalisten gegen sich haben und für sich überall nur das Volk und jenen Teil der intelligenten und wahrhaft opfermütigen Jugend, die, obgleich sie ihrer Geburt nach zu den privilegierten Klassen gehört, doch ihrer grossmütigen Überzeugung und ihrer brennenden Sehnsucht nach die Partei des Volkes nimmt.

5) er muss begreifen, dass diese Revolution, deren einziges und letztes Ziel die wirkliche politische, ökonomische und soziale Unabhängigkeit des Volkes ist, zweifellos zum grossen Teil mit Hilfe dieser Jugend organisiert, in erster Linie aber nur vom Volke ausgehen kann. Da alle anderen Fragen, die religiöse, nationale, politische von der Geschichte vollkommen ausgeschöpft sind, bleibt nur noch die

eine Frage, in der alle anderen verschwinden und von der künftig allein die Erneuerung der Welt zu erwarten ist: die soziale. Jede Revolution, handle es sich um die nationale Unabhängigkeit wie im jüngsten Polenaufstand und in Mazzinis Programm, oder um ausschliesslich politische, konstitutionelle, monarchistische und sogar republikanische Ziele (wie bei den letzten totgeborenen Versuchen der spanischen Progressisten) – jede derartige Revolution, die ohne das Volk unternommen wird und misslingen muss, weil sie sich auf irgend eine privilegierte Klasse stützt, die ihre Sonderinteressen vertritt, richtet sich notwendig *gegen* das Volk und wird deshalb zu einer reaktionären, unglückseligen Gegenrevolution.

6) jede revolutionäre Bewegung, die nicht als direktes und unmittelbares Ziel die politische und soziale Befreiung der Arbeiterklassen, also des Volkes im Auge hat, jede auf Gleichheit, Versöhnung und ein verlogenes Bündnis mit den Feinden des Volkes abzielende Bewegung verachte er also als einen verhängnisvollen Irrtum, betrachte er als einen schmählichen Betrug und sehe das Heil für sein Land und für alle Welt nur in der sozialen Revolution.

7) er muss einsehen, dass diese Revolution, die wesentlich kosmopolitisch ist, wie es Recht und Freiheit ebenfalls sind, nur triumphieren kann, wenn sie wie ein Brand über die beschränkten Grenzpfähle der Nationen fegt und auf ihrem Gange alle Staaten umstürzt, zunächst ganz Europa umfassend, dann die Welt. Er muss einsehen, dass die soziale Revolution notwendig eine europäische und Weltrevolution ist.

8) einsehen, dass die Welt sich notwendig in zwei Lager scheiden wird, das der Erneuerung des Lebens und das der alten Privilegien. Es wird zwischen diesen einander entgegengesetzten Lagern, in denen wie in den Zeiten der Religionskriege nicht mehr die Nationalitäten, sondern die Gemeinsamkeit der Ideen und der Interessen entscheiden werden, ein Ausrottungskrieg ohne Gnade und Pardon aufflammen. Die soziale Revolution widerspricht in all ihren wesentlichen Punkten jener politischen Heuchelei einer friedlichen Umwälzung, die nur für die mit der letzten Ölung Gesalbten und für die Ohnmächtigen gut ist. Im Interesse ihres Heils und ihrer Selbsterhaltung kann sie leben und triumphieren nur indem sie sich ausbreitet und sie wird das Schwert nicht eher niederlegen, als bis sie alle Staaten und alle überkommenen religiösen, politischen und ökonomischen Institutionen in Europa und der ganzen zivilisierten Welt vernichtet haben wird.

9) er muss einsehen, dass dies kein Eroberungs-, sondern ein Kampf der Freiheit sein wird, einer zugegeben mitunter erzwungenen, aber stets und gleichwohl heilsamen Befreiung, weil ihr Gegenstand und Ergebnis die Zerstörung der Staaten und der jahrhundertealten Basis dieser Staaten sein wird, die sanktioniert durch die Religion zu allen Zeiten Ursache jeder Sklaverei war.

10) dass die soziale Revolution, wenn sie an einem Orte einmal aufgeflammt ist, in allen und sogar den ihr scheinbar feindlichsten Ländern glühende und furchtbare Verbündete aus den Volksmassen finden wird, die, sobald sie nur die Tätigkeit und das Ziel der Revolution begriffen haben und davon berührt sind, nicht anders können werden, als sich überall zu ihr zu schlagen. Sie muss also notwendig für den Anfang ein Terrain wählen, das ihr ermöglicht, den ersten Stoss der Reaktion aufzuhalten, um dann, indem sie sich nach aussen verbreitet, über alle ihre wütenden Verfolger und Feinde in einer furchtbaren revolutionären Allianz aller föderalisierten und vereinten Länder, die sie umfasst, zu triumphieren.

11) die Elemente der sozialen Revolution finden sich zerstreut schon vollständig in beinahe allen Ländern Europas und es bedarf, um eine wirkliche Macht daraus zu schaffen, nur ihrer Vereinigung und Konzentration. Das ist die Aufgabe erklärter Revolutionäre aus allen Ländern, die sich zu einem zugleich öffentlichen und geheimen Bund zusammentun mit dem doppelten Ziel, das revolutionäre Terrain zu erweitern und gleichzeitig eine identische und simultane Bewegung in allen Ländern zu unterhalten, wo dies möglich ist, und zwar mittels geheimer Verständigung der intelligentesten Revolutionäre dieser Länder.

12) es genügt nicht, dass unser Kandidat das alles einsieht. Er muss auch die revolutionäre Leidenschaft besitzen; er muss die Freiheit und Gerechtigkeit in solchem Grade lieben, dass er ernsthaft und mit aller Kraft zu ihrem Triumphe beitragen will – und es sich zur Pflicht macht, diesem Ziele seine Ruhe, sein Wohl, seine Eitelkeit, seinen persönlichen Ehrgeiz und oft auch seine Sonderinteressen zu opfern.

13) er muss überzeugt sein, dass er diesem Ziel nicht besser dienen kann als wenn er an unseren Arbeiten teilnimmt und muss wissen, dass er, wenn er in unsere Mitte aufgenommen wird, uns allen gegenüber dieselbe feierliche Verpflichtung eingeht, die auch wir ihm gegenüber eingehen. Er muss den revolutionären Katechismus mit

allen unseren darin niedergelegten Regeln kennen und schwören, sie stets gewissenhaft und treu zu befolgen.

14) er muss einsehen, dass eine Gesellschaft mit revolutionärem Ziel notwendig als Geheimgesellschaft auftreten muss und jede Geheimgesellschaft muss im Interesse der Sache, der sie dient und ihrer Wirksamkeit, sowie im Interesse der Sicherheit jeden einzelnen Mitglieds einer strengen Disziplin unterworfen sein. Diese Disziplin ist übrigens nichts anderes als das Resumé und Resultat der gegenseitigen Verpflichtung aller Mitglieder, so dass es Ehrensache und Pflicht jedes Einzelnen ist, sich ihr zu unterwerfen.

15) wie sehr sich auch die einzelnen Brüder in ihren Fähigkeiten stufen werden, so dulden wir doch nur einen Herrn über uns: unser Prinzip; einen einzigen Willen: unsere Gesetze, zu deren Aufstellung wir alle beigetragen haben, die wir wenigstens alle gleicherweise bestätigen durch freie Zustimmung. So sehr wir die Verdienste eines Mannes anerkennen und achten, so sehr wir den grossen Nutzen schätzen, den uns der eine durch sein Vermögen, ein andrer durch sein Wissen, ein dritter durch seine Stellung und seinen öffentlichen literarischen, politischen oder sozialen Einfluss bringen kann, sind wir doch weit entfernt davon, diese Männer deshalb zu suchen; wir sehen im Gegenteil darin einen Grund zu Misstrauen, denn alle diese Leute könnten in unseren Kreis autoritäre Gewohnheiten und Ansprüche oder das Erbe ihrer Vergangenheit mitbringen, und wir können weder Ansprüche, noch Autorität noch solches Erbe brauchen. Unser Blick ist nach vorwärts gerichtet, nicht nach rückwärts, also wollen wir Verdienst und Recht nur dem zuerkennen, der am tätigsten und entschlossensten unserer Gesellschaft dient.

16) der Kandidat wird einsehen, dass sein Eintritt in unsere Gesellschaft nur erfolgen kann, wenn er die Absicht hat, ihr zu dienen, und dass er folglich das Recht haben wird, von jedem einzelnen Mitgliede eine positive Nützlichkeit zu erwarten. Ist genügend festgestellt und erwiesen, dass diese Nützlichkeit ausblieb, so soll dies den Ausschluss des Betreffenden zur Folge haben.

17) beim Eintritt in unsere Gesellschaft muss sich der neue Bruder verpflichten, seine Pflicht gegenüber der Gesellschaft als Hauptpflicht zu betrachten. An zweiter Stelle steht seine Pflicht den einzelnen Mitgliedern der Gesellschaft, seinen Brüdern gegenüber. Diese beiden Pflichten müssen künftighin wenn nicht in seinem Herzen, so wenigstens in seinem Willen regieren und seine Handlungen leiten.

II.
Die nationalen Familien.

Die nationalen Familien stehen in Bezug auf die grosse internationale Familie sowohl in ideeller wie in praktisch revolutionärer Hinsicht in einer Art Lehrverhältnis. Aufgabe dieser untergeordneten Organisation ist es, nach Möglichkeit die überall existierenden revolutionären Elemente dem universalen Unternehmen der internationalen Brüder an-zuschliessen, alle Elemente also, die, wenn sie auch in ideeller Hinsicht noch nicht genügend entwickelt sind, doch ein mächtiges Instrument der revolutionären Zerstörung werden können und die deshalb von einer wirksamen und unterrichteten Organisation in allen Ländern, – die weniger vorgeschrittenen nicht ausgenommen –, dem Dienste des wahren revolutionären Gedankens zugeführt werden sollen ...

Die nationalen Katechismen der verschiedenen Länder können in allen sekundären Punkten differieren. Es gibt aber wesentliche und grundlegende Punkte, die für die nationalen Organisationen aller Länder gleicherweise verbindlich sind und die folglich die gemeinsame Basis aller nationalen Katechismen bilden sollen. Diese Punkte sind:

1) es ist unmöglich, dass eine selbständige nationale Revolution Erfolg haben kann und folglich ist eine Allianz und eine revolutionäre Föderation nötig zwischen allen Völkern, die die Freiheit wollen.

2) eine solche Föderation oder Allianz ist unmöglich ohne ein gemeinsames Programm, das gleicherweise den Rechten und berechtigten Bedürfnissen aller Nationen genugtut.

3) unvereinbar ist ein solches Programm, unvereinbar sind Freiheit, Gleichheit, Gerechtigkeit, unvereinbar eine billige Regierung, das Wohl aller und die wirkliche Unabhängigkeit der arbeitenden Klassen mit der Existenz zentralistischer, militärischer, bürokratischer Staaten. Unbedingt notwendig ist die Zerstörung aller gegenwärtigen europäischen Staaten mit Ausnahme der Schweiz, und die radikale Zerstörung aller politischen, militärischen, administrativen, juridischen und finanziellen Einrichtungen, die heute das Leben und die Macht der Staaten ausmachen.

4) Abschaffung jeder Religion und jeder Staatskirche oder vom Staate besoldeten Kirche. Konfiskation aller Güter, Mobilien und Immobilien der Kirchen zugunsten der Provinzen und Gemeinden.

5) für jedes einzelne Land, das an dieser Föderation freier Völker

teilnehmen will, ist es unbedingt erforderlich, seine zentralistische, bürokratische und militärische Organisation zu ersetzen durch eine auf die Freiheit und auf die Autonomie von Regionen, Provinzen, Gemeinden, Verbänden und Individuen gegründete Föderation mit wählbaren und vor dem Volke verantwortlichen Beamten.

6) es ist notwendig, das Recht auf Trennung anzuerkennen für alle Länder, Regionen, Provinzen, Gemeinden, Verbände und ebenso für alle Individuen, aus der Überzeugung heraus, dass, wenn das Recht auf Trennung einmal anerkannt ist, die tatsächliche Trennung selten erfolgen wird, weil die nationalen Einheiten, wenn sie aufhören, Produkte der Gewalt und der historischen Lüge zu sein, sich freier Weise nach inhärenten Notwendigkeiten und Verwandtschaften erhalten werden.

7) die politische Freiheit ist unmöglich ohne die politische Gleichheit; die politische Gleichheit unmöglich ohne ökonomische und soziale Gleichheit.

8) Notwendigkeit der sozialen Revolution.

Ausdehnung und Tragweite dieser Revolution werden in jedem Lande differieren nach Maassgabe der politischen und sozialen Situation und dem Grade der revolutionären Entwicklung. Gleichwohl müssen für alle Länder gewisse Prinzipien gelten, die heute allein die Volksmassen, wie beschaffen auch der Stand ihrer Zivilisation sein mag, zu interessieren und zum Aufstand zu bringen vermögen. Diese Prinzipien sind:

a) die Erde gehört aller Welt. Die Nutzniessung gehört indessen nur denen, die sie mit eigener Hand bebauen. Abschaffung der Renten aus Grundbesitz.

b) da aller sozialer Reichtum nur durch Arbeit hervorgebracht wird, ist derjenige, der ohne Arbeit geniesst, ein Dieb.

c) da die politischen Rechte nur ehrlichen Leuten zuteil werden können, werden sie nur denen zuteil, die Arbeit leisten.

d) Kapital und Arbeitsinstrumente kommen nicht durch Raub, sondern infolge der ökonomischen Kraft und Macht der Arbeitsgenossenschaften in den Besitz derjenigen, die sie mit eigener Arbeit zur Hervorbringung von Reichtum verwenden.

e) Jedermann muss sich sein eigenes Glück schaffen können und Gerechtigkeit wird erst dann sein, wenn die Gesellschaftsorganisation so beschaffen ist, dass jeder bei seiner Geburt darin zu gleichen Bedingungen Unterhalt, Erziehung und Unterricht, und später die gleichen äusseren Erleichterungen findet.

f) in jedem Lande die tunlichste Unabhängigkeit der Ehe von der Bevormundung durch die Gesellschaft. Gleichstellung der Rechte der Frau mit denen des Mannes.

9) die Verwirklichung keines dieser Punkte ist heute in irgend einem Lande möglich, wenn die Revolution nicht gleichzeitig politisch und sozial auftritt. Jede ausschliesslich politische Revolution, sei sie national und gegen eine Herrschaft von aussen gerichtet, oder verfolge sie ein inneres, konstitutionelles, ja republikanisches Ziel, muss, da ihr Hauptgegenstand nicht die unmittelbare und tatsächliche politische und ökonomische Befreiung des Volkes ist, notwendig illusorisch, verlogen, unmöglich und zur traurigen Reaktion und Gegenrevolution werden.

10) die Revolution soll nicht nur handeln für das Volk, sie soll auch ausgehen vom Volke, und sie wird stets nur dann gelingen können, wenn sie gleicherweise die ganze Masse der Land-, wie der Stadtbevölkerung mit sich reisst.

11) also zentralisiert durch die Idee und ein für alle Länder gemeinsames Programm; zentralisiert in einer Geheimorganisation, die nicht nur alle Teile eines Landes, sondern viele, wenn nicht alle Länder, in einem einzigen Aktionsplane vereinigt; zentralisiert ferner in der Gleichzeitigkeit vieler Einzelbewegungen in den verschiedenen Landesteilen und Städten, soll die Revolution dann einen lokalen Charakter annehmen und aufrechterhalten in dem Sinne, dass sie nicht mit einer grossen Konzentration aller revolutionären Kräfte eines Landes auf einen Punkt beginnt – nie darf sie den romantischen und bourgeoisen Charakter einer quasi-revolutionären Expedition annehmen –, sondern an allen Punkten eines Landes zugleich aufflammt und zur wahren Volksrevolution wird, an der gleicherweise die Frauen, Greise und Kinder teilnehmen, und die ebendadurch unbesiegbar wird.

12) nur in den ersten Tagen wird sie blutig und grausam sein, solange das Volksempfinden Gericht hält. Sie wird aber diesen Charakter nicht lange beibehalten und niemals in systematischen und kalten Terrorismus ausarten, weil sie viel mehr die Situationen und Verhältnisse bekämpft, als deren Vertreter; weil sie weiss, dass die Verhältnisse und die privilegierten, antisozialen Stellungen, die diese Verhältnisse geschaffen haben, sehr viel mächtiger sind als die dadurch bedingten Individuen.

13) man muss damit anfangen, die Einrichtungen und Gebäulichkeiten, Kirchen, Parlamente, Gerichte, Verwaltungen, Arsenale,

Banken, Universitäten etc. zu vernichten, da sie die Existenz des Staates ausmachen. Der Staat muss in der Wurzel zerstört und bankerott erklärt werden, nicht nur hinsichtlich seiner Finanzen, sondern auch in politischer, bürokratischer, militärischer, gerichtlicher und polizeilicher Hinsicht. Wenn er aber bankerott ist, zu existieren aufgehört hat und unfähig ist, seine Schulden zu bezahlen, wird er niemand mehr zwingen können, Privatschulden zu bezahlen, und diese Sorge kann Jedermann mit seinem eigenen Gewissen ausmachen. Gleichzeitig muss man in den Gemeinden und Städten zugunsten der Revolution alles Staatsgut und ebenso die Güter aller Reaktionäre konfiszieren und alle Prozess-, Eigentums-, oder Schuldakten dem Feuer übergeben; das ganze zivile, kriminelle, juridische und offizielle Papierreich, soweit man es nicht zerstören kann, für null und nichtig erklären und Jedermann in dem status quo des Besitzes lassen, in dem er sich befindet. Wenn die soziale Revolution auf diese Weise durchgeführt ist, und den Feinden alle Mittel, ihr zu schaden, benommen sind, wird es nicht mehr nötig sein, mit blutigen Maassnahmen vorzugehen, da diese Massnahmen umso verdriesslicher sind, als sie stets früher oder später eine traurige Reaktion nach sich zogen.

14) indem die Revolution aller Ecken und Enden gleichzeitig ausbricht, erhält sie zugleich ihren föderativen Charakter. Sobald das alte Regime gestürzt ist, müssen die Gemeinden sich revolutionär organisieren. Um die Revolution zu verteidigen, bilden Freiwillige eine Gemeindemiliz. Blieben die Gemeinden nun isoliert, so würde keine sich halten können. Es wird also nötig sein, dass jede einzelne die Revolution nach aussen weiterträgt, alle Nachbargemeinden mit in den Aufruhr reisst und in demselben Masse mit ihnen sich föderalisiert zwecks gemeinsamer Verteidigung, in dem sie sich erheben.

15) Notwendigkeit der Konspiration und einer starken Geheimorganisation, die mit dem internationalen Zentrum zwecks Vorbereitung dieser Revolution in Verbindung steht.

Anhang

III.
1866 – 1876

Vorarbeiten

Kommentiertes Fragment von Bakunins »Vierter Rede auf dem Kongress der Friedens- und Freiheitsliga« in Bern (1868)

[...] möge, in dieser Hinsicht besteht kein grosser Unterschied zwischen dem panreussischen Reiche und dem zivilisiertesten Staate in Europa. Und wisst Ihr, worin dieser Unterschied besteht? Das Zarenreich geht mit Zynismus vor, während es die andern unter dem Deckmantel der Heuchelei tun. Und wegen seines offen despotischen und verächtlichen Verhaltens zum Menschen bildet es ein geheimes Ideal, von dem alle Staatsmänner entzückt sind und nach dem sie alle streben.

Ich komme also zu folgendem Schlusse: Wer gleich uns die Verwirklichung der Freiheit, Gerechtigkeit und des Friedens, wer den Sieg der Menschheit, wer die volle und vollkommene Befreiung der Volksmassen wünscht, der muss auch, gleich uns, den Sturz aller Staaten wünschen, sowie, dass auf ihren Trümmern die Weltföderation der produktiven freien Assoziationen aller Länder errichtet werde.

> *(Bakunin hatte von der von ihm 1864 gegründeten geheimen »Fraternité internationale« den Auftrag erhalten, sich auf den 1. Kongress der Liga für Frieden und Freiheit zu begeben und ihm ein politisches und soziales Programm vorzulegen, das den Ideen der Fraternité entsprach[.]) Zu den Mitgliedern der »Fraternité[«] sind zu nennen: Fanelli, Friscia, Talandier, Elie und Elisée Reclus, Rey, Malon, Naquet, Mroczkowski, Joukowsky, Perron. Diese geheime Gesellschaft löste sich auch nach dem Entstehen der öffentlichen Internationalen Allianz der sozialen Demokratie nicht auf. Sie scheint übrigens einfach eine Vereinigung persönlicher Freunde gewesen zu sein, die zu einander Vertrauen hatten und über Dinge sprachen, die ihnen am Herzen lagen.*
>
> *Die Fraternité löste sich jedoch im Januar 1869 auf, da Uneinigkeiten entstanden waren wegen des Verhaltens einer Anzahl Brüder, welche in Spanien für den bürgerlichen Radikalismus gearbeitet hatten. [(]Bakunin insbesondere war darüber ungehalten.)*
>
> *[(]Die »Fraternité[«] war ursprünglich rein italienisch. Erst später traten ihr Polen, Franzosen und andere bei.)*

Editorischer Bericht

Hugo Balls autobiographische Zeugnisse und sein Briefwechsel lassen keinen Zweifel an der Schlüsselrolle der Bakunin-Studien, die ihn als Künstler wie als engagierten Zeitgenossen durch die Jahre des Ersten Weltkrieges begleitet haben. Die libertären Ideen Bakunins und anderer wurden zu einer Inspirationsquelle für Balls Begründung des Dadaismus – aber auch für seine Abwendung von rein ästhetischem Aktionismus. Bei der 1915 einsetzenden Aufarbeitung von Lebensdokumenten Bakunins erschloß sich Ball über sein biographisches Interesse hinaus ein weites Umfeld sozialer und demokratischer Freiheitsbewegungen, die der Politisierung seines Denkens einen gesamteuropäischen Horizont gegeben haben. Für den Emigranten Ball wurden sie zum Kontrastprogramm der im kaiserlichen Deutschland dominierenden Richtungen. Ihr greifbarster Niederschlag findet sich in seiner 1919 erschienenen Streitschrift »Zur Kritik der deutschen Intelligenz«, zu deren perspektivischem Bezugsfeld und zentralem Zitatfundus Bakunins Schriften gehören. Das unmittelbare Resultat von Balls einschlägigen Studien liegt freilich erst mit dieser Erstveröffentlichung vor.
»Michael Bakunin. Ein Brevier« ist das umfangreichste thematisch zusammenhängende Ineditum unter Balls nachgelassenen Schriften. Neben seinen zahlreichen Exzerpten, Fragmenten und essayistischen Entwürfen ist es das einzige unveröffentlichte Werk, das Ball selbst bis zu einem gewissen Stadium der Publikationsreife gebracht und für eine separate Buchveröffentlichung vorgesehen hatte. Das Bakunin-Brevier erscheint deshalb als eigener Band innerhalb der Edition der ›Sämtlichen Werke und Briefe‹. Nach einem vergeblichen Weg durch mehrere Verlage galt es lange als verschollen und gelangte erst in den achtziger Jahren auf dem Wege über Paul Pörtner und den Herausgeber wieder in die Obhut der Nachlaßverwalterin Annemarie Schütt-Hennings und ihrer Erben. Einige im Nachlaß lagernde Vorarbeiten wurden dadurch innerhalb des Brevier-Projekts lokalisierbar. Das aufgefundene 242seitige Typoskript kam 1986 innerhalb der von Ernst Teubner kuratierten Ausstellung zum 100. Geburtstag von Hugo Ball erstmals als Exponat an die Öffentlichkeit. Eine Fotokopie wurde in der Hugo-Ball-Sammlung Pirmasens archiviert und konnte seitdem verschiedentlich von der Forschung ausgewertet werden. Der Text selbst wird nun erstmals in gedruckter Form lesbar.

Zur Textgestalt der Druckvorlage

Auch in der vorliegenden Gestalt handelt es sich um ein Fragment, das von drei vorgesehenen Teilen die beiden ersten in abgeschlossener Gestalt bietet, die immerhin fünf Jahrzehnte von Bakunins Biographie bis 1866 dokumentieren und zu diesem Zweck auch Textzeugnisse einbeziehen, die in späteren Jahren entstanden sind. – 1918 wurde die Weiterarbeit am »Brevier« durch das nachlassende Interesse des Verlegers Erich Reiss gebremst und durch den Schreibprozeß der »Kritik der deutschen Intelligenz« abgelöst, bei dem

Ball freilich auch Materialien für den dritten Teil einbezogen hat, der Bakunins letztes Lebensjahrzehnt bis zum Todesjahr 1876 umfassen sollte. Ein hier T¹ genanntes Typoskript-Original ist nur in dem (separat gebundenen) Teil II überliefert, der Bakunins Lebensjahre 1849-66 umfaßt. Es handelt sich um eine frühere Textstufe, die von Ball im entsprechenden Teil von T² ergänzt wurde. – Von der nachfolgenden Fassung T² war im Nachlaß allerdings kein Originaltyposkript überliefert, sondern ein handschriftlich nachkorrigierter Durchschlag.

Das Originaltyposkript von T² und möglicherweise bereits der erste Teil von T¹ dürften René Schickele für die ›Weißen Blätter‹ bzw. dem Verlag Erich Reiss vorgelegen haben, die zu Balls Lebzeiten zunächst Interesse gezeigt hatten. Sie sind möglicherweise dort oder bei späteren Angeboten an andere Verlage verlorengegangen. Indirekt belegt ist ein nach Balls Tod durch Hermann Hesse vermitteltes Angebot von Emmy Hennings beim Malik Verlag im Sommer 1928. In einem Brief vom 30.7.1928 an Joseph Englert schreibt Emmy Hennings allerdings, sie selbst habe dafür »Hugos ›Bakunin‹ abgeschrieben, fünfhundert Seiten« (Nachlaß EBH CSSt). – Wenn der genannte Umfang, der mehr als die doppelte Seitenzahl von T² umfaßt, nicht erheblich übertrieben ist, kann vermutet werden, daß damals noch eine abschreibbare Vorlage existierte, die auch Teil III umfaßte.¹ Es wäre dann ein Indiz dafür, daß T² nicht die komplette Fassung ist, die Ball hinterlassen hat. Ein weitestgehende Vollständigkeit aufweisendes Typoskript war indes bei Sichtung des Nachlasses nicht mehr erhalten.

Im einzelnen lagen folgende abgeschlossene Typoskripte vor:

T¹ **Michael Bakunin. Ein Brevier.**
II. 1849-1866. Irkutsk, London, Stockholm, Florenz, Neapel.
Undatiertes maschinenschriftliches Original mit handschriftlichen Korrekturen von Orthographie und Interpunktion, die größtenteils in T² II eingegangen sind. – 115 einseitig beschriebene Blätter im Format 27,2 × 20,4 cm; gefalzt und gebunden in Broschurumschlag aus wasserfleckigem blauem Karton ohne Titelei mit einem Blaustift-Eintrag der Nummer »290« aus der Nachlaß-Archivierung. Unpaginiertes maschinenschriftlich tituliertes Deckblatt mit handschriftlichem Nachtrag des Autornamens »Hugo Ball« durch Annemarie Schütt-Hennings. Anschließender Textteil paginiert 1-114. – Kein Inhaltsverzeichnis.

T² **Michael Bakunin. Ein Brevier**
Undatierter maschinenschriftlicher Durchschlag mit handschriftlichen Korrekturen von Orthographie und Interpunktion. Zwei separat paginierte Teile in gemeinsamer Bindung. Unpaginierte Titelblätter innen

---

1   Die meisten Schriften Bakunins, die damals in gedruckter Form vorlagen und für Ball zitierbar waren, stammen aus dem letzten Lebensjahrzehnt 1866-76, in dem Bakunin sich selbst auch öffentlich als »Anarchist« zu bezeichnen begann. Es ist also nicht unwahrscheinlich, daß Teil III umfangreicher ausgefallen wäre als die beiden vorhergehenden Teile zusammengenommen. Ein Gesamtumfang von 500 einseitig beschriebenen Blättern für den komplettierten Text des Breviers wäre also denkbar.

und Inhaltsverzeichnisse getrennt für beide Teile. – 242 einseitig beschriebene Blätter im Format 27 × 19,5 cm (schmaler als T¹); gefalzt und gebunden in Broschurumschlag aus braunem Karton ohne Titelei.

T² I **I. 1815-1849. Moskau, Berlin, Zürich, Paris, Prag, Dresden.**
Unpaginiertes maschinenschriftlich tituliertes Deckblatt mit handschriftlichem Nachtrag des Autornamens »von Hugo Ball« und Besitzvermerken »Adresse Emmy Ball-Hennings / Agnuzzo bei Lugano – Tessin« und »Annemarie Schütt-Hennings / Agno – Tessin«. Danach drei unpaginierte Blätter Inhaltsverzeichnis. Anschließender Textteil paginiert 1-109.

T² II **II. 1849-1866. Irkutsk, London, Stockholm, Florenz, Neapel.**
Unpaginiertes separates Titelblatt und drei Blätter Inhaltsverzeichnis. Anschließender Textteil paginiert 1-125. Paginierung nicht identisch mit T¹ II durch verschobene Seiten- und Zeilenumbrüche und Einfügung auf Seite 90.

Als *Druckvorlage* für die hier vorliegende Erstausgabe diente T², weil dieser Typoskript-Durchschlag als einziger Text die von Ball abgeschlossenen Teile I und II in komplettierter Gestalt bietet und als verbesserte Abschrift von T¹ anzusehen ist. Handschriftliche Nachkorrekturen in T¹ sind hier größtenteils ausgeführt. T² II bietet auf Seite 90 zudem einen Kommentartext von Hugo Ball, der zwischen Seite 82 und 83 von T¹ noch fehlt. Auch weitere leichte Textvarianten gegenüber der Fassung T¹ werden, soweit sie sich nicht auf Verbesserungen von Orthographie und Interpunktion beschränken, im Kommentar als Lesarten verzeichnet. – Die Originale befinden sich nicht in dem Nachlaß-Depositum, das in den neunziger Jahren durch die Ball-Erben an die Züricher Carl-Seelig-Stiftung übergeben wurde und heute im Schweizerischen Literaturarchiv Bern liegt.

Zur Auswertung von Balls Vorarbeiten

Von den Vorarbeiten zu allen drei Teilen des »Breviers« wurden im Nachlaß nur noch vier (in sich teils lückenhafte) Quellen-Exzerpte aufgefunden, für deren vorgesehene Auswahl und Verwendungsweise es im Fall des dritten Teils kaum gesicherte Indizien gibt. Sie fanden sich nicht etwa in einem für das Brevier-Projekt gesammelten Konvolut, sondern – aus dem Zusammenhang gelöst – als wiederverwendetes Altpapier auf Rückseiten von Typoskripten anderen Inhalts. Soweit es sich nur um Zitate bzw. Übersetzungen von Fremdtexten handelt, wurde auf einen eigenen Abdruck innerhalb der Werke von Hugo Ball verzichtet. Wo es sich indes um Zitate handelt, die Ball in den beiden abgeschlossenen »Brevier«-Teilen verarbeitet hat, werden sie im Kommentar berücksichtigt.

Es handelt sich durchweg um Reste von Exzerpten aus der damals umfangreichsten deutschsprachigen Bakunin-Edition: Michail Bakunins Sozialpolitischer Briefwechsel mit Alexander Iw. Herzen und Ogarjow, Stuttgart 1895 (im folgenden abgekürzt: SP; vgl. Nachweis im Siglenverzeichnis). Die

Auszüge stammen nicht nur aus dem Textteil und Anhang, sondern auch aus der zitatreichen Einleitung Michail Dragomanows, die durch römische Paginierung kenntlich ist. – Folgende Fragmente liegen noch im Hugo-Ball-Nachlaß vor:

Exz^a   [Fragment mit drei Exzerpten von Zitaten in Dragomanows Einleitung zu »Michail Bakunins Sozialpolitischer Briefwechsel«.]
Undatiertes, unbetiteltes, mit »4)« und »5)« paginiertes Fragment eines maschinenschriftlichen Originals von Exzerpten mit handschriftlichen Nachträgen und Streichungen. Zwei Blätter 27,2 × 20,6 cm; überliefert durch Wiederverwendung auf der Rückseite eines späteren Exzerptes, mit Balls Nachweis: *Des rapports de l'homme avec le démon par Joseph Bizouard Tome V Paris 1864*, dort Exzerpt-Seiten 19 und 24. – Mit Brief vom 22.8.1925 (SW 10.2, Nr. 537, S. 187) hatte Ball aus seinem süditalienischen Aufenthaltsort Albori das für seine Exorzismus-Studien benötigte Werk bei der Klosterbibliothek Einsiedeln bestellt und das Exzerpt daraus laut ›Tagebuch‹ am 14.10.1925 abgeschlossen. Daß er dafür alte Papiere wiederverwendete, ist nicht nur Indiz für seine aus der Not geborene Sparsamkeit. Nicht weniger bemerkenswert ist die Tatsache, daß er zumindest Teile seiner alten Bakunin-Studien im Reisegepäck führte, als er sich 1925 nach Italien begab.

Exz^a I   [I: Arnold Ruge]
Seite »4)« oben. Ohne Titel. Handschriftlich mit einem doppelten Bearbeitungsstrich versehener Schluß eines maschinenschriftlichen Auszuges mit Quellenangabe: *(Briefwechsel II, 42-45)*
Zitat entnommen aus SP S. XLVIII. Durch Dragomanows Nachweis in SP S. XXX identifizierbare Quelle: Arnold Ruge: Episoden aus dem Jahr Achtundvierzig. In: Arnold Ruges Briefwechsel und Tagebuchblätter aus den Jahren 1825-1880, hg. von Paul Nerrlich, Bd. 2, Berlin: Weidmannsche Buchhandlung 1886, S. 22-54, hier S. 42-45. – Verwendet in einem verkürzten Ausschnitt u.d.T. *Arnold Ruge über Bakunin in Leipzig* in T² I S. 68.

Exz^a II   [II:] *Herzen über Bakunin und dessen Verhalten zu Herzens Zeitschrift »Die Glocke« in London. (Posthume Schriften)*
Seite »4)« unten und S. »5)« oben. Text mit obigem Titel. Am Ende kurz handschriftlich ergänzter maschinenschriftlicher Auszug mit Quellenangabe: *(Posthume Werke, Seite 200-201.)*
Zitat entnommen aus der deutschen Übersetzung in SP S. LXIX f. Durch Dragomanows Nachweis S. XLVI indirekt identifizierbare russische Quelle: Alexander Herzen: M.B. i Pol'skoe delo. In: Alexander Herzen: Œuvres posthumes d'Alexandre Herzen. Sbornik posmertnych stat'ej Aleksandra Ivanovica Gercena, Genf/Basel/Lyon: Tipografija L. Černeckogo ²1874, S. 192-221, hier S. 200-201.

Verwendet in T¹ II S. 15-16 unter dem Titel *Bakunin in London (nach Herzen, »Posthume Schriften«)* und T² II S. 16-17 unter dem Titel *Bakunin in London. (nach Alexander Herzen, »Nachgelassene Schriften«).*

Exzᵃ III [III:] *De Gubernatis über Bakunin in Florenz*
Seite »5)«. Wie oben betitelter maschinenschriftlicher Auszug ohne Quellenangabe.
Zitat entnommen aus der dt. Übersetzung in: SP S. LXXXVIIf. Durch Dragomanows dortigen Nachweis identifizierbare italienische Quelle: Angelo de Gubernatis: Proemio autobiografico. In: A.d.G.: Dizionario biografico degli scrittori contemporanei, ornato di oltre ritratti, Firenze: Coi tipi di successori Le Monnier 1879, S. VII-XXXII, hier zitiert S. XXI f.
Mit Varianten verwendet in T¹ II S. 67-69 und T² II S. 73-75 jeweils unter dem Titel *Bakunin in Florenz (nach Angelo de Gubernatis, »Selbstbiographie«).*

Exzᵇ [**Kommentiertes Fragment einer Bakunin-Rede aus den Beilagen zu »Michail Bakunins Sozialpolitischer Briefwechsel«.**]
Undatiertes, unbetiteltes, mit »7)« paginiertes Fragment eines maschinenschriftlichen Originals mit dem Ende eines Exzerptes aus Bakunins *Vierter Rede auf dem Kongress der Friedens- und Freiheitsliga in Bern* (1868). Nachfolgend eingerückter und eingeklammerter Kommentar von Hugo Ball zur ›Fraternité internationale‹ (1864-69) und zu Bakunins Programm-Auftrag für den 1. Kongreß der Liga für Frieden und Freiheit (1868).
Ein Blatt 27,2 × 20,6 cm; überliefert durch Wiederverwendung auf der Rückseite eines späteren Exzerptes mit Balls Nachweis: *Real-Enzyklopaedie der Christlichen Altertuemer von F.X. Kraus I. Band A-H Freiburg i/Br. 1882;* dort S. 1. – Mit Brief vom 22.8.1925 (SW 10.2, Nr. 537, S. 187) hatte Ball den Band bei der Klosterbibliothek Einsiedeln bestellt. Das Exzerpt daraus entstand also zur selben Zeit wie die Wiederverwendung der alten Blätter von Exzᵃ. Der Papierart und Paginierung nach könnte es sich bei Exzᵇ um ein weiteres Fragment aus dem Exzerptkomplex von Exzᵃ oder Exzᶜ handeln.
Ohne Quellenangabe entnommen aus der deutschen Übersetzung in: SP S. 322. Von Dragomanow lt. Nachweis SP S. 310 und 314 zitiert aus der russischen Publikation der ›sozial-revolutionären Partei‹: Die historische Entwicklung der Internationale, S. 339-365, hier S. 365. – Französisches Original zuerst in: Bulletin sténographique du IIe Congrès de la Ligue de la Paix et de la Liberté, Genf 1868.
Dem Jahr der Quelle nach handelt es sich um Material für den Teil III des Breviers. Es wird deshalb im Anhang als Vorarbeit dokumentiert. Da sich der anschließende Kommentar von Ball auf die Geschichte der ›Fraternité internationale‹ bezieht, die das abschlie-

ßende Thema des zweiten Teiles des Breviers (T¹ II S. 97-114; T² II S. 106-125) bildet, wird Balls eigener Text bereits im editorischen Kommentar zu diesem Schlußabschnitt berücksichtigt.

Exz^c *Einige Worte an die jungen Brüder in Russland / (Flugschrift) / Genf, 1869*
[Exzerpt aus den Beilagen zu »Michail Bakunins Sozialpolitischem Briefwechsel«.]
Undatiertes dreiseitiges maschinenschriftliches Original eines Exzerptes aus der deutschen Übersetzung von Bakunins russischer Flugschrift *Neskol'ko slov k molodym brat'jam v Rossii* (1869) ohne detailliertere Quellenangabe. Von Ball betitelt nach Angaben in SP S. 344-349. Erste Seite ohne Paginierung, danach »2)« und »3)«.
Drei Blätter 27,2 × 20,6 cm; wie Exz^b überliefert durch Wiederverwendung auf der Rückseite eines 1925 entstandenen Exzerptes mit Balls Nachweis: *Real-Enzyklopaedie der Christlichen Altertuemer von F.X. Kraus I. Band A-H Freiburg i/Br.* 1882; dortige Exzerpt-Seiten 2-4.
Zitat entnommen aus der deutschen Übersetzung in SP S. 344-349. Abschrift mit geringfügigen Modernisierungen und zwei markierten Lücken. Durch Dragomanows Nachweis S. 344 identifizierbare russische Quelle: *Neskol'ko slov k molodym brat'jam v Rossii*, Genf 1869. Im gleichen Jahr erschien Bakunins eigene Übersetzung auf französisch unter dem Titel *Quelques paroles à mes jeunes frères en Russie* in: La Liberté. Journal hebdomadire, Brüssel Nr. 115 (5.9.1869), S. 2-3. Eine – nicht in SP eingegangene – deutsche Übersetzung erschien u.d.T. *Einige Worte an meine jungen Brüder in Russland* in: Der Voksstaat. Organ der sozial-demokratischen Arbeiterpartei und der Gewerksgenossenschaften, Leipzig Nr. 19 (5.3.1870), S. 1-2. – Kommentierter Nachdruck in Œuvres Bd. 6, S. 5-16.
Dem historischen Zusammenhang nach vorgesehen für Teil III des Breviers. Da es sich um eine unkommentierte Abschrift ohne eigene Übersetzungsleistung von Ball handelt und der Text in SP und neueren Werkausgaben vorliegt, wurde auf einen Abdruck verzichtet.

Exz^d [Vier Fragmente mit Brief-Exzerpten aus »Michail Bakunins Sozialpolitischem Briefwechsel«.]
Vier undatierte und unbetitelte Fragmente eines umfangreicheren maschinenschriftlichen Originals mit Exzerpten von Brieftexten Bakunins. Mit wenigen handschriftlichen Korrekturen, Bearbeitungsstrichen und (auf S. 4 und 23) kurzen Eintragungen. Paginierung jeweils fortlaufend bei Fragment I: 2)-5), Fragment II: 11)-12), Fragment III: 21)-23) und textlich direkt anschließend 21)-24) [d.h. 24-27] und Fragment IV: 32)-42). Detaillierte bibliographische Nachweise fehlen.

24 Blätter 27,2 × 20,6 cm; überliefert wie Exz^a durch Wiederverwendung auf der Rückseite eines 1925 entstandenen Exzerptes mit Balls Nachweis: *Des rapports de l'homme avec le démon par Joseph Bizouard Tome V Paris 1864*, dort Exzerpt-Seiten S. 1-18, 20-23 und 25-26.
Für T^1 bzw. T^2 wurden die Auszüge aus Briefen der Jahre 1847-66 durchgängig verwendet, mit Ausnahme der Briefe vom 24.3.1863 (S. 12) und vom 4.3.1864 (S. 21). Die Exzerpte für die nachfolgenden Jahre (hier erhalten für die Zeit vom 28.10.1969 bis Mai 1870) sollten zweifellos zum Zitat-Fundus des Brevier-Teils III gehören. Die Nachweise in der folgenden Einzelauflistung beziehen sich auf die tatsächlich zitierten Seiten in Balls Quelle.

Exz^d I [Briefe 1847-1860]
Seiten »2)« bis »5)«. Briefauszüge aus der deutschen Übersetzung in SP S. 7-26 mit leichten Varianten und teils markierten Lücken:
– Ende eines Briefes an Annenkow vom 28.12.1847. Text beginnt (durch Fehlen der Seite 1) mitten im Satz: *was mystischen Horizont gibt.* (SP S. 7 und 8.) – Verwendet in T^2 I S. 58.
– Brief an Annenkow vom 17.4.1848. (SP S. 9-11.) – Verwendet in T^2 I S. 64-66.
– Anfang eines Briefes an Herzen vom 17.11.1860. Text endet wegen Fehlens der Fortsetzung mitten im Satz: [...] *Polen verbannt wurden, vielleicht gerade.* (SP S. 11-13, 17-19 und 26.) – Verwendet in T^1 S. 6-7 und T^2 II S. 6-9.

Exz^d II [Briefe 1862-1863]
Seiten »11)« und »12)«. Briefauszüge aus der deutschen Übersetzung in SP S. 57-68 mit leichten Varianten und teils markierten Lücken:
– Brief an Emma 19.11.1862 (SP S. 57-59.) – Verwendet in T^1 S. 28-29 und T^2 II S. 31-32.
– Brief an Herzen und Ogarjow vom 24.2.1863 (SP S. 67.) – Nicht verwendet.
– Anfang eines Briefes an Herzen und Ogarjow vom 31.3.1863. Text endet wegen Fehlens der Fortsetzung mitten im Satz: [...] *von Stockholm nach Helsingborg keinen anderen Weg gibt als über* (SP S. 68.) – Verwendet in T^1 S. 37-38 und T^2 II S. 41-42.

Exz^d III [Briefe 1864-1866]
Seiten 24-27 in Fehlpaginierung als »21)« bis »23)«. Briefauszüge aus der deutschen Übersetzung in SP S. 103-132 mit leichten Varianten und teils markierten Lücken:
– Ende eines Briefes an Herzen und Ogarjow vom 4.3.1864. Mitten im Satz beginnend [...] *darunter ziemlich ernsthafte,* (SP S. 103-104.) – Nicht verwendet.
– Brief an Tchorzewski vom 24.4.1864. (SP S. 107.) – Verwendet in T^1 S. 33 und T^2 II S. 36.

– Brief an Herzen und Ogarjow vom 8.10.1865. (SP S. 109-110.) – Verwendet in T¹ S. 74-75 und T² II S. 80-81.
– Brief an Herzen und Ogarjow vom 23.3.1866. (SP S. 112-114.) – Verwendet in T¹ S. 81-82 und T² II S. 88-89.
– Anfang eines Briefes an Herzen und Ogarjow vom 19.7.1866. Text endet wegen Fehlens der Fortsetzung mitten im Satz: [...] *die durch ihre Stellung berufen sind, auf das Volk einzuwirken.* (SP S. 117-125, 127, 129 und 131-132.) – Verwendet in T¹ S. 86-95 und T² II S. 94-104.

Exz^d IV [Briefe 1869-1870]
Seiten »32)« bis »42)«. Briefauszüge aus der deutschen Übersetzung in SP S. 174-215 mit leichten Varianten und teils markierten Lücken. Dem Jahr der Quellen nach handelt es sich um Material für den Teil III des Breviers:
– Ende eines Briefes an Herzen vom 28.10.1869 [Datierung lt. SP S. 174; lt. CD-ROM dagegen 26.10.1869]. Mitten im Satz beginnend [...] *wie alle übrigen, und dass er sogar der Urheber und Anschürer aller uns aufgebürdeten Abscheulichkeiten ist.* (SP S. 174-177.)
– Brief an Ogarjow vom 16.11.1869. (SP S. 179-180.)
– Brief an Ogarjow vom 23.11.1869. (SP S. 182-183.)
– Brief an Ogarjow vom 16.12.1869. (SP S. 185-186.)
– Brief an Ogarjow vom 17.12.1869. (SP S. 187-188.)
– Brief an Ogarjow vom 3.1.1870. (SP S. 189.)
– Brief an Ogarjow vom 4.1.1870. (SP S. 190-191.)
– Brief an Ogarjow vom 7.1.1870. (SP S. 191-192.)
– Brief an Herzen und Ogarjow vom 12.1.1870. (SP S. 193.)
– Brief an Ogarjow vom 8.2.1870. (SP S. 195-198.)
– Brief an Ogarjow vom 21.2.1870. (SP S. 198-199 und Neuformulierung von Anm. S. 401.)
– Brief an Ogarjow vom 22.2.1870. (SP S. 202-203.)
– Brief an Ogarjow vom 29.2.1870. (SP S. 205.)
– Brief an Ogarjow vom 3.5.1870. (SP S. 208-209.)
– Anfang eines »Hirtenbriefes« an Ogarjow [und andere] vom Donnerstag [26.5.]1870 [Datierung nach CD-ROM]. Text endet wegen Fehlens der Fortsetzung mitten im Satz: [...] *er bittet daher, man möge ihm* (SP S. 214-215.)

Die Verwendungsweise der beschriebenen Vorarbeiten in T¹ und T² zeigt, daß Balls Exzerpte der endgültigen Dokumenten-Auswahl im Brevier bereits sehr nahekommen. Nur wenige der für die abgeschlossenen Teile I und II exzerpierten Texte tauchen darin später nicht mehr auf. Mit Modernisierungen der Schreibweise, gelegentlichen stilistischen Eingriffen, zusätzlichen Zeilenumbrüchen und Kürzungen wurden die oft weitschweifigen Quellentexte auf durchgängige Lesbarkeit nach einem thematischen Faden ausgerichtet. Insofern sind bereits die Exzerpte Ergebnisse einer redaktionellen Leistung

und damit Zeugnisse einer auktorialen Intention. Sie waren für Ball keine
schieren Reproduktionen für Zwecke quellenkundlicher Auswertung oder
philologischer Textkritik, sondern im Wortsinn eines Breviers vor allem
durch Kürzung gestaltete Materialien für ein späteres Gesamtgefüge.
Ball war ein gründlicher, aber auch ökonomischer Leser. Dabei unterlief es
ihm, daß er Fehler innerhalb der zitierten Texte (wie auf S. 15 die Fehldatierung von Bakunins Geburtsjahr in dessen autobiographischem Fragment)
übernahm und deren Richtigstellung in der Zitatquelle selbst (hier in Nettlaus zitatenreicher Bakunin-Biographie) übersah. Daß Ball im effektiven
Blick auf sein Buchprojekt eher nach redaktionellen Kriterien verfuhr als
nach solchen historiographischer Quellenkritik, zeigt sich auch etwa in der
Übernahme von Nettlaus Autorzuschreibung der anonymen Schrift über
»Schelling und die Offenbarung« (S. 29), deren Strittigkeit Nettlau immerhin
referiert hatte. Der heute eindeutig Engels statt Bakunin zuzuschreibende
Text fügte sich allzuleicht in Balls Konzept eines ersten repräsentativen Bakunin-Lesebuchs in deutscher Sprache und fand an chronologisch passender
Stelle seinen Platz im Brevier. Heute unhaltbare editorische Entscheidungen
sind allerdings die Ausnahme in Balls Versuch, Bakunin für deutsche Leser
zu erschließen.
Es gibt keinen Anhaltspunkt dafür, daß Ball bei dem nicht fertiggestellten
(oder nicht überlieferten) Teil III seines Breviers nach anderen Prinzipien
verfahren wäre als bei den vorliegenden Teilen I und II. Er kommentiert
und fügt Zitate von höchst unterschiedlicher Entstehungszeit allein im Blick
auf das darin Bezeugte. Quellenkritische Annotationen und bibliographisch
exakte Zitatnachweise sind in den knapp gehaltenen Einführungs- und Zwischentexten ausgespart. Balls Kommentare dienen in erster Linie der biographischen Situierung der folgenden Dokumente. Wichtigstes Ordnungsprinzip ist das der biographischen Chonologie, das gelegentlich durch
Vorgriffe variiert wird, wenn damit an Ort und Stelle ein Gewinn an Anschaulichkeit verbunden ist (etwa auf S. 139-142).
Wenn angenommen werden kann, daß Ball bei Teil III ähnlich verfahren
wäre, ergibt sich folgende Reihenfolge des erhaltenen Zitatmaterials aus SP:

– Bakunins »Vierte Rede auf dem Kongress der Friedens- und Freiheitsliga
   in Bern«, 1868, mit Kommentar (Rest Exz[b])
– Bakunins Flugschrift »Einige Worte an die jungen Brüder in Russland«,
   1869 (Exz[c])
– Bakunins Briefe 1869-1870 (Exz[d] IV)

Weitere Zitatquellen und Themenkomplexe lassen sich bei den von Ball später
in »Zur Kritik der deutschen Intelligenz« (SW 5, S. 135-401) und »Die Folgen
der Reformation« (SW 5, S. 8-134) herangezogenen Schriften vermuten. Ihre
Verwendung im Detail ist ungewisser, dennoch kann eine chronologische
Übersicht auch thematische Schwerpunkte des Teils III ahnen lassen: vor
allem die Auseinandersetzungen während der 1. Internationale mit Marx und
Mazzini und Balls Hypothese von Bakunins Vorläuferschaft für Nietzsches
Theologiekritik.

- Giuseppe Mazzini: Politische Schriften, Bd. 1, übersetzt und eingeleitet von Siegfried Flesch, Leipzig: Reichenbach 1911 (SW 5, S. 251 und 355 Anm. III,17-18)
- Karl Marx: Das Kapital, Erstauflage 1867 (vermutlich indirekt zitiert SW 5, S. 299, kein Einzelnachweis des Zitats in der zugehörigen Anmerkung S. 382 Anm. IV,74)
- Bakunins Schrift »Fédéralisme, Socialisme et Antithéologisme«, 1867-1868 (SW 5, S. 251, 356 Anm. III,27-28 und S. 365 Anm. III,80)
- Bakunins »Lettre à ›La Démocratie‹«, März-April 1868, zitiert als »Brief an Chassins ›Démocratie européenne‹« nach Nettlau, Biogr. Bd. II, S. 246-250 (SW 5, S. 98, 100, 293, 379 Anm. IV,59)
- Karl Marx: Briefwechsel mit Friedrich Engels am 11.9.1868, zitiert in James Guillaume: Karl Marx Pangermaniste, s.u. (SW 5, S. 298 und 381 Anm. IV,69-70)
- Bakunins Schrift »Aux citoyens rédacteurs du ›Réveil‹«, Oktober 1869, zitiert nach der alten Werkausgabe Michel Bakounine: Œuvres, Bd. V, hg. von James Guillaume, Paris: P.V. Stock 1911, S. 243, jetzt CD-ROM (SW 5 S. 103, 274-275, 300 und 370-371 Anm. III,104-105.)
- Bakunins Brief an Herzen vom 28.10.1869, SP S. 174 (SW 5, S. 370 Anm. III, 105. Auch am Beginn von Exz[d] IV)
- Marx »Confidentielle Mitteilung« als Beilage zum Brief an Kugelmann vom 28.3.1870, zitiert in Brupbacher 1, S. 79-86 (SW5, S. 356 Anm. III,26)
- Karl Marx: Brief an Friedrich Engels vom 20.7.1870, zitiert in James Guillaume: Karl Marx Pangermaniste, s.u. (SW 5, S. 298 und 382 Anm. IV,71)
- Bakunins Schrift »L'Empire Knouto-Germanique et la Révolution sociale«, Nov. 1870 bis April 1871, zitiert nach der alten Werkausgabe Michel Bakounine: Œuvres, Bd. II-III, hg. von James Guillaume, Paris: P.V. Stock 1907-1908, jetzt Œuvres Bd. 8, S. 1-287 und GDA Stuke, S. 215-291 (SW 5, S. 103, 276, 300, 334 Anm. I,65 und S. 371 Anm. III,109)
- Bakunins damit zusammenhängende Schrift »Dieu et l'Etat«, Nov. 1870 bis April 1871, zitiert nach der alten Werkausgabe Michel Bakounine: Œuvres, Bd. I, hg. von Max Nettlau, Paris: P.V. Stock 1895, jetzt Œuvres Bd. 8, S. 83-192 (SW 5, S. 251 und 355-356 Anm. III,23 und 27)
- Mazzinis Artikel in der Halbmonatsschrift ›La Roma del Popolo‹, Lugano Frühjahr 1871 (SW 5, S. 355 Anm. III,22)
- Bakunins Schrift »Réponse d'un International à Mazzini«, Juli 1871, zitiert nach der alten Werkausgabe Michel Bakounine: Œuvres, Bd. VI, hg. von James Guillaume, Paris: P.V. Stock 1913, jetzt Œuvres Bd. 1, S. 1-12 (SW 5, S. 249, 355 Anm. III,16 und S. 355-356 Anm. III,23)
- Bakunins Schrift »La Théologie politique de Mazzini. Deuxième partie«, August bis Oktober 1871, zitiert nach Nettlau, Biogr. S. 37, jetzt in Œuvres Bd. 1, S. 120-124, GDA Beer 1, S. 49-57 (SW 5, S. 360-361 Anm. III,49. Dortiges autobiographisches Zitat bereits identisch verwendet im 1. Teil des »Breviers«, s.o. S. 23)
- Aurelio Saffis Artikel im mazzinistischen Mailänder Journal ›L'Unitá italiana‹ vom September 1871 (SW 5, S. 355 Anm. III,22)

- Broschüre von Marx und Engels: »Angebliche Spaltungen in der Internationale«, Januar bis März 1872, zitiert nach Brupbacher 1, S. 115-117, jetzt in Œuvres Bd. 3, S. 269-296 (SW 5, S. 354 Anm. III,26).
- Bakunins Sendbrief »Aux compagnons de la Fédération des sections internationales du Jura«, Februar-März 1872, zitiert als »Aux compagnons de la Fédération jurassienne« in Nettlau, Biogr. Bd. I, S. 95. Jetzt in: Œuvres Bd. 3, S. 1-85 Varianten S. 87-103. (SW 5, S. 263-264, S. 365 Anm. III,70, S. 299 und – datiert auf 1873 – S. 382 Anm. IV,75.)
- Die Allianzbroschüre von Marx und Engels: »L'Alliance de la Démocratie Socialiste et l'Association internationale des travailleurs«, 21.7.1873, S. 85 ohne genaue Quellenangabe, jetzt MEW Bd. 16, S. 339-341 (SW 5, S. 379 Anm. IV,59)
- Bakunins Demissionsbrief »Lettre au compagnons de la fédération jurassienne«, erste Oktoberhälfte 1873, zitiert nach Brupbacher 1, S. 160, jetzt CD-ROM (SW 5, S. 381-382 Anm. IV,78)
- Bakunins einzige russische Buchpublikation »Goderstvennost' i Anarchija«, Januar bis August 1873, lag noch nicht in einer Übersetzung vor. Von Ball als »Anarchie und Staatstum« vermutlich indirekt zitiert nach Nettlau, Biogr.; jetzt Œuvres Bd. 4, GDA Stuke, S. 417-658 und AS Bd. 4 (SW 5, S. 257 und 360 Anm. III,47-48)

Außerdem setzte Ball sich kritisch mit der marxistischen Geschichtsschreibung zu Bakunins Kontroverse mit Marx in der 1. Internationale 1871/72 auseinander und stellte ihr die Darstellungen von Max Nettlau, James Guillaume und Fritz Brupbacher entgegen:

- Franz Mehring: Geschichte der deutschen Sozialdemokratie, Stuttgart: I.H.W. Dietz 1903, Zitate Bd. II, S. 176 und 370; Bd. IV, S. 54 (SW 5, S. 362-363 Anm. 60)
- Max Nettlau: Michael Bakunin. Eine Biographie, 2 Teile; 3 Bde., Privately printed (reproduced by the Autocopyist), London: Selbstverlag 1896-1900. (SW 5, S. 271, 369 Anm. III,97 und S. 370 Anm. III,102)
- James Guillaume: L'Internationale. Documents et Souvenirs, 4 Bde., Paris: Stock 1905-1910 (erwähnt SW 5, S. 356 Anm. III,26, S. 363 Anm. III,60 und S. 371 Anm. III,108)
- Fritz Brupbacher: Marx und Bakunin, München: Birk & C. 1913, von Ball teils fehldatiert auf 1911 (SW 5, S. 96, 100, 102, 129 Anm. IV,12, S. 131 Anm. IV,23, S. 271, 288, 297-298, 356 Anm. III,26, S. 369 Anm. III,98, S. 371 Anm. III,108, S. 375 Anm. IV,22, S. 376 Anm. IV,35, S. 377 Anm. IV,44 und S. 383-384 Anm. IV,78) [Handexemplar Balls mit Markierungen und Randnotizen im HBN]
- James Guillaume: Karl Marx Pangermaniste et l'Association Internationale des Travailleurs de 1864 à 1870, Paris: Armand Colin 1915 (SW 5, S. 130, Anm. IV,21, S. 131, Anm. IV,23 und 25, S. 271, S. 356 Anm. III,26, S. 362-363 Anm. III,60, S. 369 Anm. III,97, S. 371 Anm. III,108-109, S. 377 Anm. IV,46 und S. 381 Anm. IV,69-71, S. 382 Anm. IV,71)

Zur Einrichtung des vorliegenden Erstdrucks

Der Gesamttitel, der hier auf einer getrennten S. 9 erscheint, wird in der Druckvorlage jeweils auf den Titelseiten der Einzelteile I und II wiederholt. Die Oberzeile MICHAEL BAKUNIN steht dort in Versalien und ist unterstrichen, wird aber hier an die Standardzwischentitel der Gesamtedition angepaßt. Getreu der Druckvorlage werden dagegen hier auf den Seiten 13-14 und 91-92 getrennte Inhaltsverzeichnisse für die Teile I und II dem jeweiligen Teil vorangestellt; sie sind in Seitenhinweisen dem vorliegenden Abdruck angepaßt. Die Seitenhinweise sind in der Druckvorlage mit »Seite X-Y« ausgeschrieben bzw. mit Wiederholungszeichen versehen. Diese Schreibweise wird erhalten.

Die von Hugo Ball zitierten Textdokumente sind in Normalschrift gesetzt, in Kursivschrift seine eigenen Vor- und Zwischentexte, die – wie im Typoskript – eingerückt sind. Die dort mit Bindestrichen unterstrichenen Zwischentitel sind hier in Kapitälchen gesetzt. Seitenumbrüche nach Einzeldokumenten wurden übernommen. Wo Ball solche Einzeldokumente im Text selbst nicht betitelt, wurde zur besseren Orientierung nur für den Kommentar auf den in den Inhaltsverzeichnissen durchweg genannten Titel zurückgegriffen.

Für die Kennzeichnung von Auslassungen in den zitierten Dokumenten setzt Ball eine unterschiedliche Anzahl von Punkten mit oder ohne Spatium, praktiziert mit Blick aufs Zitierte aber keine durchgängig erkennbare Systematik. In manchen Fällen sind Auslassungen nicht gekennzeichnet, in anderen Fällen finden sich Auslassungszeichen, obwohl der zitierte Text vollständig geboten wird. Vorhandene Kennzeichnungen werden einheitlich in der üblichen Form (drei Punkte nach Wortabstand) wiedergegeben.

Normalisiert wurde auch die Schreibung der deutschen Umlaute, die auf Balls Remington-Schreibmaschine (SW 10.1, Nr. 136, S. 177) offenbar nicht in Großbuchstaben zur Verfügung standen. Fehlspatiierungen und offensichtliche Schreibfehler des Typoskripts (wie Buchstabendreher, nicht genutzte ›Bis‹-Zeichen in den Inhaltsverzeichnissen, einfache Anführung bei Zitaten innerhalb von Zitaten) wurden stillschweigend nach der Norm korrigiert. Editorische Einfügungen im Text sind möglichst auf einzelne Buchstaben oder Zeichen beschränkt und durch eckige Klammern markiert. In den Inhaltsverzeichnissen hebt Ball erstübersetzte Texte durch links ausgestellte Pluszeichen hervor; diese werden durch Sternchen innerhalb des Satzspiegels wiedergegeben. Eigentümlichkeiten von Balls Schreibweise aber werden beibehalten, so die Schreibung »ss« anstelle von »ß«, die nicht erst durch die Schreibmaschinen bedingt ist, sondern sich auch in seinen Handschriften findet; ebenso Balls Gewohnheit, lang gesprochene Vokale zu verdoppeln (»Maasstab«, »Heerde« etc.). Übernommen wurden auch bestehende Anführungszeichen, in die Ball inkonsequent nur einige der zitierten Dokumente setzt. Nach heutiger Konvention abweichende Schreibungen von Eigennamen sind im Kommentar vermerkt. Dies gilt insbesondere für die Regeln der Transkription russischer Worte und Namen, die im Kommentar in der heute international gebräuchlichen Umschrift des kyrillischen Alphabets wiedergegeben sind.

Zum Kommentar

Der Kommentar folgt der Gliederung nach Einzeldokumenten, die von Ball meist mit Zwischentiteln und einleitenden Erläuterungen versehen sind. Wo solche Zwischentitel innerhalb des Textes der Druckvorlage fehlen, wurden sie für den Kommentar aus deren Inhaltsverzeichnis übernommen und in eckige Klammern gesetzt.

Grundlage der Texterfassung ist aus besagten Gründen der Typoskript-Durchschlag T^2. Eventuelle Varianten der Druckvorlage in anderen erhaltenen Typoskripten sind als Lesarten dokumentiert. Außerdem werden die von Ball zitierten Einzeltexte Bakunins und seiner Zeitgenossen vor Beginn des jeweiligen Sachkommentars in ihrer Überlieferung nachgewiesen. Dabei sind folgende Abkürzungen verwendet:

T = Typoskript
DV = Druckvorlage
Ü = Übersetzung
Q = von Ball (vermutlich) zitierte Quelle
O = Originaltext
E = Erstdruck
GA = Greifbare Ausgabe
GDA = Greifbare deutschsprachige Ausgabe

Darauf folgt eine kurze Beschreibung von Balls Umgang mit der tatsächlichen oder mit hoher Wahrscheinlichkeit verwendeten Quelle, der – soweit sinnvoll – in abweichenden Lesarten der Zitatquelle belegt ist. Unter der folgenden Rubrik ›Lesarten‹ werden nur gravierende(re) Eingriffe Balls lemmatisiert, d. h. solche, die über die orthographische Modernisierung bzw. Normalisierung und auch über geringfügige Änderungen in Syntax und Stil hinausgehen. Um Wiederholungen zu vermeiden, werden Abweichungen, die auf Lesefehlern Balls beruhen, *nicht* als Lesarten aufgeführt, sondern in den Erläuterungen richtiggestellt. – Ball zitiert zu erheblichen Teilen aus zweiter Hand nach dem, was ihm Nettlau und Dragomanow selbst nur durch Zitate boten. Es kann nicht Ziel einer Ball-Edition sein, deren Lesarten rein im Sinne der Bakunin-Forschung mit den heute veröffentlichten Originaltexten zu vergleichen. Diese Veröffentlichungen sind jedoch soweit möglich nachgewiesen.

Generell sei festgehalten, daß Ball dazu tendiert, die Orthographie seiner Vorlagen zu modernisieren und die Satzgliederung durch Interpunktionsvarianten leichter erfaßbar zu machen. Im Sinne der Lesbarkeit lassen sich auch zusätzliche Zeilenumbrüche verstehen, die Ball in fortlaufenden Absätzen seiner historischen Quellentexte einfügt. Derlei äußerliche Veränderungen der Textgestalt sind anhand der Quellennachweise leicht nachprüfbar und werden im Kommentar nicht detailliert aufgeführt, wenn es sich nicht um gravierende Änderungen handelt. Das gilt auch für Balls eigene Übersetzungen aus dem Französischen, bei denen nur jene Stellen festgehalten sind, in denen er in Lexik und Satzbau den üblichen Spielraum des Übersetzens überschreitet. Gegen bloße Wörtlichkeit trifft er meist stilistisch nachvollziehbare Entscheidungen zugunsten der Lesbarkeit. – Inhaltlich und stilistisch gravierende Veränderungen gegenüber der genannten deutschsprachigen oder französischen Quelle sind dokumentiert. Exemplarisch sichtbar werden soll darüber hinaus Balls Spracharbeit an den zitierten Quellen, die sich mit dem Anspruch gewahrter Authentizität vollzieht. Daß Ball bereits einige Erfahrung als Dramaturg und Redakteur besaß, als er am Bakunin-Brevier arbeitete, prägt seinen gestaltenden Anteil an den Textfassungen nicht weniger als an den schlicht gehaltenen Vortexten.

Da es sich bei »Michael Bakunin. Ein Brevier« um den zu Balls Lebzeiten noch unüblichen Versuch einer Biographie aus Dokumenten handelt, bei dem rein Interpretatives in den Hintergrund tritt, kommt dem Sachkommentar eine andere Rolle zu als bei der Edition seiner kleinen und großen essayistischen Schriften.

Der Sachkommentar entstand in gemeinsamer Arbeit mit der Slavistin Gisela Erbslöh. – Die zu Balls Zeiten noch nicht normierte Umschrift kyrillischer in lateinische Buchstaben ist im Kommentar in der heute international gebräuchlichen und eindeutigen Umschrift wiedergegeben. Ausnahmen bilden nur populäre Zarennamen wie Peter, Katharina, Nikolaus, Alexander und der Schriftstellername Alexander Herzen, der aus dem Deutschen stammt.

Querverweise auf andere Erläuterungen werden im Kommentar durch *Kursivierung* der Seitenzahl des Bezugstextes angezeigt. Gerade (recte) gesetzte Seitenzahlen verweisen auf die Texte selbst.

Die Siglen der in den Erläuterungen häufiger verwendeten Literatur sind auf den folgenden Seiten im Verzeichnis der Abkürzungen und Siglen aufgelöst.

Abkürzungen und Siglen

Allgemeine Abkürzungen

Soweit im Kommentar Namens- und Sachabkürzungen verwendet werden, beziehen sie sich eindeutig auf die unter dem jeweiligen Lemma genannte Person oder Sache und werden deshalb hier ebensowenig aufgeführt wie allgemein gebräuchliche Abkürzungen.

CSSt	Carl Seelig-Stiftung, Zürich
EBH	Emmy Ball-Hennings
HBE	Hugo Ball Erben
HBN	Hugo Ball Nachlaß (früher Carl Seelig-Stiftung, Zürich, jetzt Schweizerisches Literaturarchiv, Bern)
HBS	Hugo Ball-Sammlung, Pirmasens
IISG	Internationaal Instituut voor Sociale Geschiedenis, Amsterdam
SSA	Schweizerisches Sozialarchiv, Zürich

Siglen der Werke von Hugo Ball

Flucht	Hugo Ball: Die Flucht aus der Zeit, München und Leipzig: Duncker & Humblot 1927.
Schriften	Hugo Ball: Der Künstler und die Zeitkrankheit. Ausgewählte Schriften, hg. und mit einem Nachwort versehen von Hans Burkhard Schlichting, Frankfurt am Main: Suhrkamp 1984.
›Tagebuch‹	Hugo Balls unveröffentlichte Tagebücher 1921-1927 (HBE).
SW	Hugo Ball: Sämtliche Werke und Briefe, hg. von der Deutschen Akademie für Sprache und Dichtung zu Darmstadt in Zusammenarbeit mit der Hugo-Ball-Gesellschaft, Pirmasens, 10 Bde., Göttingen: Wallstein 2003ff.
SW 1	Hugo Ball: Sämtliche Werke und Briefe, hg. von der Hugo-Ball-Gesellschaft, Pirmasens, Bd. 1: Gedichte, hg. von Eckhard Faul, Göttingen: Wallstein 2007.
SW 2	Hugo Ball: Sämtliche Werke und Briefe, hg. von der Hugo-Ball-Gesellschaft, Pirmasens, Bd. 2: Dramen, hg. von Eckhard Faul, Göttingen: Wallstein 2008.
SW 5	Hugo Ball: Sämtliche Werke und Briefe, hg. von der Hugo-Ball-Gesellschaft, Pirmasens, Bd. 5: Die Folgen der Reformation. Zur Kritik der deutschen Intelligenz, hg. von Hans Dieter Zimmermann, Göttingen: Wallstein 2005.
SW 6	Hugo Ball: Sämtliche Werke und Briefe, hg. von der Hugo-Ball-Gesellschaft, Pirmasens, Bd. 6: Die Flucht aus der Zeit, hg. von Ernst Teubner u.a., Göttingen: Wallstein (vorläufiger Schriftsatz; noch nicht erschienen).

SW 8	Hugo Ball: Sämtliche Werke und Briefe, hg. von der Hugo-Ball-Gesellschaft, Pirmasens, Bd. 8: Hermann Hesse. Sein Leben und sein Werk, hg. von Volker Michels, Göttingen: Wallstein 2006.
SW 10	Hugo Ball: Sämtliche Werke und Briefe, hg. von der Deutschen Akademie für Sprache und Dichtung zu Darmstadt in Zusammenarbeit mit der Hugo-Ball-Gesellschaft, Pirmasens, Bd. 10 in 3 Teilbänden: Briefe 1904-1927, hg. und kommentiert von Gerhard Schaub und Ernst Teubner, Göttingen: Wallstein 2003 (Veröffentlichungen der Deutschen Akademie für Sprache und Dichtung Darmstadt. 81. Veröffentlichung).

Siglen der verwendeten Literatur

Die Schreibung russischer Namen und Titel folgt den jeweiligen bibliographischen Gegebenheiten, ist also anders als im Kommentar nicht gemäß der internationalen Transkription normiert.

ADB	Allgemeine Deutsche Biographie, hg. von der Historischen Kommission der Bayerischen Akademie der Wissenschaften, 56 Bde., Leipzig 1875-1912.
Akteure	Akteure eines Umbruchs. Männer und Frauen der Revolution 1848/49, hg. von Helmut Bleiber, Walter Schmidt und Susanne Schütz, Berlin: Fides 2003.
Annenkov	P. V. Annenkov: Pis'ma k I.S. Turgenevu [Briefe an I.S. Turgenev], Bd.1: 1852-1874, hg. von N. N. Mostovskaja und N.G. Žekulin, St. Petersburg: Nauka 2005.
AS	Michael Bakunin: Ausgewählte Schriften, hg. von Wolfgang Eckhardt, Bd. 1ff., Berlin: Kramer 1995ff. Die umfassend kommentierte deutschsprachige Ausgabe basiert auf dem Editionsstand der ›Archives Bakounine‹. In nicht chronologischer Bandfolge sind bis 2004 fünf Bände zu folgenden Themenkomplexen erschienen:
AS Bd.1	Bd.1: Gott und der Staat (1871), aus dem Französischen von Erwin Rholfs (Nachdruck des Textes der »Gesammelten Werke« von 1921), Berlin: Kramer 1995. Mit einer Vorbemerkung des Herausgebers, einer Einleitung von Paul Avrich (Übersetzung der Einleitung zur amerik. Ausgabe, New York 1970) und einem Anhang mit früheren Vorworten von Elisée Reclus (zur frz. Ausgabe, Genf 1882), Albert Brock (zur gekürzten dt. Ausgabe, Berlin 1893) und der Einleitung von Max Nettlau (zur von ihm nach dem Manuskript neu übersetzten dt. Ausgabe, Leipzig 1919).
AS Bd.2	Bd. 2: »Barrikadenwetter« und »Revolutionshimmel« (1849). Artikel in der ›Dresdner Zeitung‹, Berlin: Kramer 1995. Bakunins Artikel in der ›Dresdner Zeitung‹: ›Ein einiges starkes

>Österreich ist ein Bedürfnis für Europa< (1849), *Die tschechische Demokratie* (1849), *Weiß-Blau-Rot* (1849) und *An Wien* (1849). – Mit einer Vorbemerkung des Herausgebers, einer Einleitung von Boris Nikolaevskij (entstanden 1930/31, erschienen in: International Review for Social History, Leiden, Bd. 1 (1936), S. 121-198) und einem Anhang mit zeitgenössischen Zeugnissen von Ludwig Wittig (1848) und Karl D'Ester (1849).

AS Bd.3   Bd. 3: Russische Zustände (1849), Berlin: Kramer 1996.
Mit einer Vorbemerkung des Herausgebers, einer Einleitung von Boris Nikolaevskij (russisch erschienen in der Zeitschrift des Marx-Engels-Instituts: Letopisi Marksizma, Moskau/Leningrad, Bd. IX-X (1929), S. 38-54) und einem Anhang mit einem zeitgenössischen Artikel von Ferdinand Kürnberger: Der Russe Bakunin (1850).

AS Bd.4   Bd. 4: Staatlichkeit und Anarchie (1873). Aus dem Russischen von Barbara Conrad und Ingeborg Wolf, 2., durchges., aktualisierte und erw. Aufl. Berlin: Kramer 2007.
Mit einer Einleitung des Herausgebers und einem Anhang mit dem Vorwort von Hansjörg Viesel zur deutschen Erstausgabe (Berlin: Kramer 1972, parallel zur Neuausgabe von Horst Stuke bei Ullstein). – Anmerkungen aufgrund des Anmerkungsapparates der Archives Bakounine (Bd. 3, S. 415-454) und dessen Übersetzung in der Ausgabe von Viesel 1972.

AS Bd.5   Bd. 5: Konflikt mit Marx. Teil 1: Texte und Briefe bis 1870, Berlin: Kramer 2004.
Mit einer Einleitung des Herausgebers und einem Anhang mit einem Briefwechsel von Eugène Hins und Cowell Stepney (1870). – Enthält: *Briefe und Widmungen Bakunins an Marx* (1847-68), *Dokumente der Auseinandersetzung zwischen Marx und Bakunin über das Erbrecht* (1869) und *Resolutionen des Zweiten Kongresses der Romanischen Föderation der Internationale* (1870).
Angekündigt 1999 als Bd. 5, aber nicht erschienen: *Die Schweizer Polizei* und andere Texte zu Staat und Asyl. Der Fall Nečaev. Mit einer Einleitung von Jeanne-Marie.

Baden   1848/49. Revolution der deutschen Demokraten in Baden, hg. vom Badischen Landesmuseum Karlsruhe, Baden-Baden: Nomos 1998.

BDA   Max Nettlau: Bibliographie de l'Anarchie, mit einem Vorwort von Élisée Reclus, Brüssel/Paris: Bibliothèque des »Temps Nouveaux«/ P.V. Stock 1897. – Reprographischer Nachdruck, Glashütten im Taunus: Auvermann [Vaduz (Liechtenstein): Topos-Verlag] 1976.

Bayer   Erich Bayer: Wörterbuch zur Geschichte. Begriffe und Fachausdrücke, Stuttgart, 2., überarb. Aufl. 1965 (Kröners Taschenausgabe 289).

Beer 1	Michail Bakunin: Frühschriften. Eingeleitet, [aus dem Russischen] übersetzt und mit Anmerkungen versehen von Rainer Beer, Köln: Hegner 1973.
Beer 2	Michail Bakunin: Philosophie der Tat. Auswahl aus seinem Werk. Eingeleitet und hg. von Rainer Beer, Köln: Hegner 1968.
Berner Bären	Michail Bakunin: Die Berner Bären und der Bär von Petersburg. Berechtigte Übertragung aus dem Französischen von Katrin Reinhart, Zürich: Arche 1970 (Edition Arche Nova).
Beichte	Michael Bakunin: Brief aus dem Gefängnis. Die »Beichte«, mit Beiträgen von F. Amilié, Max Nettlau, Kurt Kersten und Wiatscheslaw Polonski, Berlin: Kramer 1988.
Billington	James H. Billington: The Icon and the Axe. An Interpretive History of Russian Culture, New York: Vintage Books 1970.
Bol'šaja	Bol'šaja Sovetskaja Enciklopedija, 3. Ausgabe, 32 Bde., hg. von Aleksandr M. Prochorov, Moskau: Izd. Sovetskaja Enciklopedija 1970-1981.
Britannica	Encyclopædia Britannica, 23 Bde., Chicago/London/Toronto/Genf/Sidney/Tokio/Manila: William Benton [15]1968.
Brupbacher 1	Fritz Brupbacher: Marx und Bakunin. Ein Beitrag zur Geschichte der Internationalen Arbeiterassoziation, München: G. Birk & C. 1913.
Brupbacher 2	Fritz Brupbacher: Michael Bakunin. Der Satan der Revolte, Zürich: Neuer Deutscher Verlag 1929. – Reprographischer Nachdruck, Berlin: Libertad 1979.
Carr	Edward Hawlett Carr: Michael Bakunin [1937]. Nachdruck, New York: Vintage Books 1961 (Vintage Russian Library V-725).
Carr, RR	Edward Hawlett Carr: Romantiker der Revolution. Ein russischer Familienroman aus dem 19. Jahrhundert [1933]. Aus dem Englischen von Reinhard Kaiser, Frankfurt am Main: Eichborn 2004 (Die andere Bibliothek 234).
CD-ROM	Bakounine: Œuvres complètes, hg. vom International Institute of Social History, Netherlands Institute of Scientific Information Services, Royal Netherlands Academy of Arts and Sciences, CD-ROM, Amsterdam: Edita-KNAW 2000.
Čern	Nikolaj Gavrilovič Černyševskij: Izbrannye Filosofičeskie Sočinenija [Ausgewählte Philosophische Werke], hg. von M. M. Grigor'jan. Bd. 1. Leningrad: Gosudarstvennoe Izdatel'stvo Politیčeskoj Literatury 1950.
DBE	Deutsche Biographische Enzyklopädie, hg. von Walter Killy, 13 Bde., München: K.G. Saur 1995-2003.
Demin	Valerij Demin: Bakunin, Moskau: Molodaja Gvardija 2006 (Žizn' zamečatel'nych ljudej 1009.)
DFJ	Deutsch-Französische Jahrbücher, hg. von Arnold Ruge und Karl Marx, 1844. Nachdruck, hg. von Joachim Höppner, Leipzig: Reclam 1973 (RUB 542).

DLL	Deutsches Literatur-Lexikon. Biographisch-bibliographisches Handbuch, begründet von Wilhelm Kosch, 20 Bde., Bern/München: Francke 1968-2000.
DP	Deutsche und Polen in der Revolution 1848-1849. Dokumente aus deutschen und polnischen Archiven, hg. für das Bundesarchiv von Hans Booms und für die Generaldirektion der staatlichen Archive Polens von Marian Wojciechowski, bearbeitet von Heinz Boberach, Brigitte Booms, Edward Fracki, Stanislaw Klys, Stanislaw Nawrocki und Hans Schenk, Boppard: Harald Boldt Verlag 1991 (Schriften des Bundesarchivs 37).
Echte 1992	Nachwort, Editorische Notiz und Anmerkungen zu: Hugo Ball: Die Flucht aus der Zeit, hg. sowie mit Anmerkungen und Nachwort versehen von Bernhard Echte, Zürich: Limmat 1992.
Eckhardt1	Wolfgang Eckhardt: Michail A. Bakunin (1814-1876). Bibliographie der Primär- und Sekundärliteratur in deutscher Sprache, Berlin/Köln: Libertad 1994.
Eckhardt2	Wolfgang Eckhardt: Von der Dresdner Mairevolution zur Ersten Internationale. Untersuchungen zu Leben und Werk Michail Bakunins, Lich: Edition AV 2005.
Eltzbacher	Paul Eltzbacher: Der Anarchismus, Berlin: Verlagsbuchhandlung J. Guttentag 1900.
ES	Rossija. Ènciklopedičeskij slovar', hg. von K.K. Arsen'ev u.a., Leipzig: Brockhaus/St. Petersburg: Efron 1893. – Reprint, Leningrad: Lenizdat 1991.
Figes	Orlando Figes: Nataschas Tanz. Eine Kulturgeschichte Russlands. Aus dem Englischen von Sabine Baumann und Bernd Rullkötter, Berlin: Berlin Verlag 2003.
GiG	Geschichte in Gestalten, 4 Bde., hg. von Hans Herzfeld, Frankfurt am Main: S. Fischer ²1965 (Das Fischer Lexikon 37-40).
Gill	Arnon Gill: Freiheitskämpfe der Polen im 19. Jahrhundert. Erhebungen – Aufstände – Revolutionen, Frankfurt am Main/Berlin/Bern/New York/Paris/Wien: Peter Lang 1997.
Golowin, RN	Iwan Golowin: Der russische Nihilismus. Meine Beziehungen zu Herzen und zu Bakunin nebst einer Einleitung über die Dekabristen, Leipzig o.J. [ca. 1880]. Reprographischer Nachdruck, Graz: Verlag für Sammler 1973.
Grawitz	Madelaine Grawitz: Bakunin. Ein Leben für die Freiheit, aus dem Französischen von Andreas Löhrer, Hamburg: Edition Nautilus 1998.
Guillaume	James Guillaume: L'Internationale. Documents et Souvenirs, 4 Bde., Paris: Stock 1905-1910. Bd. 1, Paris 1905 – umfaßt den Zeitraum 1864 bis April 1870, Bd. 2, Paris 1907 – (April 1870 bis September 1872),

	Bd. 3, Paris 1909 – (September 1872 bis März 1876), Bd. 4, Paris 1910 – (März 1876 bis Juni 1878).
GW	Michael Bakunin: Gesammelte Werke, hg. von Erwin Rholfs und Max Nettlau, 3 Bde., Berlin: Verlag Der Syndikalist 1921/23/24. – Reprographischer Nachdruck mit einem Vorwort von Hans Jörg Viesel, Berlin: Kramer 1975. Erste Werkauswahl in deutscher Sprache.
HBA	Hugo Ball Almanach, hg. von der Stadt Pirmasens, bearbeitet von Ernst Teubner, 1.-30. Folge (1977-2006).
HBB	Ernst Teubner: Hugo Ball. Eine Bibliographie, Mainz: v. Hase & Koehler 1992 (Bibliographische Hefte 1).
HBK	Hugo Ball (1886-1986). Leben und Werk. Katalog zur Ausstellung, hg. von Ernst Teubner, Berlin: publica 1986.
Hdb. RG	Handbuch der Geschichte Rußlands, hg. von Manfred Hellmann, Klaus Zernack und Gottfried Schramm, Stefan Plaggenborg, 6 Bde., Stuttgart: A. Hiersemann 1976-2004.
Herwegh	1848. Briefe von und an Georg Herwegh, hg. von Marcel Herwegh, Paris/Leipzig/München: Albert Langen 1896.
Hillmann	Michail Bakunin: Gott und der Staat und andere Schriften, hg. von Susanne Hillmann, Reinbek bei Hamburg: Rowohlt 1969 (rk 240-242).
HL	Alexander Herzen: Mein Leben. Memoiren und Reflexionen, aus dem Russischen von Hertha von Schulz, hg. von Eberhard Reißner, 3 Bde., Berlin: Aufbau-Verlag 1962-63.
HGR	Alexander Herzen: Die gescheiterte Revolution. Denkwürdigkeiten aus dem 19. Jahrhundert, ausgewählt und herausgegeben von Hans Magnus Enzensberger, mit einer Einleitung von Isaiah Berlin, Frankfurt am Main: Suhrkamp 1977 (es 842), Frankfurt am Main: Insel ²1988 (it 1097).
Hofmann	Werner Hofmann: Ideengeschichte der sozialen Bewegung des 19. und 20. Jahrhunderts, unter Mitw. von Wolfgang Abendroth, Berlin/New York: de Gruyter ⁴1971 (Sammlung Göschen 1205).
HPW	Alexander Herzen: Œuvres posthumes d'Alexandre Herzen. Sbornik posmertnych stat'ej Aleksandra Ivanoviča Gercena, Genf/Basel/Lyon: Tipografija L. Černeckogo ²1874.
HSS	Sočinenija A.I. Gercena [A.I. Herzen: Werke], 7 Bde., St. Petersburg: Izdanie F. Pavlenkova 1905.
Huch	Ricarda Huch: Michael Bakunin und die Anarchie [1923], Frankfurt am Main: Suhrkamp 1972 (BS 334).
Kindler	Kindlers Literatur Lexikon im dtv, hg. von Wolfgang von Einsiedel u.a., 25 Bde., München: Deutscher Taschenbuch Verlag 1974 (dtv 3141-3165).
Linse	Ulrich Linse: Organisierter Anarchismus im Deutschen Kaiserreich von 1871, Berlin: Duncker & Humblot 1969 (Beiträge einer historischen Strukturanalyse Bayerns im Industriezeitalter 3).

Kramer	Bernd Kramer: »Laßt uns die Schwerter ziehen, damit die Kette bricht ...«. Michael Bakunin, Richard Wagner und andere während der Dresdner Mai-Revolution 1849, Berlin: Kramer 1999.
Kulczycki	Ludwig Kulczycki: Geschichte der russischen Revolution. Aus dem Polnischen von Anna Schapire-Neurath, 2 Bde., Gotha: Perthes 1910/1911.
Lang	Karl Lang: Kritiker, Ketzer, Kämpfer. Das Leben des Arbeiterarztes Fritz Brupbacher, Zürich: Limmat Verlag ^{2}1983.
Lehning	Unterhaltungen mit Bakunin, gesammelt von Arthur Lehning, aus den Originalsprachen übersetzt von Rolf Binner und Gerd Müller, Nördlingen: Greno 1987 (Die Andere Bibliothek Bd. 30).
Masaryk	Tomáš G. Masaryk: Russische Geistes- und Religionsgeschichte, 2 Bde. [Jena: Diederichs 1913], Reprint, Frankfurt am Main: Eichborn 1992.
Maximoff	The Political Philosophy of Bakunin: Scientific Anarchism, hg. von G.P. Maximoff, Glencoe/Illinois: The Free Press 1953.
Mehring, SPD	Franz Mehring: Gesammelte Schriften, hg. von Thomas Höhle, Hans Koch und Josef Schleifstein, Bd.1: Geschichte der deutschen Sozialdemokratie. 1. Teil, Berlin: Dietz 1960.
Mehring, Marx	Franz Mehring: Gesammelte Schriften, hg. von Thomas Höhle, Hans Koch und Josef Schleifstein, Bd.3: Karl Marx. Geschichte seines Lebens, Berlin: Dietz 1964.
MEW	Karl Marx/Friedrich Engels: Werke, hg. vom Institut für Marxismus-Leninismus beim ZK der SED, 43 Bde. und 2 Ergänzungsbde., Berlin: Dietz 1957-1990.
Meyers	Meyers Lexikon, 12 Bde., Leipzig: Bibliographisches Institut ^{7}1924-1930.
Mickiewicz	Adam Mickiewicz. Leben und Werk, hg. von Bonifacy Miazek, Frankfurt am Main/Berlin/Bern/New York/Paris/Wien: Peter Lang 1998.
Mühsam	Erich Mühsam: Tagebücher (1910-1924), hg. und mit einem Nachwort von Chris Hirte, München: Deutscher Taschenbuch Verlag 1994 (dtv 19030).
Nečaev 1	Serge Netschajew: Worte an die Jugend. Michael Bakunin: Einige Worte an meine jungen Brüder in Rußland, Berlin: Kramer 1984.
Nečaev 2	Michael Bakunin: »Gewalt für den Körper. Verrat für die Seele?«. Ein Brief von Michael Bakunin an Sergej Nečaev. Eine Debatte über Ethik und Moral der Revolutionäre und den »Revolutionären Katechismus«, mit einer Einleitung und Anmerkungen hg. von Arthur Lehning, Berlin: Kramer 1980.
NDB	Neue Deutsche Biographie, hg. von der Historischen Kommission der Bayerischen Akademie der Wissenschaften, 19 Bde., Berlin: Duncker & Humblot 1953-1999.

Nettlau, Biogr.	Max Nettlau: Michael Bakunin. Eine Biographie, 3 Bde. in 3 Teilen, privately printed (reproduced by the Autocopyist), London: Selbstverlag 1896-1900. Die drei Foliobände sind fortlaufend paginiert (837 Seiten, zusätzlich paginiert 3849 Anmerkungen und 4109 Nachträge). Sie sind in drei unterschiedlich konfigurierten Teilen gebunden. Der erste Teil enthält den I. Band und die erste Abteilung des II. Bandes, umfassend die Zeit von 1814 bis September 1868 (S. 1-250). Der zweite Teil enthält den zweiten Teil des II. Bandes und den ersten Teil des III. Bandes, die Zeit von September 1868 bis August 1871 umfassend (S. 250-561). Ein weiterer Teil enthält den zweiten Teil des III. Bandes, die Zeit von September 1871 bis 1. Juli 1876 umfassend (S. 562-837).
Nettlau, GA	Max Nettlau: Geschichte der Anarchie, 3 Bde., Berlin: Verlag Der Syndikalist 1925-1931. – Reprographischer Nachdruck, hg. und mit Registern versehen von Heiner Becker, Münster: Bibliothek Thélème 1993-96.
Nettlau, Skizze	Max Nettlau: Michael Bakunin. Eine biographische Skizze. Mit Auszügen aus seinen Schriften und Nachwort von Gustav Landauer, Berlin: Paul Pawlowitsch 1901.
Œuvres	Michel Bakounine: Œuvres complètes, ed. Arthur Lehning, 8 Bde., Paris: Éditions Champ Libre 1973-82. Die großangelegte, aber nicht abgeschlossene kommentierte Ausgabe ist ein seitengleicher und durch Errata-Korrektur aktualisierter Nachdruck der ›Archives Bakounine‹. Beide Ausgaben differieren vor allem in der Bandzählung (die beiden Teilbände des Bd. 1 der ›Archives Bakounine‹ werden als Bd. 1 und Bd. 2 der ›Œuvres‹ gezählt usw.). Thematische Gliederung:
Œuvres Bd. 1	Bd. 1, Paris 1973: Michel Bakounine et l'Italie 1871-1872. La polémique avec Mazzini.
Œuvres Bd. 2	Bd. 2, Paris 1974: Michel Bakounine et l'Italie 1871-1872. La première internationale en Italie et le conflit avec Marx.
Œuvres Bd. 3	Bd. 3, Paris 1975: Michel Bakounine et les conflits dans l'Internationale 1872: La question germano-slave; Le communisme d'État. Écrits et matériaux.
Œuvres Bd. 4	Bd. 4, Paris 1976: Étatisme et Anarchie.
Œuvres Bd. 5	Bd. 5, Paris 1977: Michel Bakounine et ses relations avec Sergej Nečaev.
Œuvres Bd. 6	Bd. 6, Paris 1978: Michel Bakounine et ses relations slaves 1870-1875.
Œuvres Bd. 7	Bd. 7, Paris 1979: Michel Bakounine sur la guerre franco-allemande et la révolution sociale en France 1870-1871.
Œuvres Bd. 8	Bd. 8, Paris 1982: L'empire knouto-germanique et la révolution sociale 1870-1871.
Pfitzner	Josef Pfitzner: Bakuninstudien. Quellen und Forschungen

	aus dem Gebiet der Geschichte, [Prag 1932]. Nachdruck mit Übersetzung französischer und polnischer Zitate, Berlin: Kramer 1977.
PhBr	Michael Bakunin: »Ich, Michael Bakunin, der von der Vorsehung Auserkorene...«. Philosophische Briefe [1834-1860], aus dem Russischen von V. Kusawljow, A. Kossarew und V. Nowikow, hg. von Bernd Kramer, Berlin: Kramer 1993.
Pirumova	Natalia Pirumowa/Boris Nossik: Der rebellierende Adel und die Familie Bakunin, Aus dem Russischen von Natalia Matwejewa u.a., hg. von Bernd Kramer, Berlin: Kramer 1995.
Polski	Polski słownik biograficzny, hg. von der Polska Akademia Nauk, Instytut Historii, bisher 47 Bde., Wrocław/Warszawa/Kraków/Gdańsk 1935-2002.
Procacci	Giuliano Procacci: Geschichte Italiens und der Italiener. Aus dem Italienischen von Friederike Hausmann, München: C.H. Beck 1983.
Rastatt	Tilman Koops/Heinz Boberach: Erinnerungsstätte für die Freiheitsbewegungen der deutschen Geschichte. Katalog der ständigen Ausstellung, Bundesarchiv Koblenz, Außenstelle Rastatt 1984.
Ravindranathan	T.R. Ravindranathan: Bakunin and the Italians, Kingston/Montreal: McGill-Queen's University Press 1988.
RBr	Revolutionsbriefe 1848/49, hg. von Rolf Weber, Leipzig: Reclam 1973 (RUB 517).
RF	Michael Bakunin: Die revolutionäre Frage. Föderalismus, Sozialismus, Antitheologismus. Aus dem Französischen von Michael Halfbrodt, hg. von Wolfgang Eckhardt, Münster: Unrast-Verlag 2000 (Klassiker der Sozialrevolte 6). Enthält Bakunins »Rede auf dem Gründungskongreß der Friedens- und Freiheitsliga in Genf« (10.9.1867) und erstmals in vollständiger deutscher Übersetzung die 1867/68 entstandene Schrift »Die revolutionäre Frage. Föderalismus, Sozialismus, Antitheologismus«.
RBS	Russkij Biografičeskij Slovar', 25 Bde., hg. von A. A. Polovcov, Nachdruck, New York: Kraus Reprint 1962.
Rocker	Rudolf Rocker: Max Nettlau. Leben und Werk des Historikers vergessener sozialer Bewegungen. Einleitung Rudolf de Jong, Berlin: Kramer 1978.
Russian History	The Modern Encyclopedia of Russian, Soviet and Eurasian History, 60 Bde., hg. von Joseph Wieczynski u.a., Gulf Breeze/Florida: Academic International Press 1981-2000.
Schelting	Alexander von Schelting: Rußland und Europa im russischen Geschichtsdenken. Auf der Suche nach der historischen Identität, neu hg. und mit einem Nachwort von

	Christiane Uhlig, Ostfildern vor Stuttgart: edition tertium 1997 (Russische Bibliothek bei edition tertium, hg. v. Felix Philipp Ingold in Verbindung mit Michael Hagemeister).
Schepperle	Ilse Schepperle: Pierre Ramus. Marxismuskritik und Sozialismuskonzeption, München: Tuduv 1988 (tuduv-Studien. Reihe Politikwissenschaften 19).
Scholz	Dieter Scholz: Pinsel und Dolch. Anarchistische Ideen in Kunst und Kunsttheorie 1840-1920, Berlin: Reimer 1999.
Seidlmayer	Michael Seidlmayer: Geschichte Italiens. Vom Zusammenbruch des Römischen Reiches bis zum ersten Weltkrieg, Stuttgart: Kröner ²1989 (Kröners Taschenausgabe 341).
SP	Michail Bakunins Sozial-politischer Briefwechsel mit Alexander Iw. Herzen und Ogarjow. Mit einer biographischen Einleitung, Beilagen und Erläuterungen von Michail Dragomanow. Autorisierte Übersetzung aus dem Russischen von Boris Minzès [Stuttgart: Cotta 1895 (Bibliothek Russischer Denkwürdigkeiten, hg. von Dr. Theodor Schiemann. Bd. 6.)], fotomechanischer Nachdruck mit einer Einleitung von Arthur Lehning, einem Anhang mit Übersetzungen der französischen Texte und einem Errata-Verzeichnis, Berlin: Kramer 1977.
Springer	Anton Springer: Geschichte Oesterreichs seit dem Wiener Frieden 1809, 2 Bde., Leipzig: Hirzel 1863/65 (Staatengeschichte der neuesten Zeit Bd. 6 und 10). Theil 1: Der Verfall des alten Reiches. – Theil 2: Die österreichische Revolution.
SSS	Sobranie Sočinenij i Pisem 1828-1876 [Gesammelte Werke und Briefe 1828-1876], hg. von Jurij M. Steklov, 4 Bde., Moskva: Izdatel'stvo Vsesojuznogo obšestva politkatoržan i ssyl'no-poselentsev 1934-35. – Unveränderter reprographischer Nachdruck, Düsseldorf: Brücken-Verlag/Vaduz: Europe Printing 1970 (Klassiki revoljucionnoj mysli domarksistskogo perioda; 1. Slavica-Reprint Nr. 60). Die kommentierte sowjetische Bakunin-Ausgabe bricht in der chronologischen Dokumentation der Schriften und Briefe innerhalb des Jahres 1861 ab. Bd. 1: Dogegelianskij period [Vorhegelianische Periode] 1828-1837, Moskau 1934. Bd. 2: Gegelianskij period [Hegelianische Periode] 1837-1840, Moskau 1934. Bd. 3: Period pervogo prebyvanija za granicej [Die Periode des ersten Auslandsaufenthalts] 1840-1849, Moskau 1935. Bd. 4: V tjur'mach i ssylke [In Gefängnissen und in der Verbannung] 1849-1861, Moskau 1935.
StA	Michael Bakunin: Staatlichkeit und Anarchie. Deutsche

	Erstübersetzung aus dem Russischen durch ein Autorenkollektiv mit dem zugehörigen Anmerkungsapparat der »Archives Bakounine«, Berlin: Kramer 1972.
Steklov	Georg Steklow: Michael Bakunin. Ein Lebensbild, Stuttgart: J.H.W. Dietz Nachf. 1913.
Stender-Petersen	Adolf Stender-Petersen: Geschichte der Russischen Literatur, München: C.H. Beck ²1974.
Stökl	Günther Stökl: Russische Geschichte von den Anfängen bis zur Gegenwart, Stuttgart: Alfred Kröner ³1973 (Kröners Taschenausgabe 244).
Stuke	Michail Bakunin: Staatlichkeit und Anarchie und andere Schriften [1866-1873], hg. und eingel. von Horst Stuke, Frankfurt am Main/Berlin/Wien: Ullstein 1972 (Ullstein Buch Nr. 2846).
Torke	Lexikon der Geschichte Rußlands. Von den Anfängen bis zur Oktober-Revolution, hg. von Hans-Joachim Torke, München: C. H. Beck 1985.
Turgenev	Konstantin Kawelins und Iwan Turgenjews sozial-politischer Briefwechsel mit Alexander Iw. Herzen. Mit Beilagen und Erläuterungen hg. von Michail Dragomanow. Autorisierte Uebersetzung aus dem Russischen von Boris Minzès, Stuttgart: Cotta 1894 (Bibliothek Russischer Denkwürdigkeiten, hg. von Dr. Theodor Schiemann, Bd. 4).
Unser Bakunin	Unser Bakunin. Illustrierte Erinnerungsblätter zum 50. Todestag von Michael Bakunin, geb. 30. Mai 1814, gest. 1. Juli 1876, hg. von Max Nettlau, Berlin: Verlag Der Syndikalist 1926 (Beiträge zur Geschichte des Sozialismus, Syndikalismus, Anarchismus 2). – Nachdruck u.d.T. Max Nettlau: M. Bakunin, Berlin: Schwarze Presse 1972.
Valentin	Veit Valentin: Geschichte der deutschen Revolution von 1848-1849, 2 Bde. [1930/31], Köln/Berlin: Kiepenheuer & Witsch 1970 (Studien-Bibliothek). – Neuausgabe mit einem Nachwort von Wolfgang Michalka, Weinheim und Berlin: Beltz Quadriga 1998.
Varnhagen Bd. 1	Aus dem Nachlaß Varnhagen's von Ense. Tagebücher von Karl August Varnhagen von Ense, hg. von Ludmilla Assing, Bd. 1, Leipzig: Brockhaus 1861.
Varnhagen Bd. 5	Aus dem Nachlaß Varnhagen's von Ense. Tagebücher von Karl August Varnhagen von Ense, hg. von Ludmilla Assing, Bd. 5, Leipzig: Brockhaus 1862.
Varnhagen JR	Karl August Varnhagen von Ense: Journal einer Revolution. Tagesblätter 1848/49, Nördlingen: Greno 1986 (Die Andere Bibliothek Bd. 14).
VDB	Hubert van den Berg: Avantgarde und Anarchismus: Dada in Zürich und Berlin, Heidelberg: Universitätsverlag C. Winter 1999 (Beiträge zur neueren Literaturgeschichte, Folge 3, Bd. 167).

Wacker	Dionysius DADA Areopagita. Hugo Ball und die Kritik der Moderne, hg. von Bernd Wacker, Paderborn u.a.: Schöningh 1996.
Wittkop	Justus Franz Wittkop: Michail A. Bakunin in Selbstzeugnissen und Bilddokumenten, Reinbek bei Hamburg: Rowohlt ²1979 (rm 218).

Kommentar

Teil I

15-19 Fragment einer Selbstbiographie

Was von Bakunins Aufzeichnung seiner »Histoire de ma vie« überliefert ist, reicht nur bis zum Jahr 1828. Entstanden ist dieser Versuch einer autobiographischen Rückbesinnung auf seine Jugendjahre vermutlich in der Schweiz 1871 nach dem Scheitern des Aufstandes von Lyon 1870, an dem Bakunin beteiligt war. – Als Ball die Quellen für sein Bakunin-Brevier zusammenstellte, war der andere autobiographische Text noch nicht bekannt, den Bakunin 1851 unter strengen Haftbedingungen als Bittschrift an den Zaren adressierte und der 1921 in der jungen Sowjetunion aus dem Geheimarchiv des Zaren veröffentlicht wurde. Diese seit 1926 auch in deutscher Übersetzung vorliegende und in ihrer politischen Moral kontrovers diskutierte »Beichte an den Zaren« beginnt dort, wo das Fragment der »Histoire de ma vie« endet: beim Eintritt in die Artillerieschule 1828 (Beichte S. 3). Bereits im Sommer 1915 übersetzte Ball Bakunins autobiographisches Fragment im Hinblick auf ein »Lebensbild Bakunins« aus Dokumenten. Dies bezeugt eine damalige Tagebuchnotiz von Emmy Hennings, die sie in einem erst spät veröffentlichten Memoirentext zitiert: Aus dem Leben Hugo Balls. 3. Kapitel (Zürich 1915). In: HBA 1995, S. 12. – Den französischen Text fand Ball als mehrseitiges Eingangszitat in der handschriftlichen Großversion von Nettlaus Bakunin-Biographie. Eine der seltenen Kopien davon besaß Fritz Brupbacher. Seit 1917 ist Balls Ausleihe von Brupbachers Kopie dieser dokumentenreichen Biographie brieflich bezeugt, aber ihre Nutzung ist durch seinen Züricher Umgang mit Brupbacher bereits seit Juni 1915 möglich. Brupbacher öffnet Ball seine Bibliothek und stellt ihm zeitweilig einen Arbeitsraum im eigenen Hause zur Verfügung (s. Nachwort).

Überlieferung

DV: T[2] I, S. 1-8. **Ü:** Hugo Ball aus dem Französischen (im Inhaltsverzeichnis als Erstübersetzung markiert). **Q:** Französisches Zitat in Nettlau, Biogr. S. 1-9; von Ball übersetzt S. 1-4 mit Auslassung von zwei Absätzen auf S. 4. **O:** Michel Bakounine: Histoire de ma vie. Première partie. 1815-1840. – 12 erhaltene Seiten eines 1871 in der Schweiz entstandenen französischen Manuskripts, das beim letzen Seitenwechsel mitten im Satz abbricht, also vermutlich fortgesetzt wurde und nur fragmentarisch überliefert ist (vgl. Nettlau, Biogr. Anm. 1). – Standort: Amsterdam, IISG, Archives Bakunin. **E:** Als Zitat innerhalb des Beitrages: Max Nettlau: Contributions á la biographie de Michel Bakounine I. In: La Société nouvelle, Brüssel (Sept. 1896), S. 310-313 und 317-324. – Erste erschienene deutsche Teilübersetzung in: Max Nettlau: Unser Bakunin, Berlin: Verlag Der Syndikalist 1926, S. 10-13. **GA:** CD-ROM. **GDA:** Reprint Unser Bakunin S. 10-13. Andere Teilübersetzung in Lehning S. 3-7 (Balls Auszug ist umfangreicher).

Lesarten der Zitatquelle

Ball übersetzt die ersten vier Seiten von Nettlaus französischem Zitat mit kleinen Raffungen und Auslassung von zwei Absätzen auf S. 4. Er germanisiert die Schreibung der meisten Namen und läßt die Satzgliederung durch gelegentliche Interpunktionswechsel leichter erfaßbar werden.

15f. In einigen Punkten seiner Übersetzung weicht Ball von der begrifflichen Klarheit des Französischen ab, so etwa:
Er war also Herr von etwa 2000 Sklaven, Männern und Frauen, mit dem Recht, sie zu verkaufen, sie zu ...,] Das ausgelassene Wort bedeutet nichts Unaussprechliches, sondern meint das Recht des Grundherren »zu prügeln«. (Frz.: Il était donc le maître de 2000 esclaves masculins et feminins apeuprès, avec le droit de les vendre, de les rosser,)

16 *Er machte sogar einige schief kalkulierte und misslingende Anstrengungen, seinen Untertanen aufzuhelfen*] Ungenaue Übersetzung von Frz.: il fit même quelques efforts mal calculés et mal réussis pour émanciper ses serfs ... (Lehning S. 5 übersetzt: »er machte sogar einige schlecht vorbereitete und wenig erfolgreiche Versuche, seine Leibeigenen zu befreien«.)

18 Durch kleine redaktionelle Eingriffe tilgt Ball auf Seite 18 die Spuren einer Anrede Bakunins an einen ungenannten Adressaten des Manuskripts.

19 Neben einer von Ball durch Punkte gekennzeichneten Auslassung weiter oben findet sich vor dem letzten Absatz eine nicht gekennzeichnete Auslassung. Nettlau, Biogr. S. 4 enthält die beiden ausgelassenen Absätze.

Erläuterungen

15 *geboren am 18./30. Mai 1815*] Die Doppeldatierung des Geburtstags erklärt sich durch die Differenz von 12 Tagen zwischen dem in Rußland bis 1918 gültigen julianischen und dem im übrigen Europa geltenden gregorianischen Kalender. Allerdings ist Bakunins tatsächliches Geburtsjahr 1814. Ball übernimmt das im Bakunin-Zitat selbst fälschlich angegebene Jahr 1815 und übersieht den korrigierenden Hinweis seines Gewährsmanns Max Nettlau, der zudem auf das falsche Geburtsjahr auf Bakunins Grabstein in Bern (nämlich 1813) verweist. 1815 war das Geburtsjahr von Bakunins Schwester Tat'jana. (Nettlau, Biogr. Anm. 2 und 15.)

auf einem Besitztum meines Vaters in der Provinz Twer, Distrikt Torjok] Gemeint ist der Gutsbesitz mit den zugehörigen Leibeigenen des Dorfes Prjamuchino im Gouvernement Tver', Bezirk Toržok. Es liegt im Nordwesten Rußlands, 2 Verst vom Bezirksstädtchen Toržok entfernt, am Ufer des Flusses Osuga. Bakunins 1803 gestorbener Großvater Michail Vasil'evič Bakunin, Vizepräsident des Petersburger Kammerkollegiums, hatte es im Jahr 1776 gekauft.

Mein Vater gehörte zum alten Adel] Stammvater der Bakunins könnte nach Nettlau einer von drei aus Siebenbürgen eingewanderten Brüdern namens Bator (Wittkop S. 7: Bathory) gewesen sein. Einer anderen Version zufolge geht die Familie auf einen Nikifor Michajlovič Bakunin des 17. Jahrhunderts zurück, mit dem der Name Bakunin erstmals in Dokumenten auftaucht. – Bakunins Vater, Aleksandr Michajlovič Bakunin (1767-1855), war eines von acht Kindern des für seine enorme Statur, seine Kraft und sein heftiges Temperament bekannten Michail Vasil'evič Bakunin Er studierte in Italien Naturwissenschaften oder Medizin, promovierte an der Universität von Padua mit einer lateinischen Dissertation und war einige Jahre lang an den russischen Gesandtschaften in Neapel, Florenz und Turin als Übersetzer tätig. Auf einer Parisreise erlebte er 1789 die beginnende Französische Revolution, an deren Lieder er sich später, trotz seiner liberalen Gesinnung, mit Abscheu erinnert haben soll (Grawitz S. 6). Er kehrte noch vor der Jahrhundertwende nach Rußland zurück, wurde Staatsrat und später Adelsmarschall von Tver'. Besucher schilderten die Atmosphäre seines Hauses in Prjamuchino als ungewöhnlich offen und demokratisch. Mit den Gästen habe man, ohne Rücksicht auf ihren Stand und ihre Herkunft, herzlichen Umgang gepflegt und auch das Oberhaupt der Familie sei an Gesprächen äußerst interessiert gewesen. Bakunins jüngerer Bruder Pavel hielt fest: »Zwar sind wir in Rußland großgezogen worden, aber unter einem italienischen Himmel. Wir lebten in einer Welt voller Gefühl und Phantasie, fern jeder Realität« (Carr S. 9).

sein Onkel] Möglicherweise handelt es sich um Petr (Men'šij) Vasil'evič Bakunin (1731 oder 1734-ca.1786), 1780-83 Mitglied des ›Collegs der Auswärtigen Angelegenheiten‹, dann der russischen Akademie (Nettlau, Biogr. Anm. 4 und 5).

einer seiner Verwandten] nicht ermittelt

mehr oder weniger verfolgte Freimauersekte] Die Freimauerbewegung spielte im 18. und 19. Jahrhundert für die geistige und kulturelle Entwicklung Rußlands eine außerordentliche Rolle. Es dominierte die mystische, spiritualistische Richtung, die den Ideen Jakob Böhmes, Angelus Silesius' und Saint-Martins folgte. Unter ihrem Einfluß entstanden zahlreiche Sekten, die sich von der orthodoxen Kirche abspalteten und von ihr verfolgt wurden. Zugleich bereitete die Freimaurerbewegung einer unabhängigen Intelligenz den Weg, die sich weltoffenen Bildungsidealen und gesellschaftlichem Engagement verpflichtet fühlte, das Land aber auch vor der Kritik des Auslands schützen wollte. Dieser Widerspruch enthielt bereits den Keim der beiden entscheidenden geistigen Strömungen des 19. Jahrhunderts: der Westler und der Slavophilen. – Einen ersten Höhepunkt erreichte die Freimaurerbewegung in der Regierungszeit Katharinas II. (1762-1796) mit dem Literaten und Verleger N. I. Novikov (1744-1818), der zunächst in Petersburg, dann in Moskau mit vielen in- und ausländischen Titeln die Buchproduktion förderte, humanitäre Einrichtungen gründete, auf die Erweiterung der Moskauer Universität hinwirkte und schließlich die Gründung intellektueller und philanthropischer Zirkel anregte. Seine

Tätigkeit, die oft als Opposition gegen die Frankophilie und die ›kalte Aufklärung‹ der Voltaire-Anhängerin Katharina verstanden wurde, ist vielmehr als Versuch einer »kritischen Kooperation mit Katharinas Reformpolitik« zu sehen (Hdb. RG Bd. 2, S. 839). Katharina jedoch, unter deren Herrschaft die Leibeigenschaft rechtlich verfestigt wurde, sah am Ende ihrer Regierungszeit in der Freimaurerbewegung eine politische Gefahr für die Autokratie; sie ließ die Zensur verstärken und Novikov verhaften. – Eine zweite Blütezeit erlebte die Freimaurerbewegung während der Regierungszeit des zunächst liberalen Zaren Alexander I. (1801-1825), der die repressiven Maßnahmen Katharinas wieder aufhob. Das Gedankengut der Freimaurer spielte eine erhebliche Rolle sowohl unter den Verteidigern Rußlands gegen die Truppen Napoleons, als auch in Kreisen, die sich gesellschaftlichen und kulturellen Idealen widmete – der Freiheit, der Aufklärung, der Unabhängigkeit des Denkens usw. – und aus denen sich die führenden Dekabristen rekrutierten.

Bakunin selbst scheint sich, wenn auch nicht übermäßig engagiert, während seiner Jahre im Westen bisweilen der Freimaurerei genähert zu haben, die er zumindest als Modell der Konspiration betrachtete. So bereits in den Jahren 1844-47 in Paris und 1848 in Deutschland. Er trat der Schottischen Loge des großen Orient von Paris bei und hatte in Dresden unter anderem Kontakt zu einem polnischen Freimaurer, der ihm brieflich mitteilt, wie glücklich er sich schätze, in Bakunin »einen Bruder« erkannt zu haben (vgl. Carr S. 134, 318-319 und SSS Bd. 3, S. 369 und 539). Daß auch die Freunde Alexander Herzen und Nikolaj Ogarev von Ideen der Freimaurer beeinflußt waren, zeigt J. Billington mit dem Verweis u. a. auf ihren Almanach »Der Polarstern«, dessen Titel auf eine Dekabristen-Publikation und auf den Namen einer zentralen Freimaurerloge zurückging (Billington S. 301; Torke S. 127). Bakunin befaßte sich in den frühen 1860er Jahren in London mit der Geschichte der Freimaurerei und näherte sich ihr mit einer Empfehlung Mazzinis um 1864 in Florenz (Ravindranathan S. 25-26; vgl. im Bakunin-Brevier oben S. 146, 148, 150, 157-158 und 169). In Italien entstand sein Statut der Geheimgesellschaft ›Fraternité internationale‹, in der Ball freimaurerisches Gedankengut entdeckte. Bakunins Verhältnis zur Freimaurerei ist ein Schlüssel für Balls Verständnis von dessen Kritik der Theokratie (vgl. SW 10.1, Nr. 144, S. 188). Später heißt es in der »Kritik der deutschen Intelligenz«: »Italien ist das klassische Land der politischen und religiösen Konspiration. Wo gab es ausser in Russland eine ähnliche Macht gegen die Theokratie und ihre Jesuiten, wie im Italien der Carbonari und der Freimaurerorden?« (SW5 S. 250).

an der Geheimgesellschaft des Nordens, eben derselben, die im Dezember 1825 den fehlgehenden Militäraufstand in St. Petersburg unternahm] Es waren überwiegend Adelige, die sich gegen die Autokratie als Herrschaftsform wandten. Des Monats wegen, in dem sie rebellierten (Dezember, russ.: dekabr'), wurden sie Dekabristen genannt. Vorläufer der Gesellschaft des Nordens (›Nordbund‹), bzw. der sich dem

Aufstand anschließenden Gesellschaft des Südens, waren eine Reihe von Geheimgesellschaften im ersten und zweiten Jahrzehnt des 19. Jahrhunderts gewesen, die in Anlehnung an die Freimaurerbewegung entstanden waren. Hatte ihr Zweck zunächst in der Intensivierung des kulturellen und literarischen Lebens bestanden, so bewirkte das zunehmend reaktionäre Regime Alexanders I. ihre Politisierung. Bereits die Mitglieder des 1818 aufgelösten ›Rettungsbundes‹ (sojuz spasenija) diskutierten den Gedanken, die Autokratie durch eine konstitutionelle Monarchie zu ersetzen und teilweise die Leibeigenschaft aufzuheben. Ein Vorhaben, für das von der Mehrheit des landbesitzenden Adels freilich kaum Unterstützung zu erwarten war. Nachfolger des ›Rettungsbundes‹ wurde der ›Wohlfahrtsbund‹ (sojuz blagodenstvija), dessen Mitglieder beabsichtigten, die Gesellschaft mit legalen Mitteln von innen heraus zu liberalisieren und zu demokratisieren, bis eine repräsentative Regierung die Führung übernehmen würde. In einem Klima verschärfter Zensur, zunehmender Bespitzelung und Denunziation schwand die Hoffnung auf Veränderungen unter legalen Umständen jedoch rasch. Eine Rebellion einfacher Soldaten gegen die übermäßig strenge, teils grausame Behandlung durch Vorgesetzte schürte die Furcht Alexanders I. vor einer Revolution nach französischem Muster. Noch bevor sein Verbot aller Geheimgesellschaften im Jahr 1822 in Kraft trat, beschlossen die Anhänger des ›Wohlfahrtsbundes‹, den Zaren zu stürzen und die Alleinherrschaft durch eine republikanische Staatsform zu ersetzen. Eine entscheidende Rolle spielte dabei die Argumentation des Offiziers Pavel I. Pestel'. In der Folge übernahm Pestel', neben Sergej I. Murav'ev-Apostol und Michail P. Bestužev-Rjumin, in der Ukraine eine führende Position im ›Südbund‹, während der ›Nordbund‹ vor allem durch den Lyriker Kondratij F. Ryleev, durch Nikolaj M. Murav'ev und Fürst Sergej P. Trubetskoj repräsentiert wurde. Zum Petersburger Aufstand durch den ›Nordbund‹ kam es im Dezember 1825 durch den unerwarteten Tod Alexanders I. Das entstandene Machtvakuum – 17 Tage lang war unklar, welcher seiner Brüder die Nachfolge antreten würde – zwang die Offiziere zum Handeln (vgl. S. 18 – »Thronbesteigung des Zaren Nikolaus«). Mangelnde Koordination, widersprüchliche Anweisungen und verunsicherte Untergebene, die den Befehl verweigerten, waren der Hauptgrund für das Scheitern der Erhebung. Der Aufstand des ›Südbundes‹ wurde in den ersten Tagen des Jahres 1826 niedergeschlagen. Der neue Zar Nikolaus I. ließ die Anführer hängen und zahllose weitere beteiligte Offiziere nach Sibirien verbannen. In der Folge errichtete er ein reaktionäres Polizeiregime mit mächtiger Bürokratie und enger Verbindung zur orthodoxen Kirche. (Vgl. Figes S. 114-116, Hdb. RG Bd. 2, S. 1026-1039.)

Eigentümer von 1000 männlichen Seelen.] Die Größe von russischem Landbesitz wurde seit dem 18. Jahrhundert nach der Zahl der männlichen Leibeigenen gemessen. Steklov, Carr, Grawitz und Pirumowa sprechen von nur ca. 500 »Seelen« des Besitzes der Bakunins, womit diese dennoch zu den reichsten Gutsbesitzern Rußlands gehört hätten.

in den Zeiten der Leibeigenschaft] Die ehemals nomadisierenden Bauern Rußlands wurden zwischen dem 15. und 17. Jahrhundert allmählich an den Boden gebunden und in eine sklavenähnliche Abhängigkeit vom Grundherrn gezwungen, der sie nach Gutdünken verheiraten, verpfänden, verkaufen und verschenken konnte, aber neben der patriarchalen Gerichtsbarkeit auch eine umfassende Fürsorgepflicht hatte. 1649 sanktionierte Zar Aleksej I. die Leibeigenschaft durch ein von ihm erlassenes Gesetzbuch. Katharina II. verschärfte die Entrechtung der Leibeigenen und machte die adeligen Grundherren endgültig zu einer durch keinerlei staatliche Pflichten legitimierten Kaste. – Erst Alexander II. hob die Leibeigenschaft mit seinem Manifest vom 19. Februar/3. März 1861 auf, freilich ohne die Bauern von ihrer Bindung an die Dorfgemeinde zu lösen. Sie hatten Abgaben an den Grundherrn zu entrichten. Erst das Gesetz über die obligatorische Ablösung von 1881 ermöglichte den Bauern, sich sowohl von der Fronarbeit, als auch von Geld- und Naturalabgaben zu befreien.

16 *Anstrengungen, seinen Untertanen aufzuhelfen*] Balls unbestimmte Übersetzung des französisch eindeutigeren Wortes »émanciper« (s. unter Lesarten) hat ihren Grund vielleicht in der Unterschiedlichkeit der Berichte von Bakunins Biographen über die Absicht seines Vaters, die eigenen Bauern aus der Leibeigenschaft zu entlassen. Noch Wittkop (S. 8-9) hält – Bakunins eigenem Zeugnis folgend – ihre Befreiung für realisiert und sieht in diesem Vorgang eine Ursache für den wirtschaftlichen Niedergang der Familie, deren Besitz bereits 1834 mit hohen Hypotheken belastet war. Der Marxist Steklov dagegen konstatiert: »entgegen der Legende dachte er [Bakunins Vater] nicht daran, ihnen die Freiheit zu geben« (Steklov S. 6).

eine Muravjew, leibliche Kusine sowohl Murawjews des Aufknüpfers wie eines aufgeknüpften Murawjews.] Varvara Aleksandrovna Murav'eva (1792-1864), galt als eine harte, mit aristokratischen Vorurteilen behaftete Frau. Sie gehörte einer der renommiertesten Adelsfamilien des Zarenreichs an. – Die erwähnten Vettern waren:
1. der Vetter ersten Grades Michail Nikolajevič Murav'ev (1796-1866). Er war vor 1825 Mitglied des reformorientierten ›Wohlfahrtsbundes‹ und stand den späteren Dekabristen nahe, machte dann aber Karriere im Dienst des Zaren. Als Generalgouverneur von Wilna war er für seine Härte gegenüber den polnischen Aufständischen berüchtigt und erhielt den Beinamen »der Henker«.
2. Sergej Ivanovič Murav'ev-Apostol (1796-1826), der als Mitglied des ›Südbunds‹ und einer der führenden Offiziere des Aufstands vom Dezember 1825 hingerichtet wurde.
Zur mütterlichen Verwandtschaft zählte auch Bakunins Vetter Nikolaj Nikolaevič Murav'ev (1809-1881), der in der Zeit von Bakunins sibirischer Verbannung Gouverneur von Ostsibirien war und den Beinamen Amurskij erhielt (siehe S. *108* – »Muravjew«).

Wir waren elf Kinder.] Michail Bakunin war unter ihnen als erstgeborener Sohn nach geltendem Brauch prädestiniert, selbst einmal das Le-

ben eines adeligen Gutsherren zu führen. – Zuerst geboren wurden die beiden Schwestern Ljubov' (1811-1838) und Varvara (1812-1866), die später den Staatsrat D'jakov heiratete und 1840 wie Michail in Berlin lebte. Eine besonders enge Beziehung hatte er zu seiner nächstgeborenen Schwester Tat'jana (1815-1871). Zu seinen jüngeren Brüdern siehe S. 94 – »mit meinem Bruder Alexey«.
Heute noch habe ich fünf Brüder und zwei Schwestern.] Für Nettlau war diese Stelle ein Indiz für die Datierung des Manuskripts, das demnach nach dem Tod seiner Schwester Tat'jana (1871) entstanden sein müsse (Nettlau, Biogr. Anm. 16). Die beiden verbliebenen Schwestern waren für ihn Aleksandra (1816-1882) und Sof'ja (1824-1826), deren frühen Tod jedoch Steklov nachweist (SSS Bd. 1, S. 440).
in die Artillerieschule] Zentrale Kadettenschule für die Ausbildung von Offizieren unter Oberaufsicht des Zaren. Die Vervollkommnung der Waffentechnik und ihrer Beherrschung gehörte zu ihren Hauptaufgaben. – Es war Tradition, daß die ältesten Söhne, zumindest aber ein Sohn der Adelsfamilien den »Dienst für Zar und Vaterland« antraten.

17 *alte Geschichte nach Bossuet*] Der katholische Theologe Jacques Bénigne Bossuet (1627-1704), berühmtester Kanzelredner Frankreichs unter Ludwig XIV., schrieb 1670-81 als Erzieher des königlichen Prinzen seinen »Discours sur l'Histoire universelle«, heute in der Werkausgabe: Jacques Bénigne Bossuet: Œuvres, Paris: Gallimard 2001 (Bibliothèque de la Pléiade, 33), S. 657-1027. – Die in der europäischen Aristokratie bis nach Rußland weiterwirkende Abhandlung gilt als erster neuzeitlicher Versuch christlicher Geschichtsphilosophie und beschreibt den Geschichtsverlauf vom alten Orient bis zum Anbruch des christlichen Mittelalters nach dem Regulativ der göttlichen Vorsehung. Das Auf und Ab der antiken Reiche sollte den zur Herrschaft berufenen Lesern zugleich Lehre zur Demut sein. – 1672 wurde Bossuet Mitglied der Akademie, 1681 Bischof von Meaux, 1697 Staatsrat. Als Dogmatiker begründete er die Freiheiten der gallikanischen Kirche und vertrat die Einheit der katholischen Lehre gegenüber Jansenisten, Quietisten und Reformierten.
Plutarch lesen, letzteren in der Übersetzung von Amyot] Der französische Humanist und Gräzist Jacques Amyot (1513-1593) veröffentlichte 1559 seine Übersetzung von Plutarchs »Bioi paralleloi«, den vergleichenden Lebensbeschreibungen berühmter Griechen und Römer. 1567 erschien eine verbesserte Neuauflage, heute in der Werkausgabe: Plutarque: Les vies des hommes illustres, trad. de Jacques Amyot, 2 Bde., Paris: Gallimard (Bibliothèque de la Pléiade, 43-44). – Es war die erste vollständige Übersetzung von Plutarchs griechischem Text ins Französische. Das unter Humanisten viel gelesene Geschichtswerk Plutarchs war zuvor mehrfach ins Lateinische übersetzt worden. Amyots Übersetzung galt lange als mustergültiges Modell französischer Prosa. »Ihm verdanken wir es, wenn wir uns heute in der französischen Sprache auszudrücken wagen«, schrieb Montaigne.
Planimetrie] Elementarer Teil des Geometrieunterrichts: Messung und

Berechnung von Flächeninhalten – im Gegensatz zur Stereometrie, die alle drei Dimensionen des Raumes berücksichtigt.

18 *Thronbesteigung des Zaren Nikolaus*] Nach dem Tode seines 1801-25 regierenden Bruders Alexander I. und dem Thronverzicht des älteren Bruders Konstantin wurde 1825 der dritte Sohn des 1801 gestorbenen Zaren Paul I. als Nikolaus I. (1796-1855) zum Zaren gekrönt. Er hatte eine rein militärische Erziehung genossen, die die Möglichkeit einer Thronbesteigung nie in Betracht gezogen hatte, und begann nach militärischen Ordnungsprinzipien »Rußland in eine Kaserne« zu verwandeln (Wolfgang Schelz). Als entschieden reformfeindlicher Vertreter der Autokratie setzte er auf Gehorsam und Diensteifer in der Bürokratie. In seinem Krönungsmanifest von 1826 verkündete Nikolaus I. die »allmähliche Vervollkommnung« der »vaterländischen Einrichtungen« von oben. Er ließ die berüchtigte ›Dritte Abteilung‹ der kaiserlichen Kanzlei einrichten, deren Aufgabe es bis ins 20. Jahrhundert wurde, die Meinungen und Gesinnungen im Staatsapparat, im Bildungswesen, in der Publizistik und der Untertanen überhaupt zu überwachen. Zudem erließ Nikolaus ein Manifest, in dem er die öffentliche Diskussion der ›Bauernfrage‹ (also einer Aufhebung der Leibeigenschaft) verbot.
Man nennt diese Verschwörung die der Dekabristen] Siehe S. 15 – »an der Geheimgesellschaft des Nordens...« – Die Dekabristenbewegung wurde Vorbild aller freiheitlichen und demokratischen Bewegungen im Rußland des 19. Jahrhunderts. Viele ihrer Mitglieder folgten in späteren Jahren mit Interesse und Anteil dem Schicksal der jüngeren Oppositionellen und Revolutionäre. Bakunin hatte brieflichen Kontakt mit I. I. Puščin, der ihm später Ratschläge auf den Weg in die sibirische Verbannung mitgab. In Irkutsk begegnete er in den 1850er Jahren u. a. dem verbannten M. Bestužev, der eine sehr positive Meinung von Alexander Herzen und dessen Londoner publizistischen Aktivitäten hatte, sich von Bakunin jedoch distanzierte und ihn einen »leeren Menschen« nannte. Zu Bakunins zweifelhaftem Ruf in Kreisen verbannter Dekabristen trug u. a. seine umstrittene Beziehung zu seinem Cousin, dem Gouverneur Ostsibiriens General Nikolaj Murav'ev-Amurskij und dessen Günstlingen bei. (Vospominanija Bestuževych. Redakcija, stat'ja i kommentarii M.K. Azadovskogo. Reprint, St. Petersburg: Nauka 2005, S. 452 und 795)
den Grafen Rostopschin] General Fedor Vasil'evič Rostopčin (1763-1826) war 1812-14 Gouverneur von Moskau, rief die Bevölkerung zum Widerstand gegen die einmarschierende Armee der Franzosen auf, denen er angeblich durch die Inbrandsetzung der Stadt als Kriegslist Einhalt gebot. Er begleitete den Zaren 1814 zum Wiener Kongreß. Später wurde er Generalgouverneur von Warschau.
Mehrere Mur[a]wjews] Zu den Murav'evs siehe S. 16 – »eine Muravjew...«. Beteiligt war außerdem Matvej Ivanovič Murav'ev-Apostol (1783-1886), der in Petersburg Verhandlungen zur Vereinigung des ›Nordbundes‹ und des ›Südbundes‹ geführt hatte. Er wurde zunächst, wie sein Bruder Sergej I. M.-A., zum Tode verurteilt, dann begnadigt

und nach Sibirien verbannt. – In Sibirien starb, nach achtzehnjähriger Zwangsarbeit, Nikita Michajlovič Murav'ev (1796-1844). Er war der Führer des gemäßigten Flügels des ›Nordbundes‹ gewesen und hatte den Entwurf einer Verfassung zu verantworten. – Als Mitbegründer des ›Rettungsbundes‹ wurde auch Aleksandr Nikolajevič M. (1792-1864), Bruder des ›Henkers‹ Michail N. M., in die sibirische Verbannung geschickt, obwohl er sich von der Gesellschaft distanziert und am Aufstand nicht teilgenommen hatte.

19 *deren überwiegende Zahl Grossrussen waren*] Bakunin gebrauchte den Begriff Großrussen (velikorussjane oder velikorusskie) – im Unterschied zu Kleinrussen (malorossijane) und Weißrussen (belorossijane) – gemäß seiner seit dem 16. Jahrhundert üblichen Verwendung. Die Differenzierung entstand als Folge der zwischen dem 14. und dem 16. Jahrhundert stattfindenden unterschiedlichen Einflüsse durch die Goldene Horde bzw. Litauen-Polen und deren Folgen für die kulturelle und sprachliche Entwicklung der Regionen. Während mit ›Großrussen‹ die Bevölkerung zunächst des Gebiets um das Moskauer Fürstentum und Novgorod herum gemeint war, das sich zur Zeit Bakunins dann bis nach Sibirien und an den Kaukasus erstreckte, bezog sich der Begriff Kleinrussen auf die ukrainisch sprechenden Menschen mit dem Zentrum Kiev. (Vgl. Torke S. 146-147, 283-284 und 386-388.)

die Obersten Mur[a]wjew-Apostol, Bestujew-Rumin und einen Mann von Genie: den Generalstabsobersten Pestel.] Zu Sergej I. Murav'ev-Apostol (1796-1826), Michail P. Bestužev-Rjumin (1801-1826), Pavel I. Pestel' (1793-1826) vgl. S. 15 – »an der Geheimgesellschaft des Nordens ...«.

den Fürsten Jablonowsky] Antoni Jabłonowski (1793-1855), war Mitglied des im Jahre 1821 entstandenen Towarzyszenie Patriotycznego (›Patriotische Gesellschaft‹), kaiserlicher Kammerherr und Vizereferendar des polnischen Königreichs und seit seiner Jugend Freimaurer. Seit 1923 hatte die ›Patriotische Gesellschaft‹ Kenntnis von der Existenz des russischen ›Südbunds‹. Man führte Gespräche mit dem Ziel künftiger Zusammenarbeit, an denen im Januar 1825 wohl auch Jabłonowski teilnahm, es kam jedoch zu keinen konkreten Vereinbarungen. Nach dem Scheitern des Dekabristenaufstands wurden im Februar 1826 auch Jabłonowski und andere Mitglieder der ›Patriotischen Gesellschaft‹ verhaftet. Jabłonowski brach im Verhör, das teilweise Nikolaus I. persönlich führte, zusammen und verriet zahlreiche Mitverschwörer, was zu Massenverhaftungen führte. Zunächst zu zwanzig Jahren Zwangsarbeit verurteilt, wurde Jabłonowski aufgrund seiner »offenen« Geständnisse begnadigt. Er hielt sich einige Jahre lang in Saratov auf und kehrte 1834 in seine Heimatstadt Annopol zurück.

den Dichter Rylejew] Kondratij Fedorovič Ryleev (1795-1826) galt als zentrale politische und literarische Persönlichkeit des linken Flügels der Dekabristenbewegung. Er wurde wegen seiner Teilnahme am Aufstand 1825 zum Tode verurteilt und mit fünf Mitverschwörern gehängt. Er steht am Beginn der vom französischen Citoyen-Ideal geprägten

bürgerlichen Poesie in Rußland und war Mitherausgeber des Almanachs »Polarstern« (1823-25). Er wurde als Lyriker vor allem durch seine »Dumy« bekannt, balladenhafte Lieder und Gedichte in der Art ukrainischer Volkslieder. Eine Auswahl seiner Gedichte und Prosa enthält der Band: Die Dekabristen. Dichtungen und Dokumente, hg. von Gerhard Dudek, Leipzig: Insel 1975, S. 26-86 und 382-393. – Vgl. S. 15 – »an der Geheimgesellschaft des Nordens...«.
Kochanowsky] Ball zitiert Bakunins französischen Text nach Nettlau, Biogr. S. 4, wo der Name »Kochanowski« geschrieben ist (das IISG entziffert »Kochowski«). – Gemeint ist zweifellos Piotr Grigor'evič Kachovskij (1797-1826), Mitglied des ›Nordbundes‹. Er erschoß den Moskauer Generalgouverneur Miloradovič und einen Offizier, als diese versuchten, die aufständischen Soldaten zur Kapitulation zu überreden.

20 Zeugnis W. Annenkows

Überlieferung

1857, als Bakunin nach revolutionären Aktivitäten im Westen bereits ein legendärer Gefangener des Zaren war und soeben nach Sibirien deportiert wurde, erschien Annenkovs Darstellung des vom deutschen Idealismus geprägten Philosophen Stankevič (»Sein Briefwechsel und seine Biographie«), dessen Kreis er in jungen Jahren angehört hatte. Das militärische Adelsmilieu hinter sich lassend, brillierte Bakunin bald in der Moskauer Intellektuellenszene durch seine spekulative Begabung und die mitreißende Lebendigkeit seines Denkens. Daß er die deutschen Philosophen und Autoren im Original lesen und übersetzen konnte, brachte ihn früh in eine Vermittlungsstellung. Seine ersten Veröffentlichungen waren 1835 Übersetzungen einiger von Fichtes »Vorlesungen über die Bestimmung des Gelehrten« und 1838 von Hegels »Gymnasialreden« sowie von Tagebuchpassagen aus Bettine von Arnims »Goethes Briefwechsel mit einem Kinde«.

Hugo Ball zitiert Annenkovs Äußerung über Bakunins philosophische Anfänge aus umfangreicheren Zusammenhängen in einer Übersetzung Max Nettlaus aus dem Russischen, die er im 1896 entstandenen zweiten Kapitel von dessen handschriftlicher Bakunin-Biographie vorfand.

DV: T² I, S. 9. **Ü:** Max Nettlau aus dem Russischen. **Q:** Übersetztes Zitat in Nettlau, Biogr. S. 14; Nachweis in Anm. 32. **O/E:** Pavel Vasil'evič Annenkov: Nikolaj Vladimirovič Stankevič. Perepiska ego i biografija, Moskva: Tipografija Katkova i K° 1857, S. 102. [P. V. Annenkov: Nikolaj Vladimirovič Stankevič. Sein Briefwechsel und seine Biographie, Moskau: Druckerei Katkov & Co. 1857, S. 102.] **GA:** Pavel Vasil'evič Annenkov: Literaturnye Vospominanija, Moskva: Gosudarstvennoe Izdatel'stvo Chudožestvennoj Literatury 1960 (Serija Literaturnych Memuarov), S. 156. [P. V. Annenkov: Literarische Erinnerungen, Moskau: Staatsverlag für künstlerische Literatur 1960 (Serie literarische Memoiren), S. 156.] **GDA:** Nicht nachweisbar; vergleichbares Textzeugnis in Lehning S. 13.

Lesarten der Zitatquelle

Ball vereinfacht durch einen kleinen redaktionellen Eingriff die Schlußpassage: nicht von Bakunins Fähigkeit, den (einen) lebendigen Gedanken auch in den (vielen) »trockensten Abstractionen zu finden« (Annenkov nach Nettlau) ist nun zu lesen, sondern im beispielhaften Singular von Bakunins Befähigung, »den lebendigen Gedanken auch in der trockensten Abstraktion zu finden.«

Erläuterungen

20 *Zeugnis W. Annenkows*] Der russische Essayist, Literaturkritiker und Puschkin-Herausgeber Pavel Vasil'evič Annenkov (1813-1887) verfaßte »Literarische Erinnerungen«, in denen er neben Gogol', Herzen, Belinskij, Granovskij, Stankevič u. a. auch Bakunin portraitierte. Annenkov war Mitarbeiter der Zeitschriften ›Vaterländische Annalen‹ (Otečestvennye Zapiski) und ›Der Zeitgenosse‹ (Sovremennik). In letzteren veröffentlichte er 1846/47 seine »Briefe aus Paris.« Er reiste viel in Europa, war seiner politischen Überzeugung nach liberaler Westler und stand 1846/47 mit Karl Marx in Briefwechsel, den er persönlich kennengelernt hatte. Gemeinsam mit anderen adeligen Schriftstellern brach er Ende der 1850er Jahre mit dem ›Zeitgenossen‹. – Ausgaben der Memoiren: P.V. Annenkov: Vospominanija i kritičeskie očerki, 3 Bde., St. Petersburg 1877-81; P.V. Annenkov: Literaturnye vospominanija, St. Petersburg 1909. Und spätere Ausgaben.

1834 bricht Bakunin aus unaufgeklärten Gründen seine militärische Laufbahn ab] Zur Erläuterung möglicher Gründe zitiert Nettlau, Biogr. S. 10 einen französischsprachigen Text Bakunins von 1868 über Berufssoldaten mit dem Kernsatz: »Ils cessent d'être des hommes pour devenir des soldats«. (Sie hören auf, Menschen zu sein, um Soldaten werden zu können.) Nettlau schreibt dazu: »Ob nun Bakunin schon 1834 den Militarismus in dieser richtigen Weise auffassen mochte oder nicht, genug, er brach 1834 seine militärische Laufbahn ab, was nur durch einen von ihm selbst ausgehenden Entschluß geschehen sein kann [...]. Die näheren Umstände, eventuell der unmittelbare Anlaß sind uns unbekannt, ebenso der genaue Zeitpunkt und wie lange sich B. hierauf bei den Eltern aufgehalten haben mag, ehe er nach Moskau ging.« (Nettlau, Biogr. S. 11) – Tatsächlich wurde Bakunin zu Beginn des Jahres 1834 wegen eines disziplinarischen Vergehens von der Artillerieschule verwiesen und in die weißrussische Provinz bei Molodečno und bald darauf nach Litauen versetzt, in die Nähe von Wilna. Schon in Petersburg hatte er sich in Briefen über die Leere des Militärlebens und das Verkümmern seiner intellektuellen Fähigkeiten beklagt. In der tiefen Provinz nun las er, anstatt Dienst zu tun, philosophische Bücher in französischer und deutscher Sprache und bemühte sich, Polnisch zu lernen. Er kam zum ersten Mal mit den polnischen Untertanen des Zaren zusammen und lernte seinen Onkel, Michail N. Murav'ev kennen, den späteren »Henker von Wilna«. Einen dienstlichen Auftrag, in

Tver' Pferde für das Regiment zu besorgen, nutzte Bakunin zu einem Besuch in Prjamuchino und beschloß, dort zu bleiben. »Der Vater muß eingreifen, um eine Verurteilung wegen Fahnenflucht zu verhindern«, schreibt Grawitz (S. 32). Offenbar erhielt Bakunin Ende 1834 oder Anfang 1835 seinen Abschied.

Der junge Offizier] Sein letzter militärischer Rang: Fähnrich. »1832 (1833?) trat er aus nicht ganz aufgeklärter Ursache als Fähnrich in die Armee, anstatt Gardeoffizier zu werden.« (Nettlau, Biogr. S. 9)

mit angeborener Befähigung zu philosophischer Beschäftigung] Annenkov schreibt an anderer Stelle über Bakunin: »Er wußte 1835 nicht, was er mit sich anfangen sollte und stieß auf Stankevič, der seine Fähigkeiten erriet und ihn an die deutsche Philosophie setzte. Die Arbeit ging schnell. Bakunin verfügte in hohem Maße über jene dialektische Fähigkeit, die den abstrakt-logischen Gedanken zur lebendigen Mitteilung ebenso unabdingbar ist wie für die aus ihnen zu ziehenden Folgerungen in bezug auf das Leben. Man wandte sich zur Klärung aller möglichen dunklen und schwierigen Stellen im System des Lehrers an ihn«. (P.V. Annenkov: Literaturnye Vospominanija, Moskva 1960, S. 156; vgl. Lehning S. 13.)

21-22 Aus Bakunins Vorrede zu seiner Übersetzung der Hegel'schen Gymnasialreden (veröffentlicht in einem Journal Bjelinskys, 1838)

Überlieferung

Der erste eigene Text, den Bakunin veröffentlicht hat, war das Vorwort zu seiner Hegelübersetzung, der ersten in russischer Sprache. Eine Positionsbestimmung in den philosophischen Debatten der Zeit, die er als bloße Bewegung von Worten in einer »gedankenlosen Anarchie des Geistes« befangen sieht. Als nötiger Schritt »zur Wirklichkeit hin« erscheint ihm Hegels System.

In Balls Brevier ist dieser Auszug das erste Dokument, das die Vorgänge nicht aus der Retrospektion darstellt, sondern in einem Originaltext der Zeit selbst vergegenwärtigt. Ball zitiert Bakunins Vorwort aus einer umfangreicheren Übersetzung Max Nettlaus aus dem Russischen, die er im 1896 entstandenen zweiten Kapitel von dessen Bakunin-Biographie vorfand.

DV: T² I, S. 10-12. Ü: Max Nettlau aus dem Russischen. Q: Übersetztes Zitat in Nettlau, Biogr. S. 24-25; Nachweis in Anm. 89 und 90: Vorlage für Nettlau war nicht der Erstdruck, sondern ein auszugweiser Nachdruck aus dem Jahr 1856 in der Zeitschrift ›Sovremennik‹. O/E: Bakunins Vorwort zu Hegels Gymnasialreden erschien gemeinsam mit seiner Übersetzung in: Moskovskij Nabljudatel' [Moskauer Beobachter] Jg. 4, Teil XVI (1838) S. 5-20. GA: CD-ROM und russisch in Reprint SSS Bd. 2, S. 166-172. GDA: Neue Übersetzung in Beer 1 S. 49-57.

Lesarten der Zitatquelle

Ball modernisiert Nettlaus Orthographie, ändert aber auch dessen korrektere Schreibung slavischer Namen.

21 *Wer hält sich jetzt nicht für einen Philosophen, wer spricht jetzt nicht mit Affirmation davon, was die Wahrheit ist und worin sie liegt?*] Wer hält sich nicht jetzt für einen Philosophen, wer spricht nicht jetzt mit Affirmation davon, was die Wahrheit ist und worin dieselbe liegt?
die Pseudogenies] diese Pseudogenies
Repetilow] Repetilov
Gribojedows Komödie] Griboědovs Komoedie
Gedanken oder Sinn] Gedanken ohne Sinn
Ohne Auslassungszeichen überspringt Ball das Ende des zweiten Absatzes und kürzt den folgenden, indem er eine Parenthese streicht und Auslassungszeichen seiner Zitatquelle Nettlau übergeht. Die Kürzung am Satzende markiert er durch Auslassungszeichen.
22 *Was wirklich ist, ist vernünftig; und / Was vernünftig ist, ist wirklich – das ist die Grundlage der Philosophie Hegels.*] was wirklich ist, ist vernünftig; und / was vernünftig ist, ist wirklich – / das ist die Grundlage der Philosophie Hegels. (Vgl. Erläuterungen.)

Erläuterungen

21 *Kreis junger Männer, zu denen Bjelinsky, Stankjewitsch, Annenkow, Turgenjew gehörten*] Unter der intellektuellen Führung des Philosophen Nikolaj Vladimirovič Stankevič (1813-1840) befaßten sich die Literaturkritiker Annenkov und Vissarion Grigor'evič Belinskij (1811-1848), der Erzähler und Dramatiker Ivan Sergeevič Turgenev (1818-1883) und andere junge Intellektuelle, die an der Moskauer Universität studierten oder studiert hatten, nicht nur mit der Philosophie des deutschen Idealismus und Hegel, sondern auch mit der Literatur der deutschen Romantiker. Die Moskauer Universität galt in diesen Jahren als das Zentrum des geistigen Widerstands gegen das repressive Regime Nikolaus I. Hier waren junge Menschen aus allen Bevölkerungsschichten zum Studium zugelassen, eine Ausnahme in der Zeit der restriktiven Bildungspolitik dieses Zaren (Hdb RG S. 1087), der erst wenige Jahre zuvor, 1834, die Auflösung eines politisch ausgerichteten Kreises um den späteren Bakunin-Freund Alexander Herzen sowie dessen Verhaftung und Verbannung veranlaßt hatte. – Die Freundschaft der Stankevič-Gruppe ging zumindest zeitweise über den intellektuellen Austausch hinaus. Fast alle Angehörigen dieses Kreises, an dessen Zusammenkünften auch Frauen teilnahmen, verkehrten nach 1836 auch in Prjamuchino und machten den vier Schwestern Bakunins den Hof. – Bakunin lernte vor allem von dem brillanten Nikolaj Stankevič, während er selbst Vissarion Belinskij beeinflußte, der die deutsche Sprache nicht beherrschte und beim Fichte- und Hegelstudium auf Bakunin angewiesen war. – Belinskij, den Herzen als eine der bemerkenswertesten Persönlichkeiten des Nikolaischen Zeitalters bezeichnet, war einer der wenigen nichtadeligen Mitglieder dieses Kreises. Er hatte sein Studium aufgrund eines Theaterstücks, das sich laut Zensur gegen »die Religion, die Moral und die Gesetze« richtete, abbrechen müssen und war, als er

zum Stankevič-Kreis stieß, Redakteur der Zeitschrift ›Moskauer Beobachter‹ (Moskovskij Nabljudatel'). In den Moskauer Jahren prägten heftige inhaltliche und persönliche Auseinandersetzungen seine eigentlich sehr enge Beziehung zu Bakunin, die später mit einem Bruch endete. Belinskij ging nach Petersburg, übernahm zunächst die Redaktion der ›Vaterländischen Annalen‹ (Otečestvennye Zapiski), dann des von Puškin gegründeten ›Zeitgenossen‹ (Sovremennik), die er zu den unter Liberalen meistgelesenen und einflußreichsten Zeitschriften seiner Zeit machte. Intellektuell entwickelte sich Belinskij vom radikalen Hegelianer und romantischen Idealisten zum Vertreter des Materialismus und utopischen Sozialismus und nahm intensiv an den Auseinandersetzungen zwischen Westlern und Slavophilen teil. »Die Slawophilen«, schreibt Herzen, »begannen erst seit dem Krieg gegen Belinskij offiziell zu existieren« (HL Bd. 1, S. 548).
Belinskij starb bereits 1848 nach einem arbeits- und entbehrungsreichen Leben an der Schwindsucht.
Ivan Sergeevič Turgenev verkehrte im Moskauer Stankevič-Zirkel; Bakunin und er lernten sich aber erst beim Studium in Berlin kennen, wo sie ein Jahr lang eine Wohnung miteinander teilten und enge Freunde wurden. Ein Kommilitone beschreibt ihre mindestens zwei Mal wöchentlich stattfindenden ›Teegesellschaften‹: »Beide waren enthusiastische Anhänger der Hegelschen Philosophie, die uns damals als Schlüssel zur Erkenntnis der Welt erschien. [...] Nie wurde eine Flasche Wein getrunken, und doch haben wir manchmal bis zum grauenden Morgen diskutiert und disputiert.« Auch die Bauernfrage in Rußland war ihr Thema, doch »sogar Bakunin [...] sah der Aufhebung der Leibeigenschaft wie einer noch entfernten Zukunft entgegen.« (Baron Bernhard Üxküll: Erinnerungen an Turgenjew. Zitiert in Dragomanows Einleitung zu SP S. XXII.) Turgenev hat sich von Bakunin später distanziert, ihn jedoch immer wieder finanziell unterstützt, etwa nach dessen Flucht aus der sibirischen Verbannung in den Jahren 1862-1864 (vgl. Turgenev S. 113 und 143).
Aus Bakunins philosophischer Frühzeit sind in deutscher Sprache sowohl Schriften (Beer 1) wie Briefe (PhBr) leicht zugänglich.
Zusammenstoss zwischen den Enzyklopädisten und der deutschen idealistischen Philosophie] Als Enzyklopädisten gelten ursprünglich die Mitarbeiter der »Encyclopédie ou dictionnaire raisonné des sciences, des arts et des métiers« (1751-72). Vom Pariser Verleger Le Breton ursprünglich nur als französische Übersetzung eines zweibändigen englischen Universallexikons geplant, weitete sich die »Encyclopédie« durch ihre Herausgeber Denis Diderot und d'Alembert zum repräsentativsten Gemeinschaftsprojekt der französischen Aufklärung aus. Als weitere Mitarbeiter wurden u. a. Voltaire, Montesquieu, Jean-Jacques Rousseau und Condillac gewonnen. Angriffe reaktionärer und klerikaler Kreise steigerten noch das öffentliche Interesse und die Zahl der Subskribenten des Werkes, das nach Entzug des staatlichen Druckprivilegs und päpstlicher Verdammung seit 1759 illegal erschien und

schließlich siebzehn Textbände und elf Bildbände umfaßte. – Stärker an diesem kanonischen Erbe der französischen Aufklärung als am deutschen Idealismus orientiert waren in Moskau Alexander Herzen und Nikolaj Ogarev, die Ende der 1830er Jahre mit dem Stankevič-Kreis bekannt wurden, in dem die Einflüsse der deutschen Philosophie von Fichte, Schelling und Hegel vorherrschten.

Condillac] Der französische Philosoph und Volkswirtschaftler Étienne Bonnot de Condillac (1715-1780) begründete unter Anlehnung an John Locke einen nichtmaterialistischen Sensualismus. Als einzige Erkenntnisquelle galten ihm die Sinneswahrnehmungen (sensations), als deren Umformungen er auch alle psychischen Vorgänge zu begreifen versuchte.

Hegel] Georg Wilhelm Friedrich Hegel (1770-1831) wurde mit drei seiner als Rektor des Nürnberger Ägidiengymnasiums gehaltenen »Gymnasialreden« (1809-1811) durch Bakunin 1838 erstmals ins Russische übersetzt und für den Abdruck in der Zeitschrift ›Moskauer Beobachter‹ (Moskovskij Nabljudatel') mit einer eigenen Vorrede versehen. Bakunins intensives Hegelstudium hatte 1837 begonnen (vgl. Nettlau, Biogr. S. 23).

Fichte] Johann Gottlieb Fichte (1762-1814) gilt als erster Philosoph des deutschen Idealismus und sah sich selbst vor allem als Vollender der kritischen Philosophie von Immanuel Kant, der die Veröffentlichung seiner ersten Schrift »Versuch einer Kritik aller Offenbarung« (1792) gefördert hatte. Dadurch zu einem der berühmtesten philosophischen Schriftsteller Deutschlands geworden, wurde er durch Friedrich Schillers Vermittlung 1794 auf einen Lehrstuhl für Philosophie an der Universität Jena berufen, wo er im Sommersemester »Einige Vorlesungen über die Bestimmung des Gelehrten« hielt. Die ersten vier der fünf Vorlesungen, die im selben Jahr in einer Buchausgabe erschienen, übersetzte der junge Bakunin ins Russische. Der Abdruck dieser Fichte-Übersetzung in Belinskijs Zeitschrift ›Teleskop‹ (24. Jg., 1835, S. 3ff.) war Bakunins erste gedruckte Veröffentlichung. – Durch den 1798/99 entfachten ›Atheismus-Streit‹ von der Universität Jena vertrieben, ging Fichte nach Berlin, wo er im Kreis der Romantiker verkehrte und Privatvorlesungen hielt, so während der napoleonischen Okkupation 1807/08 seine patriotischen »Reden an die deutsche Nation«. Anfänglich ein Verteidiger der Freiheitsprinzipien der Französischen Revolution, wurde Fichte nach der Kaiserkrönung Napoleons zu dessen entschiedenem Kritiker. Fichte gehörte zu den Mitbegründern der Berliner Universität, an der er seit 1810 als Philosophieprofessor lehrte. – Vgl. Nettlau, Biogr. S. 22-23.

in einem Journal Bjelinskys] Die »Vorrede« wurde erstmals veröffentlicht im ›Moskauer Beobachter‹ (Moskovskij Nabljudatel') Jg. 4, Teil XVI, März 1838, S. 5-20). Belinskij hatte 1838 die Herausgabe des finanziell schwer angeschlagenen ›Moskauer Beobachters‹ übernommen, nachdem das Journal ›Teleskop‹, bis dahin wichtigstes Publikationsorgan der liberalen jüngeren Autorengeneration, wegen der Veröffentlichung des ersten ›Philosophischen Briefes‹ von Čaadaev verboten worden war. Für ein Jahr – länger reichten die finanziellen Mittel nicht – trat der ›Moskauer Beobachter‹ die Nachfolge des ›Teleskop‹ an. Er wurde zum Organ des Stankevič-Kreises, als dessen Programm, laut Černyševskij, Bakunins Vorwort zu den Gymnasialreden Hegels gelten konnte (vgl. Čern S. 660).

Repetilow in Gribojedows Komödie] Aleksandr S. Griboedov (1795-1829), Schriftsteller und Diplomat, schuf 1824 mit seiner Komödie »Verstand schafft Leiden« (Gore ot uma), die zu seinen Lebzeiten von der Zensur verboten blieb, eines der erfolgreichsten und meist gespielten Stücke des russischen Theaters. Zahlreiche seiner Repliken gingen in den russischen Zitaten- und Sprichwort-Schatz ein. Thematisiert werden im Stück die Leere und Verlogenheit der tonangebenden Gesellschaft und der diskriminierende Umgang mit Außenseitern und Andersdenkenden. Bakunin zitiert aus folgendem Zusammenhang: Der kluge und skeptische Einzelgänger Čackij fragt Repetilov, der sich damit brüstet, seine Zeit mit Gelagen und Geschwätz im Club zu verbringen: »Warum bloß schreit Ihr so?« (Da iz čego besnuetes' vy stol'ko), und Repetilov antwortet selbstzufrieden:» Wir machen Lärm, mein Freund, wir machen Lärm.« (Šumim, bratets, šumim.) – Ball übernimmt Nettlaus Übersetzung (Nettlau, Biogr. S. 24), die aus der Aussage eine Aufforderung macht. Vgl. Aleksandr Griboedov: Wehe dem Verstand. Komödie in 4 Akten. Aus dem Russischen von Peter Urban, Berlin: Friedenauer Presse 2004, S. 103.

Der Beginn des Übels liegt in der Reformation.] Diese These weitet Ball in seiner »Kritik der deutschen Intelligenz« (1919) zur Fundamentalkritik aus und folgt ihr auch in seinen späten kulturkritischen Schriften. Bei Bakunin folgt die These auf einen (von Nettlau übersetzten, aber von Ball nicht zitierten) Absatz zur Pathologie des spekulativen Bewußtseins. Darin ist von der »krankhaften Entfremdung von jeder natürlichen und geistigen Wirklichkeit« die Rede.

Bestimmung des Papismus] In einer von Ball ausgelassenen Parenthese nennt Bakunin als diese Bestimmung, »den Mangel eines inneren Centrums durch ein äußeres Centrum zu ersetzen«. – Der polemische Begriff des Papismus meint in diesem Sinne einen starren Katholizismus, der dem Papst und der Kurie bedingungslose Gefolgschaft leistet.

22 *Was wirklich ist, ist vernünftig; und / Was vernünftig ist, ist wirklich*] Der vielzitierte Satz aus Hegels Vorrede zu seiner Rechtsphilosopie lautet umgekehrt: »Was vernünftig ist, das ist wirklich; und was wirklich ist, das ist vernünftig.« Georg Wilhelm Friedrich Hegel: Grundlinien der Philosophie des Rechts oder Naturrecht und Staatswissenschaft im Grundrisse, hg. von Johannes Hoffmeister, Hamburg: Meiner 1955 (Philosophische Bibliothek 124a), S. 14. – Bakunins Umkehrung ist symptomatisch für die ausgesprochen konservative Auslegung, die er damals diesem Satz Hegels gab (vgl. Wittkop S. 16).

23 [Bakunin über die Moskauer Periode abstrakten Philosophierens]

Überlieferung

Was Bakunin mit der Hegel-Vorrede von 1838 in seiner Moskauer Umgebung als »gedankenlose Anarchie« des Zeitgeistes angriff und durch Hegels dialektische Systematik überwinden wollte, erschien ihm drei Jahrzehnte später als typisch idealistische Armut »an Herz und Geist«, in der sich die unendliche Reflexion im Nichts verflüchtige statt durch ein Engagement für die »Emanzipation der menschlichen Gesellschaft« auf diese Erde zurückzufinden. Dies ist eine Wertung der Moskauer Zeit im Rückblick, in deren Kritik Bakunin sich hier selbst einbezog und die er 1871 in seiner Kritik des theologischen Diskurses von Mazzini als Vergleichsfall anführte. Die Verschiebung der Perspektive zwischen den Dokumenten von 1838 und 1871 konnte für Ball auch deutlich machen, daß Bakunin sich in seinen philosophischen Anfängen selbst vom theologischen Diskurs geprägt sah.

Hugo Ball übersetzt eine autobiographische Passage von Bakunins französischem Fragment aus Max Nettlaus Zitat, das er im 1896 entstandenen zweiten Kapitel von dessen handschriftlicher Bakunin-Biographie vorfand, wo es ebenfalls im wertenden Rückblick auf die Moskauer Jahre zitiert ist (und später noch einmal in SW5 S. 360).

DV: T² I, S. 13-14. **Ü:** Hugo Ball aus dem Französischen (als Erstübersetzung markiert). **Q:** Zitat aus dem französischen Originalmanuskript in Nettlau, Biogr. S. 37-38; Nachweis in Anm. 140. **O:** Michel Bakounine: La Théologie politique de Mazzini. Deuxième partie. Fragments et variantes. Fragment F. August bis Oktober 1871 entstandenes französisches Manuskript, S. 26-28. Abdruck nach Nettlaus Abschrift (IISG) in: Œuvres Bd. 1, S. 123. **E:** Œuvres Bd. 1, S. 123. **GA:** CD-ROM und Œuvres Bd. 1, S. 123. **GDA:** nicht ermittelt.

Lesarten der Zitatquelle

Ball nimmt im Sinne der Lesbarkeit zu Beginn seiner Übersetzung einen redaktionellen Eingriff vor. Einem größeren Zusammenhang der Mazzini-Kritik entstammend, setzt das Zitat mit einem Vergleich ein, der hier entfallen kann, zumal Ball einen Hinweis auf den Mazzini-Aufsatz in seinen Vortext aufnimmt:

23 *Hier, was uns in jungen Jahren so sehr revoltierte*] Frz.: Voilà ce qui révolte Mazzini, voilà ce qui nous a révoltés[!] tant dans dans[!] notre jeune âge, ... (Hier ist, was Mazzini revoltierte, hier das, was uns in jungen Jahren revoltierte, ...)

Erläuterungen

23 *gegen den religiösen Dogmatismus Mazzinis*] Der aus Genua stammende Rechtsanwalt Giuseppe Mazzini (1805-1872) trat 1828 in die politische Geheimorganisation der Carboneria ein. Er galt als geistiger Führer der radikal republikanischen Richtung des Risorgimento. – Seit 1830 lebte er im Exil, gründete 1831 in Frankreich die Organisation

›Giovane Italia‹, 1834 in der Schweiz die Vereinigung ›Junges Europa‹. Im selben Jahr unternahm er von Genf aus einen mißglückten Aufstandsversuch in Savoyen, wurde 1836 aus der Schweiz ausgewiesen und agitierte seit 1837 von London aus heftig gegen die Fremdherrschaft in Italien. 1848 ging er nach Mailand, dann nach Rom, wo er 1849 mit Garibaldi die Verteidigung der Stadt gegen das französische Heer leitete (Kapitulation am 4. Juli). Mazzini floh nach London, wo er mit L. Kossuth, A. Ledru-Rollin und Arnold Ruge das ›Europäische Demokratische Komitee‹ gründete und erfolglose Aufstandsversuche in Italien anstiftete. Die gemäßigte nationale Politik C. Cavours verwarf er. Kurz vor seinem Tod kehrte er heimlich nach Italien zurück. – Mit seiner Forderung nach einem auf dem Volkswillen beruhenden Einheitsstaat (Republik) und mit der Vorstellung von einem Europa, das sich mit dem Nationalitätenprinzip vereinbaren lasse, war er seiner Zeit voraus. – Bakunin begegnete ihm kurz nach seiner Flucht aus Sibirien 1862 in London durch die Vermittlung Alexander Herzens (vgl. S. 103). Sie sahen sich oft. Carr (S. 264) erklärt Bakunins anfängliche Sympathie für Mazzini mit der Wiederkehr seiner panslavistischen Neigungen. Nicht nur in Polen bzw. Rußland Revolution zu machen, sondern, wie schon Ende der 1840er Jahre, alle Slaven Europas von der Fremdherrschaft zu befreien, war Bakunins Ziel und im österreichischen Kaiserreich sah er einen seiner Hauptgegner. Dieser gemeinsame Feind war es vor allem, der ihn mit Mazzini und den italienischen Freiheitskämpfern verband. Nachdem sich Mazzini 1871 gegen die Pariser Commune und Bestrebungen der 1. Internationale gewandt hatte, brach der Konflikt aus (vgl. Ravindranathan S. 121-157). In mehreren Artikeln und nachgelassenen Schriften kritisierte Bakunin Mazzinis religiös geprägtes Denken, das er als »Théologie politique« angriff. So auch in dem hier zitierten Fragment, in dem er die Ideenwelt seiner eigenen Jugend als vergleichbares Beispiel anführt.

24-25   Brief an Alexander Herzen // Twer, 20. April 1840

Überlieferung

Bakunins erster erhaltener Brief an den Freund Alexander Herzen wirbt mit Erfolg um eine angebotene finanzielle Unterstützung eines für mehrere Jahre geplanten, aus familiären Mitteln nicht realisierbaren Aufenthaltes in Berlin und weist auf ein Problem, das Bakunin lebenslang begleiten sollte. Hugo Ball zitiert den Brief nach einer Übersetzung Max Nettlaus aus dem Russischen, die er im 1896 entstandenen zweiten Kapitel von dessen handschriftlicher Bakunin-Biographie vorfand.

DV: T² I, S. 15-17. Ü: Max Nettlau aus dem Russischen. Q: Übersetztes Zitat in Nettlau, Biogr. S. 34-35; Nachweis in Anm. 129: Vorlage für Nettlau war die russische Ausgabe des Briefwechsels. Er zitierte hier ausdrücklich nicht nach der im Vorjahr erschienenen deutschen Ausgabe, die in der Übersetzung abweicht und einen steiferen Sprachduktus hat (vgl. SP S. 1-3). O: M. Bakunin: Brief an Alexander Herzen, Tver' 20.4.1840. Russisches Manuskript 4 Seiten. Standort: Moskau, Rossijskij Gosudarstvennyi Archiv Literatury i Iskusstva; Signatur f.2197 o.1 ed.chr.208. – Abgedruckt in der nachfolgenden Buchpubli-

KOMMENTAR ZU S. 24-25   231

kation: Pis'ma M. A. Bakunina k A. I. Gercenu i N. P. Ogarevu. S priloženiem ego pamfletov, biografičeskim vvedeniem i ob-jasnitel'nymi primečanijami M. P. Dragomanova, Genf 1896, S. 123. **E:** Lt. Nettlau, Biogr. Anm. 129: Ivo prepuki wedawcyk dejatetelei, Moskau: Russkaia Myslo, Juli 1892, S. 90-92. **GA:** CD-ROM und Reprint SSS Bd. 2, S. 421-422. **GDA:** Andere Übersetzung von Boris Minzès in Reprint SP S. 1-3.

Lesarten der Zitatquelle

Ball übernimmt Nettlaus Absätze, von denen er an markierten Stellen drei relativ unkonkret gehaltene ausläßt. Darüber hinausgehende redaktionelle Eingriffe:

24 *Zustimmung zur Reise*] Zustimmung zu meiner Reise
    kann er mir jetzt nichts anderes geben] kann er mir jetzt auch nichts anderes geben
    wird von mir [...] verwandt werden.] wird von mir [...] verwendet werden.

Erläuterungen

24 *Alexander Herzen*] Aleksandr Ivanovič Gercen (1812-1870), der »geborene Emigrant« (Dostojevskij), ein brillanter Essayist und Analytiker der politischen und gesellschaftlichen Verhältnisse seiner Zeit, war einer der zuverlässigsten Freunde Bakunins, obwohl er bei weitem nicht mit allen seinen Ideen und Unternehmungen einverstanden war. Ihre Freundschaft begann 1839, als Herzen für wenige Monate aus seinem Verbannungsort Vladimir nach Moskau zurückkehren durfte. Es waren die lähmenden sozialen Probleme seines Landes und der Mangel an individueller Freiheit auf allen Ebenen, die Herzen zum Oppositionellen gemacht hatten. - Bereits als Mathematikstudent der Moskauer Universität hatte er gemeinsam mit seinem Freund Nikolaj Ogarev einen Schwur geleistet, sein Leben der Befreiung Rußlands von der Tyrannei zu widmen. Als Mitglied eines politischen Zirkels wurde er 1834 mit anderen Mitgliedern zusammen revolutionärer Absichten verdächtigt, wegen ›Saint-Simonismus‹ angeklagt und verbannt. Drei Jahre verbrachte er unter strenger Polizeiaufsicht in Perm und Wjatka, wo er gezwungen war, im Staatsdienst zu arbeiten, weitere zwei Jahre in Wladimir. 1839 erhielt Herzen endlich die Erlaubnis, nach Moskau zurückzukehren, wo er zu den verbliebenen Mitgliedern des Stankevič-Kreises stieß, bevor er - aufgrund einer kritischen Bemerkung über den Zaren - erneut verbannt wurde. Der konservative Hegelianismus Bakunins und Belinskijs in dieser Zeit veranlaßte Herzen zu heftiger Kritik und zugleich zu eigener intensiver Auseinandersetzung mit Hegel und der deutschen Philosophie im allgemeinen. »Wissen Sie, sagte ich (zu Belinskij), indem ich ihn mit meinem revolutionären Ultimatum zu bestürzen glaubte, daß Sie noch dahin kommen können, zu beweisen, der ungeheuerliche Absolutismus unter dem wir leben, sei vernünftig und müsse existieren. [...] Zwischen uns entbrannte ein leidenschaftlicher Kampf. [...] der Freundeskreis teilte sich in zwei Lager. Bakunin wollte versöhnen, erklären, überreden, doch ein richtiger Friede kam nicht

zustande« (HL Bd. 1, S. 539). Die Diskussionen wurden auch öffentlich, u. a. in den ›Vaterländischen Annalen‹, ausgetragen. Die Beziehung zu Belinskij brach Herzen vorübergehend ab, Bakunin zog es auf seine Seite (Dragomanow in seiner Einleitung zu SP S. XVII). Herzens intensive Beschäftigung mit deutscher Philosophie und französischer Sozialtheorie, mit frühen Sozialisten wie Saint-Simon schlug sich in Essays nieder, die seinen Ruf als kompromißloser Kritiker der Zustände seines Landes und der Autokratie begründeten. 1847 emigrierte Herzen mit seiner Familie ins Ausland. Als er sich einige Jahre später weigerte, der ultimativen Aufforderung des Zaren zur Heimkehr nach Rußland zu entsprechen, machte ihn dies zum »Landesfeind«. Eine Rückkehr war von nun an nicht mehr möglich. Das vom Vater geerbte Vermögen versetzte ihn in die Lage, in Frankreich und England relativ bequem zu leben und darüber hinaus Bakunin und andere Freunde lange Zeit finanziell zu unterstützen. – Er wurde zum einflußreichsten russischen Publizisten seiner Zeit vor allem durch seine auch in Rußland bis nach Sibirien verbreitete antizaristische (revolutionäre) Zeitung ›Die Glocke‹ (Kolokol, London/Genf 1857 bis 1867) und seinen Almanach ›Der Polarstern‹ (Poljarnaja Zvezda, London/Genf 1855-1862 und 1868 für 1869), die nicht nur höchste Beamte, sondern angeblich der Zar selbst lasen. Auch seine brillant geschriebenen Memoiren »Byloe i Dumy« (Vergangenes und Gedachtes) hatten bereits zu Lebzeiten großen Erfolg. – Die Aufhebung der Leibeigenschaft durch Alexander II. von 1861 schwächte Herzens Opposition. Er verknüpfte mit den Reformen positive Erwartungen an den Zaren, was von vielen seiner Landsleute, vor allem der jüngeren Generation, als Verrat empfunden wurde. Die zunehmend kritische Haltung, die er angesichts der Restauration in Europa auch dem Westen gegenüber einnahm, führte zur Annäherung des überzeugten Westlers an die Ideen der Slavophilen. Dies wurde Ursache eines der tiefsten Zerwürfnisse zwischen Herzen und Bakunin: Herzens Idealisierung der russischen Bauern, sein Traum, »daß die zentrale ›soziale‹ Frage seiner Zeit – die der zunehmenden Ungleichheit, Ausbeutung, der Enthumanisierung sowohl des Unterdrückers wie der Unterdrückten – in der Bewahrung des russischen bäuerlichen Gemeindesystems liege. Er verstand dies als den Ursprung der Entwicklung eines nicht-industriellen, halb-anarchistischen Sozialismus. Einzig eine solche Lösung, deutlich von den Ansichten Fouriers, Proudhons und George Sands beeinflusst, schien ihm frei zu sein von der unterdrückenden, kasernenhaften Disziplin, die von den westlichen Kommunisten von Cabet bis Marx gefordert wurde; und ebenso frei von den gleichermaßen erdrückenden und – so erschien es ihm – deutlich vulgären und spießbürgerlichen Idealen, die in den gemäßigten, halb-sozialistischen Doktrinen enthalten waren, mit ihrem Glauben an die fortschrittliche Rolle der sich entwickelnden Industrialisierung, wie sie von den Vorreitern der Sozialdemokratie in Deutschland, Frankreich und von den Fabiern in England propagiert wurde. Später modifizierte er seine Ansicht; gegen Ende seines Lebens begann er die historische Bedeutung der organisierten städtischen Arbeiter anzuerkennen. Alles in allem blieb er jedoch seinem Glauben an die russische bäuerliche Gemeinschaft als einer Keimform desjenigen Lebens treu, in dem die Suche nach der individuellen Freiheit mit dem Bedürfnis nach kollektivem Handeln und Verantwortlichkeit versöhnt wäre.« (Isaiah Berlin, Einleitung zu HGR S. 25)

Nikolaus P. Ogarjow] Der Lyriker Nikolaj Platonovič Ogarev (1813-1877), ein Jugendfreund Herzens, war seit seiner Emigration nach Westeuropa im Jahr 1856 dessen engster Mitarbeiter und Mitherausgeber des ›Polarstern‹ und der ›Glocke‹. Der intellektuelle Kopf des Unternehmens allerdings blieb Herzen. Wie dieser der uneheliche Sohn eines begüterten Adeligen, hatte Ogarev als Student im selben politischen Zirkel verkehrt. Er wurde ebenfalls verhaftet, jedoch lediglich auf das Gut seines Vaters im Bezirk Pensa verbannt. Bakunin traf er, nach seiner Rückkehr nach Moskau, erstmals im Jahr 1839. Wegen einer privaten Indiskretion Bakunins brach er jedoch die Beziehung bald ab. – Die 1840er Jahre, eine Zeit verschärfter Reaktion und Repression, verbrachte Ogarev weitgehend auf dem vom Vater geerbten Gut. Er verlor, aufgrund äußerst ungünstiger Vermögensregelungen, seinen gesamten Besitz an seine getrennt von ihm lebende Frau und ging nach deren Tod mit seiner zweiten Frau, Natal'ja Tučkova, die bald darauf Herzens Geliebte wurde, in die Emigration. Ogarev lebte zunächst in London, wo er sich zu Beginn der 1860er Jahre mit Bakunin versöhnte, ab 1865 in Genf und seit 1873 wieder in London, wo er seine letzten Lebensjahre isoliert und in Armut verbrachte.

Nikolaus M. Satin] Der Byron- und Shakespeareübersetzer Nikolaj Michajlovič Satin (1814-1873), aus wohlhabender Gutsbesitzersfamilie, war Mitglied des Moskauer politischen Zirkels und wurde, wie seine Kommilitonen, 1835 nach Sibirien, ins Gouvernement von Simbirsk, verbannt. Aufgrund seiner schweren rheumatischen Erkrankung wies man ihm zwei Jahre später Pjatigorsk und Stavropol' im Kaukasus als Aufenthaltsorte zu, wo er Belinskij und dem Dichter Lermontov begegnete, denen er später Erinnerungen widmete. 1839 wurde seine Verbannung aufgehoben. S. ging nach Moskau und reiste anschließend, auf der Suche nach Heilung, mit Ogarev zusammen ins Ausland, wo er die Jahre 1841 bis 1846 in Frankreich, Italien und vor allem in Berlin verbrachte. Nach seiner Rückkehr nach Rußland kaufte er Ogarev eines seiner Güter im Gebiet von Pensa ab. Eine Beschwerde des dortigen Gouverneurs brachte dem leidenschaftlichen Demokraten 1851 noch einmal einige Monate Festungshaft in Petropavlovsk ein, im wesentlichen jedoch lebte er bis zu seinem Tod auf seinem Gut.

Bjelinsky] Siehe S. 21 – »Kreis junger Männer, zu denen Bjelinsky ... gehörten«.

die übrigen Moskauer Hegelianer] Gemeint sind die auf S. 21 genannten Mitglieder des philosophischen Stankevič-Kreises, die zum Teil zu verschiedenen Zeiten dem Zirkel angehörten. Dazu gehörten außerdem der Schriftsteller Vasilij Petrovič Botkin (1810-1869), ebenso der Publizist, Kritiker und spätere Slavophile Konstantin Aksakov (1817-1860), der Erzähler Ivan Ivanovič Panaev (1812-1862), der Mitherausgeber der Zeitschrift ›Der Zeitgenosse‹ war und später literarische Erinnerungen verfaßte, und der Publizist Michail Nikiforovič Katkov (1818-1887), der in den 1850er Jahren ins reaktionäre Lager wechselte und zum Verteidiger der Autokratie wurde.

sozialistische (Saint-Simonistische) Ideen.] Claude Henri de Rouvroy, Graf Saint-Simon (1760-1825) gilt als ein schulbildender Pionier des utopischen Sozialismus in Frankreich und wurde in Rußland vor allem durch Herzen früh rezipiert. – Der Hocharistokratie entstammend, hatte der Graf Saint-Simon sich im amerikanischen Bürgerkrieg für die neue industrielle Ära begeistert, die französische Revolution begrüßt und deren Enteignungen zu großen Bodenspekulationen genutzt. Nach einem Leben in Luxus und durch Wohltätertum verarmt, warb er von 1803 an als Schriftsteller für eine Ablösung der alten Klasse der ›Müßiggänger‹ (Adel, Klerus, Staatsbeamte u. a.) durch die neue Klasse der ›Industriellen‹, unter denen er alle produktiv Tätigen verstand. Diese neue Klasse, in der er noch keine unüberbrückbaren Gegensätze zwischen Kapital und Arbeit sah, solle eine eigene politische Partei bilden, in allen Ländern die Verwaltung der Gesellschaft übernehmen und das Glück aller durch die Produktion optimalen Reichtums fördern. Seine technokratische Utopie milderte er seit etwa 1819 angesichts der Notlage französischer Arbeiter und heftiger Klassenkämpfe in England, indem er seiner Elite das soziale Glück der Armen als höchstes Ziel der Politik empfahl. Seine Schüler systematisierten seine Vorstellungen in ihren Sitzungsprotokollen 1828-1830 als »Lehre Saint-Simons«. – Nach: Die Frühsozialisten 1789-1848, hg. von Michael Vester, Bd. 1, Reinbek bei Hamburg: Rowohlt 1970 (rk 264-266), S. 235.

finde ich bei meinem Vater Zustimmung] Laut Grawitz S. 73 durch einen Brief Aleksandr Bakunins vom 30. 3.1840.

wenn Du und Deine Freunde die 5000 Rubel geben] Herzen sagte sofort 1000 Rubel zu, machte aber keine Versprechungen für die Zukunft (Grawitz S. 74).

26 Brief an Herzen // Berlin, 23. Oktober 1840

Überlieferung

Bakunins erster erhaltener Brief aus Berlin an Herzen, dessen finanzielle Unterstützung ihm die Übersiedlung ermöglicht hatte, schildert neben Lebensumständen des neuen Studienortes vor allem seine Neugier auf neue Literatur aus Rußland und Nachrichten von den zurückgelassenen Moskauer Freunden. Bakunin erwähnt eingangs seine (von Ball fortgelassene) erwartungsvolle Begegnung mit dem rechtshegelianischen Berliner Philosophieprofessor Karl Friedrich Werder.

Ball übernimmt in seinem Zitat aus dem Ende des Briefes nicht mehr Max Nettlaus abweichende Übersetzung aus dem Russischen (Nettlau, Biogr. S. 40), sondern folgt direkt dessen Hinweis in Anm. 144 auf die deutsche

KOMMENTAR ZU S. 26   235

Übersetzung in SP. In seiner Schrift »Zur Kritik der deutschen Intelligenz« zitiert Ball später aus derselben Briefstelle und weist SP als Quelle nach (SW 5 S. 158 und 331).
DV: T² I, S. 18. Ü: Aus dem Russischen von Boris Minzès. Q: SP S. 5-6. O: M. Bakunin: Brief an Alexander Herzen, Berlin 23.10.1840. Russisches Manuskript 4 Seiten. Standort: Moskau, Rossijskij Gosudarstvennyi Archiv Literatury i Iskusstva; Signatur f.2197 o.1 ed.chr.208. – Übersetzt aus dem russischen Manuskript der nachfolgenden Buchpublikation: Pis'ma M. A. Bakunina k A. I. Gercenu i N. P. Ogarevu. S priloženiem ego pamfletov, biografičeskim vvedeniem i ob-jasnitel'nymi primečanijami M. P. Dragomanova, Genf 1896. E: Lt. Nettlau, Biogr. Anm. 129 und 144: Ivo prepuki wedawcyk dejatetelei, Moskau: Russkaia Myslo, Juli 1892, S. 92-95. GA: CD-ROM und Reprint SSS Bd. 3, S. 31-34. GDA: Reprint SP S. 5-6.

Lesarten der Zitatquelle

26 *Tanajew*] Panajew [Lesefehler Balls; s. Erläuterungen]

Erläuterungen

26 *Ketscher*] Der Arzt und Übersetzer (u. a. von Shakespeare und Schiller) Nikolaj Kristoforovič Kečer (1809-1886) war Mitglied des Moskauer philosophischen Kreises um Stankevič und Freund von Herzen und Ogarev. Später trat er mit reaktionären Ansichten hervor und verteidigte die Autokratie. »Ketscher war«, bezeugt Herzen, »ganz bewußt ein gebildeter Wilder, ein Pionier à la Cooper, der mit Vorbedacht in den Urzustand des Menschengeschlechts zurückgekehrt war, grob aus Prinzip, schlampig auf Grund einer Theorie, ein fünfunddreißigjähriger Student in der Rolle eines Schillerschen Jünglings« (HL Bd. 2, S. 406).
wie steht es mit der russischen Journalistik] Zeitschriften waren in Rußland zum Diskussionsort der verschiedensten politischen, ideologischen und ästhetischen Richtungen geworden. Es begann die Ära der sogenannten ›dicken Zeitschriften‹, in denen sämtliche literarische Neuerscheinungen abgedruckt wurden, noch bevor sie in Buchform herauskamen. Zugleich mit solchen Vorabdrucken erschienen Kommentare der bedeutendsten Kritiker (u. a. Belinskij und Dobroljubov). Die Namen der bekanntesten russischen Literaten verbanden sich mit »ihren« Zeitschriften. Spätestens ab Mitte des 19. Jahrhunderts spielten sie eine führende Rolle auch in bezug auf die gesellschaftspolitischen Diskussionen der Zeit. In den Zeitschriften fanden die Auseinandersetzungen zwischen Slavophilen und Westlern statt, Diskussionen über die großen Reformen um 1860 (Aufhebung der Leibeigenschaft) und später, soweit es die Zensur zuließ, über revolutionäre Bewegungen.
Jassykow] Michail Aleksandrovič Jazykov (1811-1885) war Direktor der Kaiserlichen Glasfabrik. Er gründete öffentliche Bibliotheken in Kaluga und Novgorod, trat selbst nicht als Autor in Erscheinung, stand aber den Literaten der 1840er Jahre nahe. Er war eng mit Belinskij befreundet, der ihn an der Redaktion der Zeitschrift ›Der Zeitgenosse‹ (Sovremennik) mitarbeiten ließ. (Vgl. Kommentar von Steklov in SSS Bd. 2, S. 484.)

Tanajew] Schreibfehler von Ball; in der Zitatquelle steht: »Panajew« (SP S. 6). Gemeint ist der Schriftsteller und spätere ›Sovremennik‹-Redakteur Ivan Ivanovič Panaev (1812-1862). Auch er gehörte zum Kreis um Stankevič und verfasste literarische Erinnerungen. *Ist nicht etwas Neues von Puschkins, Gogols und Lermontows Werken erschienen?*] Aleksandr Sergeevič Puškin (1799-1837) war zu diesem Zeitpunkt bereits seit drei Jahren tot. Da die Zensur aber einige seiner Werke zu Lebzeiten verboten hatte, war durchaus noch »etwas Neues« von ihm zu erwarten. Zudem arbeitete Pavel Annenkov an einer ersten kritischen Puškinausgabe. – Nikolaj Vasil'evič Gogol (1809-1852), der aus der Ukraine stammte, galt beim liberalen und kritischen Publikum mit seiner Komödie »Der Revisor« und seinen Erzählungen und Novellen als wichtigster lebender Autor Rußlands. Der erste Teil seines Romans »Die Toten Seelen« erschien erst zwei Jahre später, 1842. – Michail Jur'evič Lermontov (1814-1841), der vor allem als Lyriker bekannt war, schrieb bereits an seinem Roman »Ein Held unserer Zeit«. *Wetlitzky*] nicht ermittelt; auch in HL nicht erwähnt.

27 [Über offizielle und revolutionäre Hegelianer]

Überlieferung

Bakunins 1873 entstandene und gedruckte Abhandlung »Staatlichkeit und Anarchie« gehört zu den wenigen Schriften, die er noch in seiner Spätzeit auf Russisch schrieb, während er für seinen westeuropäischen Wirkungskreis das Französische bevorzugte. Sie liegt erst seit 1972 in deutschen Ausgaben vor und ist zuletzt 2007 in der erweiterten Zweitauflage von AS Bd. 4 erschienen.
Hugo Ball zitiert eine kurze biographisch relevante Passage, die Max Nettlau im 1896 entstandenen dritten Kapitel seiner handschriftlichen Bakunin-Biographie aus dem Russischen übersetzt hatte. In der Folge der zitierten Dokumente rückt hier erstmals der Linkshegelianismus in den Blick, dem Bakunin nach seiner Übersiedlung in Berlin begegnete.

DV: T² I, S. 19-20. **Ü:** Max Nettlau aus dem Russischen. **Q:** Übersetztes Zitat in Nettlau, Biogr. S. 41; Nachweis Anm. 156. **O/E:** M. A. Bakunin: Gosudarstvennost' i Anarchija. Vvedenie. Čast' I. Izdanie Social'no-Revoljucionnoj Partii. Tom I, Zürch-Genf 1873, S. 206. **GA:** CD-ROM und Œuvres Bd. 4, S. 110 und 308. **GDA:** Andere Übersetzungen: Stuke S. 558-559 und AS Bd. 4, S. 275-276.

Lesarten der Zitatquelle

27   *Die eine, die konservative Partei*] Eine von ihnen, nämlich die conservative Partei
  […]. Sie stützte sich dabei auf den bekannten Standpunkt Hegels] […], sich auf den bekannten Ausspruch Hegels stützend
  die schon Hegel selbst als Ideal eines politischen Organismus dargestellt hatte] die schon von Hegel selbst als Ideal eines politischen Organismus dargestellt worden war.

KOMMENTAR ZU S. 27 237

sie riss seiner Lehre die konservative Maske herunter und zeigte die erbarmungslose Verneinung, die deren wahre Essenz bildete, in ihrer ganzen Na[c]ktheit] sie riss seiner Lehre die conservative Maske ab und stellte in ihrer ganzen Nacktheit dar die erbarmungslose Verneinung, die ihre wahre Essenz bildete
An der Spitze dieser Partei stand der bekannte Ludwig Feuerbach, den die logische Konsequenz nicht nur zur Leugnung jeder göttlichen Welt [...] führte] An der Spitze der Partei stand der bekannte Feuerbach, den die logische Consequenz nicht nur zur vollständigen Leugnung jeder göttlichen Welt [...] führte

Erläuterungen

27 »*Alles Bestehende ist vernünftig«]* Vgl. S. 22 –»Was wirklich ist, ist vernünftig; und / Was vernünftig ist, ist wirklich«.
Ludwig Feuerbach] Ludwig Feuerbach (1804-1872) studierte 1823-28 zunächst Theologie, dann Philosophie, hörte Hegel in Berlin, promovierte 1828 in Erlangen, wo er bis 1832 als Privatdozent lehrte. Bereits seine erste Veröffentlichung »Gedanken über Tod und Unsterblichkeit« (1830) verhinderte eine weitere akademische Laufbahn. Er lebte 1837-60 in Bruckberg bei Ansbach, wo er sich als Teilhaber einer Porzellanfabrik die wirtschaftliche Unabhängigkeit für seine philosophische Schriftstellerei sicherte. Er wurde mit Werken wie »Das Wesen des Christentums« (1841) zu einem der meistgelesenen Exponenten des deutschen Linkshegelianismus und begründet einen »anthropologischen Materialismus« (Alfred Schmidt), der die menschliche Physis anstelle göttlicher Perfektionsideale zum Maß der Dinge machte. Während der Revolution 1848/49 hielt er berühmte Vorlesungen über »Das Wesen der Religion« im Heidelberger Rathaussaal, die u. a. von Gottfried Keller und dem Materialisten Jakob Moleschott gehört wurden. Nach Liquidation der Porzellanfabrik übersiedelte er 1860 nach Nürnberg und trat 1870 der Sozialdemokratischen Arbeiterpartei bei. – Feuerbach hatte großen Einfluß auf die atheistischen Richtungen des 19. Jahrhunderts. Dies gilt auch für Karl Marx, der ihn jedoch seit Mitte der 1840er Jahre wegen seines rein betrachtenden Weltverständnisses scharf kritisierte. Bakunin hat ihm dagegen ein dankbares Andenken bewahrt und nannte ihn noch 1871 den »sympathischsten und menschlichsten unter den deutschen Denkern« (AS Bd. 4, S. 492). Eine persönliche Verbindung Bakunins zu Feuerbach scheint indessen nicht bestanden zu haben (Nettlau, Biogr. Anm. 157).
Büchner] Der Philosoph Ludwig Büchner (1824-1899), aufgewachsen unter Einfluß seines älteren Bruders Georg Büchner, dessen literarischen Nachlaß er 1850 edierte, studierte wie dieser Medizin in Gießen, wo er 1848 promovierte. Er wurde 1852 Privatdozent in Tübingen und mußte seine akademische Stellung nach Kontroversen um sein Werk »Kraft und Stoff« (1855) aufgeben, das ihn zu einem der meistgelesenen Vertreter von materialistischer Philosophie und naturwissenschaftlicher

Aufklärung in Deutschland machte. Nach Ende seiner akademischen Laufbahn lebte er in seiner Geburtsstadt Darmstadt als populärwissenschaftlicher Schriftsteller. Dort entstanden u. a. die Werke »Natur und Geist«, »Der Gottesbegriff und dessen Bedeutung in der Gegenwart«, »Liebe und Liebesleben in der Tierwelt«, »Darwinismus und Sozialismus«. – Büchner war 1867 Teilnehmer am 2. Kongreß der Internationale in Lausanne und wurde als führendes Mitglied der Volkspartei 1868 zum 2. Kongreß der Friedens- und Freiheitsliga in Bern deligiert. Dort dürfte Bakunin ihm begegnet sein.

Marx] Während seines ersten Berlinaufenthaltes scheint Bakunin mit dem damaligen Doktoranden Karl Marx (1818-1883) noch nicht bekannt gewesen zu sein, der bis März 1841 noch an der Berliner Universität immatrikuliert war und anschließend in Jena promovierte. Beide begegneten sich erst 1844 in Paris (Stuke S. 402-403). Aus der anfänglichen Freundschaft entspannen sich später heftige Konflikte und Rivalitäten (vgl. AS Bd. 5).

28 Aus den »Tagebüchern« Varnhagen von Enses

Überlieferung

Von der Romantik bis zum literarischen Vormärz war der wegen demokratischer Ansichten aus dem Amt entfernte Ex-Diplomat und Essayist Karl August Varnhagen von Ense in Berlin eine vermittelnde Instanz, zu der es nicht zuletzt die jungen Russen hinzog. Er sprach Russisch, verfolgte ihre Literatur und hatte über Puškin geschrieben. Und er konnte Kontakte vermitteln, so für Bakunin zu Bettine von Arnim, in deren Salon er ihn 1840 einführte (vgl. S. 72 – »Bettina (von Arnim)«).

Hugo Ball zitiert Varnhagens Tagebucheinträge vom 19.10.1840, 7.11.1840 und 10.1.1841 nach Auszügen in Nettlaus handschriftlicher Bakunin-Biographie.

DV: T² I, S. 21. Ü: Original deutsch. Q: Zitat in Nettlau, Biogr. S. 41-42. O/E: Varnhagen Bd. 1, S. 232, 235 und 263. GDA: Für die Tagebuchnotiz zum 10.1.1841: Lehning S. 52.

Lesarten der Zitatquelle

28   *Einen Brief Nemerows*] Einen Brief Neweroff's [Lesefehler Balls; s. Erläuterungen]

Erläuterungen

28   *Varnhagen von Enses*] Der aus Düsseldorf stammende Arztsohn Karl August Varnhagen von Ense (1785-1858) hatte schon in jungen Jahren Verbindungen zur Literaturszene der Berliner Romantik und gab 1804-06 mit Adelbert von Chamisso einen »Musenalmanach« heraus. Er studierte 1806-08 Medizin in Halle und Tübingen, wo er Kontakte zur Schwäbischen Romantik knüpfte. Während der napoleonischen Kriege stand er 1809-12 in österreichischen und 1813 in russischen

Diensten. Er kam als persönlicher Referent des preußischen Staatskanzlers Hardenberg 1814 zum Wiener Kongreß und 1815 als Pressebevollmächtigter nach Paris. 1816-19 war er preußischer Geschäftsträger am badischen Hof in Karlsruhe. Wegen demokratischer Anschauungen wurde er auf Metternichs Betreiben abberufen, 1822 aber vom preußischen König praktisch folgenlos rehabilitiert. 1824 offiziell in den Ruhestand versetzt, aber 1825 zum Geheimen Legationsrat ernannt und 1826 geadelt, war er bis 1834 noch gelegentlich in diplomatischen Missionen tätig und lebte meist als Schriftsteller in Berlin. – Nach Anfängen als Erzähler und Lyriker ging er seitdem ganz zur Geschichtsschreibung, Biographik, Editorik und Literaturkritik über und baute sein weitreichendes Netz von literarischen Kontakten aus. Seit 1808 Freundschaft und 1814 Vermählung mit Rahel Levin (1771-1833), die seit 1820 im Berliner Hause ihren zweiten legendären literarischen Salon unterhielt. Nach ihrem Tod veröffentlichte er 1833 »Rahel. Ein Buch des Andenkens für ihre Freunde«. Varnhagen unterstützte danach die aufkommende Bewegung des Jungen Deutschland. Seit 1837 erschienen seine gesammelten Essays »Denkwürdigkeiten und Vermischte Schriften«. Aus Gesundheitsgründen lehnte er während der Revolution 1848 die ihm angetragene Kandidatur zur Nationalversammlung ab. Nach seinem Tod begannen 1860 die jahrzehntelangen Veröffentlichungen seiner Nichte Ludmilla Assing (siehe *S. 146*) aus dem Nachlaß, vor allem aus den Tagebüchern. Für die Jahre 1840/41 und 1848 sind darin auch Besuche von Bakunin bezeugt.

19. Oktober 1840] Laut Nettlau, Biogr. Anm. 143 handelt es sich bei Varnhagens Tagebuchnotiz um das erste Zeugnis von Bakunins Anwesenheit in Berlin. Er empfahl sich Varnhagen durch seine zwei Jahre zuvor erschienene Übersetzung aus Bettine von Arnims »Goethes Briefwechsel mit einem Kinde«. In demselben Eintrag hält Varnhagen fest: »Von seiner Übersetzung der Briefe Bettinens sind nur Bruchstücke gedruckt, die übrige Handschrift ist in Verlust geraten.« (Varnhagen Bd. 1, S. 232) Diese Passage ist in Balls Zitatquelle ausgelassen.

einen Brief Nemerows an mich hat er verloren] Balls Lesart des Namens in seiner handschriftlichen Quelle ist falsch. Gemeint ist Varnhagens früherer Russischlehrer: der Pädagoge und Schriftsteller Januarij Michajlovič Neverov (1810-1895), der – wie es bei Pfitzner heißt – »unzertrennliche, geistig weniger bedeutende« Freund von Stankevič, der zu dessen Moskauer Zirkel gehört, ihn auf seiner Auslandsreise bis Berlin begleitet hatte und 1839 ins russische Riga zurückgekehrt war. (Pfitzner S. 17 erwähnt erhaltene Briefe Neverovs an Varnhagen.) Auch Stankevič selbst und der Historiker Granovskij verkehrten bei Varnhagen. Möglicherweise führte also nicht nur Neverovs Empfehlung Bakunin und Turgenev zu dem in liberalen Moskauer Kreisen bekannten Varnhagen, der ihnen auch den Zugang zum Salon der Bettine von Arnim verschaffte (siehe *S. 72* – »Bettina (von Arnim)«). – Pfitzner schreibt Varnhagen einen gewissen Anteil an Bakunins Abstieg aus »den Höhen reiner Abstraktion zur Erde« zu (Pfitzner S. 17). Bakunin

traf Varnhagen auch im Sommer 1841 in Bad Kissingen. Aus dem Jahr 1847 datiert ein Brief Bakunins, in dem er sich bei Varnhagen für ein Buch bedankt. Vermutlich ging es um den 7. Bd. der »Denkwürdigkeiten und vermischten Schriften«, den dieser ihm hatte zukommen lassen. Mehrfach traf Bakunin im Jahr 1848 in Berlin mit Varnhagen zusammen, wo er den ehemaligen Diplomaten in seine »slawischen Pläne« einweihte. Nach der Festnahme und Auslieferung Bakunins an Rußland sammelte Varnhagen Zeitungsausschnitte und Informationen über Bakunin (Pfitzner S. 14-19).
Turgenjew] Siehe S. 21 - »Kreis junger Männer, zu denen Bjelinsky, Stankjewitsch, Annenkow, Turgenjew gehörten«.
Skatschkow] Pfitzner (S. 17) erwähnt Konstantin Andreevič Skačkov als einen der »Unbedeutenderen« unter den russischen Besuchern Varnhagens. Er ließ sich in Berlin zum Buchhändler ausbilden und wurde später Lehrer an der Handelsschule in Archangelsk (Nettlau, Biogr. Anm. 163).

29-30 Aus »Schelling und die Offenbarung«

Überlieferung

Ein Irrtum, dem Ball bei der Zusammenstellung der Textdokumente seines Breviers unterlag, war die von seinen Gewährsleuten Nettlau (Nettlau, Biogr. S. 42-43) und Dragomanow (SP S. XXIV) vertretene Autorenzuschreibung der 1842 anonym erschienenen Broschüre »Schelling und die Offenbarung«. Wie Bakunin gehörte auch Friedrich Engels zu den Besuchern von Schellings ersten Berliner Vorlesungen zur »Philosophie der Offenbarung«. Nettlau weist eine schon in der älteren Schelling-Literatur vertretene These zurück, daß es sich beim Anonymus um Friedrich Engels handele und hält dem entgegen, daß dessen Biographen dies nicht bezeugen. Aber aufgrund neuerer Brieffunde gilt Engels heute als Autor dieser linkshegelianischen »Kritik des neuesten Reaktionsversuchs gegen die freie Philosophie«, wie der Untertitel der anonymen Schrift lautet.
Ball konnte diese Belege noch nicht kennen und verwendet die von Nettlau angeführten Zitate ohne Zweifel an Bakunins Autorschaft. Ball konzentriert sich dabei auf die junghegelianische Apotheose des erwachten »Selbstbewusstseins der Menschheit« in den letzten Absätzen der von Nettlau umfangreicher exzerpierten Schrift.
DV: T^2 I, S. 22-24. **Ü:** Original deutsch. **Q:** Zitat in Nettlau, Biogr. S. 43-44. **O/E:** [Anonymus]: Schelling und die Offenbarung. Kritik des neuesten Reaktionsversuchs gegen die freie Philosophie, Leipzig: Robert Binder 1842. **GDA:** MEW Ergänzungsbd. 2, Berlin: Dietz 1977, S. 219-221.

Lesarten der Zitatquelle

Ball kürzt die in etwas altertümlicher Metaphorik gehaltenen Paraphrasen des Quellentextes.

29 *Die Sonne ist emporgestiegen, auf deren Licht*] Die Sonne ist emporgestiegen, der von allen Bergesgipfeln Opferfeuer entgegenlachten, deren Kunft von allen warten [Warten?!] heller Hörnerklang verkündete, auf deren Licht
als ein Palast] als ein herrlicher Königspalast
Fliehet nicht vor mir! Ich bin nicht verworfen, ich bin nicht abgefallen von der Wahrheit.] Fliehet doch nicht vor mir, ich bin ja nicht verworfen, nicht abgefallen von der Wahrheit,
herniedergestiegen] hernieder gekommen
sehet die Tore [...] gesprengt] sie hat die Thore [...] gesprengt
achtzehn Hundert] achtzehnhundert

Hinter Auslassungszeichen setzt Balls Zitat nach dem ersten Drittel des folgenden Absatzes wieder ein:

29f. *zu Königen macht .. Das ist unser Beruf, dass wir unser Leben fröhlich einsetzen*] zu Königen macht, dass alle Herrlichkeit und Macht, alles Reich und Gewalt, alle Schönheit und Fülle dieser Welt zu ihren Füßen liegen und zu ihrer Verherrlichung sich opfern muss. Das ist unser Beruf, dass wir dieses Grals Tempeleisen werden, für ihn das Schwert um die Lenden gürten und unser Leben fröhlich einsetzen

30 *wem sie einmal in all ihrem Glanze erschienen ist*] wem sie einmal im stillen nächtlichen Kämmerlein in all ihrem Glanze erschienen ist
entgegenstellen] entgegensetzen
mitten in das Getriebe: – das ist das Reich] mitten in das Getriebe, und seine innerste, lebendigste, selbstbewußte Seele wird, das ist die Quelle alles Heils und aller Erlösung; das ist das Reich
auf der Erde] auf der Welt
Flammen, die eine alte Welt vernichten] Flammen, die eine alte Zeit vernichten

Erläuterungen

29 *»Offenbarungsphilosophie«*] Die Berufung des Philosophen Friedrich Wilhelm Joseph von Schelling (1775-1854) an die Berliner Universität 1841 wurde vor allem als kulturpolitische Reaktion auf den religionskritischen Linkshegelianismus verstanden. Mit Vorlesungen zur »Philosophie der Offenbarung« nahm Schelling seine Berliner Lehrtätigkeit auf. In der auch von Bakunin besuchten Eröffnungsvorlesung am 11. November 1841 erläuterte er seine Aufgabe, als Korrektiv der zeitgenössischen Kritik zu wirken: »Noch nie hat sich gegen die Philosophie eine so mächtige Reaktion von Seiten des Lebens erhoben, als in diesem Augenblick. [...] Nur tiefe Unerfahrenheit indeß könnte sich einbilden, daß die Welt bereit sey, jedes Resultat, das man ihr als Ergebniß gründlicher und strenger Wissenschaft versichert oder darstellt, jedes Resultat ohne Umstände sich auflegen zu lassen. [...] Keine Philosophie, die auf sich etwas hält, wird zugestehen, daß sie in Irreligion ende.« (Friedrich Wilhelm Joseph Schelling: Philosophie der Offenba-

rung. Reprographischer Nachdruck der Ausgabe von 1858, Bd. 2, Darmstadt: Wissenschaftliche Buchgesellschaft 1983, S. 363)
»*Schelling und die Offenbarung. Kritik des neuesten Reaktionsversuches gegen die neue Philosophie*«] Die anonym erschienene Broschüre trug den Titel: Schelling und die Offenbarung. Kritik des neuesten Reaktionsversuchs gegen die freie Philosophie, Leipzig: Robert Binder 1842. – Nettlau, aus dem Ball zitiert, gibt den Titel korrekt an; Ball wandelt »freie Philosophie« zu »neue Philosophie«.
Verfasser war Bakunin] Hier folgt Ball der falschen Zuschreibung des anonym erschienen Textes durch Nettlau, Biogr. (S. 42-43) und Dragomanow (SP S. XXIV). – Bezeugt ist die Autorschaft inzwischen durch Briefe von Friedrich Engels an Arnold Ruge vom 19.4.1842 (in: Marx-Engels-Jahrbuch 3, 1980, S. 296) und vom 15.6.1842 (in: Karl Marx/ Friedrich Engels: Werke. Bd. 27, Berlin: Dietz 1976, S. 404). Ruge besprach die Broschüre unter Wahrung der Anonymität in seiner Zeitschrift: Deutsche Jahrbücher für Wissenschaft und Kunst, Nr. 126 und 127 (28. und 30.5.1842), S. 502ff. – Wie Bakunin gehörte auch Engels zu den Besuchern von Schellings ersten Berliner Vorlesungen. Vgl. Věra Macháčková: Der junge Engels und die Literatur (1838-1844), Berlin: Dietz 1961, S. 246-254.

31-35   Aus »Die Reaktion in Deutschland«

Überlieferung

Bakunins erste deutschsprachige Veröffentlichung erschien in mehreren Folgen pseudonym in Arnold Ruges Dresdner Zeitschrift ›Deutsche Jahrbücher‹, einem zentralen Forum des Linkshegelianismus. Die Schlußsätze gehören zu den meistzitierten von Bakunin, dessen konservativer Hegelianismus sich nach seinen Berliner Gesprächen mit Bettine von Arnim und im Austausch mit Arnold Ruge gewendet hatte.
Der Aufsatz wird von Hugo Ball in Auszügen zitiert, die Max Nettlau im vierten Kapitel seiner handschriftlichen Bakunin-Biographie wiedergegeben hatte.

DV: T² I, S. 25-31. **Ü:** Original deutsch. **Q:** Zitat in Nettlau, Biogr. S 45-51. **O/E:** Jules Elysard [d.i. M. Bakunin]: Die Reaction in Deutschland. Ein Fragment von einem Franzosen. In: Deutsche Jahrbücher für Wissenschaft und Kunst Jg. 5, Nr. 247-251 (17.-21.10.1842), S. 985-987, 989-991, 993-995, 997-999 und 1001-1002. **GA:** CD-ROM und russisch in Reprint SSS Bd. 3, S. 126, 128-129, 131-133, 144-148. **GDA:** Beer 2, S. 61-96 und Michail Bakunin: Die Reaktion in Deutschland, Hamburg: Nautilus/Nemo Press und Edition Moderne 1984 (Kleine Bücherei für Hand und Kopf 1).

Welch programmatische Bedeutung Ball dem Aufsatz Bakunins noch nach der Verlagsabsage des »Breviers« durch Erich Reiss zumaß, zeigt sich auch in der Tatsache, daß er bei seinem Redaktionseintritt in der ›Freien Zeitung‹ einen Auszug daraus am 13.4.1918 abdruckte und ihn an den Schluß des im Herbst von ihm herausgegebenen Almanachs stellte (Almanach der Freien Zeitung. 1917-1918, Bern: Der Freie Verlag 1918, S. 301-305).

Lesarten der Zitatquelle

31 *Verheissung der Freiheit*] Realisierung der Freiheit
den schlechtesten Dienst erweisen würde.] den schlechtesten Dienst leisten würde.
tritt sie [...] in die Wirklichkeit ein] tritt sie [...] in die Wirklichkeit hinein
wenn sie aus den unendlichen Schwierigkeiten, die nicht nur aus dem Obskurantismus ihrer Gegner fliessen, die Unzulänglichkeit ihrer ganzen gegenwärtigen Existenz erkennen und daher begreifen wird] wenn sie aus den unendlichen Schwierigkeiten, die ihr im Wege stehen und die nicht allein, wie sie oft zu meinen scheint, aus dem Obskurantismus ihrer Gegner fliessen, sondern vielmehr aus der Fülle und Totalität der menschlichen Natur, die sich durch abstract theoretische Sätze nicht ausschöpfen lässt – erst wenn sie aus diesen Schwierigkeiten erkennen und daher begreifen wird

32 *sondern eine totale Umwandlung des Weltzustandes und ein in der Geschichte noch nie dagewesenes neues Leben, eine Religion;*] sondern eine totale Umwandlung desjenigen Weltzustandes und ein in der Geschichte noch nie gewesenes, ursprünglich neues Leben verkündigt, eine Religion ist,
sondern auch] sondern ihm treu auch
die Demokratie] die demokratische Partei
ist es vorbehalten] uns allein ist es vorbehalten
Das Prinzip der theoretischen Freiheit] Das Prinzip der theoretischen Freiheit z.B.
an denen der Katholizismus so reich ist.] an denen der Katholizismus so reich war.

33 *errichteten Tempels*] erhobenen Tempels
dass diese Worte die gänzliche Vernichtung [...] bedeuten?] dass diese Worte die gänzliche Vernichtung [...] andeuten?
ihrer erhabenen Bestimmung gemäss] ihrer erhabenen Bestimmung zufolge
in einem universal-praktischen Prinzipe] in einem universell-praktischen Prinzipe

34 *Augenblicke, in denen*] solche Augenblicke, in denen
gar nicht reden.] gar nicht sprechen.
Sehen Sie endlich in sich selbst] Sehen Sie endlich in sich
sind Sie nicht bis ins Mark von ihr durchdrungen, gelähmt und gebrochen?] Sind Sie nicht durch und durch von ihr durchdrungen und durch sie gelähmt und gebrochen?

35 *Den Positiven*] Den Positivisten [Lesefehler Balls; s. Erläuterungen]

Erläuterungen

31 *1842 siedelte Bakunin zu Arnold Ruge nach Dresden über.*] Der demokratische Publizist Arnold Ruge (1802-1880) kam bereits als studentischer Burschenschafter 1825-30 in Festungshaft. Nach einem Studium

der Theologie und klassischen Philologie lehrte er in Halle 1831 am Pädagogium und nach seiner Habilitation (über »Platonische Ästhetik«) 1832-36 als Privatdozent für historische Philologie und alte Philosophie. Er befreundete sich mit dem Hegelianer Karl Rosenkranz und entwickelte aus intensiven Hegelstudien ein Zeitschriftenprojekt, das er als freier Publizist ab 1837 gemeinsam mit Ernst Theodor Echtermeyer in den ›Hallischen Jahrbüchern‹ realisierte, die mit Autoren wie David Friedrich Strauß und Ludwig Feuerbach zum wichtigsten Publikationsorgan des Linkshegelianismus wurden. Um der preußischen Zensur zu entgehen, übersiedelte Ruge 1841 ins liberalere Dresden, wo er als alleiniger Herausgeber die Zeitschrift bis 1843 unter dem neuen Titel ›Deutsche Jahrbücher für Wissenschaft und Kunst‹ fortführte. Bakunin, der Ruge bei einem ersten Dresdenbesuch im Herbst 1841 kennengelernt hatte, verließ im Frühjahr 1842 die Berliner Universität und zog nach Dresden, wo er für Ruges Zeitschrift seinen Aufsatz über »Die Reaktion in Deutschland« schrieb. – Nachdem die Zeitschrift 1843 auch durch die sächsische Regierung unterdrückt wurde, emigrierte Ruge nach Paris, wo er mit Karl Marx 1844 die ›Deutsch-Französischen Jahrbücher‹ herausgab, an denen sich Bakunin ebenfalls mit einem Beitrag beteiligte. 1845 übersiedelte Ruge nach Zürich und beteiligte sich dort an Fröbels ›Literarischem Comptoir‹. 1846 kehrte er nach Leipzig zurück, wo er eine eigene Verlagsbuchhandlung eröffnete und im Revolutionsjahr 1848 seine Zeitschrift ›Reform‹ herausgab und Bakunin wiederbegegnete. Im April 1848 wurde Ruge in die Frankfurter Nationalversammlung gewählt und gehörte zur parlamentarischen Linken. Nach Niederschlagung der Revolution 1849 emigrierte er nach London, wo er u. a. mit Mazzini, Kossuth und Ledru-Rollin das ›Europäische demokratische Komitee für die Solidarität der Partei ohne Unterschied der Völker‹ gründete. 1850-80 arbeitete er als Deutschlehrer in Brighton und bezog seit 1877 als rehabilitierter Liberaler einen preußischen Ehrensold. Neben zahlreichen politischen und zeitkritischen Schriften veröffentlichte Ruge auch Dramen, Novellen und Übersetzungen. – Über seinen ersten Eindruck von Ruge schrieb Bakunin am 22.10.1841 in einem Brief an seine Familie: »Er ist ein interessanter, bemerkenswerter Mensch – bemerkenswert mehr als Journalist, mehr als ein Mensch mit ungewöhnlich starkem Willen und mehr durch die Klarheit seiner Vernunft, als durch seine spekulativen Fähigkeiten. Er verhält sich ausnahmslos feindlich allem gegenüber, das auch nur den geringsten Anflug von Mystizismus enthält. Es versteht sich von selbst, daß er infolge dessen in größte Einseitigkeit verfällt in allem, was Religion, Kunst und Philosophie betrifft. Aber in vieler anderer Hinsicht wird diese Einseitigkeit und seine abstrakte Ausrichtung den Deutschen großen Nutzen bringen und sie aus ihrem verfaulten, goldenen, unbeweglichen Milieu reißen, in das sie sich schon so lange vergraben haben.« (Russisch in SSS Bd. 3, S. 65) Nach den Berliner Gesprächen mit Bettine von Arnim entwickelte sich die Politisierung von Bakunins Denken entscheidend durch die Dresdner Zusammenarbeit mit Arnold Ruge.

unter dem Pseudonym Jules Elysard] Da politische Beschränkungen der Publikationsfreiheit für Untertanen des russischen Zaren auch bei Auslandsaufenthalten galten und gerade bei kritischen Äußerungen zur Zeitsituation mit der Wachsamkeit von Gesandtschaften und Geheimdienst zu rechnen war, zog Bakunin es vor, seine ersten deutschsprachigen Veröffentlichungen nicht mit eigenem Namen zu zeichnen. – 1843 veröffentlichte Bakunin seinen Artikel »Der Kommunismus« (s. u. S. *40ff.*) als anonymen Dreisterne-Artikel. Sein Beitrag zu den ›Deutsch-Französischen Jahrbüchern‹ erschien 1844 unter schwer identifizierbarem Kürzel. – Für seinen Aufruf zur demokratischen Erneuerung in den ›Deutschen Jahrbüchern‹ wählte er – wohl auch wegen der perspektivischen Plausibilität – ein französisches Pseudonym: Jules Elysard. Soweit bekannt, hat er dieses Pseudonym für spätere Publikationen nicht mehr verwendet. Allerdings bezeugt Varnhagen (s. u. S. *72*), daß Bakunin sich im revolutionären Berlin 1848 unter dem Decknamen »Jules« aufhielt. (Carr S. 116) sieht in der Wahl des Pseudonyms ein Anzeichen für Bakunins Wendung vom Hegelianismus zur französischen Sozialtheorie. Ein Jahr zuvor hatte er Lamennais' »Politique du peuple« gelesen. Dragomanow (wie auch Carr S. 115) schreibt, daß in den Moskauer philosophisch-literarischen Zirkeln, wo man sich mehr und mehr dem linken Hegelianismus zuwandte, der mit Jules Elysard gezeichnete Artikel großen Beifall erhielt – ohne daß man wußte, wer sich hinter dem Pseudonym verbarg. Herzen notierte am 7.1.1843 in sein Tagebuch: »Ein künstlerisch-vortrefflicher Aufsatz. Und dies ist beinahe der erste Franzose (den ich kenne), der Hegel und die deutsche Denkweise verstanden hat. Es ist ein lauter, offener, siegesbewußter Aufschrei der demokratischen Partei, die voll Kraft ist und der Sympathien der Gegenwart, sowie der ganzen Nachwelt sicher, den Konservativen als Leuten, die die Macht haben, die Hand entgegenstreckt und, mit unglaublicher Klarheit ihnen den Sinn ihres anachronistischen Strebens enthüllt und sie in den Schoß der Menschheit zurückruft. Dieser ganze Aufsatz ist von A bis Z merkwürdig. Wenn die Franzosen es unternehmen werden, die deutsche Wissenschaft zu verallgemeinern und zu popularisieren, selbstverständlich, nachdem sie sie verstanden haben, dann wird die große Phase der Bethätigung eintreten. Der Deutsche besitzt noch nicht die Sprache dazu. Hier könnten auch wir unsere Schärflein beitragen.« Zehn Tage später, nachdem er von der Identität des Autors erfahren hatte, kommentierte Herzen: »Nachricht über Jules Elisard. Er reinigt sich von seinen früheren Sünden.... 15. Februar: Brief von Jules Elisard.... Mit seinem Geist hat er es erreicht, dem Spinngewebe, in dem er saß, zu entschlüpfen.« (Zitiert durch Dragomanow in SP S. XXVI.)

die Erkenntnis ihrer momentanen Schwäche und der relativen Kraft ihrer Gegner.] Seit den Karlsbader Beschlüssen 1819 und der ›Wiener Schlußakte‹ von 1820 wurden die nationalen, liberalen und demokratischen Bewegungen im Bereich des Deutschen Bundes aufs äußerste beschränkt und einer ›Demagogen-Verfolgung‹ mit polizeistaatlichen Mitteln ausgesetzt. Alle Publizistik unterlag einer strengen Zensur.

Namhafte Autoren wie Ludwig Börne und Heinrich Heine emigrierten. Mit Aufkommen der jungdeutschen Bewegung nach der Pariser Julirevolution von 1830 sprach der Frankfurter Bundestag 1835 ein Verbot jeder Form von Tendenzpoesie aus. Die Zensurpraxis trug auf ihre Weise zur Radikalisierung des Zeitgeistes bei, der durch eine mit der »Rheinkrise« 1840 ausgelöste nationale Begeisterungswelle getragen war und in den Jung- bzw. Linkshegelianern kritische Verteter fand. Neue Hoffnungen auf eine Liberalisierung weckte anfangs die Thronbesteigung Friedrich Wilhelms IV., der 1840 eine Amnestie für alle politischen Vergehen erließ und 1841 die Lockerung der Zensurbestimmungen in Preußen verfügte, aber in der politischen Praxis reaktionär und klerikal-romantisch orientiert blieb. Dies zeigte sich auch im Verbot der ›Hallischen Jahrbücher‹ und in der Ausweisung von Georg Herwegh. In diesem Sinne argumentierte Bakunin gegen Illusionen seiner vormärzlichen Zeitgenossen.

32 *Wir müssen nicht nur politisch, sondern in unserer Politik auch religiös handeln, religiös im Sinne der Freiheit,*] Dies blieb ein Grundsatz für Hugo Ball, den er in seiner Schrift »Zur Kritik der deutschen Intelligenz« (1919) entfaltete. In einer Revision fataler deutscher Traditionen versuchte Ball dort, »das neue Ideal ausserhalb des Staates und der historischen Kirche in einer neuen Internationale der religiösen Intelligenz zu begründen.« (SW Bd. 5, S. 140)

33 *des durch die Revolution errichteten Tempels der Freiheit*] Die 1758-89 über dem Pariser Quartier Latin errichtete klassizistische Kirche Sainte-Geneviève wurde 1791 von der Konstituierenden Versammlung als ›Pantheon‹ dem Kultus »der Großen Männer der Epoche der Freiheit Frankreichs« gewidmet. Als erster wurde Mirabeau nach seinem Tod im selben Jahr in diesem nationalen Mausoleum beigesetzt. Ein Vierteljahr später fand mit großem Gepränge die Überführung der Asche Voltaires statt. Es folgten Rousseau und viele andere Vorkämpfer und Repräsentanten der Republik. Nach der Restaurationsära wurde das Pantheon mit der Julirevolution 1830 seiner Bestimmung als nationale Gedenkstätte zurückgegeben. Im 1831-37 gestalteten Portikusgiebel wurde die Inschrift »Aux Grands Hommes, la Patrie Reconnaissante« (Den großen Männern das dankbare Vaterland) angebracht.

Kant] Immanuel Kant (1724-1804) wurde Bakunin zunächst durch seine »Kritik der reinen Vernunft« vertraut. Stankevič hatte ihm das Werk 1835 zur Lektüre nach Prjamuchino geschickt. Die Faszination Kants wurde allerdings schon in der Moskauer Studienzeit bald durch jene von Fichte abgelöst. (Grawitz S. 40 und 47)

Fichte] Vgl. S. 21 – »Fichte«.
Schelling] Vgl. S. 29 – »Offenbarungsphilosophie«.
Hegel] Vgl. S. 21 – »Hegel«.
die weise Regierung Ludwig Philipps] Der französische »Bürgerkönig« Louis Philippe I. (1773-1850) war als Sohn des 1793 guillotinierten Herzogs von Orléans aufgewachsen, der als reichster Grundbesitzer im Ancien régime gegen den königlichen Absolutismus agierte und als

Abgeordneter in der verfassunggebenden Versammlung und im Konvent für die Revolution Partei ergriff. Louis Philippe engagierte sich zunächst ebenfalls für die Revolution, zog sich aber dann bis 1800 in die Schweiz und die USA zurück und verwaltete bis 1830 seine Besitztümer. Nach der Julirevolution 1830 ließ ihn die großbürgerliche Partei zum »König der Franzosen« proklamieren. Er regierte zunächst mit liberalen Ministern, um seiner Politik bald danach durch Berufung von Ministern wie Guizot eine zunehmend konservative Orientierung zu geben. Auch aus dynastischen Interessen betrieb er eine an die absolutistischen Mächte angelehnte Außenpolitik, die die nationalen Bestrebungen (etwa der Polen) desavouierte. Im Inneren stützte er sich auf die politische Herrschaft des Finanzbürgertums und weigerte sich, dessen Macht durch eine Änderung der Wahlgesetze zu beschränken. In diesem Sinne als »der Bürgerkönig« zum Vertreter des ›Juste milieu‹ geworden, wurde er durch die Februarrevolution 1848 gestürzt und starb als Emigrant in England.

der revolutionäre Geist ist nicht überwunden; er ist nur, nachdem er durch seine erste Erscheinung die ganze Welt in ihren Fugen erschüttert hat, wieder in sich zurückgegangen; er hat sich nur vertieft, um bald wieder sich als affirmatives, schaffendes Prinzip zu offenbaren, und gräbt jetzt, wenn ich mich dieses Ausdrucks Hegels bedienen darf, wie ein Maulwurf unter der Erde.] Bakunin übernimmt für den »revolutionären Geist« eine Metapher Hegels für das Wirken des absoluten Geistes. Sie findet sich in dessen »Vorlesungen über die Geschichte der Philosophie«, die postum 1833-36 von seinem Schüler Karl Ludwig Michelet veröffentlicht wurden. An deren Schluß es heißt: »Ich habe versucht, diesen Zug der geistigen Gestaltungen der Philosophie in ihrem Fortgehen mit Andeutung ihres Zusammenhangs zu entwickeln, vor Ihren Gedanken vorüberzuführen. Diese Reihe ist das wahrhafte Geisterreich, das einzige *Geisterreich*, das es gibt, – eine Reihe, die nicht eine Vielheit, noch auch eine Reihe bleibt als Aufeinanderfolge, sondern eben im Sichselbsterkennen sich zu Momenten des *einen* Geistes, zu dem *einen* und demselben gegenwärtigen Geiste macht. Und dieser lange Zug von Geistern sind die einzelnen Pulse, die er in seinem Leben verwendet; sie sind der Organismus unserer Substanz. Auf sein Drängen – wenn der Maulwurf im Innern fortwühlt – haben wir zu hören und ihm Wirklichkeit zu verschaffen; sie sind ein schlechthin notwendiger Fortgang, der nichts als die Natur des Geistes selbst ausspricht und in uns allen lebt. Ich wünsche, daß diese Geschichte der Philosophie eine Aufforderung für Sie enthalten möge, den Geist der Zeit, der in uns natürlich ist, zu ergreifen und aus seiner Natürlichkeit, d. h. Verschlossenheit, Leblosigkeit hervor an den Tag zu ziehen und – jeder an seinem Orte – mit Bewußtsein an den Tag zu bringen.« (Georg Wilhelm Friedrich Hegel: Werke, Bd. 20: Vorlesungen über die Geschichte der Philosophie III, Frankfurt am Main: Suhrkamp 1970, S. 460-461) Die Maulwurf-Metapher wird vorher mit einem Zitat aus Shakespeares »Hamlet« eingeführt: »Er schreitet immer vorwärts zu, weil nur der Geist ist Fortschreiten. Oft scheint er sich vergessen, verloren zu haben; aber innerlich sich entgegengesetzt, ist er innerliches Fortarbeiten – wie Hamlet vom Geiste seines Vaters sagt, ›Brav gearbeitet, wackerer Maulwurf‹ –, bis er, in sich erstarkt, jetzt die Erdrinde, die ihn von seiner Sonne, seinem Begriffe, schied, aufstößt, daß sie zusammenfällt.« (l.c., S. 455)

34 *der furchtbarsten Anarchie preisgegeben.*] Das Wort Anarchie (von griech. anarchia = Herrschaftslosigkeit) gebrauchte der junge Bakunin durchaus noch im gängigen pejorativen Sinn (vgl. oben S. 21). Dies änderte sich erst gegen Ende der 1860er Jahre, als er seinen freiheitlichen »Anarchismus« gegen den »Staatssozialismus« marxistischer Prägung abzugrenzen begann, der nach seiner Prognose auf zwangvoll-diktatorische Ordungsprinzien hinauslaufen mußte.

35 *Den Positiven sagen wir*] Lesefehler Balls für: Den Positivisten sagen wir. – Gemeint sind nicht die Anhänger der späteren philosophischen Schule von Auguste Comte, sondern im Sinne der hegelianischen Kritik die Nicht-Negativisten, die konservativen Anhänger der gegebenen Umstände.

Die Lust der Zerstörung ist zugleich eine schaffende Lust.] Einer der meistzitierten Sätze Bakunins, hinter dem Bernd Kramer Bakunins – sonst nicht belegte – Lektüre des deutschen Jakobiners Georg Forster (1754-1794) vermutet, weil es in dessen Schrift »Entdeckungsreise nach Tahiti und in die Südsee« angesichts der Pariser Revolutionsereignisse bereits 1794 heißt: »Die Lust der Zerstörung ist auch eine schaffende Lust« (Kramer S. 214-215). Immerhin erwähnt Bakunin Forster in seinen undatierten »Tables historiques« über das 18. Jahrhundert unter dem Jahr 1794 als Begleiter von Cook (CD-ROM). –Allerdings ist die Denkfigur nur der Blickrichtung nach neu. Das Diktum »Destruam et Aedificabo«, das Proudhon später als Motto seiner »Philosophie des Elends« voranstellte, geht offenbar auf eine Umkehrung des Vulgata-Textes des Propheten Jeremias zurück: »aedificabo eos et non destruam« (Jeremias 24,6).

36 Aus »Erinnerung an Michael Bakunin« von Arnold Ruge (»Neue Freie Presse«, Wien, 1876)

Überlieferung

Ein Vierteljahr nach Bakunins Tod publizierte der linkshegelianische Publizist Arnold Ruge aus der englischen Emigration 1876 in der Wiener Zeitung ›Neue freie Presse‹ seine Erinnerungen an den einstigen Mitstreiter, dessen erste deutsche Schriften er veröffentlicht hatte. Aus diesen bietet auch Balls »Bakunin-Brevier« unmittelbar vor und nach diesen Erinnerungen Auszüge (s. 31-35 und 37-39).

Arnold Ruges Artikel wird von Hugo Ball – wie seine Lesarten zeigen – in Auszügen zitiert, die Dragomanow in der Einleitung zu SP wiedergegeben hatte. So auch bei einem späteren Zitat des Artikels zum Jahr 1848 (siehe oben S. 59-60).

DV: T² I, S. 32-33. **Ü:** Original deutsch. **Q:** Zitate durch Dragomanows Einleitung zu SP S. XXXV und XXXVII-XXXVIII; auch in Nettlau, Biogr. S. 45 (1. Absatz), 52 (2. Absatz) und 51 (3. Absatz). **O/E:** Arnold Ruge: Erinnerung an Bakunin. In: Neue freie Presse. Morgenblatt, Wien Nr. 4344 (28.9.1876), S. 1-3. [Ohne Jahrgang; die Nummern des Blattes wurden durchgehend gezählt.]. **GDA:** Reprint SP S. XXXV und XXXVII-XXXVIII und Lehning S. 56-58.

Lesarten der Zitatquelle

36 *den jungen Russen*] den Russen [Lesefehler Balls; s. Erläuterungen]
    den deutschen Philosophen und Politikern den Kopf zu waschen] den deutschen Philosophen und Politikern philosophisch den Kopf zu waschen

Erläuterungen

36 *als er der russischen Diplomatie verdächtig und in Dresden unsicher wurde*] Ebenso wie Ruge mit der sächsischen Zensur, mußte auch Bakunin mit erhöhter Aufmerksamkeit der russischen Gesandtschaft und der im Ausland zahlreich vertretenen Spitzel des Zaren rechnen, nachdem in Moskau bekannt geworden war, wer sich hinter dem Pseudonym Jules Elysard verbarg. Seine Freundschaft mit Herwegh machte ihn umso verdächtiger. Der Bericht eines Dresdner Polizeispitzels vom 30.10.1842 befaßt sich mit dem »ungefährlichen« Dresdner Liberalismus Dr. Ruges und erwähnt »zwei junge Russen, namens Bakunin« (Michail und seinen Bruder Pavel), »welche dies Jahr hier sind, und die wütend Liberale spielen« und Herwegh »keinen Augenblick verlassen.« (Lehning S. 55) Dieser reiste dann von Dresden nach Berlin, wo er sich mehrere Wochen lang aufhielt. Er wurde vom Preußenkönig Friedrich Wilhelm IV. empfangen, der ihm zwar Komplimente machte, auf preußischem Boden jedoch seine in der Schweiz publizierte Zeitschrift »Der Deutsche Bote« verbieten ließ. Herwegh protestierte öffentlich, indem er seinen Brief an den König in einer Zeitschrift abdrucken ließ und wurde daraufhin ausgewiesen. Er verließ Berlin am 29. Dezember 1842. Bakunin reiste ihm nach Karlsruhe hinterher. Am 6. Januar erreichten sie Straßburg und wenige Tage später Zürich. (Vgl. SSS Bd. 3, S. 441, Anm. 459)
    Georg Herwegh] Georg Friedrich Herwegh (1817-1875) wuchs als Sohn eines Stuttgarter Gastwirts auf, besuchte die Klosterschule Maulbronn und das Tübinger Stift. Nach kurzem Jurastudium kehrte er 1837 als freier Literat nach Stuttgart zurück, wo er mit literarischen Zeitschriftenbeiträgen für Lewalds »Europa« und Gutzkows »Telegraph für Deutschland« debütierte. 1839 Emigration in die Schweiz und Arbeit als Redakteur bei der oppositionellen Zeitung »Deutsche Volkshalle« in Konstanz. 1840 hielt er auf Einladung von August Follen Vorträge über deutsche Literatur in Zürich. 1841 wurde er durch seine (in Preußen verbotenen) »Gedichte eines Lebendigen« zur literarischen Berühmtheit, reiste nach Paris und war Korrespondent für die »Augs-

burger Allgemeine Zeitung« und Julius Fröbels »Schweizerischen Republikaner«. 1842 Triumphreise durch Deutschland mit Banketten, Fackelzügen und Ständchen seiner Leserschaft. In Dresden schloß er Freundschaft mit Bakunin, der sich ihm anschloß, als Herwegh – im Januar 1843 aus Preußen ausgewiesen – nach Zürich reiste. Er übersiedelte nach Baden im Baselland und heiratete dort die Berliner Seidenhändlerstochter Emma Siegmund, deren Mitgift ihm bis 1859 eine aufwendige Lebensführung ermöglichte. Bei der Hochzeit war Bakunin der Brautführer. Ab August 1843 wählten die Herweghs Paris als Wohnsitz und führten dort einen aufwendigen Salon, in dem u. a. Marx und Ruge verkehren. Bekanntschaft mit George Sand, Victor Hugo, Lamartine, Béranger. 1846 begegnete Herwegh bei einer Deutschlandreise in Freiburg Ludwig Feuerbach, der ihn früh beeinflußt hatte. Nach Teilnahme an der Februarrevolution 1848 wurde er Vorsitzender des Deutschen Revolutionskomitees in Paris und organisierte eine Deutsche Demokratische Legion aus Emigranten, die sich im April 1848 am Aufstand in Baden beteiligte. 1849 intensive Begegnungen mit Alexander Herzen in Genf. 1851 Verlegung des Wohnsitzes nach Zürich, wo er u. a. mit Richard Wagner, Franz Liszt, Gottfried Semper und dem Materialisten Jakob Moleschott verkehrte. 1860 schloß er Freundschaft mit Ferdinand Lassalle, für dessen Allgemeinen Deutschen Arbeiterverein er 1863 das Bundeslied dichtete. Nach einer Amnestie übersiedelten die Herweghs 1866 nach Baden-Baden, wo Herwegh gegen Preußen-Deutschland schreibt; 1869 trat er der Sozialdemokratischen Arbeiterpartei Deutschlands bei. Nachruhm als einer der bedeutendsten Lyriker der 48er Revolution.

wobei ich es den jungen Russen verdachte] Lesefehler Balls: wobei ich es den Russen verdachte.... – Ruge »verdachte« es den russischen Sicherheitskräften, daß sie Bakunins Umgang mit Herwegh für gefährlicher hielten, als den Umgang mit ihm, Ruge.

37-39   Petersinsel im Bielersee, Mai 1843

Überlieferung

In die Schweiz übergesiedelt, zog sich Bakunin kurze Zeit auf die durch Rousseaus Autobiographie berühmt gewordene Petersinsel im Bieler See zurück. Dort schrieb er im Mai 1843 den Brief, den Ruge zehn Monate später neben anderen Briefen namhafter Zeitgenossen mit für die Zensur kaum kenntlichen Namenskürzeln unter dem Titel »Ein Briefwechsel von 1843« veröffentlichte. – Gelegentlich wurden Zweifel an der Autorschaft geäußert (vgl. PhBr S. 137, Anm. 1).

Der Brief, dessen Original in keinem Archiv erhalten ist, wird auch auf der Amsterdamer CD-ROM in der Fassung des damaligen Abdrucks wiedergegeben. Von Ball wird der Text in Auszügen nach der Abschrift von Max Nettlau im fünften Kapitel seiner handschriftlichen Bakunin-Biographie zitiert.

DV: T² I, S. 34-37. Ü: Original deutsch. Q: Zitat in Nettlau, Biogr. S 53-55; Nachweis in Anm. 214. O/E: B. an R. In: Deutsch-Französische Jahrbücher, hg. von Arnold Ruge und Karl Marx, Paris: Im Büro der Jahrbücher, 1. und 2. Lieferung [Alles was erschienen] (März 1844), S. 28-31. GA: CD-ROM [deutsch und frz. Übersetzung] und [in russischer Übersetzung:] SSS Bd. 3, S. 211-215. GDA: CD-ROM sowie DFJ S. 114-118 und PhBr S. 134-137.

Lesarten der Zitatquelle

37   Sie sehen nur die Familie] Sie sehen nur die Familie [Ball ignoriert Nettlaus Hervorhebung]
seine engen vier Wände] ihre engen vier Wände
hervorlocken wird.] hervorlocken wird. [Im Anschluß läßt Ball ohne Markierung zwei Sätze aus]
zurückgeblieben] zurück gewesen
Aber es ist feig, zu verzweifeln.] Aber es ist darum jetzt nicht die Zeit die Hände in den Schoss zu legen und feig zu verzweifeln.
ihre Auferstehung …] ihre Auferstehung; [von Ball markierte Auslassung einer Paraphrase, die den Satz abschließt und ihm in ihrem pauschalen Priesterhaß vielleicht problematisch schien:] eine grosse Begeisterung für den Humanismus und für den Staat, dessen Princip nun endlich wirklich der Mensch ist, ein glühender Hass gegen die Priester und ihre freche Beschmutzung alles menschlich großen[!] und Wahren durchdringt wieder die Welt.
Die Philosophie [...] durchgeführt hat;] Die Philosophie [...] durchgeführt hat; [Ball ignoriert Nettlaus Hervorhebung]
ganz in der Vernunft] ganz in der Ordnung
Stirn haben] [Im Typskript: Stirnhaben (offensichtliche Fehlschreibung bzw. fehlende Spationierung)]

38   »*Vous petits hommes, revêtus [...] contre la philosophie!*«] Vous petits hommes, revêtus [...] contre la philosophie? [Ball ignoriert Nettlaus Hervorhebung]
bestätigt werden] bestätigt würden
…] [Die Punkte markieren hier keine Auslassung]
in politischer Hinsicht] in politischer Beziehung
hineinzubauen …] hineinzubauen. [Ball überspringt zwei Absätze]
in Ihrem Volke. Vermöcht ich es nur, mitzuwirken!] Edlen in Ihrem Volk. Vermöcht' ich es nur, mitzuwirken!
die deutsche Schmach, bester Diener aller Tyrannei zu sein] die Schmach der Germanen, die besten Diener aller Tyrannen zu sein
mit Frankreich] in Frankreich
wie bald ist ganz Frankreich ein öffentliches Wesen und sind seine Söhne politische Menschen geworden.] wie bald ist ganz Frankreich ein öffentliches Wesen und seine Söhne politische Menschen geworden

39   *vor Augen.*] vor Augen, wir können praktisch mit ihnen in Berührung kommen.
hervorragenden Köpfen] hervorstehenden Köpfen

Erläuterungen

37 *bereiteten in Paris die »Deutsch-Französischen Jahrbücher« vor.*] Ruge war 1843 nach Paris emigriert, nachdem auch in Sachsen seine ›Deutschen Jahrbücher‹ unterdrückt worden waren, die er dort fortführen zu können hoffte. Im selben Jahr emigrierte auch Marx, nachdem das Verbot der seit 1842 von ihm in Köln redigierten »Rheinischen Zeitung« unabwendbar wurde und Paris als Erscheinungsort für ein gemeinsames Zeitschriftenprojekt mit Ruge festgelegt war. Die deutsch-französische Zusammenarbeit wurde für ihr Vorhaben titelgebend – neben dem Anklang an die ›Deutschen Jahrbücher‹. Der erstrebte Brückenschlag zur französischen Szene gelang indessen nicht. Erwartbare Beiträge von angesprochenen französischen Autoren blieben jedoch aus. Bakunin blieb der einzige – durch Namenskürzel unkenntliche – nichtdeutsche Mitarbeiter. Das einzige Doppelheft der ›Deutsch-Französischen Jahrbücher‹ erschien in gemeinsamer Herausgeberschaft von Ruge und Marx in Paris Ende Februar 1844. – Nach dem finanziellen Mißerfolg zog sich der Geldgeber Julius Fröbel zurück. Zwischen dem linksliberalen Ruge und Marx, der sich in Paris zunehmend am revolutionären Kommunismus orientierte, kam es zum Bruch.

Brief Bakunins] Deutschsprachiger Brief Bakunins an Ruge, unter dem Kürzel »B. an R.« abgedruckt innerhalb einer Folge von zeitkritischen Briefen der Linkshegelianer Marx, Ruge, Bakunin und Ludwig Feuerbach unter dem Titel »Ein Briefwechsel von 1843«. Nach Ruges Editorial eröffnete dies die Beitragsfolge der ›Deutsch-Französischen Jahrbücher‹. Eine kommentierte russische Übersetzung von Bakunins Brief findet sich in SSS Bd. 3, S. 211-215.

Petersinsel im Bielersee, Mai 1843] Die Insel liegt im Süden des Sees am Südostfuß des Schweizer Jura und gehört zum Kanton Bern. Nach einem zweimonatigen Aufenthalt im Jahr 1765 hatte Rousseau die Île Saint-Pierre durch das Schlußkapitel seiner autobiographischen »Bekenntnisse« als idyllisches Rückzugs-Asyl berühmt gemacht. – Bakunin war zum Zeitpunkt seines eigenen Insel-Rückzugs im Mai 1843 hochverschuldet. Er schrieb mehrere Bettelbriefe an seine Brüder und schlug vor, eines der Güter seines Vaters oder seiner Tante zu verkaufen, andernfalls sei er »bankrott« und könne völlig zurecht in den Schuldturm gesperrt werden. Seine Gläubiger waren unter anderen Pescantini, Reichel und Ruge. Ruge vor allem müsse er dringend zurückzahlen, da dieser in (finanziellen) Schwierigkeiten sei (vgl. u. a. Brief an seinen Bruder Pavel vom 10.5.1844 in SSS Bd. 3, S. 205). Die prekäre Situation hinderte Bakunin nicht daran, zehn Tage mit dem italienischen Sänger Pescantini, dessen Frau und ihren Kindern zusammen auf der Insel zu verbringen. Bakunin kannte die Pescantinis seit Dresden, hatte sich in Johanna Pescantini verliebt und hätte sie gern aus der »unwürdigen Sklaverei der Ehe« befreit. »Ich streifte meine Sorgen eine Zeit lang ab und war glücklich wie ein Kind, ging spazieren, sang, kletterte auf Felsen, bewunderte die Natur, übersetzte Schelling,

las italienisch, phantasierte, baute Luftschlösser und wartete auf Dich, Pavel« (SSS Bd 3, S. 218).
unser Freund M.] Den weiteren Kürzeln in »Ein Briefwechsel von 1843« entsprechend: Karl Marx.

38 *in dem Zeitalter Rousseaus*] Jean-Jacques Rousseau (1712-1778) wuchs als Sohn eines kalvinistischen Uhrmachers in Genf auf, floh sechzehnjährig aus dem Elternhaus ins französische Annency, wo er zum Katholizismus konvertierte. Auf dem Landsitz seiner Gönnerin Madame de Warens bildete er sich durch umfassende Lektüre. In den 1740er Jahren übersiedelte er nach Paris und trat in Kontakt zu Voltaire, Condillac und Diderot, an dessen »Encyclopédie« er mitarbeitete. Literarische Berühmtheit als Begründer der radikalen Kulturkritik erlangte er erstmals 1750/55 durch seine Antworten auf zwei Preisfragen der Akademie von Dijon. 1756 zog er sich nach Montmorency zurück, wo seine bekanntesten Werke entstanden: die Romane »Die Neue Héloïse« (1761) und »Emile« (1762) und seine politische Theorie der Volkssouveränität »Der Gesellschaftsvertrag«, die zur Programmschrift demokratischer Revolutionäre wurde. Scharfe Kontroversen zwangen Rousseau zur Flucht in die Schweiz und später nach England, wo er Gast David Humes war. In diesen unsteten Jahren schrieb er seine postum erscheinenden »Bekenntnisse«. In den 1760er Jahren nach Frankreich zurückgekehrt, starb er in Ermenonville, der Besitzung eines Freundes. – Rousseaus Lebensgeschichte und seine intellektuelle Radikalität inspirierten kommende Generationen von europäischen Revolutionären, so auch Bakunin.
und Voltaires] Autoren-Pseudonym für den französischen Schriftsteller François Marie Arouet (1694-1778), der für Freunde wie Feinde liberaler antiklerikaler Gesinnungen zum Inbegriff der Aufklärung geworden war. In Frankreich mehrfach eingekerkert, wirkte er 1750-52 am Hofe Friedrichs des Großen und lebte seit 1758 auf seinem Gut Ferney bei Genf. Er stand unter dem Eindruck der englischen Aufklärung, hielt Erkenntnis von Transzendentem für unmöglich und bekämpfte die Kirche wegen ihrer Dogmenbildung. Im Unterschied zur fundamentalen Kulturkritik Rousseaus betonte er den Wert der Kultur und stellte in seinem »Essai sur les mœurs et l'esprit des nations« (1756) die Weltgeschichte als Kampf um Fortschritt und Bildung dar. – Vermutlich gab die Wertschätzung Voltaires durch Bakunin für Hugo Ball die Anregung, sein im Februar 1916 in Zürich eröffnetes literarisches Kabarett »Cabaret Voltaire« zu nennen. Dessen Programmatik entwikkelte sich nach der ersten intensiven Phase von Balls Bakunin-Studien.

38 »[...] *vous criez contre la philosophie!*«] »Ihr kümmerlichen Zwerge, die Ihr ein kleines Amt bekleidet, das euch in eurem Lande ein bißchen Autorität verleiht, ihr zetert gegen die Philosophie?« Zitat aus den »Questions sur l'encyclopédie« (6e partie, 1771), mit denen Voltaire 1770-73 sein freisinniges »Dictionnaire philosophique portatif« fortsetzte, das 1764 erschienen war. – Übersetzung nach: Voltaire: Philosophisches Wörterbuch, aus dem Französischen von Erich Salewski,

Leipzig 1967 (RUB 107), S. 192. Westdeutsche Lizenzausgabe: Voltaire: Aus dem Philosophischen Wörterbuch, hg. und eingel. von Karlheinz Stierle, Frankfurt am Main 1967 (Sammlung Insel 32), S. 152.
»[...] in der es der Mühe lohnt, geboren zu sein.«] Zitat nicht ermittelt. Dem Zusammenhang nach stammt es ebenfalls von Voltaire. PhBr S. 137, Anm. 6 weist auf eine nur inhaltlich ensprechende Stelle in Voltaires Brief vom 2.4.1764 an den Marquis de Chauvelin hin.

39 *ein längerer Aufenthalt in Paris würde uns von dem grössten Nutzen sein.*] Mit dem Abbruch des Zitats an dieser Stelle akzentuiert Ball das, was auf Bakunins Schweizer Aufenthalt folgen sollte. Nach einer Zwischenzeit in Brüssel übersiedelte er 1844 nach Paris, wo er eine Fülle neuer Verbindungen knüpfte. Er blieb dort bis zu seiner Ausweisung im Dezember 1847.

40-43 Über Kommunismus und Philosophie

Überlieferung

Da Russen im Ausland mit der Observierung ihrer Aktivitäten und Verlautbarungen durch Informanten der berüchtigten 3. Abteilung des Zaren zu rechnen hatten, blieb Bakunin für seine politischen Schriften auch in der Schweiz nur die Möglichkeit der verdeckten Publikation. Die in der Publizistik relativ hochrangige Form des anonymen Dreisterne-Artikels wählte er für seinen dreiteilig veröffentlichen Artikel »Der Kommunismus«. Eine grundsätzliche Positionsbestimmung der neuen politischen Bewegung im Rahmen der mit dem revolutionären Zeitalter angebrochenen »Religion der Demokratie«, die auch für Ball prägend blieb. – Es handelt sich hier um das vormarxistische Verständnis von Kommunismus, für das Bakunin durch einen Züricher Besuch von Wilhelm Weitling im Mai 1843 aufgeschlossen worden war. Wenige Wochen später schrieb Bakunin den Aufsatz.
Der Text wird von Hugo Ball in Auszügen nach der Abschrift von Max Nettlau im fünften Kapitel seiner handschriftlichen Bakunin-Biographie zitiert.

DV: T² I, S. 38-44. Ü: Original deutsch. Q: Zitat in Nettlau, Biogr. S. 55-60. – Diese Quellenangabe für den zitierten Artikel findet sich bei Ball auch in SW 5, S. 365. O/E: *** [= Michael Bakunin]: Der Kommunismus. In: Der Schweizerische Republikaner Nr. 44 (2.6.1843), S. 204-205, Nr. 45 (6.6.1843), S. 211-212, Nr. 47 (13.6.1843), S. 223-224. GA: CD-ROM und russisch in Reprint SSS Bd. 3, S. 222-223 und 225-231. GDA: Auszugsweiser Nachdruck in: Fritz Brupbacher: Michael Bakunin. Der Satan der Revolte [Zürich: Neuer Deutscher Verlag 1929]. Fotomechanischer Nachdruck, Berlin: Libertad 1979, S. 39-46.

Lesarten der Zitatquelle

40 *[...] Wahrheit in sich enthält. Das bloss Zufällige kann einem wohlgeordneten Staate nicht gefährlich sein. Der Staat muss und kann über alle Übel erhaben sein, die aus der Bosheit von Einzelnen entstehen;] [...] Wahrheit in sich enthält, und in dem Zustand der Gesellschaft selbst*

KOMMENTAR ZU S. 40-43

ihre Berechtigung findet. Das bloss Zufällige kann nicht einem wohlgeordneten Staate gefährlich sein, denn die ganze Macht und die ganze Lebendigkeit eines Staats besteht grade darin, dass er sich in den tausend Zufällen und der Alltäglichkeit erhält und erhalten kann, – der Staat muss und kann über alle Übel erhaben sein, die aus der Bosheit von einigen Einzelnen entstehen;
Ohne Auslassungszeichen übergeht Ball die abschließende Paraphrase des Absatzes und setzt mit dem neuen Absatz ein.
Erscheinung, die [...] in den Mängeln des Staatsorganismus ihre Quelle hat.] einer Erscheinung, welche [...] in den Mängeln des Staatsorganismus, den Staatsinstitutionen eines politischen Körpers selbst ihre Quelle hat. –
sich somit [...] zu reformieren] sich somit von sich selbst [...] zu reformieren
unüberwindbar ist ...] unüberwindlich ist.
Nach Auslassungszeichen überspringt Ball sechs Absätze.
viel Gemeinsames] viel gemeinschaftliches
ausüben könnte, ja müsste.] ausüben könnte, ja müsse, [Ball übergeht das Satzende ohne Markierung]

41 *...*] [Auslassung von dreieinhalb Sätzen]
Die Philosophie.] Die Philosophie; [Auslassung der den Satz beendenden Paraphrasen]
Ohne Auslassungszeichen überspringt Ball die drei letzten Sätze des Absatzes.
Das ist es, was die Philosophie mit dem Kommunismus verbündet] Das ist der gemeinschaftliche Punkt der Philosophie mit dem Communismus
nur praktisch.] nur praktisch; [Auslassung des Satzendes]
[...] an ihrer Grenze angelangt. Jenseits] [...] an ihrer Grenze angelangt, bis zu einer Grenze, die sie, als Philosophie, nicht überschreiten kann, denn jenseits
...] [Nach Auslassungszeichen überspringt Ball drei Absätze.]
einen vollständigen Sieg über ihn errungen.] über ihn einen vollständigen Sieg erhalten.
in ihm ist eine Wärme, eine Glut verborgen] es ist eine Wärme, eine Gluth in ihm verborgen

42 *die bevorrechtigte Klasse*] die bevorrechtete, gebildete Klasse
[...] Berührung mit dem Volke, und wenn] Berührung mit dem Volke; Christus und Luther waren aus dem Volke, aus dem gemeinen Volke, – und wenn
»Alle Menschen [...] sind Brücken«] Alle Menschen [...] sind Brüder
und »wenn] und wenn
gegenwärtig«, fügt dazu Johannes.] gegenwärtig, fügt dazu Johannes, [nicht markierte Auslassung von anderthalb Sätzen].
die Menschheit ...] die Menschheit. [Nach Auslassungszeichen überspringt Ball zwei Absätze.]
Was hält noch in ihnen die Weihe der Eintracht und Liebe, die durch das Christentum über sie ausgesprochen war, aufrecht?] was hält noch

in ihnen die Weihe der Eintracht und Liebe, die durch das Christentum über ihnen ausgesprochen war?

43 *Viele sind so blind zu meinen, ihr mächtiger Geist sei überwunden und gebändigt.*] Viele sind so blind, dass sie meinen, ihren mächtigen Geist überwunden und gebändigt zu haben;
Kampf auf Leben und Tod] Kampf auf Tod und Leben
Dieser Geist ist es, aus dem der Kommunismus erstand] Dieser Geist ist es, aus dem der Communismus entstanden
Und was tun sie, was für Mittel brauchen sie] Und was thun nun, was für Mittel brauchen sie

Erläuterungen

40 *Wilhelm Weitling*] Der deutsche Frühsozialist Wilhelm Weitling (1808-1871), den Ball durch seine Bakunin-Studien kennenlernte, wurde später zu einer Schlüsselfigur seiner »Kritik der deutschen Intelligenz« (SW 5 vor allem S. 264-270). – Weitling war als unehelicher Sohn einer Köchin und eines verschollenen napoleonischen Offiziers in Magdeburg aufgewachsen. Als Schneidergeselle war er während seiner Wanderjahre 1835 in Paris dem deutschen republikanischen ›Bund der Geächteten‹ beigetreten, aus dem 1837/38 als erster deutscher Arbeiterverein der ›Bund der Gerechten‹ hervorging. 1838 verfaßte Weitling dessen Programmschrift »Die Menschheit, wie sie ist und wie sie sein sollte«, die die kommunistische Gütergemeinschaft proklamierte. 1839 nahm er am von dem französischen Revolutionär Blanqui organisierten Arbeiteraufstand teil. Als Mitglied der Zentralbehörde des ›Bundes der Gerechten‹ ging Weitling 1841 nach Genf und gründete in der Schweiz unter deutschen Arbeitern kommunistische Bildungs- und Unterstützungsvereine, einen Geheimbund und die erste von Arbeitern herausgegebene und redigierte Zeitschrift (1841 ›Hülferuf der deutschen Jugend‹, 1842/43 ›Die junge Generation‹). Seit seiner Schrift »Garantien der Harmonie und Freiheit« (1842) galt er als führender Kopf im Handwerker-Kommunismus. Im Mai 1843 suchte Weitling in Zürich mit einem Empfehlungsschreiben von Georg Herwegh Bakunin auf. Es war Bakunins erste Begegnung mit einem politischen Denker, der die praktische Revolution forderte, den Umsturz der bestehenden Staaten und die Enteignung der Reichen. »The meeting with Weitling was one of the capital events of his life, completing his transformation from a speculative philosopher into a practical revolutionary« (Carr S. 128). Unter dem Eindruck dieser Begegnung schrieb Bakunin den hier zitierten Artikel »Der Kommunismus«, der in drei Folgen am 2., 6. und 13.6.1843 als anonymer Dreisterne-Artikel in Fröbels Zeitung ›Der Schweizerische Republikaner‹ erschien. Am 8. Juni wurde Weitling in Zürich während der ersten Drucklegung seiner Schrift »Evangelium des armen Sünders«, die sich auf Grundsätze des Urchristentums berief, verhaftet und verurteilt. – Durch die Veröffentlichung der Akten des Prozesses wurde die russische Gesandtschaft in Bern auf Baku-

nins Kontakt zu dem verurteilten Kommunisten aufmerksam und versuchte nach einschlägiger Weisung aus Petersburg vergeblich, ihn zur Rückkehr nach Rußland zu zwingen. Nachdem sich Bakunin der Weisung durch seine Flucht nach Brüssel entzogen hatte, wurde er 1844 durch ein Dekret des Zaren seines Adelstitels und seiner Eigentumsrechte enthoben, zu Verbannung und lebenslanger Zwangsarbeit in Sibirien verurteilt (vgl. *S. 44* – »im Februar 1844 in Bern vor den russischen Gesandten geladen...«). – Weitling seinerseits wurde 1844 an Preußen ausgeliefert. Die preußische Regierung wies ihn nach Amerika aus; vor der Einschiffung traf er in Hamburg Heinrich Heine. In England verließ er das Schiff und ließ sich in London nieder. Dort hatte der ›Bund der Gerechten‹ inzwischen seine Zentrale. 1845 veröffentlichten Freunde in Bern nachträglich das »Evangelium des armen Sünders«. Sein Drängen auf sofortige revolutionäre Aktion isolierte ihn zunehmend vom Tageskampf der Arbeiterbewegung. Der Versuch einer Zusammenarbeit mit Marx und Engels in Brüssel scheiterte 1846 am Machtstreben von Marx und an strategischen Differenzen (vgl. *S. 61* – »eine erste internationale Assoziation von Kommunisten«). – 1847 gründete Weitling noch einen Befreiungsbund in New York, kehrte 1848 erfolglos ins revolutionäre Europa zurück und emigrierte 1849 endgültig nach Amerika. Nach dem Scheitern einer kommunistischen Kolonie in Iowa (1851-54) zog er sich aus der Politik zurück, gründete eine Familie, nahm seine Schneidertätigkeit wieder auf und erhielt 1867 die amerikanische Staatsbürgerschaft. Seine spekulativen Energien konzentrierte er in seinen letzten Jahrzehnten auf sprachphilosophische und astronomische Theorien und beschäftigte sich mit Erfindungen, vernichtete aber 1869 den Großteil seiner Manuskripte.

Weitlings »Garantien der Harmonie und Freiheit«] Wilhelm Weitling: Garantien der Harmonie und Freiheit, Vivis 1842. – Nicht nur Bakunin, sondern auch Ludwig Feuerbach und Marx haben diesem Hauptwerk des Autodidakten Weitling Anerkennung gezollt, das Heinrich Heine zufolge lange als der »Katechismus der deutschen Kommunisten« galt. Neuausgabe: Wilhelm Weitling: Garantien der Harmonie und Freiheit, hg. mit einem Nachwort von Ahlrich Meyer, Stuttgart: Reclam 1974 (RUB 9739-9743).

in Fröbels »Schweizerischem Republikaner«] ›Der Schweizerische Republikaner‹ galt als die wichtigste demokratisch ausgerichtete Schweizer Zeitung in jener Zeit. Ihr Chefredakteur Julius Fröbel (1805-1893), Neffe des als Erfinder der Kindergärten bekannten Pädagogen Friedrich Fröbel, lehrte zuvor 1833-44 als Professor für Mineralogie an der Züricher Industrieschule. Er propagierte eine allgemeine »humane« Volksbildung und förderte das ›Literarische Comptoir‹ als »Waffenschmiede für die Partei der Zukunft«. Zu seinem Freundeskreis gehörten neben Bakunin auch August Follen, Arnold Ruge, Georg Herwegh und Wilhelm Weitling. Er veröffentlichte u. a. ein sozialistischen Ideen nahestehendes »System der sozialen Politik« (2 Bde., 1847), in dem er z.B. forderte, das Eigentum zum »Lehen der Staatsgewalt« zu machen.

Während der Revolution 1848 kehrte er nach Deutschland zurück, wurde in die Nationalversammlung gewählt und gehörte zu den Mitunterzeichnern der Verfassung. Als Vertreter der Linken war er Mitkämpfer von Robert Blum und agierte für die Badische Revolutionsregierung. 1850-57 bereiste er Nord- und Mittelamerika, arbeitete bis 1865 als liberaler Journalist für den »Beobachter« in Wien und war 1867-73 Leiter der »Süddeutschen Presse« in München. 1873-91 war er deutscher Konsul in Smyrna und Algier.
Über Kommunismus und Philosophie] *** [= Michael Bakunin]: Der Kommunismus. In: Der Schweizerische Republikaner Nr. 44 (2.6.1843), S. 204-205, Nr. 45 (6.6.1843), S. 211-212, Nr. 47 (13.6.1843), S. 223-224. – Die anonyme Veröffentlichung als Dreisterne-Artikel wird in der Publizistik traditionell bei richtungsweisenden Veröffentlichungen angewendet, die einer gouvernementalen oder widerständigen Neuorientierung dienen sollen.

42 *»Alle Menschen, alle ohne Ausnahme sind Brücken«*] Falsche Entzifferung Balls von Nettlaus Handschrift, wo die Stelle nicht in Anführung steht: »Alle Menschen, alle ohne Ausnahme sind Brüder, lehrt das Evangelium« (Nettlau, Biogr. S. 59). – Das paraphrasierte Zitat des Neuen Testamentes dürfte sich auf Matth. 23,8 beziehen: »Aber ihr sollt euch nicht Rabbi nennen lassen; denn Einer ist euer Meister, Christus, ihr aber seid alle Brüder.« (Luther-Übersetzung)
fügt dazu Johannes] Paraphrase von 1. Joh. 4,12: »Niemand hat Gott jemals gesehen. So wir uns untereinander lieben, so bleibet Gott in uns, und seine Liebe ist völlig in uns.« (Luther-Übersetzung) – Vgl. Joh. 13, 34-35.

44-45 Frankreich zur Zeit der Juli-Monarchie nach Bakunins Schilderung in »Bourgeoisie rurale« (Manuskript, 1871) und »Antithéologisme« (1867)

Überlieferung

Während seiner Brüsseler Exilmonate erstmals für kurze Zeit nach Paris gereist, lernt Bakunin durch Ruge im März 1844 den französischen Sozialisten Proudhon kennen, den er – im Sommer 1844 ganz nach Paris übergesiedelt – in die Hegel'sche Philosophie einführt und dessen föderalistisches Gesellschaftskonzept ihn selbst beeinflußt. – Hugo Ball zitiert rückblickende Passagen von zwei späten theoretischen Schriften Bakunins, die Max Nettlau im siebten Kapitel seiner handschriftlichen Bakunin-Biographie wiedergegeben hatte. Dort stehen die Auszüge kurz nacheinander und werden bereits von Nettlau im gleichen Blick auf die historischen Entstehungsbedingungen des Ansatzes von Proudhon verknüpft.
Erst einige Jahrzehnte nach Bakunins Tod wurden beide Schriften erstmals gedruckt. Die ältere von ihnen ist »Fédéralisme, socialisme et antithéologisme« – entstanden als theoretische Positionsbestimmung Bakunins nach den Debatten auf dem Genfer Gründungskongreß der Friedens- und Freiheitsliga 1867. Bakunin arbeitete daran noch in den ersten Monaten des Jahres

1868, brachte den Text aber nicht zum Abschluß und zur vorgesehenen Veröffentlichung, für die schon erste Korrekturfahnen vorlagen. Er wandte sich von der von liberalen Demokraten dominierten Friedens- und Freiheitsliga ab und schloß sich der 1. Internationale an (vgl. dazu die Einleitung von Wolfgang Eckhardt zu RF S. 12-15). – Im späteren Kontext entstand 1871 das bis heute unübersetzte »Avertissement« zu der später auch Ball prägenden Schrift »L'Empire Knouto-Germanique et la Révolution Sociale«, das Nettlau unter dem Titel »Bourgeoisie rurale« zitiert.

Die Kombination der beiden Textzitate legt nahe, daß Ball als Quelle Nettlaus Biografie benutzte und nicht primär die frühe Werkausgabe, die ihm in Brupbachers Exemplaren zur Verfügung stand und deren ersten Band er selbst besaß. Anders verhielt er sich offenbar bei der Übersetzung von Partien aus »Bourgeoisie rurale« für ein späteres Kapitel (»Paris zur Zeit der Februar-Revolution«, siehe S. 54-55).

DV: T² I, S. 45-47. Ü: Hugo Ball aus dem Französischen (als Erstübersetzung markiert). Q: Französische Zitate in Nettlau, Biogr. S. 65-66; Nachweis Anm. 254 und 258. O: [Absätze 1-4, von Nettlau zitiert als »Bourgeoisie rurale«:] Michael Bakounine: L'Empire Knouto-Germanique et la Révolution Sociale. Avertissement. Französisches Manuskript, entstanden 25.6.-3.7.1871 in Locarno. Heutiger Standort: Amsterdam, IISG, Archives Bakunin. [Absätze 5-7, von Nettlau zitiert als »Antithéologisme«, 1867:] Michel Bakounine: Fédéralisme, socialisme et antithéologisme. Französisches Manuskript, entstanden 1867-1868 vermutlich in der Schweiz; zum Teil in Korrekturfahnen für eine geplante, damals aber nicht erschienene Buchveröffentlichung überliefert. Heutiger Standort: Amsterdam, IISG, Archives Bakunin. E: [Absätze 1-4 in:] Michel Bakounine: Œuvres Bd. 4, hg. von James Guillaume, Paris: Stock 1910, S. 283-333. [Absätze 5-7 in:] Michel Bakounine: Œuvres Bd. 1, hg. von Max Nettlau, Paris: Stock 1895, S. 1-205. GA: CD-ROM und [für Absätze 1-4:] Œuvres Bd. 8, S. 323-324. GDA: Reprint GW Bd. 3, S. 69, nachgedruckt in Stuke S. 67-68 und RF S. 48.

Lesarten der Zitatquelle

44 den russischen Gesand[t]en] Im Vortext offensichtliche Fehlschreibung im Typoskript: *Gesanden.*
   Alexandre Dumas] In offensichtlicher Fehlschreibung setzt Ball im Typoskript einen falschen Akzent: *Aléxandre Dumas*
45 Am Ende des drittletzten Absatzes über Proudhon übergeht Balls Übersetzung einen Hinweis auf dessen Positivismus:
   [*...] fand er den Mut, sich Atheist zu nennen.*] Frz.: [...] il eut le courage de se dire simplement athée, ou plutôt avec Auguste Comte, positiviste. – In Balls Übersetzung fehlt der Satzschluß: » ... oder eher mit Auguste Comte, Positivist.«

Erläuterungen

44 im Februar 1844 in Bern vor den russischen Gesand[t]en vorgeladen und zur sofortigen Rückkehr nach Russland aufgefordert] *Gesanden* ist ein Schreibfehler für »Gesandten«. – Die Furcht, durch seine Bekanntschaft mit Herwegh und seinen Artikel »Die Reaktion in Deutschland« die Aufmerksamkeit der russischen Gesandtschaft in Dresden auf sich zu ziehen, hatte Bakunin bereits zur Verlegung seines Wohnsitzes in

die Schweiz veranlaßt. Die Zürcher Behörden gingen im Frühjahr 1843, nach Erscheinen von Weitlings selbstgedrucktem Buch »Das Evangelium des armen Sünders« gegen den Autor vor – er wurde zu sechs Monaten Gefängnis verurteilt – und stießen bei Durchsicht seiner Papiere auf den Namen Bakunin. Daraufhin bezeichnete der konservative Jurist Bluntschli – mit einem Bericht über kommunistische Umtriebe beauftragt – Bakunin als einen Komplizen Weitlings. Die russische Gesandtschaft in Bern sandte einen ausführlichen Bericht über den jungen Adeligen, der sich mit den Kommunisten eingelassen hatte, nach Petersburg. Im November 1843 wurde Bakunins Vater in Prjamuchino aufgefordert, seinem Sohn Michail die finanzielle Unterstützung zu entziehen und ihn umgehend zur Rückkehr nach Rußland aufzufordern. Aleksandr Bakunin erklärte, die Aktivitäten seines Sohnes zu mißbilligen, aber keine Mittel zu haben, um ihn zur Heimkehr zu zwingen. Am 6. Februar 1844 erhielt Bakunin in Bern, wo sein Freund Reichel sich ihm angeschlossen hatte, die Aufforderung, nach Rußland zurückzukehren. Da Bakunin es vorzog, nicht zu gehorchen, unterzeichnete Zar Nikolaus I. im Dezember 1844 ein Dekret, das den ungehorsamen Untertan Bakunin zum Verlust seines Adelsranges und zur Zwangsarbeit in Sibirien verurteilte; sein Besitz wurde konfisziert. Das Dauerexil, das Bakunin mit seiner Flucht aus Dresden gekommen sah, wurde damit auch offiziell bestätigt (Carr S. 129-130).

Adolf Reichel] Der aus Westpreußen stammende Komponist und Dirigent Adolf Reichel (1820-1896) studierte Musiktheorie in Berlin und lebte mehrere Jahre als Musiklehrer in Paris. 1857 kehrte er nach Deutschland zurück, trat eine Stelle als Lehrer am Dresdner Konservatorium an und übernahm die Leitung der Dreyßigschen Singakademie. 1867 wurde er in Bern Dirigent der Symphoniekonzerte der Musikschule und des Cäcilienvereins sowie Direktor der Musikschule. Reichel komponierte vor allem Chorwerke und veröffentlichte u. a. eine »Harmonielehre« (1862). – Er war von 1842 bis zu Bakunins Tod einer seiner vertrautesten Freunde.

Frankreich zur Zeit der Juli-Monarchie] Die Regierungszeit des französischen ›Bürger-Königs‹ Louis Philippe (1830-1848), die mit der Julirevolution 1830 und dem Sturz des letzten Bourbonenkönigs Karl X. begann. Siehe auch S. 33 – »Die weise Regierung Ludwig Philipps«.

Proudhon] Der französische Sozialist Pierre Joseph Proudhon (1809-1865) war einer der Begründer der anarchistischen Theorie; vor allem seine föderalistischen Ideen haben Bakunin beeinflußt (Lehning S. 438). Bakunins persönliche Bekanntschaft mit Proudhon begann in der Zeit eines ersten Parisbesuchs im März 1844 – zur gleichen Zeit wie seine Bekanntschaft mit Marx, die einen gänzlich anderen Verlauf nahm (Carr S. 135). Bakunins und Proudhons nächtelange Hegeldiskussionen sind Legende geworden und schlugen sich in Proudhons Werken nieder. Bakunin betrachtete Proudhon sein Leben lang als seinen Lehrer und Vorläufer. »Destruam et Aedificabo«, das Motto Proudhons zu seiner 1846 erschienenen »Philosophie des Elends«, entspricht Bakunins früher

geäußertem Diktum. Vgl. *S. 35* – »Die Lust der Zerstörung ist zugleich eine schaffende Lust«.
Louis Blanc] Der Frühsozialist Jean Joseph Louis Blanc (1811-1882) stammte aus einer streng katholischen Kaufmannsfamilie und wurde während der Julimonarchie als radikal republikanischer Publizist bekannt, vor allem 1839 durch eine Artikelserie mit dem Titel »Organisation du travail«, die 1840 auch als Buch erschien. Er war ein Gegner des Konkurrenzsystems und trat für staatliche Kredite an Arbeiter-Produktionsgenossenschaften ein, die Wettbewerb und Löhne überflüssig machen könnten, was ihm als Schlüssel zur Herstellung von sozialer Gleichheit und Brüderlichkeit erschien. Als sozialistischer Minister der provisorischen Regierung nach der Februarrevolution von 1848 wurde er bereits im Juni nach Schließung der von ihm eingeführten ›Nationalwerkstätten‹ während des ausbrechenden Arbeiteraufstandes ins Exil nach England gezwungen. Er nahm dort seine journalistischen Aktivitäten wieder auf und schrieb eine umfangreiche »Geschichte der Französischen Revolution«. Nach dem Sturz des Zweiten Kaiserreichs kehrte er 1870 nach Paris zurück, wurde Abgeordneter der Nationalversammlung und bekämpfte die Kommune, was – neben seiner Neigung zum Autoritären – die distanzierte Wendung in Bakunins Text von 1871 erklärt.
Herrn K. Marx] Die Formulierung deutet auf die späteren Zerwürfnisse, die mit Marx zum Zeitpunkt der Abfassung des Textes (1871) bereits bestanden. Bakunin hatte Karl Marx (1818-1883) etwa gleichzeitig mit Proudhon im März 1844 durch Ruge kennengelernt. Vgl. S. 48.
Die damaligen radikalen Journale, der »National« und sogar die »Réforme«] ›Le National‹ (1830-1851) war eine der einflußreichsten republikanischen Zeitungen am Ende der Restaurationszeit, in der Julimonarchie und der ›Zweiten Republik‹. Sie war u. a. von Adolphe Thiers Anfang 1830 gegründet worden mit der ausdrücklichen Absicht, die Polignac-Regierung und die Bourbonen-Dynastie zu stürzen. Sie bestand – entgegen der Charta von 1814 (»Die konstitutionelle Republik wird dem Volk aufgrund der Gnade des Königs gewährt«) – auf der Souveränität des Volkes. Während der Amtszeit des Ministerpräsidenten François Guizot (1847-1848) vergrößerte ›Le National‹ seine Leserschaft über die Republikanerkreise hinaus, indem er furchtlos Wahlfälschungen und Korruption anprangerte und die von Louis Philippes persönlichen Interessen gesteuerte Außenpolitik kritisierte. – Seine eher passive Haltung auf dem Gebiet der Sozialpolitik veranlaßte den Politiker Alexandre Auguste Ledru-Rollin die radikalere Zeitung ›La Réforme‹ (1843-1850) zu gründen. Zu ihren Autoren zählten Bakunin, Proudhon, Friedrich Engels, Karl Marx, Jules Michelet und Edgar Quinet. – Beide Zeitungen bekämpften die Regierung Louis Philippes aktiv und spielten während der Februarrevolution 1848 eine zentrale Rolle. Zahlreiche ihrer Redakteure und Autoren übernahmen danach in der provisorischen Regierung Führungspositionen. Die An-

gehörigen des ›National‹ bildeten den Flügel der gemäßigten Republikaner, denen als sozialistische Republikaner eine erdrückende Mehrheit von Mitarbeitern von ›La Réforme‹ gegenüberstand. Mitglied der provisorischen Regierung, allerdings nur als Minister ohne Portefeuille, wurde ihr Mitarbeiter und politischer Theoretiker Louis Blanc (siehe oben).

Vorlesungen der Herren Michelet und Quinet im Collège de France] Der französische Historiker und Philosoph Jules Michelet (1798-1874) war seit 1830 Mitdirektor der Archives nationales, seit 1838 Akademiemitglied und Professor am Collège de France. Gemeinsam mit Edgar Quinet veröffentlichte er 1843 eine historische Studie über die Jesuiten. Als Demokrat verlor er 1850 seine Professur und 1852 seine Archivstelle. Danach arbeitete er in der Bretagne am Abschluß seiner Geschichtswerke (»Histoire de France« 1833-67; »Histoire de la révolution française« 1847-53; »Histoire du XIX. siècle« 1872-75). – Der französische Historiker und Publizist Edgar Quinet (1803-1875) wurde 1840 Professor in Lyon, lehrte 1842-46 am Collège de France und war 1848-51 Mitglied der Nationalversammlung. Er emigrierte nach dem Staatsstreich Louis Bonapartes vom 2. Dezember 1851 nach Brüssel, Genf und Montreux und gehörte 1871 in der Nationalversammlung von Bordeaux und Versailles zu den Führern der Linken. – Bakunin bekundet bei aller Kritik am »Idealismus« von Michelet und Quinet seine Achtung vor den beiden liberalen Historikern noch 1871 in seinen Spätschriften »Gott und der Staat« und »Das knutogermanische Kaiserreich und die soziale Revolution«.

mit den endlosen Romanen von Eugène Sue und Alexandre Dumas] Eugène Sue, eigentlich Marie-Joseph Sue (1804-1857), Alexandre Dumas père (1802-1870), und Alexandre Dumas fils (1824-1895) – populäre französische Schriftsteller, deren handlungs- und intrigenreiche Fortsetzungsromane ganz den Erfordernissen der Feuilletons entsprachen, so etwa im ›Journal des Débats‹ Sues »Les Mystères de Paris« (1842-43) oder »Le Comte de Monte-Christo« (1844-45) von Alexandre Dumas père.

die Feuilletons der grossen Journale, des »Constitutionel«, der »Débats« und der »Presse«] Die Zeitungen ›Journal des Débats‹, ›Le Constitutionnel‹ und ›La Presse‹ druckten freilich nicht nur seichte Unterhaltungsliteratur. Von Balzacs Romanen etwa brachte ›La Presse‹ 1844 »Les Paysans« und ›Le Constitutionnel‹ 1846 »La Cousine Bette« und 1847 »Le Cousin Pons«.

45 *Louis Philipp*] Germanisierte Schreibung von Louis Philippe.

Anarchist] Als persönliche Position von Proudhon hier respektiert und – wie auch in anderen Spätschriften Bakunins – positiv konnotiert, während beim jungen Bakunin noch der pejorative Gebrauch des Wortes Anarchie vorherrscht, so 1838 in seiner Kritik am Zeitgeist der »gedankenlosen Anarchie des Geistes« (siehe oben S. 21).

46-47 Bakunin in Paris (nach Alexander Herzen, »Erinnerungen«)

Überlieferung

In Paris begegnet Bakunin demjenigen wieder, dessen Unterstützung ihm die Übersiedlung in den Westen ermöglicht hatte und der seit 1847 selbst ohne Möglichkeit der Rückkehr in der Emigration lebte: Alexander Herzen, dessen erste Station Paris war. Ihre Freundschaft, die 1829 in Moskau begann, schien sich hier zwanglos zu erneuern.
Facetten zu einem Portrait Bakunins bietet aus der Rückschau Herzens Memoirenwerk »Byloe i dumy« (Gewesenes und Gedachtes). Es erschien in den ersten vier Teilen zwischen 1852 und 1866 in London und Genf, in den folgenden Teilen 5 bis 8 erst postum, in geschlossener Form erst im 20. Jahrhundert. Balls Zitat setzt sich aus drei verschiedenen Einzelzitaten in Dragomanows Einleitung zu SP zusammen, die alle dem fünften Teil des Werkes entnommen sind. Die ersten beiden Absätze entstammen dem heutigen Kapitel 34 (HL Bd. 2, S. 18), der dritte Abatz dem nichtnumerierten Kapitel »Russische Schatten« (HL Bd. 2, S. 408), der vierte und fünfte Absatz dem Kapitel 41 (HL Bd. 2, S. 240-241). Dragomanows Herzen-Zitate werden von Ball umgestellt und auf Lesbarkeit hin gekürzt.

DV: T² I, S. 48-49. **Ü:** Boris Minzès aus dem Russischen. **Q:** Drei Herzen-Zitate durch Dragomanow in SP S. XXXIX-XL. **O:** Übersetzt aus dem russischen Manuskript der nachfolgenden Buchpublikation: Pis'ma M. A. Bakunina k A. I. Gercenu i N. P. Ogarevu. S priloženiem ego pamfletov, biografičeskim vvedeniem i ob-jasnitel'nymi primečanijami M. P. Dragomanova, Genf 1896. **E:** Bei Dragomanow Zitatnachweis: Alexander Herzen: Gewesenes und Gedachtes. Werke Bd. VIII, S. 218-219; Bd. IX, S. 114; Bd. XI, S. 52. Bibliographisch Konkreteres nicht ermittelt. **GDA:** Reprint SP S. XXXIX-XL und in anderer Übersetzung: HL Bd. 2, S. 17-18, S. 408 und S. 240-241.

Lesarten der Zitatquelle

46 *aufs Gratewohl*] aufs Geratewohl
Sasonow] Ssasonow
Rue Saint Honoré, die Champs Elisées] Rue St. Honoré, die Champs Elysées
um Sasonow durch meine Ankunft zu überraschen ...] um Ssasonow durch meine Ankunft in Erstaunen zu setzen
Sasonow und Bakunin waren unzufrieden, dass] Ssasonow und Bakunin waren unzufrieden (wie es später mit Wisocki und den Mitgliedern der polnischen Zentralisation der Fall war), daß [nicht markierte Auslassung]
politischen Kreise] politischen Sphären
Schilderungen politischer Parteien ..., Schilderungen der Opposition] Erzählungen über Parteien ..., der Opposition
(unter Nikolaus)] (unter Nikolai!)
Interessen der »universalen« Revolution] Interessen der ›allgemeinen‹ Revolution
um die Tatsache einzusehen] um der Thatsache eingedenk zu sein
Ein paar Mal bin ich Proudhon bei Bakunin begegnet] Ein paar Mal bin ich ihm (Proudhon) bei Bakunin begegnet

Adolph Reichel] A. Reichel (dem Musiker, der später das Fräulein Ern, die mit der Familie Herzen aus Rußland kam, heiratete) [Ergänzung von Reichels Vornamen und Weglassung der Erläuterung durch Ball] *öfters*] damals öfter
Symphonieen. Sie erinnerten] Symphonien. [Absatz] Sie erinnerten

Erläuterungen

46 *Alexander Herzen, »Erinnerungen«*] Vgl. S. 24 – »Alexander Herzen«. – Herzens Memoirenwerk, faßt Hans Magnus Enzensberger in seiner Auswahlausgabe zusammen, ist »keine Autobiographie in irgendeinem normalen, hergebrachten Sinn, sondern eine Arbeit, die ihre singuläre Gestalt, jenseits aller vorgefundenen Gattungsbegriffe, in einer fünfzehnjährigen Auseinandersetzung mit alledem ausgebildet hat, was dieser russische Europäer erlebt und gedacht hat. […] Der eigentümlich offene, gleichsam anarchische Charakter des Werkes ist übrigens auch für seine Publikationsgeschichte bestimmend gewesen.« (HGR S. 389) Alle frühen Ausgaben sind unvollständig. Erst mit der 1954-61 von der sowjetischen Akademie der Wissenschaften veranstalteten Ausgabe der »Gesammelten Werke« lag ein definitiver Text vor, der 1962-63 unter dem Titel »Mein Leben. Memoiren und Reflexionen« (HL) in der DDR auch in deutscher Übersetzung erschien. Daraus traf Enzensberger in HGR wiederum eine Auswahl.
Sasonow] Nikolaj I. Sazonov (1815-1862) war einer jener Aristokraten, dem es unter dem repressiven Regime Nikolaus I. nie gelang, seine Begabung in konsequente, professionelle Aktivitäten umzusetzen. Obwohl aktives Mitglied des politischen Zirkels um Herzen, war Sazonov »wie durch ein Wunder« von Verhaftung und Strafe verschont geblieben. Während seine Kommilitonen in Haft oder Verbannung lebten, blieb er zunächst in Moskau und reiste schließlich »aus Langeweile« nach Paris. Er verstand sich als Revolutionär, gründete einen ›Internationalen Club‹, der bald wieder einging und versuchte sich eine Zeitlang als Journalist und Redakteur, verzankte sich jedoch regelmäßig mit allen seinen Kollegen: zuerst in Mickiewiczs ›La Tribune des Peuples‹, für die er »zwei, drei sehr gute Artikel« schrieb, dann in Proudhons ›Voix du Peuple‹, schließlich in ›La Réforme‹. Er führte ein aufwendiges Leben auf Pump, landete im Schuldturm, wurde 1851 aus Frankreich ausgewiesen und starb elf Jahre später in Genf. (V.I. Kulesov: Istorija Russkoj Literatury X-XX Veka. Dlja studentov-inostrancev, Moskva: Russkij Jazyk 1989, S. 266)
Sie hatten von mir Schilderungen politischer Parteien, Gesellschaften, Ministerkrisen (unter Nikolaus), Schilderungen der Opposition (im Jahre 1847!) erwartet.] Zum Regime Nikolaus I. siehe S. 18 – »Thronbesteigung des Zaren Nikolaus«. – Politische Parteien waren in Rußland auch Ende der 1840er Jahre nicht einmal ansatzweise möglich. Bauernunruhen im eigenen Land und die sich ausbreitende revolutio-

näre Stimmung im Ausland verstärkten die Angst des Zaren vor der Wiederkehr eines Aufstands wie jenes der Dekabristen, mit dem seine Regierungszeit begonnen hatte. Nikolaus war nicht prinzipiell gegen Reformen, aber jedes Phänomen, jeder Gedanke, der die Autokratie hätte einschränken können, mußte für ihn ausgemerzt werden. Er befahl, den Begriff »Fortschritt« aus dem Wortschatz seiner Administration zu streichen. So äußerte sich Opposition fast ausschließlich in publizistischer Aufklärung und in literarischen und philosophischen Diskussionen, die meist in den Salons liberaler Moskauer oder Petersburger Adeliger stattfanden. Die Petersburger Gruppe der Petraševcen, der Fjodor Dostoevskij angehörte, diskutierte Proudhons sozialistische Theorien und versuchte subversive Aktionen, wurde jedoch 1849 durch einen Polizeispitzel aufgedeckt. Dem oppositionellen intellektuellen Diskurs der 1840er Jahre lagen die Ideen der Dekabristen und des Aufklärers Petr J. Čaadaev zugrunde. Er knüpfte an die Aktivitäten der politischen und philosophischen Zirkel des vorangegangenen Jahrzehnts an. Auslöser einer sich zuspitzenden Debatte, die schließlich in eine heftige Kontroverse mündete, wurde im Herbst 1843 die Vorlesungsreihe des beliebten Moskauer Universitätsprofessors Timofej Nikolaevič Granovskij (1813-1855) zur Geschichte des europäischen Mittelalters. Granovskij, einst Mitglied des Stankevič-Zirkels, war seinerzeit von der Moskauer Universität zur Weiterbildung nach Deutschland geschickt worden und hatte in Berlin studiert. Die Begeisterung, mit der seine Vorlesungen aufgenommen wurden, veranlaßte ein Jahr darauf seinen älteren, slavophil orientierten Kollegen Stepan Ševyrev zu einer Gegenveranstaltung über die russische Literatur. Duelle dieser Art zwischen Westlern, die einem europäischen Gesellschafts- und Kulturideal anhingen, und Slavophilen, die auf der eigenständigen nationalen Entwicklung Rußlands beharrten, hatte Herzen im Sinn, wenn er von »Kathedern« und der »Stimmung der Studenten« berichtete. Granovskij und Bakunin hatten sich erstmals 1836 im Stankevič-Zirkel getroffen. 1839/40, nach Granovskijs Rückkehr aus Berlin, näherten sie sich bei gemeinsamer Schiller-Lektüre einander an, doch bald distanzierte sich Granovskij. »In der Wissenschaft kann er Großes leisten«, schreibt Bakunin damals, »in der Sphäre des praktischen Lebens aber taugt er zu nichts. Es gibt für ihn kein Subjekt, für ihn sind alle – Objekt. Merkwürdige Natur! Vielleicht wäre er ohne diese Mängel nicht so stark. Ihn wirklich lieben kann man nicht, aber bei jedem weckt er Erstaunen, Respekt und Anteilnahme. Was wird aus ihm werden? Gebe Gott, dass er so schnell wie möglich nach Berlin kommt, sonst wird ihn seine ewige innere Arbeit töten. Die Differenzen mit sich selbst und mit der Welt werden bei ihm von Tag zu Tag stärker.« (SSS Bd. 2, S. 468)

Auch Nikolaj Belinskij (vgl. S. 21 – »Kreis junger Männer, zu denen Bjelinsky ... gehörten«) hatte sich zu dieser Zeit, unmittelbar bevor Bakunin Rußland verließ, von diesem distanziert, nahm aber bei seiner Parisreise im Jahr 1847 (er traf drei Monate später als Herzen in der französischen Metropole ein) die Beziehung wieder auf. Bakunin soll damals von einem »russischen Zentrum für Revolutionspropaganda« geträumt haben, für das er als Spezialist der Literatur Belinskij gewinnen wollte, dessen Talent, wie er meinte, unter den Bedingungen des nikolinischen Rußland verdorre. Der bereits schwer tuberkulosekranke Belinskij war der Ansicht, daß er als Emigrant seinem Land noch weniger nützen könne als ohnehin schon. Zudem unterschieden sich ihre politischen Überzeugungen allzu sehr. »Ich gehöre nicht zu den Leuten«, schrieb Belinskij, »die jenes Axiom vertreten, daß die Bourgeoisie schlecht ist, daß man sie vernichten muß, daß nur ohne sie alles gut wird. So denkt unser Deutscher Michel und fast so denkt auch Louis Blanc.« (SSS Bd. 3, S. 480, Anm. 487) – Belinskij war im Jahr zuvor als einer der renommiertesten Literaturkritiker Rußlands in die Redaktion des ›Zeitgenossen‹ (Sovremennik) eingetreten. Seine temperamentvollen Artikel in den ›Petersburger Annalen‹, mit denen er in die Diskussion zwischen Westlern und Slavophilen eingriff, galten nicht nur bei der jüngeren Generation als begehrter Lesestoff. Studenten in Moskau und Petersburg rissen sie sich »aus den Händen«. (HL Bd. 1, S. 548) Was auf politischer Ebene verboten war, formulierte Belinskij als zumindest eine der Aufgaben der Literatur: russischen Alltag »wirklichkeitsnah« darzustellen, Kritik an Mißständen und Autoritäten zu üben, so wie er es in Gogol's Werken bis hin zum ersten Teil der »Toten Seelen« beispielhaft realisiert sah. Sein »Brief an Gogol'«, in dem er, nach dem Erscheinen von Gogol's »Ausgewählten Stellen aus dem Briefwechsel mit Freunden«, seiner Empörung über dessen Wandlung zum reuigen, kirchen- und zarentreuen Renegaten Ausdruck verlieh und sich praktisch zur Rebellion gegen physische und geistige Knechtschaft bekannte, kursierte nach seinem Tod ungedruckt in zahllosen Abschriften in ganz Rußland – »die Gymnasiallehrer in den Provinzstädten lernten ihn auswendig« (Otto Bergelt in: Meister der Kritik. Belinski, Dobroljubow, Tschernyschewski. Aus dem Russischen von Albert Klöckner, eingeführt und erläutert von Otto Bergelt, Berlin: Verlag der Nation 1953, S. 34). – Welche Wirkung die Publikationen des Kritikers hatten, entging den Regierungskreisen freilich nicht: Selbst als Belinskij bereits im Sterben lag, wurde sein Haus von Polizisten bewacht, um etwaige Besucher abzuschrecken.

das Erscheinen der »Toten Seelen«] Der erste Teil dieses Romans von Nikolaj Gogol' war 1842 unter dem von der Zensur vorgeschriebenen Titel «Die Abenteuer Čičikovs oder Tote Seelen. Ein Poem« erschienen. Er thematisierte, getarnt als parodistische Hymne auf Rußlands Größe und Zukunft, die Machenschaften der korrupten zaristischen Beamten, den moralischen und ökonomischen Verfall der adeligen Gutsbesitzer und das Elend der Leibeigenschaft. Die Rezeption des Werkes war widersprüchlich. Während die Westler vor allem seine bittere Ironie und seine Kritik am zeitgenössischen Rußland schätzten, waren die Slavophilen der Ansicht, Gogol habe in seinem Roman das wahre Rußland und seine spirituelle und moralische Überlegenheit gegenüber dem westlichen Europa erfaßt. (Kindler Bd. 15, S. 6247.) – Vgl. *S. 24* – »Ist nicht etwas Neues von Puschkins, Gogols und Lermontows Werken erschienen?«

Paskiewitsch] Ivan Fedorovič Paskevič (1782-1856), ein Vertrauter Nikolaus I., erhielt für die erfolgreiche Unterdrückung des polnischen Aufstandes von 1831/32 den Ehrentitel »Fürst von Warschau« und wurde später »Statthalter« des ehemaligen Königreichs Polen. Zum Generalfeldmarschall avanciert, eilte er 1849 dem Wiener Hof zur Hilfe, um die Unterdrückung der Revolution in Ungarn zu beschleunigen (Hdb. RG Bd. 2.2, S. 1137 und 1196).

Philarets] Filaret (1782-1867), Metropolit von Moskau, war ein machtbewußter, kluger und gelehrter Geistlicher, despotisch innerhalb seiner Kirche, distanziert und ablehnend den weltlichen Autoritäten, vor allem dem Zaren gegenüber, den er in seinen Predigten geschickt und indirekt kritisierte. Seiner Absicht, einen modernen Kommentar zur Bibel in russischer Sprache zu veröffentlichen, stellten sich Zar Nikolaus I. und sein Oberprokurator entgegen. Nur vordergründig ging es dabei um theologische Probleme, tatsächlich wurde so die relative Unabhängigkeit der orthodoxen Kirche gegenüber der Autokratie eingeschränkt. (Vgl. Hdb. RG Bd. 2.2, S. 1090; HL Bd. 1, S. 167.)

Sie erinnerten an den berühmten »Abendgottesdienst«, den Bakunin mit Chomjakow bei Tschaadajew, bei der Jelagina im Gespräche über denselben Hegel nächtelang abzuhalten pflegte.] (Klarer ist hier die Übersetzung in HL Bd. S. 240: »Sie erinnerten an die berühmten Vigilien von Bakunin und Chomjakow bei Tschaadajew und bei der Jelagina, wo ebenfalls über Hegel debattiert wurde.«) – Der slavophile Lyriker Aleksej Stepanovič Chomjakov (1804-1860), Mitarbeiter der reaktionären Zeitung ›Moskvitjanin‹ (Der Moskauer), war einer der gefürchtetsten Gesprächspartner der Moskauer Salons. Hochintelligent, gebildet, bissig – »ein alter Kampfhahn der Dialektik« (HL Bd. 1, S. 716); der typische Fall des staatskritischen Intellektuellen, der sich im »jämmerlichen, verzagten und knechtisch gesinnten Milieu« des nikolinischen Rußland überflüssig fühlen und seine Talente vergeuden mußte; ein Angehöriger einer ›verlorenen Generation‹, zu spät geboren, um am Aufstand der Dekabristen teilzunehmen, zu früh, um, wie Herzens und Bakunins Generation, das repressive Autokraten-Regime als Herausforderung begreifen und Widerstandskräfte entwickeln zu können. Er hatte sich lange in Europa aufgehalten, war ›vor Langeweile‹ verbittert und wurde nach seiner Rückkehr zu einem militanten Verfechter der Slavophilie. Wenn Bakunin sich Ende der 1830er Jahre auf Rededuelle mit dem reaktionären Chomjakov einließ, so geschah dies im Einklang mit den Regeln der intellektuellen Salons – so im Haus von Av'dotja Petrovna Elagina. Ihr literarischer Salon in Moskau, der sich in den 1830er und 1840er Jahren bei Konservativen und Liberalen großer Beliebtheit erfreute, wurde zum Zentrum der Slavophilen. Streitgespräche gehörten hier zur Tagesordnung. Zum Bruch zwischen Westlern und Slavophilen kam es erst um 1844 (HL, Bd 1,

S. 725). Gleichwohl kritisierte Bakunin bereits 1840 den ›Westler‹ Granovskij, weil dieser sich regelmäßig im Haus der Kireevskijs aufhielt, wo auch Chomjakov anwesend war (SSS, Bd. 2, S. 468). Eine Schlüsselrolle in bezug auf die Entwicklung des Antagonismus zwischen Westlern und Slavophilen hatte die verspätete Publikation des »Ersten Philosophischen Briefes« von Petr Jakovlevič Čaadaev (1794-1856) gespielt. Er hatte als Offizier am Befreiungskrieg von 1812 teilgenommen und war 1820/21 Mitglied eines dekabristischen Geheimbundes gewesen. Mit der Niederschrift seiner acht »Philosophischen Briefe« begann er unter dem Eindruck der Dekabristen 1829, publizierte den ersten Brief jedoch erst 1836 in der Zeitschrift ›Teleskop‹: eine heftige Anklage gegen das petrinische Rußland, die Autokratie und die Orthodoxie. Die Gesellschaft reagierte mehrheitlich schockiert, obwohl »insgeheim jeder ähnliche Gedanken« gehabt hatte (Herzen). Nikolaus I. ließ den Autor durch eine Komission von Fachleuten für wahnsinnig erklären. Die Zeitschrift wurde verboten und zwanzig Jahre lang blieb jegliche Neugründung privat geführter Zeitungen untersagt. Čaadaev sah den Grund für Rußlands Rückständigkeit in seiner ausschließlich auf Nachahmung beruhenden Kultur und seiner Isolation, an der, seiner Ansicht nach, die orthodoxe Kirche die Hauptschuld trug. »Vereinsamt in der Welt, haben wir der Welt nichts gegeben, haben sie nichts gelehrt; wir haben keinen in die Masse der menschlichen Ideen hineingetragen, in keinerlei Weise an dem Fortschritt der menschlichen Vernunft mitgewirkt und alles, was zu uns von diesem Fortschritt gelangt ist, ist entstellt« (Hdb. RG Bd. 2.2, S. 1097). Čaadaev wurde in seinem Moskauer Haus unter Arrest gestellt und mußte sich einmal wöchentlich von einem Arzt und einem Polizeioffizier untersuchen lassen, die anschließend dem Zaren Bericht erstatteten. Unter dem Druck seiner Isolation, und der entwürdigenden Behandlung revidierte Čaadaev schließlich seine Ansichten. In seiner Schrift »Apologie eines Wahnsinnigen« erklärte er nun, daß Rußland berufen sei, die Mehrzahl seiner Probleme selbst zu lösen. Čaadaev blieb nach Aufhebung des Arrests nicht gänzlich aus der Gesellschaft ausgeschlossen. Man traf ihn gelegentlich in Salons und man besuchte ihn. Sein Gedanke sei »eine Macht« geworden, schrieb Herzen. »In dem Maße, wie die Macht des ›wahnsinnigen‹ Rittmeisters Tschaadajew anerkannt wurde, verringerte sich die ›wahnsinnige‹ Macht von Nikolaj Pawlowitsch« (HL Bd. 1, S. 698).

Jelagina] Av'dotja Petrovna Elagina, geb. Juškova, in erster Ehe Kireevskaja (1789-1877), Nichte des Lyrikers V. A. Žukovskij und Mutter der bekannten Slavophilen I. V. und P. V. Kireevskij. 25 Jahre lang war ihr Moskauer Haus Treffpunkt der wichtigsten Autoren und Gelehrten ihrer Zeit. Auch Herzen und Ogarev besuchten ihren Salon. Obwohl sie selbst kaum etwas veröffentlichte, übte sie einen beträchtlichen Einfluß auf die russische Literatur ihrer Zeit aus. (Enciklopedičeskij slovar', hrsg. von F. A. Brockhaus, Leipzig und I. A. Efron, St. Petersburg 1893. Bd. 9, S. 175) Herzen konstatiert die große Bedeutung der Moskauer Salons für die Debatten zwischen Westlern und Slavophilen: »Wenn ich von den Moskauer Salons und Speisezimmern spreche, dann nur von denen, wo einstmals A. S. Puškin geherrscht, wo Griboedov gelacht hat, wo vor uns die Dekabristen den Ton angegeben haben; ... wo schließlich Chomjakov von neun Uhr abends bis vier Uhr morgens disputierte; wo K. Aksakov mit der Murmolka in der Hand grimmig für Moskau eintrat, das von niemandem angegriffen wurde [...]. Wo Granovskij erschien mit seiner sanften, doch festen Sprache; wo alle sich an Bakunin und Stankevič erinnerten. [...] Die Debatten wurden an allen literarischen und unliterarischen Abenden, an denen wir zusammenkamen, wieder aufgenommen, und das war zwei oder drei Mal in der Woche der Fall. Am Montag versammelten wir uns bei Tschaadajew, am Freitag bei Swerbejew, am Sonntag bei A. P. Jelagina.« (HL Bd. 1, S. 711 und S. 715)

Karl Vogt] Der Naturforscher Karl Vogt (1817-1895) hatte an der Universität Gießen, an der auch sein liberaler Vater lehrte, als Kommilitone von Georg Büchner u. a. bei Justus Liebig Medizin studiert und war zu dem Butzbacher Rektor Friedrich Ludwig Weidig in Kontakt getreten, dem Koautor von Büchners illegaler Flugschrift »Der Hessische Landbote« (1834). Angesichts der Studentenverfolgungen floh Vogt 1835 nach Straßburg, wo er Büchner wieder traf. Er folgte seinen Eltern nach Bern, wo sein Vater 1835 einen Lehrstuhl angenommen hatte, und schloß dort 1839 sein Medizinstudium ab. Daneben hatte er Zoologie betrieben und war 1839-45 Mitarbeiter des Naturhistorikers Louis Agassiz, der ihn auch mit der Geologie vertraut machte; Vogt arbeitete an dessen biologischen Publikationen mit und nahm an seinen Gletscherexpeditionen teil. 1845 wechselte Vogt nach Paris, wurde Wissenschafts-Korrespondent der ›Augsburger Allgemeinen Zeitung‹ und Zentrum eines Kreises von Ärzten, Forschern und Intellektuellen wie Bakunin, Herzen und Georg Herwegh. Aus der journalistischen Arbeit gingen mehrere populärwissenschaftliche Bücher wie »Physiologische Briefe« (1845/46) oder »Ozean und Mittelmeer« (1848) hervor. 1847 folgte er einem Ruf als Professor der Zoologie an die Universität Gießen, verlor seinen Lehrstuhl aber infolge seines Engagements für die Revolution. 1848 wurde er Oberst der Gießener Bürgergarde und Abgeordneter in Frankfurter Vorparlament und Nationalversammlung, 1849 als Mitglied des Stuttgarter Rumpfparlaments zu einem der fünf Reichsregenten gewählt. Nach Niederschlagung der Revolution kehrte Vogt nach Bern zurück, wo er seine Broschüre »Die politischen Aufgaben der Opposition in unserer Zeit« (1849) veröffentlichte. 1852 wurde er zum Professor der Geologie nach Genf berufen, wurde zum Mitglied des Großen Rates gewählt, zum Ständerat und Nationalrat abgeordnet. Zum Ärger der Klerikalen bezog Vogt Position für eine materialistische Naturauffassung, auch auf vielbesuchten Reisevorlesungen und in Schriften wie »Köhlerglaube und Wissenschaft« (1855) oder »Vorlesungen über den Menschen, seine Stellung in der Schöpfung und in der Geschichte der Erde« (1863). In der Kühnheit seiner Evolutionstheorien ging er noch über Huxley und Darwin hinaus, was ihn in der Wissenschaft in eine isolierte Stellung trieb. Geologische und paläontologische Interessen verfolgte er u. a. auf einer mit Geßler und Herzen angetretenen Reise, die er in »Nordfahrt« (1863) beschrieb. In Genf traf er 1864 wieder mit Bakunin zusammen. Nach der Reichseinigung 1871 bezog er Partei für die besiegten Franzosen. – Für Bakunin gehörte die Familie Vogt in Bern von 1843 bis zu seinem Tod zum engsten Freundeskreis (vgl. *S. 108* – »Vogt'sche Familie«).

48 **Bakunin über sein erstes Zusammentreffen mit Marx**
  [(]»Rapports personels avec Marx«, Manuskript, 1871)

Angesichts des in der 1. Internationale offen ausgebrochenen Konflikts zwischen der von ihm vertretenen freiheitlichen und der von Marx vertretenen autoritären Richtung begann Bakunin Ende 1871 mit der Niederschrift eines Rückblicks auf die Entwicklung ihrer persönlichen Beziehung, die unter günstigeren Vorzeichen 1844 in Paris begonnen hatte.

Aus dem im Dezember 1871 in Locarno entstandenen französischen Manuskriptkomplex der »Rapports personnels avec Marx«, der wie viele andere Originaldokumente erst mit dem Nachlaß von Max Nettlau in das Bakunin-Archiv des Amsterdamer IISG gelangte, finden sich häufiger Zitate in Nettlau, Biogr., aus denen Ball einige übersetzt (auch auf S. 87 und 103 sowie – als Erstübersetzungen gekennzeichnet – S. 61, 69 und 143). Wohl aufgrund des vergleichsweise geringen Umfanges der Textdokumente auf den Seiten 48, 87 und 103 hat Ball sie nicht als seine Erstübersetzungen aus dem Französischen gekennzeichnet.

Überlieferung

DV: T² I, S. 50-51. **Ü**: Hugo Ball aus dem Französischen (nicht wie sonst als Erstübersetzung im Inhaltsverzeichnis markiert). **Q**: Französisches Zitat in Nettlau, Biogr. S. 69 oben. **O**: Rapports personnels avec Marx. Pièces justificatives NE 2. Manuskript, Locarno Dezember 1871. – Standort: Amsterdam, IISG, Archives Bakunin. **E**: Als deutsche Übersetzung von Max Nettlau 1924 unter dem Titel »Persönliche Beziehungen zu Marx« in GW Bd. 3, S. 210-211. **GA**: CD-ROM und Œuvres Bd. 2, S. 125. **GDA**: GW Bd. 3, S. 210-211; Stuke S. 402-403.

Lesarten der Zitatquelle

48 Ball pointiert seine Übersetzung des Zitats durch eine Umformung des Satzes zur Konditionalform:
Und ich suchte gierig seine immer instruktive und geistvolle Unterhaltung, die noch viel geistvoller gewesen wäre, wenn sie nicht hätte von Hass und Mesquinerie ausgehen wollen, was leider allzu oft der Fall war.] Frz.: ... et je recherchais avec avidité sa conversation toujours instructive et spirituelle, lorsqu'elle ne s'inspirait pas de haine mesquine, ce qui arrivait, hélas!, trop souvent.

Erläuterungen

48 *George Sand*] Der eigentliche Name der Schriftstellerin George Sand (1804-1876), deren Lebenswerk sechzig Romane, fünfundzwanzig Theaterstücke, eine Autobiographie sowie zahllose Essays und Artikel zu politischen, sozialen und frauenrechtlichen Fragen umfaßt, lautete Amandine Lucie Aurore Dupin, Baronne Dudevant. Sie war die Tochter eines Aristokraten und einer Modistin, wurde von ihrer adeligen Großmutter auf dem Schloß Nohant erzogen und war bereits mit siebzehn Jahren deren Erbin. Aus der lieblosen Ehe mit Baron Dudevant, mit dem sie zwei Kinder hatte, brach sie nach wenigen Jahren aus und begann, sich von allen Konventionen, die das Frauenleben ihrer Zeit bestimmten, zu emanzipieren. Seit 1830 lebte sie halbjährlich mit Mann und Kind auf ihrem Landsitz Nohant, den Rest des Jahres mit ihrem Geliebten in Paris, trug Männerkleidung, bewegte sich in einem Freundeskreis, zu dem u. a. Balzac gehörte und begann zu schreiben. Bereits der erste Roman, »Indiana«, publiziert unter dem Pseudonym George Sand, brachte Erfolg. Die Themen, die sie von nun an beschäftigen sollten, waren Liebe, Sexualität und gesellschaftliche Grenzen, die Rechte und die tatsächliche Unfreiheit der Frau. Sie hatte – nacheinander – zahlreiche Liebesbeziehungen – u. a. zu dem polnischen Komponisten Frédéric Chopin, der im französischen Exil lebte. Sie schrieb eine Artikelserie über die Liebe für Félicité de Lamennais' Zeitung ›Le Monde‹, gründete eigene Zeitschriften, war Mitarbeiterin zahlreicher anderer und befaßte sich immer wieder mit sozialer Gleichheit, Ehegesetzen, Bürger-, Frauen- und Menschenrechten. Sie unterstützte die sozialistischen Republikaner in der provisorischen Regierung von 1848 und setzte sich nach dem Staatsstreich von Louis Napoléon 1851 erfolgreich für politisch Verfolgte ein. Sie war keine Revolutionärin, aber überzeugte Republikanerin und Demokratin – und stand mit zahlreichen demokratischen Künstlern, Autoren, Philosophen und Politikern Europas in Verbindung. Ihre Romane wurden in kurzer Zeit in zahlreiche Sprachen übersetzt und machten sie zur einflußreichsten und am meisten gescholtenen Autorin des 19. Jahrhunderts. – In Rußland erschienen ihre Romane vor allem in der Zeitschrift ›Der Zeitgenosse‹ und spielten in den 1840er Jahren einen besondere Rolle als Vehikel politischer und sozialer Aufklärung (Steklov in SSS Bd. 4, 446). Sands Roman »Consuélo« war 1842 Gegenstand langer Gespräche zwischen Bakunin und Herwegh, berichtet Ruge (vgl. SP S. XXXI). 1843 in Zürich und auf der Petersinsel setzt Bakunin die Sand-Lektüre fort. Er empfiehlt seinen Geschwistern Varvara und Pavel die Romane George Sands zu lesen und schreibt: »Ich trenne mich jetzt nicht mehr von ihr« (SSS Bd. 3, S. 183). – »Den ganzen Morgen las ich ›Lélia‹ von George Sand. Sie ist meine Lieblingsautorin, das steht unumstößlich fest. Wenn ich aus ihren Werken lese, fühle ich mich geläutert, mein Glaube festigt und vertieft sich. Kein Dichter, kein Philosoph steht mir so nahe wie sie. Niemandem gelingt es, meine Gedanken, Gefühle und Vorstellungen so zum Ausdruck zu bringen wie sie. […] Wenn ich ihre

Bücher lese, ist das für mich fast eine kultische Handlung, ein Gebet. Ich erkenne meine Mängel und Schwächen, aber das zieht mich nicht runter, deprimiert mich nicht, im Gegenteil: ein Gefühl der Würde wird in mir wach und zeigt mir Kräfte und Mittel auf, deren ich mir bisher nicht bewußt war« (PhBr, S. 132). Aus der persönlichen Bekanntschaft mit der Autorin im Jahr 1844 ergab sich keine tiefere Beziehung; Bakunins Respekt hielt jedoch bis nach seiner Rückkehr aus Sibirien an (Carr S. 133; SSS Bd. 4, S. 446). 1848 verteidigte George Sand Bakunin gegen seine Verleumdung durch die ›Neue Rheinische Zeitung‹ als russischer Spion (siehe S. 69 – »George Sand«). Vgl. Pfitzner S. 28-34.

Chopin] Der Pianist und Komponist Frédéric François Chopin (1810-1849), Sohn einer Polin und eines eingewanderten Franzosen, erhielt seine Ausbildung in Warschau, trat in Wien erstmals öffentlich auf und lebte seit 1831 in Paris, wo er sich für Emigranten engagierte. Er war mit Liszt, Heine und Balzac befreundet und lebte in seinen letzten Lebensjahren mit George Sand zusammen. Seine Musik wurde früh mit dem Polenmythos der Aufständischen in Verbindung gebracht.

Lammenais] Fehlschreibung für Hugues Félicité Robert Lamennais (1782-1854; bis 1834 schrieb er sich La Mennais). Er war Priester und ein führender katholischer Denker der französischen Restaurationszeit; theologischer, philosophischer und politischer Schriftsteller. Er verteidigte die kirchliche Offenbarung gegen den Indifferentismus, die kirchliche Freiheit gegen das herrschende Staatskirchentum. Seine Antwort auf die kirchliche Zensurierung führte zum Bruch mit Rom. Seitdem setzte sich Lamennais für den Sozialismus ein.

in dem von H. Börnstein herausgegebenen »Vorwärts«] Der deutsche demokratische Publizist Heinrich Börnstein (1805-1892) lebte seit 1842 in Paris, wo er 1844 den ›Vorwärts!‹ gründete; 1848 Teilnehmer der geschlagenen ›Deutschen Demokratischen Legion‹, emigrierte er 1849 in die USA und wurde dort als Journalist und Militär bekannt. Der Name seiner Zeitschrift wurde 1890 für das Zentralorgan der SPD übernommen, das aus dem 1884 gegründeten ›Berliner Volksblatt‹ hervorging und 1890-1900 von Wilhelm Liebknecht geleitet wurde.

Herwegh] Vgl. S. 36 – »Georg Herwegh«. Er wohnte seit September 1843 in Paris, wo er 1848 den Ausbruch der Februarrevolution erlebte und die politische Führung der aus deutschen Emigranten gebildeten ›Deutschen Demokratischen Legion‹ übernahm, die in die deutschen Revolutionsereignisse eingreifen sollte. Am 24. April setzte sie mit knapp 700 Mann über den Rhein, wo sie die Nachricht von der Niederschlagung der badischen Republikaner um Friedrich Hecker überraschte und ihr eigener Vorstoß am 27. April von württembergischer Infanterie geschlagen wurde. Herwegh floh in die Schweiz.

Engels] Friedrich Engels (1820-1895) gehörte damals zu den ersten Mitarbeitern der 1844 in Paris gegründeten Zeitschrift ›Vorwärts!‹ und veröffentlichte dort eine Vorform seiner Abhandlung über »Die Lage der arbeitenden Klassen in England«, die auch für seinen Freund Marx

eine wichtige Grundlage für die Entwicklung der als ›Kritik der politischen Ökonomie‹ gefaßten Kapitalismus-Theorie bildete.
war schon Atheist] D.h. Bakunin war es nach seiner Erinnerung damals noch nicht, was auch seine Begründung der »Religion der Demokratie« im Aufsatz »Der Kommunismus« von 1843 nahelegt.
Mesquinerie] Frz.: Kleinlichkeit.

49 Adolf Reichel über Bakunin (in »La Révolte«, 1893)

Überlieferung

Reichel, der sich gegenüber seinen politischeren Freunden Carl Vogt und Bakunin in der Rolle des »konservativen Musikers« (Lehning S. 54) sah, konnte sein späteres Portrait Bakunins aus besonders intimer Vertrautheit zeichnen. Er war Bakunin über Zürich und Brüssel auf dem Weg in die Emigration gefolgt und bewohnte mit ihm eine gemeinsame Wohnung in Paris. Ball verwendet ein Zitat, das Nettlau für das siebte Kapitel seiner Biographie aus der anarchistischen Zeitschrift ›La Révolte‹ übersetzt hatte, die 1879-93 erschien.

DV: T^2 I, S. 52. **Ü:** Aus dem Französischen von Max Nettlau. **Q:** Übersetztes Zitat des französischen Artikels in Nettlau, Biogr. S. 71. **O/E:** Adolf Reichel: Bakounine. In: La Révolte, Paris, Supplément littéraire 15. Jg., Nr. 11, III (25.11.-11.12.1893), S. 145-146. **GA:** nicht ermittelt. **GDA:** Nur der zweite Satz in anderer Übersetzung in Lehning S. 64.

Lesarten der Zitatquelle

Ball modernisiert Nettlaus Orthographie und läßt die Satzgliederung durch eine kleine Wortstreichung (Wiederholung des Personalpronomens) leichter erfaßbar werden. Er gliedert Nettlaus zusammenhängendes Zitat in zwei Absätze und überspringt eine von ihm gekennzeichnete Auslassung:

49 *fand er in Paris nicht nur Gelegenheit, sich den revolutionären Elementen in mehr aktiver Weise anzuschliessen, ... sondern war auch ermutigt*] fand er in Paris nicht nur Gelegenheit, sich den revolutionären Elementen in activer Weise anzuschliessen, ... sondern er war auch ermuthigt

Erläuterungen

49 *Adolf Reichel*] Vgl. S. 44 – »Adolf Reichel«. – In seiner Wohnung in der Rue Bourgogne wohnte Bakunin zumindest zeitweise während seines Parisaufenthaltes.
ihn über das ewige Buch zu necken] Nettlau, Biogr. S. 71 erwähnt mündliche Mitteilungen Reichels, nach denen Bakunin damals zahlreiche Schriften und Reden der großen Französischen Revolution exzerpierte. Aber gemessen an früheren Jahren bleibt das publizistische Ergebnis der Pariser Jahre bis 1847 mager.

50-51 Aus Bakunins Polenrede (29. November 1847 in Paris)

Bakunins französische Rede vor der Pariser Emigrantenszene, die einen Saal in der Rue Saint Honoré füllte, erschien bald danach in Baden auch in deutscher Sprache als Oktavbändchen unter dem Titel »Rußland wie es wirklich ist!«. Diese erste deutsche Buchpublikation Bakunins, auf die Dragomanow (SP S. 284) und Nettlau (Biogr. Anm. 371) hinweisen ohne sie zu zitieren, erwähnt Ball im Vorspruch als Zitatquelle. Anders als sonst meist zitiert er hier nicht aus zweiter Hand, sondern greift direkt auf den Mannheimer Druck der anonymen Übersetzung aus dem Jahr 1848 zurück. Dies legt seine Bemerkung »*ich zitiere daraus*« nahe und wird bestätigt durch die Wortwahl dieser Übersetzung, von der Ball nur geringfügig abweicht. Er benutzte wahrscheinlich das heute noch existierende Exemplar der Zürcher Zentralbibliothek (Signatur: Z 1848/204), die im April 1917 aus der Zusammenlegung von Kantons- und Stadtbibliothek entstand, deren Bestand Ball in der häufiger besuchten Museumsgesellschaft am Limmatquai nutzte (vgl. seinen Brief vom 15.2.1917 in SW 10.1 Nr. 129, S. 170, und SW 10.3 Nr. 129, S. 161-162). In Brupbachers hinterlassener Bibliothek, die heute vom Schweizerischen Sozialarchiv verwahrt wird, existiert der Titel nicht. Nachdrucke oder Neuübersetzungen gab es damals nicht. SP S. 275-284 bietet nur einen Nachdruck des französischen Redetextes aus der Pariser Zeitung ›La Réforme‹, während Nettlau, Biogr. S. 77 mit Verweis auf die leichte Zugänglichkeit (Anm. 372) sich auf das französische Zitat der beiden Schlußabsätze der Rede beschränkt.

Überlieferung

DV: T² I S. 53-54. **Ü:** Anonyme Übersetzung aus dem Französischen. **Q:** Zitatquelle ist die erste deutsche Buchausgabe. **O:** Rußland wie es wirklich ist! Der 17. Jahrestag der Polnischen Revolution. Eine Rede gesprochen in der zu Paris am 29. November 1847 zur Feier dieses Jahrestages gehaltenen Versammlung von M. Bakunin, russischem Flüchtling. Ins Deutsche übertragen, Mannheim: Heinrich Hoff 1848, S. 14 und 15-16. **E:** 17ᵉ anniversaire de la Révolution polonaise. Discours proncé à la réunion tenue à Paris, pour célébrer cet anniversaire, le 29. novembre 1847, par M. Bakounine, réfugié russe. In: La Réforme, Paris 14.12.1847. – Nettlau, Biogr. S. 77 und Anm. 371 erwähnt eine frühere Veröffentlichung der Rede am 5.12.1847 (nach einer Meldung in der ›Trier'schen Zeitung‹ vom 9.12.1847) und verzeichnet weitere Meldungen dieser Zeitung über die folgende Ausweisung Bakunins aus Frankreich. **GA:** CD-ROM (französisch) und russisch im Reprint SSS Bd. 3, S. 270-279. **GDA:** Leicht variierte Übersetzung heute im Reprint SP S. 444-445.

Lesarten der Zitatquelle

Gegenüber dem ersten deutschsprachigen Druck von 1848 wahrt Ball bis auf eine nicht gekennzeichnete Auslassung die Absätze und weitgehend auch die Wortwahl. Er modernisiert Schreibungen und strafft den Leserhythmus durch Interpunktionswechsel, Ersetzung stilistischer Atavismen des Übersetzers und Streichung einiger Füllwörter.

50   wir empfinden in uns eine Fülle guten Willens] wir fühlen in uns eine Fülle guten Willens

der [...] das Vergangene Euch vergessen zu lassen vermag.] der [...] das Vergangene Euch vergessen zu lassen wissen wird.
unversöhnlich] unversöhnlicher
Die Auslassung des folgenden Absatzes kennzeichnet Ball nicht und fährt mit dem dann folgenden fort, der der vorletzte der Rede ist. Dabei entfällt eine Paraphrase:
Die Wiedervereinigung Russlands und Polens ist ein unermessliches Werk und wert, dass man sich ihm ganz weihe ... Es ist die Befreiung aller slavischer Völker] Die Wiedervereinigung Rußlands und Polens ist ein unermeßliches Werk und werth, daß man sich ihm ganz weihe. Es ist die Befreiung von sechzig Millionen Menschen, es ist die Befreiung aller Slavischen Völker

Erläuterungen

50 *17. Jahrestag der polnischen Revolution von 1830*] Nach der dritten und letzten Teilung im Jahr 1795 hatte Polen als politisches Gebilde aufgehört zu existieren. Der preußische Teil wurde zum ›Großherzogtum Posen‹, der russische zum ›Königreich Polen‹ mit dem Zentrum Warschau, während Österreich Galizien und Lodomerien in seinen Herrschaftsbereich integriert hatte. Ein nennenswerter Widerstand hatte nicht stattgefunden, doch organisierte sich die Mehrheit aller adeligen und bürgerlichen Polen in einer Reihe von Geheimgesellschaften wie der konservativen ›Polnischen Patriotischen Gesellschaft‹ (siehe S. 19 – »den Fürsten Jablonowsky«). In Polen und im polnischen Emigrationszentrum Paris weckten die Julirevolution 1830 und der Sturz der Bourbonen die Hoffnung, die politischen Konstellationen in Europa beeinflussen und der eigenen Nation erneute Unabhängigkeit verschaffen zu können. Der sogenannte ›November-Aufstand‹, der 1830 sowohl im eigenen Land als auch von der Emigration aus vorbereitet wurde und an dem die polnische Armee des Königreichs Polen teilnahm, verlief jedoch planlos und unkoordiniert und krankte an der Uneinigkeit und mangelnden Bereitschaft der meisten seiner adeligen Anführer und Offiziere, auch die unteren Bevölkerungsschichten an den Kämpfen zu beteiligen. Daran konnte auch das Manifest des Nationalrates nichts ändern, das als Ziel des Aufstands nicht nur die nationale Freiheit und staatliche Souveränität Polens, sondern auch die individuelle Freiheit des Bürgers und die Reformierung des Bauerstands nannte. Strategische Fehler – etwa das freie Geleit für den russischen Statthalter Großfürst Konstantin und die russischen Besatzungstruppen – und die enorme Provokation des russischen Herrscherhauses durch die Absetzung der Romanov-Dynastie als polnische Könige, führten zu einem regelrechten Krieg. Rußland schlug mit großer Härte zurück. Als im September 1831 das Scheitern des Aufstands endgültig feststand, waren weite Landstriche Polens verwüstet, die Bevölkerung litt unter Hunger und Seuchen, und zahlreiche Angehörige seiner militärischen und intellektuellen Elite begaben sich in die Emigration.

Neue Sympathien unter den Demokraten und Radikalen Frankreichs für das Unabhängigkeitsstreben der Polen hatten die Ereignisse vom Februar 1846 geweckt. In der seit dem Wiener Kongreß 1815 bestehenden Republik Krakau, dem letzten unabhängigen Stück polnischen Bodens, war die Befreiung des preußischen und des österreichischen Teils von Polen angekündigt worden. Die Aufstände waren schnell niedergeschlagen – zumal die galizischen Bauern ihre sozialen Interessen vom Adel ungenügend vertreten sahen. Sie erhoben sich gegen die Landbesitzer und fielen den für die nationale Befreiung kämpfenden Aufständischen somit in den Rücken. Mit der Annexion Krakaus durch Österreich, gegen den »milden« Protest Frankreichs und Englands, endeten die Unruhen (vgl. Gill S. 189-190). Bakunin intensivierte seinen zuvor nur flüchtigen Kontakt mit der polnischen Emigration in Paris, die ihm im Wesentlichen zu konservativ war. Zuvor hatte ein einmaliges Treffen mit Fürst Adam Czartoryski, dem Führer der aristokratischen Fraktion stattgefunden, und eines mit dem Dichter Adam Mickiewicz, der bereits einer versponnen mystizistischen Idee von der ›Rettung der polnischen Nation‹ durch innere Läuterung verfallen war (Carr S. 147-148). Zur Verteidigung Polens schrieb Bakunin einen Artikel gegen die russischen Unterdrücker für den ›Constitutionnel‹. Ein Bericht der französischen Geheimpolizei aus dem Jahr 1847 konstatiert, daß Bakunin in seiner Wohnung eine »beträchtliche Anzahl« polnischer Emigranten empfange. Im November 1847 luden ihn zwei junge polnische Emigranten zur Feier des 17. Jahrestags ein, bei der der radikale Abgeordnete Vavin den Vorsitz führte. Wenn Bakunin tatsächlich glaubte, den revolutionären Polen »im Namen der russischen Demokratie« eine Allianz anbieten zu können, dürfte er sich getäuscht haben. Tatsächlich waren Liberale und Demokraten, die bereit waren, den polnischen Untertanen des russischen Reichs Unabhängigkeit zuzugestehen, eine kleine Minderheit. (Vgl. SSS Bd. 3, S. 490, Anm. 492-ter; Nettlau, Biogr. S. 76-77.)

Hippolyte Vavin] Vavin, Abgeordneter im französischen Parlament, leitete die Versammlung zum Jahrestag der polnischen Revolution von 1830. Ein Hippolyte Vavin konnte nicht ermittelt werden. Wohl aber Aleksis Vavin (1792-1863), Notar und liberaler Abgeordneter des 11. Arrondissements. Er war Schatzmeister des französisch-polnischen Komitees, trat in der Nationalversammlung mit einer Anfrage wegen der Ausweisung Bakunins auf und verlangte im März 1848 die Diskussion der Polenfrage. Als Mitglied der konstituierenden, dann der gesetzgebenden Versammlung geriet Vavin mit den Monarchisten aneinander, er protestierte gegen den Umsturz durch Louis Bonaparte und zog sich danach aus der Politik zurück. (Vgl. SSS Bd. 3, S. 496, Anm. 496.3) und Pierre Larousse: Grand Dictionnaire Universel, Bd. 10, Paris 1985.)

General Dwernicky] Józef Dwernicki (1779-1857), Offizier unter Napoleon und seit 1815 im Königreich Polen, wurde er Kommandeur und Brigadegeneral. Er war einer der drei Oberbefehlshaber der polnischen Armee im Aufstand von 1830. Er überschritt unter dem Druck der angreifenden Russen im April 1831 mit seinen Aufständischen (ca. 4.000 Mann) die Grenze Galiziens und wurde, trotz des Protests der Engländer und Franzosen, von den österreichischen Behörden entwaffnet und interniert, was den Widerstand der polnischen Bevölkerung enorm steigerte. Dwernicki emigrierte nach Frankreich und wurde 1848 Vorsitzender des Komitees der polnischen Emigranten. Als populärer aktiver Demokrat der Mitte hoffte er vergeblich, die unterschiedlichen Gruppierungen der polnischen Emigration zu einigen. Mehrfach trat er als Opponent des designierten Königs Fürst Czartoryski auf. Er forderte die französische Regierung auf, eine polnische Legion aufzubauen, erhielt eine Absage und kehrte nach Galizien zurück. Sein Ruf war der eines tapferen, engagierten Militärs, der seinen Soldaten sehr nahe stand, als Politiker jedoch schwach, unentschlossen und beeinflußbar war: »Ein guter Alter, loyaler Soldat, aber als Politiker eine Null«, urteilte Mazzini. (Polski Bd. 6, S. 19-22.)

Ludwic Wotowsky] Den Namen dieses weiteren Redners in der Veranstaltung entnimmt Ball aus Nettlau, Biogr. S. 77. Dort wird er – der polnischen Schreibung entsprechender – Ludwik Wotowski genannt. Aber auch diese handschriftliche Schreibung kann fehlerhaft sein, denn die polnische Schreibung des durchstrichenen »l« kann irrtümlich leicht als »t« gelesen werden. – Wahrscheinlich handelt es sich um Ludwik Franciszek Wołowski (1810-1876), der seit 1822 am Pariser Collège Henri IV erzogen worden war und – nach Warschau zurückgekehrt – als Kapitän am Novemberaufstand von 1830 teilgenommen hatte. Mit einer Sondermission der provisorischen Nationalregierung, der sein Vater angehörte, war er als Erster Legationssekretär nach Paris geschickt worden, wo er seit der Niederschlagung des Aufstandes wieder lebte und 1833 seine Zeitschrift ›Revue de législation et de jurisprudence‹ gründete. 1836 als Louis Wolowski eingebürgert, lehrte er seit 1839 als Professor für Industrierecht, seit 1864 für Politische Ökonomie am Conservatoire national des Arts et Métiers. – 1848-51 wurde er als Mitglied der gemäßigt demokratischen Partei Abgeordneter in der Konstituierenden, dann der Gesetzgebenden Versammlung. Nach dem Staatsstreich von Louis Napoleon zog er sich vorübergehend aus der französischen Politik zurück, engagierte sich aber weiter in Institutionen und Organisationen des polnischen Exils. 1855 wurde er in die Académie des sciences morales et politiques aufgenommen. 1861-64 war er Mitglied des von der aufständischen Nationalregierung berufenen Polnischen Nationalkomitees. Ab 1871 war er Abgeordneter des linken Zentrums in der französischen Nationalversammlung der Dritten Republik und vertrat das Freihandelssystem. 1875 wurde er zum Senator auf Lebenszeit gewählt. – (Nach freundlichen Mitteilungen des Oldenburger Osteuropa-Historikers Hans Henning Hahn.)

Aus Bakunins Polenrede] Die auf Französisch gehaltene Rede wurde zuerst am 17. 12.1847 abgedruckt in ›La Réforme‹ (Nachdruck in SP S. 275-284). Eine tschechische Übersetzung erschien in der Zeitung ›Noviny Slovanské Lípy‹ am 2., 5. und 7.10.1848. – Es seien diese Rede und die folgenden Berichte und Stellungnahmen in französischen und anderen Zeitungen gewesen, schreibt Pfitzner, die Bakunin international bekannt gemacht haben. Spätere Mitarbeiter wie die Brüder Straka seien durch diese Publikationen zum ersten Mal auf ihn aufmerksam geworden (Pfitzner S. 34-41).

Die Wiedervereinigung Russlands und Polens ist ein unermessliches Werk [...] Es ist die Befreiung aller slavischer Völker] Der Begriff »Wiedervereinigung«, den Ball seiner Zitatquelle entnahm, ist hier mißverständlich und suggeriert eine Übereinstimmung zwischen Bakunin und den russischen Panslavisten, die eine Vereinigung aller Slaven unter russischer Führung anstrebten. – Im französischen Originaltext heißt es »La réconciliation de la Russie et de la Pologne«. Die zutreffendere Übersetzung wäre »Versöhnung«.

52 Brief an Georg Herwegh // Brüssel, Dezember 1847.

Überlieferung

Nach Bakunins öffentlichem Angriff auf die zaristische Unterdückung Polens erwirkte die russische Gesandtschaft in Paris seine Ausweisung durch die französische Regierung. Er kehrte in der zweiten Dezemberhälfte 1847 nach Brüssel zurück, fand aber wenig Anschluß und war eher abgestoßen von der politischen Sphäre, in der dort Marx und Engels wirkten.

Aus den raren Quellen zu Bakunins zweiter Brüsseler Zeit bietet das achte Kapitel von Nettlau, Biogr. ein Zitat aus dem Briefwechsel mit Herwegh, das auch Ball hier im Ausschnitt verwendet (und später noch einmal in SW5 S. 259).

DV: T² I, S. 55. **Ü:** Original deutsch. **Q:** Zitat in Nettlau, Biogr. S. 78, Anm. 382 mit Herkunftsangabe: **O/E:** Herwegh S. 12-13. **GA:** CD-ROM oder [in russischer Übersetzung] SSS Bd. 3, S. 282-283. **GDA:** CD-ROM (auch in Originalsprache).

Lesarten der Zitatquelle

52   *Lieber, erst heute kann ich zum Schreiben kommen.*] [Unmarkierte Auslassung von drei Sätzen.]
Tun und Einfachheit;] Thun und Einfachheit und gänzliche Abwesenheit von Leben, Thun und Einfachheit,
das Wort Bourgeois] das Wort Bourgeois [Ball ignoriert die Hervorhebung der Quelle]
keine Möglichkeit, einen freien, vollen Atemzug zu tun.] keine Möglichkeit, einen freien, vollen Athemzug zu holen.

Erläuterungen

52   *Kisselew*] Nikolaj Dmitrievič Kiselev (1800-1869), jüngerer Bruder des Grafen P. D. Kiselev, einem der wichtigsten Verwaltungsbeamten Nikolaus I., war in den Jahren 1844-1851 für besondere Aufgaben der russischen Gesandtschaft in Paris attachiert. Von 1851 bis zum Ab-

bruch der diplomatischen Beziehungen zwischen Frankreich und Rußland wegen des Krimkrieges 1854 leitete er die Gesandtschaft. Nach kurzer Tätigkeit im russischen Innenministerium wurde Kiselev 1855 außerordentlicher Gesandter in Rom und Florenz, 1864 bis zu seinem Tod Vertreter des Zaren am Hof des Königs von Italien (SSS Bd. 3, S. 490, Anm. 492.5). – Aller Wahrscheinlichkeit nach hat Kiselev das Gerücht, daß Bakunin ein Mitarbeiter des Geheimdienstes sei, nur benutzt und nach Kräften verbreitet. Im Ausland und vor allem in Paris waren mehr oder minder verdeckt zahllose Spione der III. Abteilung aktiv und ein russischer Adeliger wie Bakunin, der sich so vehement für die Befreiung Polens einsetzte, hatte längst den Verdacht der allen Russen gegenüber grundsätzlich mißtrauischen polnischen Emigranten geweckt, auf sie angesetzt worden zu sein. Das Gerücht von Bakunins Agententätigkeit dürfte also in polnischen Emigrantenkreisen entstanden und von französischen Spitzeln der russischen Gesandtschaft zugetragen worden sein, was diese wiederum in eigener Sache geschickt ausnutzte. Das verbreitete Mißtrauen russischen Emigranten gegenüber sowie die Verwechslung eines Spions und eines harmlosen Gutsbesitzers veranlaßte auch Friedrich Engels bereits 1846, Bakunin in einem Brief an Marx, als äußerst ›verdächtig‹ zu bezeichnen. (Vgl. das Kapitel »Bakunin ein russischer Regierungsspion?« in Pfitzner S. 21-27; SSS Bd. 3, S. 485-486, Anm. 492). Anderthalb Jahre später, im Juli 1848, folgte die öffentliche Denunziation Bakunins in der ›Neuen Rheinischen Zeitung‹ (siehe S. 68-69).
Ende 1847 forderte Kiselev zugleich mit der Ausweisung Bakunins die Auflösung der ›Polnischen Demokratischen Gesellschaft‹ und die Ausweisung der polnischen Emigranten aus Paris, konnte sich aufgrund der französischen Sympathien für die polnischen Freiheitskämpfer aber nicht durchsetzen. 1867, in Florenz, könnte er noch einmal an einer Intrige gegen Bakunin beteiligt gewesen sein, Belege dafür scheint es jedoch nicht zu geben. Gerüchte, Bakunin bringe gefälschte Banknoten in Umlauf und unterstütze subversive Bewegungen in Sizilien und Süditalien, machten in Florenz die Runde. Bakunin selbst führte die Verleumdungen auf Kiselev zurück und behauptete, dieser betreibe bei der Regierung seine Ausweisung aus Italien. (Vgl. Carr S. 335.)
Duchâtel] Charles Marie Tanneguy Graf Duchâtel (1803-1867) war von 1839-48 Innenminister, nach der Revolution emigrierte er nach England. Er erklärte Bakunins Ausweisung aus Frankreich (14. Dezember 1847) mit folgenden Worten für rechtmäßig: »Bakunin ist kein Emigrant, denn es gibt in Frankreich keine russischen Flüchtlinge.« Die Zeitung ›La Réforme‹ bezeichnete die Worte des Innenministers als infamen Akt und forderte ihn auf, eine Erklärung abzugeben (SSS Bd. 3, S. 488, Anm. 492). In der Abgeordnetenkammer kam es zu einer heftigen Debatte um Bakunins Ausweisung, in deren Verlauf die Regierung andeutete, die Ausweisung sei nicht allein aus politischen Gründen erfolgt. Bakunin protestierte aus Brüssel gegen weitere Verdächtigungen in einem offenen Brief vom 7.2.1848 in ›La Réforme‹ (vgl. Pfitzner S. 35).

Guizot] Der in Genf erzogene Protestant François Pierre Guillaume Guizot (1787-1874) war unter der französischen Restauration 1815-16 Generalsekretär der Justiz und Mitgründer der Partei der ›Doktrinäre‹, die als gemäßigte Monarchisten gegen radikale politische Strömungen auftraten. Er war seit 1820 Professor für Geschichte an der Sorbonne, gründete 1828 die ›Revue française‹ und wurde 1830 Abgeordneter. Er war nach der Julirevolution kurze Zeit Minister unter Louis Philippe, trat jedoch schon im November 1830 mit den übrigen ›Doktrinären‹ zurück. 1832-37 Unterrichtsminister, 1839 Gesandter in London, 1840-48 Außenminister und dazu 1847 bis zur Revolution Ministerpräsident. Als einer der unpopulärsten Repräsentanten der Julimonarchie durch die Februarrevolution 1848 gestürzt, lebte er zunächst im englischen Exil und zog sich ins Privatleben zurück. 1854 wurde er Präsident der Pariser ›Akademie der moralischen und politischen Wissenschaften‹. Sein Einfluß auf die protestantische Synode führte 1874 zum Ausschluß der liberalen Protestanten. – Nach einem französischen Synonym-Wörterbuch (1809) veröffentlichte er im Lauf der Jahrzehnte zahlreiche Geschichtswerke und Memoiren über die Jahre 1814-48. – Die Entscheidung über Bakunins Ausweisung fällt in seine Zeit als Pariser Kabinettchef.

»*C'est un homme qui ne manque pas de talent, nous l'avons employé, mais aujourdhui il est allé trop loin et nous ne pouvons pas souffrir sa présence à Paris.*«] Das französische Zitat findet sich in Nettlau, Biogr. S. 77. Es insinuiert für den Briefempfänger eine frühere Tätigkeit Bakunins für die Gesandtschaft, könnte sich – vom Zarenreich aus gedacht – aber auch auf die früheren Kadettenjahre Bakunins beziehen: »Er ist ein Mann, dem es nicht an Talent mangelt und wir haben ihn beschäftigt, aber jetzt ist er zu weit gegangen und wir können seine Anwesenheit in Paris nicht dulden.«

Diese Verläumdung] Eigentümlichkeit von Balls Schreibung von »Verleumdung«.

Aus der demokratischen Alliance] Die ›Demokratische Gesellschaft zur Vereinigung aller Länder‹ war seit ihrer ersten Sitzung am 7. November 1847 mit der Absicht aufgetreten, die Brüsseler Demokraten mit den Emigranten verschiedenster Länder zusammenzuschließen, u. a. mit Deutschen und Polen. Ihre Satzung hatten u. a. Marx, Moses Hess, Stephan Born, Wilhelm Wolff und die Polen Ignacy Lelewel und L. Lubliner unterzeichnet. Ihr Ziel war die »Vereinigung und Verbrüderung aller Völker«. Marx hielt in dieser Gesellschaft seine berühmte »Rede über die Frage des Freihandels«. In seiner »Beichte« berichtet Bakunin, man habe ihn »in die Gesellschaft der Vereinigten Deutschen und Belgischen Kommunisten und Radikalen eingeführt, die auch mit den englischen Chartisten und den französischen Demokraten in Beziehung stand« (Beichte S. 18). Er habe zwei Zusammenkünfte besucht und sei dann fortgeblieben, weil ihm der Ton und das Auftreten der Anwesenden abgestoßen hätten. In einem Brief vom 8. 1.1848 bezeichnet Bakunin die ›Demokratische Alliance‹ als »größten

Betrug«, den man sich vorstellen könne (SSS Bd. 3, S. 287 und S. 491, Anm. 494.1).
Bornstädt] Der Publizist Adalbert von Bornstedt (1808-1851), ehemals preußischer Offizier, wurde in der Emigration Kommunist und war Mitglied verschiedener Gesellschaften, u. a. des ›Bundes der Kommunisten‹. Zeitweise stand er Marx nahe. In Brüssel gab er die ›Deutsche Brüsseler Zeitung‹ heraus, für die auch Marx schrieb. Nach der Februarrevolution 1848 übersiedelte er mit anderen Emigranten nach Paris und trat dort gegen Marx auf, schloß sich Herwegh an, gründete mit diesem die ›Deutsche Demokratische Legion‹ und wurde aus diesem Grund aus dem ›Bund der Kommunisten‹ ausgeschlossen. – Dokumente in Berliner und Wiener Archiven belegten später, daß Bornstedt ein Provokateur und Agent im Dienst der Preußischen Regierung gewesen war (vgl. SSS Bd. 3, S. 491, Anm. 494.2).
Feuerbach] Siehe S. 20 – »Ludwig Feuerbach«.

53 Brief an Annenkow // Brüssel, 28. Dezember 1847

Nicht viel anziehender als die deutsche Emigrantenszene erschien Bakunin in Brüssel die polnische, in der sein Pariser Auftritt Erwartungen auf einen weiteren Vortrag geweckt hatte. Adressat eines weiteren Briefes aus der Brüsseler Verbannung (und eines späteren aus Köln, siehe oben S. 57-58) ist der liberale Westler Pavel Vasil'evič Annenkov, den Bakunin aus dem Moskauer Stankevič-Kreis kannte und dem er in Paris wiederbegnet war. Bakunins Brief bezeugt seine Erfahrungen mit der Brüsseler Emigrantensphäre und resümiert die eigenen Geschicke: »Bis jetzt wurde fast mein ganzes Leben durch unfreiwillige Wendungen bestimmt, unabhängig von meinem Willen«. In Balls Brevier steht dieses Bekenntnis zur Medialität des eigenen Lebens vor den Zeugnissen der nächsten Wendung, die mit den historischen Ereignissen der Revolutionen von 1848 verbunden war.
Ball zitiert Auszüge direkt aus der deutschen Ausgabe des ›Socialpolitischen Briefwechsels‹.

Überlieferung

DV: T² I, S. 57-58 (vgl. Exz^d I, S. 2). **Ü:** Boris Minzès aus dem Russischen. **Q:** Übersetzt in SP S. 7-8. **O:** M. Bakunin: Brief an Pavel Vasil'evič Annenkov, Brüssel 28.12.1847. Russisches Manuskript 4 Seiten. Standort: St. Petersburg, Institut Russkoj Literatury; Signatur: 5705 XXIX d.bb. – Übersetzt aus dem russischen Manuskript der nachfolgenden Buchpublikation: Pis'ma M. A. Bakunina k A. I. Gercenu i N. P. Ogarevu. S priloženiem ego pamfletov, biografičeskim vvedeniem i ob-jasnitel'nymi primečanijami M. P. Dragomanova, Genf 1896. **E:** Früherer Abdruck der hier und auf Seite 57-58 wiedergegeben Briefe an Annenkov: P.V. Annenkov i ego druz'ja, St. Petersburg 1887, ²1892, S. 620-625. **GA:** CD-ROM (französisch und russisch) sowie russisch in Reprint SSS Bd. 3, 283-285. **GDA:** Reprint SP S. 6-8 und Stuke S. 661-663.

Textvarianten gegenüber der Druckvorlage

Das Exzerptfragment Exz^d I, zu den Vorarbeiten des Breviers gehörend, bietet Briefauszüge aus SP und beginnt mit Sätzen aus Bakunins hier zitiertem

Brief an Annenkov. Es ist »2)« bis »5)« paginiert und beginnt durch Fehlen der Seite 1 mitten im Satz: »was mystischen Horizont gibt«. Die gewählten Ausschnitte entsprechen einander, bis auf den Schlußsatz des Zitats, den Ball aus der Quelle ergänzt und variiert. Das Exzerpt hält sich eng an die zitierte Vorlage (SP S. 7 und 8), die Ball in T² stärker ändert (s. u.). Nur im Satz über Marx findet sich bereits im Exzerpt die Verkürzung:

53 derselbe theoretische Wahnsinn und dieselbe mit sich selbst unzufriedene Selbstzufriedenheit.] Exz^d I: derselbe theoretische Wahnsinn und die selbe mit sich selbst unzufriedene Selbstzufriedenheit. – Dagegen SP: derselbe theoretische Wahnsinn und die unbefriedigte mit sich selbst unzufriedene Selbstzufriedenheit.

Lesarten der Zitatquelle

53 *Skrznecky, Graf Tiszkiewitsch*] Skrznecki, Graf Tiszkiewicz
Panslavisten] Slavenfreunde
Es kann sein, dass man mich auch von hier verjagt; sie mögen mich ausweisen, ich werde desto kühner, schärfer und treffender sprechen.] Es ist möglich, daß man mich auch von dannen jagen wird, – sie sollen nur jagen, ich werde um so kühner, um so schärfer, um so treffender sprechen.
Bis jetzt wurde fast mein ganzes Leben durch unfreiwillige Wendungen bestimmt, unabhängig von meinem Willen] Bis jetzt war mein Leben durch fast unfreiwillige Wendungen unabhängig von meinen eigenen Voraussetzungen bestimmt
Darin liegt meine ganze Kraft und mein Wert] Darin liegt auch die ganze Kraft und Würde
an dem übrigen ist mir wenig gelegen: es soll werden, wie es will.] an dem übrigen aber ist mir wenig gelegen: es soll sein, wie es sein will.
Sie werden sagen] Sie werden wohl sagen
Wahrlich wir alle wissen fast nichts. Wir leben in einer lebendigen Atmosphäre, umgeben von Wundern und Lebenskräften, und jeder unserer Schritte kann sie ohne unser Wissen und oft sogar unabhängig von unserem Willen zutage fördern …] Wahrlich, wir alle wissen fast nichts, wir leben in einer lebendigen Sphäre, von Wundern und Lebenskräften umgeben, und jeder unserer Schritte kann sie ohne unser Wissen und oft sogar unabhängig von unserem Willen zu Tage fördern. [Markierte Auslassung von einem Absatz]
dieselbe mit sich selbst unzufriedene Selbstzufriedenheit] die unbefriedigte mit sich selbst unzufriedene Selbstzufriedenheit [Nicht markierte Auslassung von 13 kurzen Sätzen und Sprung zum Anfang des Postskriptums]
Die hiesigen Zeitungen begrüssten mich sehr freundlich; überhaupt ist meine Lage geordnet …] Die hiesigen Journale haben mich sehr freundlich begrüßt; meine Lage ist überhaupt gesichert, ich muß jetzt viel arbeiten.

Erläuterungen

53 *Brief an W. Annenkow*] In SSS Bd. 3, S. 283-285 ist dieser Brief zunächst mit dem 20.12.1847 datiert. Am Ende, nach Bakunins Unterschrift steht: 28. Decembre, Bruxelles 13 Montage de la Cour. – Vgl. S. 20 – »Zeugnis W. Annenkows«. Annenkov hat sich später zu diesem Brief geäußert: »Dieser Brief ist nicht nur ein Beweis dafür, daß es nicht die polnische Propaganda war, welche Bakunin anzog (über sie äußerte er sich sehr frei), sondern der Schauplatz für seine politische und agitatorische Tätigkeit, der sich ihm eröffnete – dieser Brief, sage ich, ist interessant auch in anderer Hinsicht. Er zeigt den Verfasser in seinem wahren Licht als den romantischen und mystischen Anarchisten, der er immer war; er erklärt auch seinen Haß auf den autoritären, positiven und gesetzgebenden Marx« (Lehning S. 84-85).

Lelewel] Der Historiker und Schriftsteller Joachim Józef Benedykt Lelewel (1786-1861), bürgerlicher Herkunft, gilt als der ›Ideologe‹ der polnischen Demokraten. Er hatte 1830 als Abgeordneter des Sejm und Führer des ›Jakobinerflügels‹ (der Demokraten) für den bewaffneten Aufstand gestimmt und wurde nach der Absetzung der Romanovs vom polnischen Königsthron im Januar 1831, neben dem konservativen Aristokraten Czartoryski, Mitglied der vorübergehend bestehenden ›Nationalregierung‹. Nach der Niederschlagung des Aufstands ging Lelewel ins Exil nach Paris. Als Vorsitzender des – in Opposition zu Czartoryskis ›Bund der nationalen Einheit‹ stehenden – ›Polnischen Nationalkomitees‹, das eng mit den italienischen Carbonari zusammen arbeitete, versuchte er, zwischen Konservativen und Radikalen zu vermitteln. Ziel des ›Polnischen Nationalkomitees‹ war die Wiedergewinnung der nationalen Freiheit und staatlichen Souveränität Polens, die man gemeinsam mit anderen freiheitlichen Parteien Europas im bewaffneten Kampf gegen die Teilungsmächte zu erreichen hoffte (vgl. Gill S. 177). Sein Programm beinhaltete zudem die Aufhebung der feudalen Ordnung in Polen, die Freilassung der Bauern und die Einführung der Standesgleichheit. – 1833 wurde Lelewel als gefährlicher Revolutionär aus Frankreich ausgewiesen. Er ging nach Brüssel, wo er bis zu seinem Tod wissenschaftlich und journalistisch tätig war und unter anderem für Herzens »Polarstern« schrieb. Er trat einer belgischen Freimaurerloge bei und war Gründungsmitglied der ›Demokratischen Gesellschaft zur Vereinigung aller Länder‹ (siehe S. 52 – »aus der demokratischen Alliance«). 1848 unterschrieb er zusammen mit Marx eine Solidaritätsadresse an die französische Revolutionsregierung. – Bakunin war mit Lelewel seit seinem Brüsselaufenthalt im Jahr 1844 bekannt. Möglicherweise entstand sein Interesse an einer »Versöhnung aller Slaven« unter Einfluß von Lelewels Lehre vom demokratischen Gemeinwesen (gminowładstwo). Laut Dragomanow gründete Bakunin in Brüssel eine ›slavische Liga‹ oder beabsichtigte es zumindest (vgl. Dragomanow in SP S. XLV). 1847 allerdings war er von Lelewels politischen Fähigkeiten und Aktivitäten enttäuscht. Lelewel sei »ein gebrochener Mensch« und eine »politische Null« (SSS Bd. 3, S. 287).

Skrznecky] Ball übernimmt die Schreibweise des Namens »Skrznecky« von Dragomanow, der allerdings das polnische Endungs-i verwendet. Der Schreibfehler geht wohl auf Bakunin zurück. Steklov ergänzt in eckigen Klammern das y (SSS Bd. 3, S. 283) – Jan Zygmunt Skrzynecki (1787-1860) war General der napoleonischen Armee gewesen, trat als Oberst in die neugegründete polnische Armee ein, um am Aufstand gegen das Zarenreich teilzunehmen und wurde erneut zum General ernannt. Er siegte in der Schlacht von Dobre, vernichtete die russischen Kavallerieschwadronen bei Grochów und wurde im Februar 1831 zum Oberbefehlshaber der polnischen Armee gewählt. Aufgrund schwerwiegender Fehler verlor er jedoch sein Amt an Dembiński (siehe S. 63 – »Dembinsky«). Um die Privilegien der Aristokratie zu erhalten, empfahl S. als Sprecher der Landadeligen freundschaftliche Beziehungen zu den Russen (SSS Bd. 3, S. 493, Anm. 494.7). In Brüssel gehörte S. dem extrem konservativen Flügel der Emigration an. Bakunin erwähnt im Brief an Herwegh den freundschaftlichen Empfang durch den General. »Abgesehen von seinen katholischen, teilweise jesuitischen Ansichten und seiner Theorie des göttlichen Rechts – Ansichten und Theorien, über die wir lange Streitgespräche führten – entdeckte ich in ihm aufrichtiges polnisches und slavisches Gefühl« (SSS Bd. 3, S. 287; vgl. Carr S. 154).

Graf Tiszkiewitsch] Möglicherweise General Graf Tadeusz Tyszkiewicz (1774-1852). Er war Mitglied des polnischen Reichstags von 1831 und lebte seit dem Scheitern des Aufstands in der Emigration. 1848 war Tadeusz Tyszkiewicz Mitunterzeichner einer Petition des Fürsten Czartoryski an die Deutsche Nationalversammlung für die Wiederherstellung Polens (DP S. 374). – Steklov allerdings identifiziert einen Vincent Tyszkiewicz (Lebensdaten nicht ermittelt), der sich seit 1834 im Brüsseler Exil befand. 1845, als in Krakau der Aufstand vorbereitet wurde, stimmte Vincent Tyszkiewicz für die Vereinigung aller demokratischen Fraktionen. 1846, nach der Niederschlagung des Aufstands, überredete er einen Teil der Demokraten, sich der konservativen Fraktion Czartoryskis anzuschließen (SSS Bd. 3, S. 495, Anm. 495-bis.2). Seine Partei sei eine tote Organisation, schreibt Bakunin im Januar 1848, und beklagt sich im allgemeinen über die mangelnde Aktivität der Polen in Brüssel.

Turgenjews] Siehe S. 21 – »Kreis junger Männer...«.

Ich fürchte, dass es die Panslavisten durch Sasonow erfahren werden] Zu Sazonov siehe S. 46 – »Sasonow«. – Bei Steklov, der den mehrfach fehlerhaften Abdruck dieses Briefes in anderen Publikationen erwähnt und als Vorlage für den Abdruck in der eigenen Edition auf das Original zurückgriff, ist nicht von Panslavisten (panslavisty), sondern von Towiański-Anhängern (tovjanščiki) die Rede.
Der ehemalige Wilnaer Notar Andrzej Towiański (1795-1878) war vermutlich psychisch krank, übte aber zeitweise innerhalb der polnischen Emigration mit seiner mystizistischen Lehre von der Rettung Polens durch ›innere Läuterung‹ einen enormen Einfluß aus. So gehörten in

Brüssel General Skrzynecki und in Paris der Dichter Adam Mickiewicz zu seinen Anhängern. Towiański wurde später aus Paris ausgewiesen und ging in die Schweiz (vgl. SSS Bd. 3, S. 284 und 493).

Der erwähnte Auftritt, von dem Sazonov und die Towiański-Anhänger nicht vorzeitig erfahren sollten, galt einer geplanten Gedenkfeier für die 1826 exekutierten Dekabristenführer und den polnischen Patrioten Simon Konarski, den Zar Nikolaus I. 1839 hatte aufhängen lassen. Die Feier fand am 14. Februar 1848 statt; am 18.2. brachte die Pariser Zeitung ›La Réforme‹ einen Bericht über die Brüsseler Veranstaltung. Bakunin erwähnt die Rede, die im Wortlaut nicht erhalten ist, in seiner »Beichte«: Sie sei die Fortsetzung seiner Pariser Rede vom 29. November 1847 gewesen. »Weiter sprach ich von der großen Zukunft der Slawen, die berufen wären, die verfaulende westliche Welt zu erneuern.« (Beichte S. 17; vgl. SSS Bd. 3, S. 494-495, Anm. 495-bis.) Auch in einem Brief vom 8.1.1848 hielt Bakunin fest, daß er eine Rede für Lelewel vorbereite, die einen revolutionären Aufruf an die Russen enthalte und gegen den Panslavismus gerichtet sei.

Von Vorstellungen der Slavophilen ausgehend, inspiriert aber auch von der nationalen Einigungsidee der Deutschen, hatte sich der Panslavismus seit den dreißiger Jahren des 19. Jahrhunderts als politische Idee von der Vereinigung aller slavischen Völker auf regional unterschiedliche Weise entwickelt. Während Vertreter der west- und südslavischen Völker, die weitgehend als Minderheiten im österreichisch-ungarischen, osmanischen oder russischen Großreich lebten, auf Eigenstaatlichkeit und eine freie Föderation aller slavischen Staaten setzten – diskutiert wurde zeitweise auch auch eine antirussische Föderation unter polnischer Führung –, dominierte im Zarenreich die imperiale Vorstellung von einer Vereinigung unter russischer Vorherrschaft.

Indem Bakunin bereits in seiner Polenrede vom November 1847 die Versöhnung Rußlands und Polens propagierte, erteilte er in erster Linie der russischen Variante des Panslavismus eine Absage. Unter den polnischen Emigranten überwog das Interesse am nationalen Befreiungskampf ohnehin die allslavischen Tendenzen, und man suchte mehr die geistige Nähe zu Frankreich als die Gemeinsamkeit mit den übrigen Slaven. Zur politischen Radikalisierung der monarchistischen und imperialen Panslavisten, die nach dem Krimkrieg die slavische Einheit als Allianz gegen Österreich und das osmanische Reich anstrebten, sowie zur Einstellung demokratischer und revolutionärer Kreise zum Panslavismus vgl. Torke S. 285-286; Lexikon der russischen Kultur, hg. von Norbert P. Franz, Darmstadt: Wissenschaftliche Buchgesellschaft 2002, S. 340-342.

Gigot] Philippe Gigot (1820-1860) war belgischer Archivbeamter und Mitglied des ›Bundes der Kommunisten‹. Er gehörte zum engeren Brüsseler Bekanntenkreis von Karl Marx.

54-55 [Paris zur Zeit der Februar-Revolution]

Überlieferung

Nach der Entlassung der Regierung Guizot, die im Dezember 1847 den Ausweisungsbefehl aus Frankreich verfügt hatte, kehrte Bakunin in das inzwischen revolutionäre Paris zurück. Was er dort antraf, dokumentiert Ball in der ironischen Brechung eines späteren Rückblicks von Bakunin aus dem Jahr 1871, der den quasi religiösen Enthusiasmus der Revolutionäre ahnen läßt.
Daß Ball am Text über »Paris zur Zeit der Februar-Revolution« schon im Jahr 1915 arbeitete, bezeugt Emmy Hennings: Aus dem Leben Hugo Balls. 3. Kapitel (Zürich 1915). In: HBA 1995, S. 22 und Anm. 22. – Das hier verwendete Bakunin-Manuskript, das Nettlau »Bourgeoisie rurale« betitelt, wird im Brevier bereits oben auf Seite 44-45 zitiert, dort aber aus Nettlau, Biogr. übersetzt, während Ball sich hier zwar von Nettlaus Zitatauswahl anregen läßt, aber – wie die stärker als sonst abweichende Wortwahl vermuten läßt – den Text wohl direkt aus dem 1910 erschienen Band 4 der ersten französischen Werkausgabe übersetzt, die ihm durch Brupbachers Bibliothek zugänglich war.

DV: T² I, S. 59-61. **Ü:** Hugo Ball aus dem Französischen (als Erstübersetzung markiert). **Q:** 1. Absatz von Balls Zitat als französisches Zitat in Nettlau, Biogr. S. 80; 2. Absatz im gleichen Textausschnitt wie bei Ball, dort S. 80-81 allerdings von Nettlau deutsch übersetzt. Als Quellenangabe nennt Nettlau in Anm. 406 ein 48-seitiges Manuskript »Bourgeoisie rurale«; auch Ball nennt im Vorspruch diesen Titel als Quelle. – Er übernimmt allerdings nicht Nettlaus Übersetzung dieses Absatzes, sondern greift für seine Eigenübersetzung zurück auf: Michel Bakounine: Œuvres Bd. 4, hg. von James Guillaume, Paris: Stock 1910, S. 325-326 und 332-333. **O:** [Von Nettlau wie Ball zitiert als »Bourgeoisie rurale«:] Michel Bakounine: L'Empire Knouto-Germanique et la Révolution Sociale. Avertissement. Französisches Manuskript, entstanden 25.6.-3.7.1871 in Locarno. Heutiger Standort: Amsterdam, IISG, Archives Bakunin. **E:** Michel Bakounine: Œuvres Bd. 4, hg. von James Guillaume, Paris: Stock 1910, S. 325-326 und 332-333. **GA:** CD-ROM und französisch in Œuvres Bd. 8, S. 327-328 und 330-331. **GDA:** Das »Avertissement« ist in bisherigen deutschen Ausgaben von »L'Empire Knouto-Germanique et la Révolution Sociale« (GW Bd. 1, S. 5-72 und Stuke S. 215-291) nicht mitübersetzt.

Lesarten der Zitatquelle

54 Ball verzichtet in seiner Übersetzung auf die Kennzeichnung einer Stelle als rhetorisches Zitat

War die christliche Lehre nicht die Lehre von Freiheit, Gleichheit und Brüderlichkeit? Und der Christ – war er nicht der Freund des Volkes und der erste Revolutionär der Welt?] Frz. in Nettlau, Biogr. S. 80: ›La doctrine chrétienne n'était-elle pas celle de la liberté, de l'égalité et de la fraternité, et le Christ ne fut-il pas l'ami du peuple et le premier révolutionnaire du monde?‹

Erläuterungen

54 *Ausbruch der Februar-Revolution*] Gegen Ende der Julimonarchie haben seit Sommer 1847 die sogenannten ›Reformbankette‹ der von dem romantischen Dichter Lamartine angeführten Opposition die Stim-

mung revolutioniert. Als ein solches Reformbankett der Radikalen verboten wird, kommt es am 22.-24. Februar 1848 in Paris zu Barrikadenkämpfen. Studenten, Arbeiter und Nationalgarde erzwingen die Entlassung der Regierung Guizot, dann die Abdankung des ›Bürgerkönigs‹ Louis Philippe und rufen die Republik aus. Eine ›Provisorische Regierung‹ mit Lamartine als Außenminister, Louis Blanc als Arbeitsminister und Lendru-Rollin als Innenminister bereitet erste allgemeine Wahlen zur Nationalversammlung im April vor, die eine bürgerliche Mehrheit erbringen und im Mai Massenaufmärsche radikaler Sozialisten zur Folge haben. Nach Schließung der von Louis Blanc eingeführten Nationalwerkstätten kommt es zum Pariser Juniaufstand der Arbeiter, gegen den der Kriegsminister Eugène Cavaignac – von der Nationalversammlung mit militärdiktatorischer Vollmacht ausgestattet – vorgeht. Am 28. Juni wird er Ministerpräsident. Am 4. November beschließt die Nationalversammlung die Verfassung der Zweiten Republik mit einer Kammer und direkter Wahl des Präsidenten auf vier Jahre als Haupt der Exekutive. Gegen Cavaignac kandidiert der Neffe von Napoleon I., Prinz Louis Napoleon; dieser gewinnt am 10. Dezember mit 75-prozentiger Mehrheit. Da eine Wiederwahl nach der Verfassung ausgeschlossen ist und das Parlament eine Verfassungsrevision ablehnt, unternimmt er 1851 einen Staatsstreich und läßt sich 1852 als Napoleon III. zum Kaiser der Franzosen krönen. Das ›Second Empire‹ beginnt. – Bakunin, dessen Ausweisung noch am 4. Februar 1848 Anlaß einer von Vavin eingeleiteten Debatte der Deputiertenkammer der Julimonarchie gewesen war, begrüßte die Pariser Revolution zunächst emphatisch als Ausgangspunkt für den demokratischen Kampf gegen die Unfreiheit in Europa (vgl. Pfitzner S. 34-41).

Lammenais] Fehlschreibung für Lamennais; siehe *S. 48* – »Lammenais«.

Buchez] Der Historiker, Philosoph und Sozialreformer Philippe Joseph Benjamin Buchez (1796-1865) war Schüler von Saint-Simon und versuchte seit den frühen 1830er Jahren unterschiedliche Traditionen miteinander zu vereinbaren: Katholizismus, Demokratie, Saint-Simonismus. Er gilt damit als ein Begründer des katholischen Sozialismus und wurde nach der Revolution 1848 in Paris Präsident der verfassunggebenden Nationalversammlung (5. Mai – 5. Juni 1848).

Hörern der Herren Michelet und Quinet] Siehe *S. 44* – »Vorlesungen der Herren Michelet und Quinet im Collège de France«.

Syllabus] Offensichtlicher Schreibfehler in T²: Byllabus. – Das latinisierte griechische Wort Syllabus meint ›Verzeichnis‹ und bezeichnet im Sprachgebrauch des Vatikans insbesondere ein Verzeichnis der mit der katholischen Lehre nicht zu vereinbarenden »modernen Irrtümer«. Als Bakunin diesen Text 1871 schrieb, lag der 1864 veröffentlichte erste »Syllabus errorum« von Papst Pius IX. vor, der die liberalen »Irrlehren« verwarf und eine Unterordnung von Staat und Wissenschaft unter die kirchliche Autorität verlangte. Bakunin betont, daß dergleichen für den Vatikan, der auf die kirchliche Loyalität der Katholiken in den revolutionären Ländern bedacht sein mußte, 1848 noch nicht opportun schien.

56 **Bakunin zur Zeit der Pariser Februarrevolution**
   (nach Alexander Herzen, »Nachgelassene Schriften«)

Alexander Herzen, der zu Beginn seines Exils 1847-49 in Paris lebte, war Zeuge von Bakunins Rückkehr während der Revolutionsereignisse. Das Bild, das er nach anderthalb Jahrzehnten in seinem Aufsatz »M. Bakunin und die polnische Sache« zeichnete, betont dessen idealistische Emphase, die von den Praktikern der Revolution offenbar zwiespältig aufgenommen wurde.
Ball übernimmt mit kleinen Änderungen komplett Dragomanows Zitat einer Passage des Aufsatzes aus der Einleitung zu SP.

Überlieferung

DV: T² I, S. 62-63. **Ü:** Boris Minzès aus dem Russischen. **Q:** Zitiert im identischen Ausschnitt von Dragomanow in seiner Einleitung zu SP S. XLVI. **O:** Alexander Herzen: M. B[akunin] und die polnische Sache [russ.]. In: Œuvres posthumes d'Alexandre Herzen. Sbornik posmertnych stat'ej Aleksandra Ivanoviča Gercena. Izdanie detej pokojnogo, Genf: Tipografija L. Černeckogo ²1874, S. 194-195. Gemeint ist Herzens Ende 1865 in Montreux und Lausanne geschriebener Aufsatz »M. Bakunin und die polnische Sache«. – Übersetzt aus dem russischen Manuskript von Dragomanows späterer Buchpublikation: Pis'ma M. A. Bakunina k A. I. Gercenu i N. P. Ogarevu. S priloženiem ego pamfletov, biografičeskim vvedeniem i ob-jasnitel'nymi primečanijami M. P. Dragomanova, Genf 1896. **E:** Vermutlich innerhalb der 1870 erschienen Erstauflage der genannten Veröffentlichung von Herzens literarischem Nachlaß. **GDA:** Der Aufsatz erschien später als Kapitel im Schlußband der deutschsprachigen Ausgabe seiner Memoiren: HL Bd. 3, S. 451-452 mit Fußnote.

Lesarten der Zitatquelle

Ball teilt den ersten Absatz der Zitatquelle in drei Absätze, den zweiten in zwei. Er wandelt Anführungszeichen um (einfache in doppelte und gelegentlich umgekehrt) und nimmt gegenüber Dragomanows Zitat weitere kleine Änderungen sowie Kürzungen vor:

56 *Jahresfeier der polnischen Revolution*] Jahresfeier der polnischen Revolution vom 29. November 1847
égalité] l'égalité
der aus der »Unordnung« Ordnung zu schaffen suchte] der aus der ›Unordnung Ordnung zu schaffen suchte‹

Erläuterungen

56 *waren die besten im Leben Bakunin[s]*] Korrektur eines offensichtlichen Schreibfehlers in T²: dort steht der Name nicht im Genitiv, sondern im Nominativ: »waren die besten im Leben Bakunin«.
Guizot] Siehe S. 52 – »Guizot«.

seine Rede bei der Jahresfeier der polnischen Revolution] Siehe S. 50-51 und zur anschließenden Ausweisung S. 52.

égalité du salaire] Frz.: Gleichheit des Arbeitseinkommens.

Révolution en permanence] Frz.: dauernde Revolution.

die Kasernen der Montagnards] Korrektur von ›Montaignards‹ (als offensichtliche Fehlschreibung Balls in T²). – ›Montagnards‹ wurden aufgrund der Sitzanordnung in der gesetzgebenden Versammlung der Großen Französischen Revolution die Abgeordneten der jakobinischen ›Bergpartei‹ um Robespierre, Danton, Marat und St.-Just genannt. In der Februarrevolution von 1848 als deren politische Nachfolger die Angehörigen der äußersten Linken.

Der Barrikadenpräfekt Cossidière] Louis-Marc Caussidière (1808-1861) war während der Revolution von Februar bis Mai 1848 Pariser Polizeipräfekt. Aus einer republikanischen Handwerkerfamilie stammend und selbst als Seidenarbeiter und im Handel tätig, hatte er bereits während der Julimonarchie an Aufständen teilgenommen und einige Jahre in Haft verbracht. 1837 amnestiert, stand er in Paris in Kontakt zu radikalen Politikern und engagierte sich in Auguste Blanquis ›Gesellschaft der Jahreszeiten‹, sowie beim Vertrieb der neuen Zeitung ›La Réforme‹. Am 24. Februar 1848 nahm er an der Erstürmung der Polizeipräfektur teil, deren Leitung ihm die provisorische Regierung anschließend übertrug. Aus Mitgliedern der politischen Geheimgesellschaften, denen er angehört hatte, rekrutierte er seine eigene Polizeitruppe, die ›garde du peuple‹, die die öffentliche Ordnung garantieren und gegenrevolutionäre Kräfte in Schach halten sollte. Er war ein Gegner der Blanqui'schen Barrikadentaktik und unterstützte schließlich den General Cavaignac (siehe *S. 71* –»General Cavaignac«) bei der Niederwerfung des Arbeiteraufstandes im Juni 1848. Dennoch wurde ihm, ebenso wie dem sozialistischen Minister Louis Blanc, von der Nationalversammlung Komplizenschaft mit den Aufständischen vorgeworfen, was zur Aufhebung ihrer Immunität führte. Beide durften nach England emigrieren.

Flocon] Ferdinand Flocon (1800-1866) war 1845-48 Redakteur der französischen Zeitung ›La Réforme‹ und nach der Februarrevolution Mitglied der provisorischen Regierung als Minister der öffentlichen Arbeiten. Er unterstützte 1848 Herweghs Zug der ›Deutschen Demokratischen Legion‹ nach Baden.

Akkolade] Frz. accolade: (zeremonielle) Umarmung.

Quel homme!] Frz. »Was für ein Mensch!« – Möglicherweise eine Anspielung auf Napoleons Äußerung bei seiner Erfurter Begegnung mit Goethe 1808.

Später, im Jahre 1854, erinnerte ich ihn in London daran.] Caussidière hatte sich in Herzens damaligem Exilort London inzwischen als Weinhändler etabliert.

57-58 Brief an Annenkow // Köln, 17. April 1848

Für Bakunins »erste Eindrücke und Erlebnisse« aus der deutschen Revolution von 1848 ist dieser Brief an Annenkov nach Nettlau, Biogr. S. 81 die »einzige Quelle« – und Ball eröffnet mit ihm das neue Tableau. »Dieser Brief ist wichtig zur allgemeinen Charakteristik Bakunins, da er uns ein Beispiel von seinem Glauben an den bevorstehenden Ausbruch einer Volksrevolution bietet«, urteilte Dragomanow in SP S. XLVII: »Doch speziell zur Aufklärung der Frage, wohin und zu welchem Zwecke Bakunin im Jahre 1848 von Frankreich fortging, bietet dieser Brief (von dem noch dazu leider der Schluß fehlt) wenig.« Daß Bakunin im Auftrag französischer Politiker Richtung Osten reiste, suggeriert jedoch Balls Vortext.

Der nur fragmentarisch überlieferte Brieftext wird von Ball aus SP zitiert, im letzten Absatz aber in einer anderen Übersetzung, die Nettlau, Biogr. S. 82 bietet.

Überlieferung

DV: T² I, S. 64-66 (vgl. Exz^d I, S. 2-3). **Ü:** Boris Minzès und Max Nettlau aus dem Russischen. **Q:** SP S. 9-11 (mitbenutzt wird eine eigene Übersetzung in Nettlau, Biogr. S. 82). **O:** Michael Bakunin: Brief an Pavel Vasil'evič Annenkov. Datiert Cöln, 17. April 1848. Russisches Manuskriptfragment (Schluß verloren). Standort: St. Petersburg, Institut Russkoj Literatury. Signatur: 5705 XXIX d.66. – Übersetzt aus dem russischen Manuskript der nachfolgenden Buchpublikation: Pis'ma M. A. Bakunina k A. I. Gercenu i N. P. Ogarevu. S priloženiem ego pamfletov, biografičeskim vvedeniem i ob-jasnitel'nymi primečanijami M. P. Dragomanova, Genf 1896. **E:** Früherer Abdruck der hier und bereits auf Seite 53 wiedergegebene Briefe an Annenkov: P.V. Annenkov i ego druz'ja, St. Petersburg 1887, ²1892, S. 620-625. **GA:** CD-ROM (russisch und französisch) und russisch in Reprint SSS Bd. 3, S. 297-299. **GDA:** Reprint SP S. 9-11 und Stuke S. 663-665.

Textvarianten gegenüber der Druckvorlage

Zu den Vorarbeiten des Breviers gehört das Exzerptfragment Exz^d I mit Auszügen aus SP. Es enthält auf Seite 2-3 auch Bakunins hier zitierten Brief an Annenkov mit Ausnahme des Schlußabsatzes. Das Ende des Auszuges (Seite 3 oben) ist mit zwei schräglaufenden Bearbeitungsstrichen versehen. Die gewählten Ausschnitte entsprechen einander; allerdings bricht T² früher ab und schließt einen Passus aus dem hier nicht exzerpierten Schlußabsatz an, den Ball dem Wortlaut nach nicht aus SP ergänzt, sondern aus der anderen Übersetzung in Nettlau, Biogr. S. 82. Das Exzerpt hält sich enger an die zitierte Vorlage (SP S. 9-11), die Ball in T² stärker ändert (s. u.). Folgende Passagen weichen von Exz^d I ab oder nehmen daraus Änderungen der Zitatquelle auf:

57 *wie traurig mir zu mute war*] Exz^d I: wie traurig mir deswegen zu mute war
konnte weder zur Besinnung kommen] Exz^d I: konnt weder zur Besinnung kommen
wie im Fieber.] Exz^d I: wie in Fieber.
Ich habe dort mindestens fünfzig rührige, einflussreiche und energische

Demokraten kennen gelernt] Exz^d I: Ich habe dort mindestens fünfzig rührige, einflussreiche und energische [der Zitatvorlage entsprechende handschriftliche Korrektur zur Umstellung: energische und einflussreiche] Demokraten kennen gelernt
58 *von ihm habe ich nichts gehört* ..] von ihm habe ich nichts gehört ... [Nach Auslassungszeichen überspringt Ball einen im Exzerpt wiedergegebenen Satz.]
Übrigens] Uebrigens
unvermeidlich: die alte Gewalt fällt] unvermeidlich: Die alte Gewalt fällt
dies Ideal jedes Deutschen.»Deutsche Einheit!«] dies Ideal jedes Deutschen ›Deutsche Einheit‹!
ausgesprochen wurden! Während] ausgesprochen wurden, während
das Proletariat, das sich zu regen beginnt] das sich zu regen beginnende Proletariat
in zwei oder drei Monaten] in zwei, oder drei Monaten

Das Exzerpt reicht weiter bis zum Schluß des Absatzes in SP S. 11 oben. Der zweite Absatz wird in T² statt aus SP aus der anderen Übersetzung in Nettlau, Biogr. S. 82 wortgetreu zitiert.

Lesarten der Zitatquelle

Ball gliedert den (bis auf den Schlußabsatz) durchgehenden Brieftext in mehrere Absätze. Weitere Änderungen:

57 *wie traurig mir zu mute war*] wie traurig mir deswegen zu Mute war
Der grösste Teil Deutschlands ist in Unruhe, ohne eigentlich Revolution zu haben] Der größere Teil Deutschlands ist in Unruhe, ohne eine eigentliche Revolution zu haben
rührige, einflussreiche und energische Demokraten] rührige, energische und einflußreiche Demokraten
Jacoby] Jacobi
58 ...] [Ball übergeht die beiden ersten Sätze des letzten Absatzes]

Erläuterungen

57 *Golowin (»Geschichte des Nihilismus«)*] Flocon »sagte, dass Frankreich nicht regierbar wäre, wenn es 300 Bakunin's besässe. Er gab ihm 3000 Franken, einen französischen Paß und den Auftrag, Deutschland zu revolutioniren« (Iwan Golowin: Der russische Nihilismus. Meine Beziehungen zu Herzen und zu Bakunin, nebst einer Einleitung über die Dekabristen, Leipzig: Louis Senf o.J. [Vorwort datiert 1880]. Unveränderter Nachdruck, Graz: Verlag für Sammler 1973, S. 51). – Ein merkwürdig wirres Buch, das mehr zufällig aneinander gereihte Anekdoten als seriöse Mitteilungen enthält (vgl. Dragomanows Vorbehalt in SP S. XXX). – Ivan Gavrilovič Golovin (1816-1886) war aristokratischer Herkunft, trat 1834 in den russischen Staatsdienst und begann eine

Laufbahn im Außenministerium. Seit 1841 als Publizist in Frankreich lebend, lernte er Bakunin dort im Frühjahr 1844 kennen. Beide wurden ein Jahr danach wegen regierungsfeindlicher Veröffentlichungen etwa gleichzeitig durch Rußland in Abwesenheit zu Verbannung und Zwangsarbeit verurteilt. Sein Protestbrief, den er in der ›Gazette des Tribunaux‹ veröffentlichen ließ, veranlaßte Bakunin zu einer höhnischen Gegendarstellung. Golovin hatte behauptet, daß Zar Nikolaus I. mit seinen Maßnahmen gegen unbotmäßige Adelige einer angeblichen Charta Michail Romanovs zuwiderhandele, die dem russischen Adel einklagbare Rechte garantiere. Ein Liberaler, fand Bakunin, der sich auf Rechte des Adels berufe, diskreditiere sich selbst. In seinem Schreiben an die Zeitung ›La Réforme‹ vom 27.1.1845 machte er sich nicht nur über Golovin lustig, sondern griff erstmals auch die russische Regierung öffentlich an und formulierte zugleich seine Vorstellungen von der demokratischen Veranlagung des russischen Volkes (vgl. Carr S. 139). – Ende 1847/Anfang 1848 scheint Golovin an der Verbreitung des Gerüchts über Bakunins zaristische Agententätigkeit unter polnischen Emigranten beteiligt gewesen zu sein (Eckhardt2 S. 92). Golovins Landsleute in Europa gingen ihm nach Möglichkeit aus dem Weg. Zu seinen politischen Intrigen und Abenteuern siehe Herzens Einschätzung in HL Bd. 3, S. 513-544. Bakunin bezeichnete ihn als »highclass« Betrüger. –

Arago] Nach Bakunins Zeugnis (Beichte S. 12) hatte er in Paris zwei Bekannte dieses Namens: Etienne Arago und dessen Neffen Emanuel. – Der republikanische Politiker und Schriftsteller Etienne Arago (1802-1892) war einer der Gründer der Zeitung ›La Réforme‹, nahm an der Revolution und am Juniaufstand von 1848 teil, emigrierte, kehrte nach der Amnestie von 1859 nach Paris zurück und wurde nach dem Sturz des Kaiserreichs wieder politisch tätig. Er war Koautor von Komödien, schrieb Lyrik und einen historischen Roman. – Der Advokat und Politiker Emanuel Arago (1812-1896) war ebenfalls an der Februarrevolution beteiligt und vom Mai 1848 bis Januar 1849 französischer Gesandter in Berlin, wo Bakunin ihm wiederbegegnete (vgl. S. 72 – »mit Arago ...«). Danach gehörte Emanuel Arago in der Nationalversammlung zur republikanischen Opposition gegen den Präsidenten Louis Napoleon, bekämpfte das Kaisertum, wurde 1870 Justizminister in der Regierung der nationalen Verteidigung und 1880-94 Botschafter in Bern.

Lagrange] Charles Lagrange (1804-1857) war während der Julimonarchie militanter Republikaner, 1848 Abgeordneter der konstituierenden Versammlung und 1849 der legislativen Versammlung. Nach Louis Napoleons Staatsstreich von 1851 wurde er deportiert.

Auftrag, Deutschland (oder Russland?) zu revolutionieren.] Die Vorstellung, Bakunin habe in den folgenden Monaten quasi im Auftrag der französischen Revolutionsregierung gehandelt, wird durch Balls Vortext nahegelegt, und durch das vorausgehende Herzen-Zitat zu Caussidières und Flocons Plan vorbereitet, sich des Revolutionärs Bakunin im eigenen Lande durch dessen Entsendung an die Slaven zu entledigen. Als Quellen, die Herzens Erinnerung stützen, nennt Dragomanow (in seiner Einleitung zu SP S. XLVI-XLVII) den zweifelhaften Gewährsmann Golovin und zitiert aus dem Manuskript eine Mitteilung von ihm, die dem obigen Buchzitat entspricht. Darin ist allerdings nur vom »Auftrag, Deutschland zu revolutioniren« die Rede. Das *(oder Russland?)* ist ein Zusatz von Ball, der auf ein ebenfalls von Dragomanow mitgeteiltes Zeugnis von Arnold Ruge zurückgeht, Bakunin sei aus Frankreich fortgegangen, »um sich an die russische Grenze zu begeben und etwas für die russische Revolution zu thun« (SP S. XLVII Fußnote).

Übrigens ist es, wie man sagt, in Berlin lebhafter.] Nach ersten Zusammenstößen in Berlin am 13. März 1848 war es dort fortlaufend zu Unruhen, am 18. März zum Ausbruch der Revolution und am folgenden Tag zum Abzug der Truppen gekommen. Am 20. März folgte eine Amnestie für politische Gefangene, am 21. März der Aufruf des Königs »An mein Volk und an die deutsche Nation«, am 22. März die Bestattung der ›Märzgefallenen‹, die Gründung des späteren Demokratischen Klubs und am 2. April der Zusammentritt des zweiten Vereinigten Landtages.

In Baden schlägt man sich ohne Zweifel schon.] Am 19. März war es als Auftakt der Revolution im Großherzogtum Baden zur Offenburger Versammlung gekommen, am 13. April zur Proklamation der deutschen Republik und zum Ausmarsch Friedrich Heckers mit bewaffneten Freischärlern aus Konstanz. Auf diesen ›Heckerzug‹ dürfte sich Bakunins Vermutung vom 17.4. beziehen. – Am 20. April fiel der General Friedrich von Gagern als Befehlshaber der badischen Division im Gefecht bei Kandern, das mit dem Sieg über die Freischärler endete. Am 23. April überschritt Herwegh mit der unter Pariser Emigranten gebildeten Deutschen Demokratischen Legion den Rhein.

Da schlagen sich in Aachen die Arbeiter bereits seit sechs Tagen verzweifelt] Im April 1848 kam es angesichts technisch-wirtschaftlicher Neuerungen in der Aachener Tuchindustrie zu Arbeiterunruhen. Vgl. Helmut Bock: Maschinenstürmer in Aachen. Sozialrebellion gegen die Industriebourgeoisie. In: H.B.: Unzeit des Biedermeiers. Historische Miniaturen zum Deutschen Vormärz 1830 bis 1848, Leipzig/Jena/Berlin 1985, S. 22-30.

sobald sich nur die Deputierten aus allen Teilen Deutschlands versammeln werden.] Am 18. Mai 1848 kam es in Fankfurt nach Auflösung des vorbereitenden Fünfziger-Ausschusses zum ersten Zusammentritt der Deutschen Nationalversammlung.

Jacoby aus Königsberg] In SP S. 9 ›Jakobi‹ geschrieben und von Ball möglicherweise in Kenntnis des unten erwähnten Beitrags in ›Grünbergs Archiv‹ geändert in ›Jacoby‹. Auch Nettlau, Biogr. Anm. 433 verwendet diese richtige Schreibung des Namens. – Der Arzt, Parlamentarier und politische Publizist Johann Jakoby (1805-1877) stammte aus dem jüdischen Bürgertum Königsbergs und kämpfte früh gegen die

Zurücknahme der in der preußischen Reformepoche 1812 eingeleiteten Judenemanziption, deren Verwirklichung in Deutschland er nur durch Übernahme der demokratischen Ideen von 1789 garantiert sehen konnte. 1841 eröffnete seine Flugschrift »Vier Fragen, beantwortet von einem Ostpreußen« die öffentliche Verfassungsdebatte der Vormärzära. 1848 wurde er in Frankfurt Mitglied des Deutschen Vorparlaments, in den Fünfziger-Ausschuß gewählt, war Abgeordneter der Linken in der Preußischen Nationalversammlung, 1849 in der Preußischen Zweiten Kammer und schließlich – als einberufener Ersatzmann für die Provinz Brandenburg – 1849 in der Deutschen Nationalversammlung in Frankfurt und Stuttgart. Nach Niederschlagung der Revolution floh er 1849 in die Schweiz, kehrte aber bald nach Königsberg zurück, wurde 1859 Mitglied des Deutschen Nationalvereins und 1861 der Fortschrittspartei. 1863-70 als Mitglied des preußischen Abgeordnetenhauses einer der Anführer der Opposition gegen Bismarck. 1865 und 1870 in Haft. 1867-71 Gründung und Herausgabe der demokratischen Zeitung ›Die Zukunft‹. 1871 nicht wiedergewählt, trat er 1872 der SPD bei, wurde 1874 in den Reichstag gewählt, lehnte das Mandat jedoch ab, da er »von der Unmöglichkeit überzeugt war, auf parlamentarischem Wege einen Militärstaat in einen Volksstaat umzugestalten« (zitiert in GiG Bd. 2, S. 241). – Bakunin suchte ihn mit einem Empfehlungsbrief von Herwegh bei seinem Frankfurtaufenthalt am 4. April 1848 auf, wie ein Brief von Jacoby bezeugt (RBr S. 105). An diesen Besuch erinnert noch nach 20 Jahren ein Brief Bakunins an Jacoby vom 9.4.1868 in: Briefe von Alexander Herzen und Michael Bakunin an Johann Jacoby. Mitgeteilt und erläutert von Gustav Mayer. In: Archiv für die Geschichte des Sozialismus und der Arbeiterbewegung, hg. von Carl Grünberg Jg. 1 (1911), S. 481-483.

Grafen Reichenbach aus Schlesien] Der Gutsbesitzer Oskar Graf von Reichenbach (1815-1893) beteiligte sich an der Revolution von 1848 und war als schlesischer Demokrat Abgeordneter auf dem linken Flügel der Frankfurter Nationalversammlung. Bakunin begegnete ihm bei seinem Frankfurtbesuch Anfang April 1848. – Nach Niederschlagung der Revolution emigrierte er nach London und in die USA. – Sein Bruder Eduard (1812-1869) war als Radikaldemokrat Mitglied der Preußischen Nationalversammlung.

Artillerieleutnant Willig] Der ehemalige preußische Adelige August von Willich (1810-1878) war 1821 in die Potsdamer Kadettenanstalt eingetreten und 1828 zum Sekondeleutnant der Artillerie in Wesel befördert worden, 1830 zum Hauptmann. Seit etwa 1845 gehörte er zu einem Kreis oppositioneller Offiziere, sympathisierte mit kommunistischen Ideen und wurde Mitglied im Kölner ›Bund der Kommunisten‹. Er beantragte zunächst erfolglos seine Entlassung, verweigerte seine Versetzung nach Hinterpommern, wurde nach einem offenen Brief an den König vor ein Kriegsgericht gestellt und 1847 aus dem Militär entlassen. Er legte seinen Adel ab und erlernte das Zimmermannshandwerk. Während der Märzrevolution 1848 engagierte er sich als Wortführer der Radikaldemokraten und Arbeiter in Köln. Dort und nicht in Frankfurt dürfte Bakunin ihn kennengelernt haben. – Willich wechselte nach Südwestdeutschland, wurde militärischer Führer im badischen Heckerzug, flüchtete in die Schweiz und nach Frankreich, kehrte aber 1849 zurück und beteiligte sich am badisch-pfälzischen Aufstand als Führer eines Freicorps; Friedrich Engels wurde sein Adjutant. Über die Schweiz emigrierte Willich nach London, wo er gemeinsam mit Karl Schapper den ›Emigrantenverein‹ gründete und bei der Spaltung des ›Bundes der Kommunisten‹ 1850 die gegen Marx gerichtete Fraktion anführte. 1853 in die USA emigriert, arbeitete er u. a. 1858-61 als Redakteur des ›Deutschen Republikaners‹ und kämpfte 1861-65 als Kommandeur und Brigadegeneral der Freiwilligen der Nordstaaten im Sezessionskrieg und war seit 1864 aktives Mitglied der Republikanischen Partei seines Emigrationslandes.

58 *Kommando über die vereinigte, aus badenser Bauern und deutschen Auswanderern aus Paris und der Schweiz bestehende Revolutionsarmee*] Dazu kam es nicht mehr, weil der Heckerzug bereits im Gefecht bei Kandern geschlagen war, als die Deutsche Legion der Emigranten am Oberrhein eintraf.
unser Freund Herwegh] Siehe S. 36 – »Georg Herwegh«; S. 48 – »Herwegh«. Vgl. S. 62 – »Deutsche Legion«.
den vernichteten und beschimpften deutschen Bund] Der Deutsche Bund bestand vom Wiener Kongreß 1815 bis zum preußisch-österreichischen Krieg 1866 während der Zeit, in der in Deutschland keine staatliche Einheit und zentrale Reichshoheit existierte. Er sollte die Unabhängigkeit und Unverletzlichkeit sowie die innere und äußere Sicherheit der deutschen Staaten garantieren, was sich für die freiheitlich Denkenden und publizistisch Tätigen u. a. mit der Erinnerung an koordinierte ›Demagogenverfolgungen‹ verband. Der Deutsche Bund kam am 8. Juni 1815 durch die von 39 deutschen Einzelstaaten unterzeichnete ›Bundesakte‹ zustande, die Teil der Schlußakte des Wiener Kongresses war. Sie galt in der folgenden Zeit als Verfassungsvertrag des deutschen Staatenbundes, zu dem auch die deutschen Kronlande Österreichs, Liechtenstein und Luxemburg-Limburg gehörten, aber nicht Ost- und Westpreußen, Posen und Schleswig. Gesandte der Bundesstaaten bildeten den seit 1816 in Frankfurt am Main unter österreichischem Vorsitz tagenden Bundestag. Das Plenum durfte nicht zur Beratung, sondern nur zur Abstimmung von Vorlagen des ›engeren Rates‹ zusammentreten, wobei Zweidrittelmehrheit erforderlich war. Diese Vorlagen konnten nur Änderungen von Grundgesetzen oder Bundeseinrichtungen, die Aufnahme neuer Mitglieder, Kriegserklärungen und Friedensbestätigungen betreffen. Durch Annahme als Bundesgesetz wurde die ›Bundesakte‹ 1820 durch die ›Wiener Schlußakte‹ ergänzt. – Vom 12. Juli 1848 bis zum 2. September 1850 blieb der Frankfurter Bundestag infolge der Revolutionsereignisse aufgelöst. Der Deutsche Bund endete 1866 im Zwist der Großmächte Preußen und Österreich.

59-60 Arnold Ruge über Bakunin in Leipzig (»Neue Freie Presse«, 1876)

Den Schauplatzwechsel vom Rheinland nach Mitteldeutschland dokumentiert Ball zunächst in einer drei Jahrzehnte später entstandenen Rückerinnerung von Bakunins früherem Gefährten Arnold Ruge an ihre Leipziger Wiederbegnung im April 1848 während der Vorbereitungen für die Wahlen zur Nationalversammlung.

Überlieferung

Obwohl der erste Abschnitt in Balls Typoskript nicht eingerückt ist, ist er nur Vortext und entstammt nicht dem im Titel genannten Text von Arnold Ruge. Der Vortext stammt allerdings auch nicht von Ball, sondern ist fast wörtlich Dragomanows Einleitung zu SP entnommen, der Ball auch das folgende Zitat aus Ruges Erinnerung an »Episoden aus dem Jahr Achtundvierzig« entnimmt. Dabei handelt es sich nicht unmittelbar um den in Balls Titelei erwähnten Artikel aus der Wiener ›Neuen freien Presse‹, sondern um die 1886 erschienene Nachlaßedition eines längeren Textes des 1880 verstorbenen Arnold Ruge durch Paul Nerrlich, die Dragomanow in leicht modernisierter Schreibweise zitiert. Nerrlich weist einige Varianten des 1876 erschienenen Artikels nach, die Dragomanow in seinem Zitat einarbeitet und die Ball übernimmt.
Balls Zitatquelle geht aus Dragomanows Formulierungen im Vortext und aus dem Fragment von Balls Vorexzerpt Exz^a I hervor, das ebenso wie SP »Briefwechsel II, 42-45« als Herkunft nennt. Ruges Erinnerungen werden auch in Nettlau, Biogr. S. 83-84 und Anm. 447 zitiert, allerdings mit Abweichungen, anderer Auswahl und anderem Vortext.

DV: T^2 I, S. 67-68 (vgl. Exz^a I, S. 4 oben). **Ü:** Einführungssätze nach Dragomanow aus dem Russischen von Boris Minzès. Originaltext Ruge deutsch. **Q:** 1. Absatz abgewandelt nach Dragomanows Einleitung zu SP S. XLVIII und dortiges Zitat S. XLVII-XLVIII, entnommen aus Arnold Ruge: Episoden aus dem Jahr Achtundvierzig. In: Arnold Ruges Briefwechsel und Tagebuchblätter aus den Jahren 1825-1880, hg. von Paul Nerrlich, Bd. 2, Berlin: Weidmannsche Buchhandlung 1886, S. 43-44. – Vgl. Zitat in Nettlau, Biogr. S. 83-84 und Anm. 447. **O/E:** Arnold Ruge: Erinnerung an Michael Bakunin. In: Neue freie Presse. Morgenblatt, Wien Nr. 4344 (28.9.1876), S. 1-3; Nr. 4345 (29.9.1876), S. 1-3. **GDA:** Arnold Ruge: Werke und Briefe, hg. Von Hans-Martin Sass, Bd. 11, Aalen: Scientia 1985, S. 43-44. – Originalartikel zitiert bei Lehning S. 86-88.

Textvarianten gegenüber der Druckvorlage

Zu den Vorarbeiten des Breviers gehört das mit »4)« und »5)« paginierte Exzerptfragment Exz^a I mit Auszügen aus zitierten Dokumenten in Dragomanows Einleitung zu SP. Es enthält auf Seite 4 oben auch das mit zwei schräglaufenden Bearbeitungsstrichen versehene Ende eines Auszuges aus Arnold Ruges Erinnerungen an das Jahr 1848. Das Exzerpt ist die Vorlage für den Schlußabsatz des Ruge-Zitates in T^2 I S. 68. Folgende Passagen weichen von Exz^a I ab oder nehmen daraus Änderungen der Zitatquelle auf:

59   *Die Bewegung scheine ins Stocken zu geraten*] Exz^a I: Die Bewegung scheine zu erlahmen

Spies[s]bürger] Exz^a I: Spiessbürger
Nur mit grosser Mühe] Exz^a I: Und mit grosser Mühe
60 *aber der stimme darin mit ihm überein*] Exz^a I: der aber stimme darin mit ihm überein
im Aufsteigen begriffen seien …] Exz^a I: im Aufsteigen begriffen seien.

Lesarten der Zitatquelle

Ball übernimmt und verstärkt Dragomanows Modernisierung der Schreibungen und verstärkt durch eigene Varianten von Text und Interpunktion die Dramatik des Ablaufs:

59 *In Leipzig fand*] Zur Zeit des Ausbruchs der revolutionären Bewegung in Deutschland war Ruge in Leipzig. Hier fand
Der »Sächsische Vaterlandsverein«] Der sächsische »Vaterlandsverein«
ein Herr aus Paris wolle ihn sehen] daß ein Herr aus Paris ihn sehen wolle
Ich sagte, ich sei einige Stunden notwendig beschäftigt.] [Dragomanow markiert hier und bei jedem folgenden Absatz durch Anführung das Zitat:] »Ich sagte, ich wäre einige Stunden notwendig beschäftigt.
Ich konnte nicht widerstehen.] Dem konnte ich nicht widerstehen.
»Komm nur herein!«, rief er mir zu. »Lass Deine Philister im Stich und fahr mit mir ins Hotel de Pologne.] ›Komm nur herein!‹, rief er mir zu, ›laß Deine Philister im Stich und fahr mit mir ins Hôtel de Pologne.
so spielten sie mir übel mit und setzten ihren Willen, mich von der Liste zu streichen, doch noch durch.] so spielten sie mir übel mit und setzten ihren Kopf, mich von der Liste der Kandidaten zu streichen, doch noch durch.
trinken wir eine Flasche Champagner!] wir trinken eine Flasche Champagner und lassen sie wählen, wen sie wollen.
der Vaterlandsverein liess meine Kandidatur fallen.] der ›Vaterlandsverein‹ ließ meine Kandidatur fallen; hier hieß es umgekehrt, wie im Sprichwort: ›Wer nicht kommt, dem wird der Kopf gewaschen!‹«
Die Bewegung scheine ins Stocken zu geraten] Die Bewegung scheine zu erlahmen

Erläuterungen

59 *Der »Sächsische Vaterlandsverein«*] Seit der Märzrevolution 1848 bildeten sich überall in Deutschland politische Vereine, die als Vorformen von Parteien bei der Vorbereitung der Wahlen zum Frankfurter Parlament eine wichtige Rolle spielten. Ausgesprochen republikanisch gesonnen waren die von Revolutionsführern wie Hecker, Struve oder Robert Blum gegründeten Clubs, die sich ›Vaterländische Vereine‹ nannten. Den sächsischen Vaterlandsvereinen stellte ihr Leipziger Führungszentrum unter anderem die Aufgabe der Vorbereitung der allgemeinen Volksbewaffnung. Im Vorstand des Dresdner Vaterlandsvereins wirkten

die späteren Mitglieder der provisorischen Regierung, Samuel Tzschirner und Karl Todt und Richard Wagners Freund Karl August Röckel (vgl. S. 79 – »Röckel«), der im Auftrag des Vereins 1848 seine Broschüre »Die deutsche Volksbewaffnung« veröffentlichte und eine anonyme Denkschrift über die Organisation der Volksbewaffnung an die sächsischen Abgeordneten und die Mitglieder der Frankfurter Nationalversammlung verschickte.

Im »Odeon«] Vorstädtisches Leipziger Vergnügungsetablissement am Scheibenholz: ein überdachter Musikpavillon auf öffentlicher Grünfläche, der ein beliebter Treffpunkt war und um 1865 verfallsbedingt abgerissen wurde. (Nach einer freundlichen Mitteilung des Leipziger Regionalhistorikers Otto Künnemann.)

Er komme ihnen zu Hilfe wie ein Gott vor Ilium] Anspielung auf das in Homers »Ilias« geschilderte Eingreifen der Götter in den Kampf um Troja (lateinisch Ilium).

dass man Spanien und Italien im Stich lasse] Außenpolitisch zeigten die mit der französischen Februarrevolution an die Macht gelangten Republikaner anfangs eine erstaunliche Enthaltsamkeit. Unter der Präsidentschaft Louis Napoleons kam es später zur Entsendung eines Expeditionskorps nach Rom, dessen Belagerung mit der Rückkehr des Papstes endete, was dem Präsidenten die Kritik der antiklerikalen Republikaner einbrachte.

Lamartine] Alphonse de Lamartine (1790-1869), seit seinen »Méditations poetiques« (1820/23) berühmt als Dichter der französischen Romantik, diente 1814 in der königlichen Garde, wurde dann Diplomat und 1833 Abgeordneter. Ohne einer Partei anzugehören näherte er sich als Anhänger des allgemeinen Wahlrechts den gemäßigten Republikanern und trug durch seine Reden und die ideologische Wirkung seiner »Histoire des Girondins« (1847) wesentlich zum Sturz der Julimonarchie bei. Mit der Revolution von 1848 wurde er als Mitglied der provisorischen Regierung für kurze Zeit Außenminister. Der Staatsstreich von 1851 beendete seine politische Laufbahn. Umfangreiches poetisches, autobiographisches und historiographisches Gesamtwerk.

60 *de Flotte*] Paul René Vicomte de Flotte (1817-1860) war zunächst, der Tradition seiner bretonischen Familie gemäß, Marineoffizier. Er sympathisierte mit sozialistischen und demokratischen Ideen und war in Paris Mitglied des Kreises um Blanqui. Nach der Februarrevolution 1848 wurde er 1849 für den Bezirk Seine, 1850 in Paris als Parlamentsabgeordneter gewählt. 1860 beteiligte er sich am italienischen Freiheitskampf und erlag nach einer Schlacht in Kalabrien seinen Verletzungen.

61 **Bakunin über seine Beziehungen zu Marx 1848**
 (»Rapports personels avec Marx«, 1871)

Vor allem Unterschiede der strategischen Perspektive während der revolutionären Ereignisse 1848 stehen im Mittelpunkt einer späteren Erinnerung von Bakunin, die Ball zitiert. – Angesichts seiner verschärften Konflikte mit

KOMMENTAR ZU S. 61   299

Karl Marx, die 1872 zum eigenen Ausschluß aus der 1. Internationale führen sollten, versucht Bakunin, den Konflikt in der autobiographischen Rückbesinnung zu verorten. Im Dezember 1871 schrieb er in Locarno seine »Rapports personnels avec Marx« mit zugehörigen »Pièces justificatives« (Belegstücken).

Überlieferung

Dieser zu Bakunins Lebzeiten unveröffentlichte französische Manuskriptkomplex gelangte in den Besitz von Max Nettlau, der in seiner großen Bakunin-Biographie mehrfach aus ihm zitiert. Er gelangte erst mit Nettlaus Nachlaß in das Bakunin-Archiv des Amsterdamer IISG. Dragomanows Einleitung zu SP zitiert den damals noch unveröffentlichten Text nicht. Ball übersetzte mehrfach Textpassagen aus den Zitaten in Nettlau, Biogr. (im Teil I auch auf S. 48, 69 und 87).
Das Zitat schließt im Originaltext direkt an die bereits oben auf Seite 48 nach Nettlau, Biogr. zitierte Textstelle an, deren Zitat Nettlau an späterer Stelle fortsetzt.

DV: T² I, S. 69-70. **Ü:** Hugo Ball aus dem Französischen (als Erstübersetzung markiert). **Q:** Französisches Zitat in Nettlau, Biogr. S. 82-83. **O:** Rapports personnels avec Marx. Pièces justificatives NE 2. Manuskript, Locarno Dezember 1871. – Standort: Amsterdam, IISG, Archives Bakunin. **E:** Als deutsche Übersetzung von Max Nettlau 1924 unter dem Titel »Persönliche Beziehungen zu Marx« in GW Bd. 3, S. 211-212. **GA:** CD-ROM und Œuvres Bd. 2, S. 125-126. **GDA:** GW Bd. 3, S. 211-212 und Stuke S. 403-404.

Lesarten der Zitatquelle

Straffung der Sätze wie in anderen Übersetzungen, aber keine semantischen Abweichungen.

61   *Monarchien*] In der Druckvorlage: Monarchieen

Erläuterungen

61   *eine erste internationale Assoziation von Kommunisten*] Aus Frankreich 1845 ausgewiesen, hatte Marx mit Engels bei einer gemeinsamen Englandreise in London Verbindung zu Weitling und dessen 1836 gegründetem ›Bund der Gerechten‹ aufgenommen. Anfang 1846 ergriffen beide in ihrem Exilort Brüssel die Initiative zur Gründung eines internationalen Netzes von kommunistischen Korrespondenzkomitees. Sie nahmen Kontakt zu dem britischen Chartistenführer G.J. Harney und zu Proudhon auf. Als Ziel der Korrespondenzkomitees erklärte Marx,»die Verbindung der deutschen Sozialisten mit den französischen und englischen Sozialisten herzustellen, die Ausländer über die sozialistischen Bewegungen, die sich in Deutschland entfalten werden, auf dem Laufenden zu halten, sowie die Deutschen in Deutschland über die Fortschritte des Sozialismus in Frankreich und England zu informieren.« (MEW Bd. 27, S. 442). – Bis Jahresende faßte das

Netz der Korrespondenzkomitees Fuß in verschiedenen deutschen Regionen, in Paris und London. 1847 reorganisierte sich der ›Bund der Gerechten‹ als ›Bund der Kommunisten‹, an dessen erstem Kongreß Engels in London teilnahm. Marx wurde zum Präsidenten der Brüsseler Sektion des Bundes gewählt und fuhr im Herbst mit Engels zum zweiten Londoner Kongreß, wo beide mit der Verfassung eines »Kommunistischen Manifests« beauftragt wurden. Im Februar 1848 erschien das »Manifest der Kommunistischen Partei«. Marx wurde aus Belgien ausgewiesen und kehrte auf Einladung der provisorischen Revolutionsregierung im März nach Paris zurück, wo ihn Engels erwartete. Nach Ausbruch der deutschen Revolution und der Einführung der Pressefreiheit begaben sich beide mit anderen Mitgliedern des ›Bundes der Kommunisten‹ am 11. April nach Köln, um die ›Neue Rheinische Zeitung‹ als eigenes Presseorgan aufzubauen, das am 1. Juni zu erscheinen begann.

»Kommunistisches Manifest«] Text: MEW Bd. 4, S. 459-493.

Emanzipation der slavischen Rasse von der deutschen Bevormundung] In erster Linie geht es hier um die Polen in Preußen und um Slaven in der Österreich-Ungarischen Monarchie: Polen, Tschechen, Slowaken, Slowenen, Kroaten und Serben. – Der russische Slavophile Nikolaj P. Aksakov entwickelte damals die Idee einer deutschen Gefahr für das Slaventum. Deutschland hingegen nutzte den Panslavismus als »Schreckgespenst für Europa«. Unter diesen Bedingungen wurde die slavische Union zum Gegenpol des Pangermanismus. Vor dem Hintergrund des aufkommenden Panslavismus stand auch der Prager Slavenkongreß, bei dem Bakunin auftrat (siehe S. 63).

62 Engels schreibt (»Sozialdemokratische Bibliothek«, Zürich, 1885)

Während ein Teil der emigrierten deutschen Demokraten sich in in einer ›Deutschen Demokratischen Legion‹ zusammentat, um als bewaffnete Formation in das Revolutionsgeschehen einzugreifen, wurde ihr Handeln von anderen als politische Naivität verdammt. So von Marx und Engels, deren allgemeines Urteil Ball aus einem späteren Beitrag von Friedrich Engels »Zur Geschichte des Bundes der Kommunisten« belegt.
Er fand das kurze Zitat im 10. Kapitel von Nettlau, Biogr. S. 83 und übernahm es unter Fortlassung des resümierenden Schlußsatzes: »Als dann in Wien und Berlin die Revolution siegte, wurde die Legion erst recht zwecklos; aber man hatte einmal angefangen und so wurde weitergespielt.« Gegenüber dem Originaltext von Friedrich Engels unterläuft im Text eine gegensinnige Fehlschreibung, die auf Balls Lesart seiner Zitatquelle Nettlau zurückgeht, aber auch dieser selbst zugeschrieben werden kann (s.u.).

Überlieferung

DV: T² I, S. 71. **Ü:** Original deutsch. **Q:** Zitat in Nettlau, Biogr. S. 83; dort ist in Anm. 440 als Herkunft hingewiesen auf: **O:** Friedrich Engels: Zur Geschichte des Bundes der Kommunisten. [Geschrieben als Einleitung zur dritten deutschen Ausgabe von:] Karl

Marx: Enthüllungen über den Kommunisten-Prozess zu Köln. Neuer Abdruck mit einer Einleitung von Friedrich Engels und Dokumenten, Hottingen-Zürich 1885 (Sozialdemokratische Bibliothek IV), S. 12. E: Friedrich Engels: Zur Geschichte des Bundes der Kommunisten. In: Der Sozialdemokrat, Leipzig, Jg. 5, Nr. 46, 47 und 48 (12., 19. und 26.11.1885), hier Nr. 47 (19.11.1885). GDA: MEW Bd. 21, S. 218.

Lesarten der Zitatquelle

62 Das Zitat enthält gegenüber dem Original eine gegensinnige Fehlschreibung, die bereits aus der handschriftlichen Zitatquelle Nettlau, Biogr. S. 83 herausgelesen werden kann:
die Regierungen stürzen] Bei Engels heißt es: die Regierungen stärken. [Je nach Lesart von Nettlaus Handschrift kann in dessen Zitat »stärken« oder »stürzten« entziffert werden. Ball verwendet die Form »stürzen« und bleibt beim dramatischeren Präsens.]
dafür bürgt Lamartine] dafür bürgte Lamartine

Erläuterungen

62 *»Deutschen Legion«]* Vgl. S. 36 – »Georg Herwegh«; S. 48 – »in dem von H. Börnstein herausgegebenen ›Vorwärts‹« und »Herwegh«; S. 52 – »Bornstädt« und S. 58 unter »Kommando über die vereinigte, aus badenser Bauern und deutschen Auswanderern aus Paris und der Schweiz bestehende Revolutionsarmee«.
Anlass des offenen Bruchs mit dem Marx-Engels'schen Kreise] Bereits in der kurzen Druckfassung von Nettlaus Biographie konnte Ball lesen, daß Bakunin in Köln »mit Marx und Engels wegen deren Beurteilung seines Freundes Herwegh definitiv brach« (Nettlau, Skizze S. 10). Bereits in Paris hatte Marx seit dem 6. März 1848 die ihm nahestehenden Emigranten im dortigen ›Bund der Kommunisten‹ gegen Herweghs Plan einer ›Deutschen Legion‹ einzunehmen versucht (vgl. Nettlau, Biogr. S. 83).
dafür bürgt Lamartine] In Frankreich war Lamartine damals Außenminister der Zweiten Republik.

62 Bakunin (in »Sophismes historiques de l'école doctrinaire des communistes Allemands«, 1871)

Erst in Köln kam es Mitte April 1848 zum offenen Bruch Bakunins mit Marx und Engels über dem Konflikt, der sich in der Polarisierung der Pariser Emigrantenkreise seit März angebahnt hatte. Da zeitnahe Zeugnisse auch aus der Korrespondenz mit Herwegh nicht erhalten sind, rekurriert Ball auf eine spätere Erinnerung Bakunins aus dem Jahr 1871. Im nachhinein muß er den strategischen Argumenten seiner Gegner durchaus zustimmen, sieht sie aber durch ihr rücksichtsloses Verhalten bei Meinungsverschiedenheiten moralisch diskreditiert. Daß dies bis zum inszenierten Rufmord an Bakunin ging, zeigen die Dokumente auf Seite 68-69.

Überlieferung

»Sophismes historiques de l'école doctrinaire des communistes Allemands« lautet der Titel eines Fortsetzungs-Kapitels der Schrift »L'Empire Knouto-Germanique et la Révolution Sociale«, von der zu Bakunins Lebzeiten (unter dem Titel »La Révolution sociale ou la dictature militaire« in Genf 1871) nur die erste Lieferung erschien. – Ein späterer Teil des Manuskripts wurde von Elisée Reclus 1882 in Genf unter dem nicht autorisierten Titel »Dieu et l'Etat« in einer unzuverlässigen Druckversion vorgelegt. Der hier zitierte Text erschien indes erst 1908 im dritten Band der französischen Werkedition und ist im 10. Kapitel von Nettlau, Biogr. S. 82 laut Anm. 438 aus den Korrekturfahnen übersetzt. Vielleicht hatte Nettlau, der 1895 den ersten Band dieser »Œuvres« herausgab, diesen Text bereits im Hinblick auf die folgenden Bände in Satz gegeben, deren Edition später James Guillaume übernahm. Ball übernimmt Nettlaus Zitat im identischen Ausschnitt, variiert aber dessen Übersetzung.

DV: T² I, S. 71-72. **Ü:** Max Nettlau aus dem Französischen. **Q:** Übersetztes Zitat in Nettlau, Biogr. S. 82 mit Nachweis in Anm. 438. **O:** L'Empire Knouto-Germanique et la Révolution Sociale. Suite. Dieu et l'Etat. 1. Sophismes historiques de l'école doctrinaire des communistes allemands. – Französisches Manuskript, entstanden November 1870-April 1871 in Locarno und paginiert 138-210, hier S. 142. Standort: Amsterdam, IISG, Archives Bakunin. **E:** Michel Bakounine: Œuvres Bd. 3, hg. von James Guillaume, Paris: Stock 1908, S. 12 Anm. **GA:** CD-ROM und Œuvres Bd. 8, S. 84 (in Anm.). **GDA:** Andere Übersetzung: GW Bd. 1, S. 90 (in Anm.), Hillmann S. 168-169 (in Anm.) und Stuke, S. 293 (in Anm. 2).

Lesarten der Zitatquelle

Ball übernimmt Nettlaus Übersetzung nicht ungeprüft und befreit sie von gewissen Floskeln und Umständlichkeiten. Der Blick in den dritten Band der ersten Ausgabe der »Œuvres«, die ihm zur Verfügung stand, mag ihn dabei bestärkt haben. Im zweiten Satz übersetzte Nettlau das französische passé simple im Plusquamperfekt; Ball entschied sich für die unabgeschlossene Zeitform des Imperfekts. Weitere Änderungen:

62 *Immerhin blieben wir Freunde bis 1848.*] Immerhin blieben wir auf freundlichem Fuss bis 1848.
Lage] Sachlage
ihn in seiner Abwesenheit] ihn, den Abwesenden

Erläuterungen

62 *der sich von ihnen in einer politischen Angelegenheit trennte*] Gemeint ist hier das politische Zerwürfnis zwischen Herwegh und Marx/Engels über Sinn und Folgen der militärischen Intervention einer aus Emigranten rekrutierten ›Deutschen Legion‹ in die deutsche Revolution von außen. Angesichts des Verlaufs der Ereignisse leuchteten Bakunin später die politisch-strategischen Einwände von Marx und Engels ein, nicht aber deren Methoden des Affronts.

Sansfaçon] Frz. Ungezwungenheit, Zwanglosigkeit. – Unübersetzt aus dem französischen Text übernommen; hier wohl gemeint im Sinne von Maßlosigkeit.

63-64 Bakunin über den »Ersten allgemeinen Slavenkongress« (Manuskript, 1870)

Der seit der Pariser Polenrede verfolgte Ansatz einer Verteidigung der slavischen Völker gegen die monarchischen Großmächte Rußland, Preußen und Österreich bestimmt auch Bakunins Auftritt auf dem Prager Slavenkongreß, zu dem er am 3. Juni 1848 aus Breslau anreiste. Unerfüllt blieb letztlich seine Hoffnung, dem dort propagierten Panslavismus eine revolutionäre Wendung zu geben und ihn mit der demokratischen Bewegung in Europa verknüpfen zu können.

Überlieferung

Als Quelle für ein Zitat im Vortext nennt Ball selbst *Nettlau (»Michael Bakunin, eine Biographie«)*. Diesem Werk ist auch das französische Zitat aus den Fragmenten zu »L'Empire Knouto-Germanique« entnommen, das Ball im folgenden Textdokument übersetzt.

DV: T² I, S. 73-74. **Ü:** Hugo Ball aus dem Französischen (als Erstübersetzung markiert). **Q:** Französisches Zitat in Nettlau, Biogr. S. 85. Als Quelle nennt Nettlau ein Manuskript ohne Titel aus dem Jahr 1870 mit der Paginierung 97-140 (hier S. 133-134). Es handelt sich um einen Text aus dem Manuskriptkonvolut zu »L'Empire Knouto-Germanique«, der in den 1982 erschienen Œuvres Bd. 8 aus den Manuskriptseiten 95-140 unter dem nicht autorisierten Titel »L'étatisme et le libéralisme allemand« abgedruckt ist (Œuvres Bd. 8, S. 383-415). – Ball übersetzt den von Nettlau gewählten Ausschnitt und zitiert im Vortext aus dessen Biographie S. 86. **O:** L'Empire Knouto-Germanique et la Révolution Sociale. Fragments et variantes. Fragment C. Französisches Manuskript mit Paginierung 95-140, geschrieben in Locarno November 1870 bis April 1871. Standort: Amsterdam, IISG Archives Bakunin. **E:** nicht ermittelt. **GA:** CD-ROM und Œuvres Bd. 8, S. 410. **GDA:** nicht ermittelt.

Lesarten der Zitatquelle

63 Das Zitat im Vortext ist Nettlau, Biogr. S. 86 entnommen und in Wortwahl, Schreibung und Interpunktion geringfügig variiert.
das heisst im Sinne der damaligen europäischen Revolution] d.h. im Interesse der damaligen europäischen Revolution
So schrieb Dembinsky aus Breslau] so schrieb, nach Fried [?], Dembinsky aus Breslau,
alle Slaven sollten sich gegen den Zarismus erheben] alle Slaven sollten sich gegen den Tzarismus wenden

64 Balls Übersetzung enthält eine lesbarere Pointierung des letzten Halbsatzes »incompatibles avec l'existence d'un tel Empire.«: als ob sich das mit einem solchen Kaiserreich vereinbaren liesse.

Erläuterungen

63 »*Erster allgemeiner Slavenkongress*«] Unter dem Vorsitz des tschechischen Historikers František Palacký (1798-1876), einem Vertreter des liberalen Großbürgertums, tagte der Kongreß mit 340 Teilnehmern vom 31. Mai bis zum 12. Juni. An diesem letzten Tag brach unter tschechischen Studenten und Arbeitern ein Aufstand aus, der mit dem Kongreß direkt nichts zu tun hatte; allenfalls hatten sich die Konferierenden von der erregten Stimmung in Prag beeinflussen lassen. In seiner ›Beichte‹ (S. 51) schreibt Bakunin von vagen Gerüchten über bevorstehende Kämpfe, die ihn am Vorabend des Aufstands bewogen hätten, die Studenten von ihrer hoffnungslosen Absicht abzubringen. Daß er, wie verschiedentlich behauptet wurde, zu den Hauptinitiatoren der Unruhen gehörte, ist unwahrscheinlich. Erst als der Aufstand in vollem Gang war, mischte er sich ein – bis am 16. Juni die Truppen des Generals Windischgrätz das Stadtzentrum unter Feuer nahmen und die überlebenden Aufständischen sich bedingungslos ergaben. Bakunin floh zurück nach Breslau (vgl. Carr S. 169). Seine Erwartungen, die er in diese erste große Slavenversammlung gesetzt hatte, waren gründlich enttäuscht worden. – In Prag waren Slaven aus gänzlich verschiedenen Staaten zusammengekommen und ihre Interessen waren, bei aller Beschwörung slavischer Brüderlichkeit, zu unterschiedlich, um ein wirklich gemeinsames Programm hervorbringen zu können. Die tschechisch-slowakische Fraktion machte etwa zwei Drittel der Teilnehmer aus, war entschieden antideutsch gestimmt und meinte, sich vor allem gegen das Frankfurter Parlament und dessen Forderung, Österreich solle mit allen Provinzen einem deutschen Bundesstaat beitreten, zur Wehr setzen zu müssen. Die Selbständigkeit der slavischen Stämme innerhalb der österreichischen Monarchie und ihre politische Gleichstellung mit den Nichtslaven war ihr Ziel. Mit einer Loyalitätserklärung an Kaiser Franz Joseph, die alle Bedenken zerstreuen sollten, der Kongreß huldige revolutionär-demokratischen oder panslavischen (also von Rußland gesteuerten) Absichten, meinte man zunächst, diesem Ziel näher zu kommen. Ein erstes, in diesem Sinn formuliertes Programm wurde jedoch unter dem Einfluß der nichtösterreichischen Slaven, vor allem der polnischen Teilnehmer, verworfen. Der Posener Abgeordnete Libelt, der Belgrader Zach und Bakunin waren bei der Ausarbeitung eines zweiten federführend. Die absolute Souveränität des Volkes und die Menschenrechte standen im Zentrum dieses Programmes, mit dessen Endredaktion schließlich Palacký beauftragt wurde. »Wäre Libelt nicht der bekannte Verfasser des Entwurfs, könnte man ihn mit Fug und Recht Mazzini oder Pierre Leroux oder Fröbel zu schreiben. Er predigt die Lehre von der absoluten Souveränität des Volkes, erklärt die Frage nach der Staatsform, ob monarchisch oder republikanisch, für gleichgiltig, wenn für dieselbe nur die Sanction durch den Volkswillen vorliegt und ergeht sich dann in einer Aufzählung der Menschenrechte, welche die ideale Gesellschaft jedem Indivi-

duum garantiert« (Springer Bd. 2, S. 337). Das Programm war noch in Bearbeitung, als am 12. Juni die Straßenkämpfe ausbrachen. Zahlreiche Kongreßteilnehmer flohen; die Polen wurden offenbar ausgewiesen und ein Großteil der erarbeiteten Vorschläge und Dokumente wurde vernichtet. Untersuchungen ergaben, daß ein slowakischer Provokateur die Unruhen im Auftrag der Ungarn angezettelt habe. Darüber hinaus kursierten Gerüchte von einem Geheimbund polnischer Emigranten, die angeblich ein westslawisches Reich gründen und Ungarn zertrümmern wollten. Der Slavenkongreß war somit genügend kompromittiert, um noch im nachhinein seine wenigen positiven Ergebnisse zunichte zu machen. (Vgl. Carr S. 163-169, Springer Bd. 2, S. 338.) – 1867 fand unter Ausschluß der Polen ein zweiter Slavenkongreß in Moskau unter der Schirmherrschaft des neuen Zaren Alexander II. statt (vgl. S. 158 – »in der Bakunin eine von Ludmilla Assing ins Italienische übersetzte Artikelserie über den Panslavismus publizierte«).

Stur] Ludwig Stur oder Ljudevit Štúr (1815-1856) war einer der wesentlichen Urheber des Slavenkongresses – »ein slowakischer Prediger, der ein großes Agitationstalent für unpraktische Zwecke verwendete« (Springer Bd. 2, S. 331). Als Angehöriger der slowakischen Minderheit in Ungarn geboren, setzte sich Š. seit seiner Schulzeit im zum ungarischen Königreich gehörenden Preßburg für den Erhalt der slowakischen Sprache, Literatur und Volkspoesie ein. Er unterbrach seine Tätigkeit als Lehrer, um 1839 in Halle Philosophie, Geschichte und Sprachforschung zu studieren, wurde nach seiner Rückkehr jedoch zunehmend von den ungarischen Behörden angefeindet. Seine Entlassung aus dem Lehramt im Jahr 1843 soll den Widerstand der slowakischen Bevölkerung geweckt haben. Š. schrieb für die liberale ›Augsburger Allgemeine Zeitung‹ und gründete seine eigene Zeitschrift ›Narodnje Slovenskje Novini‹. Er nahm an mindestens einer Delegation an den Wiener Hof teil, um dem Kaiser slowakische Klagen über ungarische Übergriffe vorzulegen. 1847 wurde er in den ungarischen Landtag gewählt, wo er sich um die Einführung der slowakischen Sprache in den Volksschulen bemühte, angesichts der Unnachgiebigkeit der ungarischen Behörden sein Mandat aber wieder abgab. An der Spitze slowakischer Freischaren bekämpfte er die ungarische Revolution von 1848/49, arbeitete eine slowakische Verfassung aus und veröffentlichte verschiedene Schriften über die Zukunft der Slaven. Er starb an den Folgen eines selbstverschuldeten Jagdunfalls.

Moraszewsky] Gemeint ist der polnische Historiker, Buchhändler und Publizist Jędrzej Moraczewski (1802-1855). Er hatte am Aufstand 1830/31 teilgenommen, leitete in den 1840er Jahren in Posen einen Verlag und gab u. a. die wichtigste wissenschaftliche Zeitschrift im Posener Gebiet, ›Rok‹, heraus. Als eines der aktivsten Mitglieder im linken Flügel des Nationalkomitees war Moraczewski 1848 politisch in Breslau, Prag, Frankfurt am Main und Paris tätig, 1848-50 war er Mitglied der ›Liga Polska‹. Im April 1848 forderte Moraczewski die Einberufung eines Slavenkongresses in Prag, zur Verteidigung gegen die deutschen Unterdrücker. Im Rahmen des Kongresses nahm er an den Sitzungen der diplomatischen Abteilung und der russisch-polnischen Sektion teil. Kurz vor Ausbruch des Aufstands, mit dem er nichts zu tun hatte, reiste er ab. Noch im selben Jahr veröffentlichte Moraczewski in Posen als Broschüre eine »Beschreibung des Ersten Slavenkongresses in Prag«. Nach 1850 arbeitete er an einer neunbändigen Geschichte der Republik Polen. (Vgl. DP S. 689 und Polski Bd. 21, S. 682-683.)

Dembinsky] General Henryk Dembiński (1791-1864), einer der hartnäckigsten Befürworter bewaffneten Widerstands gegen die Russen, bemühte sich zeit seines Lebens in der Emigration bei sämtlichen Regierungen Europas, auch in der Türkei und in Ägypten, um Unterstützung für den Aufbau polnischer Legionen. Bereits 1825 kämpfte Dembiński mit einer Art freiwilliger Partisanenarmee gegen die Russen in Litauen, war zeitweise Gouverneur von Warschau und emigrierte nach der Kapitulation der Aufständischen im Herbst 1831 ins Ausland. Aus Dresden, wo er seine Darstellung der Kämpfe in Litauen publizierte, vertrieb ihn der russische Gesandte nach Straßburg. Adam Czartoryski holte ihn 1832 nach Paris, wo er, unterbrochen durch Aufenthalte in der Türkei, Ägypten, Spanien, bis zu seinem Tod lebte. 1848 organisierte Dembiński einen Kongreß von Abgeordneten aus dem preußischen und dem österreichischen Polen in Breslau, versuchte erfolglos eine polnische Regierung aufzustellen und nahm am Prager Slavenkongreß teil. Mit einigen tausend Polen zog er nach Ungarn und übernahm teilweise die Führung des Aufstands, der von den Österreichern mit Hilfe zaristischer Truppen niedergeschlagen wurde. In der Türkei fand Dembiński Schutz vor russischen und österreichischen Auslieferungsbegehren, nahm jedoch das Angebot, in die türkische Armee einzutreten, nicht an, sondern kehrte nach Frankreich zurück. Die letzten Jahre verbrachte er in Armut. Altersgründe hinderten ihn, am Warschauer Aufstand von 1863 teilzunehmen, er starb, bevor das Scheitern feststand. (Polski Bd. 5, S. 65-71)

Grafen Thun] Leo Graf von Thun (1811-1888) war seit 1836 im österreichischen Staatsdienst, seit 1845 bei der niederösterreichischen Regierung in Wien, 1846 als Regierungssekretär in Galizien und von April bis Juli 1848 Gubernialpräsident in Prag, wo er während des Aufstands den Studenten in die Hände fiel. (Über Thun im und nach dem Kongreß vgl. Springer Bd. 2, S. 332 und 345.) 1849 übernahm er das Amt des Ministers für Unterricht und Kultus, das er bis 1860 innehatte. Seit 1861 vertrat er klerikale und feudale Interessen im Herrenhaus und bis 1871 im böhmischen Landtag.

Palacky] Der tschechische Historiker und Politiker František Palacký (1798-1876) war seit 1839 böhmischer Landeshistoriograph und wurde 1847 zum Mitglied der Kaiserlichen Akademie der Wissenschaften in Wien ernannt. Am 17. April 1848 lehnte er den angebotenen Sitz im Frankfurter Fünfziger-Ausschuß zur Vorbereitung der Nationalversammlung mit dem Argument ab, Deutschland »solle sich nur ruhig zur Proklamation der Republik entschließen, der österreichische Kaiserstaat müsse samt seinen Deutschen zusammenbleiben« (zitiert nach Valentin Bd. 1, S. 515). Er wurde Präsident des Prager Slavenkongresses und redigierte den dort angenommenen »Aufruf an die europäischen Völker«, der von Bakunin, Libelt und Zach entworfen worden war. Als Abgeordneter im Wiener und Kremsierer Reichstag wurde er Führer der Slavenpartei, trat für die nationale Gleichberechtigung der Slaven innerhalb der Donaumonarchie ein und prägte den sogenannten Austro-Slawismus. Seit 1861 war er Mitglied des österreichischen Herrenhauses und des böhmischen Landtages. – Von ihm erschienen zahlreiche historiographische Werke, u. a. zu den Hussiten. 1836-67 erschien seine fünfbändige »Geschichte von Böhmen«, 1885 postum eine »Selbstbiographie«. – Bakunin ist ihm Mitte der 1860er Jahre wieder in Florenz begegnet, wo er sich während seiner geschichtswissenschaftlichen Archivreisen aufhielt (vgl. *S. 142* – »Palatzky« und *S. 146* – »Franz Palaczky«).

Rieger] Der tschechische Publizist und Politiker František Ladislav Rieger (1818-1903) war ein gemäßigt liberaler Politiker und Panslavist mit österreichischer Ausrichtung. Er hatte in Prag Jura studiert und den Staatsdienst nach kurzer Zeit aus politischen Gründen verlassen müssen. 1848 war er Mitglied des tschechischen Nationalausschusses und gehörte zu den Vorbereitern des Slavenkongresses, erwarb sich durch seine publizistische Tätigkeit einen Namen und wurde 1848 für sieben Kreise in den österreichischen Reichstag gewählt. Zusammen mit seinem Schwiegervater Palacký setzte er sich für nationale Belange der Tschechen ein. Nach dem Slavenkongreß wurde er einer der Führer der alttschechischen konservativen Partei. 1859-74 war er Gründer und Herausgeber der großen tschechischen Nationalenzyklopädie und gründete 1861 die Tageszeitung ›Národni listy‹. Er nahm 1867 am zweiten Slavenkongreß in Moskau teil, der unter der Schirmherrschaft des Zaren stand (Vgl. SSS Bd. 3, S. 536, Anm. 520.2). 1898 wurde er in den Adelsstand erhoben.

österreichischen und türkischen Slaven] Zu den slavischen Völkern innerhalb der österreichischen (seit 1867 österreichisch-ungarischen) Monarchie gehörten im Norden des Reiches die Polen und Ukrainer in Galizien und Lodomerien, die Tschechen, Mährer und Slowaken, im Süden die Slowenen, Kroaten und die im nördlich der Save gelegenen Gebiet lebenden Serben. Südlich davon lebten die Serben seit der erst 1815 erfolgten Lösung aus türkischer Herrschaft in einem eigenen Fürstentum, das jedoch bis 1878 dem osmanischen Reich tributpflichtig blieb und erst danach unabhängig wurde. 1878 kamen die Bosniaken nach der österreichisch-ungarischen Besetzung (1908 Annektion) Bosnien-Herzegowinas vom osmanischen ins habsburgische Reich. Das Zurückweichen der türkischen Herrschaft auf dem Balkan zeigte sich unter dem Druck der Großmächte mit dem Berliner Kongreß 1878 auch für die unabhängig werdenden Montenegriner und für die Bulgaren, deren nördlicher Teil seitdem ein tributpflichtig bleibendes Fürstentum bildete, während ihr südlicher Teil mit Ostrumelien zunächst noch eine autonome Provinz des osmanischen Reiches bildete, die 1885 einem unabhängig gewordenen Königreich Bulgarien eingegliedert wurde. Von den slavischen Balkanvölkern blieben die Mazedonier am längsten im osmanischen Reich – bis 1913, als ihre Region zwischen Serbien und Griechenland geteilt wurde. – Die aus diesen Teilungen und Verschiebungen erwachsenden Konfliktfelder reichen bis in die balkanischen Bürgerkriege des späten 20. Jahrhunderts.

64   *Nationalversammlung in Frankfurt*] Nach Vorparlament und Fünfziger-Ausschuß war am 18. Mai nach allgemeinen Wahlen in der Frankfurter Paulskirche die erste deutsche Nationalversammlung zusammengetreten, die nach monatelangen Beratungen am 28. März 1849 die Verfassung verabschieden konnte. Unter der gegenrevolutionären Bedrohung als ›Rumpfparlament‹ nach Stuttgart umgezogen, wurde die Nationalversammlung dort am 18. Juni 1849 aufgelöst.

65   **Aus der »Proklamation des ersten Slavenkongresses an die Völker Europas«**

Bakunin war am Entwurf der einzigen vom Slavenkongreß angenommenen Proklamation beteiligt; neben ihm der Posener Abgeordnete Libelt, der Belgrader Zach und redigierend der Kongreßpräsident Palacký. Auch wenn Bakunins Anteil nicht in Einzelheiten dokumentiert ist, zitiert Ball einen Ausschnitt nach Nettlau, Biogr. als greifbares Zeitdokument. Der darin anklingende Gedanke, daß auch in internationalen Verhältnissen Freiheit nur wechselseitig realisierbar ist und Hegemonie geradezu ausschließt, entspricht durchaus seinem Denken.

Überlieferung

DV: T² I, S. 75. **Ü:** Zitatquelle deutsch. **Q:** Für das Zitat im Vortext Dragomanows Einleitung in SP S. LIII, Fußnote mit Herkunftsnachweis Springer, Bd. 2, S. 333. – Deutsches Zitat aus der »Proclamation der ersten Slavenversammlung in Prag an die Völker Europas« in Nettlau, Biogr. S. 86-87. **O:** Für das Zitat im Vortext: Springer, Bd. 2, S. 333. Kongreßdokument in deutscher Sprache laut Nettlau, Biogr. Anm. 495: Proklamation des Slavenkongresses. In: Der Radicale, Wien 17.7.1848. **E:** Nettlau, Biogr. Anm. 495 weist Abdrucke in verschiedenen Sprachen aus dem Entstehungsjahr 1848 nach, die älteste in: Narodni Noviny, Prag 5.7.1848. **GA:** nicht ermittelt. **GDA:** nicht ermittelt.

Lesarten der Zitatquelle

65   brachte das *»grösste Leben in die vertraulichen Sitzungen der Russe Bakunin.«*] das größte Leben in die vertraulichen Sektionssitzungen brachte der Russe Bakunin.
»Proklamation des ersten Slavenkongresses an die Völker Europas«] »Proclamation der ersten Slavenversammlung in Prag an die Völker Europas«
Leider ist das Gesetz [...] noch nicht nach Gebühr erkannt und gewürdigt worden.] Leider aber scheint dies Gesetz [...] noch nicht nach Gebühr erkannt und gewürdigt worden.

KOMMENTAR ZU S. 66-67

Ansprüche von Aufsicht, von Bevormundung, die man den Individuen gegenüber willig fallen liess] Ansprüche von Obrigkeit, von Bevormundung, die man den Individuen gegenüber willig fahren liess Nach einer (nicht markierten) Kürzung des von Nettlau wiedergegebenen Textes beginnt Ball mit einem neuem Absatz und variiert eine altertümliche Wendung:
Wir beantragen die sofortige Beschickung] wir tragen sofort auf die Beschickung [...] an[!]

Erläuterungen

65 *Nach Springer (»Geschichte Österreichs«)*] Anton Springer: Geschichte Österreichs seit dem Wiener Frieden 1809, 2 Bde., Leipzig: Hirzel 1863/65 (Staatengeschichte der neuesten Zeit Bd. 6 und 10). Band 2 hat »Die österreichische Revolution« zum Thema; S. 329-364 behandeln den Slavenkongreß. – Anton Springer (1825-1891) studierte Philosophie und Kunstgeschichte in München und Berlin, ließ sich zunächst in Tübingen nieder und war seit der Zeit des Slavenkongresses in seiner Geburtsstadt Prag als Historiker und liberaler Politiker tätig, publizierte während des Krimkrieges (1854-56) Schriften zur Verteidigung des serbischen Kampfes gegen die osmanische Oberherrschaft, aber auch gegen die russischen Hegemonieansprüche. Seit 1859 war er Professor der Kunstgeschichte in Bonn, 1872 in Straßburg und seit 1873 in Leipzig. Neben kunsthistorischen Werken veröffentlichte er politische und zeitgeschichtliche Schriften zur Entwicklung der Donaumonarchie. – Dragomanow zitiert mehrfach Springers »Geschichte Österreichs seit dem Wiener Frieden 1809«.
»Proklamation des ersten Slavenkongresses an die Völker Europas«] »Das Manifest an die europäischen Nationen bildet das einzige offizielle Resultat des Slawenkongresses. Die Verhandlungen über die anderen Fragen wurden abgebrochen, ehe sie zu einem festen Abschlusse gelangten.« (Springer Bd. 2, S. 338) Bakunin gehörte neben Libelt und Zach zu den Kongreßteilnehmern, die sich an dem Entwurf dieses Manifestes beteiligten, dessen Endredaktion in den Händen des tschechischen Historikers und Kongreßpräsidenten Palacký lag. Der Text der Proklamation selbst wird nicht von Springer zitiert, sondern von Nettlau.

66-67 Aus einem »Aufruf an die Slawen«
(Broschüre, im Selbstverlag, 1848)

Die nach mehreren französischen Vorentwürfen im November 1848 entstandene deutsche Broschüre »Aufruf an die Slaven« gehört neben der Polenrede zu Bakunins ersten veröffentlichten Schriften zur politischen Situation. – Verlegt wurde die Schrift auf Deutsch und gleichzeitig auf Polnisch (in der Übersetzung von Julius Andrzejkowicz) tatsächlich von dem in demokratischen Kreisen bekannten Buchhändler und Slavica-Spezialisten Ernst K. Keil in Leipzig. Die Ortsangabe »Koethen« und die Nichtnennung

Keils erfolgten aus konspirativen Gründen (vgl. Pfitzner S. 78-90 und SSS Bd. 3, S. 527-531 und 532).
Ball kannte den Text aus dem Abdruck in SP S. 290-294. Auch Nettlau, Biogr. S. 99-101 zitiert daraus.

Überlieferung

DV: T² I, S. 76-78. Ü: Originaltext deutsch. Q: Zitierte Auszüge aus der gleichnamigen Broschüre in SP S. 290-294. O/E: Aufruf an die Slaven. Von einem russischen Patrioten, Michael Bakunin. Mitglied des Slavencongresses in Prag, Koethen: Selbstverlag des Verfassers 1848. GA: CD-ROM (deutscher Originaltext und französische Übersetzung von Daniel Guérin) sowie Reprint SSS Bd. 3, S. 329-344 (ins Russische übersetzter französischer Entwurf) und S. 345-366 (ins Russische übersetzter Text der deutschen Publikation 1848). GDA: CD-ROM (deutscher Originaltext neben französischer Übersetzung von Daniel Guérin) und Reprint SP S. 290-294. Vorentwurf: Pfitzner S. 94-105.

Lesarten der Zitatquelle

Ball modernisiert die Schreibung, strafft durch Auslassungen, denen eher Rhetorisches als inhaltlich Gravierendes zum Opfer fällt. Im folgenden Absatz betrifft dies allerdings auch die Ankündigung der revolutionären Rache und an anderer Stelle wird aus der inaugurierten Vereinigung der revolutionären Kräfte in Balls Lesart deren Bereinigung:

66 *Diese Politik, die wir verdammen, die wir verfluchen, ist nicht die Politik des werdenden deutschen Volkes*] Diese Politik, die wir verdammen, die wir verfluchen, und an der wir furchtbare Rache nehmen werden, ist nicht die Politik des werdenden deutschen Volkes
Heilige Pflicht ist es für uns, für die Demokraten aller Länder, dass wir unsere Kräfte vereinigen] Heilige Pflicht ist es für uns alle, für alle Streiter der Revolution, für alle Demokraten aller Länder, daß wir unsere Kräfte vereinigen

Erläuterungen

66 *Meine Gesinnungen, meine Gefühle, meine Gedanken habe ich Euch auf dem Kongresse zu Prag offen dargelegt*] Vgl. S. 63-65 passim.
67 *Österreich ist der Mittelpunkt des Kampfes.*] Gemeint ist das damals viele Völker Ostmitteleuropas umfassende habsburgische Kaiserreich, das erst nach dem Ausscheiden Österreichs aus dem Deutschen Bund (1866) mit dem ›österreichisch-ungarischen Ausgleich‹ 1867 als Doppelmonarchie Österreich-Ungarn für das Gesamtreich firmierte. – Dazu gehörte auch Böhmen, wo sich Bakunin besonders viele Leser für seine Schrift erhoffte: »Klar ist nur das Eine, daß Bakunin der Broschüre vor allem in jenen Gebieten Hauptverbreitung wünschte, wo sie zuerst und sofort politisch wirksam werden sollte: in Böhmen. Gelang es durch den Aufruf die Demokraten Böhmens und Prags insonderheit zu gewinnen, dann durfte Bakunin mit Recht hoffen, einen neuen Ausgangspunkt für seine Aktion gefunden zu haben« (Pfitzner S. 83).

68 »Neue Rheinische Zeitung, Organ der Demokratie«, Köln
Redaktion Marx und Engels // 6. Juli 1848. Pariser Korrespondenz

Mit einer Rufmord-Intrige reagierte Anfang Juli 1848 die Redaktion der
›Neuen Rheinischen Zeitung‹ auf den beginnenden Einfluß Bakunins in der
slavischen Bewegung. Nach seinem Prager Auftritt hielt er sich damals in
Breslau auf, das auch ein Zentrum polnischer Emigranten war, unter denen
das erstmals öffentlich verbreitete Gerücht, er sei ein russischer Agent, nicht
ohne Wirkung bleiben konnte. – Da das für die belastende Meldung aus
Paris verwendete Korrespondenzzeichen in der Zeitung nur einmal auftaucht und nicht entschlüsselt ist, ist die Autorschaft des Wortlauts nicht zu
beweisen; alle Indizien, die heute auf eine Urheberschaft in der Redaktion
selbst deuten, sind in Eckardt2 mit Belegen beschrieben. Da die einzige genannte Zeugin George Sand die Zeitungsmeldung mit einem brieflichen Dementi konterte, konnte Marx die Verdächtigung nicht aufrechterhalten, tat
jedoch alles, um den publizistischen Akt zu rechtfertigen.
Ball zitiert das Dokument vollständig aus dem 12. Kapitel von Nettlaus
handschriftlicher Biographie. Seine redaktionelle Zutat beschränkt sich neben der üblichen Modernisierung von Schreibweisen auf den Hinweis auf
die redaktionelle Verantwortung von Marx und Engels. Der kommentierende Zusammenhang stellt sich durch Bakunins Rückblick im folgenden
Dokument her.

Überlieferung

DV: T^2 I, S. 79. Ü: Original deutsch. Q: Nettlau, Biogr. S. 89-90. O/E: [Karl Marx/
Friedrich Engels?]: Paris, 3. Juli. [Pariser Korrespondenz.] In: Neue Rheinische Zeitung.
Organ der Demokratie, Köln, Nr. 36 (6.7.1848), S. 2-3. GA: Paris, 3. Juli. In: Neue Rheinische Zeitung. Organ der Demokratie, Köln, Nr. 36 (6.7.1848). Fotomechanischer
Nachdruck, Glashütten im Taunus: Auvermann 1973, S. 178-179. GDA: Œuvres Bd. 2,
S. 331, Lehning S. 98 und Eckardt2 S. 116.

Lesarten der Zitatquelle

Balls Eingriffe beschränken sich auf Modernisierungen der Schreibweise.

Erläuterungen

68 *Neue Rheinische Zeitung*] Am 1. Juni 1848 (den 21. Juni nennt fälschlich
Carr S. 179) war das aus der von der Revolution erkämpften Pressefreiheit gegründete Blatt erstmals in Köln erschienen, wo Marx bereits
1842-43 leitender Redakteur des durch preußischen Regierungsbeschluß
verbotenen Vorgänger-Blattes ›Rheinische Zeitung‹ gewesen war.
Redaktion Marx und Engels] Marx war Chefredakteur der ›Neuen
Rheinischen Zeitung‹ und als solcher auch verantwortlich für die dort
abgedruckte Falschmeldung. Dem nur aus Mitgliedern des Bundes der
Kommunisten bestehenden Redaktionsstab gehörten neben seinem
Stellvertreter Engels noch Ernst Dronke, Wilhelm und Ferdinand
Wolff sowie als Feuilletonredakteur der Schriftsteller Georg Weerth
an; im Oktober 1848 wurde auch der wegen seiner Gedichte berühmte

politische Lyriker Ferdinand Freiligrath in die Redaktion aufgenommen. Ihr gehörte auch Heinrich Bürgers an, der wegen mangelnder Linientreue für Marx aber nur nominell als Redakteur zählte. – Vgl. Sofija Zelikovna Leviova: Die Redaktionsarbeit der »Neuen Rheinischen Zeitung«. In: Jahrbuch für Geschichte Bd. 8 (1973), S. 49-90. Es handelt sich um die leicht gekürzte und bearbeitete Fassung einer Moskauer Publikation aus dem Jahr 1970 im Jahrbuch des Zentralinstituts für Geschichte in der Akademie der Wissenschaften der DDR.

Pariser Korrespondenz] »Das Stichwort für die Pariser Korrespondenz hat möglichwerweise Hermann Ewerbeck gegeben, einer der insgesamt vier regulären Korrespondenten der ›Neuen Rheinischen Zeitung‹ in Paris. Der konkrete Wortlaut der Korrespondenz scheint jedoch in der Kölner Redaktion der Zeitung formuliert worden zu sein« (AS Bd. 5, S. 203). – Wolfgang Eckhardt führt aus, daß Marx und Engels seit dem Pariser Juniaufstand die Berichterstattung über Frankreich an sich gezogen hatten und die Meldung nach Stichworten von Hermann Ewerbeck nach aller Wahrscheinlichkeit selbst geschrieben hatten. Das verwendetete Korrespondenzzeichen von zwei Kreuzen taucht in ihrer Zeitung nur dieses eine Mal auf (Eckhardt2 S. 76-77). – Drei Tage nach dem Erscheinen der »Pariser Korrespondenz« protestierte Bakunin gegen die Verdächtigungen mit einem offenen Brief an George Sand, der am 11.7. übersetzt in der Breslauer ›Allgemeinen Oder-Zeitung‹ erschien und am 16.7. auch in der ›Neuen Rheinischen Zeitung‹ (vgl. SSS, Bd. 3, S. 505-506, Anm. 501.2). Weitere Einzelheiten zu Bakunins Protest und Marx' folgenden Stellungnahmen siehe AS Bd. 5, S. 152-155 und 201-203, vor allem aber Wolfgang Eckhardt: Bakunin, Marx und George Sand. Die Affäre ›Neue Rheinische Zeitung‹ (1848). In: Eckhardt2 S. 50-141. Zur Vorgeschichte: Pfitzner S. 21-27.

George Sand] Vgl. *S. 48* und *S. 69* jeweils unter »George Sand«.

die den von hier verbannten Russen M. Bakunin stark kompromittieren] So erweiterte sich das von mißtrauischen polnischen Emigranten verbreitete und von dem russischen Gesandten Kiselev in Paris initiierte Gerücht, er sei ein Agent der russischen Regierung, um die Behauptung, Bakunin sei aus Frankreich verbannt worden. Dies war im Dezember 1847 der Fall gewesen, aber nicht nach der französischen Februarrevolution. Vgl. *S. 52* – »Kisselew«.

69 Bakunin, »Brief an die Redaktion der Liberté« (Zürich, 1872) und »Aux compagnons de la Fédération jurassienne« (1872)

Den Kontext der denunziatorischen Meldung über Bakunin aus der ›Neuen Rheinischen Zeitung‹ vom 6.7.1848 stellt Ball durch die Montage von zwei späteren Texten der Jahre 1872 und 1871 her. Beide Zeugnisse von Bakunin verbindet die Perspektive des Rückblicks. – Angesichts seiner verschärften Konflikte mit Karl Marx, die 1872 zu Bakunins Ausschluß aus der ›Ersten Internationale‹ führen sollten, versucht dieser, den Konflikt in der autobiographischen Rückbesinnung zu verorten. Im Dezember 1871 schrieb er in Locarno seine »Rapports personnels avec Marx« mit zugehörigen »Pièces

justificatives« (Belegstücken). Dieser zu Bakunins Lebzeiten unveröffentlichte französische Manuskriptkomplex gelangte in den Besitz von Max Nettlau, der in seiner großen Bakunin-Biographie mehrfach aus ihm zitiert. Er gelangte erst mit Nettlaus Nachlaß in das Bakunin-Archiv des Amsterdamer IISG. Dragomanows Einleitung zu SP zitiert den damals noch unveröffentlichten Text nicht.
Ball übersetzte mehrfach Textpassagen aus den Zitaten in Nettlau, Biogr. (im Teil I auch auf S. 48, 61 und 87). Eine solche Passage ist auch der zweite Absatz dieses Textes. Der erste Absatz entstammt einem späteren Brief an die Redaktion der Brüsseler Zeitung ›La Liberté‹ von Anfang Oktober 1872, der erst nach seinem Ausschluß aus der 1. Internationale (beim Haager Kongreß September 1872) entstand. Das Zitat erinnert im Rückblick an den 1848 in der ›Neuen Rheinischen Zeitung‹ versuchten Rufmord an Bakunin, von dem in einem Leserbrief des sozialdemokratischen ›Volksstaat‹ am 4.9. noch einmal die Rede gewesen war (Eckhardt2 S. 111-113). – Auch Nettlau bringt dieses Zitat von 1872 zuerst und dann (nach einer Richtigstellung der Marx'schen Ausrede) das frühere von 1871.

Überlieferung

DV: T² I, S. 80-81. Ü: Hugo Ball aus dem Französischen (als Erstübersetzung markiert). Q: Nettlau, Biogr. S. 92-93 bietet zwei aufeinander bezogene französische Zitate unterschiedlicher Bakunin-Texte mit in den Anmerkungen genannter Zitatherkunft. Balls zweite Quellenangabe stimmt nicht damit überein und mag einer Verwechslung mit der Quelle des folgenden Textes (S. 70-71) entstammen. O: [Von Absatz 1:] Lettre au journal ›La Liberté‹ de Bruxelles, Zürich 1-8 octobre 1872. Französischer Brief, davon sind die ersten 16 Seiten nur in einer Abschrift von unbekannter Hand erhalten. Standort: Amsterdam, IISG, Archives Bakunin. [Von Absatz 2:] Rapports personnels avec Marx. Pièces justificatives NE 2. Französisches Manuskript aus Locarno vom Dezember 1971, paginiert 6-10. Standort: Amsterdam, IISG, Archives Bakunin. E: 1) Durch Max Nettlau in der Brüsseler Zeitschrift: Société nouvelle (Juli-August 1894), S. 17-19. 2) Als deutsche Übersetzung von Max Nettlau 1924 unter dem Titel »Persönliche Beziehungen zu Marx« in GW Bd. 3, S. 212. GA: CD-ROM und Œuvres Bd. 3, S. 157 und Bd. 2, S. 126. GDA: GW Bd. 3, S. 236-37 und 212; Stuke S. 825-826 und 404.

Lesarten der Zitatquelle

69 Eine nicht markierte Streichung in Balls Übersetzung findet sich am Schluß des Satzes (die hier gestrichene Wendung hatte er allerdings vier Sätze zuvor eingeflochten):
Gleichzeitig richtete sie an die Herren Marx und Engels einen energischen Brief und erbat sich indigniert Aufschluss über den Missbrauch, den man mit ihrem Namen trieb.] Frz.: En même temps elle adressa à M.M. Marx et Engels une lettre énergique leur demandant avec indignation compte de l'abus qu'ils avaient osé faire de son nom pour calomnier son ami Bakounine, pour lequel elle avait autant d'amitié que d'estime. [… daß sie gewagt hatten, ihren Namen zu mißbrauchen, um ihren Freund Bakunin zu verleumden, für den sie ebenso viel Freundschaft wie Wertschätzung empfand.]

Erläuterungen

69 *als ich auch schon einen Brief an Frau George Sand schrieb*] Vgl. den Brief Bakunin an George Sand, 9. Juli 1848. In: Eckhardt2, S. 117-118.

Frau George Sand antwortete mir in entzückender Weise] Da der an die Pariser Adresse gerichtete Brief Bakunins die Autorin nicht erreichte, die sich in ihrem Schloß in Nohant aufhielt, sorgte sein in Paris gebliebener Freund Adolph Reichel am 19. Juli für die Zustellung einer Abschrift des Briefes, auf den George Sand bereits am nächsten Tag antwortete: »ich wußte durchaus nichts von jener infamen Verleumdung, deren Mitschuld man mir aufbürden will. [...] Nein, ich hatte niemals eine Anklageakte gegen Sie in Händen und ich würde, seien Sie dessen gewiß, sie nicht aufgehoben haben. [...] Der Artikel in der Neuen Rh. Zeitung, welche ich hiermit feierlich Lügen strafe, ist eine gehässige Erfindung, durch welche ich mich persönlich beleidigt finde.« In dieser Übersetzung veröffentlichte auf Bakunins Bitte in Breslau die ›Allgemeine Oder-Zeitung‹ ihren dementierenden Brief (Eckhardt2, S. 118-120). Dort war bereits am 11. Juli Bakunins eigenes Dementi erschienen.

an die Herren Marx und Engels einen energischen Brief] George Sands zweites briefliches Dementi datierte vom 20.7.1848 und wurde nach einer redaktionellen Vorbemerkung von Marx am 3.8. in der ›Neuen Rheinischen Zeitung‹ in wörtlicher Übersetzung abgedruckt: »Die von Ihrem Korrespondenten mitgetheilten Thatsachen sind gänzlich falsch und haben nicht einmal den geringsten Schein der Wahrheit. Ich habe nie den geringsten Beweis von den Andeutungen besessen, welche Sie gegen Hrn. Bakunin, den das gefallene Königthum aus Frankreich verbannte, zu akkreditieren suchen. Ich bin also niemals autorisirt gewesen, den geringsten Zweifel in die Loyalität seines Charakters und die Freimüthigkeit seiner Meinungen zu setzen« (Eckhardt2 S. 120-121; vgl. SSS Bd. 3, S. 506, Anm. 502.1).

Koszielsky] Der polnische Offizier Wladislaw Kościelski (1818-1895) schloß sich 1846 den Demokraten an, war ein halbes Jahr lang in Posen und in Moabit inhaftiert, kam durch die revolutionären Ereignissen in Berlin im März 1848 frei. Er soll zeitweise Adjudant Mierosławskis gewesen sein, der sich im Mai 1848 an die Spitze der polnischen Erhebung gegen Preußen stellte. Kościelski war Befehlshaber der Ulaneneskadron der Aufständischen in Posen. Im Juni 1848 nahm er an der Gründung der Polnischen Liga in Berlin teil und antwortete öffentlich auf den Vorwurf preußischer Offiziere, die polnischen Aufständischen hätten in Posen Greueltaten begangen. Es kam zu einem Duell mit einem preußischen Major, in dessen Verlauf Kościelski verwundet wurde. – Er befreundete sich mit Bakunin in Breslau. Der Duell-Erfahrene zögerte nicht, auf Bakunins Bitte einzugehen, vertrat Anfang August in Köln dessen Forderungen an Marx und am 3.8. druckte dieser das liegen gebliebene Dementi von George Sand. Kościelski erhielt im Zusammenhang mit diesem Treffen 2000 Taler von der ›Neuen Rheinischen Zeitung‹, die »für die polnische Sache« an die polnische Liga gezahlt wurden. –

Später war er Teilnehmer am Ungarnaufstand, dann General in türkischen Diensten und Agent des Pariser Hotel Lambert, eines Zentrums der konservativen Emigration. (Vgl. Polski Bd. 14, S. 424-425.)
Unter dieser doppelten Pression zeigten sich die Herren sehr verständig] Zu den weiteren Verläufen im Jahr 1848, denen weitere Nachspiele 1853, 1860 und 1872 folgten, siehe Eckhardt2 S. 80-141.

fügten einige Zeilen dazu, in denen sie ihr Bedauern ausdrückten, dass in ihrer Abwesenheit in ihrer Zeitung eine so unsinnige Korrespondenz gegen die Ehre ihres »Freundes Bakunin« gedruckt worden sei] Von einer Abwesenheit der Redakteure beim Abdruck der Pariser Korrespondenz ist in der redaktionellen Vorbemerkung zur Übersetzung von George Sands brieflichem Dementi in der ›Neuen Rheinischen Zeitung‹ allerdings nicht die Rede und Bakunin wird darin eher distanziert als mit freundschaftlichen Attributen tituliert (vgl. Eckhardt2 S. 120). Nettlau, Biogr. S. 92 vermutet an dieser Stelle des 24 Jahre später entstandenen Zeugnisses von Bakunin entweder einen Gedächtnisirrtum oder eine Ausrede von Marx gegenüber Bakunins nach Köln angereistem Vertreter Kościelski.

70-71 **Bakunin über Deutschland 1848 (»Aux compagnons de la Fédération jurassienne«) Manuskript, 1872**

Die schweizerische Jura-Föderation, die 1871 aus der 1869 gegründeten Fédération romande hervorging, war eine der wichtigsten Stützen Bakunins in seinem Konflikt mit der marxistischen Fraktion der ›Ersten Internationale‹, der er die Tendenz zum »Staats-Sozialismus« und die absehbare Unterdrückung freiheitlicher Bestrebungen vorwarf. Vor diesem Hintergrund entfaltete er seine Sicht in umfangreichen Schreiben an die Jura-Föderation, so auch von Februar bis März 1872 in einem Text, der im Rückblick auch seine Erklärung für das Scheitern der demokratischen Bewegung in Deutschland während der Revolution von 1848/49 enthält. Die Entwicklung von der französischen Februarrevolution zum Bonapartismus des Second Empire hat er dabei ebenso vor Augen wie die durch Bismarcks Außen- und Innenpolitik vorbereitete neue deutsche Reichsgründung. Der hier entwickelte Ansatz der Geschichtsinterpretation mit dem Hinweis auf das unabgegoltene Erbe des Bauernkrieges von 1524/25 wurde später auch für Balls kritische Geschichtskonstruktion in seinen Werken »Zur Kritik der deutschen Intelligenz« und »Die Folgen der Reformation« prägend. – Ball übersetzte den damals noch ungedruckten Text aus dem französischen Zitat im 12. Kapitel von Nettlaus handschriftlicher Biographie.

Überlieferung

DV: T² I, S. 82-85. Ü: Hugo Ball aus dem Französischen (als Erstübersetzung markiert). Q: Französisches Zitat in Nettlau, Biogr. S. 93-94. O: Aux compagnons de la Fédération des sections internationales du Jura. Französisches Manuskript von 143 Seiten, entstanden in Locarno Februar-März 1872. Standort: Amsterdam, IISG, Archives Bakunin. E: Zuerst durch Zitate in Nettlau, Biogr. Erste vollständige Veröffentlichung 1965 in den ›Archives Bakounine‹, seit 1975: Œuvres Bd. 3, S. 1-85. GA: CD-ROM und Œuvres Bd. 3, S. 77-79. GDA: nicht ermittelt.

Lesarten der Zitatquelle

Der erste Absatz von Balls Übersetzung überspringt eine Parenthese (»wie ich bereits glaube festgestellt und gezeigt zu haben«–»comme je crois l'avoir constaté et démontré déjà«) und enthält eine direkt auf die Praxis gerichtete Umpointierung von Bakunins Kritik an den Inspirationsquellen der revolutionären Träume:

70 So gütig, gerecht und menschlich diese Träume waren, so bösartig beschränkt und hässlich fiel die Praxis aus.] Frz.: Autant ceux ci étaient beaux, justes, humains, autant les inspirations du premier sont malfaisantes, étroites et laides.

Erläuterungen

70 *der revolutionären Bauernbewegung*] »Wirtschaftsnot und Mißernte kennzeichnen in Deutschland das Jahr 1846. Teuerung und Lohnverfall sind die Folge. Das Jahr 1848 beginnt mit Hungerunruhen und einer Bauernbewegung in Süd- und Mitteldeutschland. Wie in den Tagen des großen Bauernkrieges ziehen radikale Rotten gegen die Schlösser und verlangen von den Feudalherren Aufhebung der noch bestehenden Verpflichtungen.« (Rastatt S. 137) Zu den frühesten Revolutionsereignissen gehören die südwestdeutschen Bauernaufstände (vgl. Valentin Bd. 1, S. 346 und Rainer Wirtz: Die Agrarunruhen im Odenwald. In: Baden S. 198-199).

die grossen Aufstände von 1524 und 1525] Gemeint ist der im Triumph von Reichsgewalt und Landesfürsten endende deutsche Bauernkrieg während der Reformationszeit, dessen theologischer Anreger und Führer Thomas Münzer (1489/1490-1525) in Balls Werken »Zur Kritik der deutschen Intelligenz« und »Die Folgen der Reformation« (SW 5) zu einer zentralen Bezugsfigur wurde.

71 *Bismarckianismus von 1871*] 1871 wurde der preußische Ministerpräsident Otto von Bismarck (1815-1898) zum Reichskanzler des nach dem Sieg über Frankreich geeinten Deutschen Kaiserreichs.

General Cavaignac] Louis-Eugène Cavaignac (1802-1857) stammte aus einer republikanischen Familie, kämpfte 1828 im französischen Expeditionscorps zur Unterstützung der griechischen Freiheitskämpfer und diente 1832-48 in Algerien, wo er 1842 zum Brigadegeneral befördert wurde. Nach der Februarrevolution 1848 ernannte ihn die provisorische Regierung zum regierenden General. In dieser Funktion rief er die Republik Algerien aus. Nach erfolgreicher Kandidatur für die Nationalversammlung kehrte er im Mai 1848 nach Paris zurück und wurde Kriegsminister. Während des Pariser Arbeiteraufstandes im Juni erhielt er diktatorische Vollmachten zur Niederwerfung der »roten Gefahr«. Sein Sieg in den Straßenkämpfen kostete ca. 10.000 Todesopfer und brachte ihm die Bestätigung als Regierungschef ein. Bei den Präsidentschaftswahlen im Dezember 1848 unterlag er dem Gegenkandidaten Louis Napoleon Bonaparte. – Er war, mit Bakunins Worten »ein Vorläufer«, löste die vom sozialistischen Minister Louis Blanc nach der

Revolution zur Arbeitslosenversorgung eingeführten Nationalwerkstätten auf, verstärkte die Armeepräsenz in Paris, erhielt den Belagerungszustand aufrecht und förderte die Gesetzgebung zur Kontrolle der politischen Clubs und der Finanzierung von Zeitungen. Andererseits verabschiedete die Nationalversammlung in seiner Regierungszeit die erste demokratische Verfassung Frankreichs seit 1793, weitete das Stimmrecht auf die lokale Ebene aus und leitete die Demokratisierung von Erziehungswesen und Arbeitsgesetzgebung ein. Nach seiner Wahlniederlage blieb Cavaignac als gemäßigter Republikaner Abgeordneter der Nationalversammlung und wurde als Oppositioneller beim Staatsstreich 1851 verhaftet. Da er sich weigerte, einen Eid auf Louis Napoleon abzulegen, durfte er ein weiteres Mandat nach den Wahlen von 1852 nicht antreten. Er war zum Opfer jener nachrevolutionären Zentralisierung der Macht geworden, auf die er selbst hingearbeitet hatte und deren Gewinner der als Kaiser Napoleon III. gekrönte Präsident Louis Napoleon war.

für Napoleon III.: ein Vorläufer.] In T² offensichtlicher Schreibfehler mit Komma: für Napoleon III,: ein Vorläufer.

72 **Aus Varnhagen von Enses »Tagebüchern«**

Ein zeitnahes Zeugnis von Bakunins Berliner Aufenthalt im Juli 1848 bieten Tagebuchnotizen des Liberalen Karl August Varnhagen von Ense, den er seit seiner Berliner Universitätszeit kannte und dem er auch in der Revolutionszeit ein willkommener Besucher war.
Hugo Ball zitiert Varnhagens Tagebucheinträge vom 17. und 24.7.1848 nach Nettlaus handschriftlicher Bakunin-Biographie.

Überlieferung

DV: T² I, S. 86-87. Ü: Original deutsch. Q: Zitat in Nettlau, Biogr. S. 96; eingeklammerte Erläuterungen zum 17.7.1848 von Nettlau. O/E: Varnhagen Bd. 5, S. 120 und 130. GDA: Für die Tagebuchnotiz zum 24.7.1848: Varnhagen JR S. 176-177 und Lehning S. 100-101.

Lesarten der Zitatquelle

Ball übernimmt mit den Zitaten aus Varnhagens Tagebüchern nicht nur Nettlaus eingeklammerte Erläuterungen, sondern auch dessen Zitierfehler:

72 *Unterredung*] Unterhaltung
Gestern abend] Gegen Abend [also noch am gleichen Tage]
Seine Verbindungen erscheinen ausgedehnt] Seine Verbindungen scheinen ausgedehnt
Er erzählte mir seine Erlebnisse] Er erzählte mir seine Ereignisse

Erläuterungen

72 *Mitte Juni*] Tatsächlich Mitte Juli, wie Ball auch bei seinem Gewährsmann Nettlau auf der zitierten Seite lesen konnte.

mit demokratischen Abgeordneten der preussischen Nationalversammlung] Die in die verfassunggebende Preußische Nationalversammlung gewählten Vertreter tagten vom 22.5.-5.12.1848 in Berlin. Die gleichzeitige Wahl zur Frankfurter Nationalversammlung führte dazu, daß »nach Frankfurt die Berühmtheiten, die Erfahrenen, die Maßvollen, die Vorsichtigen, die irgendwie Gebundenen geschickt wurden – nach Berlin aber die Jüngeren, denn ihre Zeit schien nun gekommen, die Radikaleren, die Heißsporne« (Valentin Bd. 2, S. 7). Am 5.12.1848 wurde die Preußische Nationalversammlung durch den König aufgelöst.

mit Karl d'Esther, Waldeck, Lothar Bucher] Der Kölner Arzt Karl Ludwig Johann d'Ester (1813-1859) war schon als Student politisch aktiv und gehörte 1847 zur Kölner Gruppe des ›Bundes der Kommunisten‹. Anfang 1848 lernte er während eines Aufenthaltes in Brüssel Bakunin kennen und hörte dort vermutlich dessen Rede vor polnischen Demokaten. Im Mai 1848 wurde d'Ester in die Preußische Nationalversammlung gewählt und gehörte zur radikalen Linken. In Berlin und nach der gewaltsamen Auflösung der Preußischen Nationalversammlung in Köthen (Anhalt) stand er in intensivem Kontakt mit Bakunin. Zu einer förmlichen Zusammenarbeit kam es, als d'Ester mit Adolf Hexamer im Oktober 1848 in den Zentralausschuß der Demokraten Deutschlands gewählt worden war. D'Ester nahm später am badisch-pfälzischen Aufstand teil und emigrierte im Sommer 1849 in die Schweiz. Er gehörte zu den wenigen, die Bakunin nach der Niederschlagung der Dresdner Mairevolte verteidigten; im November 1849 erschien sein Artikel über Bakunin in der ›Dresdner Zeitung‹ (Abdruck in: AS Bd. 2, S. 154-157). – Vgl. Karl Obermann: Karl d'Ester, Arzt und Revolutionär. Seine Tätigkeit in den Jahren 1842-1849. In: Aus der Frühgeschichte der deutschen Arbeiterbewegung, hg. von Karl Obermann, Berlin 1964, S. 102-200.
Der Jurist Benedikt Franz Leo Waldeck (1802-1870) war 1848 einer der Führer der linken Demokraten und Vizepräsident der Berliner Nationalversammlung; 1849 Abgeordneter im Landtag. Nach Niederschlagung der Revolution vom Hochverratsverdacht freigesprochen, war er seit 1861 wieder im preußischen Abgeordnetenhaus, wo er als einer der Führer der Fortschrittspartei galt.
Der Jurist Lothar Bucher (1817-1892) war 1848 Abgordneter der Preußischen Nationalversammlung, 1849 in der Zweiten Kammer, lebte 1850-59 als Journalist in London und wandelte sich vom Demokraten zum Anhänger Bismarcks, als dessen Gehilfe er 1864-86 tätig war. – Vgl. Fritz Gebauer: Lothar Bucher zwischen 1848/49 und 1864. Ein Beitrag zu einer politischen Biographie, Berlin 1986.
In der Hippel'schen Weinhandlung] Das traditionsreiche Berliner Weinlokal in der Friedrichstr. 94, in dem schon E.T.A. Hoffmann und sein Freund Ludwig Devrient verkehrten, wurde in den 1840er Jahren ein Stammlokal der junghegelianischen Freigeister um Bruno Bauer und Max Stirner.

Bruno Bauer] Der Junghegelianer Bruno Bauer (1809-1882) studierte evangelische Theologie und Philosophie in Berlin, wurde als Schüler des Rechtshegelianers Marheineke 1834 Lizentiat der Theologie und habilitierte sich in Berlin, wo er zunächst lehrte und den ›Doktorclub‹ unterhielt, dem auch der befreundete Doktorand Karl Marx angehörte. Bauers Kritik der biblischen Überlieferung manifestierte sich 1838 erstmals in seiner »Kritik der Geschichte der Offenbarung«. In seinen religionskritischen Schriften führte er den Gehalt der biblischen Bücher auf das Selbstbewußtsein ihrer Verfasser statt auf göttliche Offenbarungen zurück und bestritt die Geschichtlichkeit der Person Jesu. 1839 wurde er als Privatdozent an die Bonner Universität versetzt. Wegen seiner 1840/41 erschienenen Schriften zur radikalen Evangelien-Kritik entzog ihm der preußische Kultusminister Eichhorn nach einer uneindeutig ausgehenden Befragung der theologischen Fakultäten im Lande 1842 die venia legendi. Nach dem in verschiedenen Streitschriften kritisierten Eingriff in die akademische Lehrfreiheit kehrte Bruno Bauer als freier Publizist nach Berlin zurück, wo er 1843/44 im Verlag seines Bruders Egbert die ›Allgemeine Literatur-Zeitung‹ herausgab und mit seinem Bruder Edgar seit Sommer 1842 den Club der ›Freien‹ um sich versammelte, gegen dessen »kritische Kritik« Marx und Engels später in ihrer Streitschrift »Die Heilige Familie« (1845) polemisierten. – Nach weiteren religionskritischen Schriften erschien seine ebenfalls von Marx replizierte Schrift »Die Judenfrage« und eine aktualisierende Darstellung der Aufklärungszeit: »Das entdeckte Christentum« (1843). In »Die bürgerliche Revolution in Deutschland seit dem Anfang der deutsch-katholischen Bewegung bis zur Gegenwart« (1849) verarbeitete er die Ereignisse von 1848/49. Nach der Revolution setzte er seine Religionskritik fort, wandte sich aber als Journalist von der Linken ab und wurde um 1866 nationalliberaler Befürworter Bismarcks. Von seinen späteren Schriften war vor allem »Christus und die Cäsaren« (1877) durch eine neue Sicht des Urchristentums einflußreich.

Max Stirner] Autoren-Pseudonym für den Linkshegelianer Johann Kaspar Schmidt (1806-1856), der 1839-44 in Berlin als Lehrer an einer privaten höheren Töchterschule unterrichtete. – In Bayreuth geboren und nach frühem Tod des Vaters beim Stiefvater im westpreußischen Kulm aufgewachsen, wurde er für die Gymnasialzeit ohne elterliche Obhut in seiner Geburtsstadt einquartiert. 1826-28 studierte er Philologie und Theologie in Berlin, wo Hegel, Schleiermacher, der Historiker Niebuhr und die Philologen Böckh und Lachmann ihn prägten. 1828-29 wechselte er an die Universität Erlangen, unternahm bis 1832 weite Reisen durch Deutschland und kehrte 1832 nach Berlin zurück, wo er sein Studium 1835 mit dem Staatsexamen abschloß. Nach einem Kandidatenjahr nicht in den staatlichen Schuldienst übernommen, führte er ein zurückgezogenes Leben und schloß sich 1841 dem Kreis der ›Freien‹ um Bruno Bauer an. 1845 erschien sein philosophisches Hauptwerk »Der Einzige und sein Eigentum«, in dem er die an Hegels Philosophie des Selbstbewußtseins anknüpfenden Lehren seiner Mitstreiter an Radikalität übertraf. Die Schrift proklamiert einen spontaneistischen Egoismus, der sich aller herrschaftlichen Eingriffe entzieht. Sie gilt als erste Programmschrift des Individualanarchismus, der sich vom späteren föderativen Anarchismus Bakunins grundlegend unterscheidet. Stirner gab seine Lehrerstelle auf, ehe ihn die Veröffentlichung in Konflikte bringen konnte. – Stirner lebte danach als Rentier in Berlin, versuchte sich als freier Publizist und Übersetzer nationalökonomischer Werke, erfolglos auch in kaufmännischen Unternehmungen. Er starb verschuldet und vergessen 1856 in Berlin. Stirners Wirkung auf den Philosophen Eduard von Hartmann ist belegt, diejenige auf Nietzsche umstritten. Seine Schriften wurden erst in den 1890er Jahren von John Henry Mackay und dann von der expressionistischen Generation (Anselm Ruest) wiederentdeckt. – Vernichtende Kritik erfuhr »Der Einzige und sein Eigentum« 1845-46 in der Schrift »Die Deutsche Ideologie« von Marx und Engels, die jedoch erst postum 1932 veröffentlicht wurde. Diesem kritischen Ansatz folgt die aktualisierende Darstellung von Hans G. Helms: Die Ideologie der anonymen Gesellschaft. Max Stirners ›Einziger‹ und der Fortschritt des demokratischen Selbstbewußtseins vom Vormärz bis zur Bunderepublik, Köln 1966 (DuMont-Aktuell).

Bettina (von Arnim)] Elisabeth von Arnim (1785-1859), die sich Bettine nannte, von anderen aber auch Bettina genannt wurde, wuchs in Frankfurt am Main als Tochter des eingebürgerten lombardischen Kaufmanns Brentano und der vom jungen Goethe verehrten Maximiliane von Laroche auf. Nach einem ersten Weimarbesuch 1807 begann sie selbst eine Korrespondenz mit Goethe, auf der ihr späteres Werk »Goethes Briefwechsel mit einem Kinde« (1835) basiert. 1811 heiratete sie Achim von Arnim, den Studienfreund ihres Bruders Clemens Brentano, und lebte seitdem meist in Berlin oder mit ihm auf dem Arnim'schen Gut Wiepersdorf. Nach Arnims Tod (1831) eigene Buchveröffentlichungen, u.a. »Die Günderode« (über ihre Jugendfreundin Karoline von Günderode, 1840), »Dieses Buch gehört dem König« (eine an Friedrich Wilhelm IV. adressierte Erörterung der sozialen Frage, 1843) und »Clemens Brentanos Frühlingskranz« (1844). 1848 erschien ihre anonyme Polenschrift »An die aufgelöste Preußische Nationalversammlung«. – Zu ihrer Haltung während der Revolutionszeit vgl. Uwe Lemm: Bettina von Arnim (1785-1859). Kritische Stimme in Preußen und Augenzeugin der Revolution von 1848/49. In: Akteure S. 11-36.

Bakunin hatte noch in Rußland Tagebuch-Teile aus »Goethes Briefwechsel mit einem Kinde« übersetzt und 1838 in der Zeitschrift ›Syn Otečestva‹ (Sohn des Vaterlands) veröffentlicht (vgl. PhBr S. 99). Als Varnhagen ihn 1840 in Bettines Berliner Salon einführte, begegnete er nicht der von ihm schwärmerisch verehrten Romantikerin, sondern einer kämpferischen Liberalen, die sich für öffentliche und soziale Belange einsetzte. In den langen Gesprächen mit Bettine sieht Grawitz einen einschlägig horizonterweiternden »Faktor seiner Entwicklung« (Grawitz S. 84). Bereits 1843 heißt es freilich in einem Brief an die Schwestern: »Bettinas Welt ist eine

abstrakt-theoretische. Sie kennt nicht die großen Leiden eines praktischen, wirklichen Lebens, ist lediglich eine Inkarnation theoretischer Betrachtung, nicht mehr; sie blickt auf alles herab.« (Vgl. PhBr S. 132.)
mit Arago (Emanuel, dem französischen Gesandten in Preussen)] Der Pariser Advokat Emanuel Arago (1812-1896) war als Republikaner 1848 an der Februarrevolution beteiligt und von Mai 1848 bis Januar 1849 französischer Gesandter in Berlin. Vgl. S. 57 – »Arago«. – Gegenstand des Gespräches mit Bakunin im Salon Bettine von Arnims war laut Nettlau, Biogr. S. 96 eine von dem ebenfalls anwesenden Julius Fröbel im Berliner Centralausschuß der demokratischen Vereine vorbereitete Proklamation an die Franzosen zu den Pariser Juni-Ereignissen. Arago protestierte gegen die darin erklärte Sympathie mit den aufständischen Arbeitern.
Erklärungen und Aufrufe] Bakunin schrieb damals unter anderem an seinem »Aufruf an die Slawen«, den er im November 1848 drucken ließ. Vgl. S. 66-67.
Illyrier] Die in der napoleonischen Ära aufgekommene Bezeichnung für die 1809 von Österreich an Frankreich abgetretenen ›Illyrischen Provinzen‹ bezog sich auf den antiken Staat Illyrien im nordwestlichen Balkan und an der Adria. Nach dem Wiener Kongreß bestand 1816-49 ein ›Königreich Illyrien‹ als südwestlicher Teil der Donaumonarchie und umfaßte Krain, Kärnten, Görz, Gradisca und Istrien. Seit 1835 wurde versucht, den Ausdruck ›illyrische Völker‹ im nationalen Sinn auf die Einheit der Südslawen zu beziehen. So auch hier.
unter dem Namen Jules] Unter dem Pseudonym Jules Elysard hatte Bakunin 1842 bereits seinen Aufsatz »Die Reaktion in Deutschland« erscheinen lassen.
Minister Kühlwetter und Milde] Friedrich von Kühlwetter (1809-1882) war von Juni bis September 1848 preußischer Innenminister, im gleichen Zeitraum Handelsminister war der Fabrikant Karl August Milde (1805-1861), der auch erster gewählter Präsident der Preußischen Nationalversammlung war.
Graf Reichenbach] Siehe S. 57 – »Grafen Reichenbach aus Schlesien«.

73-74 **Brief an Georg Herwegh // Berlin, anfangs August 1848**

Auf die Außensicht Varnhagens läßt Ball ein Selbstzeugnis Bakunins aus dem ersten Berliner Revolutionsjahr folgen, das Nettlau mit folgendem anschließenden Kommentar zitiert: »Dieser Brief ist unschätzbar – einmal, weil er uns den wirklichen, intimen Bakunin von 1848 zeigt und beweist, wie wenig derselbe von all den wenig revolutionären Kreisen und Strömungen, in denen er sich doch während dieser ganzen Zeit – in Ermangelung eines besseren – beugen musste, eigentlich hielt; und zweitens, weil er die *erste* uns vorliegende direct *anarchistische* Äusserung fällt – ›*eine neue gesetzlose und darum freie Welt*‹.« Adressat des Briefes ist in der Tat ein politischer Intimus jener Jahre: Georg Herwegh, der nach der fehlgeschlagenen Intervention seiner ›Deutschen Legion‹ im April in die Schweiz geflohen war und sich auf die Rückkehr nach Paris vorbereitete.

Hugo Ball zitiert den deutschsprachigen Brief vom August 1848 nach Nettlaus handschriftlicher Bakunin-Biographie und nimmt nur wenige Eingriffe im Sinne der Lesbarkeit vor. – Unmittelbarer als andere Dokumente dürfte dieser Brief Bakunins damals – eher auf kulturellem als auf politischem Feld weitergedacht – ermutigend auf Balls dadaistische Ideen gewirkt haben.

Überlieferung

DV: T² I, S. 88-90. **Ü:** Original deutsch. **Q:** Briefzitat in Nettlau, Biogr. S. 95. Dort mit der Datierungsbemerkung: »Anfangs August 1848 aus Berlin«; daran knüpft Ball in seiner Titelei an. Aufgrund von inhaltlichen Indizien datiert Nettlau in Anm. 546 den Brief auf die zweite Augustwoche 1848. In der CD-ROM datiert auf die erste Augusthälfte. **O:** Michael Bakunin: Brief an Georg Herwegh 1848 [ohne nähere Datierung]. Deutschsprachiger Brief. – Standort: St. Petersburg, Institut Russkoj Literatury. Signatur: 28529 CC IV 27. **E:** Herwegh S. 21-23. **GA:** CD-ROM und Reprint SSSBd. 3, S. 316-318. **GDA:** PhBr S. 141-142 und CD-ROM (auch in Originalsprache).

Lesarten der Zitatquelle

Im Sinne der Lesbarkeit gliedert Ball den fortlaufenden Text in Absätze und modernisiert einige Schreibweisen und Wendungen.

Erläuterungen

73 *Proudhon*] Vgl. S. 45 – »Proudhon«.
    seine Rede (vom 31. Juli 1848)] Von Proudhon am 31. Juli 1848 vor der französischen Nationalversammlung gehaltene Rede, in denen er sozialistische Reformen und die Verurteilung der Gewalttakte gegen Teilnehmer des Juniaufstandes forderte (siehe: Compte-rendu des séances de l'Assemblée nationale, Bd. 2, Paris 1849, S. 770-782). – Zu seiner eigenen Einschätzung der Situation vgl. Pierre Joseph Proudhon: Bekenntnisse eines Revolutionärs um zur Geschichtsschreibung der Februarrevolution beizutragen, hg. von Günter Hillmann, Reinbek bei Hamburg ²1970 (Rowohlts Klassiker 243-245), S. 108-121. Die Rede wurde in der ›Neuen Rheinischen Zeitung‹ vom 5.8.1848 scharf als ›kleinbürgerlich‹ kritisiert (MEW 5, S. 309-314).

74 *Assemblées und Constituantes*] Der Ort von Proudhons Rede mag Bakunin diese Assoziation nahegelegt haben. Assemblée nationale constituante hieß jeweils bis zum Inkrafttreten der Verfassung die verfassunggebende französische Nationalversammlung vom 17.6.1789-3.9.1791 und vom 4.5.-12.11.1848. Proudhon hatte in seiner Rede davon gesprochen, der Drang zum Sozialismus habe die Februarrevolution erzeugt, nicht die parlamentarischen Kämpfe hätten die Massen in Bewegung gesetzt.

75 **[Bakunin in Köthen und Anhalt]**

Nach einem erneuten Breslau-Aufenthalt Anfang Oktober aus Preußen und bei der Durchreise auch aus Sachsen ausgewiesen, fand Bakunin Mitte Oktober 1848 sein Asyl im kleinen Herzogtum Anhalt-Dessau-Köthen, dessen

von Habicht und Köppe geleitetetes Ministerium Nettlau als das damals »relativ liberalste in Deutschland« einschätzt (Nettlau, Biogr. S. 102). Er blieb dort bis zum Januar 1849 und konnte Schriften wie den »Aufruf an die Slaven« ausarbeiten und sich von einem Freundeskreis geschützt fühlen, zu dem auch der junge Landtagsabgeordnete Enno Sander zählte, von dem Nettlau zwei briefliche Zeitzeugnisse aus dem amerikanischen Exil erreichten.
Sanders inhaltsbezogen verschränkt zitierte Briefe werden von Ball aus dem 13. Kapitel von Nettlaus handschriftlicher Biographie wiedergegeben. Dabei unterläuft Ball ein Lesefehler bei der Handschrift des Vornamens des Briefschreibers Enno Sander, den er fälschlich als Cuno entziffert. Das Zitat setzt Ball hier in Anführung.

Überlieferung

DV: T²I, S. 91. **Ü:** Original deutsch. **Q/O/E:** Enno Sander: zwei Briefe an Max Nettlau aus St. Louis/USA, undatiert zitiert in Nettlau, Biogr. S. 102. – Das Amsterdamer IISG enthält im Nettlau-Nachlaß unter der Archivnummer 1078 zwei Briefe von Enno Sander aus den Jahren 1894 und 1897. (1897 verarbeitete Nettlau Sanders Zeugnisse in seiner Biographie.). **GA:** nicht ermittelt. **GDA:** nicht ermittelt.

Lesarten der Zitatquelle

Während Nettlau alternative Aussagen aus beiden Briefen aufführt, entscheidet sich Ball jeweils für die bündigere Version, kürzt und modernisiert die Schreibung.

75 wenn ich nicht irre] wenn ich nicht sehr irre
    eine Stunde von Köthen ...] eine Stunde von Köthen [Trinum], wo in einem Hause im Walde die nöthige Sicherheit gegeben war.
    fast einen Monat verweilte ...] mehrere Monate [richtiger in einem zweiten Brief: ›fast einen Monat‹] verweilte. [Genauer wol: die zweite Hälfte October?] ...
    in Dessau, wo wir häufig zusammenkamen] in Dessau [»wo wir häufig zusammenkamen«, 2. Brief]

Erläuterungen

75 Cuno Sander] Fehlschreibung für Enno Sander (1822-1912). Er wuchs auf dem elterlichen Pachtgut Trinum bei Köthen auf, studierte in Berlin Chemie, Physik und Philosophie, promovierte 1847 in Halle über Schellings Philosophie und kehrte auf das Gut Trinum zurück. Er hielt in Köthen Vorträge im Umfeld der revolutionären Bewegung, wurde 1848 als Kandidat der linken Demokraten in den verfassunggebenden Landtag gewählt und redigierte gemeinsam mit dem Abgeordneten Alfred von Behr in Köthen die ›Anhaltische Volkszeitung‹. Im Herbst lernte er Bakunin kennen, den er teils auf dem Gut Trinum beherbergte. – 1849 nahm er am badisch-pfälzischen Aufstand teil, wurde im Juni stellvertretender Kriegsminister der badischen Republik und verschanzte sich angesichts der anrückenden preußischen Truppen in der Festung Rastatt, die am 23. Juli als letzte Bastion der Revolution übergeben werden mußte. Nach einjähriger Haft wurde er 1850 unter der Bedingung end-

gültiger Auswanderung begnadigt und emigrierte nach New York, dann nach St. Louis/Missouri, wo er seit 1853 mehrere Apotheken und 1863 das College für Pharmazie gründete. Er wurde dort einer der Mitbegründer der Akademie der Wissenschaften. Während des Bürgerkrieges diente er als Major in der Armee der Nordstaaten, scheint sich aber politisch in den USA nicht mehr betätigt zu haben. – Vgl. Otto Heller: Aus dem Tagebuch eines Achtundvierzigers (Doktor Enno Sander). In: Deutsch-Amerikanische Geschichtsblätter 13 (1913), S. 309-340.

radikaler Deputierte im Dessauer »Konvent«] Wörtliche Entnahme des Zitats mit biographischen Informationen über Sander aus einem Brief von Ludwig Pietsch an Nettlau vom 7. April 1894, wiedergegeben in Nettlau, Biogr. S. 102. Möglicherweise hatte Pietsch auch den ersten Kontakt zu Sander vermittelt, von dem Nettlau 1894 einen ersten Brief bekam.

Dresdener Maitage] Vgl. S. 79-86.
Köthen] Vgl. Pfitzner S. 63-78.
Dr. Alfred von Behr] Der Landtagsabgeordnete Dr. Alfred von Behr, der Bakunin in Köthen beherbergte, emigrierte 1850 ebenfalls nach Amerika und starb Anfang 1863 in St. Louis (Nettlau, Biogr. Anm. 604).
ernste Requisition] Amtliches Ansuchen zur Auslieferung.
die Minister Habicht und Köppe] Seit dem 5. April 1848 wurde in Anhalt-Dessau das Ministerium von liberalen Demokraten geleitet: dem Oberappellationsrat Dr. August Habicht und dem Regierungsadvokaten August Köppe, die sich im Herbst auch mit Bakunin anfreundeten (Nettlau, Biogr. Anm. 600).
Wolter, von Behr, Schilling, Vierthaler] Vgl. Pfitzner S. 63-78.
Sollte d'Esther] Siehe S. 72 – »mit Karl d'Esther ...«.

76-77 Brief an Georg Herwegh // Köthen, 8. Dezember 1848

Neben dem Zeitzeugnis von Enno Sander über die Lebensumstände von Bakunins Köthener Zeit bietet auch ein Zitat aus dessen Briefen an Herwegh »ein Bild seiner Stimmung, Ansichten und Absichten« (Nettlau, Biogr. S. 102).
Ball zitiert den mit Bakunins junghegelianischem Pseudonym Jules Elysard unterschriebenen deutschsprachigen Brief vom 8.12.1848 auch hier im Auszug aus Nettlaus handschriftlicher Biographie.

Überlieferung

DV: T² I, S. 92-94. Ü: Original deutsch. Q: Zitat in Nettlau, Biogr. S. 103. O/E: Jules Elysard [Pseudonym für M. Bakunin]: Brief an Georg Herwegh, Cöthen, 8. Dezember 1848. In: Herwegh S. 225-227. GA: CD-ROM und Reprint SSS Bd. 3, S. 366-369. GDA: CD-ROM (auch in Originalsprache) sowie PhBr S. 143-145 und Revolutionsbriefe 1848/49, hg. von Rolf Weber, Leipzig 1973 (Reclams Universal-Bibliothek 517), S. 279-282.

Lesarten der Zitatquelle

Ball fügt zwei weitere Absätze ein, macht einige Wendungen leichter lesbar, modernisiert die Schreibung einiger Worte, wahrt aber eigene Schreibungen wie »*in vollem Maasse*« (statt »im vollen Masse«). Innerhalb seines Auszugs des von Nettlau komplett wiedergegeben Briefes nimmt Ball zwei markierte und zwei unmarkierte Auslassungen vor.

76 *empörend ...*] empörend. [Die Punkte markieren Balls Auslassung der beispielhaften Episode: – Neulich ist hier der Abgeordnete Hildenträger, Secretär der Berliner Nationalversammlung, durchgegangen. Er erzählte uns, wie das Militär sein Haus gestürmt, alle Schlösser zerbrochen und alle Papiere sammt 30000 Thaler weggenommen; – da schreien viele, mit sichtbarer Entrüstung: »und das Geld auch!« – und andere: »Man wird Ihnen das Geld wohl zurückgeben! ...«]
Besserung] Verbesserung (?)
in Bewegung setzen zu können;] in Bewegung setzen zu können; [Unmarkierte Auslassung durch Ball: – sie wollten die sogenannten »schlechten Leidenschaften« nicht im Volke wecken,]

77 *sie haben mit ihrer ganzen renommistischen Schreierei nichts gemacht. Aber das Volk, nicht wegen, sondern trotz dieser Führer, ist doch gegenwärtig ein anderes*] sie haben mit ihrer ganzen renommistischen Schreierei nichts gemacht, [Unmarkierte Auslassung durch Ball: – heute ist das also geworden –] aber das Volk nicht parceque aber quoique dieser Führer ist doch gegenwärtig ein anderes
»Schlechte« Leidenschaften] Schlechte Leidenschaften
herausreissen ...] herausreissen. [Nach Auslassungspunkten von Ball fortgelassen: – Die besonnenen, vernünftigen, energischen Demokraten, die, welche wahrhaft revolutionär sind, verlieren, ebenso wie ich, den Muth nicht. / Sie freuen sich selbst, dass jetzt das unbeschränkte Recht des Schwatzens und der öffentlichen Conspiration den Deutschen wieder genommen wird. –]
Man will den Kampf [...] gründlich vorbereiten ...] man will sich für den Kampf [...] gründlich vorbereiten.

Erläuterungen

76 *Aufruf an die Slaven*] Bakunins im November 1848 auf Deutsch und Polnisch erschienene Broschüre »Aufruf an die Slaven«, die er zur Lektüre dem Brief an Herwegh beilegt. Vgl. S. 66-67.
J'attendrai, Monseigneur] Frz. Wendung: »Ich warte, Euer Exzellenz«.
das Volk, nicht wegen, sondern trotz dieser Führer, ist doch gegenwärtig ein anderes.] Balls Zitat übersetzt die zur Distinktion verwendeten französischen Worte seiner Vorlage: »das Volk nicht parceque aber quoique dieser Führer ist doch gegenwärtig ein anderes.«
da ich nicht die Anarchie fürchte, sondern sie von ganzer Seele wünsche] Während der frühe Bakunin das Wort Anarchie im gängigen pejorativen Sinne gebrauchte (vgl. S. 21 und S. 34 – »der furchtbarsten Anarchie preisgegeben«), beginnt er unter dem Eindruck Proudhons, Anarchie

als dessen konstruktives Lebensprinzip zu akzeptieren (vgl. *S. 45* – »Anarchist«). Erst in den realen Erfahrungen der Revolution von 1848 kommt er selbst zu positiven Vorstellungen von Anarchie, die sich noch nicht in öffentlichen Verlautbarungen, sondern zunächst im intimen Rahmen des Briefwechsels mit Georg Herwegh mitteilen (vgl. S. 73-74). Erst gegen Ende der 1860er Jahre begann Bakunin öffentlich als »Anarchist« hervorzutreten und sich entsprechend kritisch gegenüber den orthodoxen Marxisten zu positionieren.

78 [Bakunin über seine slavisch-deutsche Aktion]

Im zweiten Revolutionsjahr 1849 wird für Bakunin die Diskrepanz zwischen seinen weiträumigen politischen Spekulationen und den realen Verläufen besonders spürbar. Im nachhinein berichtete er über diese Zeit innerhalb eines »Briefes über Rußland«, den er im Mai 1863 während eines Schwedenaufenthaltes für das liberale Stockholmer ›Aftonbladet‹ schrieb – nach dem Scheitern eines erneuten polnischen Aufstandes, den er mit einer Londoner Emigranten-Expedition unterstützen wollte.
Zwei aus dem späteren Abdruck des französischen Originaltextes in Herzens ›Glocke‹ übersetzte autobiographische Passagen von Bakunins »Lettre sur la Russie« sind im 13., 15. und 16. Kapitel von Nettlaus Biographie an auseinanderliegenden Stellen wiedergegeben, der erste Absatz sogar doppelt. Die Stellen, die auch im bis heute nicht komplett übersetzten Originaltext zusammengehören, werden von Ball sinnfällig verbunden und in einigen Schreibweisen modernisiert.

Überlieferung

DV: T² I, S. 95. **Ü:** Max Nettlau aus dem Französischen. **Q:** 1. Absatz deutsch übersetztes Zitat in Nettlau, Biogr. S. 101 und nochmals S. 112 mit Herkunftsnachweisen zu S. 101 in Anm. 594: »Lettres de Michel Bakounine sur la Russie«. In: La Cloche, Brüssel 15.9.1863; mit Hinweis auf die Entstehung für das Stockholmer ›Aftonbladet‹. Der Nachweis erfolgt zu S. 112 in Anm. 672 ohne Hinweis auf den Erstdruck im ›Aftonbladet‹ mit der Erläuterung »zur Verteidigung gegen gewisse Angriffe«. Nach dem übersetzten Zitat des ersten Absatzes auf S. 112 paraphrasiert Nettlau den Inhalt des ersten Satzes von Absatz 2: »Im Begriff nach Prag zu reisen, überraschte ihn die Revolution in Dresden.« – Aber die entsprechende Zitatquelle des deutsch übersetzten 2. Absatzes ist in Nettlau, Biogr. S. 109 vor dem Dresden-Kapitel zu finden. Der Nachweis in Anm. 653 entspricht Anm. 594. **O:** Manuskript nicht erhalten. – Abdruck: Lettre sur la Russie. In: La Cloche (Die Glocke), London Nr. 27 (15.9.1863). – Französischer Brief vom Mai 1863, dort originalsprachig abgedruckt, aber zuerst auf Schwedisch in: **E:** In schwedischer Übersetzung: Aftonbladet 12., 15. und 20.5.1863. **GA:** CD-ROM (französisch nach dem Abdruck in ›La Cloche‹). **GDA:** nicht ermittelt.

Lesarten der Zitatquelle

78 Der erste Absatz wird von Nettlau in zwei Versionen übersetzt, von denen Ball die erste bevorzugt:
1849 – als der Kaiser Nikolaus sich mit Österreich verbündete] 1849 – schrieb Bakunin 1863 –, als der Kaiser Nikolaus sich mit Oesterreich verbündete. [Die zweite Variante (Nettlau, Biogr. S. 112) lautet: 1849 –

schrieb er 1863 – als der Kaiser Nikolaus sich mit Österreich verbündete, um die legitime Insurrection in Ungarn zu ersticken, versuchte ich dieser verbrecherischen Allianz die heilige Allianz der Völker entgegenzustellen und vor allem die Slaven Böhmens mit den deutschen Demokraten zu versöhnen. Meine Anstrengungen blieben nicht absolut erfolglos. Die Deutschen und Slaven gaben sich die Hand für eine gleichzeitige und allgemeine Bewegung, die, wenn sie gelungen wäre, Italien, Ungarn gerettet, Polen zur Erhebung gebracht und die Revolution nach Russland getragen hätte. Aber all das geschah zu spät.]
...] [Markierte Auslassung zweier Sätze]

Erläuterungen

78 »*Aftenbladet*«] Fehlschreibung für ›Aftonbladet‹: die traditionsreichste schwedische Zeitung mit heute sozialdemokratischer Ausrichtung und einer Auflage von vier- bis fünfhunderttausend Exemplaren. Gegründet wurde ›Aftonbladet‹ 1830 von Lars Johan Hierta, der sie zu einem schlagkräftigen Organ der liberalen Opposition gegen König Karl XIV. machte. Ihre kämpferische Position im Hinblick auf ökonomische Reformen und ihre respektlose Polemik in politischen Debatten leitete für die schwedische Presse eine neue Periode ein. Um dem Verbot zu entgehen, erschien ›Aftonbladet‹ in den Anfängen jahrelang mit immer neuem Namen.
als der Kaiser Nikolaus sich mit Österreich verbündete] Nachdem die ungarische Revolution im April 1849 zur Absetzung der Habsburger und Erhebung des Liberalen Ludwig Kossuth zum Reichsverweser geführt hatte, kam es im Mai zum Kaisertreffen in Warschau, bei dem Zar Nikolaus I. dem von der Revolutionsregierung nicht anerkannten Kaiser Franz Joseph I. Hilfe zusagte. Zwei russische Heere griffen Ungarn von Osten an, österreichische Heere von Westen. Kossuth floh in die Türkei. Nach der Kapitulation im August kam es zur Erschießung der ungarischen Freiheitskämpfer. – Zu Zar Nikolaus I. vgl. *S. 18* – »Thronbesteigung des Zaren Nikolaus«.
Insurrektion in Dresden] Nach Auflösung der aus der Märzrevolution von 1848 hervorgegangenen ersten Deutschen Nationalversammlung in der Frankfurter Paulskirche, aus der sich im Mai 1849 das Stuttgarter ›Rumpfparlament‹ bildete, kam es zu radikaldemokratischen Volkserhebungen in Baden, der Pfalz, am Rhein, in Berlin und Dresden. Bakunin, der sich damals in Dresden aufhielt, wurde gemeinsam mit Richard Wagner zu einem Anführer der sogenannten ›Dresdner Mai-Revolte‹. Zu seinem Anteil vgl. heute AS Bd. 2, Kramer, Eckhardt2 und Erhard Hexelschneider: Michail Bakunin (1814-1876). Ein russischer Revolutionär im Dresdner Maiaufstand. In: Akteure S. 37-81.

79-86 Bakunin zur Zeit des Dresdener Mai-Aufstandes 1849 (nach Richard Wagner, »Mein Leben«)

Als Dragomanow und Nettlau die von Ball meistbenutzten biographischen Darstellungen Bakunins schrieben, fehlte ihnen eine anschauliche Quelle zu dessen Aktivitäten während der Dresdner Mairevolte. Sie kannten Wagners Autobiographie noch nicht, die damals erst in Privatdrucken für den Wagnerschen Freundeskreis existierte. Sie erschien erstmals 1911 öffentlich und wurde von Ball in der 1914 publizierten einbändigen Volksausgabe benutzt, wie ein Literaturverweis in der »Kritik der deutschen Intelligenz« (SW 5 S. 360, Anm. 46) nahelegt. Bereits im Sommer 1915 las Ball aus Wagners »Mein Leben« im Hinblick auf sein Bakunin-Projekt Emmy Hennings vor, wie diese bezeugt: Aus dem Leben Hugo Balls. 3. Kapitel (Zürich 1915). In: HBA 1995, S. 12-13.

Über Bakunins Beziehung zu Wagner, den er bei Röckel in Dresden kennenlernte, schrieb Nettlau, Biogr. S. 112-113 und Anm. 686 einiges eher Undeutliche. Ball verzichtete in seiner Präsentation der Quelle auf einen Vortext und ließ Wagner erzählen.

Überlieferung

DV: T² I, S. 96-108. Ü: Original deutsch. Q: Richard Wagner: Mein Leben. Volks-Ausgabe, München: Bruckmann 1914, S. 224-229, 237-242, 246-248, 255-256. O: Richard Wagner: Mein Leben, 2 Bde., München: Bruckmann 1911[erste öffentliche Ausgabe]. E: Richard Wagner: Mein Leben. Pivatdruck in 4 Bänden, Basel: Druckerei Bonfantini (Bd. 1-3) 1870/72/75, Bayreuth: Druckerei Burger 1880 [An Freunde und Förderer verteilter fehlerhafter Privatdruck; nach Wagners Tod 1883 von Cosima Wagner wieder eingezogen und teils vernichtet.]. GDA: Richard Wagner: Mein Leben. Vollständige, kommentierte Ausgabe, hg. von Martin Gregor-Dellin, Neuausgabe, München/Leipzig: List 1994, S. 397-402, 408-411, 414-415, 421-422. – Lehning S. 106-138.

Lesarten der Zitatquelle

Während die von Wagner praktizierte Hervorhebung von Namen in der ersten öffentlichen Ausgabe von 1911 durch Kursivierung umgesetzt ist, wird sie im Buchdruck der von Ball verwendeten Volks-Ausgabe von 1914 durch Sperrsatz wiedergegeben. Ball verzichtet ganz auf diese Hervorhebungen. Er übernimmt auch nicht die in der Volks-Ausgabe nachträglich vorgenommenen Korrekturen kleiner Datierungsfehler Wagners. – Ball gliedert Wagners lange Abschnitte in mehr Absätze, bildet durch zwei eigene eingeklammerte Zwischenüberschriften drei Kapitel, die im Inhaltsverzeichnis eigenständig firmieren, aber im fortlaufenden Text nicht durch Seitenumbrüche getrennt sind. Das erste Kapitel umfaßt Wagners ambivalentes Portrait Bakunins aus nachträglichen Erinnerungen an ihre Dresdner Begegnungen, das zweite persönliche Zeugnisse und Vermutungen *über Bakunins Beteiligung am Aufstand,* das dritte berichtet *über den Zug nach Freiberg und Chemnitz* von Gesprächen Bakunins mit dem sächsischen Demokraten Heubner, mit dem gemeinsam er später in Chemnitz gefangengenommen und vorerst zum Tode verurteilt wurde. Tatsächlich war Wagner beteiligter

KOMMENTAR ZU S. 79-86

Akteur der Vorgänge, als deren Beobachter er hier erscheint. – Im Text modernisiert Ball einige Schreibweisen oder setzt sie in eigene um (»*Maassregeln*« ersetzt »Maßregeln«; Doppel-s ersetzt ß). Dem spezifischen langen Atem von Wagners Sätzen begegnet Ball nur gelegentlich mit Änderungen der Interpunktion und kleinen Kürzungen, vermeidet aber urteilende und episodische Weitschweifigkeiten durch Auslassungen, die nicht immer durch Punkte gekennzeichnet sind.

79 »*Die Kapelle hatte [...] zur Aufführung der neunten Symphonie Beethovens gegriffen. Der Generalprobe hatte [...] Bakunin beigewohnt*] Die Kapelle hatte [...] zur Aufführung der neunten Symphonie Beethovens gegriffen; alles bot seine besten Kräfte auf, diese zu einer der schönsten zu machen: das Publikum nahm sie mit offenbarer Begeisterung auf. Der Generalprobe hatte [...] Bakunin beigewohnt [Danach Auslassung eines wertenden Satzes ohne Auslassungszeichen]

...] [Markierte Auslassung von zwei Sätzen]
durchaus imposante Persönlichkeit] [Im Typoskript: durch aus imposante Persönlichkeit (offensichtliche Fehlschreibung bzw. -spationierung Balls)]
als ob er viel auf meine Bekanntschaft gebe] als ob er besonders viel auf meine Bekanntschaft gebe

80 *wogegen*] [Im Typoskript: wo gegen (offensichtliche Fehlschreibung bzw. -spationierung Balls)]
wa[r] aber auch hierin] [Im Typoskript: was aber auch hierin (offensichtliche Fehlschreibung Balls)]
auf dem harten Kanapee seines Freundes] auf dem harten Kanapee seines Gastfreundes
Hierin berief er sich] Hierfür berief er sich

81 ...] [Markierte Auslassung von einem Satz]
Die Zerstörung] Diese Zerstörung
...] [Markierte Auslassung von drei Sätzen]
noch würde bestehen können?] noch bestehen würde können?

82 ...] [Markierte Auslassung von zwei Sätzen]

83 *Ich holte ihn öfters zu meinen einsamen Spaziergängen ab.*] Ich holte ihn öfters zu meinen einsamen Wanderungen ab, auf denen er mir, da er hier seinen Verfolgern nicht zu begegnen fürchten durfte, schon der ihm nötigen Leibesbewegung wegen, gern folgte.
Unterhaltungen] Besprechungen
verfrüht] zu verfrüht
(über Bakunins Beteiligung am Aufstand)] [Eigene Zwischenüberschrift von Ball nach Auslassung von 8 Seiten]
Beschauer] Beobachter
...] [Markierte Auslassung einer Dreiviertelseite]
Ich erinnere mich, dass das alles durchaus keinen erhebenden Eindruck auf mich machte] Ich entsinne mich, daß dies alles durchaus keine erhebende Wirkung auf mich machte,
immer verständlicher] allmählich immer verständlicher

84 ...] [Auslassung einer Seite; neuer Absatz durch Ball]
Am Sonnabend, den 6.ten Mai früh] Am Sonnabend, den 6. Mai [Richtig: 5. Mai] früh
in die Neustadt eingerückt] in der Neustadt eingerückt
...] [Auslassung einer halben Seite]
Mitglied der provisorischen Regierung] Mitglied der provisorischen Regierung, deren beide andere Häupter Todt und Tzschirner im ersten Schreck verschwunden waren,
...] [Auslassung von einem Satz]
85 *Scharfschützengeplänkel aus den verschiedenen Positionen.*] Scharfschützengeplänkel aus den verschiedenen Positionen; [nicht markierte Auslassung von über drei Seiten]
...] Auslassung von ca. anderthalb Seiten.
auf die Dauer] auf die Länge
...] Auslassung von sieben Seiten.
(über den Zug nach Freiberg und Chemnitz)] Eigene Zwischenüberschrift von Ball.
Mit allerlei Unterbrechungen] Mit allerlei ähnlichen Unterbrechungen
..] Auslassung eines Satzes
»Lieber Bakunin«, sprach er zu ihm] »Lieber Bukanin«, sprach er zu ihm
86 *Volkskämpferscharen*] Volks-Kämpferscharen
Ball macht wieder einen in der Zitatquelle nicht vorhandenen Absatz.
würde aufrechterhalten können] aufrechterhalten können würde

Erläuterungen

79 *Die Kapelle*] Richard Wagner war seit 1843 Königlich Sächsischer Kapellmeister an der Dresdner Oper, wo 1842 seine Oper »Rienzi« und Anfang 1843 unter eigenem Dirigat »Der fliegende Holländer« und 1845 »Tannhäuser« zur Uraufführung gekommen waren. Als Dirigent war er dort auch durch die Aufführung Gluckscher Opern und seit 1846 der 9. Symphonie von Beethoven zu großem Ansehen gelangt. Er schrieb Artikel für August Röckels revolutionäre ›Volksblätter‹, wurde wegen seiner Beteiligung am Dresdner Maiaufstand 1849 bis zu einer Amnestie 1862 steckbrieflich gesucht und begab sich ins Exil nach Zürich.
seinen Hilfsquellen als Glied einer bedeutenden russischen Familie entsagt] Vgl. S. 44 – »im Februar 1844 in Bern vor den russischen Gesandten geladen und zur sofortigen Rückkehr nach Russland aufgefordert«.
Röckel] Der mit Richard Wagner befreundete Dirigent, Komponist und Schriftsteller Karl August Röckel (1814-1876) stammte aus Graz, hatte in seiner Jugend die Pariser Julirevolution 1830 erlebt und war dort mit Lafayette und Proudhon'schen Ideen bekannt geworden. Er war 1838-43 Kapellmeister in Weimar, 1843-48 Musikdirektor der Königlichen Kapelle in Dresden und ab August 1848 Herausgeber der radikaldemokratischen ›Volksblätter‹. 1849 gehörte er zu den engsten politischen Freunden Bakunins in Dresden und machte ihn mit Richard

Wagner bekannt (Nettlau, Biogr. S. 112). Bei Ausbruch des Dresdner Maiaufstands befand er sich mit einem Auftrag Bakunins in Prag, kehrte aber sofort nach Dresden zurück und wurde Kommandant eines Barrikadendistrikts. Bei dem Versuch, einen bewaffneten Zug nach Dresden zu führen, wurde er in der Nacht vom 7. zum 8. Mai 1849 gefangengenommen, später zum Tode verurteilt, begnadigt und bis 1862 im Zuchthaus Waldheim inhaftiert. – Vgl. August Röckel: Sachsens Erhebung und das Zuchthaus zu Waldheim, Frankfurt am Main 1865. Darin bezeugt er auch Bakunins Dresdner Zeit; einen Auszug bietet Lehning S. 138-147. Siehe auch: Jörg Heyne: Karl August Röckel – Musikdirektor und Revolutionär. In: Dresdner Hefte 13, Heft 43 (März 1995), S. 77-83. – Dragomanow zitiert in der Einleitung zu SP S. LVIII Röckel zu Bakunins Hoffnung auf einen Aufstand in Prag.

80 *das sokratische Element der mündlichen Diskussion*] Der athenische Philosoph Sokrates (469-399 v.Chr.) entwickelte seine Lehren nicht in eigenen Schriften, sondern im dialektisch geführten Dialog mit den Besuchern seiner heimischen Symposien, zu denen als ihr wirksamster Überlieferer Platon gehörte.
Lektüre Rousseauscher Schriften] Vgl. S. *37* – »In dem Zeitalter Rousseaus«. Zeugnisse von Rousseau-Lektüre finden sich in Bakunins Schriften seit 1838 (Vorrede zu seiner Übersetzung der Hegel'schen »Gymnasialreden«) bis in die 1870er Jahre.
auf welche schon Rostopschin sein Strategem gegen Napoleon beim Brande von Moskau berechnet hatte.] Vgl. S. *18* – »den Grafen Rostopschin«. – Strategem: Kriegslist.

82 *Meine Nibelungenarbeiten*] Wagners spätere Operntetralogie »Der Ring des Nibelungen« geht auf frühe Stoffentwürfe zurück, die 1848 erstmals in seinem Aufsatz »Der Nibelungenmythos. Als Entwurf zu einem Drama« fixiert sind. Siehe Richard Wagner: Die Hauptschriften, hg. von Ernst Bücken, neubearbeitet von Erich Rappl, Stuttgart ²1956 (Kröners Taschenausgabe Bd. 145), S. 92-103.
Plan zu einer Tragödie »Jesus von Nazareth«] »Jesus von Nazareth« gehört während der Revolutionszeit neben einem Stück über den Hohenstaufenkaiser Friedrich Barbarossa zu Wagners Dramenprojekten, dessen Entwürfe postum 1887 erschienen.
»Fliegenden Holländers«] »Der Fliegende Holländer. Romantische Oper in drei Akten« war nach literarischen Anregungen von Heinrich Heine und Wilhelm Hauff 1840-41 in Paris entstanden und am 2. Januar 1843 unter Wagners Leitung in Dresden uraufgeführt worden.

83 *Die verbarrikadierte Altstadt Dresdens*] Vor dem erwarteten Anrücken der gegenrevolutionären Truppen Preußens kommt es zu einer proklamierten Verbrüderung zwischen sächsischem Militär und zivilen Kommunalgarden. »Bakunin, unterstützt von seinen polnischen und ungarischen Freunden, leitet nach einem schnell entworfenen Plan die Verbarrikadierung der Stadt«, die am 3. Mai begonnen hat. An der Barrikadenkonstruktion beteiligt sich – von Wagner herbeigeholt – der königliche Hofbaumeister Gottfried Semper. 108 Barrikaden sperren

die Straßen Dresdens. »Die Zahl der aktiven Volkskämpfer beträgt in den eigentlichen Kampftagen 10 000 bis 12 000; die Mehrheit ist vollbewaffnet« (Valentin Bd. 2, S. 482 und 484).
von Seiten der provisorischen Regierung] Als der sächsische König im Mai 1849 die Annahme der am 28. März von der Deutschen Nationalversammlung in der Frankfurter Paulskirche beschlossenen Reichsverfassung verweigert, die bereits am 14. April von 28 Staaten des Deutschen Bundes in einer gemeinsamen Erklärung angenommen worden war, und ein reaktionäres Ministerium einsetzt, kommt es im Königreich Sachsen zum bewaffneten Aufstand. Für kurze Zeit wird die Volkssouveränität hergestellt und eine provisorische Regierung eingesetzt. Ihr gehören Samuel Erdmann Tzschirner, Otto Leonhard Heubner und Karl Todt an. – Tzschirner (1812-1870) hatte in Bautzen im März 1848 den demokratischen Vaterlandsverein gegründet und war in der Zweiten Kammer Sachsens Führer der Linken gewesen. Nach der Dresdner Niederlage nimmt er an der Reichsverfassungskampagne in Baden teil, emigriert über die Schweiz nach Amerika und kehrt 1863 nach Sachsen zurück. Der Jurist und Freiberger Kreisamtmann Heubner (1812-1893) gehörte zur Linken in der Deutschen Nationalversammlung und war seit Januar 1849 Führer der gemäßigten Linken in der sächsischen Ersten Kammer. Nach seiner mißglückten Flucht wird er in Chemnitz zum Tode verurteilt, zu lebenslänglicher Zuchthaushaft begnadigt und 1859 entlassen. Der Geheime Regierungsrat Todt (1803-1852) war seit 1832 Bürgermeister von Adorf, seit 1837 Mitglied der Zweiten Kammer und im Frühjahr 1848 Vertrauensmann beim Bundesrat in Frankfurt. Er verläßt aber Dresden bereits am 6. Mai 1849 und flieht in die Schweiz. (Nach: Rastatt S. 355-357, 360-361 und 363. Vgl. Valentin Bd. 2, S. 479-489.)

84 *in letzten Zügen liegenden Reichsgewalt in Frankfurt*] Ein schwerer Stoß für das im Frankfurter Paulskirchenparlament beschlossene Verfassungswerk, das für das Reichsoberhaupt die erbliche Kaiserwürde vorsah, war die Absage des ihm angetragenen Amtes durch den preußischen König Wilhelm IV. Sie erfolgte nach einer Bedenkzeit am 28. April 1849. Danach zerfällt die Deutsche Nationalversammlung; eine Minderheit von 100 Abgeordneten versucht in einem Rumpfparlament seit dem 30. Mai von Stuttgart aus die Revolution zu erneuern, beruft aus ihrer Mitte am 6. Juni eine fünfköpfige Reichsregentschaft und muß nach 12 Tagen der württembergischen Heeresgewalt weichen. Mitglieder der Reichsregentschaft sind Franz Raveaux, August Heinrich Simon, Friedrich Schüler und Georg Büchners einstiger Freund August Becker und sein Gießener Mitstudent Karl Vogt, der in der Schweiz ein Freund und Unterstützer Bakunins war und blieb. (Nach: Rastatt S. 356-358.)
Am Sonnabend, den 6.ten Mai]] Datierungsfehler von Wagner, der in der Volks-Ausgabe von »Mein Leben« richtiggestellt wurde: 5. Mai.
Marschall von Bieberstein] Der Dresdner Rechtsanwalt Hermann Marschall von Bieberstein (manchmal in verkürzter Namensform v.

Marschall genannt) war ein Freund aus Wagners Leipziger Universitätszeit. Seine Familie entstammte dem meißnischen Uradel. Während der Verteidigung Dresdens war er Führer der mittelständisch geprägten Kommunalgarden und proklamierte gemeinsam mit dem sächsischen Hauptmann von Rohrscheidt vom Rathausbalkon die Verbrüderung von Volk und Militär (Valentin Bd. 2, S. 484). Nach dem Scheitern floh der steckbrieflich gesuchte Hermann Marschall von Bieberstein wie Wagner in die Emigration nach Zürich und machte ihn dort 1852 mit der Familie Wesendonck bekannt. – In Zürich arbeitete er bis zu seinem Tode Mitte der 1870er Jahre als General-Agent der Baseler Lebensversicherungsgesellschaft und Mitredakteur des Züricher Tageblattes. (Carl Friedrich Glasenapp: Das Leben Richard Wagners, Bd. 2, Leipzig 1894-1911, S. 486, Fußnote 50; Eva Martina Hanke: Richard Wagner und Zürich – Ein Individuum und seine Lebenswelt, Phil. Diss. Zürich 2006.)
Leo von Zichlinsky] Auch der Rechtskandidat Leo von Zychlinsky war Offizier der Kommunalgarde, floh nach deren Niederschlagung und wurde steckbrieflich gesucht.
Freiberger Kreis-Amtmann Heubner] Siehe S. 83 – »von Seiten der provisorischen Regierung«. – Veit Valentin portraitiert Otto Leonhard Heubner: »ein stiller, schlichter Mann, wegen seiner lauteren, sachlichen Art hochgeschätzt in seinem Wirkungskreise, grundehrlicher Demokrat und deshalb bei aller persönlichen Sanftheit doch imstande, bis zu letzten Notwendigkeiten mitzugehen.« (Valentin Bd. 2, S. 483)
Dem Kommandanten] Nach Rücktritt des Kommandanten Lenz hat vom 4.-7. Mai der ehemalige griechische Oberstleutnant Heinze das Kommando, das nach seiner Gefangennahme durch die provisorische Regierung an den Schriftsetzer und frühsozialistischen Arbeiterführer Stephan Born (1824-1898) übertragen wird. Er organisiert angesichts der preußischen Übermacht am 9. Mai den Rückzug nach Freiberg (Valentin Bd. 2, S. 487).

85 *Kriegsrat erfahrener polnischer Offiziere*] Dessen Einsetzung durch Bakunins Vermittlung müßte am 6. Mai erfolgt sein – zur Unterstützung des überforderten Kommandanten Heinze, der am folgenden Tag abgesetzt und zu seinem Schutz gefangengenommen wurde.
Montags, 8. Mai] Datierungsfehler von Wagner, der in der Volks-Ausgabe von »Mein Leben« richtiggestellt wurde: 7. Mai.
Emeute] Frz. (feminin): Aufruhr, Krawall, Tumult.
Zug nach Freiberg] »Am 9. Mai, morgens drei Uhr, macht die provisorische Regierung bekannt, daß sie sich nach Freiberg zurückziehen werde« (Valentin Bd. 2, S. 487). Im sächsischen Freiberg ist das Regierungsmitglied Otto Leonhard Heubner Kreisamtmann. Der provisorischen Regierung folgen unter Leitung von Stephan Born etwa 2000 Volkskämpfer. Bakunin und Wagner folgen Heubner, während die beiden weiteren Regierungsmitglieder Tzschirner und Todt sich absetzen und ins Ausland fliehen.

86 *nach Chemnitz berief*] Zu der konstituierenden Versammlung kam es

aufgrund der Ereignisse in Sachsen nicht mehr. Heubner, der sich deshalb nach Chemnitz begeben hatte, wurde dort gemeinsam mit Bakunin am 10. Mai 1849 verhaftet und wie dieser zunächst zum Tode verurteilt.

87 Bakunin in »Rapports personels avec Marx«

Aus dem im Dezember 1871 in Locarno entstandenen französischen Manuskriptkomplex der »Rapports personnels avec Marx«, der wie viele andere Originaldokumente mit dem Nachlaß von Max Nettlau in das Bakunin-Archiv des Amsterdamer IISG gelangte, finden sich häufiger Zitate in Nettlau, Biogr., aus denen Ball mehrfach übersetzt (auch auf S. 48 sowie – als Erstübersetzungen gekennzeichnet – S. 61, 69 und 143). Wohl aufgrund des vergleichsweise geringen Umfanges der Seiten 48, 87 und 103 hat Ball diese Textdokumente nicht als seine Erstübersetzungen aus dem Französischen gekennzeichnet.

Überlieferung

DV: T² I, S. 109. **Ü:** Hugo Ball aus dem Französischen (nicht als Erstübersetzung im Inhaltsverzeichnis markiert). **Q:** Französisches Zitat in Nettlau, Biogr. S. 125. **O:** Rapports personnels avec Marx. Pièces justificatives NE 2. Französisches 22-seitiges Manuskript, Locarno Dezember 1871. – Standort: Amsterdam, IISG, Archives Bakunin. **E:** Als deutsche Übersetzung von Max Nettlau 1924 unter dem Titel »Persönliche Beziehungen zu Marx« in GW Bd. 3, S. 214. **GA:** CD-ROM und Œuvres Bd. 2, S. 127. **GDA:** Andere Übersetzung in GW Bd. 3, S. 214; Stuke S. 406.

Lesarten der Zitatquelle

87 Als Nettlau in dem 1897 entstandenen 18. Kapitel seiner Biographie das ihn vorliegende französische Manuskript Bakunins zitierte, konnte er eine Stelle nicht entziffern, die »durch Verwischen der Tinte unlesbar« sei. Balls entsprechende Wortauslassung in seiner Übersetzung wäre durch »Botaniker« zu ersetzen. In seiner späteren Übersetzung in GW Bd. 3, S. 214 übersetzt Nettlau selbst 1924: »ein leidenschaftlicher Botaniker«.
In Österreich gerichtet und abermals zum Tode verurteilt, wurde ich 1851 an Russland ausgeliefert, da Österreich dem König von Sachsen versprochen hatte, mich nicht hinzurichten. Russland musste dem König von Sachsen sein Versprechen erneuern und man sieht also, dass dieser König zwar ein passionierter ..., aber doch kein schlechter Mensch war.]
Frz.: Jugé et condamné à mort en Autriche, je fus livré en 1851 à la Russie, – l'Autriche ayant promis au roi de Saxe de ne point m'exécuter – promesse que la Russie dût renouveler à ce même roi de Saxe, qui était un [-]nicien [Nettlau: Anfang des Wortes durch Verwischen der Tinte unlesbar. Das IISG entziffert: botaniste] passionné, n'était pas comme vous voyez un méchant homme.

Erläuterungen

87 *1849 wurde ich verhaftet*] Bakunin wurde in der Nacht vom 9. zum 10. Mai 1849 in Chemnitz mit Heubner verhaftet, in Dresden in Ketten eingekerkert (zunächst in der Frohnveste, seit der Nacht vom 24. zum 25. Mai in der Neustädter Kavalleriekaserne) und in der Nacht vom 28. zum 29. August gemeinsam mit den Mitgefangenen Heubner und Röckel in die sächsische Festung Königstein überführt.

in Sachsen zum Tode verurteilt] Die vom Dresdner Apellationsgericht als erster Instanz gefällten Todesurteile wurden Bakunin, Heubner und Röckel am 14.1.1850 auf der Festung Königstein verkündet. Am 16. April wurde das Todesurteil durch das Ober-Apellationsgericht als endgültig bestätigt und der sonst offenstehende Weg über ein Begnadigungsersuchen der Verurteilten an eine dritte Apellationsinstanz ausgeschlossen. Auf die Frage, ob die Gefangenen sich wegen Begnadigung an den sächsischen König wenden wollten, antwortete Bakunin (nach dem Zeugnis Arnold Ruges), »er ziehe es vor, erschossen zu werden.« Nach Entscheidung des Königs gegen eine Vollstreckung wurden die Strafen Anfang Juni 1850 in lebenslängliche Zuchthausstrafe »gemildert«, in der Heubner bis 1859 und Röckel bis 1862 blieben. (Nettlau, Biogr. S. 124-125)

1850 wurde ich an Österreich ausgeliefert.] In der Nacht des 13. Juni 1850 wurde Bakunin an Österreich ausgeliefert, wo er wegen seiner Prager Aktivitäten seit dem Slavenkongreß von 1848 und seiner erklärten Feindschaft zur habsburgischen Herrschaft gesucht wurde. Er wurde zunächst im St. Georgs-Kloster auf dem Prager Hradschin und seit März 1851 in Olmütz eingekerkert und häufig verhört (vgl. Lehning S. 159-160), danach am 15.5.1851 zum Tode durch den Strang verurteilt, aber gleichzeitig zu schwerem Kerker begnadigt. Wenige Tage später wurde er an Rußland ausgeliefert.

1851 an Russland ausgeliefert] Vom 23.5.1851 bis 17.3.1854 wurde Bakunin in der Petersburger Peter-und-Paul-Festung eingekerkert, dann seit Beginn des Krimkrieges bis zum Frühjahr 1857 in der Schlüsselburg. Zur Verbannung nach Sibirien begnadigt, durfte er auf dem Weg dorthin für einen Tag noch einmal den Familiensitz der Bakunins in Prjamuchino besuchen. 1861 floh er aus Sibirien und erreichte auf dem Weg über den Pazifik und die USA schließlich wieder Westeuropa.

dass dieser König zwar ein passionierter ..., aber doch kein schlechter Mensch war.] Der bis zur Revolution politisch wenig hervortretende sächsische König Friedrich August II. (1797-1854, regierend seit 1836) war durch seine leidenschaftliche Beschäftigung mit der Botanik bekannt und hatte 1837 ein Buch über die »Flora Marienbadensis« veröffentlicht (vgl. ADB Bd. 7, S. 790). Dementsprechend entziffert Lehning in seiner Edition der Œuvres Bd. 2, S. 127 die in Nettlaus Zitat von 1897 noch unklare Textstelle über den »botaniste passionné«. In seiner späteren Übersetzung von GW Bd. 3, S. 214 übersetzt Nettlau selbst 1924: »ein leidenschaftlicher Botaniker«.

Teil II

93-95 Bakunin über seine Auslieferung an Russland (mündlich und in Briefen an Alexander Herzen)

Überlieferung

Daß der Text aus zwei verschiedenen Quellen stammt, wäre der Zitat-Montage von Ball kaum anzumerken, wenn der Untertitel nicht darauf hinwiese. In dem ersten Absatz des Briefes, den Bakunin am 8.12.1860 aus der sibirischen Verbannung an Herzen schrieb, ist ein Zitat aus den 1894 erschienenen »Erinnerungen« der früheren Frau von Ogarev eingebaut, die seit 1857 in London mit dessen Freund Herzen zusammenlebte und einen mündlichen Bericht festhielt, den Bakunin seinen Freunden Herzen und Ogarev Ende Dezember 1861 nach der Ankunft in London gab. Natal'ja Alekseevna Tučkova-Ogareva (1829-1913) betont, daß es sich um eine Aufzeichnung aus der Erinnerung handle. Dieser »mündliche« Teil des Textes beginnt mit dem Satz »ja, glaubst Du es nicht« und endet bei »wie eine Hühnersteige, mit kleinen Luftlöchern.« Der übrige Text stammt aus Bakunins Brief an Herzen vom 8. Dezember 1860 (Russisch in SSS Bd. 4, S. 365-367). – Die Reihenfolge, nicht aber die Fügung der Texte ist durch Nettlau, Biogr. S. 126-128 angeregt, dessen Übersetzung Ball in beiden Fällen benutzt und variiert. Ball gibt nur durch den Titel einen Kontext, verzichtet auf einen Vortext und läßt Bakunin durch die Quellen selbst erzählen.

DV: T² II S. 1-4 (Vgl. T¹ II S. 1-4). **Ü:** Aus dem Russischen von Max Nettlau. **Q:** Deutsche Übersetzung des Briefes an Herzen vom 8.12.1860 direkt aus dem Russischen in Nettlau, Biogr. S. 126-128 (Nachweis in Anm. 808) und des Textes aus den Erinnerungen von Tučkova-Ogareva in Nettlau, Biogr. S. 126 (Nachweis in Anm. 804). – Der Brief an Herzen ist auch in SP, S. 35-37 in einer Übersetzung von Boris Minzès wiedergegeben. Wortwahl und weniger umständlicher Satzbau machen erkennbar, daß Ball der Übersetzung von Nettlau als Zitatquelle den Vorzug gegeben hat. **O:** Bakunin: Brief an Herzen aus Irkutsk am 8.12.1860. Russisches Manuskript, 10 Seiten. Standort: Moskau, Rossijskij Gosudarstvennyj Archiv Literatury i Iskusstva (RGALI). Signatur: f.2197 o.1 ed.chr.209. – Abdruck in: Pis'ma M. A. Bakunina k A. I. Gercenu i N. P. Ogarevu. S priloženiem ego pamfletov, biografičeskim vvedeniem i ob-jasnitel'nymi primečanijami M. P. Dragomanova, Genf 1896. **E:** Brief an Herzen: Russ. Zeitschriftenabdruck 1883 lt. Nettlau, Biogr. Anm. 808. Für Tučkova-Ogareva: Lt. SP S. LXIX Beitrag in: Russkaja Starina (Russisches Altertum) November 1894, S. 19-20. **GA:** Brief an Herzen: CD-ROM und Reprint SSS Bd. 4, S. 365-367. Zeugnis von Bakunins mündlichem Bericht: Natal'ja Tučkova-Ogareva: Vospominanija, Moskau 1959, S. 185-186. **GDA:** In anderer Übersetzung für den Brief an Herzen: Reprint SP, S. 35-36, für Tučkova-Ogareva: Lehning, S. 161-162.

Textvarianten gegenüber der Druckvorlage

Gegenüber der Textvorstufe T¹ II variiert Ball die Zahl der Auslassungspunkte und die Interpunktion der Sätze. Weitere Varianten bestätigen nur die größere Nähe zur Zitatquelle:

93 ein magerer kleiner Jude] [der Zitatquelle entsprechend:] ein kleiner magerer Jude

Man nahm mir die österreichischen Ketten ab] [Der Zitatquelle entsprechend:] Man nahm die österreichischen Ketten ab
Peter Pauls-Festung] Peter-Pauls-Festung
meine Handlungen] – meine Handlungen
gut, ich werde sie aufschreiben] gut, ich werde sie schreiben
94 *Peter-Pauls-Festung*] Peter-Paulsfestung
es fielen mir die Zähne aus] es fielen mir alle Zähne aus
morgen werde ich noch dümmer sein] morgen werde ich noch dümmer werden
wenn ich noch etwas Religion gehabt hätte] wenn ich noch etwas Religion übrig gehabt hätte
wogegen er mir versprach, mir Gift zu bringen] wogegen er [hs. gestrichen: mir] versprach, mir Gift zu bringen

Lesarten der Zitatquelle

93 Den Eingangssatz übernimmt Ball aus Nettlaus zusammengefaßtem Zitat der Briefquelle, das einen besseren Übergang zur anschließenden Aufzeichnung Natal'ja Tučkova-Ogarevas schafft als der komplette Satz in SP S. 35: Nachdem ich ein Jahr in Sachsen, zuerst in Dresden, dann in Königstein, etwa ein Jahr in Prag, ungefähr fünf Monate in Olmütz, beständig in Ketten, in Olmütz sogar an die Wand geschmiedet, zugebracht, wurde ich nach Rußland transportiert.
Ball zitiert aus Nettlaus Übersetzung von Natal'ja Tučkova-Ogarevas Aufzeichnung von Bakunins mündlichem Bericht und verwendet dabei folgende Varianten, die die Szene präsenter machen:
Man führte mich in ein abgeschlossenes Zimmer.] Man führte mich in ein abgesondertes Zimmer.
Der russische Offizier [...] stimmte sofort dem Wechsel der Ketten zu.] Der russische Officier [...] stimmte sofort dem Wechsel der Ketten bei.
mit kleinen Luftlöchern ...] mit kleinen Athemlöchern.
Die Fortsetzung des Briefzitats übernimmt Ball aus Nettlaus Eigenübersetzung, die in Wortwahl und Wortstellung von SP S. 35 abweicht:
Zwei Monate nach meiner Ankunft (in der Peter Pauls-Festung)] Zwei Monate nach meiner Ankunft [im Alexei-Ravelin der Peter-Paul-Festung, Einfügung Nettlau]
dass ich [...] meine Rolle bis zu Ende spielen müsse] dass ich [...] meine Rolle bis zu Ende spielen musste
etwas in der Art von »Wahrheit und Dichtung«] etwas in der Art von »Dichtung und Wahrheit«
gut, ich werde sie aufschreiben] gut, ich werde sie schreiben
94 *dass meine Lage aller Voraussicht nach hoffnungslos war*] dass es klar [?] war, meine Lage aller Voraussicht nach hoffnungslos war
es fielen mir die Zähne aus.] es fielen mir alle Zähne aus.
morgen werde ich noch dümmer sein] morgen werde ich noch dümmer werden
wenn ich noch etwas Religion gehabt hätte] wenn ich noch etwas Religion übrig gehabt hätte

bis zum Tode voll und ganz den heiligen Geist der Empörung zu bewahren ...] bis zum Ende voll und ganz den heiligen Geist der Empörung zu bewahren.
wogegen er mir versprach, mir Gift zu bringen, wenn ich nach Ablauf dieser Zeit die Freiheit nicht erlangt hätte. Aber der Monat verging und ich erhielt die Wahl zwischen dem Verbleib in der Festung und der Verschickung nach Sibirien.] nach Verlauf welcher Zeit, wenn ich nicht die Freiheit erlangt hätte, er mir versprach, mir Gift zu bringen. Aber der Monat verging und ich erhielt die Wahl, zwischen der Festung zu wählen und der Verschickung zur Aussiedlung nach Sibirien.

95 *meinen Angehörigen*] den Meinigen
verschiedene Versuche] verschiedene Angriffe
brachte eine Woche in der III. Abteilung zu] eine Woche in der III. Abteilung zu (St. Petersburg)
im Dorf bei den Meinen] im Dorf (Prjemuchino) bei den Meinigen

Erläuterungen

93 *Ein Jahr in Prag, ungefähr fünf Monate in Olmütz*] Nicht nur in Sachsen, auch in Böhmen war Bakunin wegen seiner revolutionären Aktivitäten zunächst zum Tod verurteilt worden. »Am 15. Mai 1851 wurde ihm seine Verurteilung zum Tode durch den Strang mitgeteilt und gleichzeitig seine ›Begnadigung‹ zu lebenslänglichem schweren Kerker.« (Nettlau, Biogr. S. 126) In der Anklageschrift des vernehmenden Offiziers in Olmütz hieß es unter anderem: »Der Angeklagte Michail Bakunin gesteht, dass er, abgesehen von seinen anderen demagogischen Aspirationen, hinsichtlich des habsburgischen Reiches die Zerstörung des österreichischen Staates anstrebte und den in ihm lebenden Nationalitäten zur Autonomie verhelfen wollte.« (Lehning S. 159)
Man nahm mir die österreichischen Ketten ab und legte sofort russische Ketten an.] Nettlau, Biogr. Anm. 805 verweist auf einen zeitnäheren Bericht Herzens über Bakunins Gefangenschaft (in ›Kolokol‹ vom 15.1.1862), in dem es heißt, daß ihm auf russischer Seite die Ketten abgenommen wurden.
Peter-Pauls-Festung] Russ.: Petropavlovskaja krepost'. Ursprünglich zur Verteidigung gegen die Schweden errichtete Festung auf einer Neva-Insel in der Nähe des rechten Ufers. Der Tag ihres Baubeginns, der 16./27. Mai 1703, gilt als das Gründungsdatum der Stadt Sankt Petersburg. Nach der Fertigstellung der Festung Kronstadt an der Neva-Mündung verlor die Peter-Pauls-Festung ihre Verteidigungsfunktion und wurde seitdem zur Einkerkerung der politischen Gefangenen der Zaren benutzt. Hier saßen die meisten wegen revolutionärer Aktivitäten festgenommen Häftlinge ein, bevor sie nach Sibirien deportiert wurden. 1826 waren hier die Anführer des Dekabristenaufstands hingerichtet worden.
Graf Orlow] Graf Aleksej Fedorovič Orlov (1786-1861) war seit 1844 Leiter der berüchtigten ›III. Abteilung‹ der Kanzlei des Zaren, nämlich

der Geheimpolizei. In dieser Funktion und als Vertreter des kaiserlichen »Beichtvaters« suchte er Bakunin in seiner Zelle auf. – Orlov war nach glänzender militärischer und diplomatischer Karriere zu einem der engsten Vertrauten des Zaren Nikolaus I. aufgestiegen. Er hatte an allen wichtigen Schlachten im Kampf gegen Napoleon teilgenommen. Bereits als Kommandierender eines Kavallerieregiments der kaiserlichen Leibgarde zeichnete er sich durch seine reaktionären Ansichten und seine Härte gegenüber Untergebenen aus. So verbot er zu Beginn der 1820er Jahre seinen Offizieren die Teilnahme an jedweder »Literarischen Gesellschaft« und beteiligte sich 1825 als einer der aktivsten Verteidiger der Autokratie an der Niederwerfung des Dekabristenaufstands. Als Sonderbotschafter bei zahlreichen diplomatischen Missionen beeinflußte Orlov mehr als ein Vierteljahrhundert lang in hohem Maß den Verlauf der europäischen Politik, und als Chef der kaiserlichen Geheimpolizei schließlich sorgte er innenpolitisch für die Zementierung einer Ordnung, die auf Zensur und Bevormundung setzte und das Eindringen liberaler Ideen aus dem Ausland nach Kräften zu verhindern suchte. 1839 war Orlov zum Vormund des Thronerben ernannt worden, so daß sein Einfluß bis weit über die Regierungszeit von Nikolaus I. hinaus wirksam war. Alexander II. erhob ihn anläßlich seiner Krönung in den Fürstenstand. Es war Orlov, der beim Pariser Kongreß von 1856 die von England und Frankreich erneut angeregte Diskussion der Polenfrage mit dem Hinweis unterband, daß in dieser Angelegenheit ausschließlich der Herrscher Rußlands zu bestimmen habe. Und als Vertreter des Zaren im 1856 gebildeten Komitee für die Bauernfrage gelang es dem entschiedenen Gegner der Bauernbefreiung, die Maßnahmen zur Aufhebung der Leibeigenschaft erheblich zu verzögern.

in der Macht des Bären] Im Sprachgebrauch der Westler war der Bär eine geläufige Metapher für das unergründliche, seine Landeskinder fest im Griff haltende Rußland. So verwendete Gogol' in seinem Roman »Die toten Seelen« den Begriff »medvež'e ob-jatie« (Bärenumarmung) für eine Umarmung, aus der es kein Entrinnen gibt.

eine Art Beichte] Russischer Originaltext in SSS Bd. 4, S. 99–207. Eine deutsche Ausgabe erschien zuletzt 1988 unter dem Titel »Brief aus dem Gefängnis«: vgl. Sigle »Beichte«. Der Band enthält den ungekürzten Text samt Kommentaren und Unterstreichungen des Zaren sowie Zeugnisse der Rezeption. Zar Nikolaus gab Bakunins Schrift mit der handschriftlichen Empfehlung an den Thronfolger: »Lies es. Sehr interessant und lehrreich.« Außer ihm lasen zumindest Graf Orlov, sein Stellvertreter Dubel't und der Statthalter von Warschau Paskevič Bakunins »Geständnisse«. – Das Manuskript wurde nach der Oktoberrevolution im Geheimschrank des Chefs der III. Abteilung gefunden und erstmals 1921 vom Moskauer Staatsverlag in einer, laut Steklov (SSS Bd. 4, S. 418), schlampigen und unvollständigen Ausgabe veröffentlicht. Eine verbesserte Ausgabe folgte 1923. In deutscher Übersetzung erschien die sogenannte »Beichte« erstmals 1926 in Berlin, war

also während der Bakunin-Studien von Ball und seinen Gewährsleuten noch nicht bekannt und benutzbar. Ihr Erscheinen löste Kontroversen um Bakunins Verhalten aus (vgl. die Beiträge von Kurt Kersten und Max Nettlau in Beichte S. 19-21 und VII-XVII).
»*Wahrheit und Dichtung*«] Umkehrung des Untertitels von Johann Wolfgang Goethes Autobiographie »Aus meinem Leben. Dichtung und Wahrheit«.
»*Zar, Sie wollen, dass ich Ihnen meine Geschichte aufschreibe; gut, ich werde sie aufschreiben, aber es ist Ihnen bekannt, dass bei der Beichte niemand für fremde Sünden büssen soll. Nach meinem Schiffbruch blieb mir nur ein Schatz übrig, meine Ehre und das Bewusstsein, keinen derjenigen, die mir vertrauten, verraten zu haben, und daher werde ich keinen Namen nennen.*«] Sinngemäßes Zitat aus dem Gedächtnis (vgl. SSS Bd. 4, S. 101). In der deutschen Ausgabe des Briefes an den Zaren heißt es: »verlangen SIE nicht, daß ich fremde Sünden beichte. Offenbart man doch auch in der Beichte nicht die Sünden anderer, sondern nur die eigenen. Aus dem völligen Schiffbruch, den ich erlitten habe, konnte ich nur ein einziges Gut retten: die Ehre und das Bewußtsein, daß ich um meiner eigenen Rettung oder der Erleichterung meines Schicksals willen nirgends, weder in Sachsen noch in Österreich, zum Verräter geworden bin.« (Beichte, S. 2-3) – In der eigens für ihn angefertigten Abschrift schrieb Nikolaus I. an den Rand dieser Stelle: »Allein hiermit macht er jedes Vertrauen zunichte; wenn er die ganze Schwere seiner Sünden fühlt, kann nur eine vollständige Beichte, aber nicht eine bedingte als Beichte gelten.«

94 *à quelques exceptions près*] Frz.: bis auf gewisse Ausnahmen.
bei Beginn des Krieges 1854] 1854 kam es zum Eingriff von England und Frankreich in den 1853 am Streit um den osmanischen Schutz der heiligen Stätten Jerusalems entzündeten Krieg zwischen Rußland und dem Osmanischen Reich. Er wurde zum Krimkrieg, als britische und französische Truppen im September 1854 auf der Krim landeten und der erste moderne Stellungskrieg mit der Belagerung von Sevastopol begann. Daß die Stadt nach elf Monaten trotz zahlenmäßig überlegener russischer Landtruppen kapitulieren mußte, lag nicht zuletzt an der enormen Korruption im Verwaltungs- und Versorgungswesen des Reichs, an Schwächen seiner militärischen Führung und an den Unruhen unter den rekrutierten kriegsunwilligen Bauern. Der Krieg endete 1856 mit einer Niederlage des Zarenreichs, das den militärischen Konflikt zur Sicherung seines politischen und wirtschaftlichen Einflusses auf dem Balkan und im Nahen Osten bewußt provoziert hatte. Der Pariser Friedensschluß von 1856 legte die Abtretung des Donaudeltas und die Entmilitarisierung aller Schwarzmeerhäfen fest. Rußlands Niederlage wurde zum Anstoß für fällige Reformen unter dem neuen Zaren Alexander II., der seinen 1855 gestorbenen Vater Nikolaus I. abgelöst hatte.
Schlüsselburg] Schlüsselburg (Šlissel'burgskaja krepost') geht auf eine altrussische Festung des 14. Jahrhunderts zurück und liegt auf einer

Neva-Insel am Ladogasee. Seit dem 18. Jahrhundert hielten die regierenden Romanovs in diesem besonders düsteren Bau bevorzugt ihre persönlichen Feinde gefangen. Ungewöhnlich war es, einen politischen Häftling wie Bakunin in dieser Festung in Einzelhaft zu halten. Verbannung, allenfalls Zwangsarbeit in Sibirien, wäre nach Steklov (SSS Bd. 4, S. 551, Anm. 264) die zu erwartende Strafe gewesen. In einer Petition an den neuen Zaren (Beichte S. 93-96) bat Bakunin, ihn aus der Einzelhaft zu entlassen und in sein Vaterhaus zurückkehren zu lassen. Alexander II. schrieb am 19.2.1857 darüber: »Einen anderen Ausweg als Verschickung nach Sibirien zur Ansiedlung sehe ich nicht« (Beichte S. 93). Bakunins Strafe wurde von der Einzelhaft in der Festung zur Verbannung nach Sibirien umgewandelt. Im März 1857 wurde Bakunin über Omsk nach Tomsk gebracht.

sentiment fixe] Frz.: gleichbleibende Empfindung, bestimmtes Gefühl, fixe Idee.

Alexander Nikolajewitsch] Aleksandr Nikolaevič Romanov (1818-1881) trat 1855, mitten im Krimkrieg, als Alexander II. die Thronfolge seines Vaters Nikolaus I. an (vgl. S. 18 – »Thronbesteigung des Zaren Nikolaus«). Er hatte eine sehr gute Ausbildung erhalten, war weltoffen und von der Notwendigkeit überzeugt, grundlegende Reformen durchzuführen, hielt jedoch an den Prinzipien der Autokratie fest und lehnte eine Verfassung strikt ab. Im August 1856 amnestierte er die 1825 verurteilten Dekabristen, nicht jedoch Bakunin. Die großen Ereignisse seiner Regierungszeit waren die Aufhebung der Leibeigenschaft (1861), die Einführung der ländlichen Selbstverwaltungsorgane (zemstva, 1864) sowie die Wiederherstellung der akademischen Selbstverwaltung der Universitäten und schließlich die Einführung eines modernen Rechtssystems auf der Basis der Geschworenengerichte, von dem die Bauern allerdings ausgenommen blieben. Vor allem die Ausstattung der ›zemstva‹ mit Rechten und Kompetenzen und die Bauernreformen wurden von einem großen Teil der Intelligenz als unzureichend empfunden, da die ehemaligen Leibeigenen zwar mit gewissen Rechten, aber nur äußerst ungenügend mit Land versorgt worden waren, und das Elend rasch zunahm. Im Februar 1861 sei Alexander II. der größte, beliebteste und mächtigste Zar gewesen, der jemals in Rußland regierte, schreibt Bakunin 1862 in seiner Broschüre »Die Volkssache Romanov, Pugačev oder Pestel'?« (Romanov, Pugačev ili Pestel'?). Bakunin beschreibt aber auch die Gefahr eines ungeheuren Blutvergießens als Folge der allgemeinen Enttäuschung und Unzufriedenheit. – Unter dem Eindruck der wachsenden Opposition im Land, rebellierender Studenten und schließlich des polnischen Aufstands von 1863, auf den der Zar mit einer repressiven Russifizierungspolitik antwortete, nahm seine Bereitschaft zu Reformen deutlich ab. Nach dem Attentat des Studenten D.V. Karakozov auf den Zaren im Jahr 1866 gewannen reaktionäre Kräfte an Einfluß, und die repressiven Maßnahmen des Polizeiapparats vor allem gegen Studenten nahmen wieder zu. Beim dritten Anschlag, der 1881 gegen ihn verübt wurde, kam Alexander II. ums Leben.

»*Sachez, Madame, que tant que votre fils vivra, il ne pourra jamais être libre.*«] Frz.: Nehmen Sie zur Kenntnis, Madame, so lange Ihr Sohn lebt, wird er nie frei sein können.
mit meinem Bruder Alexey] Aleksej Aleksandrovič Bakunin (1823-1882) war der jüngste der Bakunin-Brüder. Er hatte zuvor die verwitwete Mutter Varvara bei ihrem fünftägigen Besuch in Schlüsselburg, wo sie Bakunin mehrmals sehen durfte, begleitet und unterstützte ihre Bemühungen um die Freilassung seines ältesten Bruders (Grawitz S. 184-187). Aleksej, der 1861 Adelsmarschall wurde, und seine älteren Brüder Nikolaj (1818-1900; Mitglied des Gouvernementsrates), Pavel (1820-1900) und Aleksandr (1821-1908) traten nach der Abschaffung der Leibeigenschaft im Jahr 1861, zusammen mit anderen Vertretern des Tverer Adels, für eine radikalere und liberalere Neuregelung des Grundbesitzes ein, als sie vom Zaren eingeleitet worden war. Mit ihren Forderungen wandten sie sich direkt an die Regierung, was ihnen eine einjährige Haft in der Peter-Pauls-Festung und den Verlust ihrer öffentlichen Ämter einbrachte. (Vgl. Pirumowa S. 57-58 und Annenkov S. 394.)
ich erhielt die Wahl zwischen dem Verbleib in der Festung und der Verschickung nach Sibirien] Im Februar 1857 erhielt Bakunin die Erlaubnis, eine Petition an den Zaren zu richten. Diese Geste konnte als Hinweis darauf gedeutet werden, dass mit einer positiven Antwort zu rechnen sei und war möglicherweise eine Folge der intensiven Bemühungen seiner Mutter. Bakunin zeigte sich in seiner Petition durchaus reuig: »Wenn ich ein neues Leben beginnen könnte, würde ich es anders führen. Aber wehe! Die Vergangenheit kehrt nicht wieder. [...] ich wäre glücklich, meine Verbrechen mit Schweiß und Blut zu reinigen. [...] nur ein einziger Wunsch lebt noch in mir: ich möchte ein letztes Mal in Freiheit atmen, in den hellen Himmel, auf frische Wiesen schauen, das Haus meines Vaters wiedersehen, mich vor seinem Grabe verneigen«. (Beichte S. 95-96. Vgl. Carr S. 235 und Grawitz S. 188-189.)

95 *zum Fürsten Gortschakow*] Aleksandr Michajlovič Gorčakov (1798-1883), Staatskanzler seit 1867, hatte zur gleichen Zeit wie Puškin das kaiserliche Lyceum von Carskoe Selo besucht und trat früh in den diplomatischen Dienst. Äußerst gewandt und gebildet, brillierte er in vielen Salons und Gesandtschaften Europas. Er beobachtete aus nächster Nähe die revolutionären Bewegungen in Süddeutschland, war in diplomatischer Mission 1850 in Frankfurt beim Deutschen Bund und 1855 in besonders schwieriger Situation in Wien, als Österreich auf der Seite Frankreichs und Englands gegen Rußland Partei ergriff. 1856, als Außenminister unter Alexander II., gelang es ihm nach der Niederlage im Krimkrieg, Rußlands Stimme wieder Gehör zu verschaffen: »La Russie ne boude pas – elle se recueuilli.« (Rußland schmollt nicht – es sammelt sich.) Die Wiederaufnahme der polnischen Frage durch Napoleon III. nutzte Gorčakov zur Wiederherstellung des traditionell guten Verhältnisses zwischen Rußland und Preußen, mit dem 1863 ein Abkommen zur Erleichterung militärischer Operationen gegen die polnischen Aufständischen geschlossen wurde. Gorčakovs energisches

und geschicktes Taktieren in der polnischen Frage galt als der Höhepunkt seiner Karriere. Bis 1882 prägte er nahezu die gesamte außenpolitische Lage des russischen Reiches.
»Mais je ne vois pas la moindre répentence dans cette lettre!«] Frz.: Aber ich sehe nicht die geringste Reue in diesem Brief. (Vgl. SP S. LXIII.)
III. Abteilung] Die Dritte Abteilung der kaiserlichen Kanzlei (»Seiner kaiserlichen Majestät Eigene Kanzlei«) war von Zar Nikolaus I. (vgl. S. 18 – »Thronbesteigung von Kaiser Nikolaus«) gegründet worden. Ihre Aufgabe war es, alle Bestrebungen im Keim zu ersticken, die die Autokratie in Frage stellen konnten. Leiter dieser geheimen Staatspolizei war bis 1844 Graf Aleksandr Christoforovič Benkendorf (auch: Benckendorff), sein Nachfolger wurde Graf Aleksej Fedorovič Orlov, der nach seinem Tod 1861 durch Leontij Vasil'evič Dubel't ersetzt wurde. Auch unter dem als liberal geltenden Alexander II. verlor die III. Abteilung nicht an Macht und Einfluß. (vgl. Torke S. 100-101.)
vierundzwanzig Stunden im Dorf bei den Meinen zuzubringen] In der Petition an Alexander II. hatte Bakunin die Bitte geäußert, nach Prjamuchino zurückkehren zu dürfen. Als seine Verbannung nach Sibirien feststand, wurde ihm dies nur für eine kurze Frist auf dem Weg dorthin gewährt, nachdem er nochmals eine Bitte an den Polizeichef Fürst Dolgorukov gerichtet hatte. (Vgl. Carr S. 235-236 und Grawitz S. 189-190.)
Tomsk] Am 28. März 1857 erreichte Bakunin in Begleitung eines Offiziers und zweier Gendarmen die westsibirische Stadt Omsk. Hier erhielt er den Befehl, sich im abgelegenen Kreis Kij des von weiten Sümpfen durchzogenen Gouvernements Tomsk anzusiedeln. Nach seiner Ankunft in der Stadt Tomsk bat Bakunin aufgrund seiner schlechten Gesundheit, in der Gouvernementshauptstadt bleiben zu dürfen, was ihm gewährt wurde. Die Stadt war 1604 am rechten Ufer der Toma, einem Nebenfluß des Enissej, gegründet worden. Sie war aufgrund ihrer Lage häufig von Überschwemmungen bedroht, und ihre Einwohner litten unter dem ungünstigen Klima. Sie wurde dennoch eines der wichtigsten Handelszentren Sibiriens. Ihr schnelles Wachstum und ihre Bedeutung hingen vor allem mit der Entdeckung von Goldvorkommen in der weiteren Umgebung im Jahr 1840 zusammen. Ende 1858 besuchte der Gouverneur von Ostsibirien, Nikolaj Nikolaevič Murav'ev (später: Murav'ev-Amurskij) die Stadt, und Bakunin lernte diesen Vetter, einen Sohn seines Petersburger Onkels Nikolaj M., der ihm in seiner Kadettenzeit nahegestanden hatte, erstmals kennen.

96 [Russland um 1860 und die Londoner Emigration]

Überlieferung

Eigentext Hugo Balls ohne ausgewiesene Zitate. Zwischentitel nach Inhaltsverzeichnis.

DV: T² II S. 5 (T¹ II S. 5 textidentisch)

Erläuterungen

96 *Herzen gab dort den »Polarstern« und seit 1857 auch die »Glocke« heraus.*] Zu Erscheinungsdaten vgl. S. 24 – »Alexander Herzen«. – »Die Glocke« gelangte, zumindest in einigen Exemplaren, bis nach Sibirien, wo Bakunin u.a. auf Herzens Artikel gegen den »sibirischen Tyrann«, Gouverneur Murav'ev-Amurskij, stieß. Er verfaßte eine leidenschaftliche, idealisierende Verteidigungschrift, die Herzen erhielt, jedoch nicht abdruckte. Nach Bakunins Ankunft in London war es »Die Glocke«, die dem russischen Publikum die Umstände seiner Flucht mitteilte, sowie Bakunins Absicht, seine revolutionären Aktivitäten wieder aufzunehmen. Er wollte neben Herzen und Ogarev ständiger Mitarbeiter der Zeitung werden, was jedoch an ihren politischen Differenzen scheiterte. (SP 29 und Carr 255-57)

da Alexander II. mit halben Maassnahmen die Leibeigenschaft aufhob] Die Aufhebung der Leibeigenschaft erfolgte mit Wirkung vom 19. Februar/3. März 1861. Zu Zar Alexander II. vgl. S. 94 – »Alexander Nikolajewitsch«.

Man las Darwin, Spenzer, Mill.] Der zeitkritische Idealismus und Linkshegelianismus, der Bakunins Generation geprägt hatte, wurde in der Orientierung der Jüngeren vom Entwicklungsdenken des wissenschaftlichen Positivismus und Utilitarismus abgelöst. – Charles Robert Darwin (1809-1882) war mit seinen Schriften »Die Entstehung der Arten« (1859) und »Die Abstammung des Menschen und die geschlechtliche Zuchtwahl« (1874) Begründer der Selektionstheorie, die die Schöpfungstheologie christlicher Fundamentalisten zu überwinden schien, aber in der weltanschaulichen Popularisierung zum ›Darwinismus‹ nicht nur im Sinne wissenschaftlicher Aufklärung wirkte, sondern auch von Rassisten als Rechtfertigung genutzt wurde. – Der damals viel gelesene englische Philosoph und Soziologe Herbert Spencer (1820-1903, »Spenzer« in Balls Fehlschreibung) vertrat schon vor Darwin einen philosophisch-erkenntnistheoretischen Evolutionismus, den er in seiner Abhandlung »Fortschritt, sein Gesetz und seine Ursachen« auch als geschichtliches Prinzip des sozialen und politischen Wandels vertrat. – Der englische Philosoph und Volkswirt John Stuart Mill (1806-1873) gilt als Vertreter des am Lustgewinn orientierten ethischen Utilitarismus. In Schriften wie »Über die Freiheit« (1857) neigte er zu einem die individuelle Freiheit wahrenden Sozialismus. Er begriff allein die Erfahrung als Quelle der Erkenntnis und sah auch in der Philosophie die Psychologie als Grundwissenschaft, die die Tatsachen des Bewußtseins erforscht. Bei Mill findet sich die Scheidung der Geisteswissenschaften von den exakten Naturwissenschaften.

Bjelinsky] Vgl. S. 21 – »einen Kreis junger Männer, zu denen Bjelinsky, ... Turgenjew gehörten«. – V. G. Belinskij war bereits 1848 gestorben, doch nahm die Wirkung seiner Kritik an den russischen Verhältnissen unter der nachfolgenden Generation noch zu. Sein Einfluß war derart, daß die Zensur während der auf 1848 folgenden Reaktion bis 1856 die bloße Nennung seines Namens verboten hatte. Seine Anhänger behalfen sich mit der Umschreibung »der Kritiker der 40er Jahre« oder »der Kritiker der Gogolschen Epoche« (nach Masaryk Bd. 1, S. 325).

Pisarew begründete den Nihilismus] Dmitrij Ivanovič Pisarev (1840-1868), Literaturkritiker der Zeitschrift ›Russkoe Slovo‹ (Russisches Wort), galt seit seinen ersten größeren Veröffentlichungen zu Beginn der 1860er Jahre als der eigenständigste Vertreter des Černyševskij'schen Utilitarismus und Materialismus. Aufgrund eines Aufrufs zum Sturz der Regierung und zur Vernichtung des Herrscherhauses verbrachte er vier Jahre in der Peter-Pauls-Festung, in denen er nicht schreiben und veröffentlichen durfte. Zwei Jahre nach seiner Freilassung ertrank er unter ungeklärten Umständen in der Ostsee. – Pisarev knüpfte an den Literaturtheorien Belinskijs an, äußerte sich aber zum Nihilismus, den er als ›Realismus‹ und erste wirklich selbständige russische Geistesrichtung bezeichnete, im wesentlichen in zwei Schriften über Turgenevs Roman »Väter und Söhne« (1862). Dessen Protagonist Bazarov, der den Linkshegelianismus und Büchners »Kraft und Stoff« studiert hat und sich selbst als Nihilisten bezeichnet, versteht er als wesentliche Orientierungsfigur der Gegenwart; Bazarovs Tätigkeitsgebiet, die Naturwissenschaften, erscheint Pisarev als die einzige Kraft, die eine wirkliche Erneuerung der Gesellschaft bewirken könne. Pisarevs Nihilismus kritisiert und negiert die Autoritäten und Prinzipien der Väter, »d.h. in concreto die Uvarovsche Dreieinigkeit von Kirche, Staat und Nationalität«. Masaryk nennt ihn ebenso wie Černyševskij einen »Aufklärungsphilosophen«. (Masaryk Bd. 2, S. 92 u. 96) Pisarev wendet sich, aus Rücksicht auf die Zensur indirekt, gegen die Orthodoxie und Theokratie; seine »Voraussetzung und Konsequenz« sind Atheismus und Materialismus. – Vor Turgenev kannten schon die deutschen Linkshegelianer Max Stirner und Bruno Bauer diesen Begriff. Der Russe Nadeždin benutzte ihn in den 1830er Jahren und Karl Gutzkow hatte 1853 einen Roman mit dem Titel »Die Nihilisten« geschrieben. Pisarev schrieb, möglicherweise sei der Nihilismus Bazarovs eine Krankheit, aber dann sei es »die Krankheit unserer Generation«. In der Folge wurde die Bezeichnung »Nihilist« fast gleichbedeutend mit »Revolutionär« verwendet, vor allem für Revolutionäre, die den Terror propagierten (Torke S. 252f.)

Tschernischewsky] Nikolaj Gavrilovič Černyševskij (1828-1889), Sohn eines Popen, setzte die radikale Linie von Belinskijs Arbeiten fort und verfaßte mit seinem sozialutopischen Roman »Čto delat'?« (Was tun?, 1863), den er als Häftling in der Peter-Pauls-Festung schrieb, eines der folgenreichsten Werke der russischen Literatur. Bereits als Student der Philologie in St. Petersburg war Černyševskij literarischer und politischer Mitarbeiter an dem von Nekrasov herausgegebenen »Zeitgenossen« (Sovremennik) geworden. Seine Magisterarbeit (»Das ästhetische Verhältnis zwischen Kunst und Wirklichkeit«, 1855) enthielt das neue Programm des Realismus, wurde vom Ministerium für Volksbildung abgelehnt, fand aber rasch Verbreitung unter der jungen Generation. Ende der 1850er Jahre gab Černyševskij die Literatur-

kritik zugunsten aufklärerischer politischer, wirtschaftlicher und gesellschaftlicher Publikationen auf. Als »Prophet der kommenden russischen Bauernrevolution« (Stender-Petersen S. 348) stand er zunächst Herzen nahe, der wie er die Bauerngemeinde (»Mir«) als Grundlage einer kommenden sozialistischen Gesellschaftsordnung propagierte. Aufgrund seiner zunehmend radikalen Publikationen aber distanzierte sich Herzen sowohl von ihm als auch von Pisarev, während Bakunin seine Hoffnung vor allem auf die von Černyševskij beeinflußten radikalen Kreise setzte. 1866 schreibt er an Herzen: »Suchet ein neues Publikum in der Jugend, in den halbgebildeten Schülern Černyševskijs und Dobroljubovs, in den Basarows, in den Nihilisten, – hier ist Leben, hier ist Energie, hier ist ein ehrlicher und starker Wille vorhanden.« (S. 168 und SP S. 132)
1862 wurde Černyševskij als geistiger Urheber von Studentenunruhen und Brandstiftungen in St. Petersburg und Bauernerhebungen auf dem Land verhaftet. (Vgl zu S. *113* – »Paul Wietochin«.) Er leistete sieben Jahre Zwangsarbeit und mußte anschließend weitere zwölf Jahre unter erbärmlichen Verhältnissen an einem sehr entlegenen sibirischen Ort verbringen. (Stender-Petersen S. 346-351; vgl. auch Masaryk Bd. 2, S. 41-42.)

N. Serno-Solovjewitsch] Nikolaj Aleksandrovič Serno-Solov'evič (1834-1866) war von 1853 bis 1860 im Staatsdienst tätig gewesen, schloß sich dann den revolutionären Demokraten an, reiste ins Ausland und traf in London Herzen und Ogarev, die ihn als eine der wichtigsten revolutionären Persönlichkeiten in Rußland schätzten (Kulczycki Bd. 1, S. 356). Er war Mitarbeiter der Zeitschrift ›Der Zeitgenosse‹ (Sovremennik) und, zusammen mit seinem Bruder Aleksandr A. Serno-Solov'evič (1838-1869), der 1862 nach Genf emigrierte, Gründungsmitglied des Geheimbunds ›Land und Freiheit‹ (Zemlja i Volja). N. Serno-Solov'evič wurde 1862, gleichzeitig mit Černyševskij, festgenommen. Nach dreijähriger Haft im Alekseevskij-Trakt der Peter-Pauls-Festung nach Sibirien verbannt, starb er ein Jahr darauf in Irkutsk. (Vgl. Nettlau, Biogr. Bd. 1, S. XXIII +76 Anm. 926)

Pantielejew] Der Jurist Longin Fedorovič Panteleev (1840-1919) wurde 1864 als Mitglied der revolutionären Organisation ›Land und Freiheit‹ wegen umstürzlerischer Aktivitäten und Unterstützung der polnischen Aufständischen von 1863 verhaftet. Sein Urteil – sechs Jahre Zwangsarbeit – wurde nach seiner Ankunft in Sibirien in ›Ansiedlung‹ umgewandelt. 1876 kehrte er nach Petersburg zurück und gründete einen Verlag für aufklärerische und politische Literatur aus Rußland und Westeuropa, verfaßte literarische Erinnerungen, u.a. an Černyševskij, und bemühte sich in den 1890er Jahren um die Erlaubnis für eine Herzen-Ausgabe.

»Der Zeitgenosse«] Russ. ›Sovremennik‹, literarische und gesellschaftspolitische Zeitschrift in St. Petersburg, gegründet 1836 in St. Petersburg von Aleksandr Puškin. Auch Nikolaj Gogol' zählte zu ihren Mitarbeitern. Sie erschien bis 1843 vierteljährlich, seitdem monatlich.

Belinskij (vgl. S. *21* – »Kreis junger Männer, zu denen Belinsky...«), der dort seine literarischen Kritiken veröffentlichte und die Aufgabe der Literatur neu formulierte, machte die Zeitschrift zum wichtigsten liberal-demokratischen Medium Rußlands, das unter anderem die Leibeigenschaft bekämpfte. 1847 übernahmen N. A. Nekrasov und I. I. Panaev (vgl. S. *100* – »die Panaews«) die Herausgeberschaft. Im ›Zeitgenossen‹ veröffentlichten Herzen, Ogarev, Turgenev, Tolstoj und, für kurze Zeit, Dostoevskij. Černyševskij und Dobroljubov (1836-1861) traten 1854 bzw. 1856 in die Redaktion ein und radikalisierten die Zeitschrift dermaßen, daß ihre prominentesten Autoren, u.a. Turgenev und Tolstoj, sich zurückzogen. Nach dem Attentat von Karakozov auf Alexander II. (1866) wurde die Zeitschrift verboten.

»Der Grossruss«] Russ. ›Velikoruss‹, Name eines Geheimbunds und zugleich Titel einer illegalen ›Zeitung‹, die im Sommer und Herbst 1861 in drei Ausgaben in Petersburg erschien. Ihre wichtigsten Beiträge forderten nach der Aufhebung der Leibeigenschaft konsequentere Landreformen zugunsten der Bauern, die Befreiung Polens und das Recht der Ukraine auf Selbstbestimmung. Außerdem rief das Blatt die Volksvertreter zur Ausarbeitung einer Verfassung auf. Herausgeber des Blattes waren vermutlich Černyševskij und Serno-Solov'evič.

Studentenbewegung (um Sajtschniewsky)] Petr Zajčnevskij (gestorben 1895) leitete eine revolutionäre Studentengruppe in Moskau, die um 1859 entstand, sozialistische Ideen vertrat und sich an der Taktik der Jakobiner orientierte. Um 1861 nahm Zajčnevskij an einem Treffen verschiedener Gruppen in Petersburg teil, das die Ausarbeitung eines gemeinsames Programms zum Ziel hatte. Seine Gruppe verbreitete 1862 den Aufruf »Junges Rußland« (Molodaja Rossija), dessen Schärfe und Radikalität auch gemäßigte und selbst revolutionäre Oppositionelle erschreckte. Zajčnevskij wurde festgenommen, zu Zwangsarbeit verurteilt und verbannt. – Gegen die Verfasser des Aufrufs »Das junge Rußland« wenden sich Herzen mit einem Artikel in der ›Glocke‹ und Bakunin mit seiner Schrift »Die Volkssache. Romanov, Pugačev oder Pestel'?« (Romanov, Pugačev ili Pestel'?), die im Juni 1862 in London erscheint. Bakunin wirft den Mitgliedern des ›Jungen Rußland‹ vor, im Grunde das Volk zu verachten und in seiner Sache nachlässig und taktlos vorgegangen zu sein. (Vgl. Kulczycki Bd. 1, S. 374 u. 390.)

die jakobinischen, blanquistischen und macchiavellistischen Terroristen] Balls Klassifikation der ›Terroristen‹, die damals als neuer Typus politischer Akteure auftauchen und mit dem Bruch des regulierten staatlichen Gewaltmonopols verbunden sind, greift auf drei verschiedene historische Modelle politischer Legitimation von Gewaltanwendung zurück. – Das älteste der erwähnten ist das macchiavellistische, das auf den florentinischen Renaissancephilosophen Niccoló Macchiavelli (1469-1527) zurückgeht. In seiner Schrift »Vom Fürsten« (Il Principe, 1532) hatte er den von moralischen Rücksichten entbundenen autokratischen Gebrauch der Gewalt durch den fürstlichen Souverän im Staatsinteresse gerechtfertigt. – In der Französischen Revolution stürzen 1793 jakobinische Abgordnete unter Führung des Advokaten Robespierre (1758-1794) die girondistische Mehrheit des Konvents und errichteten eine Diktatur des Wohlfahrtsausschusses. In der folgenden Schreckensherrschaft (›Terreur‹) kam es 1793/94 zu einem Staatsterror bis dahin ungekannten Ausmaßes, der mit der Notwendigkeit zur Bekämpfung der Feinde der Revolution legitimiert wurde. – Auf die paramilitärisch organisierte Gewalt zur Brechung existierender Machtverhältnisse berief sich der französische Sozialist Louis-Auguste Blanqui (1805-1881), der als einer der ersten neben Bakunin den Typus des Berufsrevolutionärs verkörperte und 37 Jahre seines Lebens im Kerker verbrachte. Er glaubte nicht mehr an die dauerhafte politische Wirkung von autonomen demokratischen Bewegungen und unorganisierten Massenaufständen. In seiner Schrift »Instruktionen für den Aufstand« (1869) resümierte er seine lebenslang vertretenen Prinzipien revolutionärer Organisation, nach denen nur die von einer Geheimgesellschaft paramilitärisch organisierter Berufsrevolutionäre vorbereitete Besetzung aller strategisch wichtigen Punkte mit Entwaffnung der bestehenden Streitkräfte, dem Sturz der Regierung und folgender Errichtung einer ›revolutionären Diktatur‹ die Interessen des Volkes durchsetzen könne.

Karakasow] Dmitrij Vladimirovič Karakozov (1840-1866) stammte aus verarmter adliger Familie und gehörte zu einem Kreis junger Revolutionäre, der seit 1865 in Moskau unter der Leitung von N. A. Išutin (1840-1879) zusammenkam. Karakozovs mißlungenes Attentat auf Alexander II. löste eine Welle von Verhaftungen und Repressionen aus und setzte den großen Reformen ein Ende. Karakozov erklärte seinen Anschlag mit der Notwendigkeit, den von der Person des Zaren abhängigen Staat und seine »ausbeuterische« Sozialstruktur zerstören zu müssen, um so den Weg für Freiheit und Demokratie freimachen zu können. Nach der Hinrichtung der Dekabristen war Karakozov der erste Revolutionär, dessen Todesurteil vollstreckt wurde.

Beresowsky] Der Pole Anton Berezowski (1847-ca.1916), Sohn eines verarmten Adeligen aus Wolhynien, war Teilnehmer am Aufstand von 1863 und seit 1865 Emigrant in Frankreich. Er versuchte, den Zaren am 6.6.1867 bei dessen Aufenthalt anläßlich der Weltausstellung in Paris zu töten. Vor dem französischen Gericht gab Berezowski an, das Attentat aus persönlicher Rache für die Unterdrückung Polens durch Rußland und die blutige Niederschlagung des Aufstands von 1863 geplant zu haben. Er wurde zu lebenslänglicher Zwangsarbeit verurteilt und 1906 durch Clemenceau begnadigt. – Bakunin lehnte den Terror in den 1860er Jahren zwar noch ab, nahm gegenüber Herzen 1867 aber Partei für Karakozov und Berezowski. »Sage, weshalb hast Du denn Berezowski einen Fanatiker geheißen? [...] Das, Bruder, ist in höchstem Grade ungerecht. Als ob außerhalb der erhabenen historisch-philosophischen Betrachtung des Ereignisses [des Attentats auf Alexander II.] kein Leben, kein Recht, keine Leidenschaft besteht. Berezowski ist ein Rächer und der berechtigste Rächer für alle Verbrechen, alle Leiden und blutigen Beleidigungen, welche Polen und die Polen zu erdulden hatten.« (SP S. 157-158)

Netschajew] Sergej Gennadievič Nečaev (1847-1882), Sohn eines Geistlichen, nahm 1868 und 1869 als externer Student der Universität von Petersburg an Unruhen teil und floh ins Ausland, nachdem er das Gerücht verbreitet hatte, er sei verhaftet worden und aus der Peter-Pauls-Festung entkommen. Bakunin begegnete Nečaev im Frühjahr 1869 in Genf und ließ sich von seinem charismatischen Auftreten und seinen Lügen täuschen. Im Namen der fiktiven Organisation ›Revolutionäre Europäische Union‹ (Alliance Révolutionnaire Européenne) publizierten sie gemeinsam eine Reihe von Manifesten und Dokumenten, etwa »So ist die revolutionäre Frage zu stellen« (Postanovka revoljucionnogo voprosa, auch: »Die revolutionäre Frage und die Art und Weise sie zu stellen«), »Der Anfang der Revolution« (Načalo revoljucii) und die erste Ausgabe der Zeitschrift ›Volksgericht‹ (Narodnaja rasprava). Zu unrecht der Mitautorschaft verdächtigt wurde Bakunin beim allein auf Nečaev zurückgehenden, anonym erschienenen »Katechismus des Revolutionärs« (Katechizm revoljucionera, die Schrift wurde unter diesem Titel bekannt, erhielt ihn jedoch nachträglich). Darin begründete Nečaev seine Auffassung von der Notwendigkeit des Terrors. Der Revolutionär müsse alle humanen Regungen, seine Vorstellungen von Gesetz und Moral in sich bekämpfen, um erpressen, provozieren und töten zu können. Die revolutionäre Organisation solle auf »diktatorischem Zentralismus« aufgebaut sein. Ihre Mitglieder seien zu absoluter Offenheit ihrem Anführer gegenüber verpflichtet, hätten ihm jedoch keine Fragen zu stellen. – Nach seiner Rückkehr nach Rußland im Jahr 1869 baute Nečaev nach diesen Prinzipien eine konspirative Organisation in St. Petersburg mit dem Namen »Volksgericht« (Narodnaja rasprava) auf. Seine Mitglieder waren weitgehend Studenten der Landwirtschaftsakademie. Als der Student Ivanov gegen seine Methoden protestierte, ließ Nečaev ihn ermorden. Nach erneuter Flucht ins Ausland versuchte er den Mord logisch zu begründen (»Volksgericht«, 2. Ausgabe, Genf 1870). Von fast allen russischen Emigranten abgelehnt, tat er sich mit dem nach Herzens Tod allein gebliebenen und heruntergekommenen Ogarev zusammen, um die ›Glocke‹ wieder zu beleben. Es kam zu sechs Ausgaben. 1872 von der Schweiz als Krimineller an Rußland ausgeliefert, starb Nečaev zehn Jahre später im Alekseevskij-Trakt der Peter-Pauls-Festung. Mit Ausnahme weniger isolierter Schüler von Bakunin und P. N. Tkačev haben sich die Mitglieder verschiedener Gruppierungen der russischen Befreiungsbewegung der 1870er und 1880er Jahre von Nečaev distanziert. (Russian History Bd. 24, vgl. Nečaev 2.)

97-99   Brief an Herzen // Irkutsk, 17. November 1860

Ball übernimmt von Dragomanow die falsche Datierung dieses Briefes aus Irkutsk, den Steklov in seiner späteren Moskauer Archivedition auf den 7.-

15. November 1860 datiert. – Bakunin schreibt den Brief, aus dem Ball andere Abschnitte auswählt, in erster Linie in der Absicht, seinen Vetter, den Gouverneur Ostsibiriens Murav'ev (später M.-Amurskij) vor den Angriffen in Herzens ›Glocke‹ zu verteidigen. Dort wurde M.-A. Willkür gegenüber der Bevölkerung und den Verbannten vorgeworfen. (Steklov in SSS Bd. 4, S. 579)

Überlieferung

DV: T² II S. 6-9 (vgl. T¹ II S. 6-8 und Exz^d I S. 3-5). **Ü:** Boris Minzès aus dem Russischen. **Q:** SP S. 11-28(29), hier S. 11-12, 17-18, 19 und 26-27. **O:** Russisches Briefmanuskript in Moskau, RGALI f.2197, o.1, ed.chr.209 und Druck SSS Bd. 4, S. 303-347. Beides mit dem Datum: 7.-15. November 1860. **E:** Zuerst 1895 in deutscher Sprache in SP S. 11-28(29), hier S. 11-12, 17-18, 19 und 26-27. Russisch erst 1896 erschienen. **GA:** CD-ROM und russ. Reprint SSS Bd. 4, S. 303-347. **GDA:** Reprint SP S. 11-28(29), hier S. 11-12, 17-18, 19 und 26-27, nachgedruckt in Stuke S. 665-681, hier S. 665-666, 671, 672-673 und 679-680.

Lesarten der Zitatquelle

97 *Brief von über zwanzig Bogen*] Brief von zwanzig Bogen
für Deine [...] Worte zu danken] dir für deine [...] Worte zu danken
Liebe zur Freiheit, zur Logik, zur Gerechtigkeit [...], die jetzt wie früher den ganzen Sinn meines Lebens ausmachen] Liebe zur Freiheit, zur Logik, zur Gerechtigkeit [...], die jetzt wie früher den ganzen Sinn meines Lebens ausmacht

98 *Durch Niedertracht, Bosheit*] Durch Niederträchtigkeit, Bosheit
kann man den Sibirier nicht verblüffen] kann man den Sibirier nicht in Erstaunen setzen
erlagen sie alle der Abgeschmacktheit des alltäglichen russischen Lebens] unterlagen sie der alltäglichen Abgeschmacktheit des russischen Lebens
Niveau ihrer Moralität] moralisches Niveau
Petersfestung] Peterschloß

99 *alles hatten sie gemeinschaftlich ...*] alles hatten sie gemeinschaftlich.
dort vielleicht gerade deswegen der polnische Fanatismus seine höchste Entwicklung erlangte.] vielleicht gerade deswegen, daselbst der polnisch katholische Fanatismus seine höchste Entwicklung erlangte.

Varianten

98 Bei der Vorbereitung seines Zitats im »Brevier« hat Ball diesen langen Brief Bakunins aus der sibirischen Verbannung in Exz^d I S. 3-5 großflächiger exzerpiert und dabei auch Passagen über dessen Vetter und Schutzgeist, den Gouverneur Ostsibiriens Murav'ev (später M.-Amurskij) berücksichtigt, den Bakunin vor Angriffen in Herzens ›Glocke‹ verteidigte und auch später noch häufiger erwähnt. Diese Briefpassagen entfallen im »Brevier«. – Die frühere Fassung T¹ II S. 8 enthält folgende Variante:

Verantwortlichkeit] Verantwortung [ms. »Verantwortlichkeit«; die beiden letzten Silben hs. gestrichen und darüber die Endung »ung«]

Erläuterungen

97 *langen Brief von über zwanzig Bogen*] Ob Bakunin selbst diesen (in SP oder SSS Bd. 4 nicht überlieferten) Brief vernichtete oder ob er auf dem Weg zu Herzen verlorenging, ist nicht bekannt. Bakunin hatte Herzen und Ogarev bereits im Sommer 1858 durch einen kurzen Brief von seinem Überleben unterrichtet.

für Deine edlen sympatischen Worte zu danken, die Du öffentlich über mich während meiner traurigen Gefangenschaft äussertest.] Von Familienmitgliedern, die ihn in der Peter-Pauls-Festung besucht hatten, sowie von polnischen Verbannten in Sibirien oder von seinem Vetter, dem Generalgouverneur Murav'ev, konnte Bakunin erfahren haben, daß Herzen u.a. in seiner Broschüre »Über die Entwicklung der revolutionären Ideen in Rußland« (1851) sich nicht nur sehr positiv über Bakunin geäußert hatte, sondern daß ihre französische Ausgabe (1853) ihm gewidmet war (SSS Bd. 4, S. 582 Anm. 1).

Du hast mich begraben] 1851 war in französischen und englischen Zeitungen von der Hinrichtung Bakunins in Rußland die Rede gewesen (vgl. Lehning S. 163-168).

bin verheiratet, glücklich, habe eine Familie.] Antonia Ksaver'evna Kviatkovskaja (1842-1887) war die Tochter einer Polin und eines verarmten weißrussischen Adeligen, der als Staatsbeamter niederen Ranges nach Sibirien gekommen war. Bakunin hatte ihr und ihrer jüngeren Schwester Sofia Französisch beigebracht. Sein Vetter, der Generalgouverneur Sibiriens Nikolaj Murav'ev (später Murav'ev-Amurskij), der sich für die Rückgabe der Bürgerrechte an die aus politischen Gründen nach Sibirien Verbannten einsetzte, hielt für Bakunin persönlich um ihre Hand an. Sie heirateten im März 1859, als Antonia 17 Jahre alt war. Kinder gingen aus der Ehe nicht hervor. Sieben Jahre später, auf Ischia, begann Antonia eine Liaison mit dem neapolitanischen Anwalt Carlo Gambuzzi (1837-1902), von dem sie in der Folge drei Kinder bekam, Bakunin jedoch nicht verließ. Sie heiratete Gambuzzi drei Jahre nach Bakunins Tod, 1879.

Ich bin zu alt, um nur zu spielen / Zu jung, um ohne Wunsch zu sein] Johann Wolfgang von Goethe: Faust I, Verse 1546-1547 (Faust in der Studierzimmer-Szene).

beginnt bereits ein Unwetter heraufzuziehen] Bakunin schreibt diesen Brief wenige Monate vor der Aufhebung der Leibeigenschaft, die zwar beschlossene Sache ist, deren Ausarbeitung und Durchführung sich aufgrund des Widerstands reaktionärer Kreise aber hinzieht. Die zunehmende Verunsicherung und Ungeduld derer, die auf durchgreifende Reformen setzten, ließ Bakunin schon hier ein »Unwetter« ankündigen, wie er es zwei Jahre später, nachdem die Reformen »halbherzig« stattgefunden haben, ausführlicher in »Volkssache. Romanov, Pugačev oder Pestel'?« beschreibt.

98 *Menschikows und Münichs*] Berühmte Vorgänger Bakunins in Sibirien. Aleksandr Danilovič Men'šikov (1672-1729) hatte als Günstling Peters I. eine steile Karriere gemacht. Er wurde Leiter der Kriegsakademie und Gouverneur von St. Petersburg. Er verfügte nach Peters Tod unter Katharina I. praktisch über die Macht eines Diktators. Unter Peter II. fiel er 1727 in Ungnade, wurde nach Berezov in Sibirien verbannt und starb dort unter elenden Umständen.

Generalfeldmarschall Christofor Antonovič Münnich (russisch auch: Minich, 1683-1767) war deutscher Herkunft und seit 1721 in russischen Diensten, wurde unter Peter I. für seine Leistungen als Militäringenieur mit dem Grafentitel belohnt. Unter dessen Nachfolgerin Elisabeth beteiligte er sich an Hofintrigen und wurde ins sibirische Pelym verbannt, durfte aber 1762, unter Peter II., nach Petersburg zurückkehren. (SSS Bd. 4, S. 587)

wie heilig den Dekabristen ihr freundschaftliches Zusammenleben dort war] Durch Balls vorherige Kürzung entsteht hier ein falscher Zusammenhang. »Dort« bezieht sich im Original auf die Erwähnung des »Peter Schlosses« (petrovskij zamok), ein Gefängnis, das speziell für die Dekabristen gebaut worden war. Dort also war ihr Zusammenleben besonders freundschaftlich geprägt, während sich nach der Entlassung aus der Haft bei einigen der Mitkämpfer, unter den trostlosen Lebensbedingungen in Sibirien, wie Bakunin ausführt, eine Demoralisierung einstellt. Davon unter anderem handeln die von Ball ausgelassenen Stellen dieses Briefes. (SP S. S. 18-19. Vgl. SSS Bd. 4, S. 330 und S. 589 Anm. 28.)

99 *Bergwerke von Nertschinsk*] Der Ort Nerčinsk, bekannt geworden durch den Abschluß des ersten Vertrages zwischen Rußland und China im Jahr 1689, liegt ca. 500 km östlich des Baikalsees, zwischen den Flüssen Šilka und Argun, deren Zusammenfluß wiederum ca. 500 km weiter östlich den Amur bildet. Seit dem Ende des 18. Jahrhunderts wurden Häftlinge in eine Reihe von Orten im Bezirk Nerčinsk verbannt, wo sie extrem harte Zwangsarbeit in den Silber- und Bleigruben zu leisten hatten. Die ersten politischen Häftlinge, die 1826 ankamen, waren acht Dekabristen. Ab 1831 mußten hier zahllose polnische Freiheitskämpfer ihre Strafe verbüßen, später Mitglieder des Petraševskij-Kreises und von 1864-1870 Nikolaj Černyševskij. Je nach Urteil waren auch politische Häftlinge gezwungen, in den Gruben zu arbeiten, ansonsten aber konnten sie sich meist frei in der näheren Umgebung bewegen.

der polnische Fanatismus seine höchste Entwicklung erlangte.] Im Original heißt es »pol'sko-katoličeskij fanatizm« (SSS Bd. 4, S. 345), entsprechend in SP S. 26: »der polnische katholische Fanatismus«.

der Pole Ehrenberg] Der Warschauer Publizist, Lyriker und Freiheitskämpfer Gustaw Erenberg (1818-1895), dessen revolutionäre Verse weit verbreitet waren, lebte von 1839 bis 1854 in der Nerčinsker Verbannung. Erenberg hatte in Krakau Philosophie studiert, bereits als Siebzehnjähriger Abhandlungen über Ästhetik und Poetik publiziert und war in einer revolutionären Jugendorganisation aktiv. Auf Bitten seiner bildungshungrigen Mitkämpfer hielt er geheime philosophische Vorlesungen in polnischer Sprache ab, da die Professoren üblicherweise in Latein lasen. Er wurde Mitglied der revolutionären Gesellschaft des polnischen Volkes, ging nach Warschau, war für die Verbindung zu anderen Universitäten zuständig und sorgte für die Verbreitung von liberaler und demokratischer Literatur aus dem Ausland, u.a. Lamennais und die Geschichte der Französischen Revolution von Tocqueville. Nach der Verbreitung revolutionärer Aufrufe wurde er im Mai 1838 zusammen mit anderen Verschwörern verhaftet, zunächst zum Tode verurteilt, doch dann zur Zwangsarbeit in die Erzgwerke von Nerčinsk und Kliškinsk geschickt. Er konnte eine bereits bestehende polnische Bibliothek benutzen, die aus 300 Büchern bestand und unterrichtete die Kinder einer befreundeten Familie, deren Haus als Versammlungsort der verbannten Polen genutzt wurde. In Nerčinsk schrieb Erenberg u.a. einen Zyklus von Sonetten mit dem Titel »Daurische Elegien«, in denen er die Psalmen verarbeitete, und andere religiöse Lyrik. Aufgrund einer Amnestie wurde seine Zwangsarbeit zu »Zwangsansiedlung« gemildert, er siedelte sich im Ural an und erhielt 1858 die Erlaubnis, nach Warschau zurückzukehren, wo er die Redaktion der revolutionären Zeitschrift ›Sternik‹ übernahm. 1862 wurde Erenberg erneut festgenommen und nach Brest-Litowsk verbannt, war Mitarbeiter mehrerer Zeitungen und Zeitschriften und schließlich Bibliothekar in der Zamojski'schen Ordinariatsbibliothek. 1870 ging er nach Krakau und unterrichtete u.a. Literatur in Frauenkursen.

100 Brief an Herzen. // Irkutsk, 8. Dezember 1860

Überlieferung

DV: T² II S. 10-11 (vgl. T¹ II S. 9-10). **Ü:** Boris Minzès aus dem Russischen. **Q:** SP S. 29-39, hier S. 32-33. **O:** Russisches Briefmanuskript in Moskau, RGALI f.2197, o.1, ed. chr.209 und Druckfassung in SSS Bd. 4, S. 359-369. **E:** Zuerst 1895 in deutscher Sprache in SP S. 29-39, hier S. 32-33. Russisch erst 1896 erschienen. **GA:** CD-ROM und Reprint SSS Bd. 4, S. 359-369. **GDA:** Reprint SP, S. 29-39, hier S. 32-33, dieser Brief nachgedruckt in Beer 2 S. 360-376 und Stuke S. 681-691.

Lesarten der Zitatquelle

100 *Sie besitzen [...] keinen allgemein vorherrschenden Charakter. Literatur, Schriftstellerei und leeres Geschwätz*] Sie besitzen [...] keinen allgemein vorherrschenden Charakter, keine Charaktere, Litteratur, Schriftstellerei und leeres Geschwätz
Leidenschaft der sogenannten anständigen Leute ...] Leidenschaft der sogenannten anständigen Leute, – ebenso wie in den übrigen Schichten des russischen Publikums die Leidenschaft für die Tasche vorherrscht.
Pastorensöhnen] Popensöhnen
dass der Adel selbst vieles in sich birgt ...] dass der Adel selbst vieles in sich birgt .... [Nach zehn Auslassungspunkten in der Zitatquelle

schließt der Übersetzer folgende Fußnote an: »Mit diesen Worten endigt der erste Bogen des Briefes ...«]

Varianten

In T1 II S. 9 findet sich zur Charakterisierung des »russischen Lebens« am Ende des zweiten Satzes die korrekte Schreibweise »nicht leben«, die beim Abdruck von T2 II S. 10 aus »nichtleben« normalisiert wurde.

Erläuterungen

100 *Die Panajews*] Bakunin nennt den Journalisten Ivan Panaev (vgl. S. 24 – »die übrigen Moskauer Hegelianer« und zu S. 96 »Der Zeitgenosse«) hier stellvertretend für liberale Autoren und Publizisten, die sich zu Beginn der 1860er Jahre, als die Aufhebung der Leibeigenschaft und andere wichtige gesellschaftspolitische Reformen anstanden, mit Kritik an der Regierung sehr zurückhielten, zum Teil sogar ihre Distanz zum Zarenhaus aufgaben.

aus Stankjewitschs, Bjelinskys, Granowskys und Deinen Werken] Vgl. S. 21 – »Kreis junger Männer, zu denen Bjelinsky...« und S. 46 – »Sie hatten von mir Schilderungen politischer Parteien«.

101-102 **Brief an Herzen und Ogarjow // San Franzisko, 15. Oktober 1861**

Aus Kalifornien kam das erste Signal der gelungenen Flucht Bakunins und seiner bevorstehenden Rückkehr nach Westeuropa. Sein Brief war mit Unterstützungs-Forderungen an die Londoner Freunde verbunden.

Überlieferung

DV: T² II S. 12-13 (vgl. T¹ II S. 11-12). **Ü:** Boris Minzès aus dem Russischen. **Q:** SP, S. 39-41, hier S. 39-40. **O:** Russisches Briefmanuskript in Moskau, RGALI f.2197, o.1, ed.chr.209. **E:** Zuerst 1895 in deutscher Sprache in SP S. 39-41, hier S. 39-40. Russisch erst 1896 erschienen. **GA:** CD-ROM **GDA:** Reprint SP, S. 39-41, hier S. 39-40; dieser Brief nachgedruckt in Beer 2 S. 376-379.

Lesarten der Zitatquelle

101 Die Doppeldatierung in der Zitatquelle nennt vor dem julianischen Tagesdatum auch jenes nach gregorianischem (westlichem) Kalender, auf den sich Ball beschränkt:

San Franzisko, 15. Oktober 1861] San Franzisko, 15./3. Oktober 1861

Die Doppeldatierung taucht in der Zitatquelle noch an zwei weiteren Stellen auf. Sonst finden sich im Briefzitat nur wenige Veränderungen, die über die geschilderten Redaktionseingriffe Balls hinausgehen:

in Begleitung eines meiner Brüder oder sonst jemandens] in Begleitung eines meiner Brüder oder jemand anders

Mr Bakunin, Howard House] Mr Bakounin, »Howard House«
102 *der einzige Ausweg*] der einzige Ausgang

Erläuterungen

101 *kam ich heute in San Franzisko an*] Bakunin hatte 1859, protegiert von seinem Vetter, dem Gouverneur von Ostsibirien, General Nikolaj Murav'ev die Erlaubnis erhalten, mit seiner Frau von Tomsk nach Irkutsk zu ziehen. Bei einem Gehalt von 2000 Rubeln im Jahr bekam er eine Stellung in der Amur Kompanie als reisender Händler, die er zwar als unprofitabel nach einem Jahr wieder aufgab, doch behielt er sein Auskommen als Angestellter – wahrscheinlich, weil es der Besitzer der Kompanie nicht mit dem Gouverneur verderben wollte. Petitionen seiner Mutter an den Zaren und ein Schreiben von Murav'ev, in dem er sich für seinen Vetter einsetzte, hatten nicht den erhofften Gnadenakt zur Folge gehabt, und so beschloß Bakunin im Frühjahr 1861, das Land auf eigene Faust zu verlassen. Generalgouverneur Murav'ev-Amurskij war in den Ruhestand getreten. Ein anderer hoher Beamter, ebenfalls ein Verwandter Bakunins, General Korsakov, versorgte Bakunin gegen dessen Ehrenwort, beim ersten Eisgang im Spätherbst zurück in Irkutsk zu sein, mit allen nötigen Papieren für eine angebliche Handelsreise bis zur Pazifikküste. Dort gelangte Bakunin – mit der Behauptung, einen anderen russischen Hafen ansteuern zu wollen – an Bord eines russischen Regierungsschiffs, das einen amerikanischen Handelssegler auf hohe See schleppte. Er machte dem amerikanischen Kapitän einen Besuch, fuhr mit ihm nach Japan, erzählte dem dortigen russischen Konsul, der nichts von seiner Identität wußte, daß er über Shanghai nach Rußland zurückkehren werde – und erreichte am 14. Oktober 1861 San Francisco.

Nikolai Alexandrowitsch Bakunin] Nikolaj Aleksandrovič Bakunin (1818-1900), Artillerist im Dienste des Zaren, war der zweitälteste der Bakuninbrüder. Er war mit Belinskij befreundet gewesen, stand Bakunin am wenigstens nahe und dachte offenbar nicht im mindesten daran, ihn finanziell zu unterstützen. Nach dem Tod des Vaters galt er als das »männliche Oberhaupt« der Familie. Vgl. S. 94 – »mit meinem Bruder Alexey«.

Meine Frau] Vgl. S. 97 – »bin verheiratet, glücklich, habe eine Familie«. Antonia Bakunina traf im April 1863 in London ein, während Bakunin sich in Skandinavien aufhielt.

102 *zum Profoss herabzuwürdigen*] Hier im Sinne von: sich dazu erniedrigen, strafende Gewalt auszuüben. – Der Profoß (Profós, von spätlateinisch praepositus: Vorgesetzter) war früher ein mit der Bewachung der Arrestanten betrauter Unteroffizier. Vorgesetzter des Profoß war der Generalprofoß, ein hoher Offizier, dem die Heerespolizei unterstand. Profoß wurden später in Österreich Gefängnisaufseher genannt.

103   Bakunin über seine Ankunft in London
      (»Rapports personels avec Marx«)

Während der Fraktionsbildungen innerhalb der ›Ersten Internationale‹‹ schrieb Bakunin Ende 1871 diese Rechenschaft über seine persönlichen Beziehungen zu Karl Marx. Sie wird im »Brevier« auf den Seiten 48, 61, 87, 103 und 143 zitiert.

Überlieferung

DV: T² II S. 14 (vgl. T¹ II S. 13). **Ü:** Hugo Ball aus dem Französischen (nicht wie sonst als Erstübersetzung im Inhaltsverzeichnis markiert). **Q:** Französisches Zitat in Nettlau, Biogr. Bd. 1, S. 128 und dortiger Nachweis S. XX +69 Anm. 822. **O:** Französisches Manuskript »Rapports personnels avec Marx. Pièces justificatives NE 2« im IISG, Archives Bakunin **E:** Als deutsche Übersetzung von Max Nettlau 1924 unter dem Titel »Persönliche Beziehungen zu Marx« in GW Bd. 3, S. 204-216, hier S. 215-216. **GA:** CD-ROM und Œuvres Bd. 2, S. 119-130, hier S. 127. **GDA:** Nettlaus Übersetzung in Reprint GW Bd. 3, S. 204-216, hier S. 214, nachgedruckt bei Hillmann S. 174-190, hier S. 187, und Stuke S. 395-410, hier S. 407.

Lesarten der Zitatquelle

Balls Übersetzung der Quelle bestätigt seine Tendenz zur dramatischen Vergegenwärtigung:

103   *Das erste, was Herzen, Ogarjow und Mazzini mir erzählten, war dies:*] Et voici ce que Herzen, Ogareff et Mazzini me dirent: (frz. »Und Herzen, Ogareff und Mazzini erzählten mir folgendes:«)
      und es rächte sich.] D'ailleurs ils avaient été assez punis (frz. »Im übrigen waren sie genug gestraft worden«).

Erläuterungen

103   *Ogarjow*] Vgl. S. 24 – »Nikolaus P. Ogarjow«.
      Mazzini] Vgl. S. 23 – »gegen den religiösen Dogmatismus Mazzinis«.
      in den deutschen und englischen Zeitungen] 1853 hatte die Londoner Zeitung ›Morning Advertiser‹ auf einen Brief an die Redaktion vom 23.8. desselben Jahrs, unterzeichnet mit F. Marx, Bezug genommen, in dem Bakunin verdächtigt wurde, russischer Spion zu sein. Zugleich wurde daran erinnert, daß in einem Bericht, der am 6.7.1848 in der ›Neuen Rheinischen Zeitung‹ erschienen war, derselbe Verdacht geäußert wurde. Der Unterzeichner des Briefs wurde wohl fälschlich für Karl Marx gehalten. (HL Bd. 3, S. 702, Anm. zu S. 198; Nettlaus Fußnote in GW Bd. 3, S. 214 und Lehning S. 170)
      Auch nach Bakunins Ankunft in London ist über die Umstände seiner Flucht und sein Verhältnis zu höchsten Kreisen der Gouvernementsverwaltung in Rußland und in Europa spekuliert worden. Gerüchte, Bakunin sei als Agent nach Europa zurückgekehrt, um dort in revolutionären Kreisen Unruhe zu stiften, machten die Runde. (Vgl. Carr, S. 247f.) Möglicherweise hat zu solchen Verdächtigungen das großzü-

gige Verhalten des Gouverneurs von Sibirien Murav'ev dem verbannten Bakunin gegenüber beigetragen, sowie Bakunin selbst (oben S. 97-99), der in seinem Brief an Herzen vom 7.-15.11.1860 den in der ›Glocke‹ angegriffenen Murav'ev als »entschiedenen Demokraten« und »edlen Ritter« verteidigte, von dem Rußland »seine Rettung« erwarten dürfe. Hatte Bakunin in der »Beichte« bereits Nikolaus I. die Führung »einer panslavistischen Föderation«, die Europa erneuern würde, nahegelegt, so war es nun General Murav'ev, dem er als »zeitweiligem Diktator« den erfolgreichen militärischen Kampf gegen die verhaßten Österreicher und Türken zutraute. Carr beschreibt Murav'ev-Amurskij als einen Menschen, der keinen Despoten akzeptierte außer sich selbst und keine Bürokraten, außer denen, die ihm zuarbeiteten. Insofern sei es für ihn ein Leichtes gewesen, als Despoten- und Bürokratenfeind aufzutreten, was im übrigen, ausgelöst durch das Interesse des Zaren an Reformen, eine Art Mode gewesen sei. (Carr S. 241)
dem Polen Worcel, Führer der polnischen Demokratie, unendlichen Dank.] Am 29.8.1853 erschien im ›Morning Advertiser‹ ein Protestbrief u.a. von Herzen, Mazzini und Worcell gegen die Verleumdung Bakunins mit Hinweis auf einen ähnlichen Vorgang in der von Karl Marx redigierten ›Neuen Rheinischen Zeitung‹ im Jahr 1848. Am 31.8.1853 folgte im ›Morning Advertiser‹ der Abdruck eines Briefes von A. Ruge, der wegen eben dieser Veröffentlichung im Jahr 1848 Karl Marx direkt angriff. (HL Bd. 3, S. 703, Anm. zu S. 201).
Graf Stanislaw Worcell (1799-1857) war Mathematiker, Linguist und darüber hinaus umfassend gebildet, entstammte einer reichen polnischen Aristokratenfamilie, nahm gegen deren Willen an der Revolution von 1830 teil und verbrachte den Rest seines Lebens, getrennt von Frau und Kindern, in bescheidenen Verhältnissen in der Emigration in Paris und London. Worcell war Freimaurer und seit 1832 einer der Führer der »demokratischen Zentralisation« und entschiedener Gegner der konservativen Partei Adam Czartoryskis. Er kämpfte für ein demokratisches Polen, für das er sich die Unterstützung durch den niederen Adel und die Bevölkerung der Städte erhoffte. Um sein Ziel zu erreichen, setzte er sich mit allen Persönlichkeiten Frankreichs – »von Cavaignac bis Ledru-Rollin« – in Verbindung und gründete mit Mazzini, Kossuth, Ledru-Rollin und Bratianu das ›Europäische Komitee‹. In Alexander Herzens Londoner Druckerei ließ er Aufklärungs- und Propagandaschriften für die »demokratische Zentralisation« drucken. (HL Bd. 3, S. 166–189)

104 **Alexander Herzen über die Intrige der Marxisten
(Nachgelassene Schriften, »Die Deutschen in der Emigration«)**

Herzen bezeugt dieselbe Episode mit der Nennung eines anderen Täters: des Publizisten Urquhart, den er freilich auch mit der »Marx'schen Bande« in Verbindung bringt. Daß Karl Marx auch verwandtschaftlich nichts mit dem englischen Journalisten F. Marx zu tun hatte, der bei Urquhart in die

Schule gegangen war, schien man im Umkreis von Bakunin nicht zu wissen.
– Die Stelle ist von Ball nach Nettlau zitiert, nicht nach SP; dort gibt es auf
S. LXI, LXXVI und S. 400 vielmehr nur Verweise.

Überlieferung

DV: T² II S. 15 (vgl. T¹ II S. 14). **Ü:** Max Nettlau aus dem Russischen. **Q:** Übersetztes Zitat in Nettlau, Biogr. Bd. 1, S. 128-129. **O:** Alexander Herzen: Die Deutschen in der Emigration. In: HPW S. 51-83, hier S. 59ff. **E:** nicht ermittelt. **GA:** nicht ermittelt. **GDA:** Andere Übersetzung HL Bd. 3 S. 199-201, nachgedruckt in Lehning S. 170-171.

Lesarten der Zitatquelle

104 die Marx'sche Bande] die Bande Marx
ein Schatz für die Bande verkannter deutscher Staatsmänner] ein Schatz für die Bande unerkannter deutscher Staatsmänner

Varianten

104 Die erste Variante findet sich bei der früheren Fassung T¹ II S. 14 im Titel, die zweite im Text. Sie belegt die korrekte Schreibung des Wortes »Verleumdung«, bei der Ball auch in anderen Texten der Schreibung »Verläumdung« zuneigt, während im vorliegenden Text T² II S. 15 beide Schreibungen vorkommen:

Nachgelassene Schriften] Posthume Schriften
mit einer abscheulichen Verläumdung] mit einer abscheulichen Verleumdung

Erläuterungen

104 *im Alexy Rawelin*] Der Alekseevskij-Trakt (Alekseevskij ravelin) der Peter-Pauls-Festung war für seine extrem harten Haftbedingungen berüchtigt. Hier wurden die Gefangenen des Zaren festgehalten, die als besonders gefährlich galten (Grawitz S. 366).
David Urquhardt] David Urquhart (1805-1877) war Politiker und Publizist, prägte die öffentliche Meinung in England wesentlich. Rußland bezeichnete er als »geschickte, tückische, korrupte und für England außerordentlich gefährliche Macht« (in Hdb. RG Bd. 2.2, S. 1197).
Guizot] Vgl. S. 52 – »Guizot«.
Derby] Edward Derby, Lord Stanley (1799-1869) war Führer der englischen Konservativen.
Espartero] Der Politiker Baldomero Espartero (1792-1879) war 1854-1856 spanischer Minsterpräsident.
Cobden] Der britische Politiker Richard Cobden (1804-1865) war Parlamentsmitglied seit 1841 und Gründer der Anti-corn-law-Liga, die zu einer mächtigen nationalen Organisation wurde. Von den ›Corn-Laws‹ (Getreide-Gesetzen) profitierte seiner Ansicht nach nur die Klasse der Landbesitzer, die sich auf Kosten der Mittelklasse und der Unter-

schichten bzw. Arbeiter bereicherte. Er war Autor einflußreicher Pamphlete (u.a. »Rußland«, 1846), in denen er eine neue Konzeption der Außenpolitik forderte, die nicht auf dem Gleichgewicht der Macht, sondern auf der Ausweitung internationaler Wirtschaftsbeziehungen und dem freien Verkehr von Menschen und Waren basieren sollte.
public houses] Gasthäuser, Kneipen.
Morning Advertiser] Vgl. S. *103* – »in den deutschen und englischen Zeitungen«. – Herzen charakterisiert das Blatt folgendermaßen: »Diese Zeitung gibt es weder in den Klubs noch bei den großen stationers, noch auf dem Tisch anständiger Leute [...]. Eine typisch englische Erscheinung: der ›M. Advertiser‹ ist die Zeitung der Schenken und es gibt keine Kneipe, in der sie nicht zu finden gewesen wäre.« (HL Bd. 3, S. 201)
traten im Morning Advertiser die Marxisten und ihre Freunde ein.] Tatsächlich soll sich Karl Marx über das politische Anliegen des Blattes negativ geäußert haben. Mit Urquhart, heißt es im Kommentar zu HL, Bd. 3, S. 702, sei M. erst einige Monate nach diesem Vorfall bekannt geworden.

105-106 Bakunin in London (Nach Alexander Herzen »Nachgelassene Schriften«)

Über Bakunins Aktivismus nach der Flucht aus der Verbannung berichtet ein weiteres Zeugnis aus Herzens Nachlaß.

Überlieferung

DV: T² II S. 16-17 (vgl. T¹ II S. 15-16 und Exz^a II S. 4-5). **Ü:** Boris Minzès aus dem Russischen. **Q:** Zitat durch Dragomanow in seiner Einleitung zu SP, S. LXIX-LXX. **O:** Alexander Herzen: M. Bakunin und die polnische Sache. In: HPW hier S. 200-201. **E:** nicht ermittelt. **GA:** nicht ermittelt. **GDA:** Reprint SP, S. LXIX-LXX. Andere Übersetzung im Beitrag »M. Bakunin und die polnische Sache«: HL Bd. 3, S. 457-458, nachgedruckt bei Lehning S. 202-203.

Lesarten der Zitatquelle

105 *Serben, endlich ein Bulgare*] Serben .... endlich ein Bulgare
   Polen aus allen Eparchieen] Polen aus allen möglichen Eparchien
106 *nach der Moldau und Belogriniza ...*«] nach der Moldau und Belokriniza« (Posthume Werke, S. 200-201).

Varianten

105 Die frühere Fassung T¹ II S. 15 ist textidentisch bis auf die Titelei. Bereits in dem Exzerpt Exz^a II S. 5 wird der Zitatnachweis »Posthume Werke, S. 200-201« von Dragomanow aufgenommen:

Nachgelassene Schriften] Posthume Schriften

Erläuterungen

105 *Gemeindeeigentum an Grund und Boden*] Traditionell war das Land, das die russischen Bauern für sich selbst bearbeiten durften, Eigentum ihrer Gemeinde (mir oder obščina) und wurde alle 20 bis 25 Jahre neu verteilt. Vor dem Staat haftete die Gemeinde für die Steuer jedes einzelnen. Die Bauerngemeinde bzw. das G. als den russischen Bauern prägendes Prinzip spielte in den Diskussionen der Westler und der Slavophilen eine zentrale Rolle. Herzen, aber auch Černyševskij und die späteren Volkstümler begriffen das G. als Vorform sozialistischer bzw. kommunistischer Prinzipien und sahen darin einen wesentlichen Vorteil Rußlands dem Westen gegenüber. In Herzens Augen machte die Bauerngemeinde den russischen Bauern zum Hoffnungsträger und »Menschen der Zukunft«, eine Auffassung, die Bakunin in späteren Jahren heftig kritisierte (vgl. AS Bd. 3, S. 71-72 und SP S. 122-124).
Tschernischewsky] Nikolaj Gavrilovič Černyševskij – vgl. *S.* 96 – »Tschernischewsky«.
Polenfrage] Polen war 1797 als unabhängiger Staat liquidiert und in verbliebenen Teilen von Rußland, Österreich und Preußen annektiert worden. Hatte das liberale Europa die polnische Frage, den Kampf um seine Wiederherstellung also, noch in der ersten Hälfte des 19. Jahrhunderts als Sache betrachtet, in der es sich selbstverständlich zu engagieren hatte, so überwog spätestens seit dem Januaraufstand von 1863 die Tendenz, sie – um des europäischen Friedens willen – den drei Teilungsmächten als ihre innere Angelegenheit zu überlassen. Bakunin vertrat in diesem Zusammenhang entschiedener als Herzen die Ansicht, daß die Existenz Polens nicht dem Status quo geopfert werden dürfe. Beide aber nahmen Partei für die Bestrebungen jener polnischen Freiheitskämpfer, die mit der Wiederherstellung ihres Staates die weitgehende Enteignung polnischer Großgrundbesitzer und die Neuverteilung von Grund und Boden verknüpfen wollten. – Diese Forderung entzweite um 1863 die Einheit der polnischen Aufständischen und ließ zwischen Soldaten, Bauern und Arbeitern auf der einen Seite und Großbürgertum und Adel auf der anderen eine Front entstehen. (Vgl. S. 50 – »17. Jahrestag der polnischen Revolution von 1830«.)
Polen aus allen Eparchieen: der bonapartistischen, Mieroslawsky'schen, Tschartorysky'schen] Das hier ironisch verwendete griechische Wort Eparchie bezeichnete den Machtbereich eines Statthalters im byzantinischen Reich, später den Bischofssprengel in der orthodoxen Kirche; als Eparch konnte aber auch ein Befehlshaber oder Vorgesetzter im allgemeinen bezeichnet werden. – Die Polen der ›Mierosławski'schen Eparchie‹ wären die Demokraten und Liberalen, die der ›Czartoryskischen‹ die Konservativen und Royalisten, die für Polens Unabhängigkeit kämpften, aber auch die Privilegien des Adels um jeden Preis erhalten wollten. Die Polen der bonapartistischen Eparchie wären wohl ebenfalls Konservative gewesen. Diese setzten mit dem Ziel der Rückgewinnung polnischer Staatlichkeit ihre Hoffnung auf den französischen Kaiser, der aus Rücksicht auf den polnischen Adel in Litauen

auf die Bauernbefreiung verzichtet hatte (Torke zu »Napoleons Rußlandfeldzug«).
Ludwik Mierosławski (1814-1878) war Berufsoffizier und eine der führenden Persönlichkeiten der radikal-revolutionären Bewegung. Nach der Niederschlagung des Novemberaufstands ging er in die Emigration nach Frankreich, wo er in einer Publikation die politischen und militärischen Fehler dieses Aufstands analysierte und polnische Offiziere ausbildete. Er war Mitglied der ›Vereinigung der polnischen Emigration‹, später der ›Demokratischen Bewegung‹, und führte 1846 die Vorbereitungen zum Aufstand gegen die österreichische Monarchie in Galizien an, wurde jedoch noch vor dessen Beginn von Landadeligen denunziert, in Posen verhaftet, in Berlin vor Gericht gestellt und wegen Landesverrats verurteilt. 1848 befreiten ihn Aufständische aus dem Gefängnis von Moabit. 1849 übernahm Mierosławski in Baden das Kommando über eine aufständische Einheit von ca. 10.000 Mann, die in der Schlacht bei Waghäusel von zahlenmäßig weit überlegenen Regierungstruppen geschlagen wurden. Er kehrte über die Schweiz nach Frankreich zurück, beteiligte sich an den Vorbereitungen zum Aufstand von 1863, wurde in Abwesenheit von den ›Roten‹ zum Diktator ausgerufen, erreichte Warschau jedoch zu spät, um vor Ort die Führung übernehmen zu können. Danach ließ er sich endgültig in Paris nieder. (Gill)
Fürst Adam Jerzy Czartoryski (1770-1861) war bis 1805 Berater für außenpolitische Fragen unter Zar Alexander I., bis 1823 Kurator der Universität in Wilna und des Unterrichtswesens in Litauen und Weißrußland, verließ 1823 den russischen Staatsdienst und wurde 1838 in der Pariser Emigration formell zum polnischen König gewählt. Sein Pariser Palais, das Hôtel Lambert, wurde geistiges Zentrum der ›weißen‹ polnischen Emigranten und lag im Dauerstreit mit der ›Demokratischen Gesellschaft‹. – 1830/31 unterschrieb Czartoryski als Präsident der provisorischen Regierung, in der zugleich sein Gegner von den Linken Lelewel saß, eine Proklamation zur Einstellung des Aufstands, was einer Loyalitätserklärung an die Russische Regierung gleichkam. Er setzte im Kampf um die Unabhängigkeit auf Unterstützung durch die europäischen Mächte und bot sogar dem österreichischen König die polnische Krone an. 1843 gründete er in Paris ›Die Monarchistische Gesellschaft des 3. Mai‹, deren Ziel es war, in Polen eine konstitutionelle Monarchie zu errichten. In der Revolution 1848/49 war der Einfluß des Hôtel Lambert unbedeutend. (DP)

106 *Semipalatinsk*] 1718 als Festung in der zentralasiatischen Steppe am Irtysch (Südwestsibirien) gegründet, wurde Semipalatinsk im 19. Jahrhundert zu einem der Zentren politischer Verbannung.
Arad] Stadt mit Festung in der pannonischen Ebene Ungarns. Auf Haynaus Befehl waren hier am 6. Oktober 1849 13 ungarische Generale (»Arads Märtyrer«) hingerichtet worden.
Belogriniza] Gemeint ist wohl Belokriniza in der damals österreichischen Bukowina, seit den 1840er Jahren Sitz des Metropoliten der rus-

sischen Altgläubigen (Staroobrjadcy). Nach dem Verbot ihrer Klöster und ihrer Riten durch Zar Nikolaus I. hatten zahlreiche Anhänger dieser Abtrünnigensekte der russischen Orthodoxie mit Erlaubnis der Österreicher in Belokriniza Zuflucht gefunden, – auch der Pope Olimpij Miloradov. Er nahm 1848 als einziger Russe außer Bakunin am Slavenkongreß teil, in der polnisch-russischen Sektion. (SSS Bd. 4, S. 471 Anm. 124/125, und HL Bd. 3, S. 723 Anm. zu S. 424) Diese Verbindung nahm Bakunin wieder auf.

107 **Bakunin über Liberalismus. Sein Standpunkt als Mitarbeiter der »Glocke«. (Brief an Herzen, 8. Dezember 1860)**

Überlieferung

DV: T² II S. 18 (vgl. T¹ II S. 17). **Ü:** Boris Minzès aus dem Russischen. **Q:** SP, S. 29-39, hier S. 31-32 **O:** Russisches Briefmanuskript in Moskau, RGALI f.2197, o.1, ed.chr.209 und Druckfassung in SSS Bd. 4, S. 359–369 **E:** Zuerst 1895 in deutscher Sprache in SP S. 29-39, hier S. 32-33. Russisch erst 1896 erschienen. **GA:** CD-ROM (russisch und französisch) und Reprint SSS Bd. 4, S. 359–369. **GDA:** Reprint SP, S. 29-39, nachgedruckt in Beer 2 S. 360-376, hier S. 364-365, und Stuke S. 681-691, hier S. 684.

Lesarten der Zitatquelle

107 *Mist riecht*] Mist stinkt
der echt heimisch riechende Kot] der echt heimisch stinkende Kot
kein anderes Organ] kein anderes freies Organ
Wem sind nicht edle Worte und Phrasen geläufig!] Wem sind nicht edle Worte und Phrasen bekannt!
man hört sie in allen Ecken] man hört sie an allen Ecken
dass sein Wort zur Tat werden wird;] daß sein Wort zur Tat werden wird; was die übrigen betrifft, so möchte ich folgenderweise handeln:
einen umso höheren Galgen würde ich ihm errichten ...] einen umso höheren Galgen würde ich ihm errichten. [Die Punkte markieren hier keine Auslassung]

Varianten

107 Die frühere Fassung T¹ II S. 17 kürzt – der Quelle entsprechend – noch nicht im Schluß der Zitatpassage:
dass sein Wort zur Tat werden wird;] dass sein Wort zur Tat werden wird; was die übrigen betrifft, so möchte ich folgenderweise handeln:

Erläuterungen

107 *Man sagt, dass es in Russland jetzt taut*] Hinweis auf die von Zar Alexander II. in Angriff genommenen Reformen, in deren Mittelpunkt die Freilassung der Leibeigenen stand.

108 **Brief an Familie Prof. Vogt in Bern (mit der Bakunin seit 1843 intim befreundet war)**

Nicht ohne Selbstironie meldet Bakunin sich nach der Verbannung bei der befreundeten demokratischen Familie, die er seit seinem ersten Schweiz-Aufenthalt kannte.

Überlieferung

DV: T² II, S. 19-20 (vgl. T¹ II S. 18-19). **Ü:** Original deutsch. **Q /E:** Erster Absatz eines Briefzitats in: Nettlau, Biogr. Bd. 1, S. 146; in Anm. 982 ausgewiesen als »unverändert wiedergegeben« aus einer fremden Abschrift von Briefen im Besitz der Familie Vogt. **O:** Deutschsprachiger Brief Bakunins vom 28.6.1862 aus London an Familie Vogt. Original nicht erhalten. **GA:** CD-ROM **GDA:** CD-ROM mit deutschem Originaltext nach Nettlau und französischer Übersetzung (ohne die durch Nettlau wiedergegebene ironische Titelei »Gemeinsames Schreiben des russischen Apostels Bakunin an die urgermanische Vogt'sche Famlie«).

Lesarten der Zitatquelle

108 *Bakunin an die urgermanische Vogt'sche Familie*] Bakounin an die urgermanische Vogt'sche Gemeinde.
von Mama Numero 2, das heisst von Luise] von Mama No. 2, d.h. von Louise
Muravjew gleich einer Sirene] Mouravieff gleich einer Syrene

Varianten

108 Im Zwischentitel der früheren Fassung T¹ II S. 18 ist das Wort »intim« hs. gestrichen.

Erläuterungen

108 *Vogt'sche Familie*] Aus Deutschland stammende, in der Schweiz eingebürgerte liberale Gelehrtenfamilie, mit der Bakunin bei seinem ersten Schweizer Aufenthalt 1843 Freundschaft geschlossen hatte. Im Vorjahr verstorben war das Familienoberhaupt Philipp Friedrich Wilhelm Vogt (1786-1861), der 1835 aus Gießen als Professor der Medizin an die neue errichtete Hochschule in Bern berufen wurde. Seine 1799 geborene Frau Luise, die Bakunin als zweite »Mama« anredet, war Schwester des burschenschaftlichen Poeten und Politikers August Follen (1794-1855), der – nach mehrjähriger Haft in die Schweiz emigriert – Führer der ›Radikalen Partei‹ in Zürich geworden war. Durch ihn kam nach Bakunins Ankunft in Zürich 1843 die Verbindung zur Familie Vogt in Bern zustande, die ein offenes Haus für Emigranten führte. Wie die Reichels wurden die Vogts Bakunins engste Freunde – außerhalb jeder direkten politischen Bindung. Als Bakunin 1876 sein Ende nahen fühlte, zog er sich nach Bern in die Nähe der Familie zurück, wo ihn der Arzt Adolf Vogt im Juni 1876 in die Klinik einweisen ließ und im Sterben begleitete.

108 *geliebte Brüder*] Neben dem ältesten Sohn Karl Vogt (siehe S. 46 – »Karl Vogt«) waren dies: Der Jurist *Emil Vogt* (1820-1883), der als Rechtsanwalt in Bern lebte und 1869 Ordinarius des Römischen Rechts an der Universität wurde; der Berner Arzt *Adolf Vogt* (1823-1907), der 1877 Professor der Hygiene an der Universität wurde und das öffentliche Gesundheitswesen reformierte; der Berner Anwalt *Gustav Vogt* (1829-1901) war 1860-62 Direktor des eidgenössischen statischen Büros und wahrscheinlich in dieser Funktion nach London gekommen; 1869-70 war er Rektor der Universität Bern, 1870-81 Professor für demokratisches Staatsrecht und 1876-78 Rektor der Universität Zürich, 1872-81 außerdem Kantonsrat und Chefredakteur der ›Neuen Zürcher Zeitung‹. Er beteiligte sich an der Friedensbewegung und war erster Präsident des Zentralkomitees der ›Friedens- und Freiheitsliga‹, in das im November 1867 auch Bakunin gewählt wurde.

Als Hugo Ball am Bakunin-Brevier arbeitete, lebten von der nachgeborenen Generation der Familie u.a. noch Gustavs Sohn, der Journalist Felix Vogt (1856-1923), der nach Kriegsbeginn aus Paris nach Zürich übergesiedelt war, sowie in Genf Karls Sohn, der Journalist und Politiker William Vogt (1859-1918). Er war zunächst Redaktionssekretär des ›Genevois‹ gewesen, des Organs der ›Radikalen Partei‹, aus der er aber bald austrat und deren Führer er angriff, während er selbst die frühere Partei der Libertins wiederzubeleben versuchte. Von 1898-1902 war er Großrat. Er war durch die Schärfe seiner Schriften bekannt. William Vogt könnte Ball bei seinem durch Nettlau vermittelten Genf-Besuch im September 1917 begegnet sein. In einem Brief an Emmy Hennings schrieb Ball am 15.9.1917: »Ich freue mich sehr mit Nettlaus Adresse. Sie eröffnet mir einen sehr interessanten Kreis in Genf.« Eine Begegnung mit William Vogt in Genf ist jedenfalls wahrscheinlicher als eine Begegnung Balls mit Nettlau selbst, wie noch im Kommentar der Briefausgabe vermutet (vgl. SW Bd. 10,3, S. 184). Nettlau stand seit Kriegsbeginn in Wien unter Hausarrest, wie sein Biograph Rudolf Rocker bezeugt (Rocker S. 207 und 214). In Genf waren damals noch Papiere von Bakunin aufbewahrt, über die die Nachfahren der Familie Vogt vermutlich informiert waren. Die Manuskripte, die Nettlau in den 1890er Jahren benutzt hatte, befanden sich im Hause von Josephine Schultze-Karlen, der Witwe des Anarchisten Paul Schultze (1852-1892). Sie gingen später verloren. (Auskunft vom 15.3.2006 von Ursula Balzer, Archiv-Abteilung des IISG, an den Herausgeber)

Muravjew] Bakunins Vetter, Nikolaj Nikolaevič Murav'ev (1809-1881) hatte für das Zustandekommen des russisch-chinesischen Abkommens von Ajgun, das den Amur als Grenzfluß zwischen Rußland und China festlegte, den Grafentitel und den Beinamen Amurskij erhalten. Er war 1861 von seinem Posten als Gouverneur von Ostsibirien zurückgetreten, weil sein Vorschlag, zur Verbesserung der Verwaltung und der Lebensverhältnisse der Bevölkerung das riesige Gebiet in zwei Gouvernements aufzuteilen, nicht angenommen worden war. Zwar war er nun Mitglied des russischen Staatsrats, nahm aber seinen Wohnsitz in Paris,

wo Emil Vogt mit ihm zusammenkommen konnte. Das frühere nahe Verhältnis zwischen Murav'ev-Amurskij und Bakunin stellte sich nach dessen Übersiedlung aus Sibirien nicht wieder her.
gleich einer Sirene auszulocken wusste] Scherzhafte Anspielung auf Emil Vogts Bemühungen, von Murav'ev-Amurskij Informationen über Bakunin zu erhalten. Die Sirenen waren im griechischen Mythos mit betörendem Gesang begabte göttliche Wesen. Nach der »Odyssee« lockten sie auf einer sagenhaften Insel im Westen die Vorüberfahrenden an und töteten sie.
mit meiner Frau kommen zu können] Antonia Bakunina, geb. Kwiatkowskaja (vgl. S. 97 – »bin verheiratet, glücklich, habe eine Familie«). Antonia Bakunina traf im April 1863 in London ein.

109-111 Aus »Die Volkssache. Romanow, Pugatschew oder Pestel« (Broschüre, London, September 1862)

Ein Zeugnis aus Bakunins erster größerer Veröffentlichung nach der Verbannung.

Überlieferung

DV: T² II, S. 21-24 (vgl. T¹ II S. 20-22). **Ü:** Boris Minzès aus dem Russischen. **Q:** Zitiert nach SP S. 303-309, hier S. 303, S. 306-307 und S. 309. **O/E:** M.A. Bakunin: Narodnoe delo, Romanov, Pugačev ili Pestel'?, London: Trübner 1862 **GA:** CD-ROM (russ. Original und frz. Übersetzung). **GDA:** nicht ermittelt.

Lesarten der Zitatquelle

109 *mit wem gehen und wem folgen?*] mit wem zu gehen und wem zu folgen?
Furcht vor der herannahenden Bewegung] Furcht vor der herannahenden Bewegung, welche Opfer erheischen wird
gegen die Barbarei« deckten ...] gegen die Barbarei«, d. h. für die Deutschen und gegen das russische Volk, deckten ...
110 *dass diese Bewegung [...] auftritt,*] dass diese Bewegung [...] stattfindet
Und was könnten wir es lehren?] Und was könnten wir lehren?
Wir aber sind nichts] Wir aber sind ein Nichts
nicht aber es belehren ...] nicht aber es belehren. [Die Punkte markieren hier keine Auslassung]
Das hat man an der französischen Revolution gesehen ...] Das haben wir an der französischen Revolution gesehen ...
die Seinen] die Seinigen

Varianten

109 Entsprechend zu S. 104 findet sich bei der früheren Fassung T¹ II S. 21 die korrekte Schreibung des Wortes »Verleumder«; während Ball auch

in anderen Texten der Schreibung »Verläumder« zuneigt, kommt im vorliegenden Text T² II S. 21-24 zumindest in der Verbform auch die Schreibung »verleumden« vor.

Erläuterungen

109 *Die Zeit des polnischen Aufstandes (1863)*] Der sogenannte Januaraufstand, der am 22.1.1863 mit der Ausrufung einer provisorischen Regierung durch die radikalen ›Roten‹ in Warschau begann und sich bis 1864 auf Erhebungen in Litauen, Weißrußland und der Ukraine ausdehnte. Unmittelbarer Anlaß war die von der russischen Administration geplante Rekrutierung junger Männer aus allen Schichten, die die konspirativen Bewegungen zerschlagen sollte. (Kulczycki Bd. 1, S. 449-459)
N. Serno-Solovjewitsch] Nikolaj A. Serno-Solov'evič (vgl. *S. 96* – »N. Serno-Solovjewitsch«).
Romanow] Zar Alexander II. entstammte der Dynastie der Romanovs, die mit der Inthronisierung Michail Fedorovič Romanovs (1596-1645) im Jahr 1613 begonnen hatte. Er sei im Jahr 1861 der »größte, mächtigste und beliebteste Zar« gewesen, den es je gab, schreibt Bakunin in der »Volkssache«, aber er habe mit seiner Unentschlossenheit und seiner Angst vor dem Volk seine Möglichkeiten bereits weitgehend verspielt. »Er allein hätte die größte und wohlthätigste Revolution in Rußland durchzuführen vermocht, ohne einen Tropfen Blutes zu vergießen. Und er könnte es noch jetzt thun.« (SP S. 304) Bakunin zitiert hier eine Auffassung, wie sie zahlreiche Angehörige der liberalen russischen Intelligenz, u.a. Herzen, geäußert hatten: diesem Zaren, der reformorientiert war wie keiner seiner Vorfahren, traute man ganz zu Beginn der 1860er Jahre noch zu, eine führende Rolle im Demokratisierungs- und Öffnungsprozeß Rußlands spielen zu können und zu wollen. Im weiteren aber führt Bakunin diese Hoffnungen ad absurdum – es sei denn, der Zar wandle sich vom deutsch denkenden Petersburger Kaiser zum russischen Volkszaren und berufe einen allgemeinen Reichstag ein, der die Interessen des Volks durchsetzen werde. Dann werde man dem Zaren auch folgen. »Wir sind weder seine Freunde, noch seine Feinde, wir sind Freunde der russischen und allgemein slavischen Volkssache. [...] Und sollte es nötig sein, daß wir Blut vergießen, so möge es fließen! ... Welche Form wird diese Bewegung annehmen, wer wird an ihrer Spitze stehen? [...] Wenn ein Pugatschew, so gebe Gott, daß er Pestels politisches Genie besitzt, sonst wird er ganz Rußland, wenn nicht gar die ganze Zukunft Rußlands in Blut ersticken. Wenn ein Pestel, so soll er ein Volksmann sein wie Pugatschew, denn sonst wird ihn das Volk nicht dulden ... Vielleicht wird aber weder ein Romanow, noch ein Pestel, noch ein Pugatschew, sondern der Reichstag Rußland retten.« (SP. S. 309)
Pugatschew] Der Kosak Emel'jan Ivanovič Pugačev (1742-1775) führte 1773 einen äußerst blutigen Massenaufstand von Kosaken, Fabrikar-

beitern, Leibeigenen und Angehörigen moslemischer Völker an, der sich im Wolgagebiet und im Ural vor allem gegen Grundbesitzer und Regierungsbeamte richtete. Er trat als der seiner Ermordung entgangene Zar Peter III. auf, von dem das Gerücht ging, er habe die Bauern befreien wollen. Katharina II. führte einen regelrechten Krieg gegen die Aufständischen. Pugačev wurde gefangengenommen und hingerichtet. »Die Angst, dass sich diese ›Pugačevščina‹ wiederholen könnte, stand hinter allen späteren Diskussionen über die Bauernfrage und machte diese so quälend: Ließ man die Dinge wie sie waren, und verstärkte man den Druck der staatlichen Machtmittel, so wuchs mit Sicherheit die Gefahr einer neuen Eruption, aber wer konnte garantieren, dass nicht auch die Befreiung der Bauern den Pugačevs wiedererweckte?« (Stökl S. 406, vgl. AS Bd. 3, S. 69)

Pestel] Pavel Ivanovič Pestel' (vgl. S. 15 – »an der Geheimgesellschaft des Nordens, eben derselben, die im Dezember 1825 den fehlgehenden Militäraufstand in St. Petersburg unternahm«) war Führer des Südbunds. Er galt als der originellste und weitestblickende der Dekabristen, der konkreter als seine Mitverschwörer die Anwendung von Gewalt bei einem Aufstand mit einkalkulierte und konkrete Vorstellungen von einem modernen zentralistischen, unter russischer Führung zu organisierenden Großstaat formulierte. (Billington S. 266) Er erarbeitete ein gemeinsames Programm und, bis zu seiner Verhaftung, ein Konzept der revolutionären Umgestaltung Rußlands, das er »Russkaja pravda« (Russisches Recht, in Anlehnung an die erste altrussische Gesetzessammlung) nannte und das zugleich als Programm der Süd-Gesellschaft angenommen wurde. Es gelang ihm, fünf von zehn Kapiteln fertigzustellen, die die Aktionen einer zukünftigen Übergangsregierung hätten bestimmen sollen. Er war der Ansicht, daß nach dem beabsichtigten Umsturz eine Übergangsdiktatur installiert werden müsse, proklamierte aber die Meinungs-, Presse- und Glaubensfreiheit als Grundlage des zukünftigen Staates, ebenso die Freiheit bei der Wahl der Arbeit und des Wohnorts, gleiches Recht für alle und Wahlrecht unabhängig vom Besitz des einzelnen. Er kündigte die Abschaffung der Leibeigenschaft und eine Bodenreform an, nach der eine Hälfte des Landes in den Besitz des Volkes übergehen, die andere Hälfte im Besitz des Adels bleiben sollte. (Bol'šaja Bd. 32)

Die ersten Feuersbrünste] Vom 16. bis 30. Mai 1862 fanden im Zentrum von St. Petersburg wiederholt Brandstiftungen statt. Mehrere Gebäude, u.a. das Innenministerium, wurden zerstört. Polnische, studentische und »nihilistische« Kreise wurden beschuldigt und die Polizei nahm zahlreiche Verhaftungen vor. Möglicherweise aber waren die Täter Provokateure der Dritten Abteilung. (Annenkov Bd. 1, S. 399, auch HL Bd. 3, S. 722, Anm. zu S. 393.)

112 An Herzen und Ogarjow. (Datum unbekannt)

Wenige Monate nach seiner Ankunft in London versucht Bakunin im Frühjahr 1862 eine Art Positionsbestimmung gegenüber den dortigen russischen Freunden.

Überlieferung

DV: T² II, S. 25-26 (vgl. T¹ II S. 23). **Ü:** Boris Minzès aus dem Russischen. **Q:** Zitiert nach SP S. 44. **O:** Russisches Brieffragment (heute datiert Ende März/Anfang April 1862) in Moskau, RGALI, f.2197, o.1, ed.chr.209. **E:** nicht ermittelt. **GA:** CD-ROM (russ. Original und frz. Übersetzung). **GDA:** Reprint SP S. 44.

Lesarten der Zitatquelle

112 *im weiten, nicht nur im literarischen Sinne*] im weiten, nicht nur litterarischen Sinne
der Dritte im Bunde] der Dritte in Eurem Bunde
ohne für einander verantwortlich zu sein.] ohne füreinander verantwortlich zu sein.

Varianten

112 In der früheren Fassung T¹ II S. 23 entfernt sich Ball in einer Schreibweise von der Zitatquelle, rückt aber in einem anderen Wort an sie heran:

Eine andre derartige Macht] Eine andere derartige Macht
wie schwierig es auch sein mag] wie schwierig es auch sein möge

Erläuterungen

112 *nicht im Geringsten jenen Glauben verloren, mit dem ich nach London gekommen bin*] Am 27.12.1861 war Bakunin in London eingetroffen. Der Brief entstand wenige Monate später. Offensichtlich hatten Herzen und Ogarev ihm entstandene Meinungsverschiedenheiten vorgeworfen.

113-114 Tschernischewsky und Bakunin als Konspiratoren

Zwischentitel nach Inhaltsverzeichnis. Der Eigentext von Ball enthält zwei kurze Zitate, die sich vermutlich seiner Lektüre von Kulczickis Werk zur »Geschichte der russischen Revolution« verdanken: Černyševskijs Artikel vom Juli 1861 in seiner Zeitschrift ›Der Grossrusse‹ und ein im Juni 1862 von der russischen Polizei abgefangener Brief Kel'sievs an Serno-Solov'evič.

Überlieferung

DV: T² II, S. 27-28 (vgl. T¹ II S. 24-25). **Ü:** Anna Schapire-Neurath aus dem Polnischen bei Kulczicki Bd. 1, S. 327 und S. 356, der aus dem Russischen übersetzt. **Q:** zitiert nach Kulczicki Bd. 1, S. 327 und S. 356. **O:** nicht ermittelt. **E:** Černyševskij in einem Artikel vom Juli 1861 in ›Der Großrusse‹. Das Zitat des Briefes Kel'sievs vom August 1862 basiert auf einer russischen Publikation in der Zeitschrift ›Byloe‹ (September 1896). GA: nicht ermittelt. GDA: nicht ermittelt.

Lesarten der Zitatquelle

113 »*Die polnische Frage verlangt eine sofortige Lösung*«] [Zitatherkunft nicht exakt ermittelt. Indirektes Zitat:] »Die polnische Frage, fährt der ›Großrusse‹ fort, verlange eine augenblickliche Lösung«
Sie werden alle Gruppen aufnehmen] Sie (offenbar Nikolaus Serno-Solowjewitsch) werden alle Gruppen aufnehmen

Varianten

T¹ II S. 24-25

Erläuterungen

113 *russisches Offizierskomitee in Warschau*] Russ.: Russkij Oficerskij Komitet, eine Geheimorganisation, der ca. 200 russische und einige polnische Offiziere angehörten. Sie war zu Beginn des Jahres 1862 entstanden und hatte das Ziel, das bestehende System und die politische Ordnung in Rußland zu stürzen. Das O. stand in Kontakt mit polnischen Freiheitskämpfern und mit revolutionären Kreisen in St. Petersburg. Laut Kulczycki (Bd. 1, S. 414-417) bezogen die Offiziere ihre Soldaten per »Unterricht« in ihre konspirativen Aktivitäten mit ein. Ein Aufruf zur Revolution an alle Offiziere der russischen Armee wurde Herzen von einem der aktivsten Komiteemitglieder, Aleksandr Potebnja, übergeben. Er erschien am 1.12.1862 in der ›Glocke‹. Verrat hatte aber schon Anfang Mai 1862 zur Verhaftung einiger Offiziere geführt. Ihre Mannschaften unternahmen einen Befreiungsversuch, dem die Verhafteten selbst entgegenwirkten, um unnützes Blutvergießen zu vermeiden. Drei Todesurteile wurden vollzogen, die Gemeinen wurden in Strafbataillone gesteckt. Ein Sendschreiben an das Komitee von Herzen, Ogarev und Bakunin nahm Herzen in den 3. Band seiner Memoiren auf (ML Bd. 3, S. 476-479).
Kelsiew] Vasilij Ivanovič Kel'siev (1835-1872) stammte aus dem Umkreis der Petraševcy, einer revolutionären Gruppe, der auch Dostoevskij angehört hatte. Kel'siev geriet eher zufällig nach England und trat in Kontakt mit Herzen, der ihm Arbeit verschaffte und im Lauf der Jahre immer wieder finanziell unterstützte. Herzen nennt ihn einen »Nihilisten mit religiöser Denkmethode«. (HL Bd. 3, S. 420) Während seines Londonaufenthalts (1859 bis etwa 1862) übersetzte Kel'siev erstmals das Neue Testament, das in Rußland bis dahin nur auf Altkirchenslavisch hatte gedruckt werden dürfen, ins Russische und gab Schriften der russischen Altgläubigen heraus. Sie wurden in Herzens Druckerei gedruckt und fanden im Zarenreich reißenden Absatz, woraufhin ihr Verbot, laut Herzen, aufgehoben wurde. Nach einem Aufenthalt in der Türkei, wo er mit polnischen Emigranten zusammenarbeitete, ließ sich Kel'siev in einer Kolonie von Altgläubigen in Tulcea (Dobrudscha, heute Rumänien) nieder, um dort ein Zentrum für revolutionäre Propaganda und eine Schule zu gründen und eine freie Lebensgemein-

schaft auf genossenschaftlicher Basis aufzubauen. Die russische Geheimpolizei bezeichnete Tulcea als ein »Agentennest«, von dem angeblich Anschläge auf russische Dörfer ausgingen. Das Projekt scheiterte, Kel'siev wurde festgenommen und schrieb in der Haft seine Memoiren, die 1868 erschienen. (HL Bd. 3, S. 418-433)
»Die polnische Frage verlangt eine sofortige Lösung«] Dies konstatierte Černyševskij in einem Artikel vom Juli 1861 in ›Der Großrusse‹. Balls Quelle konnte nicht exakt ermittelt werden. Kulczicki Bd. 1, S. 323-337 enthält etliche Bemerkungen über diese Zeit und auf S. 327 das indirekte Zitat der Zeitschrift aus dem Jahr 1861: »Die polnische Frage, fährt der ›Großrusse‹ fort, verlange eine augenblickliche Lösung«.
»Der Grossrusse«] Vgl. S. 96 – »Der Grossrusse«.
Potebnja] Leutnant Andrej Afanasievič Potebnja (1838-1863) war einer der führenden Offiziere des Russischen Offizierskomitees und Mitautor des Aufrufs an die russische Armee, der am 1. Dezember 1862 in der ›Glocke‹ abgedruckt wurde. Er stand im Briefwechsel mit Herzen und Ogarev und traf sich einige Male persönlich mit ihnen in London, um über die Teilnahme des russischen Offizierskomitees am geplanten polnischen Aufstand zu beraten. Er entging der Verhaftung und versuchte einen Tag vor Vollstreckung des Urteils an seinen Mitverschwörern ihren angekündigten Tod mit einem Attentat auf den russischen Statthalter von Warschau zu rächen. Er tauchte unter, baute eine Freiwilligeneinheit auf, mit der er sich im Januar 1863 den polnischen Aufständischen anschloß und fiel in der Schlacht von Piskowa Skala. (Bol'šaja Bd. 34; – Kulczycki Bd. 1, S. 417)
revolutionäre Organisation »Land und Freiheit«] Russ.: ›Zemlja i Volja‹. ›Land und Freiheit‹ ging aus der Organisation ›Der Großrusse‹ hervor (vgl. *S. 96* – »Der Grossrusse«), wurde Anfang 1862 u.a. von Nikolaj und Aleksandr Serno-Solov'evič und wohl auch von Černyševskij gegründet (vgl. S. 96 – »Tschernischewsky« und »Serno-Solovjewitsch«). Ihr Programm enthielt im Wesentlichen die Forderung, den Bauern Land zuzuteilen, Rußland nach föderativen Grundsätzen zu reorganisieren und einen allgemeinen Landtag (russ.: zemstvo) einzuberufen, der nicht nur einzelne Stände, sondern die gesamte Bevölkerung vertreten würde. Ihre Aktivitäten zielten auf Aufklärung und eine breite Volksbewegung auf dem Land. ›Land und Freiheit‹ soll sich nach der Verhaftung der Gründungsmitglieder im Juli 1862 aufgelöst haben und von jüngeren Leuten, u.a. Panteleev und Utin, neugegründet worden sein (Kulczycki Bd. 1, S. 350). Die Organisation hatte bereits erheblich an Einfluß verloren und war zu keinem Zeitpunkt in der Lage, in Rußland ernsthafte revolutionäre Aktionen durchzuführen, oder, wie erhofft, den polnischen Aufständischen zur Hilfe zu kommen. Aber sie trug in den nicht ganz zwei Jahren ihres Bestehens erheblich dazu bei, »in Rußland den Gedanken von Freiheit und Gerechtigkeit in sozialer und nationaler Beziehung zu verbreiten.« (Kulczycki Bd. 1, S. 448)
1863 nahm ein Bevollmächtigter der Organisation, der den Beginn des Aufstands in Warschau erlebt hatte, Kontakt zu Bakunin und den Re-

dakteuren der ›Glocke‹ in London auf. Er »war erfüllt von der Wichtigkeit seiner Mission und bot uns an, Agenten der Gesellschaft ›Land und Freiheit‹ zu werden. Ich lehnte dies ab, zur großen Verwunderung nicht nur Bakunins, sondern auch von Ogarjow. Ich sagte, daß mir diese abgedroschene französische Bezeichnung nicht gefalle. Der Bevollmächtigte behandelte uns so, wie die Komissare des Konvents im Jahre 1793 die Generale in den weit entfernt stehenden Armeen behandelt hatten. Mir gefiel auch dies nicht. – ›Seid ihr viele?‹, fragte ich. – ›Das ist schwer zu sagen ... einige hundert Leute in Petersburg und an die dreitausend in den Provinzen.‹ / ›Glaubst du das?‹ fragte ich später Ogarjow. / Er schwieg. / ›Glaubst Du es?‹ fragte ich Bakunin. / ›Natürlich, er hat ein bißchen übertrieben ... na, wenn's jetzt nicht so viele sind, so später.‹ – Und er lachte.« (HL Bd. 3, S. 474)

Paul Wietochin] Bei Kulczycki: Wietoschin. Gemeint ist der Angestellte einer russischen Handelsfirma Pavel Aleksandrovič Vetošnikov (1831-?), ein Freund Kel'sievs. Er hatte sich vor seiner Abreise aus London erboten, Briefe und Dokumente nach Rußland mitzunehmen und erhielt »zwei, drei Briefe« von Bakunin und – nach einer von Kel'siev organisierten Feier zum fünfjährigen Bestehen der ›Glocke‹ – eine Photographie und Briefe von Herzen, unter anderem an Serno-Solov'evič. Unter den Gästen der Feier befand sich ein Agent der III. Abteilung namens G.G. Perets, der Vetošnikov telegraphisch in Petersburg denunzierte und seine Verhaftung noch auf dem Dampfer veranlaßte. Nach Untersuchungen durch eine Sonderkommission wurden aufgrund der entdeckten Briefe 32 Personen, darunter Serno-Solov'evič, der »Verbindung zu den Londoner Propagandisten« angeklagt. Auch Černyševskij befand sich unter den Verhafteten, bekam jedoch ein gesondertes Gerichtsverfahren. Nach diesen Verhaftungen wurde es für die russischen Emigranten sehr viel schwieriger, Kontakt zur revolutionären russischen Bewegung zu halten. (HL Bd. 3, S. 416-417 und S. 722-723, Anm. zu S. 417).

»Sobald ein Zentrum vorhanden ist, werden Herzen und Ogarjow in der ›Glocke‹ ihren Beitritt verkünden und Sie werden alle Gruppen aufnehmen«] Das Zitat des Briefes vom August 1862 findet sich bei Kulczicki Bd. 1, S. 356. Es basiert auf einer russischen Publikation in der Zeitschrift ›Byloe‹ (September 1896).

Padlewsky] Zygmunt Padlewski (1836-1863) war Mitglied des ›Nationalen Zentralkomitees‹ (Komitet Centralnego Narodowego) und Truppenkommandeur im Warschauer Herbstaufstand von 1863. Er hatte mit Auszeichnung die St. Petersburger Artillerieakademie absolviert, diente in verschiedenen Garderegimentern und erhielt den Rang eines Oberleutnants. Schon während seiner Ausbildung war Padlewski einem Petersburger Kreis revolutionärer Offiziere beigetreten. Im Frühjahr 1861, während sich in Warschau die Situation nach der Verhängung des Kriegszustands durch den Statthalter des Zaren zuspitzte, nahm Padlewski für elf Monate Urlaub vom Regiment, um im Auftrag seines konspirativen Kreises an der Militärschule der polnischen Emigration in Paris zu unterrichten. Da er nach Ablauf seines Urlaubs nicht nach Petersburg zurückkehrte, wurde er als politisch Verdächtiger vom Dienst suspendiert. Die Pariser Vereinigung ›Junges Polen‹ (Towarzystwo Młodzieży Polskiej) schickte Padlewski als Dozent an die polnische Militärschule nach Genua, wo sich auf seine Veranlassung hin die Genueser Gruppe ›Junges Polen‹ dem Komitee der Warschauer Aufstandsbewegung unterstellte. 1862, nach der Schließung der polnischen Militärschule durch die italienischen Behörden, begab sich P. nach London, nahm Kontakt mit Mazzini und Herzen auf und traf sich am 7. und 8. Juli in Paris mit Bakunin. Ein kurzes Zwischenspiel in Warschau als Nachfolger des verhafteten Stadtkommandanten Jarosław Dąbrowkski ging dem Treffen von Padlewski, Giller und Miłowicz mit den Redakteuren der ›Glocke‹ im Herbst 1862 voraus. Er kehrte nach Warschau zurück, erhielt als einziger Militär einen maßgeblichen Posten im ›Nationalen Zentralkomitee‹ und diente als Verbindungsmann zu den russischen revolutionären Bewegungen. Zusammen mit A. Potebnja (vgl. S. 113 – »russisches Offizierskomitee in Warschau« und »Potebnja«) reiste er nach Petersburg und unterschrieb dort den Vertrag zur Vereinigung des Volkskomitees mit der Organisation ›Land und Freiheit‹. Aufgrund seines Einflusses und seiner Beliebtheit blieb Padlewski trotz eines Rechtsrucks des ›Zentralkomitees‹ in führender Position. Er war mitverantwortlich für den Beginn des Januaraufstands und nahm aktiv an den Kämpfen teil. Nach seiner Gefangennahme durch Kosaken wurde er zum Tod verurteilt und hingerichtet. (Polski Bd. 24)

Giller] Agaton Giller (1831-1887) war Journalist. Er verfaßte Erinnerungen an seine Zeit in Sibirien und Schriften über den Januaraufstand 1863, an dessen Vorbereitung er als Mitglied der ›Nationalen Untergrundregierung‹ (Rząd Narodowego) teilnahm. – Wegen Verbreitung revolutionärer Propaganda und unerlaubter Übertretung der Landesgrenzen war Giller 1852 zu Zwangsarbeit im sibirischen Nerčinsk verurteilt worden, das er nach sechzehnmonatigem Fußmarsch erreichte.1858 kam er mit der Auflage frei, sich in Sibirien anzusiedeln. Er lebte bei Kjachta und in Irkutsk, gründete eine Schule, in der er selbst unterrichtete, baute eine polnische Bibliothek auf, reiste viel und befaßte sich mit russischer Literatur über Sibirien. Zugleich suchte er Kontakt zu anderen polnischen Verbannten und sammelte Informationen über polnische Widerstandsorganisationen. 1860 nach Warschau zurückgekehrt, begann er zu schreiben und wurde Korrespondent der Zeitung ›Czas‹. Als Vertreter der gemäßigten ›Weißen‹, die sich aus Landadel und wohlhabendem Bürgertum zusammensetzten, war er zuerst Mitglied der Nationalen Regierung, dann des Zentralkomitees. Giller sprach sich gegen Kompromisse mit Rußland aus und warnte davor, den Mitgliedern des russischen Offizierskomitees zu trauen. Mit diesem Mißtrauen stand er bei weitem nicht allein. Den Beginn des Aufstands 1863 wollte er hinauszögern, konnte sich nicht durchsetzen und trat von seinem Posten in der Regierung zurück. Dennoch blieb er bei der Führung des Aufstands, bis ihn heftige Auseinandersetzungen zum Rückzug nach Leipzig veranlaßten, wo er mit Unterstützung der ›Weißen‹ die Zeitung ›Das Vaterland‹ (Ojczyzna) herausgab. Nach einer Gefängnishaft wegen »revolutionärer Propaganda« verließ Giller Deutschland. In den folgenden Jahren lebte er als Journalist und Redakteur in der Schweiz, in Paris, in Galizien und noch einmal in der Schweiz, wo er in den 1870er Jahren den Kontakt zur polnischen und russischen revolutionären Jugend suchte. Dem russischen Sozialismus stand er fern, aber er begrüßte den Kampf gegen den Zaren. Aufgrund seiner Kontakte zur polnischen Emigration in den USA entstanden auch dort Ableger der europäischen polnischen Widerstandsorganisationen. 1881 legte Giller dem Papst ein Memorandum vor, um das Konkordat mit Rußland zu verhindern. 1884 kehrte er nach Polen zurück.

Milowicz] Der Publizist Włodzimierz Miłowicz (1838-1884) stammte aus Wolhynien, ging in Odessa zur Schule und studierte Jura an der Universität von Kiev, neben Petersburg das russische Zentrum der polnischen Konspiration. Miłowicz nahm früh an gewalttätigen Auseinandersetzungen zwischen Studenten und Polizei teil, verkaufte 1859 sein väterliches Erbe an seinen Bruder und ging in die Emigration, zunächst nach Heidelberg, dann, über Neapel, wo eine polnische Legion aufgebaut wurde, nach Paris. Er trat der Vereinigung ›Junges Polen‹ bei und wurde eins ihrer aktivsten Mitglieder. Er bereiste mehrfach Europa, um die Verbindung zwischen den weitverstreuten revolutionären polnischen Organisationen aufrechtzuerhalten. 1862 schickte ihn das ›Komitee der Vereinigung polnischer Emigranten‹ (Komitet Zjzdnoczenia Emigracji Polski) nach Warschau, wo er den Kontakt zu den ›Weißen‹ (dem informellen Zusammenschluß liberaler Adeliger und Bürger, deren Einfluß in Polen um 1860 zunächst überwog) und den radikalen ›Roten‹ (die die nationale Wiederherstellung Polens mit der Forderung »Land für die Bauern« verknüpften) herstellte. Als Mitglied der Waffenkommission (komisja broni) traf sich Miłowicz mehrfach mit Bakunin und Mazzini in London und organisierte den Kauf von Waffen und ihren Transport nach Polen. Im Herbst 1863 rief ihn die ›Nationalregierung‹ (Rząd Narodowego) nach Warschau, um ihn anschließend mit der Aufgabe, Kontakte zu ungarischen Revolutionären zu knüpfen, nach Galizien zu schicken. Nach mehrfacher Verhaftung floh Miłowicz nach Paris. Er schrieb seine Memoiren, die im Besonderen von den Aktivitäten der ›Roten‹ und dem Herbstaufstand handeln, arbeitete für Presseagenturen in Wien und Istanbul und schließlich für Czartoryskijs Hôtel Lambert in Paris. 1874 nach Lwow zurückgekehrt, gründete er die Zeitung ›Vaterland‹ (Ojczyzna) und schrieb weiterhin für zahlreiche Zeitungen in ganz Europa.

Bakunin führte sie zu Herzen.] Herzen berichtet von diesem Treffen in seinen Erinnerungen. Er stimmte einem ›Bündnis‹ mit den Polen nur sehr zögernd zu, unter anderem, weil er nach dem Beginn der Reformen in Rußland davon überzeugt war, daß Rußland und Polen verschiedene Wege gingen, und daß es zudem für ein Bündnis mit Polen auch unter russischen Demokraten nur wenig Rückhalt gäbe. Kritisch sah er vor allem die (undemokratische) Forderung der Polen nach der Wiederangliederung Litauens und Rotrußlands, ohne die Wünsche der mehrheitlich nichtpolnischen Bevölkerung in Betracht zu ziehen. Bakunin warf Herzen seine Zurückhaltung gegenüber den Repräsentanten des Zentralkomitees vor.»Bakunin machte eine resignierende Handbewegung und ging [...] ich sah, daß er wieder mittendrin steckte in seiner Revolutionstrunksucht, und dann war mit ihm nicht zu reden. Er marschierte mit Siebenmeilenstiefeln über Berge und Meere, über Jahre und Generationen hinweg. Hinter dem Aufstand in Warschau sah er bereits seine ›herrliche und slawische Föderation‹ von der die Polen teils mit Entsetzen, teils mit Abscheu sprachen; er sah schon das rote Banner der Organisation ›Land und Freiheit‹ im Ural, an der Wolga, in der Ukraine und im Kaukasus flattern, womöglich auf dem Winterpalais und der Peter-Pauls-Festung, und beeilte sich, irgendwie alle Hindernisse aus dem Weg zu räumen, die Widersprüche zu vertuschen, die trennenden Klüfte nicht zuzuschütten, sondern eine Teufelsbrücke über sie zu legen.« (HL Bd. 3, S. 471)

114 *Wiederherstellung des ehemaligen Polen mit Litauen und Rotrussland*] Litauen und Rotrußland (Galizien, Wolhynien und Podolien) waren Teil des Königreichs Polen vor der ersten Teilung von 1772 gewesen. Bis 1666 erstreckte sich Polen noch weiter nach Osten bis über Brjansk und Kiev hinaus und schloß im Süden das Gebiet der Saporoger Kosaken mit ein.

114-115 Brief an Herzen // London, 3. Oktober 1862

Durchaus streitbar begleiten Bakunins Überlegungen Herzens publizistisches Konzept für seine Zeitschrift ›Die Glocke‹.

Überlieferung

DV: T² II, S. 28-30 (vgl. T¹ II S. 25-27). **Ü:** Boris Minzès aus dem Russischen. **Q:** Zitiert nach SP S. 48-49. **O:** Russisches Briefmanuskript. Standort Moskau: RGALI f.2197, o.1, ed.chr.209. **E:** nicht ermittelt. **GA:** CD-ROM (russ. Original und frz. Übersetzung). **GDA:** Reprint SP S. 48-49.

Lesarten der Zitatquelle

115 *Ich wiederhole:*] Ich wiederhole abermals,
Den Vorwurf [...] wird man Dir machen – denn es gibt Neider und Feinde – aber die Ehre [...] wird man Dir lassen müssen.] Der Vorwurf [...] wird Dir immerhin anhaften – es gibt doch Neider und Feinde – aber die Ehre [...] wirst Du nicht haben.
diese Ehre kann Dir niemand nehmen] diese Ehre wird Dir niemand rauben
praktische Führung] praktische Leitung
wird vor dem [...] arroganten Jungen zusammenbrechen] wird vor dem [...] anmaßenden Knaben zusammenstürzen

Varianten

Die frühere Fassung T¹ II S. 25-27 folgt noch näher der Zitatquelle und läßt Balls Stilisierung allenfalls ahnen:

115 Den Vorwurf [...] wird man Dir machen – denn es gibt Neider und Feinde – aber die Ehre [...] wird man Dir lassen müssen.] Der Vorwurf [...] wird Dir immerhin anhaften – es gibt doch Neider und Feinde – aber die Ehre [...] wirst Du nicht haben.
diese Ehre kann Dir niemand nehmen] diese Ehre wird Dir niemand rauben
Jetzt liegt die Frage aber darin] Jetzt liegt die ganze Frage darin
praktische Führung] praktische Leitung
arroganten Jungen] anmaßenden Knaben
mit Dir gemeinschaftlich arbeiten ...] mit Dir gemeinschaftlich arbeiten.

Erläuterungen

114 *mit dem du dich mit dem Journal Mieroslawskys einverstanden erklärtest*] Das Journal hieß wahrscheinlich ›Baczność‹. Mierosławski (vgl. S. *105* – »Polen aus allen Eparchieen: der bonapartistischen, Mieroslawsky'schen, Tschartorysky'schen«). Mierosławski (1814-1878) war ein entschiedener Verfechter der Wiederherstellung Polens in den Grenzen von 1772 ohne jeden Kompromiß. Er griff auch die Abgeordneten des polnischen Zentralkomitees an, weil sie seiner Meinung nach bei der Verhandlung mit Herzen diesem zu sehr entgegengekommen waren (Kulczycki Bd. 1, S. 443). Bereits im August 1862 hatte er Bakunin bei einem Treffen in Paris vor jeglicher Verbindung mit polnischen Revolutionären gewarnt – außer mit ihm selbst (Carr S. 287).

115 *das Selbstbestimmungsrecht der Semstwos*] Russ.: zemstvo, Plural: zemstva, abgeleitet von »zemlja« (das Land). Die ›zemstva‹ als Selbstverwaltungsorgane der Gouvernements und der Kreise wurden erst Anfang 1864 in Rußland eingeführt. Bakunin erwartete zeitweise vom »zemstvo« nichts Geringeres als die »Rettung Rußlands«. (Die Volkssache. Romanov, Pugačev oder Pestel'? In: SP S. 303-309) Die reformorientierte Öffentlichkeit hatte große Hoffnungen auf die »zemstva« gesetzt, tatsächlich aber schränkten restriktive bürokratische Bestimmungen ihre Wirkungsmöglichkeiten stark ein. So war die überregionale Verständigung der ›zemstva‹ in bezug auf Regierungsanordnungen und Gesetze etwa direkt verboten. (Vgl. S. *94* – »Alexander Nikolajewitsch«.)

116 An Emma, die dickste und edelste unter den Sterblichen
London, 19. November 1862

Gemeint ist mit dieser charmanten Titulierung möglichweise eine Dame der Gesellschaft in Irkutsk (Nettlau, Biogr. S. 155), die Bakunin während seiner sibirischen Verbannung kennengelernt hatte. Wie im Brief an die Berner Familie Vogt (oben S. 108) zeigt er sich als Selbstironiker. Über dieses Dokument, von dem Nettlau vermutet, daß es nicht abgeschickt wurde, führt Ball Bakunins Engagement für den Polnischen Aufstand ein, der im Januar 1863 ausbricht.

Überlieferung

DV: T² II, S. 31-32 (vgl. T¹ II S. 28-29). **Ü:** Boris Minzès aus dem Russischen. **Q:** Zitiert nach SP S. 57-59. **O:** Russisches Briefmanuskript. Standort Moskau: RGALI, f.2197, o.1, ed.chr.809. **E:** nicht ermittelt. **GA:** CD-ROM (russ. Original und frz. Übersetzung). **GDA:** Reprint SP S. 57-59.

Lesarten der Zitatquelle

116 *Zentralkomitee*] Zentral-Volkskomitee in Warschau
Für das Erste] Für das erstemal

Varianten

Das Briefzitat wird im Exzerpt Exz^d II S. 11-12 vorbereitet. Varianten ergeben sich aus der früheren »Brevier«-Fassung T¹ II S. 28-29 nicht.

Erläuterungen

116 *mit dem polnischen Zentralkomitee ein Schutz- und Trutzbündnis*] Vgl. S. 113 – »Bakunin führte sie zu Herzen«.
ein Kriegskomitee mit der Parole »Land und Freiheit«] Vgl. S. 113 – »revolutionäre Organisation ›Land und Freiheit‹«.
zum Frühling wird im Königreich Polen ein polnisch-russischer Aufstand ausbrechen] Der Aufstand in Warschau, auf den konspirative polnische Kreise seit Rußlands Niederlage im Krimkrieg hingearbeitet hatten, und der seit der vorübergehenden Verhängung des Kriegsrechts 1861 in Warschau immer wahrscheinlicher geworden war, begann am 22. Januar 1863. Er erfaßte in den folgenden Monaten auch Litauen und die Ukraine und konnte erst Ende 1864 bis Anfang 1865 endgültig von russischen Truppen niedergeschlagen werden. Die Beteiligung russischer Militärs am Aufstand kam nicht zustande, einerseits aufgrund des Verrats konspirativer Offiziere (vgl. S. 113 – »russisches Offizierskomitee in Warschau«), andererseits weil der Aufstand mit Überfällen auf russische Kasernen begonnen und somit gleich zu Anfang russische Sympathisanten abgeschreckt hatte.
verbreiten sich über ganz Russland Kriegskomitees] Was Bakunin aus London als schlagkräftige revolutionäre Einheiten erschien, waren revolutionäre, mehr oder weniger radikale Gruppierungen, die neben Petersburg und Moskau auch in großen Städten entstanden waren und

mit ›Land und Freiheit‹ in lockerer Verbindung standen. (Kulczycki Bd. 1, S. 430)

die Einberufung eines allgemeinen Reichstags] Gemeint ist eine Institution, die Vertreter aller einzelnen ›zemstva‹ in einer übergeordneten Versammlung zusammenbringen würde (vgl. S. *115* – »Das Selbstbestimmungsrecht der Semstwos«). Die Einberufung eines ›allgemeinen Landtags‹ gehörte auch zum Programm der Organisation ›Land und Freiheit‹. Bakunin benutzt in französisch verfaßten Texten den Begriff »assemblée des zemstvos«.

117-118 An das Zentralkomitee des Polnischen Aufstandes
London, 2. Februar 1863

Knapp einen Monat nach Ausbruch des Polnischen Aufstandes schreibt Bakunin an dessen Führung. Offensichtlich aufgrund eines Lesefehlers wird sein Schreiben vom 21. Februar 1863 in der Quelle von Balls Übersetzung auf den 2. Februar datiert.

Überlieferung

DV: T² II, S. 33-35 (vgl. T¹ II S. 30-32). **Ü:** Hugo Ball aus dem Französischen (als Erstübersetzung markiert). **Q:** Übersetzt nach dem französischen Abdruck, datiert auf den 2.2.1863, in SP S. 60-65. **O:** Französisches Manuskript, datiert auf den 21.2.1863. Standort Moskau: RGALI, f.2197, o.1, ed.chr.534. **E:** nicht ermittelt. **GA:** CD-ROM (französisches Original) und Reprint SP S. 60-65. **GDA:** nicht ermittelt.

Lesarten der Zitatquelle

117 *wir Russen*] nous autres Russes (frz.: wir anderen Russen)
118 *Eure Feinde.*] vos ennemis acharnés. (frz.: eure erbitterten Feinde.)
     ein Guerillakrieg] une guerre de destruction (frz.: ein Zerstörungskrieg)

Varianten

117 In der Fassung T¹ II S. 30 finden sich bei Balls Vortext und im Zwischenteil folgende Varianten:

Die Führer waren über Führung und Form der Bewegung noch nicht einig geworden.] Die Führer waren über Führung und Form der Bewegung noch nicht einig.

118 In T¹ II S. 31 ist ein Wort hinzugefügt, das der Übersetzungsvorlage entspricht:

Eure Feinde.] Eure erbitterten Feinde.

Erläuterungen

117 *um unversehens über sie herzufallen und sie zu entwaffnen*] Vgl. S. *116* – »zum Frühling wird im Königreich Polen ein polnisch-russischer Aufstand ausbrechen«.

118 *das nur den Deutschen in Berlin und Petersburg zustatten kommt*] Anspielung auf die zahlreichen deutschen Vorfahren des russischen Herrscherhauses, das im 19. Jahrhundert nur noch über die weibliche Linie mit den Romanovs verwandt war. Zar Paul (Pavel), Sohn von Katharina der Großen, hatte einen Herzog von Holstein-Gottorp zum Vater. Sehr zum Mißfallen des Hofes verzeichnete der Gothaer Almanach das regierende Herrscherhaus als »Haus von Holstein-Gottorp-Romanov«. (Carr, S. 293) Im übrigen bot die preußische der russischen Regierung militärische Hilfe zur Niederschlagung des Aufstands in Warschau an, was diese dankend ablehnte.

119 **Entwurf einer Proklamtion an die Polen**

Um die aufständischen Polen auf die unerwartete Unterstützung durch revolutionäre Russen vorzubereiten, schrieb er 1863 an sie im hohen Ton der Proklamation.

Überlieferung

DV: T² II, S. 36 (vgl. T¹ II S. 33). **Ü:** Boris Minzès aus dem Russischen. **Q:** Zitiert nach SP S. 77. **O:** Russisches Manuskript. Standort Moskau: RGALI f.2197, o.1, ed.chr.536. **E:** nicht ermittelt. **GA:** CD-ROM (russ. Original und frz. Übersetzung). **GDA:** Reprint SP S. 77.

Lesarten der Zitatquelle

119 *oder mit Euch zu grunde zu gehen, weil wir wissen, dass die Freiheit nicht verloren ist*] oder mit Euch zu Grunde zu gehen. Und, sollte es nötig sein, so werden wir mit Freuden zu Grunde gehen, weil wir wissen, daß die Freiheit nicht verloren ist

Varianten

T¹ II S. 33

Erläuterungen

119 *Proklamation für eine von ihm innerhalb der Aufstandsbewegung geplante »Russische Legion«.*] Schon 1848 hatte Bakunin sich für Herweghs Projekt einer ›Deutschen Legion‹ engagiert, die sich aus demokratischen Emigrantenkreisen rekrutieren und von außen in die deutschen Revolutionsereignisse eingreifen sollte. Analog dazu entwarf er 1863 für russische Revolutionäre sein Vorhaben einer ›Russischen Legion‹ zum Eingreifen in den laufenden polnischen Aufstand. Ein Vorhaben, für das er unter anderem bei dem begüterten polnischen Emigranten Alexander von Guttry in Paris um Unterstützung warb (vgl. die folgenden Seiten 120-121). Was daraus wurde, ist durch Bakunins Beschreibung der ›Lapinsky'schen Expedition‹ (S. 122-128) bezeugt.

120-121 Brief an Alexander von Guttry // London, 3. Februar 1863

Der während eines Zwischenaufenthalts in Kopenhagen 1863 geschriebene Brief Bakunins ist nur durch die russische Abschrift des preußischen Agenten Òtiber überliefert und auf unklaren Wegen an die russische Polizei gelangt, die ihn in mehreren eigenen Presseorganen 1866 veröffentlichte. Er ist mit dem Text des Briefes vom 2.3.1863 identisch, den das IISG auf seiner CD-ROM dokumentiert. Nettlau hatte den Brief unter dem Datum 3.2.1863 übersetzt. Möglicherweise liegt in Nettlaus Datierung ein (von Ball übernommener) Zahlendreher vor.

Überlieferung

DV: T² II, S. 37-39 (vgl. T¹ II S. 34-35). **Ü:** Max Nettlau aus dem Russischen. **Q:** Deutsche Übersetzung in Nettlau, Biogr. Bd. 1, S. 156-157. **O:** Die Originalsprache des Briefes ist nicht bezeugt, Nettlau, Biogr. Bd. 1, S. XXV +87 Anm. 1059 vermutet Französisch oder Russisch. Überliefert ist der Brief durch eine russische Abschrift des preußischen Agenten Òtiber. Standort in Moskau, Gosudarstvennyj Archiv Rossijskoj Federacii (GARF). Signatur: f.109, c.1843 g., d.116, ..., 4. **E:** 1866 veröffentlicht in russischen Polizeipublikationen (vgl. Nettlau, Biogr. Bd. 1, S. XXV +87 Anm. 1059). **GA:** CD ROM (russisch und französisch). **GDA:** nicht ermittelt.

Lesarten der Zitatquelle

120 *Ausserdem weiss ich nichts*] Ausserdem ist mir unbekannt
ein oder zwei Monate aushält,] ein oder zwei Monate andauert,
vertrauen die polnischen Diplomaten] vertrauen die Posener (? polnischen) Diplomaten
muss die polnische Bewegung sich unbedingt] ist unumgänglich nothwendig, dass die polnische Bewegung
Die Wirkung einer solchen Divergierung] Die Wirkung einer solchen Diversion

121 *darum schreibe ich an ..*] darum schreibe ich an Langevic [Entzifferung der schwer lesbaren Stelle durch das IISG]
»Es lebe die Revolution!«] es lebe die Revolution!.

Varianten

120 *London, 3. Februar 1863*] In T² II S. 37 findet sich diese hs. Korrektur von »London, 3. Februar 1864« (1863 heißt es auch in T¹ II S. 34).

In der Fassung T¹ II S. 34 finden sich die Varianten:
Ausserdem weiss ich nichts, ob mir bekannte Mitglieder übrig geblieben sind ...] Ausserdem weiss ich nicht, ob mir bekannte Mitglieder übrig geblieben sind ...
Aber damit die Diplomatie für uns arbeitet, muss die polnische Bewegung sich unbedingt in sich selbst einmütig und ernst zeigen und insbesondere einige Zeit aushalten.] Aber damit die Diplomatie für uns arbeitet, ist unumgänglich notwendig, dass die polnische Bewegung sich selbst einmütig und ernst zeigt und insbesondere, dass sie einige Zeit aushalte.

121 In der Fassung T¹ II S. 35 findet sich die Variante:

die massenhaft eingebracht werden.] welche massenweise gemacht werden.

Erläuterungen

120 *Alexander von Guttry*] Aleksander Guttry (1813-1891), liberaler Gutsbesitzer aus Posen, hatte am Aufstand 1830/31 teilgenommen und war nach Frankreich emigriert. 1863/64 unterstützte er von Paris aus die Aufständischen in Warschau. Bakunin war Guttry vermutlich erstmals um 1848 begegnet. (CD-ROM)
meine Freunde im früheren polnischen Zentralkomitee] Möglicherweise u.a. Padlewski (vgl. S. *113* – »Padlewsky«). Bakunin spricht vom »früheren« polnischen Zentralkomitee, weil die für radikale Landreformen eintretenden ›Roten‹ zur Fortführung des Aufstands eine ›provisorische Nationalregierung‹ gegründet hatten, die erst im März aktive Unterstützung von den der Aristokratie nahestehenden ›Weißen‹ erhielt.
um eine Bewegung in Finnland hervorzurufen] Schweden musste 1809 die Oberherrschaft über Finnland an Rußland abtreten, nachdem die Stände dort Zar Alexander I. als ihren Großfürsten anerkannt hatten.

121 *darum schreibe ich an . ,*] In der (allerdings schwer lesbaren) Zitatvorlage Balls ist der gepunktete Name nicht verschwiegen: »Langevic« entziffert das IISG (CD-ROM).

122 **Bakunin über die »Lapinsky'sche Expedition« (21.-30. März 1863) // (aus »Un dernier mot sur M. Louis Mieroslawsky«, Genf, 1868)**

In einer späteren Broschüre, die Bakunin im Mai-Juni 1868 im schweizerischen Clarens schrieb und noch im selben Jahr in Genf veröffentlichte, blickte er auf seinen Aufbruch aus Schweden zu einer Hilfsaktion für den polnischen Aufstand von 1863 zurück.

Überlieferung

DV: T^2 II, S. 40 (vgl. T^1 II S. 36). **Ü:** Hugo Ball aus dem Französischen (als Erstübersetzung markiert). **Q:** Französisches Zitat in Nettlau, Biogr. Bd. 1, S. 159. **O/E:** Un dernier mot sur M. Louis Mieroslawski, Genf 1868. **GA:** CD ROM (frz. Original). **GDA:** nicht ermittelt.

Lesarten der Zitatquelle

122 *die ich zwei Tage vorher erhielt*] In der Quelle der Übersetzung ist die Rede von »l'avant-veille« (frz.: am Vorabend)

Varianten

122 In der Fassung T^1 II S. 36 findet sich die Variante:
ohne mich zu befragen] ohne mich zu fragen

Erläuterungen

122 *von der sogenannten »Lapinsky'schen Expedition« unterbrochen*] Der Offizier Teofil Łapiński (ca. 1826–1886) war eine der interessantesten und schillerndsten Persönlichkeiten der polnischen Emigration. Als »Schuft« und »Trunkenbold« bezeichnete ihn sein Landsmann, der Dichter Mickiewicz; für den »allerklügsten« Polen und einen »Ehrenmann« hielt ihn Karl Marx. – Seit 1848 in der Emigration, hatte Łapiński als Kommandeur im Generalsrang an den Kämpfen der ungarischen Revolutionäre teilgenommen, trat später in gleicher Funktion unter dem Namen Teffik-Bej in die türkische Armee ein und organisierte Kämpfe tscherkessischer Rebellen gegen die Armee des Zaren im Kaukasus (1857-1859). Zeitweise stand er der Partei des Fürsten Adam Czartoryski nahe, näherte sich um 1860 aber den Demokraten an und trat in London in Kontakt zu Herzen und Mazzini. Nach Ausbruch des Januaraufstands übernahm Łapiński im Auftrag des geheimen Vertreters der polnischen Volksregierung (Rząd Narodowy) Demontowicz das Kommando über eine etwa zweihundert Mann starke internationale Freiwilligen-Truppe, um mit ihrer Hilfe einen Waffentransport von Paris über London nach Polen zu sichern. Zwei Versuche, per Schiff die Ostsee zu überqueren, scheiterten (vgl. S. *123* – »Demontowicz«). Łapiński ließ sich erneut in Paris nieder, schrieb für galizische Zeitschriften und Zeitungen. Er verfaßte Erinnerungen an den gescheiterten Waffentransport nach Litauen, an die ungarische Revolution (»Der Feldzug der ungarischen Hauptarmee im Jahre 1849. Selbsterlebtes«, Hamburg 1850) und an seine Kämpfe im Kaukasus (»Die Bergvölker des Kaukasus und ihr Freiheitskampf«, Hamburg 1862). Kurz vor seinem Tod kehrte er ins galizische Lwow zurück. (Polski Bd. 18)

123-128 Brief an Herzen und Ogarjow // Helsingborg, 31. März 1863

Ereignisnahe Authentizität bringt Ball mit dem Zitat von Bakunins Brief an die Londoner Freunde ins Spiel, der vom Scheitern der Expedition ins aufständische Polen handelt.

Überlieferung

DV: T² II, S. 41-48 (vgl. T¹ II S. 37-44). **Ü:** Boris Minzès aus dem Russischen. **Q:** Zitiert nach SP S. 68-73 mit Kürzungen und Änderungen. **O:** Russisches Briefmanuskript in Moskau, RGALI, f.2197, o.1, ed.chr.210. **E:** Vermutlich in deutscher Übersetzung 1895 in SP S. 68-73; davon russische Ausgabe erst 1896. **GA:** CD-ROM (russ. Original und frz. Übersetzung). **GDA:** Reprint SP S. 68-73.

Lesarten der Zitatquelle

Boris Minzès, der Übersetzer des »Sozial-politischen Briefwechsels«, schrieb das Schriftdeutsch des 19. Jahrhunderts. Balls Versuch, dessen Dokumente zu einer spannenden Lektüre zu machen und in sprachliche Präsenz zu überführen, ist an den zahlreichen Abweichungen gegenüber dem Wortlaut seiner Zitatquelle in diesem Brief besonders spürbar:

123 *der Erfolg des ganzen Unternehmens*] der ganze Erfolg des Unternehmens
denn man verliess sich so blind auf ihn, dass man es nicht einmal für nötig hielt] indem man sich so blind auf ihn verliess, daß man es nicht einmal für unnötig fand
also den 23.ten um acht Uhr morgen[s] fahren. Indessen] d. h. den 23. um acht Uhr morgens fahren. [Ohne Markierung überspingt Ball folgende Passage:] In Göteborg kam ich am selben Tage um neun Uhr an und hatte kein anderes Mittel, als am Tage darauf mit der Diligence nach Helsingborg zu fahren, um dort am 26. Abends anzukommen, oder aber am dritten Tage, d. h. den 25., mich einzuschiffen, um einige Stunden früher ankommen zu können. Und so mußte ich das Schiff erwarten, indessen
hätte ich dies nicht getan] würde ich dies nicht gethan haben
124 *wimmelt von russischen Spionen*] wimmelt von Russen und anderen Spionen
Es war daher angebracht] Es war daher von nöten
Spionennest...] Spionennest. [Mit einer Markierung überspringt Balls Zitat zwei Sätze über die weniger gefährdeten Treffpunkte Göteborg oder an der Südspitze der Insel Gothland.]
die Böswilligkeit des Kapitäns] den bösen Vorsatz des Kapitäns
anständig benommen] anständig aufgeführt
erst in Helsingborg fiel es ihm ein. Erst sprach er nur von einer Strafe von 500 Pfund Sterling] erst in Helsingborg erinnerte er sich daran, zuerst, indem er nur von einer Strafe von 500 Pfund Sterling sprach
als man ihn aber erinnerte] aber als man ihm erwiderte
falls nur die Expedition gelänge] sollte nur die Expedition gelingen
hielt er uns [...] hin] hielt er uns [...] auf
dass er uns auf das Schiff nahm. Inzwischen] uns auf das Schiff zu nehmen. Indessen
der Kapitän habe die Matrosen versammelt und ihnen eine Rede gehalten] daß der Kapitän die Matrosen versammelt und ihnen eine Rede gehalten hätte
125 *Andrerseits erhielten wir Eure Depesche, worin Ihr uns von den Maassnahmen der Regierung in Litauen berichtetet, und mussten nachdenklich werden. Wir beschlossen, den Kapitän zu überreden, dass er uns nach Gotland bringe.*] Andrerseits mußten wir nachdenklich werden, nachdem wir Eure Depesche erhalten hatten, worin Ihr uns von den Anstalten, welche die Regierung in Litauen traf, benachrichtigt. Indessen entschlossen wir uns, den Kapitän zu überreden, uns nach Gotland zu bringen.
drohten ihm, dass er seinen Kopf verliere, wenn er sein Versprechen nicht halte.] erklärten ihm, daß er, wenn er seinen Kopf retten wolle, sein Versprechen halten müsse.
In Gotland] Auf Gothland
um so mit unseren Freunden, die uns gewiss erwarteten] um mit unseren Freunden, die uns zweifelsohne erwarteten

was aber nach seinen eigenen Worten nicht mehr als zwei Stunden in Anspruch nehmen konnte.] und was nach seinen eigenen Worten nicht mehr als zwei Stunden in Anspruch nehmen müsse.
er schilderte es so, als hätten sich die Matrosen infolgedessen gegen ihn selbst empört und sich entschieden geweigert, weiterzusteuern. Doch alle Bemühungen des Schuften waren vergeblich. Sir Paget schenkte ihm keinen Glauben. Er schrieb alle seine unverzeihlichen Handlungen seiner niederträchtigen Feigheit zu.] er schilderte es so, als ob sich die letzteren infolgedessen gegen ihn selbst empört und sich entschieden geweigert hätten, weiter zu steuern, so daß er, trotz seines heißen Wunsches, nicht im stande sei, die Bedingungen des Kontraktes einzuhalten. Doch alle Bemühungen des Schuftes waren vergeblich. Sir Paget schenkte keinem seiner Worte Glauben. Der ganze Unterschied in unsern Ansichten bestand darin, daß Sir Paget nicht glauben konnte, daß der Kapitän im Bunde mit den russischen Agenten und uns gegenüber verrätherisch handle, – er schrieb alle seine unverzeihlichen Handlungen seiner niederträchtigen Feigheit zu.

126 *das die Agentur derselben englischen Gesellschaft hat, die mit Czwierczakiewicz den Kontrakt machte, und zugleich Agent der russischen Kriegsflotte für Kohlenlieferungen ist*] welches ein Agent derselben englischen Gesellschaft, die mit Czwierczakiewicz den Kontrakt abgeschlossen hatte, und zu gleicher Zeit Agent der russischen Kriegsflotte für Kohlenlieferungen ist

der mit Entrüstung und Scham die Handlungen des Kapitäns verurteilte] der mit Entrüstung und edler Scham auf die Handlungen des Kapitäns blickte

fast alle Welt gegen sich sah, stützte sie sich auf das Petersburger Kabinett] fast alle gegen sich erblickte, stürzte sie sich unter den Schutz des Petersburger Kabinetts

für immer verloren gewesen.] für immer verloren gewesen. [Nicht markierte Auslassung eines Satzes:] Wir wußten daher selbst, daß uns nichts andres übrig blieb, als nach Malmö, dem nächsten schwedischen Hafen, zwei Stunden von Kopenhagen, zu steuern.

in den Hafen von Malmö einlief. In Anbetracht] in den Hafen von Malmö einlief. [Nicht markierte Auslassung zu Ćwierciakiewicz; weiter:] Ja unser großer Cwierczakiewicz hat eine sehr große Verantwortlichkeit auf sich genommen, gebe Gott, daß er sich ihrer leicht entledige, vielleicht sind andre schuldig, aber in Anbetracht

127 *dass ich [...] Euch in ziemlich offenen und vielleicht harten Worten anklagte. Da ihr zu ernst und gerecht seid, um nicht einzusehen, dass ich recht hatte*] daß ich [...] Euch in ziemlich offenen und vielleicht harten Ausdrücken anklagte, die, wie ich hoffe, Euch nicht verletzt und nicht gezwungen haben, an meiner heißen Liebe zu Euch zu zweifeln, da Ihr zu ernst und gerecht seid, um nicht zu begreifen, daß ich recht hatte.

indem Ihr mich [...] benachrichtigt habt. Dabei bereitete man] indem Ihr mich [...] benachrichtigtet, daß ich da und dorthin fahren sollte. Indessen bereitete sich

ausführlich zu unterrichten] ausführlich zu benachrichtigen
wie wenig Aussicht auf Erfolg sie habe] wie wenig Chancen sie auf Erfolg hatte
unter allen Umständen] unter allen Bedingungen
128 *Ich habe mich getäuscht.*] Ich habe mich geirrt.

Varianten

Vorbereitet durch das Exzerpt Exz^d II S. 12, durch das nur der Briefanfang überliefert ist, bietet die »Brevier«-Fassung T^1 II S. 37-44 teils erhebliche Abweichungen von T^2 II, S. 41-48. Sie verdanken sich fast alle einer noch größeren Nähe zur Zitatquelle; aber die Tendenz zur Bildung kürzerer Sätze und zu größerer stilistischer Präsenz ist bereits hier gegeben:

123 T^1 II S. 37
denn man verliess sich so blind auf ihn, dass man es nicht einmal für nötig hielt] indem man sich so blind auf ihn verliess, dass man es nicht einmal für nötig fand

124 T^1 II S. 38
der ganze Sund wimmelt von russischen Spionen] der ganze Sund wimmelt von Russen und anderen Spionen
durch die Böswilligkeit] durch den bösen Vorsatz
anständig benommen] anständig aufgeführt
er habe die Expedition nicht noch um einige Tage mehr aufhalten wollen.] da er die Expedition nicht noch um einige Tage mehr habe aufhalten wollen.
T^1 II S. 39
Unter verschiedenen Vorwänden hielt er uns [...] hin] Unter verschiedenen Vorwänden hielt er uns [...] auf
dass er uns auf das Schiff nahm] uns auf das Schiff zu nehmen
aufgehalten wurden. Man benutzte diese Zeit, um sich zu unserem Empfang vorzubereiten.] aufgehalten wurden, welche diese Zeit benutzte, sich zu unserem Empfang vorzubereiten
der Kapitän habe die Matrosen versammelt und ihnen eine Rede gehalten] dass der Kapitän die Matrosen versammelt und ihnen eine Rede gehalten hätte

125 *Wir beschlossen*] Wir entschlossen uns
T^1 II S. 40
an das preussische Ufer] an das preussische
um so mit unseren Freunden, die uns gewiss erwarteten] um mit unseren Freunden, die uns zweifelsohne erwarteten,
genug, statt bei Gotland] statt bei Gotland
keine Zeit gehabt hätte, was aber] keine Zeit gehabt hätte und was aber
Doch alle Bemühungen des Schuften waren vergeblich.] Doch alle Bemühungen des Schuftes waren vergeblich.

126 T^1 II S. 41

den Kontrakt machte] den Kontrakt abgeschlossen hatte
der mit Entrüstung und Scham die Handlungen des Kapitäns verurteilte] der mit Entrüstung und edler Scham auf die Handlungen des Kapitäns blickte
stützte sie sich auf das Petersburger Kabinett, das deshalb] stützte sie sich auf den Schutz des Petersburger Kabinetts, das daher
Damit nun die Gesellschaft nicht die Möglichkeit habe, zu sagen, wir seien auf unseren eigenen Wunsch nach Malmö gebracht worden] Damit nun aber die Gesellschaft nicht die Möglichkeit habe, zu sagen, dass wir auf unseren eigenen Wunsch nach Malmö gebracht worden seien
T¹ II S. 42
aus Furcht vor [...] unserer Drohung] Aus Furcht [...] vor der Ausführung unserer Drohung

Erläuterungen

123 *eines zu spät entlarvten Spions*] Łapińskis Adjutant, der im russischen Teil Polens geborene Stefan Tugendhold (Pseudonym: Polles) studierte in Petersburg, lebte in Paris und London und stand mit der III. Abteilung in Verbindung. (Vgl. Carr S. 295 und HL Bd. 3, S. 487-494.)
Demontowicz] József Demontowicz (1823-1876), ursprünglich Direktor eines Eisenbahnunternehmens und Freimaurer, hatte aufgrund politischer Aktivitäten Polen noch vor Beginn des Januaraufstands verlassen müssen. Er fungierte als geheimer Vertreter des polnischen Zentralkomitees in Deutschland, später als Vertreter der polnischen Volksregierung in Schweden. 1862 tat sich Demontowicz mit József Ćwierciakiewicz zusammen, um im Auftrag des Zentralkomitees Waffen in Liège und Berlin zu kaufen und nach Polen zu bringen. Die Finanzierung des Unternehmens übernahm das Zentralkomitee; außerdem kamen 36.000 Francs von dem polnischen Grafen K. Branicki aus Paris, der auch Bakunins Reise nach Stockholm finanzierte (Carr S. 292), und 16.000 Taler von der schwedischen Regierung. (Polski Bd. 5) Das in London gemietete Schiff ›Ward Jackson‹ wurde mit drei Kanonen, tausend Gewehren, fünftausend Kilo Pulver, Uniformstoff und Ausrüstungen für Druckereien beladen. – Bakunin, der sich der Volksregierung erfolglos als Mitkämpfer und Organisator angeboten hatte, befand sich zu diesem Zeitpunkt auf dem Weg von London über Kopenhagen nach Stockholm, und war in den Plan des Waffentransports wohl absichtlich nicht eingeweiht worden. (Vgl. Carr S. 295-296.) Ohnehin scheiterte seine Geheimhaltung an der Anwesenheit des erwähnten Spions. Der russische Botschafter in London erreichte eine Durchsuchung des angemieteten Schiffes und so mußte die ›Ward Jackson‹, um einer Beschlagnahmung zu entgehen, heimlich, ohne Papiere auslaufen. Jetzt meinten die verantwortlichen Polen in Übereinstimmung mit Herzen, auch den in Stockholm bereits eingetroffenen Bakunin zur Teilnahme an dem Unternehmen einladen zu können. Als er im

dänischen Helsingborg an Bord kam, brachen Sympathisanten in Hochrufe auf den russischen und die polnischen Revolutionäre aus und bescherten der »geheimen« Expedition so ein weiteres Mal die ungewollte Aufmerksamkeit der Öffentlichkeit und der Presse. Nach dem Rückzug des Kapitäns und seiner Matrosen von Bord brauchten Demontowicz und Łapiński Monate, um in Malmö ein neues Schiff aufzutreiben. Es erreichte, mit Waffen und Freiwilligen an Bord, im Juni 1863 die zu Preußen gehörige Küste bei Klaipeda, aber ein heftiger Sturm verhinderte die Löschung der Ladung und es kehrte, nachdem ein Boot gesunken und zahlreiche Männer ertrunken waren, unverrichteter Ding nach Schweden zurück. – Demontowicz blieb zunächst Leiter der Waffenkommission in Liège und Vertreter der polnischen Volksregierung für Schweden, Dänemark, Norwegen. Unter anderem legte er einem dänischen Minister den Plan vor, in Dänemark ein polnisches Regiment aufzubauen, das die Soldaten polnischer Herkunft in der österreichischen Armee, die den Preußen bei der Besetzung Schleswigs half, zur Desertion veranlassen sollten. Nach der endgültigen Niederschlagung des Aufstands in Warschau trat Demontowicz in eine schwedische Firma ein. (Polski Bd. 5, S. 107)

Cards Telegramm] J. Card war das Pseudonym des Journalisten Józef Ćwierciakiewicz (1822–1869), des Hauptorganisators und eigentlichen Leiters der »Łapiński'schen Expedition« (im Polski Bd. 4 kommt auch die Schreibweise Ćwierczakiewicz vor). Sein Pseudonym Card benutzt Bakunin in konspirativen Korrespondenzen, geht aber inkonsequent damit um: später nennt er mehrfach den richtigen Namen. – Als Redakteur der ›Warschauer Zeitung‹ (Gazeta Warszawska) hatte Ćwierciakiewicz erheblichen Anteil an der Vorbereitung des Januaraufstands. Im Auftrag des Zentralkomitees hielt er sich seit März 1862 im Ausland auf, um Waffen zu kaufen, Transportmöglichkeiten zu eruieren und Kontakt mit den unterschiedlichen Gruppierungen der Emigration aufzunehmen, die dem geplanten Aufstand in Warschau zu Hilfe kommen könnten. In Paris gründete er eine Kommission zum Waffenkauf und arbeitete einen Transportweg über die Ostsee in den russischen Teil von Polen aus. Im Herbst 1862 traf er in London mit Mazzini und anderen Mitgliedern des Europäischen Revolutionskomitees zusammen, erörterte u.a. mit dem Franzosen Ledru-Rollin Pläne für eine europäische Revolution und trat als Vermittler zwischen dem polnischen Zentralkomitee und den russischen Revolutionären auf. Die französische Polizei erfuhr von den Londoner Gesprächen und nahm nach seiner Rückkehr Ćwierciakiewicz zusammen mit W. Miłowicz (vgl. S. 113 – »Milowicz«) fest, konfiszierte seine Unterlagen und das für den Waffenkauf bestimmte Geld und informierte die russische Botschaft von seinen Plänen. Davon erfuhr Padlewski (vgl. S. 113 – »Padlewski«), der das Warschauer Zentralkomitee warnen und so eine Veränderung des Transportweges bewirken konnte – was wiederum die enorme Verzögerung erklärt, mit der Waffen schließlich auf den Weg gebracht wurden. Auf Intervention Napoleons III. erhielten die polnischen Emigranten ihre Gelder zurück, Ćwierciakiewicz aber wurde aus Frankreich ausgewiesen. Von London aus verwaltete er nun sämtliche Geldspenden aus Polen für weitere Waffenkäufe und leitete die ›Łapiński-Expedition‹. Die komplizierte Vorgeschichte dieser Unternehmung dürfte eine weitere Erklärung dafür sein, daß die polnischen Konspirateure es für angemessen hielten, von einer Beteiligung des Russen Bakunin zunächst abzusehen. – An eine Unterstützung durch revolutionäre Gruppierungen in Rußland glaubte Ćwierciakiewicz nicht, baute aber im aufständischen Polen eine Russische Legion auf. Nach der endgültigen Niederlage floh er nach Genf, um dort mit der Liga für Freiheit und Frieden zusammenzuarbeiten. Nach schweren Vorwürfen eines Untersuchungsausschusses polnischer Emigranten in Paris, die ihm die Verschwendung von Geldern und den Verrat nationaler Interessen Polens an die Russen vorwarfen, erkrankte Ćwierciakiewicz schwer und starb in geistiger Umnachtung.

124 *nach dem baltischen Meere*] Gemeint ist die Ostsee (russ.: baltijskoe more).

125 *war bei dem mir bekannten Redakteur von »Vaterland et Ploug«*] nicht ermittelt
beim englischen Gesand[t]en Sir Paget] Sir Augustus Berkeley Paget (1823-1896), im diplomatischen Dienst seines Landes als Gesandter in Dänemark, Deutschland, Portugal und Italien; dort ab 1876, in Österreich-Ungarn 1884-1893 Botschafter.

126 *Hansen & Co*] nicht ermittelt
Czwierczakiewicz] Vgl. S. *123* – »Cards Telegramm«.
Da die dänische Regierung infolge der einfältigen Note Russels über die schleswig-holsteinischen Fragen fast alle Welt gegen sich sah] John Russell, 1st Earl Russell (1792-1878), war als aristokratischer Liberaler englischer Premierminister von 1846-1852 und 1855-1856. In das letzte Jahr seiner ersten Amtszeit fiel das ›Londoner Protokoll‹, in dem Dänemark, Preußen und Österreich der gemischten Bevölkerung Schleswigs eine Sonderstellung zubilligten. 1863 aber kündigte König Christian IX., gedrängt von seiner liberalen Regierung, eine neue Verfassung für Dänemark und Schleswig an. Russell dürfte die Einhaltung des ›Londoner Protokolls‹ angemahnt haben und damit Dänemark, nach Bakunins Ansicht, in die Arme Rußlands getrieben haben. Für den ehemaligen Gefangenen des Zaren eine gefährliche Ausweitung des russischen Machtbereichs.

127 *schrieb ich Euch aus Helsingborg einen traurigen Brief*] Möglicherweise handelt es sich um den hier zitierten Brief vom 31.3.1863 aus Helsingborg an die beiden, von dessem traurigen Anlaß (dem Mißlingen der ›Łapińskis'chen Expedition‹) gleich zu Beginn die Rede ist. Am 26.3.1863 schiffte sich Bakunin in Helsingborg auf der ›Ward Jackson‹ ein und schrieb bereits am 28.3. von dort einen Brief an die beiden, von dem nur der Schluß im Moskauer Archiv RGALI erhalten ist, der von einem traurigen Anlaß allerdings nichts zu erkennen gibt. Er findet sich nicht in SP, aber auf der CD-ROM.

Juniors Telegramm] Junior nennt Bakunin Herzens ältesten Sohn Aleksandr Aleksandrovič (Saša) Herzen (1839–1906) aus konspirativen Gründen. Auf Initiative seines Vaters, der in ihm gern Interesse an der Politik geweckt hätte, war Saša ebenfalls nach Schweden gefahren, um Bakunin bei seinen Unternehmungen zu begleiten. So nahm er unter anderem am 28. Mai am Bankett in Stockholm zu Bakunins Ehren teil. Offenbar konkurrierte der junge Herzen mit Bakunin um die Aufmerksamkeit des schwedischen Publikums und die beiden trennten sich bald im Streit. – Der genaue Inhalt des Telegramms war nicht zu ermitteln.

129-131 Aus Bakunins Bankettrede in Stockholm (28. Mai 1863)

Auch nach dem Scheitern der Expedition um Unterstützung für die aufständischen Polen und gegen den Zaren werbend, wandte sich Bakunin in Stockholm an geladene Gäste.

Überlieferung

DV: T² II, S. 49-53 (vgl. T¹ II, S. 45-49). **Ü:** Hugo Ball aus dem Französischen (als Erstübersetzung markiert). **Q:** Übersetzt nach dem französischen Text in SP S. 88-92 mit Kürzungen. **O:** Französisches Redemanuskript. Standort in Moskau: RGALI f.2197, o.1, ed.chr.535. **E:** Vermutlich 1895 in SP S. 88-92. **GA:** CD-ROM (frz. Original) und Reprint SP S. 88-92. **GDA:** nicht ermittelt.

Lesarten der Zitatquelle

129 *Wir, die wir Jungrussland aus der Nähe kennen*] Nous autres Russes, qui l'observons de plus près – (frz.: Wir anderen Russen, die wir es aus größerer Nähe betrachten – von Ball terminologieträchtiger umgeformt zu »Jungrussen«, im Anschluß an den vorhergehenden Satz »cette Russie jeune«.)
seine Kräfte rüstet für den Endkampf.] préparer ses forces pour une lutte suprême – (frz.: seine Kräfte für einen höchsten Kampf vorbereitet).
130 *von jenem religiösen Vertrauen gestützt, das anmassend und unverschämt die Stütze des Kaisers Nikolaus war.*] par la foi intérieure, par cette foi arrogante, insensée mais qui faisait la force de l'Empereur Nicolas. – (Frz.: von dem inneren Glauben, diesem arroganten, unsinnigen, der aber die Stütze des Kaisers Nikolaus war.)
in allen grösseren russischen Provinzen.] dans toutes les provinces de la Grande Russie. – (Frz.: in allen Provinzen des großen Rußland.)
131 *die sich zusammensetzt aus Abgeordneten aller Provinzen und Städte Grossrusslands ohne Rücksicht auf Klasse, Vermögen und Stellung.*] élus par toutes les provinces et les villes de la grande Russie – (frz.: gewählt von allen Provinzen und Städten des großen Rußland; – der von Ball gewählte Begriff »Grossrussland« entspricht zwar einem oben erwähnten Zeitschriften-Titel, hat aber geographisch keine terminologisch umrissene Bedeutung).
Im Namen dieser Gesellschaft, im Namen dieses Neurussland] Au nom de cette société, au nom de cette nouvelle Russie – (frz.: Im Namen

dieser Gesellschaft, im Namen dieses neuen Rußland – von Ball wieder terminologieträchtig verändert zu »Neurussland«).

Varianten

131 Auch in der Maschinenschrift der Fassung T¹ II, S. 48 heißt es am Beginn von Punkt 2) »Die Kommune als Basis genommen«. Sie wurde dann aber dort von Ball handschriftlich durch »Gemeinde« ersetzt, während er in der späteren Fassung T² II, S. 52 wieder zur Formulierung »Die Kommune als Basis genommen« zurückkehrt, die auch durch die Übersetzungsvorlage gestützt wird.

Die Kommune als Basis genommen] Die Gemeinde als Basis genommen

Erläuterungen

129 *Der Bruder des Königs*] Vermutlich wurde Bakunin von Oscar Frederik (1829-1907) empfangen, der als entschiedener Sympathisant der aufständischen Polen und als Parteigänger der Dänen im Krieg von 1864 gegen die Preußen galt. Oscar Frederik folgte 1872, als Oscar II., seinem Bruder Karl XV. auf den Thron. Seine liberale Einstellung entsprach im wesentlichen der des schwedischen Königshauses seit Oscar I. Carr berichtet auch von einer Audienz Bakunins bei König Karl XV. persönlich, die der Privatsekretär des Königs, der aus Finnland emigrierte Dichter Emil von Quanten, vermittelt haben könnte. Dieser hatte sich öffentlich für die Befreiung seines Landes von der russischen Herrschaft ausgesprochen. Auch Karl XV. war ein entschiedener Gegner Rußlands. Über den Inhalt des Gesprächs zwischen Bakunin und dem schwedischen König ist nichts bekannt. (Carr S. 303)
Baron L. J. Hierta, Besitzer der grossen liberalen Zeitung »Aftonbladet«] Der Publizist, Politiker (Parlamentsabgeordneter der schwedischen Liberalen) und erfolgreiche Geschäftsmann Lars Johan Hierta (1801–1872) gründete die bis heute bestehende Zeitung ›Aftonbladet‹ (vgl. S. 78 – »Aftonbladet«) im Jahr 1830 und fungierte bis 1851 als ihr Herausgeber. Die Zeitung galt als schlagkräftiges und einflußreiches Organ der liberalen Opposition unter König Karl XIV.; ihre scharfen Polemiken lösten heftige politische Debatten aus. Hierta setzte sich für die Erwerbsfreiheit und für die Liberalisierung des schwedischen Strafvollzugs, für Frauenrechte und Volksbildung ein. In seinem Verlag ließ Hierta preiswerte Ausgaben der Romane von George Sand, Eugène Sue, Balzac, Dickens und anderen drucken, darüber hinaus populäre naturwissenschaftliche, technische und aufklärerische Literatur, darunter Darwin und Strauss' »Das Leben Jesu«.
August Sohlman, Redakteur von »Aftenbladet«] August Sohlman (1824–1874) setzte die liberale und kämpferische Tradition Hiertas als Redaktionsleiter fort und machte die Zeitung zum politischen Diskussionsforum für eine fortschrittlich orientierte, akademisch gebildete Bürgerschaft. Sohlman war ein Verfechter des »Skandinavismus« und setzte sich damit für einen Bund der skandinavischen Länder gegen die Dominanz

Preußens und Rußlands ein. Er bezog entschieden Partei für die polnischen Freiheitskämpfer und votierte (ebenso wie der König und Prinz Oscar) für das Eintreten Schwedens an der Seite Dänemarks in den preußisch-dänischen Krieg von 1864.

August Blanche] August Theodor Blanche (1811–1868), einer der populärsten Autoren und Publizisten seiner Zeit, gründete während der politischen Unruhen zwischen 1838 und 1840 ein radikales satirisches Magazin und polemisierte unter anderem gegen Positionen der Zeitung ›Aftonbladet‹, wurde jedoch 1855 selbst deren Mitarbeiter. Er verfaßte Theaterstücke und Romane, die sehr hohe Auflagen erreichten. Mit seiner Sympathie für die polnischen und die italienischen Freiheitskämpfer stand Blanche keineswegs allein, mußte Bakunin gegenüber jedoch zugeben, daß ein schwedisches ›Revolutionskomitee‹, mit dem dieser nach seiner Ankunft Kontakt aufzunehmen wünschte, nicht existierte. Als eine der führenden Persönlichkeiten der schwedischen Radikalen begleitete er Bakunin während dessen Aufenthalt in Schweden. (Carr S. 302)

Auf einem Bankett im Hotel Fenix] Feniks, russ. für ›Phoenix‹. – Da im Gegensatz zur zumindest vorsichtig taktierenden Landesregierung ein großer Teil der schwedischen Bevölkerung und der Intellektuellen Rußland aufgrund dessen Vordringen in den Ostseeraum als Erbfeind betrachtete, war die Parteinahme für die polnischen Aufständischen und für einen russischen Revolutionär, der unter der Despotie des Zaren hatte leiden müssen, fast eine Selbstverständlichkeit. Am Bankett, das ihm zu Ehren gegeben wurde, nahmen Politiker, der Religionsminister, Offiziere, Geschäftsleute und sogar einige Angehörige des Adels teil. Zwar hatte der russische Gesandte am schwedischen Hof Bakunins Ausweisung verlangt, doch wurde dies vom Außenminister mit Hinweis auf Schwedens demokratische Regierung abgelehnt. Allerdings erschien im Blatt ›Posttideningen‹ – anonym, tatsächlich aber aus der Feder des Premierministers – ein diskreditierender Artikel über Bakunins Vergangenheit. Die radikale Presse antwortete mit einem Sturm der Entrüstung und Bakunin selbst reagierte mit drei Artikeln im ›Aftonbladet‹. Die Kontroverse steigerte womöglich Bakunins Popularität in Schweden. (Vgl. Carr S. 303-306)

130 *Herostrat*] Herostratos wurde berühmt, indem er 356 v.Chr. den Tempel der Artemis in Ephesus anzündete. Inbegriff für einen Brandstifter aus Geltungssucht.

Zemla i Wola] Russ.: Zemlja i Volja, ›Land und Freiheit‹ (vgl. S. 113 – »revolutionäre Organisation ›Land und Freiheit‹«).

132-133 **Brief an ein im Auslande befindliches Mitglied von »Land und Freiheit« // Stockholm, 9. Juli 1863**

Überlieferung

DV: T² II, S. 54-56 (vgl. T¹ II, S. 50-51). Ü: Max Nettlau aus dem Russischen. Q: Das Zitat stammt nicht aus dem im Vortext Balls erwähnten Kulczycki, sondern wird im 1.

Absatz zitiert nach Nettlau, Biogr. Bd. 1, S. 163-164 (vgl. S. XXVI + 90 Anm. 1121) und im 2. Absatz dort nach S. 158. – Von Ball gegenüber dem Original umgekehrte Reihenfolge der Auszüge für beide Abschnitte, die von Nettlau hier beide an verschiedenen Stellen übersetzt werden. O: Russischer Originalbrief nicht erhalten. Nettlaus Transkription des Russischen in lateinische Buchstaben im IISG, Archives Bakunin. E: nicht ermittelt. GA: CD-ROM (frz. Übersetzung und russisches Original). GDA: nicht ermittelt.

Lesarten der Zitatquelle

132 *die Gesellschaft »Land und Freiheit«*] die Gesellschaft »Zemlja i Volja«
ernsthafte Sympathieen zu hegen] ernste Sympathieen zu haben
und sie suchen, wenn sie auch nicht über mich persönlich herfallen, die Schweden zu überzeugen] und jene, nicht auf mich persönlich herfallend, suchen die Schweden zu überzeugen
mit Ausnahme von zwei, drei Leuten] mit Ausnahme von zwei, drei vernünftigen Leuten
133 *trotzdem waren die Schmutzereien, die der junge H. hierherbrachte, schädlich und unangenehm. All das bringt mich dazu, die schleunigste Feststellung meiner Beziehungen zu der Gesellschaft zu wünschen ...*] trotzdem waren die Schmutzereien (gegen mich), die der junge Herzen hierher brachte, schädlich und unangenehm; all das bringt mich dazu, die schleunigste Feststellung meiner Beziehungen zu der Gesellschaft zu wünschen ...
Die abschließenden Punkte markieren eine Auslassung, worin es um Bakunins Verhältnis zu den alten Freunden Herzen und Ogarev im Jahr 1862 und deren Auffassung der ›polnischen Frage‹ geht.

Erläuterungen

132 *Kulczycki (»Geschichte der russischen Revolution«, 1911)*] Ludwig Kulczycki: Geschichte der russischen Revolution. Aus dem Polnischen von Anna Schapire-Neurath, 2 Bde., Gotha: Perthes 1910/1911. – In Bd. 1, S. 359 wird über Bakunins Engagement für ›Land und Freiheit‹ und seine Motivation von Herzens Beitritt spekuliert.
Tschernischewskys Verhaftung (Juli 1862)] Vgl. Kulczycki Bd. 1, S. 419-422.
Leuten wie Utin] Nikolaj Isaakovič Utin (1841-1883), nach eigener Aussage Bakunins »unversöhnlicher Feind« (1870), unterstützte Karl Marx bei dessen Kampf gegen Bakunin mit Informationen und Gerüchten (vgl. Wolfgang Eckhardt in seiner Einleitung zu AS Bd. 5, S. 106-110). Er stammte aus einer wohlhabenden jüdischen Kaufmannsfamilie, war eines der zentralen Mitglieder von ›Land und Freiheit‹ nach Černyševskijs Verhaftung (vgl. S. 113 – »revolutionäre Organisation ›Land und Freiheit‹«) und emigrierte 1863 über London, wo er erstmals mit Bakunin zusammentraf, nach Genf. Dort gelang es ihm, die Redaktion der Zeitschrift ›Volkssache‹ (Narodnoe Delo) zu übernehmen, deren erste Nummer Bakunin 1868 herausgegeben und weitgehend mit eigenen Beiträgen gefüllt hatte. 1870 wurde Utin Redakteur der Zeitschrift ›Égalité‹. Er gründete die russische Sektion der Internationale, intrigierte gegen Bakunins Versuch, die Allianz der

sozialistischen Demokratie mit der Internationale zu vereinigen und betrieb die Spaltung der romanischen Föderation auf dem Kongreß von 1870. 1877 kehrte Utin, nachdem er ein offizielles Reuebekenntnis abgelegt hatte, mit Erlaubnis der III. Abteilung (Geheimpolizei) nach Rußland zurück (vgl. Carr S. 428-431 und 441-443).

Provansow] Möglicherweise ein Deckname für Aleksandr Aleksandrovič Slepcov (1835–1906), Bevollmächtigter von ›Land und Freiheit‹, der Herzen und Bakunin anbot, Agenten der Organisation zu werden (HL Bd. 3, S. 473).

133 *die Schmutzereien, die der junge H. hierherbrachte*] Gemeint ist Saša (Aleksandr Aleksandrovič) Herzen, der Sohn Alexander Herzens (vgl. *S. 127* – »Juniors Telegramm«). Er hatte Bakunin nach Stockholm begleitet und auf dem Bankett im Stockholmer Hotel Phoenix das Recht beansprucht, in Schweden als der eigentliche Vertreter der russischen Emigration aufzutreten. Er hatte darüber einen Streit mit Bakunin vom Zaun gebrochen und verhielt sich im Lauf dieser Auseinandersetzung offenbar äußerst taktlos und indiskret, was, in Verbindung mit Bakunins ungeschickter und eitler Reaktion darauf, bei den schwedischen Gastgebern für eine erhebliche Abkühlung ihrer Sympathien führte. Deshalb begann Bakunin bereits im Juli über seine Abreise aus Schweden nachzudenken. (Carr S. 307)

134 Über den polnischen Nationalismus
     (Brief an Herzen, 17. November 1860)

Überlieferung

DV: T² II, S. 57-58 (vgl. T¹ II S. 52-53). **Ü:** Boris Minzès aus dem Russischen. **Q:** Zitiert nach SP S. 11-28(29), hier S. 27-28. **O:** Russisches Briefmanuskript, datiert 7.-15. November 1860. Standort Moskau: RGALI. Signatur: f.2197 o.1, ed.chr.209. **E:** Vermutlich in deutscher Übersetzung 1895 in SP S. 11-28; davon russische Ausgabe erst 1896. **GA:** CD-ROM (russisches Original und frz. Übersetzung) und russ. Reprint SSS Bd. 4, S. 303-304. **GDA:** Reprint SP S. 11-28(29), hier S. 27-28, nachgedruckt in Stuke S. 665-681, hier S. 680-681.

Lesarten der Zitatquelle

134 *selbst der Lebensprozess, die Verdauung, das Atmen, sie haben nur dann Recht*] selbst der Prozeß des Lebens, der Verdauung, des Atmens, sie haben nur dann recht
Daher heben die Polen, die italienischen, ungarischen, alle unterdrückten Slaven] daher heben die Polen, die Italiener, die Ungarn, alle unterdrückten slavischen Völker
er wird euch ein Lied singen] er wird euch ein Lied [...] vorsingen
zu unserer gegenseitigen Rettung] zu unserer *gegenseitigen* Rettung [Ball ignoriert die Hervorhebung der Zitatquelle]

Varianten

Das im Exzerpt Exz^d I S. 3-5 vorbereitete Zitat, von dem nur der Anfang überliefert ist, bietet in der früheren »Brevier«-Fassung T¹ II S. 52-53 keine nennenswerten Varianten.

Erläuterungen

134 *Über den polnischen Nationalismus (Brief an Herzen, 17. Nov. 1860)*]
Dragomanow hat diesen Brief aus Irkutsk mit falschem Datum veröffentlicht (laut Steklov ist D. überhaupt sehr nachlässig, auch die polnischen Namen sind falsch geschrieben). Bei Steklov heißt es: 7.-15. November 1860. – Bakunin schreibt den Brief in erster Linie in der Absicht, seinen Vetter, den Gouverneur Ostsibiriens Murav'ev (später M.-Amurskij) vor den Angriffen in Herzens ›Glocke‹ zu verteidigen. Dort wurde M.-A. Willkür gegenüber der Bevölkerung und den Verbannten vorgeworfen. (Steklov in SSS Bd. 4, S. 579, Anm. 610)
Mi[c]kiewicz] Adam Mickiewicz (1798-1855) gilt als Polens wichtigster Dichter. Insbesondere sein Epos »Konrad Wallenrod«, seine Dichtungen »Pan Tadeusz« und »Dziady« gelten als Verkörperungen der polnischen Nationalidee. Nach einer fünfmonatigen Gefängnisstrafe wurde M. 1823 aus seinem Wohnort, dem litauischen Kowno im russischen Teil Polens, ausgewiesen. Er hielt sich in Petersburg, Odessa und Moskau auf und brach 1829 zu einer Auslandsreise auf, von der er nur noch einmal nach Polen zurückkehrte, um in Posen am Aufstand von 1830/31 teilzunehmen. Seit 1832 befand er sich in der Pariser Emigration, zeitweilig als Professor für slavische Literatur am Collège de France, später als Chefredakteur der Zeitung ›Tribune de Peuples‹. In den vierziger Jahren stand er unter dem ungünstigen Einfluß Towiańskis (vgl. S. 53 – »ich fürchte, daß es die Panslavisten durch Sasonow erfahren werden«) schrieb nur noch wenig Literarisches, nahm am Krimkrieg teil und starb 1855 in Konstantinopel an der Cholera, wo er versucht hatte, eine polnische Legion aufzubauen.
Trekowsky] Gemeint ist der (in Balls Zitatquelle SP S. 27 korrekt geschriebene) polnische Philosoph Bronislav Ferdinand Trentowski (1808–1869), der 1831 nach Deutschland emigrierte, an verschiedenen Universitäten studierte und in Heidelberg promovierte. Steklov bezeichnet ihn als »Eklektiker, Mystiker, Idealist, der als Theosoph endete«. Trentowski war bestrebt, den deutschen Idealismus mit einem »romantischen Realismus« zu einer »universellen Philosophie« zu verbinden (»Grundlage der universellen Philosophie«, dt. 1837). Er lehrte als Privatdozent Philosophie an der Universität Freiburg i.Br. (SSS Bd. 4, S. 593, Anm. 610.46)
Czetkowsky] Gemeint ist vermutlich der Philosoph und Ökonom August Cieszkowski (1814–1894), Gründungsmitglied der Polnischen Liga und Kritiker der Radikalen im polnischen Widerstand. Bakunin traf sich 1848 mehrmals mit ihm in Berlin (SSS Bd. 4, S. 593 Anm. 610.46). Seine christliche Philosophie von der Vorbestimmung des Menschen zu moralischem Handeln stand radikal revolutionären Zielen entgegen. Er kritisierte die Junghegelianer und beeinflußte die Arbeiten Stankevičs (vgl. S. 21 – »Kreis junger Männer, zu denen Bjelinsky, Stankjewitsch, Annenkow, Turgenjew gehörten«) und Herzens. Seine Ausführungen zur Organisation des Kreditwesens stellte er 1847 auf dem Landwirtschaftskongreß in Paris dar. Im Großherzogtum Posen

(preußisch Polen) ließ er sich im selben Jahr als Abgeordneter ins Parlament (Sejm) wählen. (Andrzej Śródka: Uczeni Polscy XIX-XX stulecia, Bd. 1, Warszawa 1994, S. 285-287)

135 Brief an Alexander Herzen // Stockholm, 1. August 1863

Nach dem Scheitern der Solidaritätsaktion für die aufständischen Polen bekundet Bakunins Brief an Herzen den Kampf gegen das Zarentum als primäres Ziel der kommenden Zeit.

Überlieferung

DV: T² II, S. 59-60 (vgl. T¹ II, S. 54-55). **Ü:** Boris Minzès aus dem Russischen. **Q:** Zitiert nach SP S. 78-81, hier S. 79-80. **O:** Russisches Briefmanuskript. Standort Moskau: RGALI. Signatur: f.2197, o.1, ed.chr.210. **E:** Zuerst 1895 in deutscher Sprache in SP S. 78-81, hier S. 79-80. Russisch erst 1896 erschienen. **GA:** CD-ROM (russ. Original und frz. Übersetzung). **GDA:** Reprint SP S. 78-81, hier S. 79-80, nachgedruckt in Stuke S. 694-695.

Lesarten der Zitatquelle

135 *schweren Stand. Wiss[t] Ihr,*] schweren Stand. [Nicht markierte Auslassung:] Es gibt unter ihnen wenige, zu wenige, mit denen wir ein Herz und eine Seele sein könnten. Wißt Ihr,
der Pole ist uns als Russen feind] der beste Pole ist uns als Russen feind
Ein Sieg Petersburgs über Polen] Der Sieg Petersburgs über Polen
Petersburg unser Hauptfeind. Deshalb] Petersburg unser Hauptfeind [nicht markierte Auslassung Balls:], mehr als die Franzosen, Engländer, ja sogar mehr als die Deutschen. Petersburg ist doch eigentlich ein verklärter Deutscher. Deshalb
mein Bekenntnis] meine Beichte

Erläuterungen

135 *Demontowicz*] Vgl. S. 123 – »Demontowicz«.

136-137 Alexander Herzen an Bakunin // London, 1. September 1863

Einen Monat nach Bakunins Brief antwortete der in der Revolutionsfrage durchaus anders positionierte Herzen mit einer Kritik an der Mentalität des Freundes.

Überlieferung

DV: T² II, S. 61-62 (vgl. T¹ II, S. 56-57). **Ü:** Boris Minzès aus dem Russischen. **Q:** Zitiert nach SP S. 93-96, hier S. 94-95. **O:** nicht ermittelt. **E:** Zuerst 1895 in deutscher Sprache in SP S. 93-96, hier S. 94-95. Russisch erst 1896 erschienen. **GA:** nicht ermittelt. **GDA:** Reprint SP S. 93-96, hier S. 94-95.

Lesarten der Zitatquelle

136 *aus welchem die Zeit nur dem Schema nach*] aus welchem »dem Schema nach« die Zeit
als Schwätzer, ohne Skrupel] als Schwätzer – (von S. war es auch in

diesem Falle unrecht, es Dir zu sagen, obwohl es keinen einzigen Menschen gibt, der es nicht wüßte und fürchtete) – ohne Skrupel
Epikuräertums] Epikureismus
erschracken] erschraken

Erläuterungen

136 *hast du nicht allein Nalbandow, sondern auch Woronow zugrunde gerichtet.*] Der Armenier Mikael Nalbandyan (1829-1866) sympathisierte mit den emigrierten Gegnern des Zaren. Er hatte Bakunin Geld gegeben, unter anderem für die Übersiedlung Antonia Bakuninas nach Europa, und sich erboten, auf seiner Rückreise nach Rußland Briefe Bakunins mitzunehmen. Der russische Journalist Voronov kam 1862 zur Weltausstellung nach London und begegnete Bakunin wohl rein zufällig. Im Zusammenhang mit der Festnahme Vetošnikovs (vgl. *S. 113* – »Paul Wietochin«) durch die russische Geheimpolizei war auch der nach Rußland zurückgekehrte Nalbandyan verhaftet worden. Man fand fünf Briefe von Bakunin in seinem Gepäck, in denen auch Voronov als Kurier geheimer Briefe erwähnt wurde. Nalbandyan wurde zur Verbannung in einen Provinzort verurteilt, Voronov freigesprochen. (Vgl. Carr, S. 271.)

137 *Miloradowitsch*] Gemeint ist wohl der altgläubige Pope Olimpij Miloradov (vgl. *S. 106* – »Belogriniza«). 1862 kam er als Begleiter seines Bischofs nach London, der mit den russischen Emigranten in Kontakt treten wollte. Die ›Glocke‹ brachte zwei Jahre lang immer wieder Material über die in Rußland verbliebenen Altgläubigen, Bakunin glaubte an ihr revolutionäres Potential und hoffte auf ihren Einfluß auf die russischen Bauern. Die Altgläubigen distanzierten sich jedoch nach einiger Zeit offiziell von den »Londoner Atheisten« und der Kontakt brach wieder ab. (SSS Bd. 4, S. 471 Anm. 124 und vgl. Carr S. 274-275.) 1850 hatte Bakunin geschrieben: »Ich habe vor noch nicht zwei Jahren in Prag die Gelegenheit gehabt, mich noch einmal davon zu überzeugen, daß die Altgläubigen selbst, die zahmsten [Sektierer] von allen, die einzigen, welche einigermaßen noch von der Regierung geduldet werden, dieser im höchsten Grade abhold sind.« (AS Bd. 3, S. 26-27)
Du »brichst Stroh«.] Abwandlung des russischen Sprichwortes: »Kraft bricht Stroh« (SP S. 95).

138 Nikolaus Ogarjow an Bakunin // London, 12. Oktober 1863

Auch Ogarev antwortete mit einer Kritik an der revolutionären Ungeduld Bakunins.

Überlieferung

DV: T² II, S. 63-64 (vgl. T¹ II, S. 58-59). **Ü:** Boris Minzès aus dem Russischen. **Q:** Zitiert nach SP S. 96-99, hier S. 98-99. **O:** nicht ermittelt. **E:** Zuerst 1895 in deutscher Sprache in SP S. 96-99, hier S. 98-99. Russisch erst 1896 erschienen. **GA:** nicht ermittelt. **GDA:** SP S. 96-99, hier S. 98-99.

Lesarten der Zitatquelle

138 *jedes Wort zur rechten Zeit kommt*] jedes Wort zur rechten Zeit gesagt werde
es ist Zeit, einzusehen] es ist schon Zeit, einzusehen
Du vor allem] Du vor allen
nur fürs Leben] nur zum Leben

Erläuterungen

138 *sine ira et studio*] Lat.: ohne Zorn und Eifer.

139-140 Brief an Tchorzewsky // Florenz, 24. April 1864

Florenz, damals Hauptstadt des vereinigten Italien, wird zu Bakunins neuem Wohnsitz. Von dort aus entwickelt er noch einmal seine revolutionäre Perspektive für den polnischen Aufstand, der sich nicht zuletzt gegen die russische Zarenmacht zu verteidigen hat.

Überlieferung

DV: T² II, S. 65-67 (vgl. T¹ II, S. 60-61). **Ü:** Boris Minzès aus dem Russischen. **Q:** Zitiert nach SP S. 106-108, hier S. 107-108. **O:** Russisches Briefmanuskript. Standort Moskau: RGALI. Signatur: f.2197, o.1, ed.chr. 814. **E:** Zuerst 1895 in deutscher Sprache in SP S. 96-99, hier S. 98-99. Russisch erst 1896 erschienen. **GA:** CD-ROM (russ. Original und frz. Übersetzung). **GDA:** Reprint SP S. 106-108, hier S. 107-108.

Lesarten der Zitatquelle

Balls Stilisierungsabsicht bedingt hier eine große Zahl von Eingriffen in seine Zitatquelle, die vom Schriftdeutsch des 19. Jahrhunderts geprägt ist.

139 *Der erste und ohne Zweifel traurigste Akt [...] gelangte, scheint es, zum Abschluss.*] Der erste und zweifellos traurigste Akt [...] scheint zu Ende.
nach meiner festen Überzeugung] nach meiner tiefen Ueberzeugung
»Heroischer Fall der polnischen Adelsdemokratie«. Von dem revolutionären Bürgerstand und der Bevölkerung der Städte sind nicht alle erwürgt oder nach Sibirien verschickt. Es blieben ohne Zweifel einige Tausend verzweifelte Leute übrig, die alle im Laufe des furchtbaren Jahres solche Verluste und solchen Kummer erlitten haben, wie sie andere Völker kaum im Laufe von Hundert Jahren erleben. Wenn wir annehmen, dass die Hälfte, seien es auch zwei Drittel von ihnen, moralisch tot sind – die andern sind dafür abgehärtet und gegen alles gefeit: sie werden nicht vor irgend einem Hindernis Halt machen und sind zu allem bereit. Das ist eine ungeheure Kraft, eine von jetzt ab vernünftige Kraft, weil sie endlich vollständig begriffen hat, dass die Zukunft Polens wie aller slavischen Völker in den Bauern liegt, und dass das einzige Mittel zum Heil aller ist: die schöne soziale ... Revolution. Ich traf schon solche Leute und bin überzeugt, dass ich noch mehr treffen werde. Mit ihnen ist eine Verbindung möglich und notwendig. Sie können uns auch die richtigen klein- und grossrussischen Leute finden.] »der hero-

ische Sturz der polnischen Adelsdemokratie«. Jetzt hat die polnische Bauernsache begonnen, die zu befriedigen oder zu besänftigen die russische Regierung nie im stande sein wird. Es sind doch noch nicht alle von der adeligen Demokratie, den revolutionären Kleinbürgern und den Städtern getötet oder nach Sibirien verbannt. Zweifelsohne sind mehrere tausend Tollkühne geblieben, die alles verloren und während des Schreckensjahres so viele Leiden ertrugen, welche andere Völker kaum in hundert Jahren ertragen. Gesetzt den Fall, daß die Hälfte, ja sogar zwei Drittel von ihnen, moralisch gebrochen sind, dafür sind die andern gehärtet und gegen alles gewappnet: Sie werden sich von nichts aufhalten lassen und sind zu allem bereit. Es ist eine ungeheure Kraft, eine von nun an vernünftige Kraft, weil sie endlich zum völligen Bewußtsein gekommen ist, dass Polens Zukunft, wie die aller slavischen Völker, im Bauer liege und daß das einzige Mittel zur Rettung aller die rote soziale geologische (?) Revolution sei. Ich bin schon solchen Leuten begegnet und überzeugt, dass ich ihrer noch mehr begegnen werde. Mit ihnen ist eine Verbindung möglich und notwendig. Sie werden uns echte groß- und kleinrussische Leute verschaffen können.

140 *Im Westen ist die Flut der Reaktion zu Ende und es begann von neuem die Flut der Revolution.*] Auch im Westen hat die Hochflut der Reaktion aufgehört und die der Revolution begonnen,
in Wahrheit aber nur erstarrt] in Wirklichkeit aber nur erstarrt
wenn sie sich nämlich endgiltig überzeugt haben werden, dass von Napoleon und dessen Konferenz sich für Polen nichts ergibt.] wenn sie sich völlig überzeugt haben, daß von Napoleon und seinem Konferenzkongresse nichts für Polen zu erhoffen ist.
Also, Tchorzewsky, beunruhigen Sie sich nicht. Es stirbt jetzt nicht Polen, sondern die letzte Illusion der Adelsfreiheit und der Adelsdemokratie in Polen, und in Polen, gerade in Polen beginnt das Ende des russischen Kaisertums und des gesamtrussischen Reiches.] Und so, Tchórzewski, seien Sie nicht bestürzt, nicht Polen stirbt jetzt, sondern das letzte Hirngespinst der Adelsfreiheit und der Adelsdemokratie in Polen, und eben hier wird das Ende des russischen Kaisertums und des panrußischen Reiches beginnen.

Varianten

Vorbereitet durch das Exzerpt Exz^d III S. 21 (Fehlpaginierung; richtig: S. 24), bietet die frühe »Brevier«-Fassung T^1 II S. 60-61 mehrere Varianten der abgedruckten Fassung.

139 *der mit einander in Verbindung gesetzten europäischen Revolutionäre*] der mit einander in Verbindung gebrachten europäischen Revolutionäre
im Laufe von Hundert Jahren] im Laufe von hundert Jahren

140 *wenn sie sich nämlich endgiltig überzeugt haben werden, dass von Napoleon und dessen Konferenz sich für Polen nichts ergibt.*] wenn sie sich endgiltig überzeugt haben werden, dass von Napoleon ⟨III.⟩ und dessen Konferenz sich für Polen nichts ergibt.

Erläuterungen

139 *Mazzini*] Vgl. S. 23 – »gegen den religiösen Dogmatismus Mazzinis«.
Saffi] Der italienische Publizist Aurelio Saffi (1819-1890), ein Parteigänger Mazzinis, lebte seit dem Fall der wenige Monate existierenden Republik von Rom 1849 in England und kämpfte für die italienische Befreiungsbewegung.
Garibaldi] Giuseppe Garibaldi (1807-1882), der populärste Freiheitskämpfer des italienischen Risorgimento, stand seit den Aufständen von 1834 Mazzini nahe und bereitete mit ihm zusammen den ›Zug der Tausend‹ nach Marsala (11.5.1860) vor, der unter seiner Führung zur Eroberung des Königreichs beider Sizilien und zum Sturz der Bourbonen führte, und der die Einigung Italiens vorantrieb. Ohne die Unterstützung der Truppen des Königreichs Sardinien-Piemont wäre Garibaldis Feldzug freilich nicht siegreich gewesen. Dreimal, 1860, 1862 und 1867, versuchte Garibaldi zudem vergeblich, Rom von der Herrschaft des Papstes zu befreien, um es zur Hauptstadt des geeinten Königreichs unter Vittorio Emanuele II. zu machen. – Bakunin hatte, noch in sibirischer Verbannung, Garibaldis Unternehmungen mit großer Hoffnung verfolgt. »Wären Sie, wie ich, Augenzeuge der leidenschaftlichen Begeisterung von ganz Irkutsk, Hauptstadt von Ostsibirien, gewesen, als die Nachrichten von Ihrer erneuten Sizilienexpedition und Ihres triumphalen Marsches über die Besitzungen des verrückten Königs von Neapel eintraf, sie hätten, ebenso wie ich gesagt, daß von nun an keine Entfernungen und keine Grenzen mehr existieren.« (Bn. an G. am 31.1.1862 aus London.) Garibaldis hartnäckiger Kampf gegen Österreichs langjährige Herrschaft auf italienischem Boden machte ihn in Bakunins Augen zum nahezu selbstverständlichen Parteigänger seines eigenen vordringlichen Anliegens: der Befreiung aller slavischen Völker von österreichischer und deutscher Herrschaft und der daraus folgenden gesellschaftlichen Revolution. (Vgl. auch Carr. S. 315.)
Tchorzewsky] Stanisław Tchórzewski führte in London einen polnischen Buchladen. Er war mit Bakunin und Ogarev befreundet und stand vor allem Herzen sehr nahe, unterstützte ihn bei der Publikation der ›Glocke‹ und übernahm deren Vertrieb. 1865 folgte er Herzen nach Genf. Mit Valerian Mroczkowski zusammen trat er der ›Fraternité Internationale‹ bei. (Œuvres Bd. 5, S. 462 Anm. 128)

140 *den des Aksakow'schen »Tages« würdigen chinesischen Gedanken von der Verschiedenheit der russischen und slavischen Bewegung*] Nach der Auffassung der Slavophilen hatte Rußland aufgrund seiner slavischen Werte (Brüderlichkeit und Gemeinschaftsgeist), die es über Westeuropa und das Osmanische Reich erhoben, eine besondere Rolle in bezug auf die Weltgeschichte zu spielen und war somit für eine Führungsposition innerhalb der panslavischen Bewegung qualifiziert. Im Unterschied zu den frühen Slavophilen der 1830er und 1840er Jahre argumentierten viele ihrer Nachfolger in der zweiten Hälfte des Jahrhunderts populistisch und machtpolitisch. – Ivan Sergeevič Aksakov (1823-1886), einer bekannten Slavophilen-Familie zugehörig, gab seit Ende 1861 ein hal-

bes Jahr lang die zunächst sehr erfolgreiche Zeitung ›Der Tag‹ (Den', bis 1865) heraus. Mitte 1862 übernahm der slavophile Publizist Jurij Samarin das Blatt.
Napoleon und dessen Konferenz] Gemeint ist die Pariser Konferenz von 1856 nach dem Ende des Krimkriegs, die mit dem Frieden von Paris am 30. März schloß. Napoleon III. hatte der Krimkrieg »fast eine Schiedsrichterstellung in Europa« eingebracht. (GiG Bd. 3, S. 211)

141 Brief an Demontowicz // Genua, 24. Januar 1864

Auch in der Annäherung an die Vorkämpfer des italienischen Risorgimento wie Garibaldi verliert Bakunin slavische Anliegen nicht aus dem Blick.

Überlieferung

DV: T² II, S. 68 (Vgl. T¹ II, S. 62). **Ü:** Nettlau aus dem Russischen nach einer fremden Abschrift. **Q:** Zitiert nach Nettlau, Biogr. Bd. 1, S. 167. **O:** Photokopie des verbrannten russischen Originalmanuskripts des Briefes. Standort Moskau: Gosudarstvennyj Archiv Rossijskoj Federacii (GARF). Signatur: f.825, o.1, d.1212. **E:** nicht ermittelt. **GA:** CD-ROM (russ. Original und frz. Übersetzung). **GDA:** nicht ermittelt.

Lesarten der Zitatquelle

Das beim Verständnis fehlende Subjekt »ein Pole« im Schlußsatz des 1. Absatzes wurde nach dem auf der CD-ROM wiedergegebenen Originaltext interpoliert. In Balls Zitatquelle Nettlau fehlt es ebenso.

141 *von dem General (Garibaldi)*] von dem General
Er klagt über die auswärtigen Vertreter Polens und ganz natürlich.] Er klagt über die auswärtigen Vertreter Polens und ganz natürlich – [....... Anmerkung 1149 bei Nettlau: »unlesbare Stelle für den Schreiber der Abschrift dieses Briefes«. Ball überspringt die Stelle ohne Auslassungszeichen].
der allgemeine Verachtung hervor rief, war [ein Pole] weder bei dem General] der allgemeine Verachtung hervorrief, war weder bei dem General

Varianten

141 im Vergeich mit der früheren Fassung T¹ II S. 62:
Ausser einem gewissen Priester Kalinsky, der hierherkam, um, ich weiss nicht in wessen Namen, Geld zu verlangen, und der allgemeine Verachtung hervor rief, war [ein Pole] weder bei dem General noch bei anderen Vertretern der fortschrittlichen Partei ...] Ausser einem gewissen Priester Kalinsky, der hierherkam, um, ich weiss nicht in wessen Namen, Geld zu verlangen, und der allgemeine Verachtung hervorrief, war weder bei dem General noch bei anderen Vertretern der fortschrittlichen Partei ......

Erläuterungen

141 *Demontowicz*] Vgl. S. *123* – »Demontowicz«.

Wir kehrten gestern von Caprera zurück] Auf die Insel Caprera hatte sich Garibaldi schon nach seiner Verbannung in den Jahren 1849-1853 zurückgezogen. Als Bakunin ihn hier aufsuchte, lag für Garibaldi kaum mehr als ein Jahr die Niederlage bei Aspromonte zurück, die seinen zweiten Versuch, Rom zu befreien, scheitern ließ. Seitdem lebte Garibaldi mit seiner Frau, einer einfachen Bäuerin, zwei Söhnen, einem Sekretär für die politische Arbeit und zwölf Gefolgsleuten in einem einfachen Bauernhaus und versorgte sich durch eigene Feldarbeit. Ihr Leben erschien Bakunin als Prototyp »einer demokratischen sozialen Republik«. (Carr S. 316)

einem gewissen Priester Kalinsky] Möglicherweise ist hier der Pole Antoni Kaliński gemeint, der sich seit dem Aufstand von 1832/33 in der Emigration, zunächst in London, befand, später zum Kreis der Konservativen um das Pariser Hotel Lambert gehörte, sich 1854 aber von dessen Führer A. Czartoryski distanzierte. (Polskie Archiwum Biograficzne. Polish Biographical Archive, hg. von Gabriele Baumgartner. Neue Folge, 1. Fiche N. 1-204, München: K.G. Saur Verlag, o.J.)

142 Brief an Herzen und Ogarjow // Florenz, 4. März 1864

Möglicherweise ist es die revolutionäre Perspektive, die Bakunin früh das italienische Risorgimento in seinen europäischen Dimensionen erfassen läßt.

Überlieferung

DV: T² II, S. 69 (vgl. T¹ II, S. 63). **Ü:** Boris Minzès aus dem Russischen. **Q:** Zitiert nach SP S. 100-106, hier S. 102-103 mit Änderungen. **O:** Russisches Briefmanuskript in Moskau, RGALI. Signatur: f.2197, o.1, ed.chr. 210. **E:** Zuerst 1895 in deutscher Sprache in SP S. 100-106, hier S. 102-103. Russisch erst 1896 erschienen. **GA:** CD-ROM (russisches Original und frz. Übersetzung). **GDA:** Reprint SP S. 100-106, hier S. 102-103.

Lesarten der Zitatquelle

142 *Palatzky und seine Frau, die ich oft sehe, halten einen selbständigen ungarischen Aufstand für dieses Jahr für unmöglich, ausser es erhebe sich Italien.*] Pulski und seine Frau, die ich ziemlich oft sehe, teilen keineswegs seine und seines Freundes, des Generals, magyarische Träumereien; sie leugnen positiv die Möglichkeit eines selbständigen ungarischen Aufstandes in diesem Jahre, sie fügen aber hinzu, daß, wann sich Italien ernstlich erheben, auch Ungarn seinem Beispiele folgen werde.

Mazzini und Garibaldi, jetzt versöhnt und zusammenarbeitend, bereiten unzweifelhaft eine Bewegung vor – ein Anfang dürfte Ende März oder Anfang April in Venetien gemacht werden und dann werde Garibaldi ganz Italien aufrufen. So hoffen sie die Regierung in einen Krieg mit Österreich zu ziehen. Die Regierung füllt Livorno, Genua, die Insel Magdalena bei Caprera mit ihren Spionen. Die piemontesische Partei, auch der König selbst, sind, wie man versichert, gegen die Einigung Italiens, weil sie fürchten, dabei nur für die Republik zu arbeiten ...]

Auf Befehl Londons und Capreras [Fußnote Dragomanow: Mazzinis und Garibaldis], die sich völlig versöhnt haben und jetzt gemeinschaftlich vorgehen, bereitet sich zweifellos eine Bewegung vor. Es scheint außer Zweifel zu sein, daß man Ende März oder Anfang April im venetianischen Gebiete den Versuch eines Aufstandes machen wird, und wenn er aufflackert, dann wird man in ganz Italien eine Agitation in Gang setzen und Garibaldi wird dann die Italiener herbeirufen. In solcher Weise hofft man Regierung und Heer in den Krieg gegen Oesterreich hineinzuziehen. Indessen hat die Regierung Livorno, Genua, die Insel Magdalena, zwei Schritte von Caprera mit ihren Spionen überflutet. Andrerseits sagen ernsthafte Leute, daß nicht nur die starke piemontesische Partei, die einen besonders starken Anhang in der höheren Bureaukratie, im Heere, sowie im Ministerium hat, sondern auch der König selbst, bereit seien, sich sogar mit Freuden von dem großen vereinigten Italien loszusagen, da sie sich endgültig überzeugt haben, daß die Monarchie nicht im stande sein werde, über ein solches Italien Herr zu werden, und, daß wenn Rom befreit wird, es nicht zu Gunsten der Monarchie, sondern der Republik geschehen werde.

Es folgt eine markierte Auslassung, die über 12 Zeilen der Zitatquelle reicht und weiter von Perspektiven der Gefährdung des Einigungszieles durch die italienische Monarchie handelt. – Während die Punkte am Ende keine Auslassung markieren, entfällt durch eine nicht markierte Kürzung der metaphorisch formulierte vorletzte Satz der Zitatquelle:

Wie ihr seht: hier wie in ganz Europa herrscht eine schreckliche Verwirrung. Keine Frage ist rein und klar gestellt. Überall legitime Forderungen und Bewegungen mit einer Mischung von napoleonischem Gift. Aber mir scheint, dass die Ebbe zu Ende ist, die Flut beginnt von neuem ...]
Wie ihr sehet, herrscht hier wie in ganz Europa ein schrecklicher Wirrwar, keine einzige Frage ist deutlich und klar aufgestellt. Ueberall ist den gesetzlichen Forderungen und Bewegungen etwas napoleonisches Gift beigemischt. Beständig sammelt sich Elektrizität an und überfüllt die Atmosphäre, – ohne Sturm wird es nicht abgehen. Vielleicht wird die Explosion erst später stattfinden, doch wie es mir scheint, hat die Ebbe aufgehört und die Flut beginnt von neuem.

Erläuterungen

142 *Palatzky*] Vermutlich handelt es sich um den tschechischen Historiker, Publizisten und Politiker František Palacký (1798–1876), der 1848 den Slavenkongreß in Prag geleitet hatte. Von Bakunins »Aufruf an die Slaven« (S. 66-67) hatte er sich damals als Anhänger der österreichischen Monarchie distanziert, teilte jedoch dessen Ansicht, daß Rußland mit seinem Anspruch auf eine führende Rolle innerhalb der Vereinigung aller Slaven der Emanzipation der kleineren Völker im Wege stände. Als Vertreter des Austroslavismus wurde Palacký Mitglied des böhmischen Landtags und des Herrenhauses. 1866 veröffentlichte er seine Vorstellungen von einem föderalistischen österreichischen Staat.

(Österreichisches Biographisches Lexikon, Bd. 7, hg. von der Österreichischen Akademie der Wissenschaften, Wien 1978)

Mazzini und Garibaldi, jetzt versöhnt und zusammenarbeitend] Der Republikaner Garibaldi war 1855 der ›Società Nazionale‹ beigetreten, die das Ziel hatte, »alle patriotischen Kräfte unter dem Banner der unitarischen Monarchie zu versammeln. [...] und Mazzini war schließlich vollständig isoliert.« (Procacci S. 269) – Auch nach dem Anschluß Siziliens an das Königreich Sardinien/Piemont durch Plebiszit, was Garibaldi als ›Diktator‹ im eroberten Sizilien zum Rücktritt zwang, demonstrierte der republikanische General Vittorio Emanuele II. gegenüber Loyalität. Eine Begegnung fand im Oktober 1860 statt – fünf Monate später war Vittorio Emanuele König von Italien. Garibaldi und mit ihm die Sache der Republik hatten eine empfindliche Niederlage erlitten. Zudem schadeten die militanten Maßnahmen, die seine provisorische Regierung in Sizilien ergriffen hatte, um Plünderungen und Racheakte der Bevölkerung zu unterbinden, ganz erheblich seiner Popularität in der Bevölkerung. Vor allem aus der enttäuschten und zunehmend verelendenden Bauernschaft rekrutierten sich im armen Süditalien Banden, die den Truppen des jungen Königreichs regelrechte Schlachten lieferten. In dieser Situation gelang es Bakunin relativ rasch und nicht nur auf dem Land, den Einfluß Garibaldis und Mazzinis zu verdrängen – erst recht nach Mazzinis Verdammung der Pariser Kommune im Jahr 1871. »Der Einfluß Bakunins war entscheidend für die Hinwendung vieler der in Italien bereits bestehenden Arbeiterzirkel zu radikaleren revolutionären Auffassungen. [...] Seine revolutionäre Unnachgiebigkeit erschien vielen als Symbol jener geheimnisvollen und mächtigen Internationale, unter deren Fahne die Kommunarden gekämpft hatten. In Italien wußte man so gut wie nichts über die heftigen Auseinandersetzungen, die sich gerade in jenen Jahren zwischen den Anhängern von Marx und denjenigen Bakunins innerhalb der Ersten Internationale abspielten. [...] Um 1871 waren in Italien Begriffe wie Anarchismus, Sozialismus und Internationalismus praktisch Synonyme, und der Name Bakunins war wesentlich bekannter als Marx'. Unter Bakunins Einfluß wuchs die Zahl der italienischen Sektionen der Internationale, die eine immer intensivere Aktivität entfalteten.« (Procacci S. 280)

So hoffen sie die Regierung in einen Krieg mit Österreich zu ziehen] Aus dem vorangegangenen Krieg gegen Österreich waren die Verbündeten Sardinien/Piemont und Frankreich in den Schlachten von Magenta und Solferino siegreich hervorgegangen. Trotz französischer Versprechungen aber hatte Österreich Venetien behalten können und die Lombardei war zunächst an Frankreich gefallen und erst Monate später, dank der Verhandlungen des piemontesischen Ministerpräsidenten Camillo Graf Benso di Cavour (1810–1861) im Tausch gegen Nizza und Savoyen Sardinien/Piemont überlassen worden. Im jungen Königreich Italien (seit März 1861) galten nicht nur den Mazzinisten und Republikanern die Befreiung Venetiens und die Befreiung Roms, das unter dem Schutz Frankreichs stand, als vorrangiges Ziel der immer noch nicht abgeschlossenen Einigungsbewegung. 1866 kam es dann mithilfe eines Militärbündnisses mit Preußen zum Krieg gegen Österreich, der zwar mit italienischen Niederlagen bei Custozza und Lissa endet, dank preußischer Siege und französischer Unterstützung aber auch zum Anschluß Venetiens an Italien führt. Istrien und Südtirol dagegen mußte Italien aufgeben. (Procacci S. 279)

Die piemontesische Partei, auch der König selbst, sind, wie man versichert, gegen die Einigung Italiens, weil sie fürchten, dabei nur für die Republik zu arbeiten] Ein Problem des italienischen ›risorgimento‹ war anfangs das Übergewicht der Piemonteser. 1864 wird die Hauptstadt des neu gegründeten Königreichs Italien vom abseits gelegenen Turin ins zentralere Florenz verlegt. – Die republikanisch-demokratische Opposition befürchtet, daß dies die Aufgabe Roms bedeutet. Unruhen brechen aus. Tatsächlich streben »die Piemonteser« (die Hofpartei ›Consorteria‹) mit Roms ›Schutzmacht‹ Frankreich eine friedliche Einigung an: 1864 verpflichtet sich Frankreich, seine Truppen innerhalb von zwei Jahren aus dem Kirchenstaat abzuziehen, während Italien den Kirchenstaat gegen Angriffe von außen zu verteidigen verspricht. Trotzdem nehmen die Spannungen zwischen italienischem Königreich und Kirchenstaat zu. Der Papst veröffentlicht seinen ›Syllabus errorum‹ und verlangt Unterordnung. Die Regierung ergreift eine Reihe antiklerikaler Maßnahmen. Ein Erfolg der Regierung aber bedeutet wiederum eine Niederlage für Mazzinisten und Republikaner. Garibaldi handelt, doch sein dritter Marsch auf Rom 1867 endet im Fiasko. (Procacci S. 283)

143 Über das Zusammentreffen mit Marx (»Rapports personels avec Marx«)

Der ambivalente Eindruck beim letzten Treffen mit Marx in London sollte sich für Bakunin bei den künftigen Begegnungen und Konfrontationen innerhalb der ›Ersten Internationale‹ verstärken. Zum letzten Mal innerhalb der erhaltenen »Brevier«-Teile zitiert Ball den 1871 aus der Rückschau entstandenen Bakunin-Text »Rapports personnels avec Marx«.

Überlieferung

DV: T^2 II, S. 70 (vgl. T^1 II, S. 64). **Ü:** Hugo Ball aus dem Französischen (als Erstübersetzung markiert). **Q:** Französisches Zitat in Nettlau, Biogr. Bd. 1, S. 172. **O:** Manuskript »Rapports personnels avec Marx. Pièces justificatives NE 2« im Amsterdamer IISG, Archives Bakunin. **E:** Als deutsche Übersetzung von Max Nettlau 1924 unter dem Titel »Persönliche Beziehungen zu Marx« in GW Bd. 3, S. 204-216, hier S. 215-216. **GA:** CD-ROM und Œuvres Bd. 2, S. 119-130, hier S. 128. **GDA:** Nettlaus Übersetzung in Reprint GW Bd. 3, S. 204-216, hier S. 215-216, nachgedruckt bei Hillmann S. 174-190, hier S. 188-189, und Stuke S. 395-410, hier S. 408-409.

Lesarten der Zitatquelle

Wesentliche Abweichungen ergeben sich durch Balls Übertragung aus dem Französischen nicht. Gegen Ende der Übersetzungsvorlage sind die Hinweise auf die Dauer des Aufenthaltes in Florenz, wo Bakunin bis zum Frühjahr 1865 blieb, und den Kongreß der Friedens- und Freiheitsliga in Genf im September 1867 entfallen.

Erläuterungen

143 *Im August 1864 kehrte Bakunin nach Schweden zurück*] In Stockholm traf Bakunin August Sohlman, der seiner kurz zuvor in Florenz gegründeten ›Internationalen Geheimgesellschaft zur Befreiung der Menschheit‹ (auch: ›Internationale Bruderschaft‹, ›Fraternité internationale‹) beitrat. Bakunins Hoffnung, daß Sohlman intensive Aktivitäten zur Anwerbung weiterer Mitglieder unternehmen würde, erfüllte sich allerdings nicht, ebensowenig seine Erwartung, als Korrespondent schwedischer Zeitungen Geld verdienen zu können. Das ›Aftonbladet‹ druckte einen einzigen Artikel von ihm ab. Dieser letzte Aufenthalt Bakunins in Schweden dauerte bis Oktober 1864. (Carr S. 320, Grawitz S. 233-234. Vgl. *S. 129* – »August Sohlman«.)
sah er zum letzten Mal Proudhon.] Bakunin traf Proudhon im November 1864 in Paris, vor seiner Rückkehr nach Florenz. Proudhon starb im darauffolgenden Jahr, vgl. *S. 44* – »Proudhon«.
er beteuerte mir, niemals etwas gesagt, noch etwas gegen mich unternommen zu haben.] Vgl. S. 68 u. S. 69 sowie Wolfgang Eckhardt in seiner Einleitung zu AS Bd. 5, S. 11-146.
ich wusste, er hatte mächtigen Anteil an der neuerlichen Gründung der »Internationalen« genommen] »Die Ansicht Bakunins und vieler anderer Zeitgenossen, Marx sei der ›Hauptgründer der Internationale‹ (der Ersten Internationale, bzw. Internationalen Arbeiterassoziation) gewesen, stellt übrigens einen weitverbreiteten Irrtum dar.« (Wolfgang Eckhardt in seiner Einleitung zu AS Bd. 5, S. 12) Die Gründungsversammlung der Ersten Internationale fand im September 1864 in der Londoner St. Martin's Hall statt. Marx war eingeladen, nahm jedoch nur »als stumme Figur auf der Plattform« teil. Bakunin hielt sich zur Zeit der Gründungsversammlung noch in Schweden auf und trat erst 1868 der Ersten Internationale bei. (Wolfgang Eckhardt in seiner Einleitung zu AS Bd. 5, S. 12-14.) Vgl. SP S. LXXXVI.
Wir wechselten einige Briefe.] Abdruck: Briefe und Widmungen Bakunins an Marx in AS Bd. 5, S. 156-167.

144-145 Über Marx und Proudhon (Brief »Aux frères de l'Alliance en Espagne«, 1872)

Bakunins zweiter Brief aus Locarno an die spanischen Brüder der Allianz, den Ball in einer Übersetzung aus dem Französischen dokumentiert, wird vom IISG auf den 12.-13. Juni 1872 datiert. Zur spanischen ›Alianza de la Democracia Socialista‹ findet sich ein einschlägiger Beitrag von Max Nettlau: Bakunin und die Internationale in Spanien 1868-1873. In: Grünbergs Archiv 4 (1914), S. 243-303.

Überlieferung

DV: T² II, S. 71-72 (vgl. T¹ II, S. 65-66). Ü: Hugo Ball aus dem Französischen (nicht wie sonst als Erstübersetzung im Inhaltsverzeichnis markiert). Q: Französisches Manuskriptzitat 1898 in Nettlau, Biogr. Bd. 1, S. 172-173. O: Französisches Briefmanuskript. Heutiger Standort: Amsterdam, IISG, Archives Bakunin. E: Nicht ermittelt; vermutlich durch die spätere deutsche Übersetzung von Max Nettlau 1924 in GW Bd. 3, S. 108-119, hier S. 116-117. GA: CD-ROM GDA: Deutsche Übersetzung von Max Nettlau 1924 in Reprint GW Bd. 3, S. 108-119, hier S. 116-117, nachgedruckt in Hillmann S. 210-223, hier S. 220-221, und in Stuke S. 796-807, hier S. 805-806.

Lesarten der Zitatquelle

144 Ball übernimmt einen Fehler seiner Übersetzungsvorlage:
ist sein grosses Unglück, dass er nie die Naturwissenschaften studierte und sich doch deren Methode aneignete.] Son grand malheur c'est de n'avoir jamais étudié les sciences naturelles, et de ne s'en être approprié les méthodes – (frz.: und daß er sich deren Methode aneignete)
Noch mit Bindestrich geschrieben wird in der Übersetzungsvorlage das – bei Ball dem modernen Gebrauch angepaßte – Wort »l'an-archie«:
Wenn Proudhon nicht Doktrin und Metaphysik machte, hatte er den wahren Instinkt des Revolutionärs; er verehrte Satan und proklamierte die Anarchie.] Proudhon, lorsqu'il ne faisait pas de la doctrine et de la métaphysique, avait le vrai instinct du révolutionnaire – il adorait Satan et il proclammait l'an-archie.

Erläuterungen

144 *dass Marx als Ökonom ein sehr ernster und tiefer Denker ist.*] Diese Qualität von Marx hat Bakunin auch angesichts ihrer Zerwürfnisse im Lauf der Jahrzehnte nie bezweifelt und sich sogar angeboten, den ersten Band von dessen Hauptwerk »Das Kapital« zu übersetzen.
Er hat das Prinzip aufgestellt, dass alle religiösen, politischen und juridischen Evolutionen in der Geschichte nicht die Ursachen, sondern die Folgen ökonomischer Entwicklungen sind.] Damit fixiert Bakunin den Kerngedanken, der ihm an der Theorie von Marx unbezweifelbar schien und den er – Proudhon weiterdenkend – auch in sein anarchistisches System übernahm: »die soziale Ökonomie als Basis aller sonstigen Entwicklungen«.
Als Deutscher und Jude ist er vom Scheitel bis zur Sohle für die Autorität.] Vgl. Wolfgang Eckhardt in der Einleitung zu AS Bd. 5, S. 69-70.

146-147 **Bakunin in Florenz**
(nach Angelo de Gubernatis, »Selbstbiographie«)

Überlieferung

DV: T² II, S. 73-75 (vgl. T¹ II, S. 67-69). Ü: Dragomanow aus dem Italienischen ins Russische und Minzès aus dem Russischen. Q: Zitat in Einleitung von Dragomanow zu SP, S. LXXXVII-LXXXIX, hier S. LXXXVII-LXXXVIII; vgl. anders eingeleitet und erst in einem späteren Absatz zitierend Nettlau, Biogr. Bd. 1, S. 173-174. **O/E:** Angelo de Gubernatis: Proemio autobiografico. In: A.d.G.: Dizionario biografico degli scrittori contemporanei, Firenze: Le Monnier 1879, S. VII-XXXII, hier zitiert S. XXI-XXII. **GA:** In der Originalsprache nicht ermittelt. **GDA:** Reprint SP, S. LXXXVII-LXXXIX und daraus Lehning, S. 231-233.

Lesarten der Zitatquelle

146 *Gubernatis war Professor des Sanskrit*] De Gubernatis war damals bereits Professor des Sanskrit und der allgemeinen Litteratur

Varianten

146 Das vorbereitende Exzerpt Exz^a III, S. 5 ist nur fragmentarisch überliefert. Es bietet einen Teil der frühen »Brevier«-Fassung T^1 II, S. 67-69, die gegenüber der hier abgedruckten nur zwei Varianten der Schreibung enthält:
russische Minister und Attaches] russische Minister und Attachés
Hegel'sche Philosophie] Hegelsche Philosophie

Erläuterungen

146 *Ludmilla Assing*] Die Schriftstellerin Ludmilla Assing (1821-1880) gab als Nachlaßverwalterin ihres Onkels Karl August Varnhagen von Ense (vgl. *S. 28* – »Varnhagen von Ense«) dessen Briefwechsel mit Alexander von Humboldt (1860) und seit 1861 vierzehn Bände seiner Tagebücher heraus, die teils von der preußischen Zensur verboten wurden und von Ball oben auf S. 28 und 72 mit Zeugnissen über Bakunin zitiert werden. Seit 1861 lebte Ludmilla Assing in Florenz, verkehrte mit italienischen Demokraten und heiratete den Mazzini-Anhänger Andrea Giannelli. Beide verkehrten mit Bakunin. Giannelli übersetzte Bakunins »Lettres au Popolo d'Italia«.
Franz Palaczky] František Palacký – vgl. *S. 142* – »Palatzky«.
N. D. Nozin] Der junge Adelige Nikolaj Dmitrievič Nožin (1841–1866) studierte ab 1860 in Heidelberg Zoologie und veröffentlichte in Rußland erste Ergebnisse seiner Forschungen. Mit Bakunin ist er möglicherweise bei einem Aufenthalt in Italien bekannt geworden. Nach seiner Rückkehr nach Petersburg stand er dem späteren Publizisten und Revolutionär N.K. Michajlovskij nahe, verkehrte aber auch im radikalen Kreis um Karakozov. Wegen »extremer nihilistischer Ansichten« unter geheimpolizeiliche Beobachtung gestellt, starb Nožin 1866 in Petersburg an Typhus. (Vgl. Masaryk Bd. 2, S. 153.)
eine Anzahl Mazzinisten, Garibaldianer und Freimaurer] Außer Andrea Giannelli auch u.a. Guiseppe Dolfi und Giuseppe Mazzoni. Alle drei waren führende Mitglieder von Florentiner Logen; Dolfi und Mazzoni gründeten 1863 außerdem die Loge ›Il Progresso Sociale‹, die »demokratischste« aller Florentiner Logen, in der auch Bakunin Mitglied wurde. – Dolfi stellte Bakunin mehrfach für Zusammenkünfte sein Haus zur Verfügung, trat aber nicht dessen geheimer Bruderschaft ›Fraternité internationale‹ bei. Bis 1868 standen beide in freundschaftlichem Briefwechsel. – Mazzoni, Mitglied von Bakunins ›Fraternité

internationale‹ seit 1868, Mitglied der ›Ersten Internationale‹ seit 1869 und Parlamentsabgeordneter seit 1870, blieb nach Bakunins Übersiedlung nach Neapel dessen wichtigster Verbindungsmann in Florenz bis 1872. – Andrea Giannelli hat sich trotz ihres anfänglich freundschaftlichen Verhältnisses später entschieden von Bakunin distanziert: Vom Moment seiner Ankunft in Florenz an, schreibt Giannelli an Max Nettlau, habe Bakunin seine »nihilistische Propaganda« verbreitet. Bakunins Ideen hätten jedoch nichts mit seinen eigenen Theorien gemein gehabt. (Brief vom 30. Juli 1895 an Nettlau, erwähnt in Ravindranathan S. 33) – Über ihre gemeinsame Mitgliedschaft in der Loge ›Lo Progresso Sociale‹ zieht Ravindranathan außerdem eine Verbindung zwischen Bakunin und dem Sozialisten Nicoló Lo Savio, seit August 1865 Herausgeber der Zeitung ›Il Proletario‹. (Ravindranathan S. 34)
Florenz war damals politischer Mittelpunkt.] 1864 war Florenz Hauptstadt des Vereinigten Königreichs geworden.
In Florenz waren ein Menschenalter vorher Verwandte Bakunins russische Minister und Attaches gewesen] Vgl. S. 15 – »Mein Vater gehörte zum alten Adel«.
Angelo de Gubernatis, »Selbstbiographie«] Nach Studien an der Berliner Universität lehrte Angelo de Gubernatis (1840-1913) an der Universität von Florenz Sanskrit und Indische Literatur (Ravindranathan S. 29). Aus Gewissensgründen gab er sein Amt auf, um der geheimen Bruderschaft beitreten zu können und stürzte sich voller Engagement in Aktivitäten für die »Revolution«. Er schrieb eine Hymne: »La Sociale«, die die »Marseillaise« ersetzen sollte, und bemühte sich, junge Arbeiter anzuwerben. Eine kurze Zeit lang war de Gubernatis für Bakunin »der bester aller Italiener« (Carr, S. 325). Der unklare Kurs des Kreises, die Passivität der übrigen Mitglieder, Bakunins spielerischer Umgang mit angeblich konspirativen Strategien und nicht zuletzt dessen Nachlässigkeit in finanziellen Angelegenheiten aber ließen de Gubernatis bald am Sinn seiner Tätigkeit zweifeln. Zum Entschluß, die Bruderschaft zu verlassen, brachte ihn die nüchterne Reaktion eines toskanischen Arbeiters und ehemaligen Mitkämpfers von Garibaldi, der eine Mitgliedschaft in Bakunins Kreis ablehnte: »Sehen Sie diese Büchse; zweimal hat sie meinem Vaterland gedient; am Tage, wo ihr, Herren, die Batterien eröffnen und deutlicher erklären werdet, was ihr für unser armes Volk zu thun gedenket, werde ich sie wieder hervornehmen und in den ersten Reihen der Kämpfer erscheinen, aber habet Geduld: ich bin nicht fähig, andern zu folgen, ohne zu wissen, wohin!« (G. zitiert in SP S. LXXXIX). Trotz seiner Ehe mit Sofia Bezobrazova, einer entfernten Verwandten von Bakunin, trennte sich de Gubernatis von Bakunin und verließ Florenz, nachdem er darauf gedrängt hatte, die Bruderschaft aufzulösen. (Vgl. Nettlau, Biogr. Bd. 1, S. 173-174.)
des berühmten ungarischen Verbannten F. R. Pulsky] Der Schriftsteller Ferenc Pulszky (1814–1897) war nach seiner Teilnahme an der ungarischen Revolution von 1848 zunächst nach England emigriert. Er stand Lajos Kossuth nahe, mit dem zusammen er mehrmals in die USA reiste.

1860 zog er nach Florenz, wo sein Haus gesellschaftlicher Mittelpunkt zahlreicher in- und ausländischer Demokraten wurde. Nachdem der König seine Residenz nach Florenz verlegt hatte, schreibt Pulszky, seien sogar Minister bei ihm erschienen, um Bakunin, dem »in jeder Hinsicht berühmtesten« aller Emigranten vor Ort, zu begegnen. (Ravindranathan S. 24)
Schopenhauer] Ein vergleichsweise frühes Zeugnis von Bakunins Kenntnis der Schriften, die gegen Lebensende zu seiner täglichen Lektüre gehörten (vgl. Carr S. 498 und Huch S. 252). Schopenhauer gehörte zu den Quellen seines Versuches, ein »letztes ausführliches Wort über meine tiefsten Ueberzeugungen zu schreiben«, heißt es in einem späten Brief Bakunins aus Lugano vom 11.11.1874 (SP S. 271).

148-150 [Bakunin und die toskanische Freimaurerei
(der Syllabus von 1864)]

Titel aus dem Inhaltsverzeichnis. Im Vortext weist Ball auf den päpstlichen Syllabus von 1864 als mögliche »direkte Veranlassung für die Niederschrift der folgenden Gedanken« (s.o. S. 148) hin. Zitatquelle sind aber nicht die erwähnten Schriften »Antithéologisme« von 1867 oder »Dieu et l'etat« von 1870-71. Die Quelle, die Nettlau aus dem undatierten Manuskript zitiert, ist älter und wird von ihm auf Dezember 1864 oder Anfang 1865, vom IISG auf den Sommer bis Herbst 1865 datiert. Es war für Nettlau »die älteste mir bekannte Fassung der Gesamtidee Bakunin's«. (Nettlau, Biogr. Bd. 2, S. 200)

Überlieferung

DV: T² II, S. 76-79 (vgl. T¹ II S. 70-73). **Ü:** Hugo Ball aus dem Französischen (als Erstübersetzung markiert). **Q:** Französisches Manuskript-Zitat in Nettlau, Biogr. Bd. 2, S. 201-202 mit Hinweis in Anm. 1414 auf eine bei Malatesta gesehene Abschrift. **O:** Französisches Manuskript »Fragments d'écrits sur la Franc-Maçonnerie, Fragment A«. 8 Oktavseiten (nach Nettlau, Biogr. Bd. 2, S. 201 oben). Heutiger Standort: Amsterdam, IISG, Archives Bakunin. **E:** »Fragments d'écrits sur la Franc-Maçonnerie, Fragment A« nicht ermittelt. Daraus entwickelte spätere Schrift »Fédéralisme, socialisme et antithéologisme«: Michel Bakounine: Œuvres Bd. 1, hg. von Max Nettlau, Paris: Stock 1895, S. 1-205. **GA:** CD-ROM und **GDA:** nicht ermittelt. Spätere Schrift »Fédéralisme, socialisme et antithéologisme«: RF S. 62-64.

Lesarten der Zitatquelle

149 Ball nimmt auf dieser Seite in seiner Übertragung aus dem Französischen drei nicht markierte Auslassungen aus seiner Übersetzungsvorlage vor. Und zwar jeweils nach den Sätzen:

Da aber der Mensch aus eigener Kraft sich nicht bis zum Himmel erheben kann, so vermag doch Gott in seiner höchsten Güte herabzusteigen zur Erde und zum Menschen, um ihn zu erleuchten, zu sich emporzuziehen und ihn zu retten durch seine Gnade.] [Es folgt eine längere Auslassung zu katholischen Dogmen]
So die reine katholische Lehre. So die strenge Konsequenz jeder, ob katholischen, protestantischen, muhamedanischen, jüdischen, selbst heid-

nischen Religion.] [Danach kürzere Auslassung zum Christentum als absoluter Religion]
Da Gott alles ist, ist der Mensch nichts.] [Anschließend kürzere Auslassung zum Wesen Gottes und des Menschen in der christlichen Religion]

Erläuterungen

148 *Grossmeister Dolfi*] Der Bäcker Giuseppe Dolfi (1818-1869) unterstützte die Bewegung zur Vereinigung Italiens. Er war Demokrat, einer der einflussreichsten Mitglieder der Florentiner Freimaurerlogen und Mitbegründer der Mazzinianischen Arbeiterorganisation ›Fratellanza artigiana‹. (CD-ROM; vgl. SW 10.3 Nr. 144, S. 179.)
der Ende 1864 erschienene päpstliche Syllabus] Nettlau, Biogr. Bd. 2, S. XXXI +124 weist bereits in Anm. 1415 auf den päpstlichen Syllabus vom 8.12.1864 als wahrscheinliche Voraussetzung des Manuskriptes hin (vgl. S. 54 – »Syllabus«). – Mit dem »Syllabus errorum« verurteilte Pius IX. (1846-78), dessen römischer Kirchenstaat nach wie vor unter dem Schutz Frankreichs und Napoleons III. stand, die »liberalen Irrlehren« seiner politischen Gegner und verlangte vom italienischen Staat und von den Wissenschaften die Unterordnung unter die Autorität der Römisch-Katholischen Kirche. Er kündigte zudem das Unfehlbarkeitsdogma an, das vom Vatikanischen Konzil dann 1869 verkündet wurde. – Bereits vor der Vereinigung Sardinien-Piemonts mit der Emilia und der Toskana zum Königreich Italien (1861) hatten die liberalen piemontesischen Regierungen, zuletzt unter der Führung Cavours, Gesetze erlassen, die die weltliche Macht der Kirche, wenn nicht aufheben, so doch entschieden eindämmen sollten. Garibaldi war 1860 allerdings mit seinem Versuch zur Befreiung der Stadt Rom gescheitert, als sich nicht nur französische, sondern, auf Initiative Vittorio Emanueles II., auch reguläre piemontesische Truppen seinem Feldzug entgegenstellten. Während liberale Regierungskreise als wichtigste Aufgabe des neuen Staats nach 1861 die Vereinigung des Königreichs mit Venetien und Rom sahen, behielten der König und die Hofpartei ihre grundsätzlich versöhnliche Haltung dem Kirchenstaat gegenüber bei. Verhandlungen mit Frankreich führten 1864 zu der Vereinbarung, dass die französischen Truppen binnen zwei Jahren aus Rom abgezogen würden, während das italienische Königreich sich verpflichtete, den Papst gegen Angriffe von außen, also auch gegen Garibaldi zu verteidigen. Die Veröffentlichung des »Syllabus errorum« in dieser Situation – er enthielt »eine wahre Kriegserklärung gegen den Liberalismus« (Procacci S. 283) – provozierte den Antiklerikalismus bis weit über Italiens Grenzen hinaus. Mit dieser in der Öffentlichkeit verbreiteten Stimmung lagen die (traditionell papstkritischen) Freimaurerlogen durchaus im Einklang. 1866 beschloß das Parlament die Auflösung zahlreicher kirchlicher Orden und die Beschlagnahmung ihres Besitzes, sowie weitere antikirchliche Maßnahmen, zur Vereinigung Roms mit dem italienischen Königreich kam es jedoch erst 1870, nach Garibaldis drittem gescheiterten Befreiungsfeldzug, als italienische Truppen, die

Niederlage der Franzosen vor Sedan ausnutzend, in die Stadt eingedrungen waren.

»*Antithéologisme*« *1867 und später in* »*Dieu et l'état*« *1870-71*] Greifbare deutsche Ausgaben: »Fédéralisme, socialisme et antithéologisme« erschien erstmals im Jahr 2000 in vollständiger deutscher Übersetzung unter dem Titel »Die revolutionäre Frage. Föderalismus, Sozialismus, Antitheologismus« in: RF S. 23-164. Mehrere Übersetzungen gibt es von »Gott und der Staat«, zuletzt 1995: AS Bd. 1. – Mit diesen Schriften manifestierte Bakunin seine Hinwendung zum Atheismus, dem die geschilderten historischen Erfahrungen vorausgingen. (Vgl. Carr S. 318-319.)

Charität] Lat.-frz.: Nächstenliebe, Wohltätigkeit.

149 *Trinitarismus*] Lehre von der Heiligen Dreieinigkeit.

150 *Herren Talmiphilosophen*] Unechte Philosophen, benannt nach dem frz. Erfinder Tallois, der eine Kupfer-Zink-Legierung (»Talmi«) entwickelt hatte, die dem flüchtigen Betrachter als Gold erscheinen konnte. In Balls frz. Übersetzungsvorlage ist schlicht von halben Philosophen (»demi-philosophes«) die Rede.

151 Bakunin an Herwegh (Sorrent, Sommer 1865)

Im Inhaltsverzeichnis separat ausgewiesenes Briefzitat innerhalb des Zwischentextes von Ball, der auch im übrigen Nettlaus Aussage folgt.

Überlieferung

DV: T² II, S. 80 (vgl. T¹ II S. 74). **Ü:** Original deutsch. **Q:** Zitiert nach Nettlau, Biogr. Bd. 1, S. 174. **O:** Nettlau schreibt: »der Brief Bakunins scheint nicht erhalten zu sein« (Nettlau, Biogr. Bd. 1, S. XXIX +99, Anm. 1211). **E:** Herwegh S. 8. **GA:** nicht ermittelt. **GDA:** nicht ermittelt.

Erläuterungen

151 *Georg Herwegh*] Siehe S. 36 – »Georg Herwegh«.

151-152 Brief an Herzen und Ogarjow // Neapel, 8. Oktober 1865

Ein Dokument von Bakunins Sicht der zementierten Verhältnisse in Osteuropa, die ihm nur in einer revolutionären Perspektive bewegbar scheinen. Im Schlußabsatz auch ein Zeugnis für sein Interesse an religionsgeschichtlichen Quellen, das seinen gleichzeitigen Studien entspricht.

Überlieferung

DV: T² II, S. 80-81 (vgl. T¹ II S. 74-75). **Ü:** Boris Minzès aus dem Russischen. **Q:** Zitiert nach SP S. 108-111, hier S. 109-110. **O:** Russisches Briefmanuskript in Moskau, RGALI, f.2197, o.1, ed.chr.210. **E:** Vermutlich in deutscher Übersetzung 1895 in SP S. 108-111, hier S. 109-110; davon russische Ausgabe erst 1896. **GA:** CD-ROM (russ. Original und frz. Übersetzung). **GDA:** SP S. 108-111, hier S. 109-110.

Lesarten der Zitatquelle

151 *deshalb möchte ich nicht eilen ...*] [Kürzung von vier Sätzen zur bevorstehenden Publikation und zur unverbrüchlichen Bindung an die Freunde]
Denunziationen gegen ihn. Aber Nikolaus,] Denunziationen gegen ihn, Nikolai jedoch,
Dort kann man ja wie mit Menschen mit ihnen umgehen.«] Dort [Ball ignoriert diese Hervorhebung] muß man ja wie mit Menschen mit ihnen umgehen. [Es folgt eine nicht markierte Kürzung von einem Satz über den Obersten Deichmann, den Bakunin in der sibirischen Verbannung kennenlernte.]
nach Petersburg geschickt ...] [markierte Kürzung von zwei Sätzen über Potanins späteres Schicksal]
Lösung der sozialen Fragen in sich schliesst] Lösung der sozialen Fragen in sich birgt
152 *dummen Schlaf weiterschlafen*] dummen Schlaf schlafen
Wenn man aber Schritte unternimmt] Wenn man aber Schritte macht

Varianten

Das vorbereitende Exzerpt Exz^d III, S. 21)-22) ist falsch paginiert; tatsächlich dürfte es sich der Abfolge nach um die Seiten 24-25 handeln. - Die Fassung T^1 II S. 74-75 bietet keine nennenswerten Varianten.

Erläuterungen

151 *Es ist eine Broschüre daraus geworden*] Dem angedeuteten Inhalt und Umfang nach könnte es sich um die erst 1867-1868 abgeschlossene Schrift »La Question révolutionnaire. Fédéralisme, socialisme et antithéologisme« handeln (vgl. RF S. 23-164). Dem Briefjahr 1865 allerdings entstammen die damals nicht im Druck erschienenen sieben »Fragments d'écrits sur la Franc-Maçonnerie«, die Bakunin im Sommer–Herbst 1865 schrieb, und in denen er die theologischen Fragestellungen entwickelt, die seine spätere Hinwendungen zum Atheismus begründen. Aus diesen Fragmenten zitiert Ball auf den vorhergehenden Seiten 148-150.
So wurde also Michailow umgebracht.] Michail Larionovič Michajlov (1829–1865), der Černyševskij nahestand, verfaßte revolutionäre Gedichte, Romane und Erzählungen, die vor allem das Provinzleben zum Gegenstand hatten. Er übersetzte Heinrich Heine ins Russische und schrieb für den ›Zeitgenossen‹ (Sovremennik). 1861 wurde er als Koautor einer Proklamation »An die junge Generation« verhaftet und zu sechs Jahren Zwangsarbeit verurteilt. Er war der erste politische Häftling, der in der Regierungszeit von Alexander II. nach Sibirien verbracht wurde. Sibirische Beamte behandelten ihn zumindest in Tobolsk äußerst rücksichtsvoll und die Bevölkerung empfing ihn mit Ovationen. Ein Gendarm zeigte die Michajlov gewährten Erleichterungen an,

woraufhin der Zar die Beamten bestrafen ließ und den Gouverneur seines Postens enthob. Michajlov wurde in eines der Bergwerke von Nerčinsk geschickt und auch hier bevorzugt behandelt. Wiederum erging eine Anzeige und der Vorsitzende des Kreises Nerčinsk wurde vom Obersten zum gemeinen Soldaten degradiert. Als Michajlov davon erfuhr, soll er sich das Leben genommen haben. (Kulczycki Bd. 1, S. 395) *war Nikolaus besser als Euer tolles Kalb Alexander.*] Bakunins Einschätzung des Zaren Nikolaus I., der den russischen Polizeistaat aufbauen ließ, ist hier wohl eher von rhetorischer Bedeutung – gegen Herzen und Ogarev, die von dem als liberal geltenden Alexander II. durchgreifende Reformen erhofft hatten. – Vgl. S. *18* – »Thronbesteigung des Zaren Nikolaus« und S. *94* – »Alexander Nikolajewitsch«.

Muravjew-Amursky] Zu Murav'ev-Amurskij siehe S. *103* – »in den deutschen und englischen Zeitungen« und S. *108* – »Muravjew«.

Potanin und die entdeckte sibirische Verschwörung] Grigorij Nikolaevič Potanin (1835-1920), Geograph, Ethnologe, einer der wichtigsten Sibirienforscher des 19. Jahrhunderts, entstammte einer sibirischen Kosakenfamilie. Bakunin unterstützte den Wunsch des ehemaligen Leutnants des Omsker Kadettenkorps, an der Petersburger Universität zu studieren, empfahl ihn als den zukünftigen »sibirischen Lomonosov« an seine Petersburger Cousine E. M. Bakunina und an den einflussreichen Herausgeber des ›Russischen Boten‹ (Russkij Vestnik) M. N. Katkov (siehe S. *163* – »den Anhängern Katkows, Skarjatins, Muravjews, selbst denen der Miljutin, der Samarin, der Aksakow«). Bakunin besorgte dem nahezu Mittellosen eine Reisemöglichkeit mit dem Goldtransport eines befreundeten Kaufmanns. Als Teilnehmer an Petersburger Studentenunruhen wurde Potanin verhaftet, konnte jedoch 1865 nach Tomsk zurückkehren, wurde Sekretär des Gouvernement-Komitees für Statistik und Chefredakteur einer Gouvernementszeitung. Seine aktive Teilnahme an einer Bewegung (sibirskoe oblastničestvo), die die Autonomie Sibiriens zum Ziel hatte, brachte Potanin eine Verurteilung zu fünf Jahren Zwangsarbeit ein. Die Russische Geographische Gesellschaft erreichte seine Freilassung erst Jahre später. In der Folge unternahm Potanin mehrere Forschungsreisen durch Zentralasien und die Mongolei und hinterließ eine umfangreiche Sammlung geographischer und ethnographischer Schriften. Ein Kapitel seiner Memoiren widmete er seinen Erinnerungen an Bakunin – V. N. Demin schreibt Bakunin großen Einfluß auf die sibirische Autonomiebewegung zu. Nicht die völlige Unabhängigkeit, sondern die Realisierung einer Föderation sei sein Ziel gewesen, in der Absicht, die wirtschaftliche und kulturelle Entwicklung Sibiriens unter Einbeziehung aller seiner Völker zu fördern. (Vgl. Demin S. 171-174.)

152 *Molekanen*] Nach Minzès eine »rationalistische, antiorthodoxe Sekte« (SP S. 110).

Stoglaw] Russ. für »hundert Kapitel« (sto glav). – Bezeichnung für die wichtigste Synode der orthodoxen Kirche im 16. Jahrhundert, die eine organisatorische und sittliche Reform der Geistlichkeit und des religiösen Lebens anstrebte. Anlaß der Reformen war die Befürchtung, daß eine staatlich nicht kontrollierte, für verderbt gehaltene Kirche den Untergang des Staates, zumindest seine Schädigung, verursachen könne. Die Ergebnisse der Synode wurden in Form von Antworten auf hundert Fragen von Ivan IV. festgehalten. Sie betrafen ausschließlich die russisch-orthodoxe Kirche und spielten noch Jahrhunderte später für die Argumentationen der Altgläubigen eine wichtige Rolle. (Vgl. Torke S. 156.) Bakunin bestellt den Stoglaw zu einer Zeit, in der er sich besonders mit religiösen Fragen beschäftigt (so 1865 in den »Fragments d'écrits sur la Franc-Maçonnerie«).

153-156 Über Garibaldi und Mazzini. (Brief »Aux citoyens rédacteurs du »›Réveil‹«, 1869)

Bakunins umfangreicher, aber fragmentarisch gebliebener Brief an die Redakteure des ›Réveil‹, einer Pariser Zeitschrift, wird von Ball auch zitiert in seinen Schriften »Zur Kritik der deutschen Intelligenz« und »Die Folgen der Reformation«. Dort ist als Zitatqelle die alte Ausgabe der »Œuvres« mit dem 1911 erschienenen fünften Band angegeben und wird die noch immer fehlende Übersetzung beklagt.

Überlieferung

DV: T² II, S. 82-87 (vgl. T¹ II S. 76-80). Ü: Hugo Ball aus dem Französischen (als Erstübersetzung markiert). Q: Französisch zitiert in Nettlau, Biogr. Bd. 1, S. 176-179, was durch den Lesefehler von S. 179 (siehe Erläuterungen) nahegelegt ist. Sonst eventuell auch übersetzt nach der Werkausgabe Michel Bakounine: Œuvres, Bd. V, hg. von James Guillaume, Paris: P.V. Stock 1911, S. 221-237. O: Französisches Briefmanuskipt mit fehlendem Schluß vom Oktober 1869 »Aux citoyens rédacteurs du ›Réveil‹/Etude sur les Juifs allemands«. Standort Amsterdam: IISG, Archives Bakunin. E: Michel Bakounine: Œuvres, Bd. V, hg. von James Guillaume, Paris: P.V. Stock 1911, S. 221-237. GA: CD-ROM GDA: nicht ermittelt.

Lesarten der Zitatquelle

Über den übersetzerischen Entscheidungsspielraum hinaus weicht Ball an zwei Stellen durch Kürzungen von seiner Übersetzungsvorlage ab:

153 *Wirklich, ich kenne kein anderes Land, wo die bürgerliche Jugend ebenso unwissend in Fragen der Aktualität und ebenso gleichgiltig gegenüber der modernen Geistesbewegung ist.*] [Danach gekürzt um einen Abschnitt zur, nach Bakunins Ansicht überholten Lehre an den italienischen Universitäten, zur mangelhaften Bildung der Jugend und dem daraus folgenden Triumph der nationalen Revolution.]

154 *So sah eigentlich immer und so sieht heute mehr als je die Partei Garibaldis aus.*] [Danach Kürzung einiger Absätze, in denen Bakunin die grundlegenden Ideen nennt, die Garibaldi nach seiner Trennung von Mazzini zwar zum erfolgreichen Sizilienfeldzug bewegten, jedoch vor allem dem König und der bürgerlichen ›Consorteria‹ gedient hätten.]

Erläuterungen

153 *Über Garibaldi und Mazzini. (Brief »Aux citoyens rédacteurs du ›Réveil‹«, 1869)*] Nachweis »Aux citoyens rédacteurs du ›Réveil‹/Etude sur les Juifs allemands«. Am 2.10.1869 war anonym im ›Réveil‹ ein Artikel von Moritz (Moses) Hess (1812-1875) unter dem Titel »Les collectivistes et les communistes« (Die Kollektivisten und die Kommunisten) erschienen, am 4.10. ein weiterer unter dem Titel »Du congrès de Bâle« (Über den Baseler Kongress). Bakunins Antwort »An die Bürger Redakteure des ›Réveil‹« erreichte eine Länge von 37 Seiten und konnte in der Zeitung nicht veröffentlicht werden. Bakunin hatte vor, es in ein Buch aufzunehmen, das den Titel »Profession de foi d'un démocrate-socialiste russe« tragen sollte. Das unvollendete Manuskript erschien 1911 in Œuvres, V, S. 221-237. Quelle: Michel Bakounine et L'Italie, Œuvres Bd. 2, S. 447 (Anm. 46).
›Réveil‹] Pariser Tageszeitung: Le Réveil. Journal de la démocratie des deux mondes. Paris, 2.7.1868-23.1.1871.
was man heute revolutionären Patriotismus nennt] Das vorbehaltlose und ausschließliche Engagement für die Befreiung und Vereinigung ganz Italiens, wie es Garibaldi und seine Freischärler realisierten.
der Chef der radikalen Parlamentspartei Crispi] Francesco Crispi (1819-1901), ab 1887 Ministerpräsident und in den 1890er Jahren »der führende Mann Italiens« (Seidlmayer S. 427), war ein glühender Anhänger Mazzinis und Garibaldis gewesen und wurde später ein nicht weniger radikaler Monarchist. Aus Sizilien emigriert, gehörte Crispi 1860 zu den geistigen Urhebern des Zugs der Tausend nach Marsala, führte vor dem Anschluß ans Vereinigte Italien neben Garibaldi die provisorische Regierung Siziliens an und betrieb »wie kein anderer die mazzinistische Revolutionierung« dieses Landes. Mit den von Bakunin zitierten Worten erklärte Crispi Ende der 1860er Jahre seinen Seitenwechsel: die Monarchie habe das Land geeinigt, die Republik aber würde es spalten. 1887 wurde Crispi Ministerpräsident. Ehrgeizig und kompromißlos ließ er in den 1890er Jahren die Unruhen sizilianischer Land- und Schwefelgrubenarbeiter mit der gleichen Rücksichtslosigkeit niederschlagen, wie er italienische Truppen in einen aussichtslosen Kolonialkrieg um Abessinien schickte: »von der radikalen Demokratie des 19. Jahrhunderts hatte er in Wirklichkeit mehr die radikale Rhetorik als die Substanz übernommen, und ein temperamentvoller und leicht entzündlicher Extremist blieb er auch später. […] Der Triumph der Deutschfreundlichkeit in den 80er Jahren, die plötzliche koloniale ›Berufung‹ Italiens, die unternehmungsfreudige Skrupellosigkeit der neuen Industriekapitäne und das traditionelle Unverständnis der sizilianischen Großgrundbesitzer gegenüber den rebellischen Bauern, mit einem Wort, alle Elemente des entstehenden industriell-agrarischen Blocks waren bei ihm in ausgeprägter Form vorhanden. Nicht umsonst hat der Faschismus ihn später zu einem seiner Vorgänger erklärt.« (Procacci S. 305)

154 *den fatalen Rattuzzi*] Die Fehlschreibung des Namens übernimmt Ball

aus seiner Übersetzungsvorlage Nettlau. – Urbano Ratazzi, im piemontesischen Königreich Führer der Linken, war nach Cavours Tod einer von dessen Nachfolgern als Ministerpräsident des Vereinigten Königreichs. Als Garibaldi 1862 gegen den ausdrücklichen Willen Vittorio Emanueles von Sizilien aus zur Befreiung Roms aufbricht, setzt die Regierung Ratazzi bei Aspromonte in den Abbruzzen Truppen gegen ihn ein. Garibaldi wird leicht verwundet, muss sich ergeben und wird nach einer Amnestie auf seine Insel Caprera geschickt. Als Garibaldi 1866 erneut Freischaren sammelt, um Rom zu befreien, läßt ihn Ratazzi wieder festnehmen und nach Caprera zurückbringen.

155 *schmähliche Gefälligkeit*] Napoleon III. hatte die Einigung Italiens vor allem durch die französische Teilnahme auf sardisch-piemontesischer Seite im Krieg gegen Österreich 1859 unterstützt, verhinderte aber als Schutzmacht des Kirchenstaats nach der Gründung des Königreichs alle diplomatischen Versuche der Regierung, auch Rom zurückzugewinnen und zur Hauptstadt zu machen. Die Intervention seiner Diplomaten führte zur Festnahme Garibaldis, der sich auf der Seite der Monarchie wähnte, durch die eigenen Landsleute. (Procacci S. 282)

dass Aspramonte und Mantua scheinbar nicht genügten] Zu Aspromonte s.o.; doch Mantua ist hier aus einem Lesefehler Balls hervorgegangen; in seiner schwer lesbaren Quelle (Nettlau, Biogr. S. 179 oben) steht »Mentana«, der unweit von Rom gelegene Ort von Garibaldis letzter Niederlage im November 1867. Nach seiner Festnahme von 1866 war sein Sohn Menotti mit Freischaren in den Kirchenstaat eingedrungen. Napoleon III. beschuldigte die italienische Regierung, ihre Verpflichtung, das päpstliche Rom vor Angriffen zu schützen, nicht eingehalten zu haben, ließ ein Jahr später französische Truppen im Verbund mit dem Heer des Papstes gegen Garibaldis erneut zur Befreiung aufgebrochene Freischärler marschieren und sie weitgehend vernichten.

dem berühmten Wort des alten Metternich, der in Italien nur einen »geographischen Begriff« sehen wollte] Fürst Klemens Wenzel von Metternich (1773-1859), seit 1809 Außenminister und seit 1821 Staatskanzler Österreichs, war bis zu seinem Sturz in der Revolution von 1848 Inbegriff der europäischen Restauration nach der Verbannung Napoleons I. gewesen. Er hatte koordinierte Aktionen gegen alle demokratischen Volksbewegungen erreicht. (Vgl. AS Bd. 4, S. 460 Anm. 21.)

156 *in majorem gloriam*] Lat.: zum höheren Ruhm.

157 Brief an Herzen und Ogarjow // Neapel, 23. März 1866

Bakunins vorübergehende Einlassung auf die Freimaurerei wird in diesem Briefzitat als Schritt auf dem Weg zu einer eigenen Geheimorganisation ahnbar, von der die Freunde allerdings erst mit dem Brief vom Juli 1866 Genaueres erfahren (vgl. S. 161-168). Italien bleibt vorerst das wichtigste Feld seiner politischen Beobachtungen.

Überlieferung

DV: T² II, S. 88-89 (vgl. T¹ II S. 81-82). **Ü:** Boris Minzès aus dem Russischen. **Q:** Zitiert nach SP S. 112-114, hier S. 113 und 114. **O:** Russisches Briefmanuskript, beschädigt. Standort Moskau: RGALI, f.2197, o.1, ed.chr.210 **E:** nicht ermittelt. **GA:** CD-ROM (russ. Original und frz. Übersetzung). **GDA:** Reprint: SP S. 112-114, hier S. 113 und 114.

Lesarten der Zitatquelle

157 *dass ich mich einmal ernstlich mit der Freimaurerei abgegeben habe*] dass ich mich einmal ernsthaft mit der Freimaurerei abgegeben habe
wird zwischen uns nicht mehr die Rede sein ...] [Die markierte Auslassung umfaßt 4 Sätze.]
so wollen wir denn alles bis zum Juni verschieben.] so wollen wir denn alles bis zum Juni aufschieben.]
auf die Gleichgiltigsten und Apathischsten] auf die Gleichgiltigsten und Apathischsten darunter
es ist kein anderer Ausweg denkbar als der Krieg.] es ist kein anderer Ausweg denkbar als ein Krieg absehbar.
anscheinend unvermeidbar.] anscheinend unvermeidlich.

Varianten

Das vorbereitende Exzerpt Exz^d III, S. 22)-23) ist falsch paginiert; tatsächlich dürfte es sich der Abfolge nach um die Seiten 26-27 handeln. – Die frühere Fassung T¹ II S. 81-82 enthält keine nennenswerten Varianten.

Erläuterungen

157 *In Neapel gelang es ihm zum erstenmal, für seine Ideen einen Kreis von Männern zu gewinnen, die teilweise bis in sein spätes Alter seine nächsten Freunde blieben.*] In der Redaktion der republikanischen Zeitung ›Il Popolo d'Italia‹ (seit 1860) lernte Bakunin u.a. den 28-jährigen Journalisten und angehenden Rechtsanwalt Carlo Gambuzzi kennen. Dieser war einem Kreis gleichgesinnter radikaler Republikaner verbunden, zu dem auch Giuseppe Fanelli, Alberto Tucci, Saverio Friscia gehörten. Fanelli und weitere prominente Republikaner waren zudem Mitglieder der Freimaurerloge ›Vita Nuova‹, in die auch Bakunin eintrat. Fanelli, Gambuzzi, Tucci und Friscia wurden Mitglieder eines Zentralkomittees, das die Erweiterung der ›Geheimen Bruderschaft‹ und somit die Ausarbeitung und Propagierung der sozialrevolutionären Ideen Bakunins zum Ziel hatte. (Vgl. Ravindranathan S. 40-41 und 52.)
Carlo Gambuzzi (1837-1902) hatte drei Kinder mit Bakunins Frau, die er drei Jahre nach dessen Tod 1879 heiratete (siehe auch S. 97 – »bin verheiratet, glücklich, habe eine Familie«). – Gambuzzi hat sich früh einer antibourbonischen Gruppe angeschlossen, zu der auch Fanelli und zahlreiche andere spätere Teilnehmer der Sapri-Expedition gehörten. Im Vereinigten Königreich Italien wurde er Sekretär eines Komittees zur Befreiung Roms und Venedigs, kämpfte mit Garibaldi bei

Aspromonte und 1866 in Tirol und war bis zur Begegnung mit Bakunin in der Lokalpolitik von Neapel aktiv.
Giuseppe Fanelli (1827-1877), war Ingenieur von Beruf und seit jungen Jahren Mazzini-Anhänger. Er kämpfte 1848 in der Lombardei, später für Mazzinis Römische Republik, und er war mit dem Mazzinianer und Mazzini-Kritiker Carlo Pisacane befreundet. Als Sekretär des Revolutionären Komitees von Mazzini war Fanelli an den Vorbereitungen der Sapri-Expedition von 1857 beteiligt, dem »letzten revolutionären Aufstandsversuch der Mazzianer« (Procacci S. 265), bei dem Pisacane und fast alle seine Mitkämpfer von Bourbonen-treuen Bauern erschlagen wurden. – Fanelli war 1862-1863 in Polen und 1865-1874 Abgeordneter im Parlament des Vereinigten Italien, 1866 nahm er an der Seite von Garibaldi in Tirol am Krieg gegen Österreich teil. Im Auftrag Bakunins ging er im Herbst 1868 nach Spanien, um Mitglieder für die Internationale Geheimgesellschaft zu werben. Die in Madrid und Barcelona gegründeten Sektionen der Spanischen Internationale gingen auf seine Initiative zurück.
Der Sizilianer Saviero Friscia (1813 oder 1818-1886) wurde nach abgebrochenem Priesterstudium Arzt und schloß sich der Bewegung Mazzinis an. Nach 1848 emigrierte er nach Paris, kehrte erst 1860 zurück, wurde im darauffolgenden Jahr ins italienische Parlament gewählt und hatte zu Bakunins Zeit in Neapel den Ruf, einer der profiliertesten Abgeordneten Süditaliens zu sein. Er war ein persönlicher Freund Bakunins.
Biographische Daten von Alberto Tucci sind kaum überliefert, obwohl 1899 ein Gespräch zwischen ihm und Max Nettlau stattfand. In neapolitanischen Polizeiakten von 1865-1871 taucht Tucci als einer der aktivsten »Bakuninisten« der Region auf. Er gilt als Redakteur von Bakunins italienischer Schrift »La Situazione italiana« (1866). Im Winter 1868/1869 war er in der Schweiz und schrieb in der Genfer ›Egalité‹ über Italien. Eine Verstimmung zwischen Bakunin und Tucci im Jahr 1868 konnte später wieder beigelegt werden. Noch zwanzig Jahre später erwähnt ihn Antonio Labriola als treuen Bakunin-Anhänger in einem Brief an Engels. (Nettlau, Biogr. S. XXIX +100 Anm. 1232; Ravindranathan S. 249-251)
die italienische Internationale] Gemeint ist hier die von Bakunin gegründete ›Fraternité internationale‹.
Das unitäre Italien geht aus dem Leim] Separierungstendenzen waren in Süditalien, dem ehemaligen Königreich der beiden Sizilien, durch die wachsende Ablehnung des staatlichen Zentralismus und der piemontesisch dominierten Regierung entstanden. Dieser wurde die Schuld an den schlechteren Lebensverhältnissen im Süden, an der hohen Arbeitslosigkeit, der Korruption, dem Analphabetismus und dem extrem verbreiteten Bandenwesen angelastet. Im Herbst 1866 kam es in Sizilien zum Aufstand.
es ist kein anderer Ausweg denkbar als der Krieg] Die finanziellen und wirtschaftlichen Verhältnisse des Vereinigten Königreichs Italien waren so zerrüttet, daß vielen ein weiterer Krieg gegen Österreich als Lösung

erschien. Die patriotischen Argumente wirkten, die Emotionen der Bevölkerung und der Opposition fanden in der Mobilisierung ihr Ventil. Der Krieg im Bündnis mit Preußen gegen Österreich beginnt im Sommer 1866. Bakunins Mitstreiter Gambuzzi und Fanelli schließen sich Garibaldis Freischärlern an, die in Südtirol kämpfen. Italien wird bei Custozza und Lissa entscheidend geschlagen, im September kommt es zum Waffenstillstand, im Oktober findet der Anschluß Venetiens an Italien statt – ermöglicht durch preußische Siege in Böhmen und durch französische Unterstützung. Auf Istrien und Südtirol freilich muß Italien verzichten – die Bevölkerung reagiert mit Empörung. Garibaldi ist im September von der italienischen Regierung aufgefordert worden, die Waffen niederzulegen. Daß er diesem Befehl gehorcht hat, weckt bei vielen seiner Anhänger Zweifel an seinem Standpunkt: ist angesichts der Zustände im Land Garibaldis Loyalität dem König gegenüber noch vereinbar mit den Bedürfnissen der Bevölkerung? Spätestens jetzt scheint der Kampf ausschließlich für die nationale Unabhängigkeit in den Augen vieler diskreditiert, jetzt ist der Moment gekommen, Anhänger für den sozialen Kampf innerhalb des Landes zu gewinnen. Im Namen des Zentralkomitees der ›Internationalen Bruderschaft‹ (seine Statuten und Ziele werden festgehalten in der Publikation »Prinzipien und Organisation der Internationalen Bruderschaft«, u.a. in Max Nettlau: Bakunin e l'Internazionale, S. 61-64, Verweis bei Ravindranathan S. 253, Anm. 53) ruft Bakunin Gambuzzi und Fanelli nach Neapel: Es sei sinnlos, Individuen für die Bruderschaft rekrutieren zu wollen, die sich entschlossen hätten, ausschließlich für nationale Ziele zu sterben (Ravindranathan S. 55). Fanelli reist daraufhin mit einer gemeinsamen Deklaration zu Mazzini nach Lugano. Die politische Orientierung in Neapel habe sich geändert: nicht mehr die Romfrage, die Vereinigung stehe an erster Stelle, sondern die Lösung sozialer Probleme. Mazzinis Reaktion ist brüsk und ablehnend, Fanelli sagt sich von Mazzini los.

158 Erste sozialrevolutionäre Propaganda (in Neapel und Sizilien)

Titel nach Inhaltsverzeichnis. Vortext Balls mit kurzem Zitat aus dem Konzept eines Briefes von Alexander Herzen an Bakunin vom 29.4.1867.

Überlieferung

DV: T² II, S. 90. **Ü:** der Briefstelle: Boris Minzès aus dem Russischen. **Q:** Briefstelle zitiert nach SP S. 138-140, hier S. 138. **O:** nicht ermittelt. **E:** nicht ermittelt. **GA:** nicht ermittelt. **GDA:** Briefstelle nach Reprint SP S. 138-140, hier S. 138.

Varianten

Gesamter Zwischentext fehlt in T¹ II

Erläuterungen

158 *die erste sozialrevolutionäre italienische Publikation »La Situatione italiana«, von Bakunin verfasst und von A.Tucci italienisch redigiert.*] »La Situazione italiana« (Die Lage Italiens) enthält Bakunins ersten, heftigen Angriff auf Mazzini und Garibaldi, zwei Jahre vor seinem »Lettre aux citoyens rédacteurs du ›Réveil‹«, der inhaltlich im wesentlichen dem des zuvor publizierten Pamphlets entspricht. Es trägt wohl kaum zufällig denselben Titel, den Mazzini 1857 einem Artikel unmittelbar vor der Sapri-Expedition voranstellte. Argumente für eine gemeinsame Autorschaft von Bakunin, Fanelli, Gambuzzi, Friscia und Tucci, unter Bakunins Federführung werden bei Ravindranathan (S. 62) angeführt.
»La chiesa, lo stato centralista e i suoi necessari elementi – i privilegi soziali«] Ital.: Die Kirche, der zentralistische Staat und seine notwendigen Elemente – die sozialen Privilegien.
die Ortsgruppe »Libertà e Giustizia«] Am 27. Februar 1867 tagt die Gruppe unter dem Vorsitz von Saverio Friscia, um ein »Manifest zur Bekämpfung der erschreckenden wirtschaftlichen, finanziellen, industriellen, agriculturellen, kommerziellen, politischen und religiösen Lage« im Land zu verabschieden. Es fordert Bildungs- und Lernfreiheit, die Abschaffung der staatlichen Bürokratie und schließlich die Befugnis, gewählte Parlamentsabgeordnete vorzeitig abzuberufen. Unterzeichnet von allen Republikanern, die spätestens seit dem Krieg mit Österreich Bakunin nahestehen, erscheint das Manifest am 5.3.1867 in ›Il Popolo d'Italia‹. (Ravindranathan S. 63 und S. 255 Anm. 25 und 26)
eine Zeitschrift »Libertà e Giustizia«] Die erste Ausgabe von ›Libertá e Giustizia. Foglio settimanale democratico-sociale‹ (Freiheit und Gerechtigkeit. Demokratisch-soziales Wochenblatt) erscheint am 27. August 1867. Die folgenden Nummern enthalten antimilitaristische und antikirchliche Artikel, Informationen über Arbeiterleben und -organisationen, eine Serie über die italienische Bauernschaft, Bakunins »Die slavische Frage« (s. u.) und »L'essenza della religione« (Das Wesen der Religion, 24.11., 1.12.). Über die Gründung der ›Ersten Internationale‹ vier Jahre zuvor in London wird Auskunft gegeben, sowie über die Orientierung der Zeitung an ihren Prinzipien. Marx schreibt am 4.9.1867 an Engels: »Ich habe von *Neapel* die 2 ersten Nummern eines Blattes erhalten: ›Libertà e Giustizia‹. In der Nummer I erklären sie sich für *unser Organ*. Ich habe sie Eccarius zur Vorlage auf dem Kongreß mitgegeben. Die Nummer II, die ich Dir schicken werde, enthält einen sehr guten Angriff auf *Mazzini*. Ich vermute, daß Bakunin dabei ist.« (MEW Bd. 31, S. 338.) Die Zeitung muß am 24. Dezember aus Geldmangel und aufgrund mehrfacher Beschlagnahmung durch die Polizei eingestellt werden. (Vgl. Nettlau, Biogr. Bd. 2 Kap. XXIX, S. 179-180.)
in der Bakunin eine von Ludmilla Assing ins Italienische übersetzte Artikelserie über den Panslavismus publizierte] In den Ausgaben von ›Libertá e Giustizia‹ vom 31. August und vom 8. September 1867 erschienen unter dem Titel »La questione slava« (Die slavische Frage)

zwei Teile eines offenen Briefs an Alexander Herzen, als Reaktion auf dessen Schreiben an Bakunin anläßlich des Zweiten Slavenkongresses, der 1867 unter der Schirmherrschaft von Alexander II. in Moskau stattgefunden hatte. Ein dritter Teil des Bakuninbriefs war offensichtlich geplant, erschien jedoch nicht. – Bakunin polemisiert scharf gegen Herzens versöhnliche und kompromißbereite Haltung dem Kongreß gegenüber und distanziert sich selbst entschieden von den Moskauer Panslavisten, denen er jegliche Gemeinsamkeit mit seinen eigenen Vorstellungen von einer panslavischen Bewegung abspricht, die die Befreiung aller slavischen Völker von deutscher, österreichischer, türkischer und nicht zuletzt von russischer Vorherrschaft zum Ziel hat.»Je me suis en conséquence toujours posé ce dilemme: entre les mains de la liberté la question slave sera-t-elle un puissant instrument pour libérer la Russie de son actuel esclavage? Ou bien aux mains de l'empire russe deviendra-t-elle une arme non moins puissante contre la liberté de toute L'Europe?... Il existe une simple petite différence entre ces panslavistes et moi: ils attendent l'émancipation de la race slave de l'essor de la puissance de l'empire des Tsars tandis que je l'attends de sa destruction.« (CD-ROM) – Siehe auch *S. 146* – »Ludmilla Assing« und vgl. *S. 53* – »ich fürchte, daß es die Panslavisten durch Sasonow erfahren werden«. *Bakunins Tätigkeit erstreckte sich bis nach Palermo*] Bakunin äußerte in einem Brief an Saverio Friscia vom 5.11.1865 den Wunsch, eine Reise nach Palermo zu machen, realisierte ihn jedoch nicht. Friscia allerdings war ein äußerst aktiver und erfolgreicher Propagandist Bakuninscher Ideen in ganz Sizilien (siehe *S. 157* – »In Neapel gelang es ihm zum erstenmal ...«). Friscia, der sich viel in seinem Heimatort Sciacca und an anderen Orten Siziliens aufhielt, gelang es, in mehreren Logen – verbürgt sind Palermo und Sciacca – patriotische Komitees der ›Società dei Legionari della Rivoluzione Sociale Italiana‹ zu gründen (siehe unten *S. 161* – »das vollständige Programm der Gesellschaft; die Darlegung der Prinzipien und der Organisation«). Die Aktivisten der Komitees befassten sich nicht nur mit Bakunins sozial-revolutionären Ideen, sondern verstanden sich offenbar auch weiterhin unbeirrt als Mazzinianer. Deshalb löste das Zentralkomitee in Neapel bereits Ende 1866 seine ›Ableger‹ wieder auf. (Ravindranathan S. 52-56)

159-160   Brief an einen Unbekannten // Neapel, 6. Januar 1867

Als Empfänger des Briefes liegt jemand nahe, der mit dem Freiheitsprogramm des französischen Nationalkonvents von 1793 vertraut war. Als vermutlicher Adressat wird von Hugo Ball nur im Inhaltsverzeichnis ein frühes Mitglied der ›Fraternité‹ genannt: »Elisée Reclus?«. – Diese Adressatenvermutung wird nicht durch Balls Zitierquelle Nettlau nahegelegt und auch heute nicht auf der CD-ROM des IISG bestätigt. Als Mitglied der ›Fraternité‹ wird Elisée Reclus von Ball später auf S. 169 und 185 genannt.

Überlieferung

DV: T² II, S. 91-93 (vgl. T¹ II, S. 83-85). **Ü:** Hugo Ball aus dem Französischen (als Erstübersetzung markiert). **Q:** Übersetzung nach einer Abschrift des französischen Originals zitiert von Nettlau, Biogr. Bd. 1 Kap. XXIX, S. 175-176; vgl. dort den Nachweis der Zitatvorlage S. XXIX +99 Anm. 1222 und 1224. Der vorhergehende (nicht übersetzte) Anfang des Briefes wird zitiert in Nettlau, Biogr. Bd. 2 Kap. XXXI, S. 208-209. **O:** Französisches Briefmanuskript (nach Diktat Bn's). Standort Amsterdam: IISG; Archives Bakunin. **E:** nicht ermittelt. **GA:** CD-ROM (frz. Original) **GDA:** nicht ermittelt.

Lesarten der Zitatquelle

159 Indem Ball in seiner Übersetzung das »nur« hinzufügt, gibt er dem Satz die Wendung, daß man nicht zugleich patriotisch, revolutionär und aufrichtig sein könne:

Denken Sie nicht auch mit mir, dass man zu Unrecht in fast allen Ländern die zwei Worte Patriot und Revolutionär vermengt? Dass man aufrichtig zu gleicher Zeit nur Patriot und Reaktionär sein kann, und dass in den meisten Fällen der Patriotismus, wie ihn gemeinhin die Öffentlichkeit versteht, in notwendiger Konsequenz zur Reaktion führt?] Ne pensez-vous pas comme moi, Monsieur, que c'est bien à tort que dans presque tous les pays on confond ces deux mots: *patriote* et *révolutionnaire*, qu'on peut être très sincèrement patriote et réactionaire en même temps, et que même, dans la plus part des cas, le patriotisme, tel que l'entend généralement le public, doit par une conséquence nécessaire, aboutir à la réaction?

Varianten

160 In der früheren »Brevier«-Fassung T¹ II, S. 84 finden sich folgende Varianten:

Karl V,] Karl V.,

das Allerdespotischste und Verhassteste] das allerdespotischste und verhassteste

der Staat, sage ich, ist notwendig ein Einzelstaat] jeder Staat, sage ich, ist notwendig ein Einzelstaat

Erläuterungen

160 *zum vorzüglich korrumpierenden Despotismus Napoleons III.*] Zu den Anfängen vgl. S. 54 – »Ausbruch der Februar-Revolution«. – Das autoritäre Regime des Kaisers, in dem die Opposition mithilfe rigider Pressegesetze ausgeschaltet wurde, stärkt sich innenpolitisch durch eine teilweise soziale und systematisch den Wohlstand stützende Politik. Die architektonische Umgestaltung von Paris etwa schafft zahllose Arbeitsplätze, Bibliotheken, Suppenküchen etc. Sie gehen mit einer immer stärkeren Beschneidung der Freiheit (z.B. zu streiken) und der gezielten Entpolitisierung des Volkes einher. Napoleons Außenpolitik – seine Unterstützung nationaler Freiheitsbewegungen, sowieso seine

Einstellung zur »Römischen Frage«, seine Bereitschaft, die französischen Schutztruppen aus Rom allmählich abzuziehen – kostet ihn dann aber die für ihn lebenswichtige Unterstützung konservativer und katholischer Kreise. Das zwingt ihn wiederum zur innenpolitischen Liberalisierung. (Vgl. GiG Bd. 3 S. 210.) Ist es diese erzwungene oder berechnende Liberalität, die Bakunin mit dem Attribut »korrumpierend« im Sinn hat? Oder doch mehr die Außenpolitik – wie Napoleon III. auf dem Pariser Kongreß 1856 die Wiederaufnahme der polnischen Frage erreichte, sich letzten Endes aber Rußland näherte? (Vgl. *S 140* – »Napoleon und dessen Konferenz« und *S. 155* – »schmähliche Gefälligkeit«)

161-168   Brief an Herzen und Ogarjow // Ischia, 19. Juli 1866

Der Brief Bakunins, der seinen alten Freunden Herzen und Ogarev die Gründung der Geheimgesellschaft ›Fraternité internationale‹ offenbart und die Überbringung von deren Programm ankündigt, schließt eine dreijährige Vorarbeit ab. Ihm ist klar, daß beide nicht beitreten werden und ihre künftigen Wege weiter auseinandergehen werden.

Überlieferung

DV: T² II, S. 94-105 (vgl. T¹ II, S. 86-96). **Ü:** Boris Minzès aus dem Russischen. **Q:** Zitiert nach SP S. 116-133, hier S. 117-125, 127, 129 und 131-132; vgl. auf das Statut der ›Fraternité‹ hinführender Auszug in Nettlau, Biogr. Bd. 2, S. 203-204. Dieser Auszug entspricht allerdings nur den Seiten 161-162 des hiesigen Abdrucks (mit Ausnahme des ersten Satzes), kommt als Zitierquelle also nicht infrage. **O:** Russisches Briefmanuskript. Standort Moskau: RGALI, f.2197, o.1, ed.chr.210. **E:** Zuerst 1895 in deutscher Übersetzung durch SP S. 116-133, hier S. 117-132. 1896 erst russisch erschienen. **GA:** CD-ROM (russ. Original und frz. Übersetzung). **GDA:** SP S. S. 116-133, hier S. 117-132.

Lesarten der Zitatquelle

161 *Organisation einer internationalen, revolutionär-sozialistischen Geheimgesellschaft*] Organisation einer internationalen, revolutionär-sozialistischen, geheimen Gesellschaft
Packet, das Euch die Fürstin (Obolensky) übergeben wird] Paket, das Euch die Fürstin übergeben wird
Darlegung der Prinzipien und der Organisation] Darlegung ihrer Prinzipien und Organisation
manche überflüssige Einzelheit] viele überflüssige Einzelheiten
Bourgeoisrhetorik] Bourgeoisie-Rhetorik
übrig geblieben ist: die soziale Revolution ...] [markierte Kürzung eines Absatzes über die Mängel dieser Bewegung, die besonders in Süditalien spürbar werden]

162 *es sei vom Staate [...] und der ihn repräsentierenden Regierung etwas Gutes für das Volk zu erwarten*] daß man vom Staate [...] und der ihn repräsentierenden Regierung und dem Kaiser etwas Gutes für das Volk erwarten könne.

Ihr habt von den englischen Whigs gelernt, die Logik verachten.] Ihr habt von den englischen Whigs gelernt, die Logik zu verachten, *ohne die Herrschaft eines Muravjew die Integrität aufrecht erhalten zu wollen.*] ohne die Herrschaft eines Murawjew die Integrität desselben aufrecht erhalten zu wollen.

Mitglieder der »Gesellschaft des Nordens«] Mitglieder der nördlichen Organisation

163 *Dein scharfer, kluger, streng logischer Verstand*] Dein klarer, scharfer, streng logischer Verstand

(*»Glocke«, 1. Dez. 1865)*] ([»Die Glocke«], 1. Dezember, S. 1710)

einen Schritt, niemals aber um zweie voraus zu sein] einen Schritt und niemals um zwei voraus zu sein.

164 *Deine Feder führen konnte ...*] Deine Feder führen konnte. [Anschließend markierte Auslassung von mehr als einer Druckseite der Zitatvorlage (SP S. 121-122) mit Bakunins aktueller Einschätzung seiner 1862 erschienenen Schrift »Die Volkssache« (vgl. S. 96 – »Studentenbewegung (um Sajtschniewsky)«).]

habt Ihr Euch eine unmögliche Theorie [...] ausgedacht] habt Ihr Euch eine unmögliche Theorie [...] gebildet

165 *Saget doch, weshalb*] Apropos, saget, weshalb

von Euren Freunden] von Eurem Freunde

wo sie im Namen des Zaren erwacht ...] [Anschließend markierte Auslassung von fast einer Druckseite der Zitatvorlage (SP S. 124) zu den ambivalenten Vorzügen der russischen Dorfgemeinde in der Abwesenheit des römischen Rechts und in der Vorstellung vom Recht jedes Bauern auf Grund und Boden, das durch Eingriffe des Zaren zu oft gebrochen wurde, um noch als Realität empfunden zu werden. »Es gibt in ihr keine Freiheit, und wo keine Freiheit ist, da ist eine gesellschaftliche Bewegung ganz undenkbar«.]

166 *da er mit dem Volke ausser dem äusseren mechanischen Band, das den Bedrücker und Ausbeuter mit seinem Opfer verbindet, nichts gemeinsam hat*] da er mit dem Volke nichts Gemeinschaftliches hat, ausgenommen das äußere mechanische Band zwischen dem Bedrücker und Ausbeuter und seinem Opfer.

sein Wesen aber ist unveränderlich. Und ich glaube] doch sein Wesen aber ist unveränderlich [es folgt eine nicht markierte Auslassung von etwa anderthalb Seiten aus der Zitatquelle (SP S. 125-127) zu den Illusionen seiner Briefpartner über die vom Zaren Alexander II. initiierte Befreiung der Leibeigenen] und ich glaube

die wir gezwungen sind, im Auslande zu leben] die wir gezwungen sind, im Auslande zu leben und zu handeln

werdet ihr sagen ...] werdet ihr sagen .... [markierte Auslassung von fast zwei Seiten der Zitatquelle (SP S. 127-129) über die »halboffizielle Macht« Herzens im früheren Rußland und deren Wandel durch sein Engagement in der »polnischen Frage«]

167 *unterschrieben hätte ...*] unterschrieben hätte ... [eine zweiseitige markierte Auslassung aus der Zitatvorlage (SP S. 129-131) beschreibt die

zwischen Bakunin und Herzen divergierende Einschätzung von Karakozovs vereiteltem Attentat auf den Zaren vom April 1866.]
Ihr müsst Euch entschliessen.] Ihr müsst Euch entscheiden.
Fürchtet nichts; es wird nicht zurückbleiben] Fürchtet nicht, es wird nicht zurückbleiben

Varianten

Vorbereitet durch das letzte Dokument des fragmentarisch überlieferten Exzerptes Exz^d III, bietet die frühere „Brevier"-Fassung T^1 II S. 86-96 mehrere Varianten.

163 *Heerde*] Herde

Die Fassung T^1 II S. 90-91 enthält korrekte Schreibungen von »Staatstum« und »Wundern«

165 Die Fassung T^1 II S. 92 enthält die korrekte Schreibung »solltet«, die in T^2 II S. 100 durch den in der Anrede »Ihr« unplausiblen Singular »solltest« ersetzt ist. In Korrektur des offensichtlichen Fehlers wurde für den Abdruck auf die korrekte Schreibung zurückgriffen.

166 Die Fassung T^1 II S. 94 enthält die korrekte Schreibung »Popularität«, die Ball in T^2 II S. 103 als »Polularität« offensichtlich falsch abgeschrieben hat. »Polularität« wurde beim Abdruck durch die korrekte Schreibung ersetzt.

Erläuterungen

161 *die Fürstin (Obolensky)*] Zoja Sergeevna Obolenskaja, Tochter des Grafen S. P. Sumarokov, verließ 1863 ihren Ehemann Fürst Obolenskij, Gouverneur von Moskau, mit dem sie seit 1846 verheiratet gewesen war. Mit ihrem Geliebten, dem polnischen Emigranten Valerian Mroczkowski (siehe *S. 169* – »Fanelli, Friscia, Tucci, Talendier, Elie und Elisée Reclus, Malon, Naquet, Rey, Mroczkowsky«), ihren Kindern und zahlreichen Bediensteten ließ sie sich 1865 in Neapel nieder, wo Bakunin sie Anfang des folgenden Jahres kennenlernte. Sie trat seiner Geheimgesellschaft bei und die Bakunins verbrachten den Sommer 1866 in einem von der Obolenskaja für sich und ihre Freunde gemieteten Hotel auf Ischia. Zwei Jahre später erwähnt Bakunin in einem Brief, daß sich seine Schulden bei der Fürstin auf etwa 7.000 Francs belaufen müßten (Carr S. 329). – Von ihrem Ehemann finanziell unter Druck gesetzt, verließ Obolenskaja 1867 Italien, nahm unter bescheideneren Umständen Wohnung in Vevey am Genfer See, und wurde Mitglied der ›Alliance de la démocratie socialiste‹. Nachdem es Fürst Obolenskij 1869 gelungen war, ihr die Kinder zu nehmen, zog sie mit Mroczkowski nach London.]
das vollständige Programm der Gesellschaft; die Darlegung der Prinzipien und der Organisation.] Gemeint sind die Statuten der ›Fraternité internationale‹, die Ball zum Abschluß des zweiten Brevier-Teiles veröffentlicht.

Wir besitzen Freunde in Schweden, in Norwegen und Dänemarck, auch in England, Belgien, Frankreich, Spanien, Italien. Es sind Polen darunter, sogar mehrere Russen.] Bakunins Äußerung ist wohl wörtlich zu nehmen. Einzelne Sympathisanten in Stockholm (Sohlman), London oder Paris etwa hatten ihren Beitritt erklärt, Aktivitäten allerdings gingen von ihnen nicht aus. Carr vertritt die These, daß von einer funktionierenden internationalen Geheimgesellschaft nur auf dem Papier die Rede sein könnte. Ihre 1866 formulierten Statuten galten als vorläufig und sollten eine endgültige Form erst erhalten, wenn die Gesellschaft eine Mitgliederzahl von mindestens siebzig erreicht hätte. Daraus schließt Carr, daß selbst die italienische Gruppe aus weit weniger Mitgliedern bestand. (Carr S. 331)

In Süditalien ist der grössere Teil der Mazzini'schen Organisationen, die Phalanx sacra, in unsere Hände übergegangen.] Eine Beschönigung, da gerade aufgrund des zunächst noch vorherrschenden Mazzinismus die sizilianischen Sektionen wieder aufgelöst wurden. (Vgl. S. 158 – »Bakunins Tätigkeit erstreckte sich bis nach Palermo«.)

In einem Sendschreiben an seine Freunde in Neapel und Sizilien] Nicht ermittelt.

»il mio illustre amico Michele Bakunin]«] Ital.: mein bedeutender Freund Michael Bakunin.

162 *»La forme entraîne toujours le fond avec elle«*] Frz.: die Form bestimmt immer den Inhalt.

Ich verstehe einfach Eure Briefe an den Kaiser nicht] Gemeint sind die offenen Briefe von Herzen und Ogarev an Zar Alexander II., die in der ›Glocke‹ veröffentlicht wurden. Die ›Glocke‹ übte auf alle Gebildeten in Rußland »...eine so starke Anziehungskraft aus, dass sie selbst in der Regierung und am Hof – durchaus nicht nur zu polizeilichen Zwecken – studiert wurde[n]. Umgekehrt konnte sich zunächst auch Herzen nicht der Faszination entziehen, welche die Aussicht bot, die einst reaktionäre Autokratie in einen Motor revolutionären Fortschritts verwandelt zu sehen. Diese Illusionen zerstoben allerdings sehr schnell als deutlich wurde, daß die Agrarreform den Gutsadel keineswegs enteignen, und daß sie den Bauern das Land nicht schenken würde.« (Beitrag von Dietrich Beyrau und Manfred Hildermeier in: Hdb. RG Bd. 2, S. 34)

vom panrussischen Staate und der ihn repräsentierenden Regierung] Unter panrussischem Staat ist der von den Panslavisten in der zweiten Hälfte des 19. Jahrhunderts in Übereinstimmung mit Zielen der russischen Regierung, von Teilen des Hofs und der russischen Intelligenz angestrebte panslavische Staat unter russischer Führung zu verstehen. Auf die kompensatorische Funktion russischer Vorherrschaft über die kleineren slavischen Völker seit der Niederlage im Krimkrieg weist Torke (S. 285) hin. (Vgl. auch S. 53 – »ich fürchte, daß es die Panslavisten durch Sasonow erfahren werden« und S. 158 – »in der Bakunin eine von Ludmilla Assing ins Italienische übersetzte Artikelserie über den Panslavismus publizierte.«)

von den englischen Whigs] Die englischen Liberalen (im Unterschied zu den konservativen ›tories‹).
»*Glocke*« *vom 15. Dez. 1865*] ›Kolokol‹ 1. Dez. 1865, S. 1718.
auf die Seite Muravjews] Michajl Nikolajevič Murav'ev, vgl. S. 16 – »eine Muravjew, leibliche Kusine sowohl Murawjews des Aufknüpfers wie eines aufgeknüpften Murawjew«. – Als Minister für Staatseigentum hatte sich Murav'ev, angesichts der zerrütteten Finanzen im Zarenreich nach dem Krimkrieg, entschieden der Bauernbefreiung widersetzt und war schließlich von seinem Posten zurückgetreten. Nach Ausbruch des polnischen Aufstands im Januar 1863 berief ihn Alexander II. zum Generalgouverneur des russischen Teils von Polen, wo Murav'ev, wie er selbst festhielt, Maßnahmen zur Befriedung der polnischen Untertanen ergriff, die »über den Rahmen des Üblichen« hinausgingen. Landgüter, deren Besitzer rebellierten, wurden samt dazugehörigen Dörfern abgefackelt, ihre Bewohner, Männer, Frauen, Kinder nach Sibirien verschickt. Trauer tragen, Polnisch sprechen sowie jede Art von Opposition unterlag hohen Strafen. Der polnische Landadel bzw. alle Landbesitzer mußten mit zehn Prozent ihres Einkommens für die Kosten der »Befriedung« aufkommen, zudem hatten Landbesitzer und katholische Geistlichkeit sämtliche Schäden an Staats- und Privatbesitz zu zahlen sowie die Kosten für Schutzwachen in den Dörfern und für die Deportation der Verbannten aus ihrem Kreis zu tragen. Kilometerweit wurden Wälder gefällt, um den Aufständischen die Möglichkeit zu nehmen, sich zu verbergen; das Holz durften die an der Rodung beteiligten Bauern behalten. Konfiszierter polnischer Besitz ging häufig auf Einwohner deutscher und russischer Herkunft über. 1864 war der Widerstand niedergeschlagen und der polnische Landadel ruiniert, die Gefahr einer Wiedervereinigung Polens mit Litauen und seiner erneuten Unabhängigkeit aber schienen gebannt; der Moskauer Metropolit Filaret und die Lyriker P. A. Vjazemskij und F. I. Tjučev sowie zahlreiche ihrer Landsleute feierten Murav'ev als »Retter Rußlands«. (Vgl. ES Bd. 15, S. 190-191.) – Bakunins nüchtern-zynische Argumentation, daß Nikolaj Murav'evs Politik staatserhaltend und er selbst ein idealer Repräsentant des panrussischen Zarenreichs sei, dient hier der Bloßlegung des Dilemmas, in das die Gegner der Autokratie Herzen und Ogarev gerieten, nachdem sie sich publizistisch zu neuen Hoffnungen nicht nur auf den Reformwillen Alexanders II., sondern auf die Reformierbarkeit des Autokratenstaats überhaupt hatten hinreißen lassen. Ihre Kompromißbereitschaft war freilich bezeichnend für den Stimmungsumschwung, der 1861, nach der Aufhebung der Leibeigenschaft innerhalb weiter, einst oppositionell gestimmter Kreise der russischen Gesellschaft eingesetzt hatte.
Dekabristen] Siehe S. 15 – »an der Geheimgesellschaft des Nordens, eben derselben, die im Dezember 1825 den fehlgehenden Militäraufstand in St. Petersburg unternahm«.
Jakuschkin wollte Alexander Pawlowitsch die Kehle abschneiden] Der russische Offizier Ivan Dmitrievič Jakuškin (1793-1857) war Mitbegründer des ›Rettungs- und Wohlfahrtbundes‹, Mitglied des ›Nord-

bundes‹, nahm aktiv am Dekabristenaufstand teil, wurde zu 20 Jahren Verbannung verurteilt und hinterließ aufschlußreiche Erinnerungen an die Dekabristenbewegung. Der Zar, den er bereit war zu töten, war Alexander I., dessen zunächst offenes, Geistes- und Pressefreiheit zulassendes Regime seit der Bedrohung des Reiches durch Napoleon autoritäre und repressive Züge annahm.

163 *Pestel aber verkündete kühn die Vernichtung des Kaiserreichs*] Pavel Ivanovič Pestel' war der revolutionärste unter den Dekabristen. Siehe S. *15* – »an der Geheimgesellschaft des Nordens, eben derselben, die im Dezember 1825 den fehlgehenden Militäraufstand in St. Petersburg unternahm«, S. *94* unter – »Alexander Nikolajewitsch« und S. *109* – »Pestel«.
Gesellschaft des Nordens] Siehe zu S. *15* unter – »an der Geheimgesellschaft des Nordens, eben derselben, die im Dezember 1825 den fehlgehenden Militäraufstand in St. Petersburg unternahm«.
Plantatoren] Plantagenbesitzer, hier wohl im Sinne von ›Landbesitzer‹. Nach SP S. 119 korrekt zitiert und auch der CD-ROM entsprechend.
Bjelinskys] Vissarion Grigorevič Belinskij, siehe S. *21* – »Kreis junger Männer, zu denen Bjelinsky, Stankjewitsch, Annenkow, Turgenjew gehörten«.
Granowskys] Timofej Nikolaevič Granovskij, siehe S. *46* – »Sie hatten von mir Schilderungen politischer Parteien, Gesellschaften, Ministerkrisen (unter Nikolaus), Schilderungen der Opposition (im Jahre 1847) erwartet.«
»Glocke«, 1. Dez. 1865] ›Kolokol‹ 1. Dezember 1865, S. 1710.
den Anhängern Katkows, Skarjatins, Muravjews, selbst denen der Miljutin, der Samarin, der Aksakow] Die drei Erstgenannten stehen für jene reaktionären Publizisten bzw. Staatsmänner, die dem von Alexander II. zunächst in Gang gesetzten Reformprozeß zunehmend entgegenwirkten. Über die »Ära der Michails« und ihren »dick aufgetragenen Patriotismus« schreibt Herzen und bezieht sich auf Michail Katkov und Michail Murav'ev, den ›Aufknüpfer‹. (HL Bd. 3, S. 719)
Die drei letztgenannten Namen dagegen stehen für einen Kreis »aufgeklärter Bürokraten« und Intellektueller, die zwar am Absolutismus festhielten, aber gegen die Leibeigenschaft als eklatant unproduktives System kämpften, aktiv am Reformprozeß mitarbeiteten und auf die allmähliche Veränderbarkeit der bestehenden gesellschaftlichen und politischen Strukturen setzten.
Michail Nikiforovič Katkov (1818-1887), der in den 1830er Jahren Belinskij und Bakunin nahegestanden und zur Gruppe um Granovskij gehört hatte, wurde als Redakteur und Herausgeber der Zeitung ›Moskovskije Vedomosti‹ (Moskauer Nachrichten) und der Zeitschrift ›Russkij Vestnik‹ (Der russische Bote) einer der einflußreichsten Publizisten der 1850er und 1860er Jahre. Er vertrat keine klaren gesellschaftlichen oder politischen Prinzipien, seine Artikel aber unterstützten vor allem jene Kräfte im Adel und in der Bürokratie, die auf Autoritarismus, Zensur und Repression setzten.

Vladimir Dmitrievič Skarjatin trat 1862 in die Redaktion der ›Sanktpeterburgskie Vedomosti‹ (St. Petersburger Nachrichten) ein und übernahm ein Jahr später die Herausgabe der Zeitschrift ›Vest'‹.
Dmitrij Alekseevič Miljutin (1816-1912), von 1861 bis 1881 Kriegsminister, war vom Zaren als einziger entschiedener Reformer im Staatsdienst belassen worden, »weil dem Militär nicht mit halben Maßnahmen gedient war und hier auch nicht so massive soziale und politische Interessen auf dem Spiel standen wie bei der Bauernbefreiung und den anderen Reformen.« (Dietrich Beyrau und Manfred Hildermeier in: Hdb. RG Bd. 2, S. 33) Er schaffte weitgehend die bis dahin im Militär üblichen brutalen Körperstrafen ab, sorgte für eine verbesserte Ausbildung von Offizieren und Soldaten und führte die allgemeine Wehrpflicht ein.
Nikolaj Alekseevič Miljutin (1818–1872), Bruder des D. M., initiierte bereits als junger Beamter im Innenministerium eine Reihe von Verwaltungsreformen in St. Petersburg, Moskau und Odessa, die Elemente lokaler Selbstverwaltung enthielten. Seit 1856 galt er als einer der entschiedensten Vorkämpfer für Agrarreformen und wurde 1861 von ultrakonservativen Kräften am Hof aus dem Staatsdienst gedrängt. Nach dem Aufstand von 1862/63 hatte er den Posten eines Staatssekretärs in Polen inne, wo er einerseits für die Russifizierung der Schulen und der Verwaltung zuständig war, andererseits Landreformen zugunsten der polnischen und litauischen Bauern gegen die Großgrundbesitzer durchsetzte – vor dem Hintergrund ihrer stärkeren Anbindung an das Zarenreich. M. und seine Mitstreiter »gaben sich der Illusion hin, die Autokratie und ihren Apparat auf Dauer als Reformmaschine nutzen zu können, welche die Gesellschaft so reformieren würde, daß in einer nachständischen Phase auch an konstitutionelle Experimente zu denken sei.« (Hdb. RG Bd. 2, S. 43)
Jurij Fedorovič Samarin (1819-1876) gehörte seit seiner Studentenzeit zum Kreis der Slavophilen um Konstantin Aksakov. Als Beamter des Innenministeriums und Mitglied einer Komission für Landverteilung in Livland setzte er sich erstmals mit der Bauernfrage auseinander und rief in offenen Briefen zur Bekämpfung des deutschen Einflusses in Rußland auf. Man schob ihn auf untergeordnete Posten ab, 1853 trat er ganz aus dem Staatsdienst aus. In der Folge befaßte er sich aktiv mit den Fragen der Bauernbefreiung auf seinem Gut bei Samara, beteiligte sich an den wichtigsten Publikationen der Slavophilen zu diesem Thema und wurde in die Komission des Gouvernements Samara zur Aufhebung der Leibeigenschaft berufen. Samarin war aktives Mitglied des Zemstvo in seinem Gebiet und einer der berühmtesten Redner und aktivsten Abgeordneten der Moskauer Stadtduma.
Die Publizisten Ivan Sergeevič (1823–1886) und Konstantin Sergeevič Aksakov (1817–1860), Söhne des Schriftstellers Sergej Timofeevič Aksakov (1791–1859), zählten zu den prominentesten Denkern der Slavophilen. Konstantin A., mit dem Bakunin während seiner Moskauer Zeit befreundet war, verfaßte grundlegende Schriften über die theokratische, auf der Bedeutung des ›Mir‹ (Gemeindeeigentum) fu-

ßenden Staatslehre der Slavophilen. Den europäischen und den nachpetrinischen russischen Staat lehnte er als innerlich unfrei ab. Masaryk bescheinigt dieser Auffassung anarchistische Elemente, kritisiert jedoch ihren Mystizismus. (Masaryk Bd. 1, S. 237) (Vgl. S. 140 – »den des Aksakow'schen ›Tages‹ würdigen chinesischen Gedanken von der Verschiedenheit der russischen und slavischen Bewegung«.)

164 *von einem »Kaiser, der, sich vom petrinischen System lossagend, den Zaren und Stenka Rasin in sich vereinigen werde«.*] Als charakteristisch für das Petrinische System galt seine Orientierung an Deutschland, der Einfluß und die Dominanz deutschen Denkens am Zarenhof sowie die dadurch entstandene Kluft zwischen dem Hof und dem russischen Volk. – Der Kosak Stepan Timofeevič Razin (ca.1630-1671), populär geworden durch ausgedehnte Raubzüge, war Anstifter des – neben der Pugačev-Erhebung hundert Jahre später – größten Bauernaufstands in der russischen Geschichte. Auch die nichtrussische Bevölkerung an der Volga, Tataren, Mordvinen, Šuvašen und Mari schlossen sich ihm an. Der Aufstand hing mit der Festschreibung der Leibeigenschaft zusammen. Razin ließ den Besitz der Reichen an die Bevölkerung verteilen. Zeitweise folgte ihm ein Heer von bis zu 20.000 Mann, das er auf den Zaren und sich selbst schwören ließ. (Torke S. 314)

Euer mystisches Sanktuarium, die grossrussische Dorfgemeinde] Zu Herzens und Bakunins Ansichten zum Gemeindeeigentum *S. 105* – »Gemeindeeigentum an Grund und Boden.«

165 *Tschinownik*] Russ.: Staatsangestellter in untergeordneter Position, Verkörperung des Bürokraten.

166 *Pugatschew*] Zu Emel'jan Pugačev siehe *S. 109* – »Pugatschew«.

der Sektierer] Vgl. *S. 137* – »Miloradowitsch« und AS Bd. 3, S. 69.

der Moskauer Staat, der in Russland alle lebendigen Keime der Volksaufklärung, der Entwicklung und des Gedeihens, die in Nowgorod und später in Kiew bereits aufzugehen begannen, wieder ertötete] »Die Großfürsten Moskaus legten den ersten Grund zur Zentralisation Rußlands«, schreibt Bakunin in AS Bd. 3, S. 74. Novgorod entwickelte sich bereits im 11. Jahrhundert unabhängig von Kiev (bis zum 13. Jahrhundert eine der bevölkerungsreichsten und kulturell entwickeltsten Städte Europas, nach westlichen Quellen) zu einer wohlhabenden, mit Skandinavien und Westeuropa in Verbindung stehenden Stadt, deren Bevölkerung die Politik seiner Fürsten beeinflußte und mit der Zeit auch ihre Macht einschränkte. So verlor der Novgoroder Fürst im 12. Jahrhundert die unmittelbare Herrschaftsgewalt über die Stadt, mußte in eine Burg außerhalb der Stadt umsiedeln und benötigte zur Landvergabe die Zustimmung der Stadt und ihres Bischofs. Die Einwohner bestimmten einen ›Statthalter‹ in der Funktion eines Bürgermeisters, der ab 1136 von einer Volksversammlung gewählt wurde. Gegen Ende des 12. Jahrhunderts verlor der Fürst auch seine Gerichtsbarkeit und die Kontrolle über die militärischen Hundertschaften und mußte schließlich einen Eid auf die Privilegien der Stadt schwören. So hatte Novgorod am Ende der Tatarenherrschaft, die hier lockerer war als in Zentralrußland, eine »demokratisch-republikanische« (Torke S. 265) Verfassung, deren Garant die Volksversammlung war. In der Praxis allerdings wurde die Hansestadt Novgorod von einem Rat grundbesitzender Adeliger unter dem Vorsitz des Erzbischofs regiert. Mit der allmählichen Eingliederung in das Moskauer Reich, die Ivan III. mit seiner ›Sammlung russischen Landes‹ 1478 einleitete, verlor Novgorod, in dem auch die ersten größeren Häresien der orthodoxen Kirche stattgefunden hatten, seine Freiheit und, durch die Schließung des Handelskontors durch den Moskauer Großfürsten, auch seine Verbindung zum Westen. »Mit der Novgoroder Stadtrepublik war eine zweifellos bedeutende Alternative zur Autokratie untergegangen, der auch auf geistig-religiösem Gebiet eine Brückenfunktion zwischen Ost und West zugekommen war.« (Torke S. 265)

die Unterdrückung des Kosakentums und des Sektenwesens] Die Kosaken (turktatarisch für »freie Krieger«) waren die Nachkommen meist geflohener Leibeigener, die sich seit dem 15. Jahrhundert in den südlichen und östlichen Steppengebieten am Rand des Russischen Reiches, vor allem am Don und am Dnepr niedergelassen hatten und sich in ständiger kriegerischer Auseinandersetzung mit angrenzenden Staaten, etwa mit dem Osmanischen Reich, befanden. Mit der Festschreibung der Leibeigenschaft in Rußland vermehrte sich ihre Anzahl durch einen kontinuierlichen Zulauf weiterer Flüchtlinge. Als demokratisches Element ihrer gesellschaftlichen und militärischen Organisation kann die Wahl und Abwahl ihrer Anführer (Atamane) in Versammlungen gelten. Vor allem die Don-Kosaken führten Feld- und Eroberungszüge im Interesse des russischen Zarenreichs durch und traten bei Auseinandersetzungen mit dessen westlichen und südlichen Nachbarn auch als Regierungstruppen auf. Allerdings griffen soziale Unruhen und Spannungen in den Kosakensiedlungen immer wieder – etwa im Zuge des Pugačev-Aufstands – auf russisches Staatsgebiet über und ihre Autonomieforderungen bedrohten im 18. Jahrhundert die russische Souveränität. Strafexpeditionen, Umsiedlungen und schließlich die Abschaffung ihrer gewählten Anführer durch administrative Maßnahmen unter Zarin Katharina der Großen führten zu erheblicher Einschränkung ihrer Selbstbestimmung auf demokratischer Basis (Torke S. 213-215). – Unter Sektierern sind vor allem die Altgläubigen zu verstehen, die sich in der zweiten Hälfte des 17. Jahrhunderts von der orthodoxen Kirche abspalteten, weil sie eine Reihe von Reformen der Kirchenbücher und der Riten ablehnten. Nach einer Zeit extremer Verfolgung durch die Staatsgewalt erließ Peter I. ein Gesetz, das den Sektierern das Existenzrecht auf russischem Boden sicherte, sie allerdings auch doppelter Besteuerung unterwarf (Torke S. 29-30).

der petrinische Staat] Bakunin stellt in »Russische Zustände« AS Bd. 3, S. 76 fest, daß Peter der Große der alten Aristokratie den Todesstoß versetzt habe, u.a. »durch Begründung eines *neuen*, des *Dienst-* oder *Klassenadels*, wonach in dritter Generation der Adel verloren geht, wenn weder Vater noch Sohn im Staatsdienst ein Militär- oder Zivilamt

verwaltet haben.« Peter der Große galt als Begründer der vielfach als überflüssig und parasitär empfundenen Bürokratie.
Haben denn nicht im Jahre 1859 dieselben praktischen Rücksichten Mazzini veranlasst, das republikanische Banner zu neutralisieren] Vgl. S. 142 – »Mazzini und Garibaldi, jetzt versöhnt und zusammenarbeitend«.
167 *die Artikel in der Art desjenigen vom 1. Mai d.J.]* Nicht ermittelt.
Suchet ein neues Publikum in der Jugend, in den halbgebildeten Schülern Tschernischewskys und Dobroljubows, in den Basarows, in den Nihilisten] Nikolaj Gavrilovič Černyševskij – vgl S. 96 – »Pisarew begründete den Nihilismus«, »Tschernyschewsky« und – »Der Zeitgenosse«.

169-180 Statut der »Fraternité Internationale« (Frühjahr 1866)

Es war Max Nettlau, der für die 1864, wenige Monate vor der ›1. Internationale‹ gegründete Geheimorganisation Bakunins die persönliche Bezeichnung ›Fraternité internationale‹ wählte (Nettlau, Biogr. Bd. 2, S. 199). Ball übernahm diese Bezeichnung und stellte ihre in der Bakunin-Editorik verschieden firmierenden Statuten in Auszügen als ihren konzeptionellen Entwurf vor. – Unter dem 22.8.1917 verzeichnet Ball in der »Flucht aus der Zeit« zum soeben übersetzten »Statut der Fraternité internationale« Überlegungen, die denen im Brief an Brupbacher vom 9.9.1917 ähneln. (SW6, S. 157-158. Flucht S. 188)

Überlieferung

DV: T² II, S. 106-125 (vgl. T¹ II, S. 97-114). Ü: Hugo Ball aus dem Französischen (als Erstübersetzung markiert). Q: Französisches Zitat in Nettlau, Biogr. Bd. 2, S. 206, S. 209-213 und 216-218. O: Französisches Manuskript von 55 Oktavseiten und 5 Zeilen in der Handschrift von Walerian Mroczkowski. Standort: Amsterdam IISG; Archives Bakunin [bzw. Frau Z.S. Obolenska]. E: nicht ermittelt. GA: CD-ROM GDA: Nettlaus spätere Übersetzung in GW Bd. 3, S. 29-35 und S. 49-53, nachgedruckt bei Stuke S. 27-35 und 50-55.

Lesarten der Zitatquelle

175 Unter Punkt 8) des ersten Kapitels im Statuten-Entwurf Bakunins übersetzt Ball im Sinne des katholischen Brauches:
Die soziale Revolution widerspricht in all ihren wesentlichen Punkten jener politischen Heuchelei einer friedlichen Umwälzung, die nur für die mit der letzten Ölung Gesalbten und für die Ohnmächtigen gut ist.]
»Que la révolution sociale, contraire par toute son essence à cette politique hypocrite de non intervention, qui n'est bonne seulement, que pour les moribonds et que pour les impuissants«. (Frz.: für die Sterbenden und die Ohnmächtigen.)
176 In seiner Übersetzung des ersten Satzes von Punkt 16) subjektiviert Ball, was bei Bakunin als anonyme Struktur der Geheimgesellschaft gemeint ist:

der Kandidat wird einsehen, dass sein Eintritt in unsere Gesellschaft nur erfolgen kann, wenn er die Absicht hat, ihr zu dienen, und dass er folglich das Recht haben wird, von jedem einzelnen Mitgliede eine positive Nützlichkeit zu erwarten.] Le candidat comprendra qu'on ne doit entrer dans celle-ci que pour la servir et que par conséquent elle aura droit d'attendre de chacun de ses membres une utilité positive quelconque. (Frz.: Der Kandidat wird einsehen, daß man in diese Gesellschaft nur eintreten darf, um ihr zu dienen und daß sie folglich das Recht hat, von jedem ihrer Mitglieder eine positive Nützlichkeit zu erwarten.)

Nach seiner Übersetzung von Punkt 17) kürzt Ball weitere Mitgliedsregeln der ›internationalen Familie‹, von der das Kapitel handelt.

177 Generell ändert Ball die Zählung der Einzelpunkte des Kapitels über die »nationalen Familien«, in dem er neu numeriert, während in seiner Übersetzungsvorlage Nettlau (und auch im Text des Originals auf der CD-ROM) nach Alphabet numeriert wird. In diesem Kapitel kürzt Ball mehr als im vorhergehenden Kapitel.

Varianten

Der vergleichsweise umfangreiche Auszug aus den »Statuten«, dessen Übersetzung den zweiten Teil von Balls »Bakunin-Brevier« abschließt, weist nur wenige Varianten gegenüber der früheren Fassung auf.

177 Im zweiten Kapitel über die »nationalen Familien« findet sich das erste Beispiel. Die bedeutungshafte, nicht trennungsbedingte Schreibweise »an-zuschliessen« in der späteren Fassung T² II S. 119 kommt in der früheren Fassung T¹ II S. 108 noch nicht vor.

180 Das zweite Beispiel findet sich unter Punkt 14) kurz vor dem Schluß in T¹ II S. 113, wo Ball das Wort »Maasse« noch nach seiner Neigung mit Vokalverdopplung des »a« schreibt.

Erläuterungen

169 *Fürstin Obolensky*] Zoja Sergeevna Obolenskaja siehe S. *161* – »die Fürstin (Obolensky)«.
Fraternité internationale] Zur Autorisierung des Statuten-Textes äußert sich Nettlau, Biogr. Bd. 2, S. 206-207. Bis S. 233 reichen seine sparsam kommentierten Exzerpte der französischen Vorlage für seine Abschrift.
Talendier und Garrido] Der französische Rechtsanwalt Alfred Talendier (1822-1890) hatte als Republikaner an der Revolution von 1848 teilgenommen und wurde 1852 ausgewiesen. Er emigrierte zunächst nach Belgien, dann nach England, wo er sich in den 1860er Jahren mit Bakunin anfreundete und dessen 1864 gegründeter ›Fraternité internationale‹ als eines der ersten Mitglieder beitrat. Er war 1855-1859 Mitglied von ›L'Association internationale‹ gewesen und wurde 1864 Mitglied

des Generalrats der ›Ersten Internationale‹. Nach dem Sturz des ›Second Empire‹ 1870 nach Frankreich zurückgekehrt, wurde er Parlamentsabgeordneter. (CD-ROM) In einem Brief warnte ihn damals Bakunin vor Nečaev. (SP S. 222-226)
Zu Fernando Garrido, der Bakunins Idee des Assoziationswesens bis nach Katalonien vermittelt hatte (Nettlau, GA Bd. 2, S. 113), wurde mehr nicht ermittelt.
Fanelli, Friscia, Tucci, Talendier, Elie und Elisée Reclus, Malon, Naquet, Rey, Mroczkowsky] Zu Fanelli, Friscia und Tucci siehe *S. 157* – »In Neapel gelang es ihm zum erstenmal, für seine Ideen einen Kreis von Männern zu gewinnen, die teilweise bis in sein spätes Alter seine besten Freunde blieben.«
Der französische Ethnologe Élie Reclus (1827-1904), J.P. genannt, war Bruder von Élisée und ging nach Zürich ins Exil. Nach einer Reise nach Spanien überwarf er sich mit Bakunin.
Der französische Geograph Jacques Elisée Reclus (1830-1905) war ein Freund Bakunins, beteiligte sich am Kongreß der ›Friedens- und Freiheitsliga‹ 1868 in Bern und folgte dem Austritt der sozialistischen Minderheit. Er nahm an der Pariser Kommune teil, wurde inhaftiert und auf Druck der ›Internationalen Gesellschaft für Geographie‹ wieder freigelassen. (Œuvres Bd. 5, S. 454 Anm. 55)
Benoît Malon (1841-1893) war als Färber ausgebildet, arbeitete aber auch als Journalist und Schriftsteller.– Er war seit 1865 Mitglied der Pariser Internationale und 1868-1869 Mitglied der ›Fraternité‹. Er zerstritt sich mit Bakunin 1869. Im Lauf des Prozesses gegen die Internationale wurde er verurteilt. 1871 war er Mitglied der Pariser Kommune, floh danach in die Schweiz. Im Mai 1872 wurde er zum ›Congrès de la fédération jurassienne‹ deligiert. Er erneuert den Kontakt zu Bakunin in dessen letzter Lebenszeit und verbringt 1876 einige Zeit bei ihm in Lugano. 1880 gründet er die ›Revue socialiste‹ und wird Autor der »Histoire du socialisme« (1882-1884).
Der Mediziner und Chemiker Alfred Joseph Naquet (1834-1916) stammte aus einer französisch-jüdischen Freidenkerfamilie, wurde früh durch Schriften von Comte und Proudhon beeinflußt, promovierte in Paris 1859 in Medizin und publizierte über Chemie. Gegen Mitte der 1860er Jahre lebte er in Süditalien und schloß sich Bakunins ›Fraternité internationale‹ an. 1867 gehörte er zu den Organisatoren des Kongresses der ›Friedens- und Freiheitsliga‹ in Genf, was ihm in Frankreich fünfzehn Monate Haft einbrachte. 1869 veröffentlicht er sein Buch »Réligion, Propriété, Famille« und entgeht knapp einer erneuten Verurteilung mit Entzug der Bürgerrechte durch seine Flucht nach Spanien. Begnadigt, kehrt er im selben Jahr nach Frankreich zurück, engagiert sich 1870-1894 als Politiker im öffentlichen Leben für die Trennung von Kirche und Staat, die Ermöglichung der Ehescheidung und für Pressefreiheit. 1887-89 propagiert er die nationale Bewegung von General G. Boulanger. 1898 zieht er sich ins Privatleben zurück und arbeitet weiter an seinen Veröffentlichungen, darunter »Temps

futurs. Socialisme – Anarchie« (1900), »L'Anarchie et le collectivisme« (1904) und eine 1939 posthum erscheinende »Autobiographie«. (Beitrag von Leonore Bazinek in: Biographisch-bibliographisches Kirchenlexikon, Bd. 6, hg. von Friedrich-Wilhelm Bautz, fortgeführt von Traugott Bautz, Herzberg: 1993, Spalten 452-457).
Der Freigeist Jules Emile-Aristide Rey (1834-1901) war Mitglied des Kreises um Bakunin, nahm 1866 und 1869 an den Kongressen der ›Ersten Internationale‹ in Genf und Basel teil und gehörte 1868 zu Bakunins Minderheit beim Kongreß der ›Friedens- und Freiheitsliga‹ in Bern. Während der Pariser Commune unterstützte er Elisée Reclus bei der Leitung der Pariser Bibliothèque nationale. 1885-1889 war er Abgeordneter von Isère. (Œuvres Bd. 5, S. 454 Anm. 56)
Der gebürtige Pole Valerian Mroczkowski (1840-1884) war seit 1864 Lebensgefährte der russischen Fürstin Obolenskaja (siehe *S. 161* – »die Fürstin (Obolensky)«) und begleitete sie in Italien, in der Schweiz und in London. Er war als Medizinstudent in Kiev Mitglied eines patriotischen Zirkels gewesen, der sich für die Bauernbefreiung einsetzte. 1861 brach er das Studium ab und ging nach Italien in der Absicht, sich Garibaldi anzuschließen, besuchte die polnische Militärschule in Genua bis zu deren Schließung im Juni 1862 und kehrte im Auftrag des Zentralkomitees nach Polen zurück, um Truppen von Aufständischen zu bilden. Nach Ausbruch des Januaraufstands 1863 nahm er an Kämpfen in verschiedenen Regionen teil und flüchtete nach mehrmonatiger preußischer Gefängnishaft 1864 über Paris nach Florenz, wo er 1865 Bakunin kennenlernte. Zusammen mit Stanisław Tchórzewski trat er der ›Fraternité internationale‹ bei und blieb als einer von ganz wenigen Mitglied bis zu ihrer Auflösung im Jahr 1869. In Bakunins Auftrag unternahm Mroczkowski Reisen durch Schweden, Norwegen, Dänemark, England, Belgien, Frankreich, Spanien, um Kontakte zu revolutionären Kreisen herzustellen. (In Paris versuchte er, Emil Vogt und Cesar De Paepe für die ›Fraternité‹ zu gewinnen.) In Italien fungierte Mroczkowski vor allem als Vermittler zwischen Bakunin und der polnischen revolutionären Bewegung. 1867 wurde er Mitglied der ›Liga für Frieden und Freiheit‹ und gehörte kurzzeitig ihrem Zentralkomitee an. Auf dem ersten Kongreß der Friedensliga in Bern 1868 bestand Mroczkowski auf den sozialrevolutionären Zielen des polnischen Aufstands von 1863 und wandte sich dagegen, die Unabhängigkeit des zukünftigen Polen weiterhin mit Waffengewalt zu erkämpfen. Erstrebenswert sei eine Föderation mit jenen nichtpolnischen Völkern, die seit langem auf polnischer Erde lebten, sowie ein brüderliches Verhältnis mit jenen Russen, die gegen die Zarenherrschaft kämpften. Bei anderen polnischen Mitgliedern und dem Vorsitzenden der Liga erregte die Rede von Mroczkowski heftigen Widerspruch. Sie erschien als Broschüre: »Discours pronocés au Congrès de la Paix et de la Liberté à Berne par M. M. Mroczkowski et Bakounine«, Genf 1869. Nach dem Kongreß von Bern trat Mroczkowski aus der Liga aus und wurde Gründungsmitglied der ›L'Alliance internationale‹ und der ›Alliance

secrète‹. Aufgrund differierender Ansichten hinsichtlich der Ereignisse in Spanien begann er 1869, sich von Bakunin zu distanzieren, vermittelte aber weiterhin zwischen Bakunin und Marx, ebenso zwischen Bakunin, Herzen und Ogarev und mischte sich im Sommer 1870 in die Auseinandersetzung zwischen Bakunin und Nečaev ein. Er spielte zeitweise eine führende Rolle in der polnischen Gemeinde von Genf und nahm an kommunalen Bewegungen verschiedener Städte in Südfrankreich (Lyon und Marseille) teil. 1871 eröffnete er ein Fotogeschäft unter dem Namen ›Ostroga‹ in Menton und legalisierte seine Verbindung mit Zoja Obolenskaja.

Anhang

185 Kommentiertes Fragment von Bakunins »Vierter Rede auf dem Kongress der Friedens- und Freiheitsliga« in Bern (1868)

Überlieferung

DV: Exz[b]. Ü: Boris Minzes aus dem Russischen. Q: Ohne Quellenangabe entnommen aus der deutschen Übersetzung in SP S. 322. Von Dragomanow lt. Nachweis SP S. 310 und 314 zitiert aus der russischen Publikation der ›sozial-revolutionären Partei‹: Die historische Entwicklung der Internationale, S. 339-365, hier S. 365. – Dem Jahr der Quelle nach handelt es sich um Material für den Teil III des Breviers. (Vgl. das Ball bekannte Werk Brupbacher 1, S. 46-48.) O/E: Französisches Original zuerst in: Bulletin sténographique du IIe Congrès de la Ligue de la Paix et de la Liberté, Genf 1868. GA: nicht ermittelt. GDA: Reprint SP S. 322.

Lesarten der Zitatquelle

185 *[...] möge]* Und was man auch sagen möge

Erläuterungen

Da sich der anschließende Kommentar von Ball auf die Geschichte der ›Fraternité internationale‹ bezieht, die das abschließende Thema des zweiten Teiles des Breviers (T¹ II S. 97-114; T² II S. 106-125) bildet, wird Balls Text im editorischen Kommentar zu diesem Schlußabschnitt dokumentiert – bis auf die hier zusätzlich genannten Mitglieder der ›Fraternité internationale‹:

185 *Joukowsky]* Nikolaj Žukovskij war seit 1862 russischer Emigrant, war besonders 1867-1868 mit Bakunin sehr verbunden und verstand sich als anarchistischer Internationalist. Er trat 1868 nach dem Berner Kongreß, an dem er als Mitglied der ›Fraternité internationale‹ teilgenommen hatte, mit Bakunins Minderheitsfraktion aus der ›Friedens- und Freiheitsliga‹ aus. 1871 war er in Genf Herausgeber der Revue ›Solidarité‹, stand danach den ›Communalisten‹ nahe und entwickelte Zweifel an der eigentlichen Anarchie. 1873 nahm er am Genfer Kongreß, 1876 am Berner Kongreß der ›Ersten Internationale‹ teil. (Nettlau, GA Bd. 2, S. 101, S. 165 und S. 211)

Perron] Der westschweizerische Emaille-Maler Charles Perron (1837-1909) war Mitarbeiter der Genfer Zeitschrift ›La Liberté‹, Mitglied der Genfer Zentralsektion der ›Ersten Internationale‹ und Delegierter auf deren Kongressen 1867 und 1868. Nachdem er 1868 Bakunin kennengelernt hatte, trat er dessen Organisationen ›Fraternité internationale‹ und ›L'Association de la démocratie sociale‹ bei. Eine Zeitlang war er Sekretär der letzteren. Er wurde Redakteur der Zeitschriften ›L'Egalité‹ und ›La Solidarité‹ und war Kämpfer der Jura-Föderation. Im Sommer 1871 war er Mitglied der Sektion für Propaganda und revolutionäre sozialistische Aktionen. 1876 wurde er zum Kongreß der föderalistischen ›Internationale‹ in Bern deligiert. (CD-ROM) Er stand wie Žukovskij den Genfer ›Communalisten‹ nahe und wurde später skeptisch gegenüber Bakunins Anarchie, näherte sich ihr aber wieder unter Einfluß von Elisée Reclus (Nettlau, GA Bd. 2, S. 165).

Nachwort

> »*Die Menschen sind so an das Geführt-, Regiert- und Gouverniertwerden gewöhnt, daß sie jeden, der ihnen zu zeigen versuchen würde, sie könnten wohl, wie sie es nur wagten, auf eigenen Füßen stehen, als einen Schwärmer oder Bösewicht anstarren. Anarchie ist das Mittel, welches sie auf kürzere oder längere Zeit doch wirklich nötigt, sich einstweilen selbst zu regieren.*«
> Franz von Baader, Jugendtagebücher[1]

War Hugo Ball ein Anarchist? Oder was sonst hielt ihn jahrelang im Ideenkreis von Bakunin gefangen? Um dem Klassiker der Anarchie deutsche Leser zu erschließen, hat der Dada-Begründer von 1915 bis 1919 immerhin einiges unternommen. Aber aus dem 1917 angekündigten Bakunin-Brevier wurde keine Mao-Bibel des internationalen Dadaismus; es blieb ein Schubladenprojekt. Und seine Wirkung im Falle einer Publikation erhoffte Ball nicht für die avantgardistische Kunstszene, sondern vor allem für den verfahrenen politischen Diskurs in Deutschland, in dem es ihm an libertärem Geist zu mangeln schien – anders als zu seiner Zeit in vielen romanischen oder slawischen Ländern. Deren soziale Mentalitäten waren noch durch die Säkularisation hindurch fortwirkend religiös geprägt. Er hat dies geradezu für eine Voraussetzung ihrer freiheitlichen Regsamkeit und Distanz gegenüber der Autorität der innerweltlichen Mächte gehalten. In der Mentalitätskritik, zu der ihn der distanzlose Machtkomplex seiner eigenen Landsleute herausforderte, nahm Bakunin für ihn eine Schlüsselstellung zwischen Heine und Nietzsche ein. Soviel jedenfalls ist Hugo Balls erhaltenen Schriften und Lebenszeugnissen zu entnehmen.

Tagebücher, die über seine innere Motivationslage Auskunft geben könnten, sind aus der Zeit seiner intensivsten Beschäftigung mit Bakunin nicht in ihrer authentischen Gestalt erhalten. Sie sind nur in der stilisierten Form überliefert, die er ihnen für die 1927 erscheinende Buchpublikation »Die Flucht aus der Zeit« gegeben hat. Nach

---

[1] Franz von Baader: Sätze aus der erotischen Philosophie und andere Schriften, hg. von Gerd-Klaus Kaltenbrunner, Frankfurt am Main 1966 (Sammlung Insel 19), S. 47.

Lektüre dieses motivisch durchkomponierten Tagebuch-Werks kommen Zweifel auf, ob seine Auseinandersetzung mit Bakunin und dem Anarchismus wirklich politisch gewesen ist. Sicher ist, daß politische Praxis mit dem titelgebenden Motiv der mönchischen *fuga saeculi* schwer in Einklang zu bringen gewesen wäre. Der Anarchismus erscheint dort alles in allem als noch unzureichender Versuch, Distanz zu gewinnen gegenüber dem diabolischen Gefüge des Zeitalters, das den Weltkrieg hervorbrachte. Ball behauptet seinen Wert als Antipolitik, als Absage an die politische Immanenz, an das Mitmachen, an Gestaltung durch Macht.

Noch in der redigierten und streckenweise neu durchformulierten Gestalt bietet das Tagebuch immerhin etliche Hinweise auf Kontakte zu anarchistischen Zeitgenossen und Reflexionen zum Thema aus der Distanz. Einer dieser Versuche, den Anarchismus als Zeiterscheinung zu erfassen, war durch Balls Besuch eines anarchistischen Diskussionsabends im Züricher ›Sonneck‹ angeregt und kulminierte unter dem Datum 15. Juni 1915 in der persönlichen Quintessenz: »Ich habe mich genau geprüft. Niemals würde ich das Chaos willkommen heißen, Bomben werfen, Brücken sprengen und die Begriffe abschaffen mögen. Ich bin kein Anarchist.« (SW 6, S. 29; Flucht S. 30) Der milde Ton der späten Jahre mag Zweifel wecken, ob dieses Bekenntnis Balls schon im Wortlaut von 1915 zu finden war.[2] Das Chaos als kreatives Potential zu entdecken und die Hierarchie der Begriffe außer Kraft zu setzen wurde bald danach im Frühjahr 1916 immerhin zum programmatischen Impuls des Dadaismus, bei dessen Entstehung und kulturkritischer Fundierung Hugo Ball Pate gestanden hat. Indessen lassen sich auch aus den erhaltenen Briefen, die seit 2003 ungekürzt in authentischer Gestalt ediert sind, keine festen Einbindungen Balls in politische Organisationen oder gar persönliche Sympathien für terroristische Praktiken ablesen, die man den philanthropisch gesinnten Anarchisten jener Jahre ohnehin meist zu Unrecht nachsagte.

Balls Briefe belegen Kontakte, Sympathien für Menschen und temporäre Gesinnungen, Aufmerksamkeit für laufende Diskussionen, Mitarbeit an Zeitschriften. Aber bis auf eine Ausnahme ist kein

---

2 Diesen Zweifel äußert auch Hubert van den Berg: Avantgarde und Anarchismus. Dada in Zürich und Berlin, Heidelberg: C. Winter 1999 (Beiträge zur Neueren Literaturgeschichte, Bd. 167), S. 207.

Eingreifen in die Praxis außerhalb der eigenen publizistischen Sphäre bezeugt, kein Versuch des Machtgewinns und keine Übernahme von Verantwortung in politischen Vereinen und Organisationen. Auch wenn Ball nach seiner Emigration im Sommer 1915 zunächst vom Züricher Kreis um den Anarchosyndikalisten Fritz Brupbacher angezogen war, wahrte er – wenn man dem Duktus der »Flucht aus der Zeit« folgt – letztlich die beobachtende Distanz des schreibenden Zeitgenossen, der dem eigenen Werk eine dauerhaftere Wirksamkeit zutraut als eigenen politischen Aktivitäten. Auch wenn von diesem Werk damals nach außen noch wenig wahrnehmbar war und erst ein ungespieltes Theaterstück in Buchgestalt vorlag[3], war der 29jährige Emigrant Ball doch in mehreren Zeitschriften präsent und mit dem literarischen Aufbruch eines Teils seiner Generation verflochten, für den er in der Schweiz mit der Begründung des Dadaismus 1916/17 bald weitere Zeichen setzte. Als freier Autor der Avantgarde war er schon aus stofflichen Gründen an avancierten Erfahrungen außerhalb der Offizialkultur interessiert. Sie fanden sich vor allem in der künstlerischen und politischen Subkultur. In einer Varietégruppe inmitten der Züricher Künstlerboheme spielt der damals entstehende Roman »Flametti oder Vom Dandysmus der Armen«, der 1918 im Erich Reiss Verlag erschien; Gegenstand des anderen Buchprojekts jener Jahre ist der Berufsrevolutionär Bakunin, dessen Schriften damals noch kaum in deutscher Sprache lesbar waren. Auch dafür fand Ball 1917/18 zunächst ein Interesse bei René Schickele und dann bei dem jungen Berliner Verleger Erich Reiss (1887-1951), dessen Korrespondenz allerdings mit der Verlagsauflösung nach seiner KZ-Haft 1937 und Emigration 1940 verlorenging und nur in wenigen Zitaten durch Ball überliefert ist. Auch dies erschwert die Rekonstruktion der publizistischen Absichten, die er im Blick auf eine deutsche Leserschaft mit dem Bakunin-Projekt verband.

Der Gedanke an die Erhaltung seiner heimischen Publikationsmöglichkeiten ließ Ball 1917 zunächst sogar zögern, seine ersten politischen Artikel für die ›Freie Zeitung‹ in Bern namentlich zu zeichnen, weil ihre Publikation im Organ der Opposition gegen das kriegführende Deutschland auch eine Bindung des Autors bekundete. Diese Bindung ging Ball nach der Sondierung von Alternativen schließlich

---

3 Hugo Ball: Die Nase des Michelangelo. Tragikomödie, Leipzig: Rowohlt 1911. (Jetzt in SW2).

ein und wurde im Frühjahr 1918 Redakteur dieses Blattes. Dies brachte ihm immerhin den Ruf des Vaterlandsverräters ein, der später die unbefangene Aufnahme seiner Schriften in der Weimarer Republik verhinderte. ›Die Freie Zeitung‹ und ihr Verlag in Bern standen im Kontakt mit den Vertretungen Frankreichs und der USA. Zumindest einmal übernahm Ball dabei politische Vermittlungsaufgaben, die über seine publizistische Tätigkeit hinausgingen; denn bei seinen Reisen im Nachkriegsdeutschland ging es nicht nur um Absatzmöglichkeiten für seine Zeitung. Ball vermittelte 1919 auch Kontakte für den Leiter der französischen Beobachterkommission, Émile Haguenin, den er aus Bern kannte. In München besuchte er mit ihm den bayerischen Verkehrsminister Heinrich von Fraundorfer, da Frankreich auf dem Wege über die Schweiz eine gezielte Lebensmittelhilfe für Bayern organisieren wollte. Und er begleitete Haguenin nach Berlin. – Mit einer Rede unter dem Titel »Abbruch und Wiederaufbau« vor der Hamburger Ortsgruppe der Deutschen Friedensgesellschaft zog Ball in Resignation über den Ausgang der Revolutionsära schon 1920 das Fazit seiner politischen Erfahrungen und wandte sich künftig weniger zeitgebundenen Themen zu.

Zumindest aus den erhaltenen Dokumenten ist nicht zu belegen, daß Ball darüber hinaus tiefer in politische Verhältnisse und in die Praxis eindrang, als es ihm die publizistische Tätigkeit bot. Bezeichnend bleibt auch für den Publizisten eine Offenheit für Eindrücke aus allen politischen Lagern, soweit sie nicht im Verdacht standen, dem kriegerischen Chauvinismus Vorschub zu leisten. Je weniger Balls Denkmotive durch tendenziöse Einbindung und organisatorische Rücksichten beengt waren, um so mehr leisten sie zur unabhängigen Zeitdiagnose, durch die Schaffung von Distanz. Der kritische Ort seiner Kommentare zur Zeit gründete nicht in Parteibindungen, sondern in geschichtlicher Selbstvergewisserung. Balls eigenwillige Konstruktion der Historie bildete sich in einem jahrelangen Prozeß des Lernens und Entdeckens von gegenläufigen Tendenzen heraus, wie er sie in seinem Werk »Zur Kritik der deutschen Intelligenz« den lastenden Traditionen deutscher Geschichte entgegenstellte. Ein lange verborgener Fundus dieser kritischen Sicht auf Vergangenheit und Gegenwart ist nicht zuletzt das, was Ball aus Schriften und Lebenszeugnissen Bakunins zusammengestellt hat. Er nannte es schließlich »Michael Bakunin. Ein Brevier«. Ein frei geplantes, keiner Organisation verpflichtetes Vorhaben: das umfangreichste unveröffentlichte Werk Hugo Balls, das neunzig Jahre nach seiner Projektierung hier nun erstmals publiziert werden kann.

1. Wilhelminische Lebensordnung und kreative Revolte. Balls Vorkriegsjahre

Angesichts seiner unpolitischen Herkunft kommt es einem Tabubruch gleich, was Hugo Ball 1915-18 mit seinem »Brevier« zutage zu fördern versuchte. Nichts schien weniger vorgezeichnet. Als Ball im südpfälzischen Pirmasens gegen Ende der Bismarck-Ära geboren wurde, hatte machtstaatliches Denken längst die freiheitlichen Ideale außer Kurs gesetzt, die zumal den deutschen Südwesten zwischen dem Hambacher Fest von 1832 und den badisch-pfälzischen Aufständen der Revolution 1848/49 bewegt hatten. Bis ins benachbarte Saarland erstreckte sich das übermächtige Preußen, das zum Sieg über die demokratischen Bewegungen ebenso beigetragen hatte wie zur Reichseinigung. In Schulen des wilhelminischen Kaiserreichs wurde zu Autoritätstreue, Nationalstolz und »Erbfeindschaft« gegenüber Frankreich erzogen. Über die Schulzeit des jungen Hugo Ball ist wenig überliefert, aber seine spätere publizistische Arbeit ist auch ein Korrektiv dieser pädagogischen Mitgift: durch ihre libertäre Kritik obrigkeitlichen Denkens, durch ihre internationale Orientierung und ihre erwartungsvolle Offenheit gegenüber dem republikanischen Frankreich und der Kultur der Romania. Balls anerzogenes Grundvertrauen weicht einem profunden Mißtrauen in staatliche Obrigkeit und gouvernementales Handeln. Später hat er als katholischer Revertit durchaus Probleme, dieses Grundvertrauen in der »Mutter« Kirche (›Tagebuch‹ 27.12.1922) wiederzufinden, die ihm nach allen politischen Enttäuschungen als Zuflucht und rettende Gegenwelt »einer übernatürlichen, einer jenseitigen, einer symbolischen Weltbetrachtung« (Schriften S. 301) erschien.

In der loyalen Familientradition war dergleichen Autoritätskritik nicht vorgezeichnet. Innerhalb des geeinten Kaiserreiches gehörte Balls überwiegend protestantische Geburtsstadt wie die gesamte Rheinpfalz zum Königreich Bayern, in dem die katholische Dynastie der Wittelsbacher regierte. Balls Eltern, die »ebenso echte Katholiken als begeisterte Deutsche waren« (SW 10.2, Nr. 608, S. 264), fühlten sich von den machtstaatlichen Verhältnissen geschützt und hatten allenfalls den »Kulturkampf« der Bismarckära gegen die Einflußsphäre der römisch-katholischen Kirche als politischen Konflikt durchlebt. Ihrem Sohn Hugo, der als einziges ihrer sechs Kinder studieren konnte und die kleinbürgerlichen Hoffnungen seiner Familie zu erfüllen hatte, verziehen sie nie den Verzicht auf Abschlußexamen und einen bürgerlich wohlsituierten Beruf. Daß er bis zum Kriegsausbruch als Dramaturg in München den Spielplan einer der exponierten deutschen Bühnen prägte, entzog sich ihrer Einsichtssphäre ebenso wie die nonkonformistische Wendung, die sein Denken schon vor seinem Kontakt mit der Künstlerboheme nahm. Nur bei seiner Schwester Maria und dem Münchener Vetter August Hofmann konnte er während der folgenden Jahre auf familiäres Verständnis und Wohlwollen hoffen.

Es waren zunächst die kulturellen, nicht die unmittelbar politischen und sozialen Bewegungen seiner Zeit, die den jungen Ball faszinierten. Kein Jahrzehnt war seit Nietzsches Tod vergangen, als dessen Schriften eine junge Generation von Künstlern aller Sparten im Widerstand gegen die moralischen Konventionen ermutigten und ihre Suche nach authentischem Ausdruck ihrer vitalen Regungen bestärkten. Die Kulturkritik Nietzsches, seine antitheologische Moralkritik und seine Hypertrophierung des Künstlertums als Herausforderung des Bestehenden wurden für den jungen Hugo Ball zur zentralen Anregung seiner Heidelberger und Münchener Studienzeit. Eine Arbeit über Nietzsches frühe Kulturkritik, von der die Abhandlung »Nietzsche in Basel« erhalten ist, sollte Grundlage für das zunächst angestrebte Doktorat sein. Der spätere Vorbehalt Nietzsches gegen den »schauspielerischen Typus« in der zeitgenössischen Kultur hielt Ball indes nicht davon ab, sein Studium zugunsten der Schauspielschule des von Max Reinhardt geleiteten Deutschen Theaters abzubrechen. Als Dramaturg in Plauen und München durchläuft er die Erfahrungen des Bühnenengagements. »1910-1914 war alles für mich Theater: das Leben, die Menschen, die Liebe, die Moral«, heißt es im autobiographischen Rückblick am Beginn der »Flucht aus der Zeit«:

>»Das Theater bedeutete mir: die unfaßbare Freiheit. Mein stärkster Eindruck derart war der Dichter als furchtbares, zynisches Schauspiel: Frank Wedekind. Ich sah ihn auf vielen Proben und in fast allen seinen Stücken. Sein Bemühen war, die letzten Reste einer ehedem fest gegründeten Zivilisation und sich selbst auf dem Theater ins Nichts aufzulösen.« (SW 6, S. 10-11; Flucht S. 7)

NACHWORT

Ende März 1913 ist mit »Aphorismen« in der Münchener Zeitschrift ›Jugend‹ erstmals Prosa von Ball zu lesen. Darin wird dem vom Jugendstil geprägten Ästhetizismus – noch in eher nietzscheanischer als anarchistischer Färbung – eine neue Wildheit entgegengesetzt: »L'art pour l'art ist eine ästhetische Monomanie. Der Künstler muß die Idee haben, die Welt zu erlösen durch Rausch und Brand oder er ist sinnlos.«[4]

In München arbeitet Ball von Juli 1912 bis Juli 1914 als Dramaturg des früheren ›Münchener Lustspielhauses‹ in der Schwabinger Augustenstraße, dessen Umbenennung in ›Münchner Kammerspiele‹ im Herbst 1912 auf ihn zurückgeht und an die akustische Intimität von Max Reinhardts Kammerspielen des Deutschen Theaters in Berlin anknüpft. Er erlebt Frank und Tilly Wedekind bei der praktischen Theaterarbeit, was sich 1914 in seinem Aufsatz »Wedekind als Schauspieler« auch in manifestartigen Sätzen niederschlägt, in denen Nietzsches Kritik am »schauspielerischen Typus« der modernen Kulturträger nachklingt: »Verwandlungskunst ist belanglos, seit wir (geistig) allesamt Schauspieler wurden. Wir haben's selbst; wir suchen's nicht mehr auf der Bühne. Wir suchen im Theater keine Seelenwanderung mehr; wir suchen Personnagen: Neue Körper. Neue Seelen.« (Schriften S. 15)

Als Dramaturg der ›Münchner Kammerspiele‹ wird Ball zu einem Programmatiker des Umbruchs, der auf dem Theater einzuholen versucht, was im Zeichen des Expressionismus in Literatur und bildenden Künsten bereits angebahnt ist. Entscheidend für seine Konzeption wird die Begegnung mit Wassily Kandinsky, die sich Anfang 1914 zu einer Zusammenarbeit intensiviert. Bei Kandinsky findet Ball ein ästhetisch-spirituelles Konzept auf anarchistischer Grundlage, das auch ihn prägt: »Die Anarchie ist Planmäßigkeit und Ordnung, welche nicht durch eine äußere und schließlich versagende Gewalt hergestellt werden, sondern durch *das Gefühl des Guten* geschaffen werden. Also auch hier werden Grenzen gestellt, die aber als *innere* bezeichnet werden müssen und die äußeren ersetzen müssen werden«[5],

---

4 Hugo Ball: Aphorismen. In: Jugend (München), Jg. 18, Bd. 1, Nr. 13 (1913), S. 363.
5 Der Blaue Reiter, hg. von Wassily Kandinsky und Franz Marc. Dokumentarische Neuausgabe von Klaus Lankheit, München: R. Piper & Co. 1965, S. 147. – Diese Stelle zitiert auch Ball in einem Vortrag über

konstatierte Kandinsky 1912 im programmatischen Beitrag »Über die Formfrage« in seinem mit Franz Marc herausgegebenen Almanach »Der Blaue Reiter«. Der Komponist Thomas von Hartmann hatte dort »Über die Anarchie in der Musik« geschrieben und wird mit einem ähnlichen Beitrag auch für einen von Ball und Kandinsky geplanten Almanach über das expressionistische Künstlertheater vorgesehen.

Ball liest zeitgenössische kulturkritische Schriften, etwa Walther Rathenaus Schrift »Zur Kritik der Zeit« (1912), und notiert dazu: »Was nottut, ist eine Liga all derer, die sich dem Mechanismus entziehen wollen; eine Lebensform, die der Verwendbarkeit widersteht. Orgiastische Hingabe an den Gegensatz alles dessen, was brauchbar und nutzbar ist.« (SW 6, S. 9; Flucht S. 5) Und »Oscar Wildes Vermächtnis« war ihm »die Überzeugung, der common sense sei stets und um jeden Preis zu frondieren. In seinem Falle war es der englische Puritanismus und die selbstverständliche Plattitüde. In unserem Falle waren es andere Dinge. Die Lethargie vielleicht, die sich abstrakt und ach so vernünftig gab; die herrschende Geltung, die nur auf geglättete Fügsamkeit sah.« (SW 6, S. 13; Flucht S. 10)

Ball verkehrt in der Schwabinger Boheme, wo er sich mit Generationsgenossen wie Hans Leybold, Richard Huelsenbeck, Johannes R. Becher und Emmy Hennings anfreundet, die er im Café Stefanie oder im Kabarett ›Simplicissimus‹ kennenlernt. Zu den älteren Bohemiens zählt Emmy Hennings' Freund Erich Mühsam (1878-1934), der die anarchistischen Ideen Gustav Landauers in Schwabing vertritt. Für dessen ›Sozialistischen Bund‹ hatte er im sogenannten Lumpenproletariat eine »Agitation des fünften Standes« eröffnet, die ihm 1912 eine Gefängnisstrafe einbrachte. Von 1911 bis zum Kriegsausbruch 1914 gab Mühsam in Schwabing die politische Zeitschrift ›Kain‹ heraus, die auch Ball weniger wahrgenommen haben dürfte als die literarischen Zeitschriften, die dort erschienen. Schon 1909-12 – also vor Balls Münchener Dramaturgenzeit – hatten Mühsam und sein Freund Johannes Nohl libertäre Studenten und Künstler im ersten ›Tat‹-Kreis versammelt, dem unter anderem Oskar Maria Graf, Georg Schrimpf, Karl Otten und Franz Jung angehörten. Der ebenfalls in Schwabing verkehrende Psychoanalytiker Otto Gross,

---

»Kandinsky«, den er 1917 in der Züricher Galerie Dada gehalten hat (Schriften S. 45).

der anarchistische und freudianische Ideen zu einer kritischen Kulturtheorie verbindet, wird 1913 von seinem Vater – einem prominenten Kriminologen der Grazer Universität – einem Entmündigungsverfahren unterworfen, das großes Aufsehen erregt und Proteste auslöst, an denen sich auch Ball beteiligt. Er ist Mitunterzeichner eines Aufrufs in der kurzlebigen expressionistischen Zeitschrift ›Revolution‹, in der der Schwabinger Verleger Bachmair junge Autoren versammelt. Damals beginnt Balls Lektüre psychoanalytischer Schriften, wie ein erhaltenes Exzerptbuch der Jahre 1913/14 belegt.[6] – Anstelle eines Editorials enthält die erste Nummer der Zeitschrift ›Revolution‹ einen gleichnamigen Aufruf von Erich Mühsam, in dem Ball erstmals einer Sentenz von Bakunin begegnet sein dürfte:

»Die treibenden Kräfte der Revolution sind Ueberdruß und Sehnsucht, ihr Ausdruck ist Zerstörung und Aufrichtung.
　Zerstörung und Aufrichtung sind in der Revolution identisch. Alle zerstörende Lust ist eine schöpferische Lust (Bakunin).
　Einige Formen der Revolution: Tyrannenmord, Absetzung einer Herrschergewalt, Etablierung einer Religion, Zerbrechen alter Tafeln (in Konvention und Kunst), Schaffen eines Kunstwerks; der Geschlechtsakt.
　Einige Synonyma der Revolution: Gott, Leben, Brunst, Rausch, Chaos.
　Laßt uns chaotisch sein!«[7]

Noch weit davon entfernt, zur politischen Herausforderung zu werden, sind derartige vitale Motive eines jugendlichen Protests gegen die herrschenden Lebensordnungen auch bei Ball spürbar, der in einem Artikel über den befreundeten Poeten Klabund konstatiert, dieser habe »Abenteuertum in sich, das heißt: den Realismus des

---

6　Hugo Ball: [Exzerptbuch 1913/14], S. 44-46. HBN. – Im Frühjahr 1913 notiert Ball Stichworte zu »Bedeutung der Psychoanalyse« von Otto Rank und Hanns Sachs sowie zu Sigmund Freuds »Drei Abhandlungen zur Sexualtheorie« und »Fünf Vorlesungen über Psychoanalyse«.
7　Erich Mühsam: Revolution. In: Revolution. Zweiwochenschrift, Jg. 1, Nr. 1 (15.10.1913), S. 2. – Der paraphrasierte Bakunin-Satz findet sich gegen Schluß von dessen deutsch geschriebener Schrift »Die Reaktion in Deutschland«, die Ball im »Brevier« zitiert.

Ungehemmten«[8]. Ein nicht zu unterschätzender Hintergrund solcher Widerständigkeit dürften die realen Erfahrungen des Dramaturgen mit der wilhelminischen Praxis der Theater-Zensur sein. Eine Dokumentation der »unterdrückten kämpferischen Aktivität heutiger Literatur« (SW 10.1, Nr. 40, S. 47) plant Ball nach einem Zensurprozeß um sein Gedicht »Der Henker« gemeinsam mit Klabund im Mai-Juni 1914 in einer Anthologie »Die Konfiszierten«, die im Georg Müller Verlag erscheinen soll, aber nicht zustande kommt. Dafür waren Beispiele von Autoren wie Richard Dehmel, aber auch von den Anarchisten John Henry Mackay und Erich Mühsam ins Auge gefaßt.

2. Politisierung durch Antipolitik. Berliner Anregungen zum Bakunin-Projekt im ersten Kriegswinter

In welch unpolitischem Horizont sich das vitalistisch geprägte Denken von Ball in seinen Dramaturgenjahren bewegte, zeigt noch seine erste Reaktion auf den Kriegsausbruch 1914, die in einem Gedicht wie »Glanz um die Fahne« ihren heute befremdlichen Ausdruck findet: in einer expressionistischen Replik auf Richard Dehmels patriotische Vision »Deutschlands Fahnenlied«, die im opferwilligen Abschied vom bohemistischen »Mekka der Nacht« gipfelt (SW 1, S. 48 und 200-201). Als Kriegsfreiwilliger abgewiesen, verläßt Ball Schwabing und seine feste Stellung am Theater. Die Aufbruchsbegeisterung der parteiübergreifenden ›Ideen von 1914‹, die ihn an die Befreiungskriege ein Jahrhundert zuvor erinnern, scheint auch ihn in den ersten Wochen nach Kriegsausbruch angesteckt – und nach einer ersten Konfrontation mit den Kriegsrealitäten hinter der lothringischen Front[9] um so herber enttäuscht zu haben. Allmählich verliert sich die Illusion vom Verteidigungskrieg einer von Feinden umzingelten Kulturnation, die ihren Kastengeist vergißt und sich als »Volksge-

---

8 Hugo Ball: Klabund. In: Revolution, Jg. 1, Nr. 2 (1.11.1913).
9 In seinen Heimatort Pirmasens zurückgekehrt, unternimmt Ball als Zivilist eine Reise hinter die Kriegsfront in Lothringen und berichtet darüber in der örtlichen Zeitung: Hugo Ball: Zwischen Dieuze und Luneville. In: Pirmasenser Zeitung, Jg. 84, Nr. 209 (7.9.1914). – Nachdruck in: HBA 1990, S. 4-19. Ein zehnseitiges Originaltyposkript, von dem der Zeitungsdruck abweicht, findet sich im HBN.

meinschaft« entdeckt.[10] Mit einer Enttäuschung, die aber ungestillte Hoffnungen auf solidarische Knüpfungen des sozialen Bandes der Menschen hinterläßt, beginnt im November 1914 das, was man als Politisierung seines Denkens bezeichnen kann. – Seine erste Verarbeitung des Kriegsschocks mündet nach dem Zeugnis der »Flucht aus der Zeit« in eine generelle Rationalitätskritik: »Man möchte doch gerne verstehen, begreifen. Was jetzt losgebrochen ist, das ist die gesamte Maschinerie und der Teufel selber. Die Ideale sind nur aufgesteckte Etikettchen.« Im Mißverständnis Kants als eines affirmativen Rationalisten erscheint ihm dieser als »Erzfeind, auf den alles zurückgeht«, weil dessen »oberste Maxime« laute: »Raison muß a priori angenommen werden; daran ist nicht zu rütteln. Das ist die Kaserne in ihrer metaphysischen Potenz.« Wichtigster Bezug bleibt für Ball Nietzsche als erster Philosoph, »der alle Raison zerbricht und den Kantianismus abtut« (SW 6, S. 18; Flucht S. 16-17).

Nachdem Hans Leybold, der engste Freund der Münchener Jahre, im September 1914 nach einer Syphilis-Diagnose in einem Lazarett Selbstmord begangen hatte und irrtümlich zunächst als Kriegsopfer galt, übersiedelt Ball nach Berlin. Er verkehrt im Kreis der expressionistischen Avantgarde mit Richard Huelsenbeck, mit dem er drei Soireen veranstaltet, und mit dem späteren Anarcho-Syndikalisten Franz Pfemfert, zu dessen Zeitschrift ›Die Aktion‹ er vor dem Krieg aus München mehrere Texte (vor allem Gedichte, teils gemeinsam mit Hans Leybold) beigetragen hatte. – Herausgefordert durch die Kriegsgegnerschaft von Pfemfert und seinem intimeren Redaktions-Kreis, kann Ball sich als »einer, der sich bis dahin mit Politik nicht beschäftigt hat« (SW 6, S. 18; Flucht S. 16), allmählich vom Patriotismus verabschieden. Schon bald erkennt er das Verteidigungsrecht in diesem Kriege eher auf französischer und belgischer als auf deutscher Seite. Als er 1915 nur noch in der Emigration eine Perspektive sieht, kommt es allerdings zum Zerwürfnis mit Pfemfert, der auf der Weiterarbeit im eigenen Lande besteht. Ball nähert sich danach dem Aktivismus und der Zeitschrift ›Die weißen Blätter‹, die inzwischen von René Schickele herausgegeben wird.

Auch praktische Motive spielen bei Balls Politisierung eine Rolle. Für ein halbes Jahr von seinem Münchener Dramaturgenvertrag be-

---

10 Vgl. Hans-Ulrich Wehler: Deutsche Gesellschaftsgeschichte. Bd. 4, München: Beck 2003, S. 17-21.

urlaubt, wird er in Berlin als Mitarbeiter der illustrierten Wochenschrift ›Zeit im Bild‹ (SW 10.1, Nr. 55, S. 63) mit zeitgenössischen Themen verschiedener Art konfrontiert, nicht nur mit der Kunstwelt des Theaters. Er wird Journalist, abhängig von redaktionellen Vorgaben unter Bedingungen der Kriegszensur, und wird im April 1915 schließlich selbst Mitglied der Redaktion, bevor er nach einigen Wochen die schon länger erwogene Freiheit der Emigration wählt. Seiner Vorbildung und Orientierung gemäß schreibt er vor allem Theaterkritiken und mißt sich dabei stilistisch an Alfred Kerr. Darüber hinaus wird er mit politisch-historischen Themen jenseits des tagesaktuellen Bereichs beschäftigt.

Zwei Besprechungen älterer Buchtitel, die durch den Kriegsausbruch in ein neues Licht rücken, handeln von den wichtigsten gegnerischen Armeen der Franzosen und der Russen. Der in den ersten Tagen der Mobilmachung ermordete französische Sozialistenführer Jean Jaurès habe in seiner 1913 auch auf deutsch erschienenen Schrift »L'armée nouvelle«[11] für die französische Republik eine »umfassende Reorganisation der Armee in Verbindung mit einer großartigen Aktion der sozialen Gerechtigkeit« gefordert, eine den Weltfrieden garantierende »neue Armee der Humanität, der Weltbürger, des Proletariats, der Vernunft und der Vaterlandsliebe«. Aber die Hürden, an denen solche Forderungen scheiterten, seien Jaurès wohl bewußt gewesen: »Die Republik von heute krankt an bürokratischer Arroganz. Die Armee ist irregeleitet und ohne Besinnung. Die Niederlage von 1870 hat sie einer verblendeten Napoleonomanie in die Arme geworfen und läßt sie die Methode des Siegers: Kasernenheer, Draufgehen, Offensive wie einen Fetisch anbeten. Verwirrung herrscht im System, in der Organisation. Der Fluch ist ein deplazierter, nur auf Revanche bedachter Stolz.« Frankreich könne sich politisch-militärisch nur auf eine aktive Armee ohne Reserven stützen. Demgegenüber sah Jaurès im zeitgenössischen Deutschland trotz seiner hierarchischen und feudalen Struktur analog zum Befreiungskrieg vor hundert Jahren die patriotische Mobilisierbarkeit aller Reserven im Falle eines französischen Angriffs. Ball sieht die Erfüllung dieser Voraussage gekommen: »Deutschland hat sich erhoben. Es

---

11 Jean Jaurès: Die neue Armee, Jena: Diederichs 1913. Französische Neuausgabe: Jean Jaurès: L'armée nouvelle, ed. Madelaine Rebérioux, Paris: Union générale d'éditions 1969.

führt den Krieg nationaler Begeisterung. Frankreich kämpft – für seine Politik.«[12] Eine Quintessenz, die den Enthusiasmus höher ansetzt als den politischen Pragmatismus des Gegners und noch im Einklang mit den ›Ideen von 1914‹ steht. Sie kann die Kriegszensur passieren und beschließt am 12. November Balls ersten Artikel in der Illustrierten ›Zeit im Bild‹, deren Aufträge ihm hinfort den Broterwerb im ersten Kriegswinter sichern.

Gleich nach dem Jahreswechsel erscheint dort eine Besprechung Balls von Erinnerungen des russischen Militärarztes Weressájew an den russisch-japanischen Krieg[13], die Innenansichten der russischen Armee geben und ein Zeugnis von verheerendem Disziplinverfall und Korruption sind. Balls Artikel prognostiziert den Sturz des Zarismus, wenn für diese Armee »erst einmal Niederlagen kommen von ausschlaggebendem Umfang; Rückzug, Unordnung, Flucht – dann wird die Deroute dieser Armee kein Gott mehr aufhalten können. Sie wird sich mit dem Anarchismus verbinden. Der Regierung wird nur der Landsturm noch zur Verfügung stehen, ein Landsturm, der seine letzten Habseligkeiten im Stiche läßt und der den Gehorsam verweigern kann.« Und Ball resümiert:

»Die russische Armee, die heute im Felde steht, trägt die Möglichkeit in sich, mit einem Schlag sich aus einer Armee von Soldaten in eine Armee von Terroristen zu verwandeln. [...] Der Sturz des Zarismus, seit hundert Jahren vorbereitet, kann über Nacht zu einem Ideal werden, das alle unterdrückten Elemente zusammenrafft in einer neuen Religion. Der Sturz des Zarismus, die nächste große Aufgabe, die Europa gestellt ist, kann einen Brand entfachen schlimmer als der gegenwärtige Krieg.«[14]

12 Hugo Ball: Jaurès über die französische Armee. In: Zeit im Bild, Jg. 12, Nr. 46 (12.11.1914), S. 1960-1961. – Nachdruck in: Schriften S. 193-197, hier S. 193, 195 und 197. – Wenige Tage später wird deutlich, daß Ball der Klassencharakter dieser Begeisterung nicht entgangen ist: »Moratorium auch im Geistigen. ›Freiheitskriege‹ des Tiers état«, schreibt er an August Hofmann (SW 10.1, Nr. 56, S. 64). Vielleicht steht letztere ironische Bemerkung bereits unter dem Eindruck von Kropotkins revolutionären Ideen.
13 W. Weressájew: Meine Erlebnisse im russisch-japanischen Krieg. Aus dem Russischen von L. Meerowitsch und J. Bürli, Stuttgart: Robert Lutz 1908 (Memoirenbibliothek III. Serie Bd. 1).
14 Hugo Ball: Die Russen in der Mandschurei und – in Polen. In: Zeit im

Eine Prognose, die 1917 eintreffen sollte – auch wenn mit den Bolschewiki weniger freiheitliche Kräfte dafür den Ausschlag geben sollten als die des Anarchismus, den Ball in diesem Artikel vom 3. Januar 1915 zum erstenmal als politisch organisierte Bewegung thematisiert. Davor war dergleichen für ihn nur als Streiflicht im avantgardistischen Bilderkosmos aufgetaucht, etwa wenn er auf einer Reise nach Dresden in der Futuristenausstellung des Richterschen Kunstsalons Carràs Gemälde von der »Beerdigung des Anarchisten Galli« entdeckte.[15]

In den zurückliegenden Wochen aber hat Ball einen Lektüreprozeß hinter sich, der für seine Wertung der revolutionären Kräfte Rußlands prägend blieb und für ihn erstmals nachvollziehbar macht, was die politischeren Köpfe seiner Schwabinger Umgebung bewegt hatte. Die Berliner Lektüreanregungen dürften aus dem Kreis Franz Pfemferts gekommen sein, der in seiner literarischen Zeitschrift ›Die Aktion‹ immer wieder auch Texte klassischer Anarchisten und Sozialisten abgedruckt hatte. Pfemferts wichtigste Bezugsgröße unter den lebenden Anarchisten war damals der Russe Pjotr Kropotkin (1842-1921), von dem ›Die Aktion‹ seit ihrem Gründungsjahr 1911 mehrere Beiträge gebracht hatte.[16]

Im November 1914 liest Ball die Autobiographie Kropotkins[17], deren deutsche Übersetzung in derselben Buchreihe erschienen war

---

Bild, Jg. 13, Nr. 1 (3.1.1915), S. 15-16. – Nachdruck in: Schriften S. 198-204, hier S. 202.

15 Hugo Ball: Die Reise nach Dresden. In: Revolution. Zweiwochenschrift, Jg. 1, Nr. 3 (15.11.1913). – Nachdruck in: Schriften S. 11-14, hier S. 12.

16 Vgl. [Franz] Pfemfert: Erinnerungen und Abrechnungen, Texte und Briefe, hg. von Lisbeth Exner und Herbert Kapfer, München: Belleville o.J. [1999], S. 15, 132, 175, 311, 313, 538, 598 und 604. Von Bakunin erschien dagegen in der ›Aktion‹ vor 1917 nur ein Beitrag: Michael Bakunin: Die Organisation der Internationale. In: Die Aktion, Jg. 1, Nr. 30 (11.9.1911), Sp. 932-935.

17 Der Name Kropotkin wird im Deutschen anfangs so geschrieben, wie er gesprochen wird. So auch hier: Fürst Peter Krapotkin: Memoiren eines Revolutionärs. Aus dem Russischen von Max Pannwitz, mit einem Vorwort von Georg Brandes, 2 Bde., Stuttgart: Robert Lutz 1900 (Memoirenbibliothek). – Am 23.11.1914 hatte Ball die Lektüre dieser Ausgabe beendet, wie aus seinem im Nachlaß erhaltenen Exzerptbuch der Jahre 1913-14 hervorgeht, das auf S. 86-96 detaillierte Lektürenotizen enthält.

wie Weressájews Erinnerungen, was ihn vielleicht zu deren Besprechung anregte. – Kropotkins unsentimentale Memoiren machen weniger die sich entwickelnde Subjektivität des Schreibenden zum Thema als die sozialen Umstände seines familiären Milieus: Dessen exemplarischer Charakter für die Lebensweise der russischen Aristokratie in Zeiten der Leibeigenschaft wird auch in vielen Vergleichen zu benachbarten und verwandten Familien deutlich. Sie sind – anders als in der rousseauistischen und romantischen Tradition – in erster Linie soziale Autobiographie. Sie eröffnen – nicht ohne Sinn für Dramaturgie – immer neue Tableaus. Ball kann hier den sozialen Erfahrungsprozeß nachvollziehen, in dem sich ein Angehöriger der Hocharistokratie in Rußland zum Revolutionär entwickeln konnte, für den »der Anarchismus mehr zu bedeuten hat, als eine bloße Aktionsmethode oder nur eine besondere Auffassung von einer freien Gesellschaftsordnung«, und der als Naturforscher dazu beitragen wollte, ihn als »Teil einer natürlichen und sozialen Philosophie« zu entwickeln.[18] Ball notiert:

> »Nach Krapotkin (Biographie) kommt alles Heil vom Proletariat; wenn es nicht daswäre, müßte es erfunden werden. Sein System der gegenseitigen Hilfe stützt sich auf die Bauern, Hirten und Flußarbeiter, die er als Geograph in den Steppen und Einöden Rußlands vorfand. Später lebte er unter den Brillenschleifern und Uhrenmachern im Schweizer Jura. Das sind Leute, die genau hinsehen; ganz anders als unsere modernen Fabrikarbeiter. Doch bleibt immer wahr, daß jemand, der um seine Existenz und um die Verbesserung seiner Lage kämpft, den zäheren Willen, das klarere Ziel hat, und eben darum auch die menschlicheren Gedanken.« (SW 6, S. 18-19; Flucht S. 17)

Noch später, aus der Schweiz, empfiehlt Ball am 26. Oktober 1915 auch seiner Schwester diese Autobiographie, die ihm viel bedeutet: »Kennst Du die Memoiren des Fürsten Krapotkin? [...] Du wirst vieles finden, was mir ein wenig verwandt ist.« (SW 10.1, Nr. 77, S. 88)

Nach diesen Memoiren liest Ball Max Nettlaus Kurzbiographie von Michael Bakunin[19], der – anders als der Naturforscher Kropot-

---

18 Krapotkin, l.c., Bd. 2, S. 246.
19 Max Nettlau: Michael Bakunin. Eine biographische Skizze, mit einem Nachwort von Gustav Landauer, Berlin: Paul Pawlowitsch 1901. –

kin – von der spekulativen Philosophie des deutschen Idealismus ausgegangen war. Unter dem Datum 4. Dezember 1914 heißt es in »Die Flucht aus der Zeit«:

»Seine Anfänge bezeichnen: Kant, Fichte, Hegel, Feuerbach (die protestantische Aufklärungsphilosophie).

Je mehr er französisches Wesen kennen lernte, zog er sich von den Deutschen zurück.

Der gehässige Charakter Marxens zeigt ihm, daß die Revolution von diesen Kreisen von ›Philistern und Pedanten‹ nichts zu erwarten habe.

Er mußte sich alle Mittel und Helfer selbst schaffen. Überall war er den ansässigen Demokraten ein unbequemer Störer, der sie hinderte, sich ganz der Ruhe hinzugeben und einzuschlafen.

Seine eigentliche Tätigkeit lag in der Konspiration, d.h. in Versuchen, die lebendigen Elemente der verschiedenen Länder für eine gemeinsame Tat zu gewinnen.

Verkehr pflegte er nur mit den entschlossensten und sympathischsten Kreisen. In London mit Mazzini, Saffi, Louis Blanc, Talendier, Linton, Holyvake, Garrido.

Die unbewußten Massen sollen von einer Elite zum Selbstgefühl der Solidarität gebracht werden (Grundgedanke seiner Bemühungen von 1864-74).

Dem religiösen Patriotismus (Mazzinis) stellt er die atheistische Internationale gegenüber und will lieber noch auf dem ›Lumpenproletariat‹ fußen, als den status quo hinnehmen und gelten lassen.

Der Aufstand von Lyon erschüttert seinen Glauben an die rebellischen Instinkte und Leidenschaften des Proletariats.

Die Freiheit, die er meint, ist mit seinen eigenen Worten: ›Nicht jene ganz formelle, die der Staat aufzwingt, abmißt und regelt, diese ewige Lüge, die in Wirklichkeit das auf die Sklaverei aller gerichtete Vorrecht einiger Weniger darstellt. Auch nicht die indi-

---

Abdruck des Nachworts in Gustav Landauer: Zeit und Geist, München: Klaus Boer Verlag 1997, S. 100-102. – Später benutzte Ball in einem Manuskript-Exemplar, das Fritz Brupbacher besaß, die nie im Drucksatz erschienene große Bakunin-Biographie Max Nettlaus, die 1896-1900 der gedruckten Kurzfassung vorausging. Nettlau hatte im Selbstverlag 50 Kopien des Manuskripts hergestellt, um sie an Freunde und große Bibliotheken zu verteilen.

vidualistisch-egoistische, kleinliche und fiktive Freiheit, die die Schule von J. J. Rousseau und alle anderen Schulen des Bourgeois-Individualismus empfehlen. Auch nicht das sogenannte Recht aller, wodurch das Recht jedes Einzelnen auf Null reduziert wird. Die einzige Freiheit ist diejenige, die ... nach dem Sturz aller himmlischen und irdischen Idole eine neue Welt gründen und organisieren wird, die Welt der solidarischen Menschheit.‹[20]«
(SW 6, S. 20-21; Flucht S. 19-20)

Wichtige Akzente von Balls Interesse sind in dieser frühestdatierten Äußerung zum Thema Bakunin bereits fixiert und in einen umfassenden Kontext gestellt: »Eine Revoltierung der materialistischen Philosophie ist notwendiger als eine Revoltierung der Massen.« (SW 6, S. 21; Flucht S. 20) In einer Fülle von biographischen Aspekten begegnet Ball bei Bakunin einem nichtutilitaristischen Verständnis des Politischen, in dem grundsätzliche Fragen durchschimmern.

Mit Blick auf die russischen ›Nihilisten‹ des 19. Jahrhunderts, die den Anarchisten vorausgingen, stellt Ball Reflexionen zur Kritik der politischen Vernunft an. Bereits unter dem 25. November 1914 heißt es nach seinen Kropotkin-Notizen:

»Die Nihilisten berufen sich auf die Vernunft (ihre eigene nämlich). Aber gerade mit dem Vernunftprinzip muß gebrochen werden, aus Gründen einer höheren Vernunft. Das Wort Nihilist bedeutet übrigens weniger als es besagt. Es bedeutet: auf nichts kann man sich verlassen, mit allem muß man brechen. Es *scheint* zu bedeuten: nichts darf bestehen bleiben. Sie wollen Schulen, Maschinen, rationelle Wirtschaft, all das, woran es in Rußland noch fehlt, wovon wir aber im Westen bis zum Verhängnis zuviel und im Überfluß haben.« (SW 6, S. 19; Flucht S. 17)

Der Zweifel am Vernunftprinzip führt zu einer neuen Sicht auf die Staatlichkeit: »Politik und Rationalismus stehen in einem unangenehmen Zusammenhang. Vielleicht ist der Staat die Hauptstütze der Vernunft und umgekehrt. Alles politische Raisonnement, soweit es

---

20 Das Zitat ist mit Interpolationen entnommen der Nettlauschen Übersetzung: Aus M. Bakunins Fragment über die Commune von Paris. (Sommer 1871), in: Max Nettlau: Michael Bakunin. Eine biographische Skizze, mit einem Nachwort von Gustav Landauer, Berlin: Paul Pawlowitsch 1901, S. 53-55, hier S. 53 und 54.

auf Norm und Reform abzielt, ist utilitarisch. Der Staat ist nur ein Gebrauchsgegenstand«, nämlich für die Utilitaristen, die den Staat beherrschen. Wenn sie aber den Staat beherrschen, beherrschen sie indirekt auch seine Bürger; denn der »Bürger ist heute ebenfalls ein Gebrauchsgegenstand (für den Staat)« (SW 6, S. 19; Flucht S. 18).

Die dritte Lektüre, die für Balls Beschäftigung mit den Klassikern des russischen Anarchismus einen eigenartigen Interpretationshorizont schafft, ist der Sammelband »Der Zar und die Revolution«[21], der aus dem neureligiös geprägten Petersburger Salon von Dmitrij Merežkovskij (1865-1941) hervorgegangen und nach den russischen Revolutionsereignissen von 1905 erschienen war. Der Band enthält einen Eröffnungsbeitrag »Der Zar als Papst« von Dmitrij Filosofov, zwei Essays von Merežkovskijs Frau Zinaida Gippius (»Revolution und rohe Gewalt« und »Die wahre Macht des Zarismus«) und als umfangreichsten Essay Merežkovskijs Grundsatzbeitrag »Religion und Revolution«, der nicht nur für Hugo Balls Rußlandbild entscheidend wird[22]. Zentral war für Merežkovskij der durch Tolstoj und Dostoevskij repräsentierte Gegensatz von Anarchie und Theokratie und dessen mögliche Synthese. Quelle für sein Verständnis von Theokratie war die antiliberale Ideenwelt Dostoevskijs, seine »Ostideologie« von Rußland als rätselhafter Gegenwelt zum Westen. Balls spätere Beschäftigung mit den Zeugnissen der Kämpfe und revolutionären Triebkräfte Bakunins bekommt durch Merežkovskijs Sicht auf das »religiöse Problem in Rußland« (SW 6, S. 22;

21 Auf dem Titel firmieren die Autoren in alter deutscher Umschrift: Dmitri Mereschkowsky, Zinaida Hippius und Dmitri Philosophoff: Der Zar und die Revolution, München/Leipzig: R. Piper 1908. Im Piper Verlag war 1907 bereits Merežkovskijs Schrift »Der Anmarsch des Pöbels« erschienen, eine (Ball offenbar unbekannt gebliebene) Kritik an den libertären Ideen Alexander Herzens, Bakunins und Tolstojs; und dort gab er gemeinsam mit Arthur Moeller van den Bruck auch die erste deutsche Werkausgabe Dostoevskijs heraus. Auf Merežkovskijs Synthese von Anarchie und Theokratie bezog sich später auch der Berliner Dadaist Raoul Hausmann (vgl. Hubert van den Berg, l.c., S. 234-236).
22 In München hatte Ball 1913 bereits Merežkovskijs deutschen Übersetzer Alexander Eliasberg kennengelernt, der dort lebte (SW 10.1, Nr. 26, S. 33). Noch 1926 ließ Ball ein Exemplar von »Die Flucht aus der Zeit« durch den Verlag an den 1919 nach Paris emigrierten Merežkovskij schicken (SW 10.3, Nr. 686, S. 603).

Flucht S. 20) einen Interpretationsrahmen von bleibender Faszination. Unter dem Datum 12. Dezember 1914 enthält »Die Flucht aus der Zeit« Lektürenotizen zu Merežkovskij:

> »Alle hervorragenden Dichter und Philosophen des 19. Jahrhunderts von Tschaadajew bis Solovjew sind Theologen. Bakunin scheint die einzige Ausnahme zu sein.
> Sie vergleichen die Forderungen der sozialen Revolution mit den Einrichtungen der byzantinischen Orthodoxie.
> Soweit sie rebellieren, berufen sie sich auf das Neue Testament. Sie betrachten es als ein revolutionäres Buch. Gegen den Vater erhebt sich der Sohn.
> Sie fassen Christus als Nihilisten auf. Als Sohn, als Rebell, muß er Antithesen setzen.« (SW 6, S. 22; Flucht S. 20-21)

Bakunin war allerdings ein rebellischer Sohn aus aufgeklärtem Haus und schien als Agnostiker allenfalls in der Intensität seines revolutionären Zorns vom religiösen Diskurs geprägt. Aber lag diese Intensität völlig außerhalb dessen, was einen Tolstoj oder Dostoevskij umtrieb? Noch fragt sich Ball, »ob eine ›theologische Revolution‹ nicht ein Widerspruch in sich selbst ist«, aber Merežkovskijs Ideen, die er für »spitzfindig und gewiß auch nicht populär« hält, üben ihre Faszination aus:

> »Immerhin: das Verhältnis Vater-Sohn ist hier mächtig herausgearbeitet und produktiv. Im Westen ist keine Produktivität mehr möglich, ehe Glaubenskämpfe und letztliche Bedenken wieder aufleben.
> Der große Unterschied: dort ist der Zar seit hundert Jahren das apokalyptische Tier. Hier gilt das Volk dafür und wird auch so behandelt.« (SW 6, S. 22; Flucht S. 21)

Dieses Fazit kehrt am Ende seiner anarchistisch-republikanischen Publizistik wieder: »Deutschland braucht ein moralisches Gehör, eh man dort wissen wird, warum überhaupt rebelliert werden soll«, heißt es nach Revolution und konterrevolutionärem Kapp-Putsch am 20. März 1920 in einem Brief an Fritz Brupbacher: »Mehr und mehr aber leitet mich die Überzeugung: Wo kein Sakrament existiert, ist keine Empörung möglich. Das ist die Frucht zweier Reisen, durch das ›sich umwälzende‹ Deutschland.« (SW 10.1, Nr. 238, S. 320) – Fragestellungen wie diese flankieren das politisch-publizistische Engagement von Hugo Ball in den dazwischenliegenden Jahren. Bei seinen Bakunin-Studien wird er in dessen Mazzini-Kritik einem polemisch gewendeten Begriff der ›politischen Theologie‹ begegnen. Fragestellungen der politischen Theologie werden um 1919 in seinem Berner Bekanntenkreis mit Ernst Bloch, Walter Benjamin und Gershom Scholem eine folgenreiche Erneuerung erfahren. Später werden sie Thema seiner Auseinandersetzung mit Carl Schmitt.

Zunächst aber wendet Ball Merežkovskijs Despotiekritik auf nähergelegene Themenfelder an: Der Konflikt der russischen Intelligenz mit der Orthodoxie erinnert ihn »an gewisse Erscheinungen des 16. Jahrhunderts, Münzer z.B., mit dem Unterschied, daß die Reformation die Menschheit Christi als Autorität verkündete, während die Russen die Gottheit Christi im Volke sehen, gekreuzigt von einer autoritären Institution.« (SW 6, S. 22; Flucht S. 21)[23] – Am Tag nach diesen Lektürenotizen zieht Ball eine Bilanz seiner Theatererfahrungen:

> »Erst jetzt beginne ich das Theater zu verstehen. Es ist die Tyrannei, die die Entwicklung der schauspielerischen Fähigkeiten begünstigt. Die Höhe des Theaters steht immer im umgekehrten Verhältnis zur Höhe der sozialen Moral und der bürgerlichen Freiheit. Rußland hatte, vor dem Krieg, ein glänzendes Theater und Deutschland stand ihm darin kaum nach. Das deutet in beiden Ländern auf eine Zermürbung der Echtheit und Aufrichtigkeit durch den äußeren Zwang. Wer zu Bekenntnissen neigt, kann kein Schauspieler sein. Wo aber nicht bekannt wird, dort gibt es viele Schauspieler.« (SW 6, S. 23; Flucht S. 22)

---

23 Sechs Wochen später erscheint ein einschlägiger Artikel von Hugo Ball: Der große Bauernkrieg 1525. In: Zeit im Bild, Jg. 13, Nr. 5 (31.1.1915), S. 105-109; Nachdruck in: Schriften S. 161-169. Darin gilt Thomas Münzer für Ball als »der aufrechteste und stärkste Vertreter der revolutionären Schicht des Volkes« (Ibid., S. 166). – Aus Anlaß des 400. Jahrestages der Reformation fordert er 1917 eine zeitgemäße Darstellung von Münzer: Hugo Ball: Aufgabe für einen deutschen Philologen. In: Die Freie Zeitung, Jg. 1, Nr. 48 (26.9.1917), S. 200; Nachdruck in: Schriften S. 170-171. – Balls Desiderat wird schließlich von Ernst Bloch mit seiner 1921 bei Kurt Wolff erscheinenden Monographie »Thomas Münzer als Theologe der Revolution« eingelöst.

Am Tag danach, am 14. Dezember 1914, begegnet Ball erstmals Gustav Landauer (1870-1919), der damals in Hermsdorf bei Berlin lebt und als zentraler Vermittler des Anarchismus in der deutschen Intellektuellenszene gilt, auf den sechzehn Jahre Jüngeren aber nicht mehr sehr zeitgemäß wirkt.[24] Entsprechend distanziert fällt die erste Notiz über Landauer in der »Flucht aus der Zeit« aus:

»Ein abgezehrter älterer Mann mit wallendem Hut und dünnem Bart. Etwas pastoral Sanftes umgibt ihn. Vorletzte Generation. Die sozialistischen Theorien als Refugium für edlere Naturen. Ein überlebter Eindruck. Er rät, nicht wegzureisen, sondern zu bleiben.«

Ball, der Landauers Nachwort zur eben gelesenen Bakunin-Biographie kennt, hat ihm seine Emigrationsgedanken anvertraut und wird in seinen nahe gelegenen Wohnort Hermsdorf eingeladen. Nach der ersten Begegnung mit Landauer besucht er Franz Pfemfert:

»Er nennt Landauer ›einen Politiker, den der Ästhet verpfuscht habe‹. Es sei ihm nicht möglich gewesen, ›sich unter Deutschen durchzusetzen‹. Aber es gebe nur drei Anarchisten in Deutschland, davon sei er einer. ›Ein kluger, gebildeter, früher nicht ungefährlicher Mann.‹ Jetzt schreibt er Theaterkritik für den ›Börsenkurier‹ und gibt, sehr abseits, den ›Sozialist‹ heraus.« (SW 6, S. 23-24; Flucht S. 22-23)

Auch wenn der Generationsgegensatz anfangs schwer überbrückbar schien, sollte sich im Laufe der Jahre zeigen, wieviel Ball mit dem Denken Landauers verband.[25] Nicht aus reaktionären Quellen, son-

---

24 Der mögliche äußere Anlaß des Treffens ist für Ball wenig erfreulich. Wie Ball am 12.12. an seinen Vetter August Hofmann schreibt, hat Landauer offenbar Pfemfert gegenüber einige Tage zuvor eine Theaterglosse von Ball als »übelsten und völlig überflüssigen Journalismus« (SW 10.1, Nr. 57, S. 65) bezeichnet. Pfemfert, der sie bereits in Satz gegeben hatte, wollte sie daraufhin in der ›Aktion‹ nicht mehr veröffentlichen. Es handelte sich um eine Kritik der Uraufführung von Strindbergs Luther-Drama »Die Nachtigall in Wittenberg«, die unter dem Titel »›Luther‹ im Deutschen Künstlertheater« schließlich am 27.12. in ›Zeit im Bild‹ erschien.
25 Daß die zitierte Notiz nach der ersten Begegnung mehr verbirgt als erkennbar macht, zeigt auch Hubert van den Berg: Gustav Landauer

dern aus dem anarchistischen Sozialismus Landauers und anderer speist sich auch Balls Antimarxismus. Daß Landauer bereits zu Balls Fixpunkten im ersten Kriegswinter gehörte, halten noch späte ›Tagebuch‹-Notizen aus der Erinnerung an die »L[andauer]-Zeit« fest, in der er sich (wohl auch gegen den Älteren) »übermütig und ohne Grund!« fühlte.[26] Daß Landauer angesichts des Kriegsausbruchs eine »Flucht vor der politischen Aktion ins rein Geistige«[27] angetreten hatte, war angesichts des gleichzeitigen Verfalls des organisierten Anarchismus im Kaiserreich und der Burgfriedenshaltung der meisten Sozialdemokraten nicht grundlos, enttäuschte aber die Aktivisten der jungen Generation. Wenige Monate später, am 15. März 1915, mußte ›Der Sozialist‹ sein Erscheinen einstellen.

»Ich lese hier Kropotkin, Bakunin, Mereschkowski (›Der Zar und die Revolution‹) und muss sagen, das ist sehr interessante Lektüre«, schreibt Ball an seinen Münchener Vetter August Hofmann am 18. Dezember 1914 in einem Brief, in dem er aus einem neuen Lebens- und Zeitgefühl seine Absage an die Münchener Vorkriegsszene formuliert:

»Es ist hier ganz gemütlich in Berlin. (Nie mehr nach München!) Die Stadt hat Initiative, Energie, Intellekt. Es gibt Menschen, die an der Spitze stehen, und mit denen man sich auseinandersetzen kann. Wenn es stimmt, dass mein Temperament revoltäre Instinkte hat, so wird mir hier allmählich klar, weshalb ich in München auf die Dauer hätte verkommen müssen. [...] Hier geht ein neues Leben los: anarcho-revolutionär (so heisst mans glaub ich). Wi-

---

und Hugo Ball. Anarchismus, Sprachkritik und die Genese des Lautgedichts. In: HBA 1995, S. 121-181. Dort finden sich auch Einzelnachweise.

26 ›Tagebuch‹, Eintragung 23.3.1924. Vgl. weitere Eintragungen vom 27.12.1922 und 20.5.1925. – Nach seiner Reversion zum Katholizismus entdeckt Ball Landauers Übersetzung von Schriften des Mystikers Meister Eckhart (undatierter Eintrag im ›Tagebuch‹ 28.8.1921-28.2.1922) und liest Landauers Schrift »Die Revolution«, die in einer Ausgabe aus dem Jahr 1923 mit handschriftlichen Notizen und Unterstreichungen von Ball im Nachlaß erhalten ist; laut Hubert van den Berg: Avantgarde und Anarchismus, l.c., S. 206, Anmerkung 54.

27 Ulrich Linse: Organisierter Anarchismus im Deutschen Kaiserreich von 1871, Berlin: Duncker & Humblot 1969 (Beiträge zu einer historischen Strukturanalyse Bayerns im Industriezeitalter, Bd. 3), S. 327.

dersprechend (ohne eigne Widersprüche). Aktiv. ›Taten will ich sehen‹. Immer wieder von unten anfangen. Untersuchen, bohren, bohren bohren.« (SW 10.1, Nr. 59, S. 66-67)

Als engagierter Beobachter der »anarcho-revolutionären« Szene scheint Ball inzwischen seinen kritischen Ort und neues Selbstbewußtsein zu finden.

»Wir wollen: Aufreizen, umwerfen, bluffen, triezen, zu Tode kitzeln, wirr, ohne Zusammenhang, Draufgänger und Negationisten sein«, erklärt Ball in einem mit seinem Freund Richard Huelsenbeck verfaßten prädadaistischen Manifest und wendet sich gegen Idealismen, die er wohl auch bei Landauer vermutete:

>»Gegen die ›Programmatiker‹ und Sektenbildner. [...] Wir sind nicht naiv genug, an den Fortschritt zu glauben. Wir haben es nur mit dem ›Heute‹ zu tun. [...] Wir wollen den Appetit verderben an aller Schönheit, Kultur, Poesie, an allem Geist, Geschmack, Sozialismus, Altruismus und Synonymsus. Wir gehen los gegen alle ›ismen‹ Parteien und ›Anschauungen‹. Negationisten wollen wir sein.«[28]

Das Manifest erscheint am 12. Februar 1915 zur ersten der gemeinsam mit Huelsenbeck veranstalteten Soireen. Sie ist als ›Gedächtnisfeier für gefallene Dichter‹ angekündigt, die neben den deutschen Lyrikern Ernst Stadler, Ernst Wilhelm Lotz und Walter Heymann auch den gefallenen Franzosen Charles Péguy einbezieht, was Presseankündigungen behindert. Ball spricht über seinen früheren Freund Hans Leybold, dessen Tod im Lazarett er damals noch auf den Krieg zurückführt. Seine schonungslos exponierte Lebensweise erscheint ihm im nachhinein wie ein Vorspiel dessen, was das »Literarische Manifest« fordert. Wenn Politik die Lehre von den Mitteln sei, »mit denen man sich selbst oder eine Idee durchsetzt«, so habe Leybold gemeinsam mit ihm schon in der Münchener Zeitschrift ›Revolution‹ versucht, den »Geist« durchzusetzen »gegen das Gesäß, gegen die Verdauung und gegen das Finanzherz«: »Jeglichen

---

28 Hugo Ball/Richard Huelsenbeck: Ein literarisches Manifest. In: Programm zur Gedächtnisfeier für gefallene Dichter, veranstaltet von Hugo Ball und Richard Huelsenbeck am Freitag, den 12. Februar 1915, abends 8 ½ im Architektenhaus, Berlin 1915, S. 3. – Reproduktion in: Hugo Ball (1886-1986) Leben und Werk. Ausstellungskatalog, hg. von Ernst Teubner, Berlin: Publica 1986, S. 116; auch in SW 10.3, S. 676.

Fanatismus im Gegensatz zu jeglichem Traum- und Innenleben. Jegliche Anarchie im Gegensatz zu jeglichem Bonzentum (sei's, wer's sei).« Denn die »Stillen im Lande«, zu denen Ball auch Gustav Landauer rechnet, würden nicht gehört. – Balls »Totenrede« auf Leybold[29] ist der Versuch, den jugendlichen ›Geistes‹-Aktivismus der Schwabinger Jahre nachträglich vor dem anarchorevolutionären Horizont zu positionieren, der sich ihm inzwischen aufgetan hat.

»In München hatte ich keine Möglichkeit, mich zu äussern und ich hätte in dieser idyllischen, abgelegenen Stadt, nie in die Zusammenhänge kommen können, die jetzt und hier immer zwingender, immer mächtiger mich erfassen«, schreibt er einen Monat später in einem Brief nach Hause an seine Schwester Maria:

> »Es sind Dinge politischer Natur; denn nur noch auf politischem Wege können die Dinge durchgesetzt werden, die – wichtiger sind als alle Politik. Ich lebe ganz und ausschliesslich in sozialistischer Natur. Ich denke Dinge, die an Radikalität vieles übertreffen, was man bis jetzt vorgebracht hat. Meine lange Zurückhaltung, mein langes Ausserhalbstehen hat mir einige Vorteile gegeben.
>
> Insbesondere interessiert mich alles was Russland angeht. Von dort erhoffe und erträume ich mir eine Befreiung und einen Umsturz, wie er sich nur mit der französischen Befreiung von 1789 vergleichen lässt. Wenn das nicht kommt, sind wir alle verraten.
>
> Ich betrachte diesen Krieg, den wir jetzt haben, durchaus nur als ein Vorspiel, als ein Morden, das seinen Sinn nur bekommen kann, wenn Russland geschlagen wird und – Deutschland verliert. Dann nämlich kommt die seit hundert Jahren vorbereitete russische Revolution und – Deutschland wird nicht in der Lage sein, den Zaren zu stützen. Dann wird ganz Europa in den Fugen krachen. Dieser Krieg ist ein Kabinettskrieg, ein Regierungskrieg. Dagegen stellen wird sich eines Tags das gesamte geistige und ökonomische internationale Proletariat. Diese ungeheure Brutalität, mit der alle Humanität, alle Menschlichkeit, alle Bildung und Kultur heute *wider besseres Wissen* unterdrückt werden, wird sich rächen. Es ist ein Grund absoluter Verzweiflung an allem, was uns Jungen heute

---

29 Hugo Ball: Totenrede. In: Die weißen Blätter, Jg. 2, Heft 4 (April 1915), S. 525-527. – Neudruck in: Schriften S. 25-28, hier S. 25 und 26. – Vgl. Hubert van den Berg: Avantgarde und Anarchismus, l.c., S. 149.

Fortschritt, Kultur, Menschentum heisst, wenn sie sich nicht rächt. Na, inzwischen wird man sich – weitermorden. Bis jetzt ist ja von diesem Krieg noch nichts zu spüren. Das kommt alles erst. Das erste Drittel ist vorbei.« (SW 10.1, Nr. 66, S. 73-74)

Und in der Furcht, er könne die Schwester »verschüchtern durch solch wüste Propheterei«, fügt er etwas kleinlauter für die Familie am Schluß hinzu: »Habt keine Sorge um mich. Meine ›Politik‹ hat es nur mit dem ›Geistigen‹ zu tun und in Deutschland verlohnt es gar nicht der Mühe, sich aufzuregen.« (SW 10.1, Nr. 66, S. 75)

Damals bereitet Ball einen Vortrag für die zweite Soiree vor, die er mit Huelsenbeck plant. Als Themen erwägt er »Die russische Revolution 1905« oder »Michael Bakunin« (SW 10.1, Nr. 66, S. 74). Diese Briefstelle vom 13. März 1915 ist das erste Zeugnis für eigene Arbeitsabsichten zum Thema Bakunin. – Mit einem Vortrag über »Rußlands revolutionäre Idee«, der beide thematischen Aspekte umfaßt haben kann, und einem Vortrag von Huelsenbeck über »Spaniens Politik« findet der ›Politische Abend‹ schließlich am 26. März im Café Austria in der Potsdamer Straße statt.[30] »30 Leute waren da, fast nur Bekannte«, berichtet Ball am 9. April enttäuscht an Leybolds frühere Verlobte, die Germanistin Käthe Brodnitz: »Und ein uns allbekannter Herr namens Pfemfert hatte nichts besseres zu tun, als zu kläffen dabei. Weil ich sein Zwirnblättchen einen nihilistischen Ableger von Russland 1861 nannte.« (SW 10.1, Nr. 67, S. 76) Die inhaltliche Stoßrichtung ist nur aus den zitierten Briefstellen zu erahnen, da das Manuskript verschollen ist und weitere aussagefähige Zeugnisse fehlen. Daß auch Bakunin darin eine zentrale Rolle spielte, ergibt sich aus einem späteren Brief an Käthe Brodnitz, in dem Ball das Vortragsmanuskript von ihr zurückerbat[31], um für Schickeles

---

30 So ist einer Ankündigung des Abends zu entnehmen: Politischer Abend. In: Berliner Börsen-Courier Nr. 137 (23.3.1915). Reproduktion in: HBK S. 20. – Balls Vortragstitel ist auch dem Brief vom 9.4.1915 an Käthe Brodnitz zu entnehmen (SW 10.1, Nr. 67, S. 76).

31 Ball schreibt am 24.10.1916 aus dem Tessin in seinem letzten erhaltenen Brief an Käthe Brodnitz: »Besitzen Sie noch das M[anu]sk[ri]p[t] jenes russischen Vortrags, den ich in Berlin damals las? Ich glaube doch er fand sich unter den Papieren, die Klabund Ihnen schickte.« (SW 10.1, Nr. 109, S. 138) Das Manuskript scheint Käthe Brodnitz entweder nicht erhalten oder verloren zu haben. Eine Briefantwort von ihr ist nicht überliefert.

›Weiße Blätter‹ einen Beitrag über »Bakunins Stellung zu Bismarck und Marx« schreiben zu können, denn er glaube »in jenem Vortrag das ganze Material« beieinanderzuhaben. Auch die Zensurfreiheit des Vortrags, der nur vorgelegt werden mußte, wenn er sich mit dem gegenwärtigen Krieg befaßte[32], spricht für seine Konzentration auf die historische Thematik, die durch die laufenden Feiern zum 100. Geburtstag des Reichsgründers Bismarck am 1. April 1915 immerhin einige Brisanz bekam. Da Pressereaktionen auf die Soiree ausblieben[33], läßt sich der Inhalt dieser frühesten öffentlichen Äußerung Balls zum Thema Bakunin indessen nur vermuten. Mit der anarchistischen Bewegung oder mit antimilitaristischen Kundgebungen, für die das Berliner Polizeipräsidium seit 1898 eine Nachrichtensammelstelle unterhielt[34], war diese Literatenveranstaltung auch seitens der wachsamen Behörden offenbar nicht in Verbindung gebracht worden.

Wenn es trotz der generationstypischen Vorbehalte gegen Landauer nach dessen Einladung vom Dezember zu Besuchen in Hermsdorf kam, könnte Ball von ihm durchaus zu seinem Plan einer eigenen Bakunin-Publikation angeregt worden sein, der sich im April 1915 entwickelt. Denn Landauers Nachwort zu Nettlaus biographischer Skizze enthält ein persönliches Argument gegen die herkömmlich biographische Annäherung an Bakunin, das Ball später in der Form des »Breviers« realisiert:

»Ich liebe und verehre Michael Bakunin, diesen liebenswürdigsten aller Revolutionäre, seit ich ihn kenne; man kann ihn kennen lernen, denn es gibt nur wenig Schriften, die so lebendig sind, wie die seinen (vielleicht sind sie darum fragmentarisch, wie das Leben

---

32 Laut Brief an Maria Hildebrand-Ball vom 13.3. (SW 10.1, Nr. 66, S. 74), während er am Vortag in einem Brief nach Hause noch von einer Freigabe beider Vorträge durch die Zensur spricht (SW 10.1, Nr. 65, S. 73). Vielleicht war nur Huelsenbecks Thema wirklich zensurpflichtig gewesen.

33 »Die Presse, die in dieser Zeit um den 1. April herum eine Anzahl von Bismarckfeiern zum 100. Geburtstag zu besprechen hat und sich ansonsten mehr für das österliche Kuchenbackverbot interessiert, reagiert überhaupt nicht«, bestätigt Karin Füllner: Richard Huelsenbeck. Texte und Aktionen eines Dadaisten, Heidelberg: Carl Winter 1983 (Reihe Siegen. Beiträge zur Literatur- und Sprachwissenschaft, Bd. 48), S. 68.

34 Ulrich Linse: Organisierter Anarchismus im Deutschen Kaiserreich von 1871, l.c., S. 28.

selbst); und um dieser Liebe und dieses Respektes willen versage ich es mir, das Leben dieses Tatmenschen zu beschwatzen.«[35]

Auch Ball entschied sich im »Brevier« für das Fragmentarische und den Verzicht auf erzählerisch gestaltende Biographik. Nach einem vergleichbaren Verfahren hatte Landauer 1914 in einer bei Kriegsausbruch abgebrochenen Artikelfolge »Zu Michael Bakunins hundertstem Geburtstag«[36] Daten und Dokumente der Jahre 1814-1864 zusammengetragen. Die erhaltenen Teile von Balls späterem »Brevier« umfassen ebenfalls etwa diesen Zeitraum und beruhen wesentlich auf den von Landauer genannten Quellen.[37] – Man müsse »einen Extrakt aus dem Lebenswerk *Bakunins*« zusammenstellen, schreibt Ball am 9. April 1915 aus Berlin an Käthe Brodnitz, während er in demselben Brief für die ebenfalls für dringlich gehaltene Aufarbeitung des reformatorischen Sozialrevolutionärs Thomas Münzer durchaus die biographische Form in Betracht zieht.[38] Dieser Brief ist das erste Zeugnis seines Plans für das, was er ab 1917 als Bakunin-Brevier bezeichnen

---

35 Gustav Landauer: Über Michael Bakunin. [Nachwort zu: Max Nettlau: Michael Bakunin. Eine biographische Skizze, Berlin 1901.] In: Gustav Landauer: Zeit und Geist. Kulturkritische Schriften 1890-1919, hg. von Rolf Kauffeldt und Michael Matzigkeit, o.O.: Boer 1997, S. 100-102, hier S. 101.

36 Gustav Landauer: Zu Michael Bakunins hundertstem Geburtstag. Daten seines Lebens. In: Der Sozialist, Jg. 6, Nr. 9 (20.5.1914), S. 65-68; Nr. 11 (1.7.1914), S. 82-86; Nr. 12 (15.7.1914), S. 89-92.

37 Max Nettlau: Michael Bakunin. Eine Biographie, 3 Bde., London 1896-1900. – Max Nettlau: Michael Bakunin. Eine biographische Skizze, Berlin 1901. – James Guillaume: Note biographique. In: Michel Bakounine: Œuvres, Tome II, Paris 1907. – 1848. Briefe von und an Georg Herwegh, ed. Marcel Herwegh, München 1896. – Michail Bakunins Social-politischer Briefwechsel mit Alexander Iw. Herzen und Ogarjow, hg. von Michael Dragomanow, Stuttgart 1895.

38 »Sind Sie einverstanden, dass wir zusammen eine Biographie Müntzers schreiben? Ich kann das nicht allein machen, weil ich philologisch ein Analphabet bin. Es gibt da lateinisch geschriebene Briefe, Quellenstudium und so. Aber die Monographie *muss geschrieben* werden. Man spielt damit eine hochprinzipielle Sache aus und holt zugleich eine literarische Pflicht nach, die seit Jahrhunderten versäumt ist« (SW 10.1, Nr. 67, S. 77). – In seinem ersten Artikel für die ›Freie Zeitung‹ greift er im September 1917 diesen Plan als »Aufgabe für einen deutschen Philologen« noch einmal auf und realisiert seinen Ansatz zum Teil in der »Kritik der deutschen Intelligenz«.

wird. Man müsse Münzer und Bakunin »ausspielen gegen Luther und Bismarck. (Das alles müsste sich in ganz kurzer Zeit ermöglichen lassen, nicht als grosse Sache, sondern en passant.) Was meinen Sie?« (SW 10.1, Nr. 75, S. 77) Wohl auch, weil er die philologisch erfahrenere Käthe Brodnitz anfangs für eine Zusammenarbeit zu gewinnen hofft, läßt er ihr durch Klabund das Manuskript seines Vortrags über »Rußlands revolutionäre Idee« weiterschicken.

Im selben Monat liest er – vielleicht nach einer erneuten Begegnung mit Landauer – dessen Schrift »Aufruf zum Sozialismus«[39], zu der sich unter dem 22. April Lektürenotizen in der »Flucht aus der Zeit« finden: Sie »abstrahiert von der Zeit und sucht ein Interesse zu wecken für die Idee. Wo er Umrisse gibt, tritt das Schema hervor (Generalstreik, Enteignung, Tauschhandel, Seligkeit). Die Rechnung ist ohne den Wirt gemacht. Aber Ideen wollen ja mehr sein: Maßstäbe irdischer Ordnung.« Solche herausfordernden Maßstäbe und Ansprüche an die irdische Ordnung sieht der Merežkovskij-Leser Ball ursprünglich im Religiösen verankert. So im speziellen auch die Widerständigkeit der sozialistischen Arbeiterbewegung, die er im Laufe der Entwicklung zunehmend durch vorbeugende Wohlfahrtspolitik des Staates und philosophische Religionskritik zerrieben werden sieht:

»›Es gibt christliche Arbeitssklaven und ihre Lebensbedingungen sind himmelschreiend‹: So proklamierte vor etwa achtzig Jahren der Sozialismus. Seitdem hat der Staat als der oberste Unternehmer einiges getan, um dem Elende abzuhelfen, und die Philosophie hat eifrig geholfen, die Christlichkeit zu zerstören. Je mehr von beiden Seiten geschah, desto weniger zeigte der Proletarier Neigung, den Ideologen zuliebe auf Barrikaden spazieren zu gehen. ›Ein fetter Sklave ist besser als ein magerer Prolet‹, so könnte heute auf manchem Parteiblatt als Motto stehen.«

Wenn es sich bei dieser Überlegung Balls nicht um eine Interpolation aus seiner späteren Redaktion des ›Tagebuches‹ handelt, dann

---

39 Gustav Landauer: Aufruf zum Sozialismus, Berlin: Verlag des sozialistischen Bundes 1911. Ball datiert 1912! – Neuausgabe: Gustav Landauer: Aufruf zum Sozialismus, hg. und eingeleitet von Hans-Joachim Heydorn, Frankfurt am Main/Wien: Europäische Verlagsanstalt/Europa Verlag 1967 (Politische Texte).

war ihm schon 1915 die Problematik der rousseauistischen Säkularisation der Paradiesvorstellung bewußt. Sie geht den anarchistisch-föderalen wie den kommunistisch-zentralistischen Konzepten des Sozialismus voraus:

> »In allen sozialistischen Systemen spukt die bedenkliche Ansicht Rousseaus, wonach man am irdischen Paradiese nur durch die verdorbene Gesellschaft gehindert wird.
> Das Proletariat aber ist kein Rousseau, sondern ein Stück Barbarentum inmitten der modernen Zivilisation. Und nicht mehr, wenigstens in Deutschland nicht, ein Stück Barbarentum mit Kult und Ritus, sondern ein entgöttertes Barbarentum, dem es an Widerstand gegen die Korruption fehlt, eben weil und soweit es Proles ist.
> Was ist unter solchen Umständen von einer proletarischen Revolution zu erhoffen? Wenigstens doch eine Primitivierung? L[andauer] stimmt im Paradiese für Seßhaftigkeit (Bauerntum, Siedlung, Ackerkommune).« (SW 6, S. 25; Flucht S. 24-25)

Inzwischen als Redakteur bei ›Zeit im Bild‹ tätig, bereitet Ball seine Emigration vor. »Ich sehne mich sehr hinaus, aus Deutschland, nach der Schweiz, nach Russland, von dort nach Frankreich«, hat er bereits am 13. März an seine Schwester Maria geschrieben:

> »Ich entwerfe die abenteuerlichsten Pläne, wie ich dorthin kommen kann. Aber es wird wohl erst nach dem Kriege möglich sein. Bis dorthin will ich mir eine gründliche Kenntnis Berlins und alles Deutschen angeeignet haben. Ich bin auf sehr grossen Umwegen hierhergekommen. Aber ich fühle mich nun mitten im Mittelpunkt.« (SW 10.1, Nr. 66, S. 75)

Schon am 8. März hatte er seine Schwester gebeten, sich bei dem in Zürich lebenden älteren Bruder Otto nach den Lebensverhältnissen dort zu erkundigen, »ob Versammlungen stattfinden, von wem man besonders spricht, ob die Arbeiter, die Sozialisten, die Friedenspartei irgend etwas unternehmen?« (SW 10.1, Nr. 63, S. 71).
Ball hat sich inzwischen wegen seiner Emigrationspläne mit Pfemfert überworfen[40] und setzt neue Hoffnungen auf René Schickele,

---

40 Am Anfang stand Pfemferts Brüskierung durch Ball beim ›Politischen Abend‹ vom 26.3.1915 (siehe SW 10.1, Nr. 67, S. 76). Meinungsver-

der 1915 die Redaktion der Monatsschrift ›Die weißen Blätter‹ übernommen hat und als ersten Beitrag von ihm die »Totenrede« auf Leybold abdruckt: »Aber auch von den ›Weissen Blättern‹ wird nicht allzu viel zu erwarten sein«, schreibt Ball am 9. April an Käthe Brodnitz und resümiert die Chancen seines weiteren Engagements im Lande:

> »Man darf heute in Deutschland nur sprechen nach Maassgabe [!] der Zensur und der Bourgeoisie und einer fettstrotzenden Presse. Und deshalb kommen die fortschrittlichsten Dinge nach einiger Zeit ins öligste Fahrwasser. Einfach weil kein Publikum dafür da ist.
>
> In Zürich scheint neuerdings viel Leben zu sein. Vor einiger Zeit erhalte ich ganz überraschend von dort eine neue Zeitschrift ›Mistral‹ (ich glaube ich schrieb Ihnen drüber). Neuerdings erhalte ich eine Aufforderung zur Mitarbeit, unterzeichnet von Dr. Walter Serner (also sind mindestens 5 junge Deutsche aus dem Aktionskreis zur Zeit in Zürich). Franzosen arbeiten mit, Italiener. Es ist nur noch im Ausland möglich.
>
> Mich zieht es auch dorthin. Leben, Bewegung, Wille muss sein. (Hier ist nichts nichts nichts von alledem. Nur gegenseitige Beargwöhnung, gegenseitiges Beschnüffeln.)
>
> Ich habe folgenden Plan: Am 1. Mai hier bei Zeit im Bild zu kündigen. 1. Juni von Berlin abzureisen. Zunächst nach Zürich. Von dort aus will ich weiter sehen.« (SW 10.1, Nr. 67, S. 77-78)

Im Jahr danach verlegt auch Schickele den Redaktionssitz seiner ›Weißen Blätter‹ in die Schweiz. – Ein tumultuarisch verlaufender ›Expressionisten-Abend‹, die dritte der mit Huelsenbeck veranstalteten Soireen, wird im Harmoniumsaal am 12. Mai 1915 zu Balls

---

schiedenheiten über den Sinn einer Emigration kamen hinzu. Als Ball 1916 in Zürich sein ›Cabaret Voltaire‹ eröffnet hat, distanziert sich Pfemfert auch öffentlich und spricht ihm das Recht ab, sich Mitarbeiter der ›Aktion‹ zu nennen: Die Aktion, Jg. 6, Nr. 7/8 (19.2.1916), Sp. 104. Ball glaubt damals, es sei »nur Neid« (SW 10.1, Nr. 85, S. 101), aber Pfemfert hat inzwischen eigene verlegerische Pläne mit Bakunin (siehe Anm. 97). – Erst im Herbst 1917 hält Ball wieder eine Annäherung und Versöhnung mit Pfemfert für wünschenswert (SW 10.1, Nr. 160, S. 213). – Vgl. Oliver Ruf: Fightclub. Franz Pfemfert und Hugo Ball. In: HBA 2005, S. 177-205.

Berliner Abschiedsvorstellung, die als Prototyp späterer Dada-Soireen gilt. Eigene Gedichte lesen unter anderem die früheren Münchener Freunde Johannes R. Becher und Emmy Hennings, »ein gebrechliches Wesen mit leidendem Knabenkopf«, wie der Berichterstatter des ›Berliner Börsen-Couriers‹ schreibt. Die damals mit Huelsenbeck liierte Vortragskünstlerin Resi Langer rezitiert Gedichte des gefallenen Frühexpressionisten Alfred Lichtenstein. »Das seelische Erlebnis dieser Lichtensteinschen Gedichte scheint mir die Sinnlosigkeit des Daseins, das Chaos«, bemerkt der Rezensent des ›Börsen-Couriers‹.[41] – Emmy Hennings begleitet Ball wenige Wochen danach in die Emigration, die er (wohl wegen der Wehrüberwachung) mit falschem Paß und ohne lang vorhaltende Geldmittel antritt. Das Bakunin-Buch und der in Berlin begonnene Roman »Die Phantasten« sind die offenen Arbeitsprojekte, die er mit sich führt.

3. Das Chaos belauschen. Züricher Erfahrungen 1915 und die Arbeit am ersten Teil des Bakunin-Buches

Als Ball gemeinsam mit Emmy Hennings Ende Mai 1915 in Zürich eintrifft, ist die von den Bohemiens Hugo Kersten und Emil Szittya begründete Zeitschrift ›Mistral‹ mit der dritten, von Walter Serner herausgegebenen Nummer bereits eingegangen. Ergebnislos bespricht Ball mit Serner Möglichkeiten für eine Fortführung der Zeitschrift, auf die er zunächst Hoffnungen gesetzt hat. Er versucht, den schon 1914 mit dem Piper Verlag erörterten Plan einer Anthologie avantgardistischer Lyrik mit internationalerem Spektrum zu modifizieren. Eine Sammlung, die »über den Krieg hinweg und ohne im kriegerischen oder politischen Sinne irgendwie aktuell zu sein, einen ganz starken Verband der expressionist. und futuristischen Tendenzen darstellen« könne, wie er mit Seitenblick auf die deutschen Zensurhürden in seinem Angebot an den wichtigen Expressionisten-Verleger Kurt Wolff schreibt (SW 10.1, Nr. 69, S. 80); aber auch dieser Plan scheitert. Auf die gesammelten Texte kann er später für das Programm seines ›Cabaret Voltaire‹ und die gleichnamige Sammlung zurückgreifen, die er im folgenden Jahr in Zürich herausgeben wird.

---

41 M.G.: Vorträge und Rezitationen. Expressionisten-Abend. In: Berliner Börsen-Courier Nr. 222 (14.5.1915), S. 7.

»Zürich ist herrlich, besonders jetzt, voller Sonne, Licht, Luft«, schreibt er am 24. Juni an Käthe Brodnitz: »Es gibt interessante Menschen, eine sehr intelligente italienische und russische Kolonie. Verbindungen, Bibliotheken. Das Leben ist ländlich und frei. Das einzige Manco nur: Der Verkehr mit draussen, die Communication mit Deutschland. Es ist nicht möglich, von Berlin zu hören. Von Oesterr[eich] schon gar nicht. Briefe sind 10 Tage unterwegs. Manuskripte passieren nur schwer.« (SW 10.1, Nr. 70, S. 80-81) – Erstmals ohne finanziellen Rückhalt aus dramaturgischer oder journalistischer Tätigkeit lebend, aber als freier Schriftsteller noch ohne tragende Verlagsbeziehung[42], ist er allein auf improvisatorische Fertigkeiten aus seiner Theatertätigkeit und seine persönlichen Verbindungen angewiesen. Die Boheme, in der er – anders als Emmy Hennings – bisher nur zu Gast war, wird sein Zuhause. In Zürich begegnet er nicht nur ihren künstlerischen Exponenten, sondern lernt alle Facetten des randständigen Milieus kennen – von russischen Emigranten, politischen Utopisten und Gelegenheitsarbeitern bis zu den Artisten und Unterhaltungskünstlern im Niederdorf, dem »Apachenviertel« der Stadt. Dort findet er als Pianist und Szenarien-Schreiber gemeinsam mit Emmy Hennings im Herbst schließlich eine Beschäftigung im ›Maxim‹-Varieté-Ensemble. »Sozialismus, Leben mit und in dem Volk«, resümiert er am 16. November 1915 und berichtet:

»Ich trete jetzt mit Emmy Hennings auf in einem ganz kleinen (Vorstadt-)Varieté. Wir haben Schlangenmenschen, Feuerfresser, Drahtseilkünstler, alles was man sich wünschen kann. Man sieht tief ins Leben hinein. Man ist arm, aber sehr bereichert. Ich denke oft, wie unsere Freunde in Berlin dies Leben ertrügen. Und dann bestärkt mich gerade das Gefühl, es zu ertragen, ja bereichert zu sein.« (SW 10.1, Nr. 79, S. 92)

Mit einer auffälligen Klaglosigkeit erfährt Ball die Deklassierung am eigenen Leibe. Aus ironisch gelöster Distanz gestaltet sich diese »sozialistische« Ensemble-Erfahrung später zum Hintergrund des Schlüssel-

---

42 Neben gelegentlichen Veröffentlichungen in Zeitschriften lag bisher nur das von keiner Bühne aufgeführte Drama »Die Nase des Michelangelo« in Buchform vor, das 1911 in dem inzwischen eingegangenen ersten Rowohlt Verlag erschienen war. An Rowohlts früheren Teilhaber Kurt Wolff wendet sich Ball nun mit einem neuen Vorschlag.

romans »Flametti oder Vom Dandysmus der Armen«. Ende 1916 schreibt Ball ein Vorwort, das eine anarchistische Sicht der Subkultur entwickelt, in deren Akteuren er einen haltlosen »Dandysmus der Armen« entdeckt, in dem bourgeoise Sehnsüchte durchscheinen. »Die Indianer« hieß der Arbeitstitel dieses Romans – mit Anspielung auf die »Apachen«, dem durch Eugène Sue geläufig gewordenen Synonym für die Bohemiens und das »Lumpenproletariat« der Großstädte:

> »In dieser Zeit des bombastischen Aberglaubens an den Geldsack und die Quantität, schien es mir nicht ganz belanglos, zu versuchen, ob sich das Gefühl der Persönlichkeit nicht auch unter den Geringsten herstellen ließe. Ich versuchte, Eigenleben, Selbstwert, Überzeugung, Sinn, Vernunft aufzuzeigen unter Menschen winziger Größe, unter Grundeln, die auf dem Boden schwimmen und im Sumpf, unter den Allerkleinsten. Ich hatte die Endabsicht, einen Tritt zu versetzen jenem geheiligten Götzen, der sich bürgerliche Kultur nennt.«[43]

Vorerst werden im Sommer 1915 die politischen Kontakte entscheidender als die literarischen. Ein Vermittler zwischen beiden Sphären dürfte der ebenfalls nach Zürich emigrierte ›Aktion‹-Mitbegründer Ludwig Rubiner gewesen sein, dem er bald nach seiner Ankunft im ›Café de la Terrasse‹ begegnet und der zu den Exponenten des linken Aktivismus gehört. Er ist Kriegsgegner, publiziert ebenfalls in den ›Weißen Blättern‹ und wird 1917 die Redaktion der Zeitschrift ›Zeit-Echo‹ übernehmen, die ihren Sitz aus Deutschland nach Bern verlegt. – »Wir werden vielleicht Freunde sein«, notiert Ball nach der ersten Begegnung: »Eine einzige Frühlingsnacht löst die Menschen tiefer als eine ganze Literatur.« (SW 6, S. 27; Flucht S. 27) – Seine Frau ist die aus Litauen stammende Sozialistin Frida Rubiner-Ichak, die der ›Zimmerwalder‹ Gruppe um Lenin beitritt, den sie schon um die Jahrhundertwende während ihrer Züricher Studienzeit kennengelernt hatte. Sie übersetzt Tolstojs späte Tagebücher, die Ludwig Rubiner 1918 in Zürich herausgeben wird.

---

43 Hugo Ball: Vorwort zu einem Roman »Die Indianer«. Zweiseitiges Typoskript (HBN). Erstmals veröffentlicht innerhalb eines kommentierenden Beitrags von Gerhard Schaub: Der »Latente Bakunist« Hugo Ball. Zum Vorwort seines Romans »Flametti«. In: HBA 14 (1990), S. 25-114, dort S. 29-35, hier zitierte Stelle S. 30-31.

Rubiner wie Ball beschäftigt die gegen allen Zynismus der patriotischen Bescheidwisser gestellte Frage nach der Moral von politischen Handlungen. Sie zu einem Kriterium publizistischer Bewertung der Ereignisse zu machen war unter den Beschränkungen durch die Kriegszensur kaum möglich. Das klassische Emigrationsland Schweiz bietet dagegen die wünschbaren publizistischen und politischen Freiheiten. Hier ist auch das linke politische Spektrum als facettenreicher Bestandteil der Öffentlichkeit entwickelt. Daß die liberale Schweiz sich nicht in die repressiven Maßnahmen anderer Mächte gegen den Anarchismus einbinden lassen wollte, hatte bereits um die Jahrhundertwende zu einem deutsch-russischen Kollektiverlaß mit vor allem gegen die Schweiz gerichteten Empfehlungen an Amerika und europäische Mächte für gemeinsame Maßnahmen zum Schutz gegen den Anarchismus geführt. Auch dem einschlägigen Petersburger Geheimprotokoll vom 14. März 1904 war die Schweiz nicht formell beigetreten.[44]

Zu den Integrationsfiguren des Anarchismus in der Schweiz gehören um 1915 der Tessiner Luigi Bertoni, dessen Genfer Zeitschrift ›Réveil‹ Ball durch italienische Arbeiter kennenlernt, und der Züricher Arzt Fritz Brupbacher[45], der für Ball 1915 zu seinem wichtigsten schweizerischen Vertrauten und Mentor wird. Brupbacher kam aus der damals marxistisch gesinnten Sozialdemokratie, die ein Ausschlußverfahren gegen ihn wegen seiner libertären Ansichten nach Kriegsausbruch vorläufig eingestellt hatte. Er hatte sich dem revolutionären Syndikalismus angenähert und war in anarchistischen Klassikern ebenso belesen wie in der marxistischen Literatur. Angeregt durch jahrelange Freundschaft mit dem westschweizerischen Bakunin-Vertrauten James Guillaume (1844-1916), dem er als »eine Art Testamentsvollstrecker des Bakunismus im deutschsprachigen Gebiet«[46] erschien, hatte er eine Studie über »Marx und Bakunin« geschrieben und 1913 im Verlag der sozialdemokratischen ›Münchener Post‹ veröffentlicht. Ball besaß das Buch bereits oder bekam es wäh-

---

44 Ulrich Linse: Organisierter Anarchismus im Deutschen Kaiserreich von 1871, l.c., S. 26.
45 Vgl. Karl Lang: Kritiker, Ketzer, Kämpfer. Das Leben des Arbeiterarztes Fritz Brupbacher, Zürich: Limmat Verlag ²1983.
46 Fritz Brupbacher: 60 Jahre Ketzer. Selbstbiographie. »Ich log so wenig als möglich«, Zürich: Verlagsgenossenschaft ²1973, S. 149.

rend ihrer Bekanntschaft.[47] Es basiert unter anderem auf Guillaumes vierbändiger Darstellung der 1. Internationale[48] und Nettlaus großer Bakunin-Biographie, die Ball für seine eigenen Bakunin-Studien in Brupbachers Bibliothek lesen und später ausleihen kann.

»Ich trete nächstens hier in Versammlungen auf« (SW 10.1, Nr. 68, S.79), schreibt Ball am 11. Juni an seinen Vetter August Hofmann und berichtet unter demselben Datum in »Die Flucht aus der Zeit« von einer Versammlung von »etwa fünfzig bis sechzig Emigranten«.

Ob auch Ball wie in Berlin über sein russisches Thema spricht, ist nicht überliefert. Aber Erfahrungen bei früheren Rußland-Reisen sind dort das Thema eines Vortrages von Brupbacher, der bei den meisten Anwesenden Kritik herausfordert:

»B. habe das bäuerisch-vorökonomische, phantastische Rußland gesehen und erblicke in dem Gegensatz dieses Rußlands zum amerikanisierten Westen das Heil. Seine Perspektive sei primitiv und kindlich. So sehe ein Pennäler die russischen Dinge; ohne den systematischen, intellektualen Griff. – Es schien mir nicht unsympathisch, daß man an seinem Plauderton Anstoß nahm. Wenn ein Mann seiner Bedeutung eine so weite Reise unternimmt, muß er andere Dinge sehen, als einen verträumten Dorfschulzen und eine zweifelhafte Dame der Gesellschaft, die Reiseabenteuer sucht. Das ist, als wolle einer durch Pommern reisen und über Deutschland sprechen. Er vergaß das Publikum, vor dem er stand; Leute, die im Traum am Galgen hängen und Füssiladen erleiden. Sein Vortrag mußte, vor Exilanten gehalten, in hohem Grade befremden. Die Russen waren im Recht, ihn abzulehnen. Sie taten dies ausnahmslos in bestimmter, aber liebenswürdiger Form. Eine andere Frage ist, wie man über ihre Überzeugung denken mag. Sie sind durchweg Marxisten, also das Gegenteil von Romantikern.

---

47 Fritz Brupbacher: Marx und Bakunin. Ein Beitrag zur Geschichte der Internationalen Arbeiterassoziation, München: G. Birk & Co.m.b.H. 1911. Im Nachlaß Balls befindet sich ein eigenes Exemplar mit zahlreichen Lektürenotizen. Dies verkennt Hubert van den Berg: Avantgarde und Anarchismus, l.c., S. 221. Eine intensivierte Wiederaufnahme der Lektüre ist für den 13.2.1917 (durch SW 6, S. 125; Flucht S. 148-149) belegt.
48 James Guillaume: L'Internationale. Documents et Souvenirs, 4 Bde., Paris 1905-10.

Dies eine wenigstens hat der Abend in aller Klarheit ergeben.« (SW 6, S. 27-28; Flucht S. 28)

Erste Ortseindrücke in Zürich veröffentlicht Ball im Juli in den ›Weißen Blättern‹. Eine Arbeiterdemonstration auf dem Münsterplatz erwähnt er dabei ebenso wie eine Einladung Brupbachers in einen Diskussionskreis von Arbeitern und Freigeistern, der seit 1912 jeden Montag im Lokal ›Zum weißen Schwänli‹ am Predigerplatz tagt.

> »Dr. B. führt den Discurs, sachte und einfach, sicher und prinzipiell. Zugegen sind Organisierte und Nichtorganisierte, Propagandisten der Tat und Sozialdemokraten, ein Kondukteur, ein Metallarbeiter, die russische Revolutionärin und der sehr französisch orientierte Redakteur des ›Revoluzzer‹ (eines Blattes, das, nur in der Schweiz, mit sehr indirekten Mitteln den italienischen Arbeitern Verweigerung der Militärpflicht nahelegte).«[49]

Die von Brupbacher mitgegründete Zeitung ›Revoluzzer‹ erschien seit Jahresbeginn als Sammelbecken der jungen Opposition gegen die damalige Burgfriedenspolitik der Sozialdemokratie. In der ersten Nummer hieß es:

> »Der Revoluzzer soll ein Blatt der kämpfenden Arbeiter sein. Er will der Arbeiterbewegung ihre sozialistischen und revolutionären Ideale erhalten. Er will nicht, daß die Arbeiterbewegung den Charakter einer internationalen Kulturbewegung aufgebe, um zu einer angeblich realpolitischen Anpassungspartei zu werden. Und er will nicht, daß die abgestandenen nationalen Ideale der Bourgeoisie das Proletariat geistig verseuchen und ihm Sand in die Augen streuen darüber, daß es der Todfeind der bürgerlichen Gesellschaft ist und bleiben muß.«[50]

Hier sind bald auch literarische Beiträge von Ball zu lesen[51], darunter

---

49 Hugo Ball: Zürich. In: Die weißen Blätter, Jg. 2, Heft 7 (Juli 1915), S. 937-939. – Nachdruck in: Schriften S. 29-31, hier S. 30. – Der erwähnte Redakteur des ›Revoluzzer‹ war Hans Itschler, der im Juli 1915 von Fritz Rieder abgelöst wurde.
50 Zit. nach: Karl Lang: Kritiker, Ketzer, Kämpfer. Das Leben des Arbeiterarztes Fritz Brupbacher, l.c., S. 237-238.
51 Beiträge wurden von einer etwa zwanzigköpfigen Kollektivredaktion

ein Aufsatz über »Die junge Literatur in Deutschland«: »Der Kampf, den die junge Literatur in Deutschland heute zu führen hat, geht um die Bildung einer oppositionellen Partei. Opposition gegen die hier wie in keinem Lande allmächtige Bourgeoisie; Opposition gegen den krassen Materialismus in Leben, Kunst, Politik, Presse; Opposition gegen die offizielle Oppositionspartei (die Sozialdemokratie).« – Und eigene Erfahrungen bedenkend, konstatiert Ball:

>»Der Krieg hat eine Annäherung der intellektuellen Elemente zu den proletarischen eingeleitet. Die Gemeinsamkeit liegt in der Opposition gegen den Krieg, gegen den Patriotismus. Der Krieg hat darüber hinaus aber auch die ökonomische Deklassierung der Intelligenz angebahnt, eine Tatsache, von der noch manches zu erwarten ist. Der junge Literat bürgerlicher Herkunft findet heute keinen Boden und kein Publikum mehr. Irgendwie empfindet er in Lebensfragen realer, radikaler als je. Irgendwie gerät er dadurch mit der Kriminalität in Konflikt. Irgendwie fühlt er sich ohne Schutz und Subsistenz. Er vertreibt sich die Zeit mit Psychoanalyse und neigt zur Hochstapelei. Er stänkert in 20 Berufen und zieht sich zurück, um überhaupt zu verzichten.
>
>Wie die Dinge heute liegen, ist nur zu wünschen, daß die Situation sich noch verschlimmert. Denn nur so kann in Deutschland die Verbindung zwischen Proletariat und Intelligenz zustande kommen, die fehlt und nottut, wenn auf der einen Seite nicht lächerlichste Anmaßung, auf der andern ein geistig unzulängliches Führertum die Folge sein soll.«[52]

---

    diskutiert; auch Beiträge Balls wurden teils abgelehnt (SW 10.1, Nr. 79, S. 92). – ›Der Revoluzzer‹ ist wahrscheinlich gemeint, wenn Emil Szittya sich erinnert, daß Ball in der Züricher Emigration »zunächst Gedichte für die ›Jugendgarde‹ [schrieb], deren Redakteur damals der seitdem sehr bekannte Kommunistenführer Willy Münzenberg war«. (Emil Szittya: Kuriositäten-Kabinett, Konstanz 1923, S. 281) Eine Zeitschrift mit dem Titel ›Jugendgarde‹ ist (lt. HBA 1977, S. 5) nicht nachweisbar, aber der junge Willi Münzenberg war Mitglied der Schweizer »Jungburschen«, wie die jungen schweizerischen Sozialdemokraten damals hießen.

52 Hugo Ball: Die junge Literatur in Deutschland. In: Der Revoluzzer, Jg. 1, Nr. 10 (14.8.1915). S. 3-4. – Nachdruck in: Schriften S. 32-35, hier S. 32 und 34-35.

Ball rückt in eine generellere Perspektive, was er am eigenen Leibe erfährt.[53] Er ist auf dem Wege, ein politischer Autor zu werden – aber in welchem Sinne? Er bemängelt, daß es in Deutschland trotz seiner literarischen Kultur noch kein »öffentliches geistiges Leben« gibt, nämlich die »unmittelbare Ausprägung dessen, was man denkt und fühlt (auf dem Podium, in der Versammlung, in der Tagespresse)«. Einige Zeitschriften wie ›Die Aktion‹, »das Organ der Jüngsten, Stärksten, Kritischsten, behaupten sich mit Mühe und unter nahezu vollkommener Ignoranz« des Publikums. Mit Seitenblick auf Rubiner und dessen aus dem Zarenreich stammende Frau schreibt er:

> »Es sind noch keine 10 Jahre her, daß in Berlin eine gewisse Propaganda des öffentlichen Ausdrucks einsetzte (unterm Einfluß nihilistisch erzogener russischer Frauen). Man wurde, mehr und mehr, der Meinung, es komme alles darauf an, nicht nur zu denken und zu fühlen. Wichtiger als ›Literatur‹ sei das Eingreifen, das Sich-Beteiligen an der Öffentlichkeit.«

Eine Anspielung auf Rubiners programmatischen Beitrag »Der Dichter greift in die Politik«[54], der 1912 in der ›Aktion‹ erschien und am Anfang einer Entwicklung stand, die Ball in seinen eigenen Berliner Soireen mit Huelsenbeck fortgesetzt sieht und 1916 im ›Cabaret Voltaire‹ aufgreifen wird: »Wichtiger als Verse, Aufsätze, Dramen irgendwelcher Art sei das Ausprägen etwelcher *Gedanken* coram publico, sei es im Vortragssaal, mit der Reitpeitsche oder in

---

53 An Deklassierungserfahrungen bleibt Ball wenig erspart. Erst am 30.7. hatte er sich mit seinem falschen Paß bei der Meldebehörde gemeldet. Am Tage, an dem der Artikel erscheint, kehrt Ball aus Genf nach Zürich zurück, um eine kurze Haftstrafe wegen seines Paßvergehens anzutreten, der er sich durch vorübergehende Flucht in die Westschweiz zu entziehen gehofft hatte (vgl. SW 10.3, Nr. 73, S. 79 und Nr. 74, S. 80). Erst nach der Untersuchungshaft scheint sein Emigranten-Status anerkannt worden zu sein, und am 26.10. kann er der Schwester schließlich befriedigt mitteilen: »Ich habe Aufenthaltsbewilligung bis 1920.« (SW 10.1, Nr. 77, S. 88)
54 Ludwig Rubiner: Der Dichter greift in die Politik. In: Die Aktion, Jg. 2 (1912), Spalte 645-652 und 709-715. – Nachdruck in: Ludwig Rubiner: Der Dichter greift in die Politik. Ausgewählte Werke 1908-1919, hg. von Klaus Schumann, Frankfurt am Main: Röderberg-Verlag 1976, S. 251-264.

der Debatte. Man dachte an Manifeste, wo man früher Gedichtbände und Romane veröffentlichte. Man veranstaltete jetzt Abende auf eigene Faust unter Umgehung der Zeitschriften.« – Der Artikel macht auch den Generationskonflikt der jungen Berliner Avantgarde gegenüber Gustav Landauer deutlich:

> »Eine neue Art der Publizistik, sehr fanatisch und direkt, schien sich vorzubereiten. Leider noch außer Kontakt mit der proletarisch-ökonomischen Situation, aber doch tastend danach. Bezeichnend scheint mir die Tatsache zu sein, dass nach Ausbruch des Krieges die ihrer Herkunft nach bürgerliche Intelligenz dringenden Anschluß suchte bei Gustav Landauer, dessen müde gewordener, degoutierter Kämpfernatur es nach persönlichen Erfahrungen des Unterzeichneten nur an Blick für die in ihren Überzeugungen irre gewordenen bürgerlichen Elemente fehlte.«[55]

Bakunin und Nietzsche, »die verantwortlichen Denker der letzten fünf Jahrzehnte«, nennt er als richtungsweisend für die junge Literatur, die sich zu der Einsicht durchringen müsse, daß »man in Dingen politischer Intelligenz seit den Dekabristen (1825) von Rußland zu lernen hat statt von Frankreich«. Auf eine 1913 im sozialdemokratischen Dietz-Verlag erschienene Bakunin-Biographie[56] spielt Ball an, wenn er schreibt: »Die Bücherei des ›Vorwärts‹ ihrerseits (marxistisch wie sie ist) tut alles, um die bakunistische Theorie, und was schlimmer ist: die bakunistische Praxis, ad absurdum zu führen.«[57] – Ball ist bewußt, vor welcher publizistischen Hürde er mit seinem

---

55 Hugo Ball: Die junge Literatur in Deutschland, l.c., S. 3-4. – Nachdruck in: Schriften S. 32-35, hier S. 32-34.
56 Sie stammte von dem russischen Marxisten Jurij Michailovič Nachamkes, der unter Pseudonym veröffentlichte: Georg Steklow: Michael Bakunin. Ein Lebensbild, Stuttgart: J.H.W. Dietz Nachf. 1913 (Kleine Bibliothek 30). Zu Beginn der Stalin-Ära wird er unter dem Namen Jurij Michailovič Steklov Herausgeber der 1934-35 erscheinenden sowjetischen Bakunin-Ausgabe, die vor dessen »anarchistischer« Zeit abbricht. – Balls kritische Wertung von Steklows Bakunin-Biographie könnte durch Max Nettlaus Rezension in ›Grünbergs Archiv‹ geprägt sein; siehe: Archiv für die Geschichte des Sozialismus und der Arbeiterbewegung, Jg. 4 (1914), S. 491-492.
57 Hugo Ball: Die junge Literatur in Deutschland, l.c., S. 3-4. – Nachdruck in: Schriften S. 32-35, hier S. 32-33.

eigenen Versuch stehen wird, Bakunin in Deutschland zu einem gelesenen Autor zu machen. Von Bakunin sei den Deutschen bisher allenfalls der bei Cotta erschienene »Briefwechsel mit Herzen und Ogarjeff«[58] bekannt, während das »pamphletisch-antigermanische ›l'empire knoutogermanique‹ [...] noch in keiner, selbst der schlechtesten Übersetzung zu erhalten« sei[59] und »die Biographie Nettlaus[60] nur in einem Abriß«.

Inzwischen hat Ball durch Brupbachers Exemplar auch die große handschriftliche Bakunin-Biographie Nettlaus kennengelernt. Brupbacher stellt ihm in seinem Haus einen Arbeitsraum zur Verfügung, und dessen Bibliothek wird für ihn zur Fundgrube für den in Berlin entwickelten Bakunin-Plan. Durch Brupbachers Ermutigung verliert sich die früher gegenüber der promovierten Germanistin Käthe Brodnitz geäußerte Selbsteinschätzung ihres einstigen Münchener Kommilitonen, daß er »philologisch ein Analphabet« (SW 10.1, Nr. 67, S. 77) sei. Es geht nicht um eine wissenschaftliche Biogra-

---

58 Gemeint ist der zwanzig Jahre zuvor auf deutsch erschienene, auch von Landauer (vgl. Anm. 37) verwendete Band: Michail Bakunins Social-politischer Briefwechsel mit Alexander Iw. Herzen und Ogarjow. Mit einer biographischen Einleitung, Beilagen und Erläuterungen von Michail Dragomanow. Autorisierte Uebersetzung aus dem Russischen von Boris Minzès, Stuttgart: Verlag der J.G. Cotta'schen Buchhandlung Nachfolger 1895 (Bibliothek Russischer Denkwürdigkeiten, hg. von Dr. Theodor Schiemann, Bd. 6). Nachdruck: SP.

59 Die erste deutsche Übersetzung des französischen Textes erschien erst 50 Jahre nach seiner Entstehung: Michael Bakunin: Das knutogermanische Kaiserreich und die soziale Revolution. In: M.B.: Gesammelte Werke, Bd. 1, hg. von Erwin Rholfs, Berlin: Verlag Der Syndikalist 1921, S. 5-72. – Der Originaltext wurde von Ball in der ersten Werkausgabe gelesen: Michel Bakounine: L'Empire Knouto-Germanique et la Révolution sociale. [1871] In: M.B.: Œuvres, Bd. 2, hg. von James Guillaume, Paris: P.V. Stock 1907, S. 269-455; sowie Bd. 3, Paris 1908, S. 1-177. Die Exemplare aus Brupbachers Bibliothek, die im Schweizerischen Sozialarchiv Zürich erhalten sind, enthalten in Bd. 2 Randnotizen von Balls Hand.

60 Mit dem gedruckten »Abriß« ist gemeint: Max Nettlau: Michael Bakunin. Eine biographische Skizze, mit einem Nachwort von Gustav Landauer, Berlin: Paul Pawlowitsch 1901. – Nur als vervielfältigtes Manuskript hatte Nettlau in 50 Exemplaren seine 1896-1900 entstandene große Bakunin-Biographie (Nettlau, Biogr.) bei großen Bibliotheken und Vertrauten wie Fritz Brupbacher hinterlassen können.

phie, sondern um ein publizistisches Vorhaben, das auf operative Weise, durch die Montage von Dokumenten, Stoff schafft für die ersehnte neuartige Öffentlichkeit. Nicht »als grosse Sache, sondern en passant« müsse sich Münzer-Biographie wie Bakunin-Extrakt »in ganz kurzer Zeit« realisieren lassen, hatte er im April 1915 an Käthe Brodnitz geschrieben, als er noch um ihre Mitarbeit warb. Aber im Nebenbei ist der Plan nicht zu realisieren.

Immer wieder unterbrochen von der Sorge um kurzfristige Erwerbsmöglichkeiten, wird nun im Sommer 1915 das erst später so genannte »Brevier« zu seinem dominierenden Buchprojekt. »Wir lesen zur Zeit die Briefe von Michael Bakunin und die Bekenntnisse seiner Zeitgenossen über ihn«[61], zitiert Emmy Hennings aus ihrem damaligen Tagebuch: »Das Fragment einer Selbstbiographie[62] hat Hugo bereits aus dem Französischen ins Deutsche gebracht[63] und er möchte aus diesem und den anderen Mitteilungen und Briefen ein grosses Lebensbild Bakunins[64] entwerfen. Zu diesem Zweck hat er mir auch vorgelesen von Richard Wagner ›Mein Leben‹.[65] [...] Wagner singt

---

61 Michail Bakunins Social-politischer Briefwechsel mit Alexander Iw. Herzen und Ogarjow, s.o. Anm. 58. In Dragomanows Einleitung des Bandes sind auch weitere Lebenszeugnisse zitiert.

62 Michel Bakounine: Histoire de ma Vie. Première Partie. 1815-1840. Zitiert erstmals in: Max Nettlau: Contributions à la biographie de Michel Bakounine I. In: La Société nouvelle, Brüssel (Sept. 1896), S. 310-313 und 317-324. Später in: Nettlau, Life, Teil 1, Bd. 1, S. 1-9. – Der um 1871 entstandene, nur fragmentarisch überlieferte Text Bakunins über seine Herkunft und Anfänge lag damals noch nicht in deutscher Übersetzung vor.

63 Balls Erstübersetzung der ersten Seiten eröffnet sein »Brevier« (T² I, S. 1-8), siehe in der vorliegenden Ausgabe S. 15-19. Erst für 1917 allerdings ist in einem Brief an Fritz Brupbacher (SW 10.1, Nr. 144, S. 187) Balls Kenntnis der am ehesten denkbaren Vorlage für seine Übersetzung (Nettlau, Life) bezeugt. Damals hatte er Nettlaus große handschriftliche Biographie in Brupbachers Kopie-Exemplar ausgeliehen, aber vielleicht schon vorher bei ihm die ersten (hier übersetzten) Seiten eingesehen. Seit Juni 1915, also bereits in der von Emmy Hennings bezeugten Zeit, verkehrte er mit ihm.

64 Daß dieses »Lebensbild« von Anfang an nicht mit narrativen, sondern mit dokumentarischen Mitteln entwickelt werden sollte, ist damit auch von Emmy Hennings bezeugt.

65 Wagners Autobiographie war erst 1911 in einer öffentlichen Ausgabe in zwei Bänden erschienen. Von Ball benutzt in der einbändigen Ausgabe:

und spielt Bakunin den ›Fliegenden Holländer‹ vor, und beide Männer haben voneinander den Eindruck der ›Ungeheuerlichkeit‹. Es ist so einzigartig, wie Hugo Musik und Revolution miteinander verbindet.« Aber angesichts der Alltagssorgen zweifelt Emmy Hennings, daß Ball sein »Brevier« abschließen wird: »Es ist so traurig, daß er seinen Plan nicht wird zur Ausführung bringen können. Er selbst besorgt, daß die notgedrungene Verzögerung dieser Arbeit schaden könnte.«

Nachträglich fragt sie sich, was »Ball zu Bakunin hinzog? Vor allem dessen unwiderstehliche, völlig kulturfeindliche Wildheit in Verbindung mit dem hohen Verantwortungsgefühl für die Menschheit. Die Forderung des reinsten Ideals der Menschlichkeit. Der Opfergeist war es, für den er sich interessierte und einsetzte und [der] ihn um diese Zeit die verschiedenen Nuancen der Revolution betrachten ließ. Ein Streben nach neuer Ordnung, nach neuen Gesetzen ließ ihn das Chaotische belauschen. So ists bei ihm gewesen in der Kunst, in der Politik und auch in der Geschichte. [...] Er ahnte zum Beispiel beim Studium über Bakunin, welchen Gebrauch er von der Geschichte machen würde, und dadurch unterscheidet er sich von jenen starren Gelehrten, die im Grunde immer nur dasselbe von einem Buch ins andere wälzen. Die Wissenschaft anzuwenden – darin war er ein bewußter Künstler, ein Lebendigmacher.«[66] Mit seinem Bakunin-Buch wolle er »deutlich machen, was Russen und was Deutsche sind, was etwa einen Goethe von Dostojewski unterscheidet«[67], notiert Emmy Hennings.

»Das Bakunin-Buch hat Hugo nunmehr beendet«, hält sie schließlich fest. Aber vermutlich ist damit nur ein Rohmanuskript des ersten, bis zur Revolution 1848/49 reichenden Teils gemeint, zu dem sie die erste (Autobiographie) und die vorletzte Quelle (Wagner) nennt, außerdem Balls Übersetzung aus Bakunins »Bourgeoisie ru-

---

Richard Wagner: Mein Leben. Volks-Ausgabe, München: Bruckmann 1914. – Vgl. Balls Zitat daraus im »Brevier« (T² I, S. 96-108), siehe in der vorliegenden Ausgabe S. 79-86.

66 Selbstzitat aus »Tagebuch aus Zürich« in: Emmy Ball-Hennings: Aus dem Leben Hugo Balls. 3. Kapitel (Zürich 1915), hg. von Ernst Teubner. In: HBA 1995, S. 12-14. – Auszüge waren bereits greifbar in dem Vorabdruck: Emmy Hennings: Aus dem Tagebuch über Hugo Ball. In: Allgemeine Rundschau, Jg. 28, Nr. 40 (3.10.1931), S. 634-635.

67 Emmy Ball-Hennings: Aus dem Leben Hugo Balls, l.c., S. 25.

rale« für den Abschnitt über Paris zur Zeit der Februar-Revolution 1848.[68] Zumindest dieser Teil dürfte bereits 1915 entstanden sein.[69] Nachdem Ball eine Reinschrift herstellen konnte, für die es nach dem Zeugnis von Emmy Hennings wegen versetzter Schreibmaschine zunächst Hindernisse gab, dürfte es sich um das verlorengegangene Typoskript T[1] I gehandelt haben. Er schreibt daran zunächst in völliger Ungewißheit eines Verlegerinteresses weiter, denn »wir sind keineswegs sicher, ob ein solches Buch zur Zeit in Deutschland gedruckt wird, und obschon Hugo dergleichen vorausgeahnt, hat er diese Arbeit nicht unterlassen können. Er weiß gar nichts, wie, ob er [das Bakunin-Buch] je aufgenommen werden wird und schreibt unentwegt weiter.«[70]

Nur in der abgeklärten Form der »Flucht aus der Zeit« sind Tagebuchreflexionen von Ball selbst während seiner ersten Arbeit am Bakunin-Projekt überliefert. Es sind kaum quellenkritisch aufschlußreiche Arbeitsnotizen[71], sondern vielmehr essayistische Miniaturen und Selbstbeobachtungen, die vor allem den Versuch bezeugen,

---

68 Die Textstelle im »Brevier« (T[2] I, S. 59-61) findet sich in der vorliegenden Ausgabe S. 54-55. – Vom damaligen Studium der Quellen zu späteren Zeitabschnitten ist nur in der »Flucht aus der Zeit« Balls Lektüre von Bakunins 1871 entstandenem Text »Die Pariser Commune und die Idee des Staates« bezeugt (vgl. Anm. 71).

69 Selbstzitat aus »Tagebuch aus Zürich« in: Emmy Ball-Hennings: Aus dem Leben Hugo Balls. 3. Kapitel (Zürich 1915), l.c., S. 22.

70 Selbstzitat aus »Tagebuch aus Zürich« in: Emmy Ball-Hennings: Aus dem Leben Hugo Balls. 3. Kapitel (Zürich 1915), l.c., S. 45.

71 Mit Ausnahme der auf den 8.7.1915 datierten Kommentierung von Bakunin-Zitaten, die für diesen Zeitraum Balls Lektüre von »Die Pariser Commune und die Idee des Staates« bezeugen. Unter diesem Titel war 1909 Bakunins Vorrede zum zweiten Band von »L'Empire Knouto-Germanique et la Révolution sociale« in der Wiener Zeitschrift ›Wohlstand für alle‹, Jg. 2, Nr. 6 (21.3.1909) in deutscher Übersetzung erschienen, zugleich als Separatdruck. Eine zweite Auflage brachte 1909 der Brüsseler Verlag Schouteten. Denkbar ist, daß Ball diese Übersetzung in Brupbachers Bibliothek vorfand. Mit dem Wiener Anarchisten Pierrre Ramus, dem früheren Herausgeber von ›Wohlstand für alle‹, korrespondierte er 1919/20. – Er könnte aber auch den französischen Originaltext von 1871 aus der Werkausgabe übersetzt haben: Michel Bakounine: Préambule pour la seconde livraison. In: M.B.: Œuvres, Bd. 4, hg. von James Guillaume, Paris: P.V. Stock 1910, S. 247-275.

Distanz zu gewinnen: »Ich beobachte, daß ich meine häßlichen (politisch-rationalistischen) Studien nicht betreiben kann, ohne mich durch gleichzeitige Beschäftigung mit irrationalen Dingen immer wieder zu immunisieren. Wenn eine politische Theorie mir gefällt, fürchte ich, daß sie phantastisch, utopisch, poetisch ist, und daß ich damit doch innerhalb meines ästhetischen Zirkels verbleibe, also gefoppt bin.« (SW 6, S. 35; Flucht S. 37) Dieses Mißtrauen wird auch seine künftigen Studien begleiten und ihn mit Bakunin lehren, politische Systeme als Simulakren der Ordnungsphantasie zu durchschauen und zugleich ihre immanenten Gewalten zu erkennen. – Es ist zunächst der frühe Bakunin, dessen Zeugnisse er für das »Brevier« sammelt. Dort findet sich in einem Brief Bakunins an Herwegh während der Revolution von 1848 die Stelle:

> »Die Reaktion – und ich meine hier die Reaktion im weitesten Sinne des Wortes – die Reaktion ist ein Gedanke, der durch Alter zur Dummheit geworden ist; die Revolution ist aber viel mehr ein Instinkt als ein Gedanke, sie wirkt, sie verbreitet sich als Instinkt, und als Instinkt wird sie auch ihre ersten Kämpfe kämpfen; deshalb erscheinen auch die Philosophen, Literaten und Politiker, alle die, welche ein fertiges Systemchen in ihrer Tasche tragen, und diesem unergründlichen Ozean eine Grenze und eine Form anzwingen möchten, darum erscheinen sie auch so dumm und so impotent; sie haben nichts von diesem Instinkt und sie fürchten sich, in den Wellen dieses Ozeans zu baden.« (Im vorliegenden Band S. 73.)

Das ozeanische Bild vom schöpferischen Chaos, das das Neue hervortreibt, steht auch hinter einer Spekulation Balls über einen konsequent anarchistischen Gebrauch der Sprache:

> »Proudhon, der Vater des Anarchismus, scheint auch der erste gewesen zu sein, der um die stilistischen Konsequenzen wußte. Ich bin neugierig, etwas von ihm zu lesen. Hat man nämlich einmal erkannt, daß das Wort die erste Regierung war, so führt dies zu einem fluktuierenden Stil, der die Dingworte vermeidet und der Konzentration ausweicht. Die einzelnen Satzteile, ja die einzelnen Vokabeln und Laute erhalten ihre Autonomie zurück. Vielleicht ist es der Sprache einmal beschieden, die Absurdität dieser Doktrin ad oculos zu demonstrieren.« (SW 6, S. 34; Flucht S. 35)

Unter dem Datum 1. Juli 1915 findet sich diese Reflexion, für die der im Folgejahr proklamierte Dadaismus zum Experimentierfeld werden kann.[72]

»Den Tag über lese und schreibe ich« (SW 10.1, Nr. 78, S. 89), teilt Ball der Schwester Maria auch während der Zeit seines abendlichen Varieté-Engagements mit; aber weil er dafür auch Szenarien entwickelt und mit dem Ensemble bisweilen auf Gastspielreisen unterwegs ist, dürfte die Weiterarbeit am »Brevier« seit Oktober nur noch mit geteilter Aufmerksamkeit vorangekommen sein.

In Beiträgen für die kurzlebige Zeitschrift ›Die neue Tribüne‹ kann er im Herbst erstmals entschieden und ohne Zensurbeschränkung zur Frage der deutschen Kriegsschuld Stellung nehmen. Er steht unter dem Eindruck der soeben in Lausanne erschienenen Anklageschrift »J'accuse« des deutschen Pazifisten Richard Grelling, die ihm konkretere Anhaltspunkte bietet als der marxistische Generalverdacht gegen den Kapitalismus als Kriegsschuldigen: »Seit einem halben Jahrhundert theoretischen Kampfes hat man in einer abstrakten Verallgemeinerung, einer in ihrer Ausdehnung nichtssagend gewordenen Formel, alle Kourage abortiert, die man für das sofortige Eingreifen, für die persönliche Auseinandersetzung benötigt hätte.«[73] Der anarchistische Ansatz seiner Kritik ist unübersehbar, aber Ball bleibt ein diskreter Anarchist, der sich den Blick aufs Konkrete ebensowenig wie Brupbacher durch parteilich verengte Blickwinkel verstellen läßt.

Er bewegt sich nicht nur in dessen Umkreis. Seit Juni hat er Kontakte zu italienischen Arbeitern in Zürich aus der anarchistischen Gruppe um die von Luigi Bertoni in Genf herausgegebene Zeitschrift ›Le Réveil‹, in der nach seiner Einschätzung zu sehr um Prinzipien gefochten wird: »Bertoni (im ›Réveil‹) begeht denselben Fehler wie Landauer. Er bekämpft Programme statt Charaktere. Man muß in solchen Zeiten vor allem lebendig sein.« (SW 6, S. 33; Flucht S. 35) – Im Herbst lernt er Russen kennen: »die schreiben für mich«, heißt es in ungeklärtem Zusammenhang in einem Brief an die Schwester. Er scheint im Hause Brupbachers inzwischen redaktionell tätig zu sein, vielleicht für den

---

72 Balls Überlegung könnte auf den von ihm gelesenen »Aufruf zum Sozialismus« von Gustav Landauer zurückgehen. Vgl. Hubert van den Berg: Gustav Landauer und Hugo Ball, l.c., S. 143ff.
73 Hugo Ball: Das wahre Gesicht. In: Die neue Tribüne, Jg. 1, Nr. 8 (5.11.1915), S. 1-2.

›Revoluzzer‹ oder ›Die neue Tribüne‹, und versucht – offenbar mit wenig Erfolg – nach Rußland zu schreiben (SW 10.1, Nr. 77, S. 88).

Durch einen Zürich-Besuch von Käthe Brodnitz, die mit der Hochschule in Lehrstuhlverhandlungen ist, kündigt sich ein Ende der Provisorien an. Sie veranstaltet am 17. Dezember mit Ball und Emmy Hennings im ›Zunfthaus zur Zimmerleuten‹ einen ›Abend deutscher Autoren‹, der erstmals das Interesse der *literarischen* Öffentlichkeit vor Ort an den beiden weckt. Was neue Bekannte anstellen, um beide »der Gesellschaft wiedergewinnen« (SW 10.1, Nr. 82, S. 96) zu können, wirkt. Ball trifft Berliner Bekannte wie Leonhard Frank, der im Sommer ebenfalls nach Zürich emigriert ist, und René Schickele, der im kommenden Jahr den Redaktionssitz der ›Weißen Blätter‹ in die Schweiz verlegen wird. Käthe Brodnitz bestärkt Ball in seinen Plänen, ein eigenes literarisches Kabarett zu gründen, ermuntert ihn aber auch, seine früheren Promotionspläne in der Schweiz wiederaufzunehmen. Das letztere erwägt Ball eine Zeitlang und läßt sich von zu Hause dafür sogar die nötigen Dokumente schicken. Das erstere realisiert er im folgenden Jahr mit der Gründung des ›Cabaret Voltaire‹, durch das er zur legendären Gestalt der internationalen Avantgarde wird.

4. Tessiner Besinnungen zwischen ›Cabaret Voltaire‹ und ›Galerie Dada‹. Der Neuansatz als »Bakunin-Brevier« für die ›Weißen Blätter‹ im Winter 1916/17

Die Weiterarbeit am Thema Bakunin bleibt einstweilen aufgeschoben, als Ball im Januar 1916 mit einem eigenen Varieté-Ensemble ›Arabella‹ eine Tournee am Bodensee unternimmt und zwischen Februar und Juli das Züricher ›Cabaret Voltaire‹ betreibt, das er zur Eröffnung am 5. Februar in der Spiegelgasse 1 noch mit weniger ersichtlichem Programmanspruch[74] ›Künstlerkneipe Voltaire‹ nennt.

74 Jan Ephraim, der Wirt der holländischen Weinstube ›Meierei‹ hatte die Konzession für den Betrieb der ›Künstlerkneipe‹ in dem angeschlossenen Saal nur unter der Voraussetzung erhalten, daß Darbietungen »spontane sein« würden, »abhängig von der Anwesenheit & dem Willen der als Gäste verkehrenden Künstler« und zu solchen Anlässen »nicht öffentlich eingeladen« werde. Veranstaltungen mit geplantem und angekündigtem Programm waren also ausgeschlossen. Bei anhaltender Presseresonanz kam es im Laufe der folgenden Monate

Am Eröffnungsabend rezitiert Ball neben eigenen Texten den Namenspatron Voltaire und Wedekind und verweist damit auf die Tradition der Libertins in Vergangenheit und Gegenwart.[75] Noch bestehen Verbindungen zum libertären ›Schwänli‹-Kreis. Am folgenden Abend wird »unter Assistenz des Revoluzzerchors« (SW 6, S. 67; Flucht S. 78) Balls Antikriegsgedicht »Totentanz 1916« vorgetragen, das ›Der Revoluzzer‹ im Vormonat gedruckt hatte. Brupbacher findet sich gelegentlich unter den Gästen ein, unter denen auch viele russische Emigranten sind. Lenin, den Ball möglicherweise schon aus Züricher Emigrantendebatten des Vorjahres kennt, wohnt wenige Häuser entfernt. Am 27. Februar liest Ernst Thape[76], ein junger Arbeiter aus dem ›Schwänli‹-Kreis, gefolgt von russischen Emigranten, die das Volkslied vom »Roten Sarafan« singen. Am 4. März veranstaltet das Kabarett eine ›Russische Soiree‹, in der neben Humoresken von Čechov und Klaviermusik von Skrjabin und Rachmaninov eher folkloristische als avantgardistische Beiträge geboten werden. Im Mai bringt der ›Revoluzzer‹ mit dem Gedicht ›Die Ersten‹ den letzten Beitrag von Ball. Aber im täglichen Umgang mit seinen Mitakteuren Hans Arp, Tristan Tzara und Marcel Janco sind Balls Bindungen zum Schwänli-Kreis längst gelockert.

jedoch durchaus zu solchen Vorankündigungen, etwa für die ›große Soiree‹ am 31.5. Vgl. Raimund Meyer: »Dada ist gross Dada ist schön«. Zur Geschichte von »Dada Zürich«. In: Hans Bolliger/Guido Magnaguagno/Raimund Meyer: Dada in Zürich, Zürich: Kunsthaus Zürich/Arche Verlag 1985, S. 9-79, hier S. 68 (Anm. 68) und S. 76.

75 Einen anderen Bezug sieht George Steiner: »Schon der Name, den Hugo Ball dem Cabaret gab, scheint eine Huldigung an das Café Voltaire in Paris zu sein, in dem Mallarmé und die Symbolisten sich in den späten achtziger Jahren regelmäßig trafen. Denn es war Mallarmés Programm einer Reinigung der Sprache, eines privaten Ausdrucks, das Ball und seine Mitstreiter auszuführen suchten.« – Siehe George Steiner: Nach Babel. Aspekte der Sprache und des Übersetzens (Zweite Ausgabe). Aus dem Englischen von Monika Plessner unter Mitwirkung von Henriette Beese, Frankfurt am Main 2004 (Suhrkamp Taschenbuch Wissenschaft 1684), S. 209.

76 Dem emigrierten deutschen Rüstungsarbeiter Thape ist Ball bereits im Juni 1915 beim ›Diskussionsabend Sonneck‹ begegnet, wo er über Erfahrungen in der württembergischen Waffenfabrik Mauser sprach (SW 6, S. 28. Flucht S. 29). Vgl. Ernst Thape: Von Rot zu Schwarz-rot-gold. Lebensweg eines Sozialdemokraten, Hannover: Dietz 1969, S. 47-49.

Sein alter Freund Richard Huelsenbeck ist aus Berlin hinzugekommen. Inzwischen macht das Wort ›Dada‹ die Runde und wird zum Zeichen einer kulturkritischen Aktion, die von Künstlern ausgeht, das herkömmliche Werkverständnis auflöst und den ›ästhetischen Zirkel‹ überschreiten will. Ein für das Kunstverständnis der Zeit unerhörter Vorstoß, der ohne Stimulation durch die von Bakunin und den Anarchisten demonstrierten Möglichkeiten eines radikal offenen Denkens kaum vorstellbar gewesen wäre.[77] – Ball ist es, der nach Schließung des ›Cabaret Voltaire‹ beim ›I. Dada-Abend‹ im seriösen ›Zunfthaus Zur Waag‹ »Das erste dadaistische Manifest« proklamiert und zum Vortrag eigener Lautgedichte überleitet:

> »Da kann man nun so recht sehen, wie die artikulierte Sprache entsteht. Ich lasse die Vokale kobolzen. Ich lasse die Laute ganz einfach fallen, etwa wie eine Katze miaut ... Worte tauchen auf, Schultern von Worten, Beine, Arme, Hände von Worten [...] Ich wollte die Sprache hier selber fallen lassen. Diese vermaledeite Sprache, an der Schmutz klebt, wie von Maklerhänden, die die Münzen abgegriffen haben. Das Wort will ich haben, wo es aufhört und wo es anfängt. Dada ist das Herz der Worte.«[78]

Nach der ersten Phase seiner Züricher Dada-Aktivitäten zieht sich Ball Ende Juli zum erstenmal ins Tessin zurück, an das Schweizer Ufer des Lago Maggiore – zunächst nach Vira-Magadino, Ende August nach Ascona. In Vira-Magadino reflektiert Ball die Züricher Erfahrungen unter dem Gesichtspunkt der Phantastik und der impliziten ästhetischen Anarchie. Unter dem 6. August 1916 heißt es in

---

77 Vgl. Hans Burkhard Schlichting: Pioniere des Medialen. Zur Aktualität der dadaistischen Kultur-Attacke. In: Kultur. Bestimmungen im 20. Jahrhundert, hg. von Helmut Brackert und Fritz Wefelmeyer, Frankfurt am Main 1990 (edition suhrkamp 1587), S. 32-85. – Ders.: Anarchie und Ritual. Hugo Balls Dadaismus. In: Dionysius DADA Areopagita. Hugo Ball und die Kritik der Moderne, hg. von Bernd Wacker, Paderborn u.a.: Schöningh 1996, S. 41-68. – Hubert van den Berg: Avantgarde und Anarchismus, l.c.

78 Hugo Ball: Das erste dadaistische Manifest (Zürich, 14. Juli 1916). In: Schriften S. 39-40, hier S. 40. – Wohl aufgrund seiner ironischen Töne hat Ball das Manifest später als »kaum verhüllte Absage an die Freunde« interpretiert (SW 6, S. 94; Flucht S. 111).

der »Flucht aus der Zeit«: »Die Gegenwart ist nicht in Prinzipien, sie ist nur noch assoziativ vorhanden. Also leben wir in einer phantastischen Zeit, die ihre Entschlüsse mehr aus der Angliederung als aus unerschütterten Grundsätzen bezieht. Der gestaltende Geist kann mit dieser Zeit beginnen, was ihm beliebt. Sie ist in ihrer ganzen Ausdehnung Freigut, Materie.« (SW 6, S. 93; Flucht S. 109) – Ball liest die aus der Bibliothek Locarno entliehene Schrift »Genie und Irrsinn« des italienischen Psychiaters Cesare Lombroso und notiert unter dem 8. August über die Insassen der Irrenhäuser:

> »Die neuen Theorien, die wir aufstellten, streifen in ihrer Konsequenz bedenklich diese Sphäre. […] Die Revolutionäre, die ich meine, sind eher dort, als in der heutigen mechanisierten Literatur und Politik zu suchen. Im unbedacht Infantilen, im Irrsinn, wo die Hemmungen zerstört sind, treten die von der Logik und vom Apparatus unberührten, unerreichten Ur-Schichten hervor, eine Welt mit eigenen Gesetzen und eigener Figur, die neue Rätsel und Aufgaben stellt, ebenso wie ein neuentdeckter Weltteil. Im Menschen selbst liegen die Hebel, diese unsere verbrauchte Welt aus den Angeln zu heben. Man braucht nicht wie jener antike Mechaniker nach einem Punkte draußen im Weltall zu suchen.« (SW 6, S. 94-95; Flucht S. 111)

Letztlich erscheint ihm das Unbewusste »im Menschen selbst« als archimedischer Punkt aller revolutionären Bemühungen. – Gemeinsam mit Emmy Hennings liest er das »Totenhaus« von Dostoevskij und reflektiert: »Die das Gefängnis erlebt haben, die Sträflinge dieser Zeit, sollen sich nicht verdrießen lassen. Sie sollen keine Bitterkeit aufkommen lassen. ›Heraus ihr, aus den Gefängnissen!‹ ruft Jesaias. Der Prophet wird gewußt haben, warum er gerade die Gefangenen aufrief«, heißt es in der »Flucht aus der Zeit«. Unter dem 13. August 1916 folgt eine Notiz, die als Reminiszenz an Dada, aber zugleich wie eine Besinnung auf das Faszinosum Bakunins erscheint, den er allerdings nicht beim Namen nennt: »Der Desperado als der experimentelle Typus. Er hat keine Rücksichten zu nehmen, nichts zu riskieren. Er hat seine ganze Person zur Verfügung. Er kann sein eigenes Versuchskaninchen sein und darf der eigenen Vivisektion erliegen. Niemand kann es ihm wehren. Welch merkwürdigen Dingen man da begegnet!« (SW 6, S. 96-97; Flucht S. 112-114) – Ball denkt anfangs noch daran, seine eigenen Dada-Beiträge für einen Band der seit Juli erscheinenden Buchreihe ›Collection Dada‹ zu sammeln, sucht aber zunehmend Distanz zu den Züricher Ereignissen zu gewinnen.

In Ascona schließt er am 13. Oktober in »einer seltsamen Art von Wesensspaltung« seinen »Flametti«-Roman ab, der seine Varieté-Erfahrungen von 1915 verarbeitet, ihm aber im nachhinein als »Glosse zum Dadaismus« erscheint (SW 6, S. 106; Flucht S. 125). Das artistische Sujet wird mit keineswegs experimentell zu nennenden Erzählmitteln in eine soziale Perspektive gerückt: »Dieser kleine Roman«, schreibt er an seine Schwester Maria, »wird auf 200 Seiten meine ganze Philosophie enthalten. Liebe für die, die am Boden liegen. Für die Ausgestossenen, die Zertretenen, die Gequälten« (SW 10.1, Nr. 120, S. 156). – Das zunächst »Die Indianer« betitelte Manuskript gelangt in den folgenden Monaten über den ebenfalls emigrierten expressionistischen Erzähler Leonhard Frank und René Schickele an Annette Kolb, die es mit Erfolg dem Erich Reiss Verlag in Berlin empfiehlt, wo der Roman schließlich 1918 als zweite Buchveröffentlichung Hugo Balls erscheinen wird.

Im Herbst 1916 erwägt Ball, auf eine Einladung von Leonhard Frank hin nach Bern zu ziehen, und schreibt am 6. Oktober an Käthe Brodnitz über künftige Pläne: »Ich möchte nach dem Roman jetzt ein kritisches Buch schreiben, das ich schon lange ausgedacht habe. Aber dazu brauche ich einige, neuere Bücher, die nur in Bern oder Zürich zu haben sind!« (SW 10.1, Nr. 105, S. 132-133) Es ist der erste Hinweis auf das spätere Buchprojekt »Zur Kritik der deutschen Intelligenz«. Der Plan zur Übersiedlung nach Bern, wo es entsteht, wird sich freilich erst ein Jahr später realisieren.

›Die weißen Blätter‹, die seit April 1916 im Züricher Rascher Verlag erscheinen, bieten Ball zunächst eine neue Arbeitsbasis. Er plant für die Zeitschrift einen Beitrag über »Bakunins Stellung zu Bismarck und Marx«, dessen »Material« er seinem Berliner Vortrag über »Rußlands revolutionäre Idee« entnehmen will, den er nicht mehr in Händen hat. Am 24. Oktober fragt er Käthe Brodnitz:

»Besitzen Sie noch das M[anu]sk[ri]p[t] jenes russischen Vortrags, den ich in Berlin damals las? Ich glaube doch er fand sich unter den Papieren, die Klabund Ihnen schickte.[79] Und würden Sie,

---

79 Vgl. den ersten Hinweis auf die Deponierung von Manuskripten bei Klabund, der sie an Käthe Brodnitz weitergeben sollte (SW 10.1, Nr. 71, S. 82). Siehe Anm. 31.

wenn es Ihnen nicht zuviel Mühe macht, die Liebenswürdigkeit haben, ihn mir für kurze Zeit noch einmal zu geben? Ich möchte für die W[eissen] Blätter gerne über Bakunins Stellung zu Bismarck und Marx eine Kleinigkeit schreiben und habe glaube ich, in jenem Vortrag das ganze Material (hier unten gibt es ja unglückseligerweise keine Bücher!).« (SW 10.1, Nr. 109, S. 138)

Da die erhaltene Korrespondenz mit Käthe Brodnitz nach diesem Brief abbricht, bleibt unklar, ob Balls (heute verschollener) Vortragstext durch sie je wieder an ihn zurückgelangt ist. Sein Beitrag über »Bakunins Stellung zu Bismarck und Marx« für ›Die weißen Blätter‹ kommt jedenfalls nicht zustande; das Thema wird erst später in »Zur Kritik der deutschen Intelligenz« behandelt. Statt dessen macht Schickele ein Angebot, das Ball in die Lage versetzt, seinen umfassenderen Plan des Bakunin-Buches wiederaufzunehmen.

Ende Oktober verläßt Ball das Tessin nach einem Hilferuf von Leonhard Frank in Zürich, mit dem eine intensivere Freundschaft entstanden ist und der in einer Schreibkrise steckt. Ball reist mit ihm für mehrere Wochen zu René Schickele nach Ermatingen, wo die drei zwei Novemberwochen im täglichen Austausch verbringen.[80] In einem späteren Brief vom 26. Juni 1917 schreibt Ball an August Hofmann über diese Zeit: »Dort war ich täglich zusammen mit Frank und Schickele und es war eine zwar unruhige, aber nicht uninteressante Zeit, die zur Folge hatte, daß Sch[ickele] mich innig für die ›Weissen Blätter‹ engagierte mit Übersetzungen (Suarès, Barbusse, Laforgue, Bloy, Gillouin) sowie mit einem Bakunin-Brevier« (SW 10.1, Nr. 139, S. 181). – Die Übersetzungsaufträge verschaffen Ball bis zum Frühjahr eine Honorarbasis, die ihm eine Wiederaufnahme der Bakunin-Studien ermöglicht.

Gerhard Schaub vermutet, daß in Ermatingen auch das Vorwort zum abgeschlossenen »Flametti«-Roman entstanden sein könnte.[81]

---

80 Am 9.11.1916 schreibt Schickele aus seinem nahe gelegenen Wohnort Mannenbach nüchtern an Franz Blei: »Was an Geistigen hier ist, betätigt sich grösstenteils hysterisch. Stellen Sie sich eine Bakunin'sche Gemeinde als eine Heilsarmee vor (mit Verlagsklatsch).« Zitiert nach: Albert M. Debrunner: Freunde, es war eine elende Zeit! René Schickele in der Schweiz 1915-1919, Frauenfeld/Stuttgart/Wien: Huber 2004, S. 85.

81 Schaub hält November 1916 in Ermatingen oder den Sommer 1917 für die wahrscheinlichste Entstehungszeit. Gerhard Schaub: Der »latente

In Formulierungen, die an dieses Vorwort erinnern, schreibt er am 19. Dezember an seine Schwester Maria und bekennt sich zum eigenen Karriere-Verzicht: »Ich glaube glühend nur mehr an die *Ohn-Macht*, an das Kleine, Unterdrückte. [...] Was ich hasse, ist die Macht und alles, was sie begünstigt, statt die *Armen* zu begünstigen.« (SW 10.1, Nr. 120, S. 155)

Ende November kehrt Ball zurück nach Zürich und nimmt Ende Dezember – nun erstmals mit konkreten Publikationsaussichten – die seit einem Jahr unterbrochene Arbeit an seinem Bakunin-Buch wieder auf. Eine zwischen dem 28. November und dem 3. Dezember 1916 plazierte Notiz in der »Flucht aus der Zeit« deutet auf Balls Eigeninitiative: An Schickele, der zunächst mit dem Gedanken an eine eigene Bakunin-Auswahl gespielt hatte[82], schreibt er:

> »›Wenn Sie Bakunin herausgeben –: darf ich das machen? Ich glaube, niemand kann das so gut wie ich. Er beschäftigt mich seit Jahren. In Deutschland kennt man ihn kaum.‹ – (Die Wahrheit zu sagen: ich habe nur ein Studenten-Interesse daran. Ich möchte meine früheren Studien revidieren und zum Abschluß bringen.)« (SW 6, S. 119; Flucht S. 140-141)

Schickeles Zusage stärkt indessen durchaus sein außerakademisches Interesse mit der Aussicht, das Ergebnis seiner Studien in der Schriftenreihe des Verlags der ›Weißen Blätter‹ unterzubringen. Unter dem 11. Dezember 1916 vermerkt Ball ebenfalls in der »Flucht aus der Zeit«: »Schickele übergibt mir das Bakunin-Brevier.« – Vielleicht geht die Bezeichnung als »Brevier«, die Ball in den erhaltenen Briefen bisher noch nicht verwendet hat, aus den Gesprächen mit Schickele hervor. Nun hat auch die Form einen verlagstauglichen Namen für das, was er sich beim ersten Aufkommen der Idee im April 1915 als »Extrakt aus dem Lebenswerk *Bakunins*« vorstellte. Noch scheint er unsicher über das, was hier Gestalt gewinnen soll. »Einen Heine habe ich mir gekauft, um zu sehen wie man ein Brevier macht« (SW 10.1, Nr. 129, S. 170), schreibt er am 15. Februar 1917 an Emmy Hennings. Was der von Ball geschätzte Franz Mehring (1846-1929) in der Verlagsbuchhandlung des sozialdemokrati-

---

Bakunist« Hugo Ball. Zum Vorwort seines Romans ›Flametti‹. In: HBA 1990, S. 25-114, hier S. 38-40.
82 Debrunner, l.c., S. 86.

schen ›Vorwärts‹ als »Heines Werke in zehn Bänden« mit einer Einleitung vorgelegt hatte, war kein Brevier, sondern eine Werkausgabe eigenen Zuschnitts.[83] Es könnte sich eher um eine sogar als »Heine-Brevier« betitelte und nach populären Themen gegliederte Zusammenstellung gehandelt haben, die 1905 von Hanns Holzschuher vorgelegt worden war.[84] Vergleichbarer aber ist eine Zusammenstellung, wie sie Gustav Karpeles 1888 unter dem fiktiven Titel »Heines Autobiographie« aus Werken, Briefen und Gesprächen Heines im Berliner Oppenheim-Verlag herausgegeben hatte.[85] Der Band dieses Nestors der Heine-Forschung war 1909 in fünfter Auflage unter dem Titel »Heinrich Heines Memoiren« vom Berliner Karl Curtius Verlag wieder in den Buchhandel gebracht worden. Wie Balls Bakunin-Brevier folgte diese kommentierte Kompilation aus Heines Lebenszeugnissen dem biographischen Verlauf und diente wahrscheinlich als Vorbild. Viel gelesen wurden auch die 1911 ebenfalls von Karpeles mitedierten »Heine-Reliquien«[86], die Erstdrucke aus dem Nachlaß enthielten.

In der zweiten Januarhälfte 1917 zieht Ball sich für die Weiterarbeit am »Brevier« noch einmal ins Tessin zurück und besucht am Tag vor der Abreise Fritz Brupbacher, der ihm aus seiner Bibliothek

---

83 Heinrich Heines Werke in zehn Bänden. Mit einer biographischen Einleitung von Franz Mehring, 10 Bde. in 3 Büchern, Berlin: Vorwärts o. J. (1911).
84 Hanns Holzschuher (Bearb.): Heine-Brevier, Berlin und Leipzig: Schuster und Loeffler 1905. – Die Gliederung des Inhalts: Welt und Menschen (Natur) / Frauen, Liebe und Ehe / Deutschland und andere Nationen / Staat und Gesellschaft / Religion und Philosophie / Literatur u. Kunst (Theater, Musik) / Persönliches.
85 Gustav Karpeles: Heines Autobiographie. Nach seinen Werken, Briefen und Gesprächen, Berlin: Oppenheim 1888.
86 Heine-Reliquien. Neue Briefe und Aufsätze Heinrich Heines, hg. von Maximilian Frhr. von Heine-Geldern und Gustav Karpeles, Berlin: Karl Curtius 1911. – Möglich wäre auch die Auswahl: Das Denkmal. Heinrich Heine. Denkwürdigkeiten, Briefe, Reisebilder, Aufsätze und Gedichte, hg. von Hans Brandenburg, Ebenhausen/München: Langewiesche-Brand 1912, ²1916 (Die Bücher der Rose Nr. 16). – Scholz S. 314 weist auf eine Publikation auf dem Feld des historischen Individualanarchismus hin, die Ball offenbar nicht kannte: Anselm Ruest: Stirnerbrevier. Die Stärke des Einsamen. Max Stirner's Individualismus und Egoismus mit seinen eigenen Worten wiedergegeben, Berlin: Seemann ³1906.

Quellen ausleiht, über die Ball nicht selbst verfügt: »Er stellt mir liebenswürdiger Weise die Gesamtausgabe der Bakunin-Werke[87] zur Verfügung, die große handschriftliche Biographie Nettlaus (4 [sic!] Bände)[88] und anderes[89]«, heißt es am 15. Januar in der »Flucht aus der Zeit« (SW 6, S. 122; Flucht S. 145). Diese Leihgabe bleibt die wichtigste Basis für Balls weitere Bakunin-Studien und wird erst 1919 an Brupbacher zurückgelangen.[90] Die zweite Arbeitsphase für das »Brevier« beginnt.

Ergänzt um die eigene Handbibliothek reist Ball allein mit entsprechend gewichtigem Gepäck am 16. Januar 1917 nach Ascona und schreibt nach zwei Wochen Studium an Emmy Hennings: »Ich lese Deine letzten Briefe, wie ich die Briefe Ogarjoffs lese (der auch *Dein* Freund werden wird).« (SW 10.1, Nr. 123, S. 159) Gemeint ist der Briefband »Michail Bakunins Sozial-politischer Briefwechsel mit Alexander Iw. Herzen und Ogarjow«, dessen gemeinsame Lektüre Emmy Hennings schon für 1915 bezeugt hat. Aber die Exzerpierarbeit geht weiter.[91] Daß eigene Schreibbedürfnisse hinter der doku-

---

87 Es handelte sich noch nicht um eine Gesamtausgabe, aber um die erste französische Werkausgabe von Schriften Bakunins: Michel Bakounine: Œuvres, 6 Bde., hg. von Max Nettlau (Bd. 1) und James Guillaume (Bd. 2-Bd. 6), Paris: P.V. Stock 1895-1913. – Ball selbst besaß selbst den ersten Band, der in den Resten seiner Bibliothek (HBN) erhalten ist. Deshalb sprach er später (SW 10.1, Nr. 225, S. 312) nur von fünf entliehenen Bänden. Brupbachers Exemplar der »Œuvres« befindet sich heute im Brupbacher-Nachlaß des Schweizerischen Sozialarchivs, teils mit handschriftlichen Bearbeitungsspuren von Ball.
88 Max Nettlau: The Life of Michael Bakounine. Michael Bakunin. Eine Biographie, 2 Teile; 3 Bde., Privately printed (reproduced by the Autocopyist), London: Selbstverlag 1896-1900. (Nettlau, Life). – Balls Angabe, daß es sich um 4 Bände gehandelt habe, dürfte auf einen späteren Irrtum bei der Tagebuch-Redaktion für »Die Flucht aus der Zeit« zurückgehen.
89 Worum es sich handelte, geht aus dem Brief hervor, mit dem Ball 1919 die Rücksendung an Brupbacher begleitete (SW 10.1, Nr. 225, S. 312): 2 Bände aus ›Grünbergs Archiv‹, die von Pierre Ramus herausgegebenen Jahrbücher der ›Freien Generation‹ und Ludwig Kulczicki: Geschichte der russischen Revolution, 2 Bde., Gotha: F.A. Perthes 1910.
90 Vgl. SW 10.1, Nr. 238, S. 319.
91 Unter dem 10.2., als Ball wieder bei ihr in Zürich ist, heißt es in der »Flucht aus der Zeit«: »Emmy diktiert mir aus dem Briefwechsel [Bakunins] mit Herzen und Ogarjow.« (SW 6, S. 124; Flucht S. 148) – Er-

mentarischen Anlage des Werks zurücktreten müssen, wird fühlbar: »Ich möchte wieder Verse schreiben und ich muss trockene Katechismen lesen«, heißt es am selben Tag (SW 10.1, Nr. 124, S. 162). Dies dürfte sich unmittelbar auf die Lektüre der »Katechismen« Bakunins und Nečaevs beziehen, die in der von Ball erwähnten Ausgabe des »Sozial-politischen Briefwechsels« (SP S. 371-380) dokumentiert sind und zumindest im Fall Nečaevs die problematische Seite von Balls Thematik evident machen.

Welches Maß an Korruption die Eliten des Zarenreiches durchsetzt hat, wird Ball dagegen noch einmal durch eine seiner Brotarbeiten für die ›Weißen Blätter‹ deutlich. Am 22. Januar schickt er »die Übersetzung aus Rubakin über die politischen Intrigen Rasputins« aus Ascona ab (SW 6, S. 122; Flucht S. 145). Es handelt sich um einen Aufsatz des in der Schweiz lebenden liberalen russischen Gelehrten Nikolaj Aleksandrovič Rubakin über »Die Günstlingswirtschaft im heutigen Rußland und ihre internationale Bedeutung«.[92] Als der Beitrag erscheint, wird der Zar in Rußland von den Februar-Revolutionären um Kerenskij abgesetzt.

Anfang Februar kehrt Ball nach Zürich zurück und bekommt am 6. Februar die Schreibmaschine nachgeschickt, mit der er weiterarbeiten kann. Er ist froh, hier die historischen Bestände der Zürcher Museumsgesellschaft in der Stadtbibliothek[93] benutzen zu können. Bald heißt es gegenüber Emmy Hennings, die sich in Einsiedeln aufhält:

haltene Fragmente von Exzerpten aus diesem Briefwechsel reichen von 1847 bis 1870, betreffen also alle drei Teile des »Breviers« (Exz[d]).

92 Nikolaj Aleksandrovitč Rubakin: Die Günstlingswirtschaft im heutigen Rußland und ihre internationale Bedeutung. In: Die weißen Blätter, Jg. 4, Heft 2/3 (Februar/März 1917), S. 85-102. Ball, der des Russischen nicht mächtig war, ist als Übersetzer nicht genannt, hat aber den Text vermutlich aus dem Französischen übersetzt oder eine vorliegende Übersetzung für Schickele druckfertig redigiert. Am 3.2. zeigte Schickele in Bern den fertigen Text dem deutschen Diplomaten Harry Graf Kessler, wie aus dessen Tagebuch hervorgeht: Harry Graf Kessler: Das Tagebuch 1880-1937, Bd. 6: 1916-1918, hg. von Günter Riederer unter Mitarbeit von Christoph Hilse, Stuttgart: Cotta 2006 (Veröffentlichungen der deutschen Schillergesellschaft, Bd. 50.6), S. 143-144.

93 Die Stadtbibliothek wurde erst am 30.4.1917 mit der Kantonsbibliothek zur bekannten Zentralbibliothek vereinigt. In deren Beständen findet sich die deutsche Erstübersetzung von Bakunins Pariser Polenrede, die Ball im »Brevier« zitiert.

»Schwere Arbeit habe ich mit dem B[akunin]-Brevier. Manchmal, wenn es unabsehbar wird, bin ich ganz verzweifelt. Ich könnte sehr wohl einen Sekretär dazu brauchen. Leider habe ich ihn nicht. Später, wenn ich es mir leisten kann, will ich einen Sekretär und Adepten haben (ich habe Pläne für 20 Bücher, die alle dringend notwendig sind, bevor wir andern uns rühren können).«
(SW 10.1, Nr. 127, S. 168)

Daraus spricht nicht nur seine akkurate Verpflichtung gegenüber der dokumentarischen Form und der Fülle des Materials, sondern auch ein nach dem Erfolg des ›Cabaret Voltaire‹ und dem Abschluß des »Flametti«-Romans gewachsenes Selbstbewußtsein. Während er sich für das »Brevier« auf die Montage von Fremdmaterial konzentriert, werden ihm bei erneuter Lektüre der früheren Studie seines Mentors Fritz Brupbacher[94] die Möglichkeiten auktorialer Darstellung historischer Sachverhalte bewußt. Unter dem 13. Februar 1917 heißt es in der »Flucht aus der Zeit«:

»Brupbachers ›Marx und Bakunin‹ führt in den Ideenstreit der I. Internationale. Das Buch erschließt sich fruchtbarer, je mehr ich eindringe. Der kurze Abschnitt über das Mißglücken der Commune ist in der Kürze seiner Exposition meisterhaft. Überhaupt die Darstellung von einer seltenen Energie.

Das Gegeneinander der Kongresse ist der Extrakt aus einem Geschichtsverlauf, der sich bei Mehring gar germanisch präsentiert. Die föderalistischen Freiheitsverteidiger, und nicht der zentralistische Konsumverein haben in jenen denkwürdigen Jahren von 1868-76 gesiegt und den Boden der Internationale behauptet.

Für den Stil des Buches bezeichnend ist ein Satz über die Jurassier, die anarchistische Avantgarde: ›Sie waren ja‹, so heißt es da, ›keine ausgemergelten Fabrikarbeiter, sondern Leute, denen die Verhältnisse den Luxus erlaubten, ein Stück Freiheitsdrang zu besitzen.‹ In solchen Sätzen liegt der Wert des Buches: seine ironische Nachsicht den Marxisten gegenüber, seine zögernde Sympathie mit Bakunins ungeduldigem Überschwang.«
(SW 6, S. 125; Flucht S. 148-149)

---

94 Vgl. Anm. 47.

Wenige Wochen später datiert eine Reflexion der eigenen Ambivalenz zwischen sozialistischem und künstlerischem Engagement:

> »Zwischen Sozialismus und Kunst kann ich keinen Ausgleich finden. Wo ist der Weg, der den Traum mit der Wirklichkeit verbindet, und zwar den entlegensten Traum mit der banalsten Wirklichkeit? Wo ist der Weg einer sozialen Produktivität gerade dieser Kunst; einer Anwendung ihrer Prinzipien, die mehr als Kunstgewerbe wäre? Meine artistischen und meine politischen Studien, sie scheinen einander zu widersprechen, und doch bin ich nur bemüht, die Brücke zu finden. Ich leide an einer Wesensspaltung, von der ich zwar immer noch glaube, daß sie ein einziger Blitz verschmelzen kann; aber die Sozietät wie ich sie sehe und wie ich sie glauben soll, kann ich nicht annehmen und eine andere ist nicht vorhanden. So spiele ich den Sozialismus gegen die Kunst und die Kunst gegen die Moralismen aus, und bleibe vielleicht doch nur ein Romantiker.« (SW 6, S. 126; Flucht S. 150)

Balls Wiederaufnahme der Bakunin-Studien fällt in eine Zeit, in der sich in der Emigrantenszene Zürichs ein offener Gegensatz zwischen den »Moralikern« (Rubiner, Schickele, Frank, Ehrenstein etc.) und den dadaistischen »Ästhetikern« entwickelt, bei dem Ball zwischen die Fronten gerät. Zunächst nimmt er an Diskussionen um eine Neubegründung der 1916 eingestellten Münchener Zeitschrift ›Zeit-Echo‹ teil, die ab Mai 1917 unter Ludwig Rubiners Redaktion in der Schweiz wieder erscheinen wird. Im Frühjahr allerdings verbindet sich Ball vorübergehend wieder mit dem – inzwischen durch Hans Richter erweiterten – Kreis der Dadaisten. Unter ihnen ist er seit der Rückkehr von Huelsenbeck nach Berlin ohne persönliche Freunde, findet aber in Friedrich Glauser einen jungen Anhänger.

Vom 17. März bis 27. Mai leitet Ball gemeinsam mit Tzara die ›Galerie Dada‹ in der Züricher Bahnhofstraße. Die Verlegung des dadaistischen Zentrums aus dem Vergnügungsviertel Niederdorf in die eleganteste Geschäftsstraße Zürichs führt den Dadaisten ein neues Publikum zu und ist später – nicht zuletzt von Ball selbst – als Symptom des Wandels gewertet worden. Als Ball eine Galerie-Führung für Arbeiter ankündigt, findet sich ein einziger Arbeiter ein. Neben der Eigenproduktion des Züricher Kreises wird die Zusammenarbeit mit der Berliner ›Sturm Galerie‹ Herwarth Waldens zur Basis des Ausstellungsprogramms. Die bildende Kunst tritt in den Vordergrund. Literarische, musikalische und tänzerische Ereignisse konzentrieren sich auf die Soireen. Ohne täglichen Zwang zu kabarettistischer Unterhaltung können sie eine avantgardistische Eigendynamik entwickeln. Die dadaistischen Masken-Experimente verbinden sich mit dem neuen Ausdruckstanz, dessen Pioniere Rudolf von Laban, Mary Wigman und Sophie Taeuber sich mit ihren Schülern damals in Zürich und Ascona aufhalten. Balls wichtigster programmatischer Beitrag ist am 7. April sein gleichnamiger Vortrag über Kandinsky, in dem er auch über dessen Anarchie-Begriff spricht: die Idee der Formgebung aus innerer Notwendigkeit statt aus äußerem Zwang.[95]

»Die Flucht aus der Zeit« bietet unter dem 20. April 1917 ein eigenartiges Resümee der dadaistischen Aktivitäten:

> »Was mich an all diesen Produktionen interessiert, ist eine unbegrenzte, Prinzip gewordene Bereitschaft des Fabulierens, des Übertreibens. Wilde hat mich darüber belehrt, daß das eine sehr wertvolle Macht ist, und es ist gerade das Band, das uns alle verbindet. Die Nervensysteme sind äußerst sensibel geworden. Absoluter Tanz, absolute Poesie, absolute Kunst –: gemeint ist, daß ein Minimum von Eindrücken genügt, um außergewöhnliche Bildformen hervorzurufen. Alle Welt ist medial geworden: vor Angst, vor Schreck, vor Qual, oder weil es keine Gesetze mehr gibt – wer weiß es? Vielleicht auch ist nur unser Gewissen so geängstet, so belastet, so gequält, daß es beim geringsten Anruf mit den erstaunlichsten Lügen und Vorwänden (Fiktionen und Bildern) reagiert; vorausgesetzt, man wolle gelten lassen, daß Bilder nur eben verdecken, heilen, in die Irre leiten und von empfangenen Wunden ablenken sollen.
>
> *
>
> Es gibt Urvölker, bei denen alle derart empfindsamen Kinder schon im frühesten Alter aus dem Leben zurückgezogen werden und von Staats wegen eine besondere Ausbildung als Hellseher, Priester und Arzt erhalten. Im modernen Europa bleiben diese Genies allen zerstörenden, dummen, verwirrenden Eindrücken ausgesetzt.« (SW 6, S. 135-136; Flucht S. 161-162)

Am Ende der Galerie-Aktivitäten steht die Enttäuschung über seinen zehn Jahre jüngeren Mitstreiter Tristan Tzara und die erneute Annä-

---

95 Schriften S. 41-57. Vgl. Anm. 5.

herung an die »Moraliker«. Resümierend heißt es am 26. Juni 1917 in einem Brief an August Hofmann:

»In Zürich ist jetzt die ganze Berliner Literatur und man konstruierte einen sehr interessanten, wenn auch unfruchtbaren Gegensatz zwischen uns Ästhetikern (Arp, Ball, Janco, Hennings, Tzara) und den um Rubiner versammelten Moralikern (Ehrenstein, Frank, Strasser, Rubiner, Schickele). In die interessanteste Phase trat dies Gegenspiel, als Rubiner sein ›Zeitecho‹ publizierte und Hardekopf am selben Abend bei uns las, was man ihm von drüben sehr übel nahm, weil man es – mit Recht – für ein prinzipielles Bekenntnis nahm. Du kannst Dir nach alledem denken, was für einen Skandal es gab, als ich kurze Zeit darauf sehr überraschend alles im Stich liess und abreiste. Ich hielt es – aus den verschiedensten Gründen – nicht mehr aus und die ästhetische Hemisphäre flog in die Luft. Das kam daher, dass die ästhetisch veranlagte Spezies weniger arbeiten will als die moralische und dass deshalb allmählich die ganze Last der neuen Kunstbewegung auf mir allein lag. Und die Folge war, dass derjenige, der am wenigsten arbeitete, mein verehrter Freund Tristan Tzara, der als mein Kompagnon figurierte, mich gröblich injuriierte. Ich muss deshalb später einen Roman schreiben, der den Untertitel: ›Geschichte einer Kunstbewegung‹ führt und in dem in deliziöser Weise zu lesen ist, wie solche Dinge sich entwickeln.« (SW 10.1, Nr. 139, S. 181)

Was Ball darüber später veröffentlichte, hatte freilich nicht Romanform, sondern eine Tagebuchform, die ereignisnahe Authentizität verspricht, aber aus späterer Distanz durchgestaltet ist und sich wie ein moderner Bewußtseinsroman liest. »Das Wort und das Bild« nannte er das Kapitel, das die frühen Zürcher Dada-Ereignisse verarbeitet; es wurde mangels umfassenderer Zeugnisse zum meistzitierten Teil der »Flucht aus der Zeit«. – Darin stellt er immer wieder eine Zusammenschau mit Zeitereignissen wie der seit Februar laufenden russischen Revolution her, so durch eine Interpolation unter dem 7. Juni 1917, die erst im Bewußtsein späterer Wertungen der Bolschewisten entstanden sein kann, weil diese ihre Führungsrolle erst in der nachfolgenden Oktoberrevolution durchsetzten:

»Seltsame Begegnisse: während wir in Zürich, Spiegelgasse 1, das Kabarett hatten, wohnte uns gegenüber in derselben Spiegelgasse,

Nr. 6, wenn ich nicht irre, Herr Ulianow-Lenin. Er mußte jeden Abend unsere Musiken und Tiraden hören, ich weiß nicht, ob mit Lust und Gewinn. Und während wir in der Bahnhofstraße die Galerie eröffneten, reisten die Russen nach Petersburg, um die Revolution auf die Beine zu stellen. Ist der Dadaismus wohl als Zeichen und Geste das Gegenspiel zum Bolschewismus? Stellt er der Destruktion und vollendeten Berechnung die völlig donquichottische, zweckwidrige und unfaßbare Seite der Welt gegenüber? Es wird interessant sein zu beobachten, was dort und was hier geschieht.« (SW 6, S. 145; Flucht S. 172)

Während Emmy Hennings Ende Mai 1917 gemeinsam mit Tristan Tzara die Galerie auflöst, zieht sich Ball merklich erschöpft wieder nach Vira-Magadino an den Lago Maggiore zurück. Am 7. Juni reist er noch einmal nach Zürich, um seine in Reparatur befindliche Remington-Schreibmaschine abzuholen, die der Galerie zur Verfügung gestanden hatte. An eine konzentrierte Weiterarbeit am Bakunin-Brevier war auch deshalb während der letzten Monate nicht zu denken gewesen. Erst in der zweiten Junihälfte kann er die unterbrochene Vorbereitung des »Breviers« fortsetzen, das erste Aufmerksamkeit weckt. Die dritte Arbeitsphase beginnt.

5. Nach dem Dadaismus.
Die Tessiner Arbeit am zweiten Teil des »Bakunin-Breviers« für den Erich Reiss Verlag im Sommer 1917

Im Mai 1917 haben ›Die weißen Blätter‹ lapidar angekündigt: »Hugo Ball bereitet für die ›Weißen Blätter‹ ein Bakunin-Brevier vor.«[96] Dadurch erfährt die literarische Öffentlichkeit erstmals von Balls Plan. Die Ankündigung klingt einstweilen noch nicht nach einer Buchausgabe, sondern nach einem Zeitschriftabdruck analog zu der Bakunin-Dokumentation Landauers, die 1914 in seiner Zeitschrift ›Der Sozialist‹ in mehreren Folgen erschienen war. Noch gab es keinen Eigenverlag der ›Weißen Blätter‹, die vielmehr 1917 noch von dem Züricher Verleger Max Rascher abhängig blieben, bei dem allerdings die mit Schickele verbundene Buchreihe ›Europäische Bibliothek‹ erschien.

---

96 Die weißen Blätter, Jg. 4, Heft 5 (Mai 1917), S. 176.

NACHWORT

Das Vorhaben Balls steht inzwischen unter Konkurrenzdruck. Franz Pfemfert, Schickeles größter Rivale auf dem expressionistischen Zeitschriftensektor, hat »Bakunins Briefe« für seine Buchreihe ›Politische Aktions-Bibliothek‹ angekündigt[97], die er 1916 eröffnet hat. Bereits damals plante Pfemfert, »einen Band von dem Philosophen Bakunin herauszugeben«, konnte aber in der Berliner »Königlichen Bibliothek wenig finden« und fragte brieflich den Wiener Anarchisten und ›Aktion‹-Mitarbeiter Rudolf Grossmann, was »frei und aufzufinden« sei.[98] Anders als Ball, der auch entlegene Texte sammelte und teils selbst aus dem Französischen übersetzte, entschied sich Pfemfert für die verlegerisch einfachste Lösung: eine Auswahl aus der 1895 erschienenen Übersetzung des »Sozial-politischen Briefwechsels« (SP). Pfemfert verhandelte deshalb im Herbst 1916 mit Cotta: »ich will von diesem Verlag Bakunins Briefe kaufen. Das wäre der dritte Band der Bibliothek«.[99] Diese Korrespondenz mit Herzen und Ogarjow hätte sich gut in die Reihe ›Politische Aktions-Bibliothek‹ eingefügt, als deren Eröffnung bereits die zweibändigen »Erinnerungen« von Alexander Herzen vorlagen. Aber Rechte für einen Nachdruck von Bakunins Briefen hat Pfemfert von Cotta offenbar nicht für eine konkurrierende Buchausgabe bekommen, sondern nur für einen Abdruck ausgewählter Briefe in seiner Zeitschrift. Sie erschienen dort in loser 14teiliger Folge in den Jahrgängen 1917 und 1918 – ohne Zurücknahme der Buch-Ankündigung.[100] –

97 Franz Pfemfert: Redaktionelle Vorbemerkung zu »Aus dem Briefwechsel Bakunins mit Alexander Herzen«. In: Die Aktion, Jg. 7 (1917), Sp. 139.
98 Brief von Pfemfert an Grossmann vom 19.1.1916 [von den Herausgebern umdatiert: Sommer 1916] in: Pfemfert: Erinnerungen und Abrechnungen, siehe Anm. 16, S. 245. – Rechtefrei waren zwar die Originaltexte Bakunins, aber die jüngeren Übersetzungen standen noch unter urheberrechtlichem Schutz, für den es im Deutschen Reich damals eine Frist von 30 Jahren nach dem Tode des Urhebers gab.
99 Brief von Pfemfert an Grossmann vom 18.11.1916 in: Pfemfert: Erinnerungen und Abrechnungen, siehe Anm. 16, S. 245. – Wie wenig Alternativen sich 1916/17 bei der Suche nach bereits vorliegenden deutschen Übersetzungen boten, zeigt Eckardt, S. 31-36 und S. 49-53.
100 Die abgedruckten Texte entstammen allesamt der Übersetzung in SP: Die Aktion, Jg. 7 (1917), Sp. 139-143, 370-372, 422-425, 456-457; Jg. 8 (1918), Sp. 59-64, 85-89, 115-120, 190-191, 271-274, 291-295, 319-322, 404-406 und 424-425.

Auch Ball bestreitet sein »Brevier« zu wesentlichen Teilen aus brieflichen Quellen und kann so für sein Buchprojekt eine Konkurrenz vermuten. Er nimmt es jedoch als ein Zeichen vorbereitenden Interesses an seinem eigenen Vorhaben, daß Pfemfert den sozialistischen Publizisten Franz Mehring zu einem begleitenden Beitrag bewogen hat. »Bereits hat die Anzeige in den ›Weissen Blättern‹ einen Aufsatz von Mehring in der ›Aktion‹ zur Folge gehabt, der zwar nicht sehr wesentlich, aber dafür orientierend war«, schreibt Ball an Brupbacher (SW 10.1, Nr. 144, S. 189). Mehring ging zwar nicht auf die Ankündigung von Balls »Brevier« ein, aber schloß in seinem Sinne:

> »Es war verstiegene Rhetorik, als der französische Historiker Michelet schrieb: ›Wenn Deutschland Deutschland werden wird, wird man diesem Russen dort Altäre errichten,‹ aber es ist nachgerade an der Zeit, daß die Deutschen, die sich an dem Andenken des seltenen Mannes am schwersten versündigt haben, die allzu lange gestundete Schuld einlösen, mehr noch zu eigener Ehre als zu Ehren Bakunins.«[101]

Während des Abdrucks der Brief-Folgen erschien außerdem eine ältere Skizze des französischen Literaturkritikers Bernard Lazare (1865-1903). Was Lazare schreibt, kann Balls wie Pfemferts Vorhaben bestätigen:

> »Doch um Bakunins Tätigkeit zu zeigen, müßte man nicht seine dogmatischen Werke veröffentlichen, sondern seinen Briefwechsel, ein Briefwechsel von außerordentlicher Ausdehnung und unaufhörlicher Aktivität, die den Enthusiasmus an allen Punkten Europas nährte, außerdem auch alle seine Arbeiten in den Vereinigungen, die er gründete, in den [!] ›Bund der sozialistischen Demokraten‹ und besonders auf den Kongressen des ›Jura-Verbandes‹. Da würde man Bakunin sehen können, wie er war.«[102]

Eine Vergewisserung des publizistischen Kontextes in einer von Patriotismen aufgewühlten Zeit steht am Anfang von Balls dritter Arbeitsphase. Unter dem 18. Juni 1917 findet sich in der »Flucht aus

---

[101] Franz Mehring: Michael Bakunin. In: Die Aktion, Jg. 7, Nr. 26 (30.6.1917), Sp. 339-346, hier Sp. 346.
[102] Bernard Lazare: Michael Bakunin. In: Die Aktion, Jg. 7, Nr. 39/40 (6.10.1917), Sp. 524-527, hier Sp. 527.

der Zeit« eine von Bakunin angeregte Überlegung zur allein weltbürgerlichen Legitimation nationaler Empfindungen. Die Briefstelle findet als drittletztes Dokument Eingang in den zweiten Teil des »Breviers«, an dem Ball nun arbeitet:

> »Bakunin in einem Briefe an Elisée Reclus, Neapel, 6. Jan. 1867[103]: ›Nur in den seltenen Momenten, wo eine Nation wirklich das allgemeine Interesse, das Recht und die Freiheit der gesamten Menschheit vertritt, kann ein Bürger, wenn er sich Revolutionär nennt, zugleich ein Patriot sein. So war die Situation der Franzosen 1793; eine in der Geschichte einzigartige Situation, zu der man vergebens vorher oder nachher eine Parallele suchen würde. Die französischen Patrioten von 1793 haben gestritten, gekämpft und triumphiert im Namen der Freiheit der Welt; denn das zukünftige Geschick der ganzen Menschheit war mit der Sache des revolutionären Frankreich identisch, mit ihm verknüpft. Der Nationalkonvent stellte das umfassendste Freiheitsprogramm auf, das der Welt bekannt geworden ist; es war eine Art menschlicher Offenbarung im Gegensatz zur göttlichen Offenbarung, die das Christentum gab. Es war die vollständigste Theorie der Menschlichkeit, die man bis dahin aufgestellt hatte.‹
>
> *
>
> Was müßte sich ändern, ehe man wieder Patriot sein dürfte? Was könnten wir der Menschheit als Geschenk anbieten, um sie zugleich zu versöhnen und wieder zur Dankbarkeit, ja zur Liebe zu stimmen? Diese Frage enthält das deutsche Ideal der Zukunft und das Ideal, dem ich alle meine Kräfte, meine beste Einsicht widmen will.« (SW 6, S. 146; Flucht S. 173-174)

---

103 Vgl. im zweiten Teil des »Breviers« den aus Neapel geschriebenen »Brief an einen Unbekannten« vom gleichen Tagesdatum (siehe S. 159-160). Ball nimmt bei seinem Zitat in der »Flucht aus der Zeit« allerdings nicht nur in der Interpunktion und der eigenwilligen Adressaten-Zuschreibung eine charakteristische Änderung vor. Im »Brevier« heißt es in korrekter Übersetzung der französischen Vorlage: »Nur in den seltenen Momenten, wo eine Nation wirklich das allgemeine Interesse, das Recht und die Freiheit der gesamten Menschheit vertritt, kann ein Bürger, wenn er sich Patriot nennt, zugleich sich Revolutionär nennen.«

Das die nationalen Horizonte überschreitende Bakunin-Projekt wird für Ball zu einem Schritt auf diesem Denkweg, an dessen Ende ein nicht mehr imperiales Verständnis des Politischen stehen wird, wie er es im folgenden Jahr in seiner Schrift »Zur Kritik der deutschen Intelligenz« im Blick auf das Europa der Nachkriegszeit entfalten kann.

Im April und Mai 1917 waren in den ›Weißen Blättern‹ mit Auszügen aus dem Antikriegsroman »Le Feu« von Henri Barbusse die letzten Übersetzungen Balls erschienen, bei denen er nicht namentlich genannt wurde.[104] Durch Schickele ermutigt, war er auf gutem Wege, seine Übersetzung des in Frankreich 1916 mit dem Goncourt-Preis ausgezeichneten Romans für die deutschsprachige Buchausgabe zu komplettieren, für die zunächst Schickele die Rechte erworben hatte, der sie jedoch dann an den Züricher Max Rascher Verlag[105] abtrat, bei dem damals noch die ›Weißen Blätter‹ erschienen. Aber der Verlag entschied anders und gab den Übersetzungsauftrag für den gesamten Roman an den Schweizer Romanisten Leo von Meyenburg, an den Ball sich am 14. Juni 1917 wandte, um seine Irritation auszudrücken: »Ich bereite einen Roman und ein Bakunin-Brevier vor, Arbeiten, die ich durch meine Übersetzung des Barbusse-Buches zu stützen und zu stärken hoffte.« (SW 10.1, Nr. 136, S. 178)

Balls Hoffnung auf eine ökonomische Absicherung der langwierigen Bakunin-Studien durch seine Übersetzungen ist ebenso unverkennbar wie deren Übungszweck. Für das »Brevier« waren zahlreiche französische Textdokumente teilweise erstmals ins Deutsche zu übersetzen. Obwohl ihm das Abiturzeugnis »genügende« Französisch-Kenntnis bescheinigte und ihn die Übersetzung französischer Bakunin-Dokumente nicht schreckte, hatte er doch noch 1915 zuwenig Sprachpraxis, um sich bei seinem ersten Besuch in der französischsprachigen Schweiz im mündlichen Gebrauch sicher zu fühlen.[106] Vielleicht kamen die Übersetzungsaufträge von Schickele auch bewußt zur Einübung für das von den ›Weißen Blättern‹ angekündigte Bakunin-Brevier. Aber dauerhafte Sicherheit boten sie nicht.

104 Ein von Ernst Teubner kommentierter Nachdruck dieser Übersetzungen findet sich heute in HBA 2006, S. 50-113.
105 Vgl. Debrunner, a.a.O., S. 181f.
106 Noch am 1.8.1915 hatte Ball aus Genf in einem Bittbrief an Brupbacher geschrieben: »wir sind hier ganz fremd, ausserdem der Sprache nicht mächtig.« (SW 10.1, Nr. 73, S. 83)

Schickele, von dem Ball dafür seit November 1916 regelmäßig Honorarzahlungen bekommen hat, teilt ihm mit einem Brief vom 21. Juli 1917 mit, daß er ihm keine weiteren Vorschüsse zahlen könne. Erst ab Oktober bestehe wieder Aussicht – nach einer geschäftlichen Konsolidierung der Zeitschrift, die vorübergehend ihr Erscheinen einstellt.[107] Damit gerät die Finanzierung seiner Arbeit am »Brevier« erneut ins Ungewisse. Die Nachricht erreicht ihn vermutlich nicht mehr im Maggiatal auf der Alp Brussada, auf die er sich für einige Juliwochen in 1.800 Meter Höhe für seine Bakunin-Studien zurückgezogen hat.[108]

Noch in Zürich hatte er den Verleger Erich Reiss getroffen, von dem er sich eine dauerhafte Verlagsbasis erhofft. Reiss hatte seinen Roman angenommen und ihn ermuntert, auch Gedichte zu schikken, die Ball noch im Juni erfolglos absandte. In seiner ungewissen Lage unternimmt er dennoch einen Versuch, Reiss auch für das »Brevier« zu interessieren. An ihn statt an Schickele schickt er aus Ascona am 8. August den fertigen ersten Teil von »Michael Bakunin. Ein Brevier«[109], der die Jahre 1814-1849 umfaßt. Sein Begleitbrief ist nur als Zitat in der »Flucht aus der Zeit« überliefert:

»Was ich Ihnen schicke (die ersten 100 Seiten) ist zwar in sich abgeschlossen, aber für das Buch noch nicht typisch. Es ist nur der

---

107 Vgl. Ernst Teubners Kommentar in HBA 2005, S. 113. Tatsächlich erschienen ›Die weißen Blätter‹ erst wieder ab Juli 1918 in neuer Folge. Nach der Verlegung der Redaktion in die Schweiz war die Zahl der Abonnenten seit 1916 empfindlich zurückgegangen und Schickele führte nach Vermittlung durch Annette Kolb mit dem Diplomaten Harry Graf Kessler von der Deutschen Gesandtschaft in Bern wiederholt Gespräche über eine Konsolidierung bzw. die Begründung einer neuen Wochenschrift mit dem von Kessler vorgeschlagenen Titel ›Deutsche Demokratie‹. Vgl. Debrunner, a.a.O., S. 89, 93ff., 120 und 123f.

108 Falls Schickeles Brief ihn doch dort erreichte, könnte sich darauf die »Sache in Maggia« beziehen, die Ball im Brief an Emmy Hennings am 29.9.1917 mit Blick auf das problematische Verhalten von Schickele erwähnt (SW 10.1, Nr. 155, S. 206).

109 Bei dieser Reinschrift des 1915 entworfenen ersten Teils (siehe oben) dürfte es sich um das heute verschollene Original-Typoskript T¹ I gehandelt haben, das ihm auch bei der späteren Absage durch Reiss im letzten Kriegsjahr offenbar nicht zurückgeschickt wurde. Vermutlich handelte es sich noch um lose Manuskriptseiten, da erst im September von einem gebundenen Exemplar die Rede ist.

Auftakt, die Studentenjahre. Es zeigt, wie Bakunin sein Leben breit, europäisch anlegt. Es zeigt vor allem – und deshalb brachte ich vorzüglich Belege aus der Zeit von 1848/49 –, daß B[akunin] recht eigentlich zur deutschen Literatur gehört und nicht etwa zur russischen und französischen, obgleich seine späteren Hauptwerke in diesen Sprachen geschrieben sind. Die Jahre 48 und 49 in Dresden waren sein stärkstes Erlebnis, schon deshalb weil sich eine lange Kerkerhaft daran knüpfte, und Bakunin ist von den Deutschen nicht mehr losgekommen. Seine ganze spätere Aktion (wie ich sie im II. und III. Teil darstellen will) beschäftigt sich kritisch mit deutschem Denken, ist eine Auseinandersetzung mit deutschen Gegnern und Methoden. Er gehört zu unserer Literatur wie Heine und Nietzsche ihr angehörten, leidend am Deutschen, aber doch tief und unlösbar mit ihm verbunden. Es war darum nötig, die einleitenden Dokumente (auch die Äußerungen von Ruge, Marx, Varnhagen und Wagner) lückenlos zu bringen.« (SW 6, S. 153; Flucht S. 182-183)

Die Positionierung Bakunins im deutschen Kontext zwischen Heine und Nietzsche entspricht Balls aktualisierender Lesart. Sie greift zugleich über den nationalen Horizont hinaus, weil Bakunin nach Balls mehrfach geäußerter Überzeugung artikuliert, was den obrigkeitlich orientierten Deutschen noch an freiheitlichem Selbstverständnis fehlt, um in Europa eine positive Rolle spielen zu können. – Das Interesse des Verlegers an dieser Herausforderung für deutsche Leser wird durch Balls Angebot jedenfalls geweckt. Bis auf weiteres scheint die Publikation auf doppelte Weise gesichert, zumal Schickele nur seine Vorauszahlungen eingestellt, aber nicht seine Ankündigung der Veröffentlichung des »Breviers« in den ›Weißen Blättern‹ zurückgezogen hat.

Unter diesen Voraussetzungen schreibt Ball im August 1917 in Ascona weiter, wo er mit Emmy Hennings und ihrer elfjährigen Tochter Annemarie in der alten Casa Poncini am Seeufer Zimmer bezieht. Friedrich Glauser, der die drei im Juli zunächst auf die Alp Brussada begleitet hatte[110], ist inzwischen abgereist. – Tagebuch-

---

110 Vgl. seine Schilderung des Aufenthaltes im Maggiatal: Friedrich Glauser: Der alte Zauberer. Das erzählerische Werk Bd. II: 1930-1933, hg. von Bernhard Echte und Manfred Papst, Zürich: Limmat Verlag 1992, S. 81-82.

notizen von dort und hier, die durch die Auswahl für die »Flucht aus der Zeit« überliefert sind, begleiten Balls Bakunin-Studien. Unter dem 15. August heißt es über den früher problematisierten Rousseauismus:

»Die Idee des natürlichen Paradieses – nur in der Schweiz hat sie geboren werden können. Die entrückteste Urwelt begegnet hier dem lieblichsten Idyll, die eisige Schneeluft der Höhe dem mildesten Glockentone des Südens. Die Schweiz ist die Zuflucht all derer, die einen neuen Grundriß im Kopfe tragen. Sie war und ist jetzt, während des Krieges, der große Naturschutzpark, in dem die Nationen ihre letzte Reserve verwahren. Hier stand die Wiege jenes Gesetzgebers, in dessen verjüngender Phantasie die Welt der Künstler und der Reformer, der ästhetische und der politische Enthusiasmus sich treffen: die Wiege Jean Jacques Rousseaus. Von hier, von der Schweiz aus wird sich Europa wieder beleben. Alle, die sich den Kopf zerbrechen oder zerbrachen über der Frage, wie der Menschheit wieder aufzuhelfen, wie eine neue Menschheit zu garantieren sei, leben oder lebten einmal in diesem Land.« (SW 6, S. 155-156; Flucht S. 185-186)

So auch Bakunin, dessen im ersten Teil des »Breviers« zitierter Brief von der Petersinsel im Bielersee 1843 an den Rousseauschen Topos anknüpft. Den zweiten Teil beschließt Bakunins 1866 entstandenes »Statut der Fraternité internationale«, dessen Übersetzung Ball am 22. August 1917 abgeschlossen hat (SW 6, S.157-158; Flucht S. 188-189).

Unter dem 29. August finden sich Notizen zum Hintergrund der nun abgeschlossenen beiden Teile des »Breviers«. Anlaß ist die Lektüre von Kulczickis Darstellung der russischen revolutionären Bewegungen[111], durch die Ball seine Bakunin-Studien in einem weiten Panorama ansiedeln kann:

»›Geschichte der russischen Revolution‹ von Ludwig Kulczicky (oder das Ende der Aufklärung).

Nach Pestel ist der Schutz des Eigentums das Hauptziel der zivilisierten Gesellschaft und eine heilige Pflicht der Regierung.

---

111 Vgl. Anm. 89. – Ball hatte das Werk des polnischen Historikers von Brupbacher entliehen.

(Das Mittelalter kannte kein Eigentum; es gab also auch nichts zu schützen.)

Den westeuropäischen Ideen, die auf sozialen und politischen Fortschritt drangen, wird zunächst die ›russische Ursprünglichkeit‹ gegenübergestellt: das heißt die Orthodoxie, die Selbstherrschaft und der russische Volkscharakter.

Tschaadajew: niemand vor ihm hatte die Vergangenheit, die Gegenwart und teilweise auch die Zukunft Rußlands so skeptisch und absprechend beurteilt. Er pflog Verbindungen mit den Dekabristen, aber es fehlte ihm an politischem Temperament.

Bakunin als Propagator Hegels: er hat Bjelinsky, Tschaadajew, Herzen und Proudhon in den Hegelianismus eingeführt. Nach Hegel sind die Deutschen die Verkörperer des Weltgeistes. (Kaum hundert Jahre hat es gedauert, bis alle Welt darüber lacht).

Der Realismus Bjelinskys zeigte sich darin, daß man alle metaphysischen Gedankensysteme über Bord warf und sich ›wirklichen Lebensfragen‹ sowohl auf sozialem wie auf individuellem Gebiete völlig hingab. Sein berühmter Brief an Gogol, worin er diesem vorwarf, er idealisiere das offizielle Rußland und dessen furchtbare Zustände.

Spencer, Darwin, Mill, Buckle wurden ungeheuer viel gelesen, auch Comtes System erfreute sich großer Beliebtheit. (Sie haben andere Bedürfnisse als wir. Das nihilistische Ins-Volk-Gehen hätte bei uns wenig Sinn. Uns fehlt eine neue Aufgabe, eine neue Spannung für die Intelligenz; sie wird um ihrer selbst willen gepflogen, niemand denkt mehr an eine fruchtbare Anwendung. Wir haben ein anderes Problem, das des Rationalismus auszutragen. Nicht ins Volk, sondern wieder in die Kirche gehen, könnte unsere Parole sein.)

Tschernischewsky, der hervorragendste Vertreter der geistigen, sozialen und revolutionären Bewegung zwischen 1860 und 1870 ist Anhänger der Feuerbach'schen Diesseitslehre (ganz wie Bakunin zur selben Zeit).

Der Nihilismus, wie ihn Pissarew und Zajzew predigten, war der Protest solcher Gruppen, die unter erträglichen materiellen und sozialen Bedingungen lebten, aber unter dem Druck hergebrachter Sitten und Ideen litten. Sie erstrebten die Freiheit des einzelnen und bekämpften alle intellektuellen und moralischen Fesseln. (Von alledem haben wir übergenug. Die Nachahmung könnte nur einen Anachronismus bedeuten. Während man die praktischen Konsequenzen aus unseren veralteten Theorien zieht, rüsten wir schon zur ideologischen Umkehr.)

Der Nihilismus ebnete in Rußland (ganz wie im Westen) dem Anarchismus die Wege. Der Staat gilt als Summe und Generalnenner aller volksfeindlichen Autoritäten.

Mit Beginn des Jahres 1862 versucht man die revolutionären Kräfte zu einem Ganzen zusammenzuschweißen. Den Anstoß geben die Emigranten. Rußland sammelt jetzt die ›radikalsten‹ europäischen Ideen, um ähnlich wie Frankreich 1793 eine Probe aufs Exempel zu machen. (Man kann sich bei ihnen über den praktisch-politischen Sinn der Jungdeutschen, Hegel, Feuerbach, Marx, unterrichten.)

Die Agrarbewegung hatte (bis 1864) keine großen und sichtbaren Resultate gezeigt. Deshalb erwartet man eine Wiedergeburt der Menschheit aus den Fabriken. 1873 erscheinen russisch Guillaumes Werk ›Die Internationale‹ und Bakunins ›Staatstum und Anarchie‹.

Marx verlangt die Demokratisierung des bestehenden Staates, Bakunin verwirft den Staat als nicht reformierbar. Der eine stimmt für den Zentralismus, der andre für autonome Produktivgenossenschaften.

Die Frage, welch endgültige Rolle dem Staat in einer klassenlosen, der künftigen sozialistischen Gesellschaft zukommt, wurde nicht nur nicht gelöst, sie wurde nicht einmal eingehend studiert und erörtert. Dasselbe gilt von der Vereinigung der West- und der Ostkirche, einem Traum, den die Christenheit seit über einem Jahrtausend hegt, ohne daß seine Verwirklichung wäre möglich gewesen.« (SW 6, S. 158-160; Flucht S. 189-191)

Damit sind bereits Themen angeschlagen, die Ball bei der Ausarbeitung des dritten Teils über Bakunins letztes Lebensjahrzehnt begleiten werden, zu dem er bereits während der Juliwochen im Maggia-Tal Vorstudien[112] unternommen hat. Zwischen Zürich und Locarno hat Ball mehrere Lebensorte Bakunins kennengelernt und wechselt

---

112 Vgl. die Äußerungen nach der Lektüre von Bakunins Schrift »L'Empire Knouto-Germanique« und des dritten Bandes von Nettlaus großer Biographie in SW 6, S. 150-151 und 152; Flucht S. 178-179 und 181.

nach Bern, wo sich auf dem Bremgarten-Friedhof Bakunins Grab befindet.

6. Von der Anarchie zur Republik. Berner Verflechtungen und Verpflichtungen auf dem Weg zum dritten Teil des »Bakunin-Breviers« 1917-19

Die Übersiedlung in die Landeshauptstadt Bern hat praktische Gründe. Neue Pläne Schickeles locken Ball Anfang September 1917 dorthin. Auf Anregung von Harry Graf Kessler, des liberal gesinnten Chefs der deutschen Kulturpropaganda in der Schweiz, bereitet René Schickele schon seit November 1916 als Herausgeber eine unabhängige politisch-literarische Zeitschrift mit dem von Kessler vorgeschlagenen Titel »Deutsche Demokratie« vor[113], die nicht durch das Deutsche Reich, sondern von privaten Geldgebern finanziert werden sollte (SW 10.3, Nr. 147, S. 185). Sie sollte in Leitartikeln eine demokratische Neugestaltung Mitteleuropas und einen Friedensbund der Völker zum Thema machen und jungen Autoren ein Forum für literarische Beiträge bieten. Offenbar hatte Schickele Hugo Ball Avancen für eine redaktionelle Mitarbeit gemacht. »Hierhergefahren, um den Herausgeber zu sehen, habe ich ihn flüchtig gesprochen, dann reiste er nach Beatenberg. Nun fühle ich mich in dieser mir fremden Stadt recht verlassen. In Zürich die ästhetische, hier die politische Hälfte; ich aber fühle mich in meinen Interessen so geteilt, daß ich eigentlich auf dem Punkte stehe, den Ästheten der Politik aufzuopfern«, resümiert Ball nach einem Eintrag in der »Flucht aus der Zeit« unmittelbar nach seiner Ankunft am 7. September 1917 (SW 6, S. 163; Flucht S. 197). Als Redaktionssitz ist Schickeles Wohnung in der Junkerngasse 19 im Berner Vorort Bümpliz vorgesehen, in deren Erdgeschoß auch Kessler sein Büro hatte.

Aber trotz mehrerer Begegnungen mit Schickele, der in Beatenberg oberhalb des Thuner Sees seine Sommerresidenz bezogen hat, fühlt sich Ball in den folgenden Wochen hingehalten. Am 15. September hofft er, »Schickele bald wieder zu sehen« (SW 10.1, Nr. 146,

---

113 Vgl. Kessler, a.a.O., S. 89f., 103, 114-117, 123f., 126, 134, 228, 231f., 240, 351, 359, 398, 401-402 und 520-521. Seit dem Winter 1917/18 ist dort von der neuen Wochenschrift nicht mehr die Rede, sondern nur noch von der Umgestaltung der alten Zeitschrift.

S. 191). Noch am 22. September rechnet er mit dem Erscheinen der Zeitschrift im November und entschließt sich, deshalb in Bern zu bleiben (SW 6, S. 167; Flucht S. 202).[114]

Tatsächlich kommt die neue Zeitschrift aus ungeklärten Gründen nicht zustande; möglicherweise fanden sich unter den bestehenden Verhältnissen in Deutschland noch nicht genug private Geldgeber für ein ungewohntes Organ der Demokratie. Statt dessen setzen Kessler und Schickele auf entsprechende politische Akzente in dem bereits eingeführten Organ der Literatur. Schickele gründet in Spiez am Thuner See mit Unterstützung seines neuen Buchverlegers Paul Cassirer, aber ohne Balls Mitarbeit einen eigenen ›Verlag der Weißen Blätter‹, in dem die unterbrochene Erscheinungsfolge der ›Weißen Blätter‹ erst im Juli 1918 wieder beginnen kann.[115] Gleichzeitig ist Schickele bei dem Züricher Verleger Max Rascher, bei dem die ›Weißen Blätter‹ bis zu ihrer Einstellung im Juli 1917 erschienen waren, seit Anfang 1918 unter Vertrag als Lektor des Buchprogramms, zu dem die Reihen ›Europäische Bücher‹ und die von ihm selbst herausgegebene ›Europäische Bibliothek‹ gehörten. Mit Aussicht darauf spricht er nach Aufgabe der Wochenschrift-Pläne im November 1917 auch mit Ball über konkrete Möglichkeiten für diese Schriftenreihen.[116] Vom »Brevier« selbst ist dabei offensichtlich nicht mehr

---

114 Am 22.9.1917 will er – laut Brief an Emmy Hennings – »versuchen, heute Schickele zu treffen«, was ihm im Redaktionssitz der ›Weißen Blätter‹ im Berner Vorort Bümpliz nicht gelingt, da Schickele sich noch in seinem Sommerdomizil in Beatenberg aufhielt, wohin er um den 7.9. aufgebrochen war und wohin Ball ihm schreibt (SW 10.1, Nr. 149, S. 198). Noch am Vortag hatte er an Emmy Hennings geschrieben, er habe »gar keine Lust nach Bümpliz, sondern möchte lieber ›Bücher machen‹« (SW 10.1, Nr. 148, S. 197).
115 Vgl. SW 10.3, Nr. 147, S. 185 und Nr. 148, S. 187.
116 Möglicherweise steht schon Balls unter dem 7.9.1917 vermerkte Lektüre von Tolstojs späten Tagebüchern aus den Jahren 1895-99 in diesem Zusammenhang, deren erste deutsche Ausgabe von Ludwig Berndl 1917 im Münchener Georg Müller Verlag erschienen war, während Ludwig Rubiner in Zürich noch eine thematisch gegliederte Auswahl aus der Übersetzung seiner Frau vorbereitete, die im Januar 1918 schließlich innerhalb der Reihe ›Europäische Bücher‹ im Max Rascher Verlag herauskam. Vielleicht lag diese Auswahl Schickele bereits im Manuskript vor, bei dem Ball von ihm um ein vergleichendes Urteil gebeten worden war (SW 6, S. 163-164; Flucht S. 197-198). – Daß sich Schickele bereits im Herbst 1917 mit der Konzeption der

die Rede. Ball, der für die Fortsetzung seines »Breviers« mit Bakunins Wirken in den späten sechziger Jahren beschäftigt ist, schlägt ihm dessen (angesichts der Weltlage nicht unaktuelle) französische Reden auf den Kongressen der Friedens- und Freiheitsliga[117] vor: »Einladung zu Schickele und Gespräch mit ihm, während er im Bette liegt. Er gibt mir die ›Friedens- und Freiheitsliga‹ zurück und legt mir den Gedanken nahe, ihm dafür ein Buch über die ›Deutschen Intellektuellen‹ zu schreiben. Wir verabreden, daß ich ihm ein Exposé vorlege«, schreibt er unter dem 9. November in der »Flucht aus der Zeit« (SW 6, S. 175; Flucht S. 211-212). Schon fünf Tage später heißt es:

»Das Exposé ist fertig. Aber wie ist das doch? Die Gedanken drehten sich mir in der Feder um. Es sollte ein Buch werden über die modernen Intellektuellen, etwa über die Autoren der ›Weißen Blätter‹, und es ist ein Aufriß der deutschen Entwicklung und eher ein Entwurf gegen das ›Manifest der 93 Intellektuellen‹ geworden. Ich habe kein Geschick, einen Auftrag auszuführen. In der ›Europäischen Bibliothek‹ wird Sch[ickele] es nicht bringen können. Vielleicht bringt es Orell Füssli. Nun, es ist gleichgültig. Ich fühle, daß es nur dieser Anregung bedurfte; mein ganzes Innere zieht sich zusammen. Ein Strom, der über mich hinweggeht.« (SW 6, S. 175-176; Flucht S. 212-213).

Damit ist das schon früher im Tessin ins Auge gefaßte kritische Buch konzipiert, das er im folgenden Jahr unter dem Titel »Zur Kritik der deutschen Intelligenz« abschließen wird. In der ›Europäischen Biblio-

---

Buchreihe beschäftigte, ist auch durch Kessler (a.a.O., S. 180) bezeugt. Im April 1918 las Ball jedenfalls Rubiners dort erschienene Buchausgabe (SW 10.1, Nr. 201, S. 285).

117 Erhalten ist das von Ball kommentierte und übersetzte Fragment »Vierte Rede auf dem Kongress der Friedens- und Freiheitsliga in Bern«, 1868 (Exz[b], hier wiedergegeben im Anhang). »Bakunins Rede auf dem Gründungskongreß der Friedens- und Freiheitsliga« (10.9.1867) findet sich heute deutsch in: RF S. 17-21. – In älteren Kommentierungen gibt es die irrige Annahme, die von Ball angesprochene ›Friedens- und Freiheitsliga‹ sei anstelle eines historischen Begriffs ein Synonym für das Schickele vorliegende Manuskript der ersten beiden Teile des »Breviers«, das nun hier seine Ablehnung erfahre.

thek‹ Schickeles oder den ›Weißen Blättern‹ erscheint es ebensowenig wie das ungedruckt bleibende Bakunin-Brevier, sondern in dem Berner Emigranten-Verlag, dessen publizistische Arbeit Ball hinfort zur eigenen Sache macht. ›Der Freie Verlag‹ löst schon bald ein, was Ball sich von Schickeles Unternehmungen vergeblich erwartet hat. – Er habe, hat er bereits am 22. September an Emmy Hennings geschrieben, »keine Lust nach Bümpliz, sondern möchte lieber ›Bücher machen‹« (SW 10.1, Nr. 148, S. 197) – zunächst natürlich die eigenen.

Der in Ascona abgeschlossene zweite Teil des »Breviers«[118] dokumentiert Bakunins Biographie der Jahre 1849-1866. Wenige Tage seit seiner Übersiedlung nach Bern Anfang September hat Ball eine Reinschrift angefertigt, deren Umfang exakt dem des erhaltenen Typoskripts T¹ II entspricht: »die Abschrift ist fertig. Und auch das ist erquicklich, denn es war eine Heidenarbeit: 114 Seiten. In drei Tagen hab ichs abgeschrieben. Ich kann mich mit dem Zeugs jetzt nicht mehr so lange aufhalten«, schreibt er am 9. September an Emmy Hennings (SW 10.1, Nr. 143, S. 185). Er kann in Bern beide Typoskript-Teile binden lassen und hält das insoweit abgeschlossene Werk schließlich in Händen.[119] Ihm steht freilich noch die Ausarbeitung des dritten Teils bevor, der das letzte, erklärtermaßen »anarchistische« Lebensjahrzehnt Bakunins umfassen soll. Unter dem 10. September vermerkt die »Flucht aus der Zeit«:

> »Ich habe jetzt ein gebundenes Exemplar des Bakunin-Manuskripts. Es enthält nur die erste, die demokratische Hälfte. Was folgt, wäre das Gegeneinander der Kongresse und Organisationen, der Kampf mit Marx und Mazzini um die Internationale, die Entwicklung der anarchistischen Theorie. Doch scheint mir mitunter, das Buch ist ins Herz getroffen, während ich noch daran weiterspinne. Es hat keinen Sinn mehr, und doch bemühe ich mich noch. Wenn ich so arbeiten will, wenn ein simpler Gedanke den ganzen Entwurf zu kassieren vermag, wohin soll das führen?« (SW 6, S. 164; Flucht S. 199)

---

118 Ein separat gebundenes Original-Typoskript der Reinschrift dieses frühesten Stadiums von Teil II liegt als T¹ II vor.
119 Es könnte sich um die teils noch ergänzte Fassung der Teile I und II handeln, die im gemeinsam gebundenen Typoskript T² überliefert ist, das der vorliegenden Edition zugrunde liegt.

Die schon im Winter 1916/17 aufkeimenden Zweifel am Sinn seiner dokumentarischen Arbeit, hinter der er als Autor zurücktritt, werden grundsätzlicher angesichts der noch bevorstehenden Ausarbeitung der Zeugnisse von Bakunins radikal anarchistischer Phase. Der Sturz des von Bakunin bekämpften Zarismus und die laufenden Ereignisse der von Ball schon 1915 vorausgesagten russischen Revolution, die damals noch nicht endgültig in ihre bolschewistische Phase getreten war, schienen ihm den Sinn seines Vorhabens zu schwächen. – Aber vorerst erleichtert, nun auch den gebundenen zweiten Teil an den Erich Reiss Verlag abgeschickt zu haben, schreibt er am selben Tag an Emmy Hennings nach Ascona:

> »Das Manuskript ist weg und ein adretter Brief an Reiss ebenfalls. Nun halt mir den Daumen und alle Zehen dazu. Wenn die Sachen nur nicht an der Zensur hängen bleiben. An dem Brief habe ich 3 Tage lang simuliert; ist etwas Ganz Feines oder ganz Dummes geworden. Hoffen wir das Erste. Antwort von Reiss ist noch nicht da. Aber jetzt wird welche kommen. Wenn nur die Zensur das Msk. durchlässt. Man fällt von einer Angst in die andre. Dies Msk. liest sich herunter in einem Ratsch: ist eine klare, energische, aufgelegte Sache. Mögen 20 Schutzheilige mitfliegen.«
> (SW 10.1, Nr. 145, S. 191)

Der erwähnte Brief an Reiss ist nicht erhalten, aber ein Brief vom 9. September an Brupbacher, der einen ausführlichen Bericht über das laufende Projekt enthält, das er im Oktober abzuschließen hofft: »nach langer Katakombenarbeit tauche ich aus dem Bücherwust hervor, um Ihnen unendlich zu danken für das reiche Material, das Sie mir zur Verfügung stellten, insbesondere für den Nettlau.« (SW 10.1, Nr. 144, S. 187) In der Tat gehört Nettlaus große Biographie durch die dort wiedergegebenen Dokumente zu den meistzitierten Quellen des »Breviers«. Ball schreibt weiter zu Nettlau:

> »Ich habe ihn sehr intensiv und von A bis Z studiert und ich glaube, dass sich das lohnte. Wenn ich ihn mir als Leser meines ›Breviers‹ vorstelle, werde ich ihm zwar nicht viel Neues sagen können, aber er würde vielleicht überrascht sein über die Aktualität und Konsequenz, die sich ergibt, wenn man die Dokumente ein wenig abstaubt und entsprechend nebeneinander stellt.«
> (SW 10.1, Nr. 144, S. 187-188)

Die in früheren brieflichen Stoßseufzern ahnbare Resignation vor der Fülle des Materials scheint verflogen und die gestalterische Fügung der Fakten und Dokumente führt zu eigenen Thesen. So in der Vermutung von strukturellen Einflüssen der Freimaurerei auf Bakunins Bildung konspirativer Organisationen wie der ›Fraternité internationale‹[120], deren Statut von 1866 den soeben abgeschlossenen zweiten Teil des »Breviers« beschließt:

> »Einiges wird auch Sie, lieber Herr Doctor, interessieren: zum Beispiel, dass Bakunin aller Wahrscheinlichkeit nach in London unter Mazzinis Einfluss Freimaurer wurde und von Mazzini Empfehlungen an florentinische Freimaurer bekam; dass also die Fraternité (Brüderschaft) ihren Namen unterm Einfluss der Freimaurerei erhielt; und dieser Zusammenhang ist nicht nur wahrscheinlich, da Bakunin die Bedeutung der Freimaurerei aus den Zeiten der Dekabristen kannte, sogar darüber schrieb, und da er selbst nach dem Zeugnis Varnhagens von Ense bei seinen Aktionen die Mitarbeit von okkulten Sektierern nicht verschmähte. Von der Freimaurerei her erklärt sich vielleicht die Hierarchie, die er seiner Konspiration zu geben versuchte (er hatte in der Freimaurerei ein gutes Rezept dafür). Nettlau schreibt, dass die toskanischen Logen damals einen erbitterten Kampf gegen das Papsttum führten, und hält es für möglich, dass ein Manuskriptfragment Bakunins, das er mitteilt, und das zugleich eine Kritik der Freimaurerei und des Katholizismus enthält (Vorläufer von ›Antithéologisme‹), direkt gegen einen päpstlichen Syllabus gerichtet war, der im Dezember 1864 erschien, als Bakunin in Florenz den Grossmeister der toskanischen Logen kannte (Dolfi) und bei einem Zusammentreffen mit Gubernatis diesen fragte, ob er Freimaurer sei. Ich halte es nicht nur für wahrscheinlich, sondern für sicher. Er benutzte zwar die Freimaurerei nur, um für seine eigene Sache Anhänger zu werben, aber er setzte sich doch mit ihr so auseinander, wie er sich mit Weitling und dem Kommunismus in Zürich aus-

---

120 Unter dem 22.8.1917 verzeichnet Ball in der »Flucht aus der Zeit« zum soeben übersetzten »Statut der Fraternité internationale« Überlegungen, die denjenigen im folgenden Brief an Brupbacher ähneln (SW 6, S. 157-158; Flucht S. 188). Das »Statut der Fraternité internationale« beschließt Teil II des »Breviers« und ist hier auf S. 169-180 wiedergegeben.

einandersetzte, und ich halte es nicht nur für wahrscheinlich, sondern für gewiss, dass das Statut der ›Fraternité‹ (von Frühjahr 1866), das übrigens ganz anders klingt als das, was Dragomanow mitteilt, nach freimaurerisch hierarchischem Vorbild entstand.«
(SW 10.1, Nr. 144, S. 188)

Bakunin erscheint Ball nicht als singuläre Gestalt, sondern als Schlüsselfigur eines weitläufigen Netzwerks realer Beziehungen und struktureller Entsprechungen. Eine Analogie sieht er in der hintergründigen Rolle des linken Publizisten Černičevskij als Anreger von polnischen Aufständischen und russischen Revolutionären und ihrer konspirativen Gesellschaft ›Land und Freiheit‹ (›Zemlja i volja‹), die sich später in einen terroristischen und einen nichtterroristischen Flügel spaltete:

> »Auch über Tschernischewskys Bedeutung für den Polenaufstand und die damalige Londoner Emigration habe ich durch Vergleichen der von Kulczicky und Nettlau mitgeteilten Dokumente viel Neues gefunden, und man könnte über die merkwürdigen indirekten Beziehungen zwischen Bakunin und Tschernischewsky eine sehr interessante Broschüre schreiben. Tschernischewsky scheint nämlich der Begründer und die Macht der Gesellschaft ›Land und Freiheit‹ gewesen zu sein; denn genau nach seiner Verhaftung (Juli 1862) geriet das Aufblühen dieser Gesellschaft in Stocken und zerfiel. Interessant ist auch, dass Herzen es war, der durch einen Brief, den Wietochin besorgte und der abgefangen wurde, Tschernischewsky nach Sibirien brachte. Aus dem Kreis um Tschernischewskys ›Grossrussen‹ kamen die Offiziere, die das Warschauer Komitee bildeten und auch eine sehr interessante Kritik Tschernischeswkys über ›Rudin‹ liegt vor.«
(SW 10.1, Nr. 144, S. 188-189)

Černyševskij verteidigte dort Bakunin gegen das karikaturistische Portrait, das Turgenev in der Titelfigur seines Roman »Rudin« 1855 von ihm gezeichnet hatte. – Noch ist Ball sich ungewiß, ob Erich Reiss das »Brevier« in sein Verlagsprogramm aufnehmen wird, und schreibt weiter:

> »Lieber Herr Dr., wo das Brevier erscheinen wird, weiss ich noch nicht mit Bestimmtheit, aber es *wird* erscheinen und ich habe Hoffnung, dass es sogar in Deutschland erscheint. Und da es circa

400 Seiten stark wird (ich bringe es in Form einer biographisch sich entwickelnden Charakteristik), so wird das, wenn es erst herauskommt, ein sehr schönes Dokument werden.«

Da die in T² vorliegenden beiden Teile des »Breviers« bereits 234 gezählte Seiten umfassen, wird mit Balls Schätzung des Gesamtumfangs deutlich, daß er für den abschließenden dritten Teil mit etwa 166 Seiten mehr als für jeden der beiden ersten Teile veranschlagte. »Das Kapitel, an dem ich jetzt arbeite, ist wohl das wichtigste. (III)«, schreibt er wenige Tage später an Emmy Hennings (SW 10.1, Nr. 147, S. 193)[121]. Die Weiterarbeit daran ins Auge fassend, fragt er Brupbacher nach weiteren Materialien:

»Wenn es nicht unbescheiden ist: darf ich Sie um die Guillaume-Anekdoten bitten? Vielleicht kann ich etwas daraus verwenden. Das möchte ich sehr, sehr gerne. Aus den Jugendbriefen kann ich nichts mehr bringen, es wird mir sonst zu breit. Ich bringe die Übersetzung der Selbstbiographie (Fragment), sowie Teile aus der Vorrede zur Übersetzung der hegelschen Gymnasialreden und möchte nicht gerne von der Darstellung der inneren Entwicklung in die privaten Briefe u.s.w. abschwenken. Aus den Guillaume-Anekdoten aber möchte ich sehr gerne etwas bringen, weil sich darin nach den Proben, die ich damals von Ihnen hörte, die ganze Denkart spiegelt.

Eine Frage: ist ›Staatsum und Anarchie‹ (oder Teile daraus) irgendwo übersetzt erschienen? Etwa französisch? Und noch eine Frage (wenn Sie erlauben): ist der von Guillaume angezeigte *VIII.* Band der Schriften, der Briefe enthalten sollte, noch erschienen? Auch wäre ich Ihnen sehr dankbar, wenn ich einige genaue Angaben (oder einen Nachweis) über Nettlaus jetzige Stellung zu seiner Biographie und seine jetzige Tätigkeit erhalten könnte. Seine Adresse weiss man wohl nicht? Wo könnte man sie erfahren?« (SW 10.1, Nr. 144, S. 189)

---

121 Diese Selbsteinschätzung Balls zur Gewichtung des Teils III kannte Hubert van den Berg noch nicht, der durch den positivistischen Befund der überlieferten Teile I und II zu der These verleitet ist, daß »es Ball nicht um den Anarchisten Bakunin geht [...], sondern um den frühen Bakunin« (Hubert van den Berg: Avantgarde und Anarchismus, l.c., S. 221).

Ungewiß ist, ob Brupbacher ihn tatsächlich mit den »Guillaume-Anekdoten«[122] versorgt hat. Bakunins umfangreichste russische Schrift »Staatstum und Anarchie« war erst zu einem kleinen Teil ins Französische übersetzt[123] und wurde von Ball nicht genutzt. Die ihm vorliegende Ausgabe der »Œuvres« Bakunins war nur bis zum sechsten Band erschienen; für Briefzitate blieb Ball also auf den »Sozial-politischen Briefwechsel« und Nettlaus Zitate in seiner Biographie angewiesen. – Daß es zu einem direkten Kontakt mit Nettlau kam, ist eher unwahrscheinlich.[124] Auch ein Briefwechsel ist

---

122 Es handelte sich um das anekdotenreiche Memoirenwerk von James Guillaume: L'Internationale, siehe Anm. 48. Es ist jedenfalls unter den erst im Januar 1919 an Brupbacher zurückgeschickten Leihgaben im Begleitbrief (SW 10.1, Nr. 225, S. 312) nicht genannt. Daß Ball die Guillaume-Bände kannte, liegt durch mehrfache Erwähnung und ein Zitat in seinem soeben erschienenen Werk »Zur Kritik der deutschen Intelligenz« nahe (SW 5, S. 356 Anm. III,26, S. 363 Anm. III,60 und S. 371 Anm. III,108).

123 Die 1873 anonym in der Schweiz (Zürich/Genf) unter dem Titel »Gosudarstvennost' i anarchija« erschienene Schrift war 1878 nur in einem Auszug von etwas mehr als 20 Seiten für eine kleine Zeitschrift der Jurassiens ins Französische übersetzt worden: Le Gouvernementalisme et l'anarchie. In: L'Avant-Garde, Jg. 2, Nr. 21 (10.3.1878), Nr. 22 (24.3.1878), Nr. 24 (22.4.1878), Nr. 28 (17.6.1878), Nr. 29 (1.7.1878), Nr. 35 (23.9.1878) und Nr. 37 (21.10.1878). – Es ist unwahrscheinlich und nicht belegt, daß Ball diese entlegene Zeitschrift aus La Chaux-de-Fonds kennenlernte. – Die erste vollständige französische Übersetzung von Marcel Body erschien erst 1967 im 3. Band der »Archives Bakounine«, der dem 4. Band der 1976 in Paris erschienenen »Œuvres complètes« (S. 201-380) entspricht. Die erste vollständige deutsche Übersetzung von Barbara Conrad und Ingeborg Wolf lag erst 1972 vor in: Michail Bakunin: Staatlichkeit und Anarchie und andere Schriften, hg. und eingeleitet von Horst Stuke, Frankfurt am Main/Berlin/Wien 1972 (Ullstein Buch 2846), S. 417-658.

124 Brupbacher schickte zwar offenbar Nettlaus Adresse, von der Ball schreibt, daß sie ihm »einen sehr interessanten Kreis in Genf« eröffnete (SW 10.1, Nr. 146, S. 192), aber daß er dort bei seinem kurzen Genf-Besuch um den 22.9.1917 Nettlau selbst treffen konnte (SW 10.3, Nr. 146, S. 184), ist unwahrscheinlich, weil Nettlau seit Kriegsausbruch an seinem Wiener Wohnsitz unter Hausarrest stand. Vgl. Rudolf Rocker: Max Nettlau. Leben und Werk des Historikers vergessener sozialer Bewegungen. Einleitung Rudolf de Jong, Berlin: Karin Kramer 1978, S. 207 und 214.

nicht belegt. Brupbacher bleibt der einzige inhaltlich kompetente Korrespondenzpartner Balls während seiner Arbeit am »Brevier«:

»Fertig werde ich mit dem Buche etwa Ende Oktober. Darf ich Ihnen dann eine Abschrift senden? Ich möchte es nicht weggeben, ohne dass Sie es gesehen haben, denn es ist doch so, dass es ohne Ihre grosse Hilfe nicht möglich gewesen wäre. Das lässt mich auch hoffen, Ihre weitere Unterstützung zu finden. Und entbehren Sie das Material nicht? Darf ich es noch eine Zeitlang behalten?« (SW 10.1, Nr. 144, S. 189)

An eine konzentrierte Weiterarbeit war für Ball nicht mehr zu denken, als sich bald honorarträchtigere Gelegenheitsarbeiten anboten; der schon im September 1917 für den Folgemonat ins Auge gefaßte Abschluß sollte sich deshalb abermals verzögern. Inwieweit sich dabei auch Balls Wahrnehmung der russischen Oktoberrevolution bremsend ausgewirkt hat[125], kann nur vermutet werden. Aber da Ball das Vorhaben nie gänzlich aus den Augen verlor, gelangten die Leihgaben erst 1919 an Brupbacher zurück.

Im Herbst 1917 bleibt er vorerst in seine Bakunin-Studien vertieft, für die ihm Emmy Hennings eine Büchersendung aus Ascona nachgeschickt hat, in der er am 15. September noch zwei Hefte von ›Grünbergs Archiv‹[126] vermißt, die er von Brupbacher entliehen hatte.

---

125 Von anarchistischer Seite hieß es in der Schweiz noch im Frühjahr 1918: »Der Gang der Geschichte hat es gewollt, das[s] Bakunin fast ganz von der Oberfläche verschwunden ist, nur in den Herzen weniger einzelner Menschen und Gruppen, lebten seine Ideale noch fort. / Erst heute wieder, nachdem Russland die Revolution gemacht, nachdem das Joch jahrhundertelanger Knechtschaft gebrochen, nachdem Lenin und Trotzki als Volkskommis[s]äre an der Spitze, den Sozialismus, die Kommunen errichten und das praktisch durchführen[,] was Bakunin zu jener Zeit schon wollte, tritt sein Geist wieder aus dem Dunkeln hervor [!]. / Und wahrlich es ist Zeit …« K.M.: Michael Bakunin. Ein Kämpfer. In: Genfer Volks-Zeitung. Beilage des »Peuple Suisse«, hg. vom Int. Arb. Ver., Genf Nr. 27 (24.5.1918), S. 2-3, hier S. 2.

126 Es ist nach dieser Briefstelle anzunehmen, daß es sich um zwei Einzelhefte und nicht um zwei Jahresbände der von Carl Grünberg seit 1911 herausgegebenen Zeitschrift ›Archiv für die Geschichte des Sozialismus und der Arbeiterbewegung‹ handelte, als er am 24.1.1919 »2 Bände Sozialarchiv« an Fritz Brupbacher zurückschickte (SW 10.1, Nr. 225, S. 312). – Um welche es sich handelte, kann nur anhand der

Noch ist er sich ungewiß über die Reaktion von Erich Reiss auf seine neue Zusendung: »Wenn er nur vernünftig ist und auf meinen Vorschlag eingeht. Es ist wirklich sein eigener Vorteil.« (SW 10.1, Nr. 146, S. 191) – Ball bittet am 19. September noch einmal, ihm »die *beiden grünen Hefte* noch zu schicken. Ich brauche sie zum weiterarbeiten. Aber Du brauchst sie nicht express zu schicken.«[127] Für den »Flametti«-Roman hat er »noch kein Geld und noch keine Antwort von Reiss« zum »Brevier« erhalten, aber eine Briefantwort von Brupbacher bekommen und schreibt an Emmy Hennings nach Ascona:

> »[Ich] habe einen grossen, mächtigen Brief von Brupbacher, der mich vor Freude wirbeln liess. Der Anfang (die Guillaume-Anekdoten) ist sehr gehässig[128], aber der Schluss ist sehr menschlich und interessant (für mich ganz besonders). Ich schicke Dir den Brief, aber Du musst ihn mir bald wiedergeben, weil ich ihn nicht gerne entbehren möchte. [...] Brupbachers Hilfe beim Brevier ist so wertvoll für mich, mehr aber noch werde ich seiner Freundschaft verdanken. Ich arbeite wieder am Brevier und es geht gut voran. Ich arbeite aber auch täglich 10-12 Stunden, da muss es ja weitergehen. Und mit den Resultaten bin ich sehr zufrieden. Es gibt viel zu übersetzen dabei, zu kombinieren, im übrigen ist es eine *Advokatenarbeit*. Ich suche überall das Beste zu finden und es energisch herauszuarbeiten. Das Kapitel, an dem ich jetzt arbeite, ist wohl das wichtigste. (III).« (SW 10.1, Nr. 147, S. 193)

Es bleibt ihm wichtig, daß das Bakunin-Buch in Deutschland erscheinen kann, und er zögert nach einem ersten Kontakt mit der gegen die

---

     auf Bakunin bezogenen Inhalte vermutet werden. Solche gab es in den damals benutzbaren Jahrgängen 1 (S. 381-384, 478-483), 2 (S. 275-329) und 4 (S. 182-199, 243-303, 357-422 und 491-492). Nur aus Jahrgang 3 von ›Grünbergs Archiv‹ findet sich ein von Ball nachgewiesenes, auf die Marx-Rezeption bezogenes Zitat in SW 5, S. 290 und 377 (Anm. 50).

127 Am 21.9. war das erbetene Bücherpaket (mit ›Grünbergs Archiv‹) offenbar noch nicht eingetroffen (SW 10.1, Nr. 148, S. 198).

128 Den »gehässigen« Anfang zu den Guillaume-Anekdoten könnte Brupbacher mit Blick auf seine Privatbibliothek geschrieben haben und auf die von Ball gedehnten Ausleihfristen beziehen. Vielleicht hat er ihm die am 9.9. erbetenen Guillaume-Anekdoten versagt. Vgl. Anm. 122.

deutsche Kriegsführung gerichteten ›Freien Zeitung‹ in Bern noch, seinen dort erscheinenden ersten Artikel namentlich zu signieren, weil er dann Schwierigkeiten mit der deutschen Briefzensur befürchtet und weil er die laufende Korrespondenz mit Erich Reiss nicht gefährden möchte: »Ich fürchte nun, das schadet mir bei der Briefzensur und ich möchte lieber verzichten, weil mir das Bakuninbuch natürlich wichtiger ist. Also weiss ich nicht recht, was tun; denn nun war ich doch einmal dort und kann nicht gut wieder verschwinden. Es ist eine heikle Geschichte, denn was ich geschrieben habe, ist auch heikel. Also werd ich mirs nochmal überlegen.« (Brief vom 19.9. an Emmy Hennings; SW 10.1, Nr. 147, S. 194) Da sich aber derzeit nur dort eine Einkommensperspektive aufzutun scheint, gerät er unter einen Kreuzdruck der Loyalitäten. Er entscheidet sich für die namentliche Veröffentlichung und ist sich bereits bei der ersten Honorarzahlung bewußt, daß die Zeitschrift »von amerikanischem Revolutionspropaganda-Geld« (SW 10.1, Nr. 153, S. 202) finanziert wird.

Im April 1917 war ›Die Freie Zeitung. Unabhängiges Organ für Demokratische Politik‹ in Bern von dem demissionierten deutschen Diplomaten Hans Schlieben (1865-1943) gegründet worden, der über eine Fülle von Kontakten verfügte und dessen Wirken im Hintergrund nicht zuletzt in der Sicherung der Finanzierung aus Mitteln der Entente bestand. So hatte er Verbindungen zu Reichsdeutschen in den USA und über seine Frau zu Frankreich. Er war Mitglied des pazifistischen deutschen ›Bundes Neues Vaterland‹ und hatte unter dem Pseudonym Civis diplomaticus auch in den ›Weißen Blättern‹ veröffentlicht. ›Die Freie Zeitung‹ erschien seit dem Kriegseintritt der USA zweimal wöchentlich vom 14. April 1917 bis zum 27. März 1920 und entwickelte sich zu einem wichtigen politischen Forum emigrierter deutscher Kriegsgegner und kämpferischer Demokraten.

Der zitierte Brief vom 19. September 1917 enthält eine Schilderung seines ersten Besuchs in der Redaktion, wo er Hans Itschner trifft, der im Blatt damals in Vertretung von Siegfried Streicher die Redaktionsgeschäfte führte. In Zürich war er als Anarchist Mitglied des Schwänli-Kreises und bis Juli 1915 Redakteur von ›Der Revoluzzer‹ gewesen: »Den stellvertretenden Redaktor kenne ich – er war ›Revoluzzer‹-Redaktor, als wir in die Schweiz kamen, wurde als Anarchist nach Deutschland ausgeliefert, dort liess man ihn, wie es scheint, wieder laufen. Jetzt ist er also Republikaner geworden.« (SW 10.1, Nr. 147, S. 193)

Wenige Tage später reist Ball nach Genf, wo ihm »Nettlaus Adresse« einen »sehr interessanten Kreis« eröffnet hat (SW 10.1, Nr. 146, S. 192). Der nicht näher spezifizierte Kontakt – vermutlich zu dortigen Anarchisten – scheint aber nicht anzuhalten. Wichtiger als die Anarchisten-Szene wird für ihn die republikanische Bewegung, die von der Schweiz aus mit publizistischen Mitteln auf den Sturz der kriegführenden Monarchie hinarbeitet. Deren Ziel ist nicht die anarchistische Auflösung aller Staatlichkeit in gesellschaftliche Selbstorganisation, sondern eine solidarisch gelebte Freiheit im demokratischen Verfassungsstaat. Ball wird sich im Laufe der folgenden Jahre bemühen, beide Zielperspektiven zu verbinden und die föderativen Vorstellungen zivilen Zusammenlebens mit denen politischer Verantwortlichkeit in Einklang zu bringen.

Dieser Übergang hatte sich im Kontakt zu Schickele vorbereitet, aber Ball ahnt dessen zwiespältige Stellung zum Kaiserrreich. Sein konstruktives Interesse an der republikanischen Alternative wird aber vor allem durch seine Mitarbeit an Veröffentlichungen des Publizisten Siegfried Flesch geweckt, den er aus München kannte und dem er unverhofft in Bern wiederbegegnet. Unter dem 28. September 1917 heißt es in der »Flucht aus der Zeit«:

> »Jemand klopft mir, während ich unter den Arkaden spaziere, auf die Schulter: Siegfried Flesch. Vor dem Kriege war er im Aufsichtsrat der Münchener Kammerspiele und publizierte als Herausgeber Mazzinis bei Wehner in Leipzig eine republikanische Zeitschrift. Wir Jungen belächelten damals sein Blatt, an dem jedoch eine ganze Anzahl bekannter deutscher Publizisten mitarbeitete (so Bahr, Blei, Gerlach, Jaekh, Nordau und viele andere). Ich bin sehr froh, einen alten Bekannten zu treffen und er erzählt mir in kurzen Worten seine Geschichte. Da er gerade in diesen Tagen eine Artikelserie über Österreich publiziert, lasse ich mich von ihm über dieses sein Lieblingsthema unterrichten, was doppelt interessant ist, weil ich dabei über Mazzini manches mir Neue zu hören bekomme.« (SW 6, S. 168; Flucht S. 203-204)

Von Flesch war 1911 eine Übersetzung der »Politischen Schriften« von Giuseppe Mazzini[129] erschienen, über den Ball im Gespräch

---

129 Giuseppe Mazzini: Politische Schriften, Bd. 1, hg. von Siegfried Flesch, Leipzig: Reichenbach 1911. Weitere Bände sind nicht erschienen.

auch »manches mir Neue zu hören« bekommt, das ihn während der Arbeit an Teil III des »Breviers« interessieren kann. – »Dass ich Flesch im Café sehe, ist sehr wichtig; sonst sässe ich jetzt irgendwo in einer Charité. Denn ich kenne hier ausser ihm keinen Menschen. Es war wirklich eine Fügung, dass ich ihn traf«, schreibt der von Schickele Enttäuschte damals an Emmy Hennings (SW 10.1, Nr. 155, S. 206). Ihm gegenüber traut er sich bald danach, seine finanzielle Verlegenheit zu offenbaren: »Ich spreche heute nachmittag Flesch und stelle ihm ganz offen und mit Belegen meine Situation dar. Vielleicht kann er mir besser helfen als ich voraussetze.« (SW 10.1, Nr. 159, S. 211) Tatsächlich kann Flesch helfen und nutzt Balls während der Bakunin-Studien erworbenes Wissen für Auftragsarbeiten an Publikationen, bei denen Siegfried Flesch selbst als Autor firmiert: Ball wird so zum Ghostwriter republikanischer Grundsatzschriften[130], die ihn im November 1917 beschäftigen (SW 10.1, Nr. 162, S. 217) und deren Argumentation später in eigene Artikel und in die Streitschrift »Zur Kritik der deutschen Intelligenz« eingehen wird.

Weitere Brotarbeit findet Ball in den Abendstunden als Sekretär des ›Daily Mail‹-Korrespondenten Frederick Sefton Delmer, der von Bern aus über das kriegführende Deutschland berichtete (und dessen Sohn später als Chef der britischen schwarzen Propaganda in die Rundfunkgeschichte des Zweiten Weltkrieges eingehen sollte. – Da Ball kein Englisch schrieb, dürften sich seine Hilfsleistungen für Delmer auf die Zusammenstellung von Agenturmeldungen und die Auswertung der deutschen Presse konzentriert haben. Insoweit eine Vorübung seiner späteren Tagesaufgaben. Solange zu dieser Zusammenarbeit keine Quellen erschlossen sind, werden auch geheimdienstliche Aspekte der Tätigkeit nicht auszuschließen sein. Am 17. Dezember schreibt er an Emmy Hennings: »Die Sekretärstelle hab ich aufgegeben. Sie kostete mich die ganzen Abende und ich kam nicht weiter mit meinem Buch. Es lohnte sich nicht.« (SW 10.1, Nr. 165, S. 222) Aber die Unterbrechung dieser Brotarbeit scheint nur vorübergehend gewesen zu sein, denn erst im April 1918 kassierte Ball das

---

130 Siegfried Flesch: Die Republik. Eine prinzipielle Untersuchung, Bern: Der Freie Verlag 1918; ders.: Oesterrreichs Stellung in Europa, Lausanne: Payot 1918. – Der Zusammenhang zu Balls kritischer Prosa soll in SW 9 genauer dokumentiert werden, als es in SW 10.3, Nr. 162, S. 203 geschehen konnte.

letzte Honorar von Delmer und löste einvernehmlich sein Arbeitsverhältnis (SW 10.1, Nr. 202, S. 287 und Nr. 203, S. 288), um in die Redaktion der ›Freien Zeitung‹ eintreten zu können, in der auch Flesch publizierte.

Als Ball Ende September 1917 Siegfried Flesch traf, war dort soeben sein erster Artikel »Zur Reformationsfeier« erschienen. Nach anfänglichen Bedenken zeichnet er in der ›Freien Zeitung‹ mit vollem Namen. Seine Entscheidung für die publizistisch aktive Opposition ist gefallen.

Die Gräben zwischen den Lagern waren tief. Die mit Kessler verwobene Sphäre um Schickele wird Ball suspekt.[131] Ein Angebot zur Mitarbeit bei der ›Freien Zeitung‹ reichte andererseits, um selbst Schickele bei der deutschen Gesandtschaft in den Verdacht der Spionage zu bringen[132], obwohl er durch Kesslers Vermittlung zum wichtigsten Berater der Gesandtschaft in elsässischen Fragen und für Kontakte zu französischen Sozialisten und deutschen Emigranten geworden war. – »Du musst wissen, dass alle, die zuhaus oder in Deutschland *Interessen* haben, für uns das andere Lager bedeuten«, hatte Ball schon im Januar 1917 an Emmy Hennings geschrieben (SW 10.1, Nr. 123, S. 161). »Wir haben zuhause die vollendete Militärdiktatur«, konstatiert er mit Blick auf Hindenburg in seinem Brief vom 9. September an Brupbacher und sieht Deutschland in einer vorrevolutionären Situation:

131 »Es fällt mir so schwer, ihm zu danken für das Geld. Es gibt eine Grenze, dann kann man nicht mehr. Mich widert das alles so an! Gewiss liegt es an mir selbst. Von der Zeitschrift habe ich nichts mehr gehört. Im November soll sie herauskommen. Ich glaube, es wird nichts für mich sein. Sie machen grossdeutsche Propaganda [!] Cassirer (Du weisst doch!), die Durieux, Graf Kessler, die Kolb, Schickele, das ist ein ganzer Kreis, und ihr Zentrum ist diese deutsche Hure, der Werkbund. Hat eine Million gekostet, und Dreck hängt drin, mit wenigen Ausnahmen.« (SW 10.1, Nr. 157, S. 209) Kessler hatte in Bern eine Ausstellung des Deutschen Werkbundes organisiert. Vgl. Kessler, a.a.O., S. 153.
132 Am 5.9.1918 fand ein Gespräch in der Gesandtschaft über die Haltung von Schickele statt, weil der Spion des Militärattachés Bismarck einen Brief Schickeles an den Herausgeber Hans Schlieben gestohlen hatte, in dem jener einen Artikel für die ›Freie Zeitung‹ in Aussicht stellte (Kessler, a.a.O., S. 527).

»Das Berliner Tageblatt teilt zwischen den Zeilen mit, dass die Anwälte keine Diebstahlsklagen mehr annehmen können, weil sie damit durchaus überlastet sind und der gesetzlose Zustand führt sich also mit der Zeit von selbst ein. Jetzt schon fordern die Verteidiger vor Gericht Nachsicht, weil es *kaum einen Menschen mehr gebe*, der sich gegen die unzähligen Kriegsvorschriften nicht irgendwie vergangen habe. Die Pulverfässer sind also vorhanden. Es kommt nur drauf an, wann sie fliegen werden und was der Erfolg davon ist.« (SW 10.1, Nr. 144, S. 190)

Auch der Brief vom 15. September an Emmy Hennings enthält Bemerkungen zur aktuellen Lage:

»Und es ist gewiss, dass in diesem Winter in Deutschland grosse Unruhen ausbrechen. Es ist des weiteren sicher, dass der Papst und Wilson sich über den Frieden geeinigt haben, und dass das Zentrum also einverstanden ist, *dass die Monarchie fällt*. Die ganzen katholischen Blätter schwenken von der Regierung ab. Das alles bedeutet, dass das jetzige Regime fallen oder umkehren wird. Das letztere ist das wahrscheinlichste, und so wird die Sache zunächst darauf hinauslaufen, dass wir im Frühjahr einen Waffenstillstand bekommen, der dem Reichstag scheinbare Rechte gibt, der auf Belgien und Polen ganz, und auf Elsass halb verzichtet, und der weiterhin zu einem europäischen Staatenbund gegen die Völker führt. Wichtig ist, dass die Zensur fällt. Das müsste die erste Friedensbedingung sein, wenn das Volk mitzusprechen hat. Wenn wir uns erst mit Russen und Franzosen verständigen können, dann wird unsere Regierung der Teufel holen. Dass es Kerensky möglich war, sich solange zu behaupten und dass er sich voraussichtlich noch weiter behaupten wird, ist ein grosser Triumph der sozialistischen Organisation. Die früheren Revolutionäre haben sich mit wenigen Ausnahmen in allen Verwaltungsfächern doch sehr gut bewährt, sonst hätte Kornilows Verschwörung und Gegenrevolution glücken müssen. Aber es ist erst der Anfang.« (SW 10.1, Nr. 147, S. 196-197)

Zur Entwicklung in Rußland vor der Oktoberrevolution heißt es:

»Denk Dir, Ropschin, der das ›Fahle Pferd‹ geschrieben hat, ist Leiter des Marineministeriums in Russland geworden und von Kerensky verabschiedet, weil er in dieser Eigenschaft 10000 Gewehre, die gegen Kornilow verwendet werden sollten, an die Arbeiter verteilte (das heisst an die extremsten Arbeiter). Die Romane werden dort also Wirklichkeit. Hast Du verfolgt, den Streit zwischen Kerensky und Kornilow? Es kam wie ich Dir schon in Ascona sagte, Kornilow verlangte, dass Kerensky abdankt und er, Kornilow Diktator sei. Habt Ihr das Tageblatt noch? Dann verfolge doch, was jetzt in Russland vorgeht. Das ist sehr instruktiv.« (SW 10.1, Nr. 147, S. 195)

Mit der Aussicht auf eine Publikation im Erich Reiss Verlag arbeitet Ball in den folgenden Monaten weiter am Bakunin-Brevier, anfangs noch mit Vorrang gegenüber einer Mitarbeit in der ›Freien Zeitung‹. – Am 26. September erscheint dort sein erster Beitrag, der »Zur Reformationsfeier« unter dem Titel »Aufgabe für einen deutschen Philologen« an das andere philologische Projekt anknüpft, das Ball 1915 der befreundeten Germanistin Käthe Brodnitz neben der gemeinsamen Arbeit an einem Auszug aus Bakunins Schriften empfohlen hatte: eine Biographie Thomas Münzers, die zugleich ein »Buch gegen Luther« wäre. Der Vergleich zu Bakunins Auftritten auf den Kongressen der Internationale bestärkt ihn in der aktuellen Perspektive, denn »man weiß, daß Thomas Münzer seinen Streit gegen das ›geistlose Fleisch von Wittenberg‹, wie er Luther nannte, so prinzipiell führte, wie etwa nur Bakunin gegen das geistlose Fleisch der Staatssozialisten«. Realisiert wurde dieses Münzer-Projekt später auf eigene Weise von Ernst Bloch[133], den Ball im November 1917 als Mitarbeiter der ›Freien Zeitung‹ und anhaltend faszinierenden Gesprächspartner kennenlernt. Bloch regt ihn seinerseits zur Lektüre der Utopisten Morus und Campanella an, die in seinem Werk »Geist der Utopie«[134] behandelt werden, das Ball im März 1918 mit großer Faszination lesen wird (SW 10.1, Nr. 169, S. 225).

Bei einem Besuch in der Redaktion stößt Ball im September 1917 auf eine Nummer der ›Aktion‹[135], in der Pfemfert anzeigt, »dass Franz

---

133 Ernst Bloch: Thomas Münzer als Theologe der Revolution, München: Kurt Wolff 1921; ergänzte Ausgabe, Frankfurt am Main: Suhrkamp 1969.
134 Ernst Bloch: Geist der Utopie, München und Leipzig: Duncker & Humblot 1918; Faksimile der Ausgabe von 1918, Frankfurt am Main: Suhrkamp 1971.
135 Es handelte sich um einen Vorabdruck des ersten Kapitels; Franz

Mehring (der berühmte Sozialist) eine *Marx*-Biographie vorbereitet. Das ist ausgezeichnet. Sie muss nur einige Wochen vor meinem *Brevier* erscheinen. Dann wird es etwas Absetzen in der deutschen Partei und der Steffgen [Emmys Kosename für Ball] wird berühmt werden und mit vielen Eiern beworfen werden, certainement. Habs gleich geschrieben an Reiss, damit er nicht ›aussetzt‹. Wenn er kein arger Dummian ist, riskiert er das Brevier, komme was wolle. Ich bin etwas unruhig, ob er das letzte Manuskript bekommen hat. Und wenn ich Geld habe, will ich doch auch noch depeschieren.« (Brief an Emmy Hennings zwischen 26. und 29.9.1917; SW 10.1, Nr. 153, S. 202-203)

Von einem dritten Teil des »Breviers« sind nur Vorarbeiten erhalten: Exzerpte und ein einseitiges Fragment. Was hat den Abschluß verhindert? Ball hat ihn zunächst für Ende Oktober 1917 ins Auge gefaßt, als Anfang September die beiden ersten Teile auf dem Weg an den Verlag sind und er seinem Leihgeber Brupbacher eine Perspektive bieten möchte (SW 10.1, Nr. 144, S. 189). Tatsächlich hat damals die Weiterarbeit am »Brevier« Vorrang vor seinen neuen journalistischen Kontakten. Als Emmy Hennings ihn Anfang Oktober um die Zusendung der Schreibmaschine bittet, verweigert Ball dies, denn er habe »sie gerade jetzt auch so sehr nötig, weil ich das ganze 3. Kapitel abschreiben muss.« Noch immer liegen alle Hoffnungen bei der Zusage des Verlegers:

»wie möcht ich mich freuen, wenn Reiss ein wenig Zutrauen zu uns fasste. Er braucht ja keine 500 Francs gleich zu geben. Wenn es nur 300 sind. Jeder Arbeiter verdient heute das Doppelte. […] Das Manuskript ist also angekommen in Berlin. Das ist ja schon sehr

---

Mehring: Marxens junge Jahre. In: Die Aktion, Jg. 7 (1917), Sp. 497-505. Vgl. Franz Mehring: Gesammelte Schriften, Bd. 3: Karl Marx. Geschichte seines Lebens, Berlin: Dietz 1964, S. 7-14. Im 13. und 14. Kapitel (S. 387-499) versuchte der Marxist Mehring, auch Bakunins Marx-Kritik und seinen Aktivitäten in der Internationale historische Gerechtigkeit widerfahren zu lassen. – Pfemfert besuchte Mehring während dessen Arbeit an der Marx-Biographie und berichtet 1947 im Rückblick: »er sagte uns mit strahlenden Augen, er sei glücklich noch vor dem Tode diese Rechtfertigung für Bakunin geschrieben zu haben: ›das Buch werden die Marxpfaffen nicht lieben.‹« Brief von Pfemfert an Rudolf Rocker vom 21.3.1947 in: Pfemfert: Erinnerungen und Abrechnungen, siehe Anm. 16, S. 439.

gut. Ich will nun wieder energisch weiter arbeiten. Du machst Dich lustig über meinen ›Fleiss nebst Strebsamkeit‹. Aber was soll man machen? Ich weiss so wenig, gar nichts, es ist alles Stückwerk. Und ich habe das Gefühl, die andern arbeiten noch weniger, und deshalb sind wir soweit zurückgeblieben.«
(SW 10.1, Nr. 157, S. 208; 209)

Im November ist er in Bern nicht mehr allein auf Schickele und Flesch angewiesen und beginnt sich an der publizistischen Aktivität der anderen zu messen. Aber die ungewisse Verlagsfrage löst erneut Zweifel aus, ob er den richtigen Weg eingeschlagen hat:

»Ich bin hier jetzt mit allen wichtigen Menschen bekannt und befreundet. Es ist nicht einzusehen, warum nicht auch ich einen Verlag finden soll, wenn diese andern auch publizieren. Ich habe mich an diesem Buch (Brevier) übernommen. Ich hätte, ohne eine Garantie zu haben, dass man es druckt, keine so grosse (umfangreiche) Sache arbeiten sollen; sondern erst Broschüren. Aber man [muß] so etwas erst lernen.« (SW 10.1, Nr. 161, S. 215f.)

Wenig später schreibt er an Emmy Hennings:

»Ich bin frei. Ein paar Aufsätze schreiben kann ich nebenbei. Bevor aber der Roman oder das Brevier erscheinen, hat es keinen Sinn, etwas Neues zu machen, und ich habe auch eigentlich keine Lust dazu. […] Ich habe Zeit und musste nur die Broschüre [für Flesch] noch fertig machen.« (SW 10.1, Nr. 163, S. 219-220)

Nach Fertigstellung der Broschüre »Die Republik« beginnt im November die erste Schreibphase des kritischen Buches, bei der er sich auf andere Weise in seinem Element fühlt. »Notizen zur ›Intelligenz‹. Moderne Ästheten. Ich habe die ganze Richtung ja längst in meinen Notizen unterminiert. Freilich, ich habe wenig davon gesprochen«, konstatiert er unter dem 22. November 1917 in der »Flucht aus der Zeit« und unter dem 16. Dezember: »Es wird mein erstes Buch werden. Ich schreibe nahezu aus dem Gedächtnis. Die Erregung läßt mir keine Zeit, meine früher aufgehäuften Notizen noch einmal durchzulesen.« (SW 6, S. 177 und 179; Flucht S. 214 und 217) Die genuine Schreibenergie, deren Zurückstehen er über den Exzerpierkünsten seines »Breviers« so oft beklagt hatte, kann in der Streitschrift »Zur Kritik der deutschen Intelligenz« zum Zuge kommen.

Wichtig bleibt ihm der Kontakt zu Brupbacher, dem er zur Jahreswende 1917/18 einen Besuch in Zürich ankündigt, der wegen privater Verwicklungen um Emmy Hennings dann doch zu kurz ausfällt, um Brupbacher treffen zu können. Im Februar schreibt er an Brupbacher, der um den Fortgang der Arbeit am »Brevier« und seine Leihgaben besorgt ist: »Der Nettlau ist bei mir so gut aufgehoben wie er nur aufgehoben sein kann. Versetzen oder Verkaufen? Was denken Sie! Ich telegrafiere in diesen Tagen gerade mit Reiss in Berlin. Er hat bereits den grössten Teil des Manuskripts und scheint es auch durch die Zensur gebracht zu haben, denn er will Vertrag machen. Ich höre, dass Dr. Lederer[136] vom Sozialarchiv und Eduard Bernstein sich für das Manuskript sehr eingesetzt haben.« Daß sich die geweckten Hoffnungen nicht erfüllen sollten, ahnt Ball noch nicht und arbeitet weiter »am 2. [vielmehr: 3.] Teil, den ich im Frühjahr in Ascona fertig machen will. Darf ich das Material noch behalten. Ich bürge mit meiner Seele dafür.« (SW 10.1, Nr. 168, S. 224) – Bis März 1918 ist die Vorarbeit am Teil III des Bakunin-Breviers immerhin so weit gediehen, daß Ball die Abschrift in acht Tagen zu bewältigen hofft (SW 10.1, Nr. 179, S. 244).

Mit einem (nicht erhaltenen) Brief vom 17. März 1918 hatte Erich Reiss »ausführlich« auf das »Brevier« reagiert und 2000-2500 Mark Vorschuß in Aussicht gestellt; Ball hatte aber seine Position durch den Hinweis zu verbessern gehofft, daß sich auch der Max Rascher Verlag für das Buch interessiere, für den Schickele tätig ist: »Vor 8 Tagen schon hat Schickele mir gesagt, dass seine Frau es gelesen hat und begeistert ist.« Aber weder hier noch dort kommt es zu einem Abschluß, zumal Ball noch im selben Brief als Maxime für Emmy Hennings festhält: »Denn in Deutschland müssen wir wirken, nicht in der Schweiz.« (SW 10.1, Nr. 175, S. 237) Dann trifft Ende März die hinhaltende Anwort von Reiss ein, die er für sie wörtlich abschreibt:

---

136 Der 1912 in Heidelberg habilitierte Sozialökonom Emil Lederer (1882-1939) war seit 1908 Redakteur des von Max Weber und Edgar Jaffé begründeten ›Archivs für Sozialwissenschaft und Sozialpolitik‹ und nach deren Tod 1922-33 Herausgeber. Dort publizierte er 1918 den Aufsatz »über einige politische Programme und Utopien in der Schweiz« von Ernst Bloch, den er aus den Heidelberger Vorkriegsjahren kannte. 1919 war er Mitglied der (erfolglosen) Sozialisierungskommission.

»Sehr geehrter Herr Ball,
ich bitte Sie, die Verzögerung meiner Antwort entschuldigen zu wollen. Es liegt an der unerhörten Arbeitslast, die auf mir ruht. Das Manuskript von Frau Hennings habe ich gelesen, bin aber zu einer Entscheidung noch nicht gekommen. Auch im ›Bakunin‹ habe ich weiter gelesen, habe aber gleichfalls noch kein Definitivum fällen können. Ich sehe aber mit Spannung den weiteren Teilen entgegen.
So wichtig der Geldpunkt Ihnen in dem Briefe war, ich muss Sie doch bitten, sich noch einige Zeit zu gedulden. Es liegt noch alles im Moment zu kompliziert und ich kann nicht übersehen, was ich in Zukunft bringen kann. Überhaupt müsste ja der ›Bakunin‹ erst bei der Zensur eingereicht werden, was ich in den nächsten Tagen tun will, um eine prinzipielle Äußerung zu erhalten. Ihr sehr ergebener
E. Reiss.«

Im selben Brief schreibt Ball an Emmy Hennings, dies sei

»das Schlimmste, was kommen konnte, denn nun sind wir wieder gehindert, irgend weiterzukommen. Ich bin sehr traurig, Liebling, und ziemlich verzweifelt. Denn was soll nun werden? Ich habe ein Jahr umsonst gearbeitet. Ich ahnte, dass es Schwierigkeiten geben wird. Und wir mussten darauf gefasst sein. Sein Enthusiasmus zuerst hing damit zusammen, dass damals der Reichstag ›demokratische‹ Resolutionen gefasst hatte, unterm Eindruck der russischen Revolution im Frühjahr. Man glaubte, es werden andere Zeiten kommen. Das hat sich aber als trügerisch erwiesen. Die Militärs sind heute wieder, seit den letzten Vorgängen im Reichstag vor 8 Tagen, mächtiger als je, und die Opposition bedeutet überhaupt nichts mehr. *Deshalb kann Reiss nicht übersehen, was er in der Zukunft bringen* kann, und deshalb wird mein Buch bei der Zensur nicht viel Aussichten haben.«

Durch den in Brest-Litowsk unterzeichneten Friedensvertrag vom 3. März und die nachfolgenden Reichstagsdebatten schien die deutsche Militärführung wieder gestärkt und für libertäre Publizistik im Reich kaum noch Aussicht zu bestehen. An dieser zensurbedingten Hürde (neben der lizenzrechtlichen) könnte auch Pfemferts angekündigtes Buchprojekt »Bakunins Briefe« gescheitert sein, aus dem

›Die Aktion‹ 1917/18 laufend Vorabdrucke brachte. Letzteres kann auch Erich Reiss nicht entgangen sein, der bevorstehende Konkurrenz gewittert haben dürfte.

Die verlegerischen Chancen für sein eigenes Bakunin-Projekt sieht Ball einstweilen nicht mehr in Berlin:

> »Ich habe folgende Absicht: wenn ich jetzt das 3. Kapitel abgeschrieben habe, was ich in höchstens 8 Tagen habe, schicke ich es ihm noch und arbeite dann an diesem Buch zunächst nicht weiter. Ich mache dann eine gute Abschrift dieses ganzen Bandes von circa 300 Seiten und reiche dies Manuskript bei den Schweizer Verlagen ein, zu denen ich mir jetzt Verbindungen suche. Und noch etwas was ich Dich sehr geheim zu halten bitte: ich werde auch versuchen, mit Flesch über die Wichtigkeit dieses Buches zu sprechen. Vielleicht kann er mir mit seinen Freunden etwas arrangieren.
> *Und was denkst Du,* soll *ich Reiss antworten?* Ich schicke ihm das neue Manuskript (er will ja Fortsetzungen haben), schlage ihm vor, dass man eventuell etwas streichen kann«.

Er wolle »eingehend mit Schickele sprechen, der mir doch schliesslich das Buch in Auftrag gegeben hat und mich damit nicht stecken lassen kann. Ich will ihn fragen, ob er mir empfiehlt, mit Annette Kolb ebenfalls zu sprechen. Trotzdem das vielleicht gefährlich ist, weil er selbst von dieser Seite erwartet. Aber immerhin.« (SW 10.1, Nr. 179, S. 243-245) Ob Reiss oder Schickele danach wie geplant ein um den ausstehenden Teil III komplettiertes Manuskript erhalten haben, ist nicht belegt. Ball mangelt es weder an Material noch an Vorarbeit, aber mehr als seine Selbstzweifel sind es die ergebnislosen Verlagskontakte, die seinen Elan zum Erliegen bringen.

Als Ball im April in die Redaktion der ›Freien Zeitung‹ eintritt und von den laufenden Tagesgeschäften okkupiert wird, vertagt er den Abschluß des »Breviers« auf die Zeit nach Fertigstellung der Streitschrift und sieht einen Sommeraufenthalt in Ascona dafür vor (SW 10.1, Nr. 185, S. 253). Am 20. April 1918 aber ist bei Reiss die Entscheidung gefallen, über die Ball an Emmy Hennings berichtet:

> »Nach wiederholten Besprechungen mit Interessenten ist er ›bereit‹, auf *das Brevier* zu *verzichten* und hält es für besser, dass es in der Schweiz erscheint. Und das schreibt er mir, nachdem er das Buch bereits angenommen hatte und den Vertrag wiederholt in

Aussicht stellte. Ich hab einen tüchtigen Knacks davon. Er hat mich also 10 Monate ungefähr um nichts und wieder nichts hingehalten. Das ist eine schlimme, sehr schlimme Sache, und ich werde mir sehr überlegen, ob ich mir das bieten lasse. [...] Was habe ich für ein furchtbares Malheur immer mit diesen Geschäften. Gewiss verstehe ich weder einen Herrn Rascher noch einen Herrn Reiss zärtlich genug zu behandeln.« (SW 10.1, Nr. 194, S. 273-274)

Ob Ball es nach diesem Scheitern noch mit weiteren Verlagen versuchte, ist nicht zu belegen. Die Herausgeber der Briefe vermuten, er könne mit dem Berner Hallwag Verlag verhandelt haben (SW 10.3, Nr. 202, S. 259), in dessen Druckerei damals für den Reiss Verlag sein »Flametti«-Roman gedruckt wurde. Wie Ernst Bloch konstatiert, ging die Buchproduktion der deutschen Verlage damals zurück, und Erich Reiss beschränkte sich auf Belletristisches.[137] Mit mehr Erfolg bringt Ball in den folgenden Monaten seine von Bakunin inspirierte Schrift »Zur Kritik der deutschen Intelligenz« zum Abschluß, die ›Der Freie Verlag‹ Anfang 1919 in die zeitkritischen Debatten bringt.

7. Ein Werk ohne Wirkung? Balls publizistische Nacharbeit am Thema Bakunin 1918-20

»Michael Bakunin. Ein Brevier« bleibt ein Werk ohne Abschluß. Zu dem von den Redaktionspflichten dispensierenden Urlaub in Ascona, der im Frühjahr oder Sommer 1918 dafür vorgesehen war, kommt es nicht. Seit Mai 1918 herrscht Stillstand bei dieser Arbeit. Aber ohne Nachwirkung bleiben die Bakunin-Studien für Ball und seine Leser nicht.

Als Brupbacher sich besorgt zeigt, daß Ball über der Mitarbeit bei der ›Freien Zeitung‹ seine alten sozialistischen Sympathien verloren haben könnte, antwortet dieser am 26. Februar 1918:

---

137 Ernst Bloch schreibt am 4.7.1918 an Johann Wilhelm Muehlon: »Mein Verlag in Deutschland [Duncker & Humblot], ebenso Reiss und Diederichs, haben diesen Sommer die Buchproduktion, mit Ausnahme von unerledigten Manuskripten aus der Zeit bis Januar, eingestellt; Reiss läßt einiges allerdings noch in der Schweiz drucken und binden, aber nur Belletristisches.« (Ernst Bloch: Briefe 1903-1975, hg. von Karola Bloch u.a., Bd. 1, Frankfurt am Main: Suhrkamp 1985, S. 227)

»Missverstehen Sie nicht meine Mitarbeit bei der ›F[reien] Z[eitung]‹. Ich betrachte sie als ein Oppositionsblatt, und das in erster Linie. [...] Das Gröbste muss man zuerst wegräumen. Deutschland ist heute Sitz der Weltreaktion. Nicht zu vergessen Österreich. Die wüstesten Rudimente müssen zuerst beseitigt werden. Die ›Weltrevolution‹, wenn man sich dabei auf die Deutschen verlässt, führt zum alten Universalstaat unter Papst Wotan Wilhelm, und so ergibt sich, dass man zunächst nicht mehr internationaler Sozialist sein darf, wenn man sich als Deutscher im Ausland befindet. Zuhause ja. Im Ausland nein. Das ist meine Stellung.« (SW 10.1, Nr. 168, S. 224-225)

Für Ernst Bloch, den Ball seinen »utopischen Freund« (SW 6, S. 176; Flucht S. 213) nennt und der ebenfalls seit September 1917 zu den ständigen Mitarbeitern der ›Freien Zeitung‹ gehört, zählt er als »der christliche Bakuninist« weiterhin zu den Vertretern des »sozialanarchistischen Gedankens«, von dem das Schlußkapitel seiner im Juli 1918 abgeschlossenen Studie »Über einige politische Programme und Utopien in der Schweiz« handelt.[138] Später hat Bloch eine emphatische Besprechung der »Kritik der deutschen Intelligenz« in der ›Weltbühne‹ veröffentlicht.[139] Zu den ersten Lesern des Buches gehört 1919 auch Balls junger Hausnachbar Walter Benjamin[140], der als Doktorand die Berner Universität bezogen hat und das Werk mit seinem Freund Gershom Scholem diskutiert: »Gegen Ende des Winters gab mir Benjamin ein dickes, leidenschaftliches Pamphlet *Zur Kritik der deutschen Intelligenz* zu lesen, das uns beiden teilweise ebensosehr durch die Scharfsicht des Hasses darin imponierte, wie es uns in anderen Teilen, mit etwa den maßlosen Ausfällen gegen

---

138 Ernst Bloch: Über einige politische Programme und Utopien in der Schweiz. In: Archiv für Sozialwissenschaft und Soziologie, hg. von Edgar Jaffé u.a., Bd. 46, Tübingen 1918/19, S. 140-162. – Nachdruck in: Ernst Bloch: Kampf, nicht Krieg. Politische Schriften 1917-1919, hg. von Martin Korol, Frankfurt am Main 1985 (edition suhrkamp 1167), S. 532-559, hier S. 559.
139 Wiederabdruck in SW 5, S. 463-464.
140 Walter Benjamin: Verzeichnis der gelesenen Schriften. In: W.B.: Gesammelte Schriften, Bd. VII.1, hg. von Rolf Tiedemann und Hermann Schweppenhäuser unter Mitarbeit von Christoph Gödde, Henri Lonitz und Gary Smith, Frankfurt am Main: Suhrkamp 1989, S. 443.

Kant, nur ein Kopfschütteln übrig ließ«, erinnert sich Scholem. Die Herausforderung durch die Lektüre der »Kritik der deutschen Intelligenz« sowie die Gespräche mit Bloch und Ball stehen am Ausgangspunkt der Politisierung Walter Benjamins.[141] Scholem bezeugt, daß Benjamin die Bekanntschaft mit Ernst Bloch ebenfalls Hugo Ball verdanke. »Benjamin wurde damals in den Gesprächen mit Bloch und Ball mit der Frage politischer Aktivität konfrontiert, die er in dem Sinne, wie seine Partner ihn dazu aufforderten, ablehnte. [...] Benjamin [...] sah damals immer noch in dem Band der *Politischen Schriften* von Dostojevsky, den er in der Piperschen Ausgabe besaß, das wichtigste politische Schrifttum der neueren Zeit, das er kenne. [...] Noch immer lief es bei uns auf theokratischen Anarchismus als die sinnvollste Antwort auf die Politik hinaus.«[142] So in dem bald danach entstehenden »Theologisch-politischen Fragment« und in dem Aufsatz »Zur Kritik der Gewalt«.[143]

Seit April 1918 ist Ball Mitglied der Redaktion der ›Freien Zeitung‹ und gilt bald als ihr intellektuell prägender Kopf; als im August 1918 ›Der Freie Verlag‹ für einschlägige Buchpublikationen gegründet ist, wird Ball dessen literarischer Leiter. Einen Auszug aus Bakunins deutschsprachiger Schrift »Die Reaktion in Deutschland« aus dem Jahr 1842, die auch im ersten Teil des »Breviers« dokumentiert ist, druckt er bald nach seinem Redaktionseintritt am 13. April in der ›Freien Zeitung‹ ab und setzt ihn Ende Oktober 1918 im von ihm herausgegebenen »Almanach der Freien Zeitung«[144] mit Bedacht an

---

141 Momme Brodersen: Spinne im eigenen Netz. Walter Benjamin. Leben und Werk, Bühl-Moos: Elster 1990, S. 199. Vgl. Chryssoula Kambas: Ball, Bloch und Benjamin. Die Jahre bei der *Freien Zeitung*. In: Dionysius DADA Areopagita, s.o. Anm. 77, S. 69-91.

142 Gershom Scholem: Walter Benjamin – die Geschichte einer Freundschaft, Frankfurt am Main: Suhrkamp 1975 (Bibliothek Suhrkamp 467), S. 101, 103-104 und 108.

143 Walter Benjamin: Gesammelte Schriften, Bd. II.1, hg. von Rolf Tiedemann und Hermann Schweppenhäuser, Frankfurt am Main: Suhrkamp 1977, S. 203-204 und 179-203.

144 Michael Bakunin: Die Reaktion in Deutschland. In: Almanach der Freien Zeitung, hg. und eingeleitet von Hugo Ball, Bern: Der Freie Verlag 1918, S. 301-305. – Der Abdruck folgt dem Auszug im Bakunin-Brevier (vgl. o. S. 31-35) mit geringen redaktionellen Eingriffen unter Streichung von drei Sätzen bzw. Teilsätzen und von zwei geistesgeschichtlichen Absätzen, die von der Häresie (s. o. S. 32)

den Schluß (SW 10.3, Nr. 188, S. 241). Bakunins Schriften bleiben ein Fundus neuer Denkansätze und sie gehören zu den meistzitierten in seinem Buch »Zur Kritik der deutschen Intelligenz«, dessen Ansatz ohne Bakunins Spätschrift »L'Empire Knouto-Germanique et la Révolution sociale« nicht denkbar wäre. In den zahlreichen Bakunin-Rekursen und -Zitaten des Buches dominieren die Texte, die den Hintergrund und das Material für den Teil III des »Breviers« abgegeben hätten.[145] Insofern läßt sich sagen, daß der Abschluß des Bakunin-Breviers in die Schrift »Zur Kritik der deutschen Intelligenz« eingegangen ist: als dessen aktualisierende Lesart für Deutschland.

Zwei Tage nachdem der Band erschienen ist, schickt Ball am 19. Januar 1919 ein Exemplar an Brupbacher: »Und hier ein Pamphlet, dessen Autor auf eine schonungslose Kritik gefasst ist. Wie Sie aus Index[146] und Text ersehen, ist die Bakunin-Forschung ausgiebig zu Wort gekommen.«[147] (SW 10.1, Nr. 222, S. 309-310) Ball bedauert, daß es wegen anhaltender »Tag- und Nachtarbeit« in Bern zu einem Wiedersehen in Zürich noch nicht gekommen ist, und kündigt in einem Brief am 24. Januar erstmals die Rücksendung einiger von Brupbachers alten Leihgaben an, die er ihm immer persönlich übergeben wollte, aber dann offenbar doch noch bis zum August behält, weil in einem Brief vom 23. August 1919 erneut von der bevorstehenden Rückgabe die Rede ist: »2 Bände Sozialarchiv«[148],

    und der Unüberwundenheit des revolutionären Geistes (s. o. S. 33) handeln.
145 Vgl. die Nachweise der zitierten Schriften im Kommentar.
146 Im Index von Balls »Kritik« (vgl. Kritik, S. 323) finden sich unter »Bakunin« 27 Seitenangaben. Nur Hegel und Luther werden dort häufiger erwähnt als Bakunin. Vgl. den komplettierten Index in SW 5, S. 514.
147 Unter dem 17.2.1919 vermerkt Ball in der »Flucht aus der Zeit«: »Von Brupbacher einen interessanten Brief erhalten. Er nennt die ›Kritik‹ ein frommes Buch mit einem schön gottlosen Stil. Das Buch erinnert ihn an Ronsard, Rabelais, Brandhomme. Es ist eine Pascalpredigt im Helvétiusstil, und er hoffe, dieser Stil, der Stil des Buches werde meine Religion erschlagen.« (SW 6, S. 195-196; Flucht S. 238)
148 Vermutlich dürfte es sich nicht um komplette Jahresbände, sondern um die oben erwähnten beiden Hefte von ›Grünbergs Archiv‹ handeln, die Emmy Hennings ihm im September 1917 aus Ascona nachschicken sollte. Im Brief vom 23.8.1919 kündigt Ball nicht nur zwei, sondern sogar »3 Bände ›Sozialarchiv‹ (Grünberg)« an. (SW 10.1,

»Ramus Freie Generation«[149], »2 Bände Kulczicky«[150]. Behalten möchte Ball im Januar noch »5 Bände Bakun. Werke«[151]: »Ich bin damit beschäftigt, einiges daraus zu übersetzen. Ich schicke sie natürlich sofort, wenn Sie sie irgend entbehren oder benötigen.« (SW 10.1, Nr. 225, S. 312) Noch ist die Arbeit an Bakunins Originaltexten für ihn also nicht abgeschlossen. Erst im Sommer gelangt Nettlaus große zitatenreiche Bakunin-Biographie an Brupbacher zurück, deren Eintreffen er am 23. August 1919 zu bestätigen bittet, während er die Werkausgabe auch jetzt noch weiter behalten möchte.[152] Nach-

Nr. 238, S. 319). Welche Hefte oder Jahresbände Ball entliehen hatte, ist unklar. Auch in den frühen Jahrgängen bis 1918, die dafür in Frage kommen, sind mehrere große Beiträge sowie Rezensionen zu Bakunin und zum Anarchismus enthalten. Zitiert wird in der »Kritik der deutschen Intelligenz« (SW 5, S. 290 bzw. S. 377, Anm. 50) ein Artikel von Franz Mehring aus dem 4. Jahrgang (1913).

149 Gemeint sind entweder die Monatsschrift ›Die Freie Generation. Dokumente der Weltanschauung des Anarchismus‹ (2 Jahrgänge, London/Berlin 1906-08) oder die ›Jahrbücher der Freien Generation. Volkskalender und Dokumente zur Weltanschauung des Sozialismus-Anarchismus‹ (5 Bde., Paris/Zürich 1910-14). Beide wurden unter dem Pseudonym Pierre Ramus von dem österreichischen Anarchisten Rudolf Grossmann herausgegeben. Ball zitiert in der »Kritik« sowohl aus der Monatsschrift (SW 5, S. 361 Anm. 53) wie aus dem 5. Bd. der Jahrbücher (SW 5, S. 377, Anm. 46). In seiner Rückgabe-Ankündigung vom 23.8.1919 nennt er mit offensichtlichem Irrtum beim Titel nur »1 Nummer ›Die neue Generation‹« (SW 10.1, Nr. 238, S. 320) – Inzwischen korrespondiert er selbst mit Grossmann: »Ich höre ab und zu von Pierre Ramus. Er plant ein grösseres Werk ›Engels, Marx, Bakunin‹ in Dokumenten. In Wien scheint es ihm noch einigermaßen möglich zu sein, in Frieden verhungern zu dürfen. In Berlin ist auch das jetzt verboten.« (SW 10.1, Nr. 225, S. 312)

150 Ludwig Kulczicki: Geschichte der russischen Revolution, 2 Bde., Gotha: F.A. Perthes 1910. – In den Anmerkungen zur »Kritik der deutschen Intelligenz« erwähnt Ball das Werk (SW 5, S. 344, Anm. 129).

151 Es handelte sich offenbar um die von James Guillaume herausgegebenen Bände 2-6 der französischen Ausgabe, da Ball deren ersten, allein von Nettlau herausgegebenen Band selbst besaß: M.A. Bakounine: Œuvres, hg. von James Guillaume [und Max Nettlau], Paris: P.V. Stock 1895-1913.

152 Aus Bern fragt Ball bei Brupbacher an: »haben Sie den Nettlau erhalten? [...] Das Buch ist eine unschätzbare Fundgrube. Und darf ich die Bakunin-Werke noch behalten?« (SW 10.1, Nr. 238, S. 319)

dem wegen der schließlich erfolgenden Absage des Erich Reiss Verlages »aus dem Brevier nichts geworden ist«, möchte Ball aus den Bakunin-Werken »einige kleinere Schriften übersetzen lassen« und sie im ›Freien Verlag‹ unter dem Titel »Michel Bakunin über Deutschland und Karl Marx« herausbringen. Deshalb bittet er, ihm die Bakunin-Werkausgabe »noch für einige Wochen zu überlassen« (SW 10.1, Nr. 238, S. 319-320). Unklar ist, ob Ball dabei als Herausgeber tätig werden oder als Verlagsleiter nur einen Auftrag vergeben will. Auch dieses Vorhaben scheiterte – vermutlich an den wirtschaftlichen Schwierigkeiten des Freien Verlages. Klar ist aber der kritische Fokus auf deutsche Verhältnisse und Marx als schulebildende Bezugsgröße der deutschen Linken. In der »Kritik der deutschen Intelligenz« hatte es polemisch geheißen: Es »ist nicht nur sehr zu bedauern, sondern es kennzeichnet die Wut und Nachhaltigkeit der marxistischen Intrige, dass die für die Beurteilung Marxens wichtigsten Schriften Bakunins noch 1918 ins Deutsche nicht übersetzt sind.« (SW 5, S. 300)

»Wie merkwürdig berühren wir uns in der Marx-Kritik!« (SW 10.1, Nr. 239, S. 320), heißt es am 17. September in der Korrespondenz mit dem Wiener Anarchisten Rudolf Grossmann, der unter dem Pseudonym Pierre Ramus publiziert und »ein grosses Werk ›Engels, Marx, Bakunin‹ in Dokumenten« plant (SW 10.1, Nr. 225, S. 312). Aber auch bei Ramus kommt es nicht zu einer Realisation des dokumentarischen Projekts, sondern zu einer Streitschrift. »Die Irrlehre und Wissenschaftslosigkeit des Marxismus im Bereich des Sozialismus« lautet der Titel des Werks, das Ball besaß[153] und in einem Artikel »Die marxistische Intrige«[154] am 3. Dezember 1919 in der ›Freien

---

153 Unter den Resten von Balls Handbibliothek (HBN) findet sich der Band: Pierre Ramus: Die Irrlehre und Wissenschaftslosigkeit des Marxismus im Bereich des Sozialismus, Wien-Klosterneuburg: Verlag ›Erkenntnis und Befreiung‹ 1919. – Zum kritischen Ansatz von Ramus vgl. die Dissertation von Ilse Schepperle: Pierre Ramus. Marxismuskritik und Sozialismuskonzeption, München: tuduv-Verlagsgesellschaft 1988 (tuduv-studien. Reihe Politikwissenschaften Bd. 19). – Auch Franz Pfemfert korrespondierte mit Grossmann und suchte bei ihm Rat für sein eigenes Bakunin-Buchprojekt (siehe Anm. 98 und 99.)

154 Hugo Ball: Die marxistische Intrige. In: Die Freie Zeitung, Jg. 3, Nr. 95 (3.12.1919), S. 377-378.

Zeitung‹ vorstellte. Balls Artikel enthält auch Zitate aus Bakunins späteren Schriften und den Querelen der 1. Internationale, die sein weiteres Quellenstudium bezeugen. Auch ist darin nun öffentlich von dem im Sommer gefaßten Plan der Broschüre »Bakunin gegen Marx« die Rede. Die Ausführung dieses Plans, der Ball angesichts der deutschen Situation besonders wichtig wird, scheint letztlich an den wirtschaftlichen Schwierigkeiten des Freien Verlages zu scheitern.

In seinem letzten erhaltenen Brief an Fritz Brupbacher vom 23. August 1919[155] heißt es:

> »Franz Blei schrieb mir neulich: ›Es lebe der Kommunismus und die katholische Kirche!‹[156] Das beschäftigt mich sehr. Deutschland braucht ein moralisches Gehör, eh man dort wissen wird, warum überhaupt rebelliert werden soll. Mehr und mehr aber leitet mich die Überzeugung: Wo kein Sakrament existiert, ist keine Empörung möglich. Das ist die Frucht zweier Reisen durch das ›sich umwälzende‹ Deutschland.« (SW 10.1, Nr. 238, S. 320)

Inzwischen sind die kaiserlichen Majestäten und ihre Regierungen gestürzt. Nicht nur unter der Mehrheit der Sozialdemokraten, sondern auch auf der Linken der Revolutionäre ist der Marxismus als prägender Diskurs durchgesetzt. Nicht Anarchisten wie Gustav Landauer und Erich Mühsam haben nun ihre Stunde, sondern die antilibertären Kräfte, auf die eher die junge Sowjetmacht als erfolgversprechendes Vorbild politischer Orthodoxie einwirkt. Andere kritische Ansätze von außen wie jene der boykottierten ›Freien Zei-

---

155 Diese Korrespondenz, von der Brupbachers Gegenbriefe in Balls Nachlaß leider nicht erhalten sind, scheint sich nach dem Sommer 1919 fortgesetzt zu haben. Aus einem Tagebucheintrag Brupbachers vom 20.3.1920 geht hervor, daß er Ball noch einmal trifft und ihm gegenüber seinen Beitritt zur neugegründeten KP der Schweiz in der Hoffnung begründet, »das föderalistisch-individualistische Element in das Ganze schon bei Zeiten hineinbringen« zu können. Siehe Karl Lang: Kritiker, Ketzer, Kämpfer. Das Leben des Arbeiterarztes Fritz Brupbacher, Zürich: Limmat Verlag ²1983, S. 261. – Parallel findet Balls Reversion zum Katholizismus statt.
156 Dazu SW 10.3, Nr. 238, S. 294. – Vgl. Wolf-Daniel Hartwich: Häretiker der Moderne. Katholizismus als Politische Theologie bei Franz Blei, Hugo Ball und Carl Schmitt. In: Franz Blei. Mittler der Literaturen, hg. von Dietrich Harth, Hamburg: Europäische Verlagsanstalt 1997, S. 82-105.

tung‹ finden im Nachkriegsdeutschland kaum Gehör, wie Hugo Ball bei seinen ersten Reisen über die Grenze feststellt.

Der nach der Revolution amtierende bayerische Ministerpräsident Kurt Eisner von den Unabhängigen Sozialdemokraten, auf den die Berner Emigranten einige Hoffnungen gesetzt hatten, ist am 21. Februar 1919 auf dem Weg in den Landtag vom nationalistischen Grafen Arco-Valley erschossen worden. Am 25.2. tritt der Rätekongreß in München wieder zusammen, auf dem Erich Mühsams Antrag auf Ausrufung der Räterepublik abgelehnt und statt dessen die Wiedereinberufung des Landtages gefordert wird. Der Rätekongreß wählt am 1. März ein provisorisches sozialistisches Kabinett als Ersatz für die Eisner-Regierung. Am selben Tag zieht Ball mit seinem Artikel »An unsere Freunde und Kameraden«[157] eine Zwischenbilanz der Revolution und begibt sich bald selbst auf die Reise.

Anfang März erhält er einen Paß durch den von der bayerischen Revolutionsregierung berufenen Gesandten Friedrich Wilhelm Foerster, der Mitarbeiter der ›Freien Zeitung‹ war und auch politische Kontakte für Balls folgende Reisen (11. März bis Anfang April und Ende April bis Ende Mai 1919) vermittelt. In München trifft Ball neben anderen am 16. März Émile Haguenin, den Leiter der französischen Beobachter-Kommission für das Nachkriegsdeutschland, und besucht mit ihm den Verkehrsminister Heinrich von Fraundorfer, dem er ein Exemplar seines Buches überreicht. Ball dient Haguenin, den er aus Bern kennt und mit dem er wenige Tage später nach Berlin weiterreist, als Informant und Kontaktvermittler im linken Milieu der Revolutionszeit. Frankreich möchte auf dem Wege über die Schweiz eine gezielte Lebensmittelhilfe für Bayern organisieren, um Gegengewichte gegen den Berliner Zentralismus zu stärken (vgl. SW 10.3, Nr. 226, S. 283). Am 17. März erlebt Ball noch in München auf der Besuchertribüne den Zusammentritt des Bayerischen Landtages, der ein Ermächtigungsgesetz annimmt, das einem Kabinett unter Führung des Mehrheitssozialisten Johannes Hoffmann umfassende gesetzliche Vollmachten erteilt. Durch »eine Verwandte von Eduard Bernstein« (vielleicht die Schriftstellerin Elsa Bernstein, die unter dem Pseudonym Ernst Rosmer veröffentlichte) lernt Ball in München den

---

157 Hugo Ball: An unsere Freunde und Kameraden. In: Die Freie Zeitung, Jg. 3, Nr. 18 (1.3.1919), S. 69. Nachdruck in: Schriften, S. 254-257.

damaligen Privatdozenten Carl Schmitt kennen: »Wir gerieten damals in ein Gespräch über die französischen Neukatholiken (Hello, Bloy, d'Aurevilly).«[158] Der Anlaß des Kontaktes dürfte allerdings eher Schmitts damalige militärische Funktion gewesen sein[159]: Er war bis Ende März 1919 im bayerischen Kriegsministerium als Leiter des Referates 6 betraut mit der Überwachung der Friedensbewegung und der Einfuhr von Druckschriften einschließlich ausländischer Zeitungen sowie mit der Überwachung und Verhinderung der Verbreitung ausländischer Propagandaschriften und Flugblätter. Davon waren die Verbeitungsmöglichkeiten des von Ball geleiteten ›Freien Verlages‹ und der ›Freien Zeitung‹ unmittelbar tangiert. Ob das Gespräch mit Schmitt, der bereits zum 1. April zur Münchener Stadtkommandantur versetzt wurde, darauf noch einen günstigen Einfluß haben konnte, wird erst nach Erforschung der Aktenlage zu entscheiden sein.

Nach der Weiterreise erlebt Ball in Frankfurt die deregulierten Verhältnisse der Revolutionszeit in einer drastischen Plünderungswelle und hört einen Vortrag des Hauptmanns von Beerfelde, der die in der Kriegsschuldfrage belastende Lichnowsky-Denkschrift (»Meine Londoner Mission«) verbreitet hatte. In Mannheim hält Ball auf Einladung Moritz Lederers einen Vortrag über die vom Freien Verlag veröffentlichten und heftig umstrittenen Dokumente, in denen es um die Unterstützung der russischen Bolschewiki durch das kaiserliche Deutschland geht.[160]

158 ›Tagebuch‹ 22.7.1923 (HBN).
159 Nach einem freundlichen Hinweis von Bernd Wacker. Vgl. Bernd Wacker: Die Zweideutigkeit der katholischen Verschärfung – Carl Schmitt und Hugo Ball. In: Die eigentlich katholische Verschärfung ... Konfession, Theologie und Politik im Werk Carl Schmitts, hg. von Bernd Wacker, München: Fink 1994, S. 123-145, hier S. 125-126. – Vgl. Piet Thomissen: Bausteine zu einer wissenschaftlichen Biographie (Periode: 1888-1933). In: Complexio Oppositorum. Über Carl Schmitt, hg. von Helmut Quaritsch, Berlin 1988, S. 71-100, hier S. 76f. – Vgl. Reinhard Mehring: Carl Schmitt. Aufstieg und Fall, München: Beck 2009, S. 172f.
160 Die deutsch-bolschewistische Verschwörung. 70 Dokumente über die Beziehungen der Bolschewiki zur deutschen Heeresleitung, Großindustrie und Finanz, nebst einer Anzahl photographischer Reproduktionen, hg. vom Committee on Public Information United States of America, Bern: Der Freie Verlag 1919. – Vermutlich stammt die anonyme redaktionelle Einleitung von Ball. Im Anschluß an seinen

Als Ball bereits auf der Rückreise ist und noch einen Abstecher in seine französisch besetzte Heimatstadt Pirmasens macht, kommen die Nachrichten vom Sturz der Hoffmann-Regierung in München am 5. April und der Ausrufung der 1. Münchener Räterepublik am 7. April *ohne* Beteiligung von Mehrheitssozialisten und KPD, getragen von Unabhängigen Sozialisten, Anarchisten und einigen SPD-Mitgliedern. Seit dem Tod Eisners stehen für wenige Tage mit Gustav Landauer[161] und Erich Mühsam[162] erstmals wieder Menschen in politischer Verantwortung, denen Ball nahesteht. Aber der Einfluß der Räteregierung beschränkt sich auf das Territorium zwischen Augsburg, Rosenheim und Garmisch – und ihre Macht ist bald zerrieben. Am 8. April löst der Schriftsteller Ernst Toller als Vorsitzender des Revolutionären Zentralrates Ernst Niekisch ab. Von Nürnberg aus erklärt Johannes Hoffmann seine Regierung weiterhin zur »einzigen Inhaberin der Gewalt in Bayern«, schlägt seinen Regierungssitz in Bamberg auf und entscheidet sich schließlich für den militärischen Kampf mit gesammelten Freiwilligen-Verbänden gegen die Räterepublik. Am 13. April scheitert der ›Palmsonntagsputsch‹ der anrükkenden Republikanischen Schutztruppe in einer Schlacht am Münchener Hauptbahnhof. Im Hofbräuhaus konstituiert sich ein neues Parlament der ›Betriebs- und Soldatenräte Münchens‹ und wählt einen ›Aktionsausschuss‹, der Eugen Leviné zum Vorsitzenden des vierköpfigen Vollzugsrates einer 2. (kommunistischen) Räterepublik bestimmt. – Nach einem Mißtrauensvotum gegen den Vollzugsrat treten am 27. April Leviné und die Kommunisten zurück. Das Räteparlament wählt Ernst Toller an die Spitze, der vergeblich mit der Hoffmann-Regierung wegen einer Abwendung des Bürgerkrieges

---

Mannheimer Vortrag veröffentlicht Ball als Beitrag für die von Lederer in Mannheim herausgegebene Zeitschrift ›Der Revolutionär‹ seinen Beitrag »Siebzig Dokumente« (Der Revolutionär, Jg. 1, Nr. 10 (28.5, 4. und 12.6.1919), S. 12-18. Diese Veröffentlichung bringt ihm in der Schweiz nach Denunziation bei der Züricher Stadtpolizei ein Ausweisungsbegehren wegen des Verdachts der Propagierung »revolutionärer Ideen« ein, das jedoch von den Berner Behörden nicht unterstützt wurde (vgl. SW 10.3, Nr. 238, S. 293).

161 Gustav Landauer und die Revolutionszeit 1918/19. Die politischen Reden, Schriften, Erlasse und Briefe Landauers aus der November-Revolution, hg. von Ulrich Linse, Berlin: Karin Kramer Verlag 1974.
162 Wolfgang Haug: Erich Mühsam. Schriftsteller der Revolution, Grafenau. Trotzdem-Verlag ²1998, S. 51ff.

verhandelt und in Konflikt mit Rudolf Eglhofer gerät, dem kommunistischen Kommandanten der ›Roten Armee‹. Nach dem von Eglhofer angeordneten Geiselmord im Luitpold-Gymnasium kommt es vom 1. bis 3. Mai zur Belagerung und vorzeitigen Einnahme Münchens durch Regierungstruppen. Der Bürgerkrieg wird zu einem Gemetzel mit über 1000 Todesopfern. Mehr als 5000 Menschen werden wegen ihrer Beteiligung an der Räterepublik vor Gericht gestellt.

Ball wird nicht zum Augenzeugen dieser Münchener Ereignisse, sondern kommentiert aus der Ferne. Nach Bern zurückgekehrt, hat er am 26. April in seinem Artikel »Die Schuld am Diktatfrieden« in der ›Freien Zeitung‹ noch einmal auf jene Kräfte hingewiesen, die auf der Bedeutung der Kriegsschuldfrage bestehen. Dabei hebt er die Unabhängige Sozialdemokratie und Gustav Landauer hervor, der »ein an Geist und Reife gleich bewundernswertes soziales und föderatives System vertritt«.[163] Damals hatte sich Landauer bereits von der neuen kommunistischen Räteregierung distanziert:

> »Ich verstehe unter dem Kampf, der Zustände schaffen will, die jedem Menschen gestatten, an den Gütern der Erde und der Kultur teilzunehmen, etwas anderes als Sie. Ich stelle also fest – was schon vorher kein Geheimnis war – daß die Abneigung gegen eine gemeinsame Arbeit gegenseitig ist. Der Sozialismus, der sich verwirklicht, macht sofort alle schöpferischen Kräfte lebendig; in ihrem Werke aber sehe ich, daß Sie auf wirtschaftlichem und geistigem Gebiet, ich beklage es, sehen zu müssen, sich nicht darauf verstehen.«[164]

Nach der blutigen Niederwerfung der zweiten Räterepublik durch die Soldateska notiert Ball unter dem 24. Mai in der »Flucht aus der Zeit«:

> »Auch Landauer ist ermordet worden; was sage ich ermordet, er ist rückwärts getroffen und dann, nachdem er zu Boden gesunken, zertrampelt und zertreten worden. Die alldeutsche Presse frohlockt darüber. In seinem ›Aufruf zum Sozialismus‹, und zwar am

---

163 Hugo Ball: Die Schuld am Diktatfrieden. In: Die Freie Zeitung, Jg. 3, Nr. 33 (26.4.1919), S. 129.
164 Gustav Landauer: Brief an den Aktionsausschuß vom 16.4.1919 in: Gustav Landauer und die Revolutionszeit 1918/19, l.c., S. 248.

Schlusse, schrieb er: ›Was liegt am Leben? Wir sterben bald, wir sterben alle. Wir leben gar nicht. Nichts lebt, als was wir aus uns machen; die Schöpfung lebt; das Geschöpf nicht, nur der Schöpfer. Nichts lebt als die Tat ehrlicher Hände und das Walten reinen, wahrhaften Geistes.‹« (SW 6, S. 201; Flucht S. 244-245)

Ende April ist Ball über Heidelberg nach Berlin gereist, um letzte Perspektiven für die Arbeit der ›Freien Zeitung‹ zu gewinnen. Er trifft u.a. mit den kriegsgegnerischen Politikern aus dem Umkreis des ›Bundes Neues Vaterland‹ zusammen: Hellmut von Gerlach[165], Heinrich Ströbel[166] und Richard Witting[167] (SW 6, S. 200; Flucht S. 244). Er besucht am 3. Mai Siegfried Jacobsohn, den Herausgeber der Wochenschrift ›Weltbühne‹, in der im Sommer Ernst Blochs Rezension der »Kritik der deutschen Intelligenz« erscheinen wird. An den folgenden Tagen trifft Ball den Bankier und USPD-Politiker Hugo Simon (SW 10.1, Nr. 233, S. 317), der 1919 kurzfristig Finanzminister war. Relevant war er für Ball offenbar vor allem wegen seines dominanten Einflusses auf den neugegründeten Verlag Berger und den Verlag Neues Vaterland, E. Berger & Co., – Verlage, die

---

165 Der Publizist Hellmut von Gerlach (1866-1935) war Chefredakteur der Berliner Wochenzeitung ›Die Welt am Montag‹. Er gehörte 1908 zu den Mitbegründern der ›Demokratischen Vereinigung‹, die gegen den Bülow-Block mit der SPD zusammenarbeitete, war nach Kriegsausbruch in die Deutsche Friedensgesellschaft eingetreten. Er war Mitbegründer des pazifistischen Bundes Neues Vaterland. 1918 gehörte er zu den Mitbegründern der Deutschen Demokratischen Partei und war 1918/19 als Unterstaatssekretär im preußischen Innenministerium Leiter des Polen-Dezernats. 1932 leitete er nach der Verhaftung Carl v. Ossietzkys die ›Weltbühne‹.

166 Der Sozialdemokrat Heinrich Ströbel (1869-1944) war 1900-1916 Redakteur des ›Vorwärts‹ und 1908-1918 Mitglied des Preußischen Abgeordnetenhauses gewesen. 1917-1920 Mitglied der USPD, aus der er schließlich als Gegner des Rätegedankens ausgeschlossen wurde. Er war Mitglied der Deutschen Liga für Menschenrechte und seit 1921 der Deutschen Friedensgesellschaft.

167 Der Jurist und Bankier Richard Witting (1856-1923) war Bruder von Maximilian Harden und 1914 Mitglied der Deutschen Gesellschaft. Überzeugt von der deutschen Kriegsschuld und der Reformunfähigkeit der Hohenzollernherrschaft, arbeitete er im Winter 1917/18 eine demokratische Verfassung aus, die später eine Grundlage für die Weimarer Verfassung werden sollte (vgl. SW 10.3, Nr. 251, S. 305).

entweder unlizensierte Nachdrucke von Broschüren des Freien Verlages vertrieben oder vielleicht wegen des mangelnden Vertriebs der Produkte des Freien Verlages in Deutschland als Partner in Betracht kamen. Außerdem besuchte Ball den Verleger Erich Reiss, der vor Jahresfrist das Manuskript des Bakunin-Breviers abgelehnt hatte, für das sich auch jetzt keine neuen Chancen eröffnen. Er sieht seinen einstigen Dada-Mitstreiter Richard Huelsenbeck wieder, der die dadaistischen Impulse aus Zürich inzwischen nach Berlin getragen hat. Ball besucht am 30. April 1919 eine Soiree der Berliner Dadaisten im Graphischen Kabinett I.B. Neumann, bei der Huelsenbeck ein Manifest verliest, Raoul Hausmann erstmals seine Lautgedichte (»Seelenautomobile«) vorträgt und der Komponist Jefim Golyscheff seine »Antisymphonie« aufführt. Der Dada-Initiator Ball fühlt sich alldem gegenüber nur noch als unbeteiligter Zuschauer.

Aber auch zu den Akteuren auf der politischen Bühne scheint sich in Berlin kein Kontakt herzustellen, der der ›Freien Zeitung‹ weiterhilft. Mit dem Ausgang der Reise sind seine Hoffnungen enttäuscht, und er zieht unter dem 24. Mai 1919 ein für die »Flucht aus der Zeit« typisches Resümee:

> »Resultat: daß die politische Aktion in der Schweiz keinen Sinn mehr hat, und daß es kindisch ist, diesem Treiben gegenüber auf Moral zu bestehen. Ich bin gründlich geheilt, von der Politik nun auch, nachdem ich den Ästhetizismus bereits früher abgelegt hatte. Es ist notwendig, noch enger und ausschließlicher auf die individuelle Basis zu rekurrieren; nur der eigenen Integrität zu leben, auf jedes korporative Wirken aber ganz zu verzichten.« (SW 6, S. 200-201; Flucht S. 244)

Angeregt durch eine Rezension der »Kritik der deutschen Intelligenz« durch Adolf Saager beginnt er im Juni mit Studien zu einer »Philosophie des produktiven Lebens«, in der nun »nach dem negativen, ein positives System« folgen soll. In seiner brieflichen Skizze nach der Rückkehr aus Berlin lassen sich Spuren der anarchistischen Utopie erkennen:

> »Ich möchte in diesem System etwas weitergehen, als man bisher in den Beziehungen der Individuen untereinander gekommen ist. Der Achtung und Anerkennung des Nächsten, der Liebe zum Nächsten, kann eine Ordnung der Dinge folgen, in der die gewal-

tige Pflege der Produktivität die Grundlage der Moral abgibt. (Aus Gründen der Lösung, Erlösung aller im Menschengeschlecht veranlagten Kräfte und Möglichkeiten.) Dazu würden Kapitel über den Wert, über die Moral und über die Methodik der Arbeit gehören, und es käme darauf an, die Materialität des uns bevorstehenden neuen Reiches zu durchdringen und aufzulösen. Der Gedanke beschäftigt mich sehr.

Der Zusammenbruch ist eine solche Katastrophe, dass hieraus wenigstens[s] Charakter kommen kann. Gerade uns Deutschen ist heute (aus Not) der Versuch eines neuen Systems nahegelegt.« (SW 10.1, Nr. 235, S. 318)

Für einige Wochen zieht er sich nach Melide am Luganer See zurück (in die Nähe von Adolf Saagers Wohnort Lugano-Massagno) und kündigt am 1. August Brupbacher die Rückgabe der Leihgaben an (SW 10.1, Nr. 237, S. 319). Aber danach scheint ihm die erwähnte Idee einer eigenen Bakunin-Auswahl im ›Freien Verlag‹ zu kommen, über die er im bereits zitierten Brief vom 23. August schreibt. Möglicherweise hat er die noch zurückbehaltenen Bände der »Œuvres« von Bakunin erst bei seinem Besuch in Zürich am 20. März 1920 zurückgegeben, über den Brupbacher in seinem Tagebuch notiert:

»Ball da. Wir sprachen über s[eine] kathol[ische] Neigung. Er meint revoltieren kann man sich nur, wenn man einen positiven Massstab in sich habe. Er schwärmt für das Sacrament. Bis ins Kleinste, in allen Formen einen positiven Massstab zu haben. Das hätte das Mittelalter. Wir müssen z[um] Mittelalter zurück. [...] Da die ›Freie Zeitung‹ eingeht, kehrt Ball nach Deutschland zurück. Hat sich mit Emmy Hennings verheiratet. [...] Er selber denkt nach Stuttgart zu übersiedeln ev[entuell] Zeitschrift rauszugeben. Von Deutschland erzählt, dass Ansichten der Intellektuellen furchtbar schnell umschlagen.«[168]

In Bern haben Hugo Ball und Emmy Hennings am 21. Februar 1920 die Ehe geschlossen. Sie übersiedeln Ende März gemeinsam mit Emmys Tochter Annemarie nach Deutschland.

---

168 Handschriftlicher Eintrag zum 20.3.1920 in Fritz Brupbacher: 1919/20 [Tagebuch ab 3.10.1919]. Schweizerisches Sozialarchiv Zürich Ar 101.10.5/BT33, S. 53-54.

Bereits Mitte März war Ball dort unterwegs, um Möglichkeiten zu sondieren, den ›Freien Verlag‹ und seine Zeitung in neuer Gestalt fortzuführen, deren baldige Einstellung in der Schweiz seit Februar beschlossene Sache war (SW 10.1, Nr. 243 und 244, S. 323-325). Als Titel der neuen Wochenschrift war ›Die Erneuerung‹ vorgesehen und als Redaktionssitz Stuttgart (SW 10.3, Nr. 244, S. 299). Aber zum beherrschenden Eindruck der Reisen werden die Allianz der alten Eliten und der gegenrevolutionäre und völkische Terror der Freicorps. Was mit dem reaktionären Kapp-Putsch am 13. März ans Tageslicht kam, hat Balls Hoffnungen auf eine demokratische Erneuerung Deutschlands plötzlich schwinden lassen.[169] Am 17. März erscheint sein letzter Artikel in der ›Freien Zeitung‹, die zehn Tage später ihr Erscheinen einstellt. Er trägt denselben Titel wie der erste zensurfreie politische Artikel von ihm, der 1915 in dem Züricher Blatt ›Die neue Tribüne‹ erschienen war: »Das wahre Gesicht«. Das Ende der Maskenspiele des Politischen scheint gekommen:

»Im übrigen ist es gut, daß nun Klarheit in all die Verständigungsnebel gekommen ist. Klarheit über die Phrase französischer und deutscher ›Clartisten‹, über die Bannerträger der Verständigung, die Herren von der ›Democratic Control‹ in England; Klarheit über jene deutschen Unabhängigen und Kommunisten, die von dem Gefängnisse der preußischen Junker aus den ›westlichen Imperialismus‹ bekämpfen, über die ›Hänse im Schneckenloch‹, die jetzt alles haben, was sie wollen; Klarheit auch über die deutsche

---

169 Der Umsturzplan ging auf den ostpreußischen Generallandschaftsdirektor und Mitbegründer der Deutschen Vaterlandspartei Wolfgang Kapp, den Reichswehrgeneral von Lüttwitz und den Freicorpsführer Kapitän Erhardt zurück. Auch wenn der rechtsradikale Putschversuch bald durch einen Generalstreik der Gewerkschaften, der beiden sozialistischen Parteien und den Widerstand der republikanischen Beamtenschaft zusammenbrach, sollte Ball sich auf lange Sicht nicht täuschen in seiner Prognose einer Restauration der alten Mächte. Gerade der strukturelle Machtgewinn der Gewerkschaften und der gesellschaftlichen Kräfte im politischen Gefüge der jungen Republik begünstigte nach den Forschungen von Susanne Miller später ihre Austauschbarkeit durch antirepublikanische und großindustrielle Kräfte. – Vgl. Susanne Miller: Bürde der Macht. Die deutsche Sozialdemokratie 1918-1920, Düsseldorf: Droste 1978 (Beiträge zur Geschichte des Parlamentarismus und der politischen Parteien, Bd. 63).

›Demokratie‹, deren ›Diktatur‹ jetzt abgetan ist, und nicht zuletzt auch über die Verteidiger der deutschen Mehrheitssozialisten, alle jene deutschen Einheitsapostel und Zentralisten, die wacker dazu beigetragen haben, *die preußische Bürokratie aufzufrischen, das marode Heer zusammenzuhalten und der deutschnationalen Agitation, oder anders gesprochen den Herolden der preußischen Weltherrschaft,* trotz unerhörter Niederlage, *die Wiederauferstehung zu ermöglichen.*«[170]

Balls Artikel bleibt sein letztes Wort zur aktuellen Politik. Daß der Putsch am Tag nach dem Erscheinen des Artikels durch den Generalstreik und die Verweigerung der exekutiven Kräfte zum Erliegen kam, hat ihn in seiner grundsätzlichen Überzeugung vom Verlauf der deutschen Entwicklung nicht umgestimmt. In ihm klingt seine Bitterkeit über den Ausgang der Revolution nach, der er im Artikel »Ein Wendepunkt deutscher Geschichte« am 11. Februar 1920 einen Nachruf geschrieben hatte:

»Das Deutschland derer, die heute hungern, zerfallen, in den Gefängnissen und auf der Straße liegen; das Deutschland derer, die millionenfach in den Arbeitskasernen die trostlose Aufgabe haben, eine im Voraus schaale und freudlose Zukunft zu bauen; das mit Entkräftung, Zerrüttung und Trauer geschlagene Land derer, die heute in Wahrheit büßen und leiden für die verantwortungslosen Gesellen, denen der Krieg ein blutiges Aktienunternehmen, ein Tummelplatz ihres Indianerspiels war –: dieses Deutschland, das im November 1918 sich einen Augenblick rühren durfte, so wie ein Kranker sich rührt, der sein Fieber verliert, – dieses Deutschland liegt heute wieder am Boden. Dieses Deutschland hat man so kleinlaut gemacht und in die Gossen gejagt mittels Zeitungslügen, Maschinengewehren und Flammenwerfern, daß es nicht einmal stammeln mehr mag, geschweige denn sprechen.

Aber es existiert. Es hat kein Interesse, diese Art Führer zu schützen. Ihm helfe man auf. Hinweg mit den Schandoffizieren, die nur seine Peiniger sind. Ein seit Jahrhunderten malträtiertes Volk, in dem Brutalität und Verhetzung das Selbstgefühl langsam

---

170 Hugo Ball: Das wahre Gesicht. (Zur Berliner Gegenrevolution). In: Die Freie Zeitung, Jg. 4, Nr. 22 (17.3.1920), S. 85; Nachdruck in: Schriften S. 270-272.

ertötet haben, es spricht heute nicht. Es hat seine Sprache verloren. Das ist Deutschland nicht, was da tobt, was da mit Stinkbomben, Stuhlbeinen und Feuerwerkskörpern Versammlungen sprengt, die den Schuldigen mißliebig sind. Das ist Deutschland nicht, das ist nur sein Pöbel.«[171]

Vom Ende März bis zum Juli 1920 hält Ball sich mit der Familie in Deutschland auf. Im Sommer wird auch der ›Freie Verlag‹ aufgelöst, für den Ball seit Ende 1919 noch ein Buchprojekt von Rudolf Grossmann (Pierre Ramus) plante (SW 10.1, Nr. 242, S. 322 und Nr. 248, S. 326). Der Titel wird in Balls Briefen von 1920 nicht mehr genannt, aber es liegt nahe, daß es sich dabei um das schon im Januar 1919 (SW 10.1, Nr. 225, S. 312) erwähnte Projekt für ein »grosses Werk ›Engels, Marx, Bakunin‹ in Dokumenten« handeln sollte. Inhalt und dokumentarische Form hätten Balls Interesse nach seinem eigenen »Brevier«-Projekt in Gang halten können. »Die verschiedenen Fortsetzungen des Exposés« von Grossmann erreichen Ball in Emmys Flensburger Geburtshaus, und er bittet Grossmann am 1. Juni 1920, »sich wegen der Entscheidung des Verlags noch einige Zeit zu gedulden, da die Liquidierung der ›F[reien] Z[eitung]‹ voraussichtlich auch eine Neuordnung des Verlags zur Folge haben wird. Sowie ich Ihnen bestimmteres mitteilen kann, ich denke gegen Anfang Juli, werden Sie sogleich von mir hören.« Ball bittet, ihn weiterhin die neuen Ausgaben des ›Organs der herrschaftslosen Anarchisten‹ zukommen zu lassen, das Grossmann seit 1918 unter dem Titel ›Erkenntnis und Befreiung‹ herausgab: »Blätter wie das Ihre und etwa der Mannheimer ›Revolutionär‹ sind stets eine Wohltat und tröstlich, weil jenseits der Akademie das liebe Herzblut die Politik macht.« Balls Brief schließt mit dem Satz: »Das Zeitalter der Katakomben scheint wieder anzubrechen« (SW 10.1, Nr. 248, S. 326-327). Bei Ball wird es zu einer melancholischen Metapher der politischen Situation.[172] In diesen Wochen beginnt Ball wieder den Katholizismus zu praktizieren, in dem er aufgewachsen war.

---

171 Hugo Ball: Ein Wendepunkt deutscher Geschichte. In: Die Freie Zeitung, Jg. 4, Nr. 12 (11.2.1920), S. 45.
172 »Die Christkatholiken leben in der Katakombe«, heißt es lt. Kommentar in SW 10.3, Nr. 248, S. 303 bereits früher am Schluß eines Aufsatzes von Franz Blei: Die Krise der Kirche. In: Die Rettung, 1. Jg., Nr. 8 (24.1.1919), S. 72.

Als die Verlagsangelegenheiten zur Einstellung weiterer Publikationen führen und er Grossmann am 2. Juli 1920 eine Absage für das Buchprojekt erteilen muß, hofft er dennoch, »daß Ihr prächtiger Entwurf eines notwendigen Buches nicht vergebens geschrieben wurde« (SW 10.1, Nr. 251, S. 330). Auch später kommt es nicht zur Realisation von Grossmanns Plan, der Ball zur Korrektur des Kanons kritischer Bezugsgrößen in der Linken nicht weniger notwendig erschien als sein eigenes Bakunin-Brevier. Sein Verständnis von politischer Verantwortung bleibt persönlich und darin anarchistisch: Wer Verantwortung trägt, ist für ihn nicht durch unauthentisches Repräsentantentum, Institutionalismus oder den Verweis auf Sachzwänge entlastbar, sondern bleibt moralisch befragbar.

8. Der Vorrang des Authentischen vor dem Vermittelten: Das Bakunin-Brevier – eine Erzählung aus Dokumenten

Das »Brevier«-Projekt hat Ball zu einem politischen Denken gebracht, das ihm noch in seinen Münchener Dramaturgen-Jahren in dieser Vielschichtigkeit und zugleich Eindeutigkeit fremd war. Es hat seine Abkehr vom Nationalismus befördert und über der Arbeit an Bakunins Lebenszeugnissen die Internationalität seines Horizontes zur Selbstverständlichkeit gemacht. Beides wird Voraussetzung für sein publizistisches Engagement während des Exils. Davor ist Ball ein Autor ungespielter Historiendramen, deren Stoffe nicht aus eigener Erfindung stammen; er ist ein noch wenig stilsicherer Lyriker und Journalist, dessen Theaterkritiken bei gelegentlich inhaltlicher Opposition zu Alfred Kerr doch stilistische Anlehnungsbedürfnisse an diesen Stimmführer der deutschen Theaterkritik verraten. Mit dem schweizerischen Exil ändert sich das. Aber der Weg zum eigenen Ton führt über die Versenkung ins fremde Werk.

In Balls Lebenschronik ist das Bakunin-Brevier das Werk, das seine Dada-Aktivitäten der Jahre 1916 und 1917 geradezu umrahmt. Bei Scholz erscheint es als Fundus der Dada-Programmatik. – Es könnte auch als Ermutigung auf Dada gewirkt haben, was Bakunin angesichts der in Frankreich und Deutschland ausgebrochenen Revolutionen als bevorstehenden Fall der Reaktion in seinem Brief an Herwegh vom August 1848 beschrieb:

>»deshalb erscheinen auch die Philosophen, Literaten und Politiker, alle die, welche ein fertiges Systemchen in ihrer Tasche tragen, und diesem unergründlichen Ozean eine Grenze und eine Form anzwingen möchten, darum erscheinen sie auch so dumm und so impotent; sie haben nichts von diesem Instinkt und sie fürchten sich, in den Wellen dieses Ozeans zu baden.

Aber die Revolution ist da, lieber Freund, wirkend, gährend, ich habe sie überall gefühlt und gefunden, und ich fürchte mich nicht vor der Reaktion.

[...] Wir brauchen etwas anderes: Sturm und Leben und eine neue, gesetzlose und darum freie Welt ...« (oben S. 73-74)

Das Brevier-Projekt, bei dem Ball als Autor zunächst noch hinter seinem Material zurücktritt, macht ihn auf Jahre hin zum politischen Schriftsteller. An Bakunin formt sich die Vorstellung vom Avantgardisten, der nicht Vorläufer auf einsamem Posten bleibt, sondern – wie Ball in Zürich – im Hintergrund wirkt und ein Netzwerk aufbaut und inspiriert. Mit Bakunin zieht er die destruktiven Potentiale der Erneuerung ebenso in Betracht wie ihre konstruktiven. Mit Bakunin bleibt er skeptisch gegenüber den selbstläufigen Denksystemen und Handlungsmustern, bricht ab, wo er es für nötig hält. Balls eigener Lebensentwurf ähnelt durchaus dem, was Bakunin über den seinigen 1847 im Brief an Annenkov schreibt:

»Bis jetzt wurde fast mein ganzes Leben durch unfreiwillige Wendungen bestimmt, unabhängig von meinem Willen; Gott weiss, wohin es mich führen wird. Ich fühle nur, dass ich nicht umkehren und nie meinen Überzeugungen untreu werden kann. Darin liegt meine ganze Kraft und mein Wert; darin die ganze Wirklichkeit und Wahrheit meines Lebens; darin mein Glaube und meine Pflicht; an dem übrigen ist mir wenig gelegen: es soll werden, wie es will.

Das ist meine Beichte, Annenkow. Sie werden sagen, in alledem stecke viel Mystizismus. Wer ist denn kein Mystiker? Gibt es denn eine Spur von Leben ohne Mystizismus? Nur dort ist Leben, wo es einen strengen, unbegrenzten, und daher etwas mystischen Horizont gibt. Wahrlich wir alle wissen fast nichts. Wir leben in einer lebendigen Atmosphäre, umgeben von Wundern und Lebenskräften, und jeder unserer Schritte kann sie ohne unser Wissen und oft sogar unabhängig von unserem Willen zutage fördern ...« (oben S. 53)

Ein Schlüssel von Balls Lebensentwurf, der sich am Falle Bakunins bildet: »Nur dort ist Leben, wo es einen strengen, unbegrenzten, und daher etwas mystischen Horizont gibt.«

Ball hat vor 90 Jahren den (vorerst vergeblichen) Versuch unternommen, durch eine Auswahl deutschsprachige Leser für Bakunins Schriften zu gewinnen. Die Anordnung der Auswahl ist biographisch und weniger auf die Stichhaltigkeit der Texte im theoretischen Diskurs der Zeit gerichtet. Er nähert sich Bakunins Biographie, als wäre es die eines Künstlers.[173] Balls Leistung läßt sich beim Bakunin-Brevier nicht so sehr aus den eigenen Zwischentexten herauslesen, die meist in einer nüchternen Sprache der Historiographie früherer Bakunin-Forscher folgen. Neuartig ist Balls Leistung in der Materialästhetik. Man spürt, daß hier kein Geschichtsprofessor wie Dragomanow oder ein Privatgelehrter wie Nettlau am Werke war, sondern ein früherer Dramaturg und Redakteur, dem die Gestaltung von Figuren sowenig fremd war wie jene von lesbaren Texten. Ball modernisiert die Schreibung, strafft durch Auslassungen, verfährt nach redaktionellen Prinzipien. Es ist die Spracharbeit an den zitierten Quellen, die – mit dem Anspruch gewahrter Authentizität – Ball auch hier zu dem Autor macht, der Interesse beanspruchen darf.[174] Nach Balls Brief an Brupbacher vom 9. September 1917 versteht er das Brevier selbst als »Form einer biographisch sich entwickelnden Charakteristik« (SW 10.1, Nr. 144, S. 189). Eine historische Figur wird präsent; unterschiedliche Perspektiven werden möglich. Wie bei dramatischen

---

173 Als Ergebnis von Balls Lektüre von Brupbachers Studie »Marx und Bakunin« (vgl. SW 6, S. 132; Flucht S. 148-149 zum 13.2.1917) hebt Scholz S. 315-316 die Betonung Bakunins als Künstler hinsichtlich der Anschauungsform (im Unterschied zur wissenschaftlichen bei Marx) hervor.

174 Wichtig bleibt die erst später von Friedrich Gundolf in einem postum veröffentlichten Text über die »Anfänge deutscher Geschichtsschreibung von Tschudi bis Winckelmann« dem wissenschaftlichen Bewußtsein eingeprägte Einladung, Geschichtswerke nicht nur – wie bei den Historikern üblich – nach ihrem Quellenwert einzuschätzen, sondern ihre auktoriale Leistung ins Visier zu nehmen. Neuere Ausgabe: Friedrich Gundolf: Anfänge deutscher Geschichtsschreibung von Tschudi bis Winckelmann. Aufgrund nachgelassener Schriften Friedrich Gundolfs bearbeitet und herausgegeben von Edgar Wind. Mit einem Nachwort zur Neuausgabe von Ulrich Raulff, Frankfurt am Main 1992 (Fischer Taschenbuch 11241).

Tableaus sind die Orte der Handlung klar bezeichnet, die wichtigsten bereits auf den Titelblättern der beiden erhaltenen Teile hervorgehoben. Wichtig ist die Gruppierung des Materials der nicht immer zeitnahen Zitate, die nach einem Montageprinzip mit späteren Äußerungen Bakunins und Fremdzitaten gefügt werden. Dabei können Dokumente in chronologischen Sprüngen auftauchen, die nicht nur nach vorn verweisen, sondern auch in Zeitsprüngen zurück (etwa auf S. 107) – wie es dem Montageprinzip entspricht. Bei aller Freiheit auf der Zeitachse, die das Montageprinzip bietet, praktiziert Ball im Portrait der dargestellten Figur doch historisches Entwicklungsdenken. Die Anordnung und behutsame Stilisierung der Texte folgt einer Erzähldramaturgie, der es nicht an Wendungen und Spannungspunkten fehlt. Zugleich werden die Einzeldokumente deutlicher als in der Montage voneinander abgesetzt – mit Seitenwechseln und Seitenangaben von ... bis ... im Inhaltsverzeichnis. – Geschichtswissenschaftliche oder philologische Quellennachweise fehlen und sind erst in einer kommentierten Edition wie der vorliegenden nachzutragen. Etwa ein Drittel der Zitate entstammt anderen Autoren, ein weiteres Drittel zeitnahen Quellen des Portraitierten, ein Drittel späteren Erinnerungen und Bewertungen aus Bakunins Schriften. Verglichen mit dem zweitweilig langen Atem seiner schriftlichen Quellen ist das »Brevier« gegliedert in Portionen von lesbarer Länge. Das Authentische behält Vorrang vor dem Vermittelten. Das Bakunin-Brevier ist auf den ersten Blick ein Werk, in dem Balls Autorschaft hinter einem Material fremden Ursprungs zurücktritt. Er scheint seinem Gegenstand den Vortritt zu lassen und bleibt doch selbst Portraitist.

Das »Brevier« präsentiert keine Dokumente, die ein in international gebräuchlichen Sprachen bewanderter Bakunin-Forscher heute nicht kennen oder an Ort und Stelle nachlesen könnte. Dem heutigen Forschungsstand entspricht Balls Quellenauswertung natürlich nicht. Mehrere der von ihm erstübersetzten Texte liegen aber bis heute noch nicht in deutscher Sprache vor.[175] Balls Leistung bleibt

---

175 So etwa auf Seite 23 ein Auszug aus zu bis heute unübersetzten Schriften zur politischen Theologie des italienischen Risorgimento-Führers Mazzini. – Seine Rolle als Erstübersetzer vieler französischer Textdokumente hat Ball nicht übertrieben herausgestrichen, und im Falle von drei kürzeren Übersetzungen aus den »Rapports personnels avec Marx« auf Seite 48, 87 und 103 hat er ganz ganz auf den Hinweis verzichtet. Sonst finden sich in 16 Fällen Markierungen als Erstüber-

auch bei der postumen Veröffentlichung ein publizistischer Akt beachtlichen Ausmaßes: in der Zusammenschau und in der behutsamen Spracharbeit, die die fremden Quellen – ohne die Sphäre der Authentizität zu verlassen – lesbarer und spannender macht: mit dem Handwerk des früheren Dramaturgen und Redakteurs, bisweilen mit dem Stilgefühl des Lyrikers. Er tut das mit einem merklichen Sinn für die Akustik der Sätze, die er von papiernen Resten zu befreien sucht. Bakunins Rhetorik wandelt Ball durch Auslassung von Füllworten, Pointierung von Unentschiedenheiten und Konzentration von zeitlichen Perspektiven. Er wandelt Bakunins Rhetorik in Richtung auf eine dramatische Rollenprosa. Das lag dem früheren Stückeschreiber (SW 2) durchaus nahe.

Ball verwendet die Mehrzahl der Quellen aus zweiter Hand: durch die (oft deutschsprachigen, vielfach aber auch französischen) Zitate, die für ihn in Max Nettlaus handschriftlicher Bakunin-Biographie oder in Michail Dragomanows Edition und Einleitung des »Sozial-politischen Briefwechsels« vorlagen. Darüber hinaus benutzte er einen frühen deutschen Druck von Bakunins erster Polenrede, der in einer Züricher Bibliothek vorlag (oben S. 50-51), Wagners Autobiographie (oben S. 79-86) und die erste französische Ausgabe der »Œuvres« von Bakunin. Nur einige der gebotenen Texte sind später in deutschen Übersetzungen[176] erschienen. Die meisten der von Ball zitierten Dokumente stammen aus Entzifferungen des handschriftlichen Manuskripts von Max Nettlau[177], das 1291 Seiten umfaßt und von akribischen Bakunin-Forschern wie Arthur Lehning[178] als »ein – selbst für Experten – nur unter Schwierigkeiten zu

---

setzungen im Inhaltsverzeichnis; tatsächlich handelt es sich um mindestens 20 Fälle.

176 Eine Auswahl erschien in: Michael Bakunin: Gesammelte Werke, hg. von Erwin Rholfs und Max Nettlau, 3 Bde., Berlin: Der Syndikalist 1921 und 1923-1924.

177 Dabei ergeben sich in Balls Lesung auch Fehlschreibungen wie hier auf S. 75 Cuno Sander statt Enno Sander. – Ein anonym erschienener Text von Engels (»Schelling und die Offenbarung«), der fälschlich Bakunin zugeschrieben wird, ist auf S. 29-30 im Vertrauen auf den älteren Gewährsmann Nettlau als Text von Bakunin zitiert.

178 Arthur Lehning: Michael Bakunin und die Geschichtsschreibung. Als getrennt paginierter Vorspann zur Publikation: SP S. 7-48. Erweiterter und übersetzter Text eines Referats, das Lehning im September 1976 in Venedig auf der »Convegno internazionale di Studi

benutzendes Werk« (SP Vorwort S. 11) eingeschätzt wurde. – Ball kannte zu Zeiten seiner Arbeit am »Brevier« den Text der »Beichte« noch nicht, von dem auf Seite 93-94 aus Bakunins Erinnerung die Rede ist. Aber was hätte es geändert, wenn er den Text und die denunziatorische Absicht seiner sowjetischen Erstpublikation aus den Geheimarchiven der Zarenzeit 1923 gekannt hätte, die 1926 in deutscher Übersetzung erschien? Damals wies Max Nettlau auf den »Mißbrauch« hin, der mit Gerüchten um dieses Dokument seit 1919 in der Sowjetunion getrieben worden war (Unser Bakunin S. 7).

Nettlau schreibt 1924 im Vorwort zu den »Gesammelten Werken« den Bakunin-Studien die Rolle zu, »ein wahrerer Führer aus dem marxistischen Irrgarten heraus in die freie menschliche Welt« werden zu können (GW Bd. 3, S. 6). Für Ball sind sie es gewesen. – Bakunins Kritik trifft in eine Zeit, in der die alten Systeme sich soeben in Bürgerkriegsgesellschaften umformieren, die nach Balls Tod sowohl in Deutschland wie in Rußland in neue Diktaturen münden. Im kriegerischen Zusammenbruch der monarchischen Systeme 1918 setzt Ball auf die Chancen eines zivilen Zusammenlebens, das nationale Grenzen überwindet. Grundlage ist für ihn eine Wiederherstellung der – zuvor von den obrigkeitlichen Denkweisen korrumpierten – politischen Moral der von der Selbstverantwortlichkeit der Individuen getragenen sozialen Gemeinschaft. Als Avantgarden solch ziviler Tugenden erscheinen ihm ab 1915 die libertäre Bewegung, die von Frankreich und Rußland ausging, und 1918 eine interkonfessionelle »Internationale der religiösen Intelligenz« (Vorwort zur »Kritik«). Ab 1920 sucht er das zivilgesellschaftliche Fundament im europäischen Katholizismus herauszuarbeiten und gerät dabei in fundamentalistisches Fahrwasser, dem er erst in der Polyphonie seines Spätwerks wieder entkommt. In diesem Kontext ist auch Balls zeitweilige Blindheit gegenüber dem konterrevolutionären Ansatz der Politischen Theologie von Carl Schmitt zu werten.

Für Ball blieb Bakunin ein Emphatiker der Menschenwürde, der sich von Lobhudeleien des Zarismus ebenso grundlegend unterschied wie vom terroristischen Zynismus manch jüngerer Adepten

---

Bakuniniani« gehalten und beim Pariser Bakunin-Kolloqium 1977 in dieser erweiterten Fassung wiederholt hat. Französisches Original: Arthur Lehning: Bakounine et les historiens. Un aperçu historique, Genf: CIRA Editions Noir 1979, hier S. 4.

des Anarchismus. Eine für Balls Bakunin-Bild symptomatische Stelle findet sich in seiner Schrift »Zur Kritik der deutschen Intelligenz«:

> »Freiheit und Heiligung: das heisst Opfer und noch einmal Opfer, Opfer an Gut, und wenn es sein muss, an Blut, aber in einer anderen Sphäre, auf einer anderen Bühne als auf dem wackelnden heutigen Kriegstheater! Als Michael Bakunin nach zehnjähriger Kerkerhaft und Verbannung mit krummem Rücken, ohne Zähne, herzkrank und grau, als Fünfzigjähriger auf dem Friedens- und Freiheitskongresse in Bern erschien, umringten ihn seine Freunde aus den achtundvierziger Jahren, und man bestürmte ihn, die Memoiren seiner Konspirationen und Strassenkämpfe, seiner Todesurteile, Verbannung und Flucht zu schreiben. ›Il faudrait parler de moi-même!‹, sagte er. Er fand, es gäbe wichtigere Dinge zu tun, als von der eigenen Person zu sprechen. Und von Léon Bloy rührt das tief verlorene, vielleicht religiöseste Wort unserer Zeit her: ›Qui sait, après tout, si la forme la plus active de l'adoration n'est pas le blasphème par amour, qui serait la prière de l'abandonné?‹ Versteht man danach, was Freiheit und Heiligung ist?« (SW 5, S. 152)

Die »Religion der Demokratie«, von der Bakunin im »Kommunismus«-Aufsatz über Weitling schreibt (oben S. 43), betont auch Scholz S. 319-320 und hebt Balls Auswahl religiöser Textpassagen Bakunins im »Brevier« hervor. Schon bei Bakunin findet Ball die Idee von der Organisation der historischen Gegenkräfte gegen die westliche Welt: »Ich sprach auch über die große Zukunft der Slaven, deren Berufung es sein werde, die verfaulte, westliche Welt zu erneuern.« (SSS Bd. 3, S. 494-495; vgl. Carr S. 153). »Die Auseinandersetzung mit Rußland ist überhaupt das unterirdische Thema der ›Flucht aus der Zeit‹«, konstatiert Fritz Sternthal sieben Monate nach Balls Tod in der Zeitschrift ›Die Weltbühne‹. Bei Ball führe »das ungeheure Ringen eines tiefreligiösen Menschen mit der russischen Welt« auf eine Idee des wiedererstandenen Urchristentums, das seiner Natur nach antikapitalistisch sei.[179]

---

179 Fritz Sternthal: Hugo Ball, Deutschland und der Osten. In: Die Weltbühne (10.4.1928), S. 560-564, hier S. 562 und 563.

9. »Auseinandersetzung mit allerhand Arten von Anarchie«. Balls Verarbeitung früherer Ansätze in den zwanziger Jahren und die Archäologie der Linken

Am 1. Juli 1920 hat Ball in einem Hamburger Vortrag vor der Deutschen Friedensgesellschaft betont, daß er den Grund für die Kriegsniederlage Deutschlands im wesentlichen in einer »moralischen Überlegenheit der Gegner« sieht, die für ihn nicht rein materialistisch begründbar ist. Dabei rückt auch Bakunin in ein anderes Licht:

> »Hinweisen möchte ich nur auf die Tatsache, dass gerade das Aufkommen der Sozialistischen Systeme zugleich das Aufflammen einer neuen religiösen Bewegung in Frankreich mitführt. Der Atheismus der Marx und Bakunin behielt in der Internationale recht, einstweilen wenigstens. Das Ringen nach einer neuen Suprematie des Geistes und zwar des religiösen Geistes aber ging in Frankreich weiter von Chateaubriand zu Lammenais und Renan, von Baudelaire und d'Aurevilly zu Erneste Hello und Léon Bloy, die zuletzt den grossen sakramentalen Schatz der Kirche gerade der materialistischen Vorteilsphilosophie und der ungeheuerlichen Verplattung entgegensetzten.«[180]

Was er dem religionskritischen Sozialismus entgegenhält, sind nun die Bezugsgrößen der französischen *renouveau catholique*, die er bereits in der »Kritik der deutschen Intelligenz« erwähnte und die im Frühjahr 1919 bei seiner ersten Münchener Begegnung mit Carl Schmitt den Gesprächsstoff ausmachten. Das Tagebuchwerk »Quarante ans de Captivité« von Léon Bloy hatte er bei seinem folgenden Sommeraufenthalt in Melide gelesen.

Die Schriften des Bakunin-Kritikers[181] Carl Schmitt erschließen

---

180 Hugo Ball: Abbruch und Wiederaufbau. In: HBA 1980, S. 1-45. – Nachdruck in: Schriften S. 273-296, hier S. 287.

181 So etwa Carl Schmitt: Politische Theologie. Vier Kapitel zur Lehre von der Souveränität, München/Leipzig: Duncker & Humblot 1922, S. 50-52 und 55-56. Im HBN findet sich ein Exzerpt Balls und sein einschlägig markiertes Leseexemplar. – Vgl. Günter Meuter: Der Katechon. Zu Carl Schmitts fundamentalistischer Kritik der Zeit, Berlin: Duncker & Humblot 1993, S. 257-261, 268, 295 und 311. – Heinrich Meier: Die Lehre Carl Schmitts. Vier Kapitel zur Unterscheidung Politischer Theologie und Politischer Philosophie, Stuttgart/Weimar: Metzler 1993, S. 21-24, 118-121, 225, 258-259. Meier vertritt

ihm eine strukturellere Sicht des politischen Denkens, in der auch der Anarchismus als Opfer eigener Denkschablonen erscheint:

> »Jede Prätention einer Entscheidung muß für den Anarchisten böse sein, weil das Richtige sich von selbst ergibt, wenn man die Immanenz des Lebens nicht mit Prätentionen stört. Freilich, diese radikale Antithese zwingt ihn, sich selbst entschieden gegen die Dezision zu entscheiden; und bei dem größten Anarchisten des 19. Jahrhunderts, Bakunin, ergibt sich die seltsame Paradoxie, daß er theoretisch der Theologe des Anti-Theologischen und in der Praxis der Diktator einer Anti-Diktatur geworden ist.«[182]

Schmitts Schrift »Politische Theologie« schließt mit einer Benennung der Paradoxie, an der sich auch Ball während seines Bakunin-Projektes abgearbeitet hat. Ihm wird deutlich, daß seine naturrechtliche Orientierung unbedachte anthropologische und ursprünglich theologische Implikationen hat. Die streng staatsformelle Sicht von Schmitt, an den Legitimisten der Restaurationsära geschult, fordert Ball heraus. Aber die strukturellen Einsichten führen nicht zu strukturkonservativen Schlüssen.[183] Balls Essay »Carl Schmitts Politische Theologie«, der den Bonner Professor 1925 erstmals außerhalb des juristischen Fachpublikums bekannt macht, hat neue Wege im Blick, die nicht über die alten Mächte führen:

> »Der theologische Staat ist umstritten, aber noch nicht zerstört; er erweist täglich noch seine vitale Kraft. Der Gegensatz von Glaube und Wissen, in wie kritischen Formen immer, beherrscht die Köpfe; hier aber und heute will der verlorene Glaube erst wieder gefunden und erhoben werden. [...] Seit die Verneinung indessen auch in die Metaphysik eindrang, mit Proudhon und Bakunin, ist das Zentrum der alten Legalität zertrümmert, und es gilt, die Einheit auf neuen Wegen wiederzugewinnen.«[184]

  die These, daß Schmitt den Begriff der Politischen Theologie von Bakunin aufnimmt (S. 22); über Bakunin und Schmitt habe der Begriff »zu seiner Sache gefunden« (S. 259).
182 Carl Schmitt: Politische Theologie, l.c., S. 56.
183 Zur Differenz von Schmitt und Ball vgl. Bernd Wacker: Die Zweideutigkeit der katholischen Verschärfung – Carl Schmitt und Hugo Ball, l.c., S. 123-145.
184 Hugo Ball: Carl Schmitts Politische Theologie. In: Hochland, Jg. 21,

An anderer Stelle spricht Ball dort von der glücklosen »Abneigung gegen die rationale Formkraft des Absoluten«[185] bei den Ideologiekritikern Marx und Bakunin.

Balls Absage an die politische Aktivität bleibt radikal; die katholische Zentrumspartei der Weimarer Republik bleibt ihm auch nach seiner Reversion fremd. Schmitts konservative Sympathien locken ihn nicht in neues politisches Fahrwasser. Seine republikanische Haltung zum Erbe des Wilhelminismus bleibt unversöhnlich, wie sich in seiner Neubearbeitung der »Kritik der deutschen Intelligenz« zu dem weniger umfangreichen Werk »Die Folgen der Reformation« zeigt, dessen Erscheinen Carl Schmitt verhindern möchte (SW 10.2, Nr. 474, S. 120). Die Differenzen waren bei einem ersten Besuch des damaligen Bonner Jura-Professors in Balls spätem tessinischen Domizil Agnuzzo offenbar geworden, während dessen er an den Korrekturfahnen arbeitete. Schmitt störte Balls ungebrochen demokratischer Bezug auf die Menschenrechte und auf die ›Ideen von 1789‹: »Es sind also nicht gelehrte, sondern politische, ja patriotische Bedenken«, notiert Ball im ›Tagebuch‹: »Auf diesem Gebiet kann ich seine Autorität und professorale Überlegenheit nicht anerkennen.«[186] Als der Band »Die Folgen der Reformation« im November 1924 erscheint und von einem Schüler Schmitts mißgünstig rezensiert wird[187], ist Balls Isolation vollkommen und der Bruch mit Carl Schmitt bald vollzogen.

»Die Folgen der Reformation« halten den positiven Bezug auf Bakunin aufrecht, so in der Marx-Kritik:

    Heft 2 (1925), S. 263-286. Nachdruck in: Schriften S. 303-335, hier S. 306.
185 Ibid., S. 335.
186 ›Tagebuch‹ 1.9.1924.
187 Waldemar Gurian: Die Folgen der Reformation. In: Augsburger Postzeitung, Sonntagsbeilage, Nr. 5 (30.1.1925). – Es handelt sich angeblich um den Nachdruck einer (bisher nicht aufgefundenen) Besprechung in der ›Kölnischen Vokszeitung‹, von der Ball konstatierte, daß sie »nicht nur für mein Buch, sondern für mich selbst vernichtend« sei. Vgl. Bernd Wacker: Vor einigen Jahren kam einmal ein Professor aus Bonn ... Der Briefwechsel Carl Schmitt/Hugo Ball. In: Dionysius DADA Areopagita, siehe Anm. 77, S. 207-339, hier S. 209-211, 233-234.

»Es hat an Warnungen vor dieser ›Philosophie‹ diktaturlüsterner Notdurft nicht gefehlt, und zwar in den Reihen der Sozialisten selbst. Im Frühjahr 1868, zur selben Zeit, da Marxens ›Kapital‹ erschien und die ›Internationale‹ ihre ersten Kongresse abhielt, schrieb Michael Bakunin in einem Briefe an Chassins ›Démocratie européenne‹ in Paris: ›Mag uns die Zukunft schützen vor der Gunst des Despotismus; aber bewahre sie uns vor den unseligen Konsequenzen und Verdummungen des doktrinären oder Staatssozialismus. Seien wir Sozialisten, aber werden wir nie Herdenvölker ... Es kann nichts Lebendiges und Menschliches gedeihen außerhalb der Freiheit, und ein Sozialismus, der sie aus seiner Mitte verstieße oder sie nicht als einziges schöpferisches Prinzip und als Basis annähme, würde uns geradenwegs in die Sklaverei und die Bestialität führen.‹« (SW 5, S. 98, vgl. S. 293)

Aber Differenzen werden erstmals zur rigorosen Religionskritik laut, die Bakunin in den 1870er Jahren sogar Verständnis für den Kulturkampf Bismarcks aufbringen ließ: »Die Kulturkampf-Initiative war auf Seiten Bismarcks *gegen* die römische Kirche, statt umgekehrt, und es gelang dem Kanzler, damit sogar die Sympathie rationalistischer Rebellen zu gewinnen, die auf politischem Gebiet seine wildesten Gegner waren.« In den Anmerkungen heißt es dazu:

»So die Sympathien des dezidierten Staatsfeindes Bakunin, ein Faktum, von dem ich hier gerne gestehe, daß es mich über den Rationalismus und Bakunismus zugleich aufklärte; denn damals, als ich dies Faktum kennen lernte, war ich noch Freund der Bakuninschen Philosophie, wenn auch nicht in dem Grade, daß ich einem preußischen Kulturkampf hätte Geschmack abgewinnen können.« (SW 5, S. 115 und S. 134 Anm. IV,38; vgl. S. 315)

Diese Anmerkung ist neu gegenüber dem Text der »Kritik der deutschen Intelligenz«. »Sie wissen, was ich über die Publikation denke«, schreibt ihm Carl Schmitt am 7. Dezember 1924 nach dem Erscheinen des Buches und lobt zwei Passagen, darunter auch diese Anmerkung: »Daß eine so wichtige Mitteilung, die wichtigste vielleicht, wie Ihre Äußerung über Bakunin sich in der Anmerkung der letzten Seite verbirgt, hat mich etwas irritiert.«[188]

188 Bernd Wacker: Vor einigen Jahren kam einmal ein Professor aus

Ball hatte die Entdeckung von Bakunins späten Sympathien für Bismarcks Kulturkampf lange zurückbehalten.[189] Schon im Sommer 1917 während seiner Lektüre von Nettlaus großer Bakunin-Biographie auf der Alp Brussada über dem Maggia-Tal war er darauf gestoßen. Unter dem 22. Juli 1917 hält »Die Flucht aus der Zeit« fest:

»Merkwürdig genug. Hier oben, 1800 Meter über dem Meer, mache ich heute eine Entdeckung, die geeignet ist, mich einer umfangreichen Arbeit völlig zu entfremden. Bei der Lektüre des dritten Bandes Nettlau finde ich nämlich, daß Bakunin, der mit größtem Interesse Bismarcks Kulturkampf verfolgte, eine sehr bedeutsame Entscheidung traf. Vor die Alternative gestellt, entweder seinen Antiklerikalismus beiseite zu setzen und sich gegen seinen grimmigsten Antipoden für die Kirche zu erklären, oder aber seinen Anarchismus zu opfern und Bismarck zu applaudieren, entschied er sich für das letztere, und zwar in der unbedenklichsten Ecrasez-Manier. Rationalisten aller Länder, vereinigt euch! Für Vernunft und Freiheit (mit Bismarck!) gegen die verdummenden, einlullenden Künste der Kirche; mit Korporalstock und Schleppsäbel gegen die Hierarchie! – Ich kann verstehen, daß ein Volksfreund die Weihe einer unmöglich gewordenen Selbstherrschaft bekämpft. Ich kann auch verstehen, daß das Gewissen unserer Zeit jegliches Bündnis der Metaphysik und der Kirche mit einem zynischen Geldapparat als Hohn und als Ursache aller Verderbnis empfindet. Aber über mein Verständnis geht es, wie ein erklärter Gegner der militärischen Diktatur sich einen preußischen Kulturkampf zurechtlegen mag. Es kann keine Frage sein, daß ich in diesem Falle Partei für die Kirche nehme, gegen die Etatisten und Anti-Etatisten der vereinigten Bêtise. Die Kirche, so lautet die Antwort, und abermals die Kirche gegen den Ansturm der linken und rechten, der konservativen und der rebellischen Naturapostel.« (SW 6, S. 152; Flucht S. 181)

Bonn ... . Der Briefwechsel Carl Schmitt/Hugo Ball. In: Dionysius DADA Areopagita, siehe Anm. 77, S. 207-339, hier S. 226.

189 Noch 1919 hatte Ball Bakunins Unversöhnlichkeit mit Bismarcks Machtstaatspolitik betont, auf die er auch dessen Sezession aus der 1. Internationale zurückführte, die Bakunin als »Propagandainstrument für die Bismarck'schen Pläne« empfunden habe (SW 5, S. 300).

Schon in einer vorhergehenden Notiz unter dem 10. Juli 1917 waren Ball Zweifel an Bakunins Überlegenheit über den ökonomischen Materialismus von Marx gekommen, gegen den er nur ethische Vorbehalte habe. War Bakunin ein schwacher Theoretiker?

»Bakunin ist nicht ganz einverstanden: er möchte die Marxsche Entdeckung nicht absolut nehmen, die Ökonomie nicht als einzige Basis aller Entwicklung betrachtet wissen. Es liegt ihm daran, die individuelle Freiheit zu behaupten. Er ist anti-autoritär gesinnt und befürchtet, Marx könne, wie er es tatsächlich getan, noch einen Schritt weiter gehen und sich mit der ökonomischen Basis auf eine diktatorische Weise identifizieren. Nimmt man nämlich eine selbsttätige Exekutive der ökonomischen Gesetze an, so muß sich ihr Entdecker notwendig im Zentralbureau seiner Einsichten als ökonomischen Jehova empfinden. Das liegt in der Logik der Sache. Nicht jedoch kann man wie Bakunin das ökonomische Fatum anerkennen, im übrigen aber abseits stehen und für die Freiheit ein besonderes Prinzip beanspruchen. Seine Hingabe ans Volk, sein ›Herz‹, sein Mitleid: alles das sind nach Marx sehr materiell bedingte Neigungen. Die Selbstlosigkeit des Russen, die ohne Zweifel größer als diejenige Marxens war, widerstrebt hier. Er ist kein gründlicher Denker, er ist nur ein Propagator; sonst hätte er einsehen müssen, daß man sich gegen die autoritären Neigungen überzeugter Materialisten nicht mit einem Appell an ihren Takt und ihre Anständigkeit wehren kann.« (SW 6, S. 150-151; Flucht S. 179)

Nichts anderes aber hatte letzlich auch Ball unternommen und in der Zeit von Krieg und Bürgerkrieg auf zivilen Tugenden bestanden. »»Die Entfaltung aller materiellen, intellektuellen und moralischen Kräfte‹ sagt Bakunin«, notiert Ball am 24. Februar 1923 ins ›Tagebuch‹: »Aber die Entfaltung der materiellen Kräfte ist nicht unsere Sache. Sie zerstörten die moralischen Kräfte.« Und am 15. März notiert er die »Idee eines neuen Buches: ›Die Gesetzgeber Europas‹. Darin wären ausführlich zu behandeln: Luther, Rousseau, Bakunin, Nietzsche, Loyola.« Auch wenn letzterer seiner Wunschformel von der neuen »Suprematie des Geistes« am ehesten entsprechen möchte, hat Ball das Phänomen Bakunin auch in seinen späten Jahren nicht aus dem Blick verloren.[190] Am 21. September hält er nach der Lektüre

---

190 Noch im Juli 1924 entsteht der Plan für einen Aufsatz über Bakunins

von Carl Schmitts Schrift »Römischer Katholizismus und politische Form« fest: »Bakunin, mein früherer Freund und Lehrer, der Repräsentant der Canaille, des ›Lumpenproletariats‹. Aber zugleich der grösste Konspirator des 19. Jahrhunderts«.[191]

Noch im Dezember 1923 beginnt er mit der Durchsicht alter Tagebücher, woraus bis 1926 deren Neukomposition in dem Werk »Die Flucht aus der Zeit« entsteht, das am 3. Januar seines Todesjahres 1927 im Duncker & Humblot Verlag erscheint. »Diese Aufzeichnungen, die den Hintergrund meiner Bücher bilden, können klärend und versöhnend wirken«, schreibt er am 10. November 1925 an Carl Muth, den Herausgeber der katholischen Kulturzeitschrift ›Hochland‹ (SW 10.2, Nr. 572, S. 215). Und als er ihm eine Abschrift der ersten 90 Seiten schickt, heißt es am 21. Dezember 1925:

> »Darf ich dazu folgendes sagen: es ist der Anfang, die Anlage eines umfangreichen Buches, dessen Kurve noch kaum zu sehen ist. Nur eines sieht man bereits: den Beginn einer Auseinandersetzung mit allerhand Arten von Anarchie. Die Anarchie im Denken, in der Kunst, in der Politik wird im Verlaufe des Buches noch stärker hervortreten und zum eigentlichen Thema werden. Ich führe, wie Sie wissen, diese Anarchie auf die Reformation zurück. Meine eigene Flucht in die Schweiz betrachte ich später als einen Bruch, der protestantisch, rebellisch war und für den ich zu leiden habe. Die Überwindung des Chaos und der Immoral in allen höheren Formen wird schliesslich der Sinn dieses Buches sein.«
> (SW 10.2, Nr. 589, S. 239)

Tatsächlich bietet das Buch anhand alter Tagebücher eine kritische Sichtung der Jahre, in denen das Bakunin-Brevier entsteht, und der politischen Sympathien Balls gegenüber der Linken und ihrem Milieu. Unter dem 15. Juni 1915 heißt es:

Kontrahenten Mazzini für die Zeitschrift ›Hochland‹. Aber die Literatur, die er bekommt, bringt »ein recht verstaubtes Milieu mit« (›Tagebuch‹ 16.8.1924) und im Oktober sagt er seinen Beitrag ab. Ein Jahrzehnt später legt sein Tessiner Freund Adolf Saager eine Mazzini-Biographie vor: Adolf Saager: Giuseppe Mazzini. Die Tragödie eines Idealisten, Zürich: Europa-Verlag 1935.

191 ›Tagebuch‹ 21.9.1923

»Voraussetzung ist der Rousseau'sche Glaube an die natürliche Güte des Menschen und an eine immanente Ordnung der sich selbst überlassenen, ursprünglichen Natur. Alle Zutat (Lenkung, Leitung) ist als Abstraktion vom Übel. [...] / Den Anarchismus verdankt man der Überspannung oder Entartung der Staatsidee. Er wird sich besonders dort zeigen, wo Individuen oder Klassen, die in idyllischen, innig mit der Natur oder der Religion verbundenen Bedingungen aufgewachsen sind, in strengen staatlichen Verschluß genommen werden. Die Überlegenheit solcher Individuen über die Konstruktionen und Mechanismen eines modernen Staatsungetüms liegt auf der Hand. Zur natürlichen Güte des Menschen ist zu sagen: daß sie zwar möglich, aber durchaus kein Gesetz ist. Meistens zehrt diese Güte von einem mehr oder minder bewußten Schatze religiöser Erziehung und Tradition. Die Natur, ohne Vorurteil und Sentimentalität betrachtet, ist längst nicht so unbedingt gütig und ordentlich, wie man sie gerne haben möchte. Schließlich sind die Wortführer des Anarchismus (von Proudhon weiß ich es nicht, aber von Krapotkin und Bakunin ist es gewiß) getaufte Katholiken und im Falle der Russen Gutsbesitzer, das heißt ländliche, der Gesellschaft abholde Naturen gewesen. Auch ihre Theorie noch nährt sich vom Taufsakrament und vom Ackerbau.« (SW 6, S. 29-30; Flucht S. 30-31)

Die intellektuelle Distanz ist gesetzt und macht im nachhinein manche Naivität fühlbar. Sie wirkt auch als Filter der Überlieferung. Die eigentliche Revolutionszeit in Deutschland etwa, die Ball von Bern aus verfolgt hat, ist darin ausgespart; zwischen dem 7. August 1918 und dem 12. Februar 1919 (am Übergang vom zweiten zum dritten Abschnitt des Bern-Kapitels) klafft eine Lücke. Nur von Materialien zur Zeit 1917-19 hat Ball im Nachlaß ein »Rest Bern III« betiteltes Konvolut zurückbehalten. Darin heißt es:

»Die Utopisten sind von allen Politiker[n] noch immer die wirksamsten gewesen, deren Einwirkung sich positiv feststellen liess. Sie sind auch die vernünftigsten Historiker. S[i]e haben Ideen und den groessten Einfluss gehabt, der zu den Tagespraktikern nur in der lauesten Verduennung herunterkam. Die einzig moegliche Art in die Geschichte einzugreifen, ist eben die Utopie. Glaube, Liebe und Hoffnung sind bei den Utopisten. Platos Staat hat eine Wirkung ausgeuebt, die ueber Campanella bis zu

Baboef [!] und Belamy [!], ja bis zu Marx und Lenin sich nachweisen laesst.«[192]

Dieser bisher unveröffentlichte Text folgt auf eine Vorform des Eintrags, der – zunächst vom 12. Mai, dann vom 12. August datiert – unter dem 12. Juli 1918 in die »Flucht aus der Zeit« eingegangen ist[193] und der als Grund für die politische Isolierung der Emigranten die mentale Differenz zu denen benennt, die im November 1918 die deutsche Revolution ins Werk setzen:

> »Merkwürdig, daß keine Sozialisten in der Emigration zu finden sind, oder doch keine namhaften Sozialisten. Die aktuelle Rechtsfrage interessiert sie kaum; sie hängen im Geschiebe der Katastrophentheorie und ihrer Partei. Der Utopie stehen sie feindselig gegenüber, und es wäre ja die Utopie aller Utopien, sich im Ausland aufzuhalten, während in absehbarer Zeit in Deutschland Ämter verteilt werden. Von dem Juristenzirkel in Bern zu den revolutionären Sozialisten in Berlin besteht kaum eine Verbindung. Innen- und Außenpolitik sind völlig isoliert; niemand empfindet auch nur ein Bedürfnis, sich zu verständigen.« (SW 6, S. 191; Flucht S. 232)

Ball war faszinierter Leser von Ernst Blochs Werk »Geist der Utopie«, das 1918 im Verlag Duncker & Humblot erschienen war[194], der auch für ihn schließlich das verlegerische Zuhause wurde, wo in den zwanziger Jahren seine Bücher »Byzantinisches Christentum«, »Die Folgen der Reformation« und »Die Flucht aus der Zeit« erscheinen konnten. Und die Wertschätzung zwischen Ball und Bloch war – bis auf eine Verstimmung[195] – wechselseitig: »Ich schätzte ihn sehr

---

192 Typoskript mit nicht durchweg eindeutig entzifferbaren handschriftlichen Korrekturen und Markierungen, die im Sinne der Lesbarkeit hier nicht wiedergegeben sind. Seite mit handschriftlicher Paginierung »18« im Konvolut »Rest Bern III«. HBN (HBE).
193 Solch frei komponierender Umgang mit älterem Notizmaterial charakterisiert Balls Arbeitsweise bei der »Flucht aus der Zeit«, die auktorialeren Ansprüchen folgt als denen der schieren Dokumentation eines Tagebuchs.
194 Ein Reprint dieser Erstausgabe erschien 1971 als abschließender Band der Gesamtausgabe der Werke Ernst Blochs im Frankfurter Suhrkamp Verlag.
195 Dies betraf eine mißverständliche Kritik Balls an der politischen In-

hoch«, schreibt Bloch noch 1975, denn »er machte mich mit Bakunin bekannt und mit dem Bogen, den er selber in späteren Jahren von dem wichtigen Buch ›Kritik der deutschen Intelligenz‹ bis zu seiner ergreifenden späten Darstellung der ›Byzantinischen Mystik‹ schlug. Wir waren uns völlig einig in der bekundeten Verurteilung des Ludendorff-Kriegs und dem Kampf gegen seine Verursacher.«[196]

10. Postume Publikationsversuche

Hermann Hesse, Balls Freund und Mentor in den zwanziger Jahren, hatte sich noch zu dessen Lebzeiten erfolglos um die Vermittlung des Bakunin-Breviers an den Verlag Die Schmiede bemüht.[197] Nach Balls Tod verhilft Hesse dem »Brevier« zu erneutem Verlagsinteresse. Am 9. Juni 1928 schreibt er an Emmy Ball-Hennings: »Der Malik Verlag (Berlin W. 50, Passauer Straße 3) hat geantwortet, daß das Bakunin-Brevier ihn sehr interessiere, und bittet Sie, es ihm sofort zur Prüfung einzusenden. Bitte tun Sie es. Schreiben Sie nichts dazu, als daß Sie hier das von mir angemeldete Manuskript einsenden und um baldige Antwort bitten. Und nehmen Sie keine geschäftlichen Vorschläge des Verlages an, ohne sich vorher mit mir zu besprechen.«[198] Der von Wieland Herzfelde geleitete Malik Verlag war aus dem Berliner Dadaismus hervorgegangen und im Laufe der zwanziger Jahre zum führenden Verlag internationaler linker Literatur geworden. Er hatte aus dem russischen Spektrum 1928 gerade Vera Figners »Nacht über Rußland«, Gorkijs »Erinnerungen an Zeitgenossen« und »Märchen der Wirklichkeit«, eine Gorkij-Biographie von Ilja Gruzd'ev und die vierzehnbändige Gesamtausgabe Lev Tolstojs (als Übernahme vom Berliner Verlag Ladyschkow) ins

---

strumentalisierung von jüdischen Unterhändlern in den Friedensverhandlungen mit der Entente im November 1918, die seinen Artikel »Die Umgehung der Instanzen« in der ›Freien Zeitung‹ beschloß. Vgl. Ernst Bloch: Briefe, hg. von Karola Bloch u.a., Bd. 1, Frankfurt am Main: Suhrkamp 1985, S. 232f.
196 Brief von Ernst Bloch an die Pirmasenser Hugo-Ball-Sammlung vom 15.8.1975, zitiert in: HBK S. 185.
197 Nach einer freundlichen Mitteilung von Volker Michels.
198 Postkarte vom 9.6.1928 im Nachlaß Hermann Hesse, Deutsches Literaturinstitut Marbach. Datierung eventuell von fremder Hand. Die Mitteilung danke ich Volker Michels.

Programm genommen.[199] Genug verlegerisches Volumen, um dem Bakunin-Vorschlag Hesses eine Absage zu erteilen. Allerdings ist nicht belegt, ob der Brief des Verlages, den Emmy Ball-Hennings einige Monate später ratsuchend an Hermann Hesse weiterschickte, tatsächlich eine Absage enthielt.[200] Sie fragt mit Bezug auf zwei eigene Werke: »Ob ich dem Malikverlag auch sollte mein Gefängnis und Brandmal anbieten?«[201]

Als Nachlaßverwalterin Hugo Balls jedenfalls macht sie sich an die Arbeit und berichtet am 30. Juli 1928 in einem Brief an den befreundeten Joseph Englert: »Ich habe auch Hugos ›Bakunin‹ abgeschrieben, fünfhundert [!] Seiten[202] und man wird sich wundern, wenn das Buch erscheinen sollte – so nach Byzanz wird man sagen – das aber ist mir gleichgiltig. Was man gelebt hat man gelebt [!] und sollns stahn lahn. Es ist fraglich, ob man Bakunin bringen wird, auf den man noch nicht recht eingestellt ist. Rasputin und Lenin sind mehr Trumpf in Deutschland, als Bakunin, aber die haben ja keine politische Schulung dort und alles ist ein wenig Sensationshunger.

199 Wieland Herzfelde: Der Malik-Verlag 1916-1947. Ausstellungskatalog Deutsche Akademie der Künste zu Berlin o.J., S. 101-104.
200 Die Neigung des KPD-orientierten Malik-Verlegers Wieland Herzfelde zu Bakunin scheint zumindest früher nicht groß gewesen zu sein. – Eine »Auswahl aus Bakunin« für die Buchreihe ›Die kleine revolutionäre Bibliothek‹ hatte bereits im Oktober 1919 Julian Gumpertz in der von ihm mitherausgegebenen Zeitschrift ›Der Gegner‹ angekündigt; vgl.: Der Gegner, Jg. 1, Heft 7 (Oktober 1919), 4. Umschlagseite. Zeitschrift wie Buchreihe wurden danach in den Malik Verlag übernommen. Die angekündigte »Auswahl aus Bakunin« erschien dort nie.
201 Emmy Ball-Hennings: Brief an Hermann Hesse, undatiert, mit handschriftlicher Datierung auf Juni durch Annemarie Schütt-Hennings. Nachlaß EBH. – Die direkt anschließenden Briefsätze von Emmy Hennings klingen sehr pessimistisch hinsichtlich ihrer ökonomischen Lage.
202 Dem angegebenen Seitenumfang nach kann es sich weder um T¹ (überlieferter Teil II: 115 Seiten) noch um T² (242 Seiten) handeln. – Vielleicht ist die Selbsteinschätzung des Abschrift-Volumens auch weniger wörtlich zu verstehen: »Nachfrage wegen Steffgens Nachlass. Sonette, Bakunin. – 500 Bogen Maschinenpapier gekauft«, notiert Emmy Ball-Hennings bei einem späteren Anlaß am 6.1.1930 im handschriftlichen Tagebuch (Emmy Ball-Hennings: Tagebuch Jan. 1930-Jan. 1932, S. 9. Nachlaß EBH).

NACHWORT

Nun, man wird sehen.«[203] – Es ist neben ihrem Tagebucheintrag von damals das einzige Zeugnis, das wegen des genannten Umfangs von 500 Seiten vermuten läßt, daß Emmy Hennings 1928 zur Abschrift nicht nur die Teile I und II, sondern auch der projektierte Teil III vorlagen. Als die Arbeit daran im September 1917 begann, hatte Ball geschätzt, daß das »Brevier« insgesamt »circa 400 Seiten stark wird« (SW 10.1, Nr. 144, S. 189). Im Nachlaß-Depositum ist ein derart umfangreicher Textkorpus von 400 oder 500 Seiten nicht überliefert. Wenn das Original der Abschrift von Emmy Ball-Hennings noch an den Malik Verlag gelangt sein sollte, ging es vermutlich dort verloren. Im April 1933 emigrierte Wieland Herzfelde und setzte seine Verlagsarbeit in Prag fort.

Zu einer Ausgabe im Malik Verlag kam es ebensowenig wie zuvor bei René Schickele oder Erich Reiss. Zwanzig Jahre nach dem Tod von Emmy Ball-Hennings fragte 1968 der Lektor des Freiburger Rombach Verlages bei deren Tochter Annemarie Schütt-Hennings an, ob sie glaube, daß das in den Briefen bezeugte Bakunin-Brevier noch für eine Publikation in Frage komme.[204] Bereits einige Jahre vorher ließ Peter Keckeis, der im von ihm geleiteten Benziger Verlag einen Nachdruck von Balls Werk »Byzantinisches Christentum« und eine erste Auswahl von Briefen vorgelegt hatte, den literarischen Nachlaß von Hugo Ball durch den experimentierfreudigen Dada-Wiederentdecker Paul Pörtner auf Publizierenswertes hin prüfen.

203 Emmy Ball-Hennings: Brief an Joseph Englert, 30.7.1928. Nachlaß EBH. Nach einem freundlichen Hinweis von Bärbel Reetz. – Um diese Zeit schreibt Emmy Ball-Hennings in einem undatierten Brief auch an Waldemar Gurian: »Hugos ›Bakunin‹ habe ich abgeschrieben, durchgesehn. Seine Auffassung des Rebellen ist selbstverständlich, nun ja, wie Sie sich ja denken können, lieber Herr Doktor, religiös. Nicht gefärbt, echt, echt und noch einmal.« Nach einem freundlichen Hinweis von Bernd Wacker auf eine Kopie aus dem Gurian-Nachlaß in der Congress Library Washington.
204 Gerd-Klaus Kaltenbrunner: Brief an Annemarie Schütt-Hennings vom 14.10.1968. HBN. Ein Antwortschreiben ist nicht erhalten. – Kaltenbrunner legte zwei Jahre danach den stillschweigend von antijudaistischen Stellen »gereinigten« ersten Nachdruck der nachfolgenden Schrift vor: Hugo Ball: Zur Kritik der deutschen Intelligenz. Ein Pamphlet, hg. von Gerd-Klaus Kaltenbrunner, München: Rogner & Bernhard 1970 (Passagen).

Mit Pörtner hatte Keckeis 1962 ein »Ball-Buch abgemacht«[205], war aber für verlegerische Neuentdeckungen auf die Ablehnung der Nachlaßverwalterin gestoßen, »nach Emmys Tod Manuskripte Hugo Balls, wie das Bakunin-Brevier, veröffentlichen zu dürfen«.[206]

Die Traumatisierung Balls durch seine politisch motivierte Isolation in der deutschen Öffentlichkeit und die an Rufmord grenzenden Reaktionen auf sein Engagement in der Emigrantenpresse wie auf seine »Kritik der deutschen Intelligenz« und »Die Folgen der Reformation« wirkte bei seinen Erben lange nach. Gefahren der Mißdeutung von Balls Intentionen und seinem facettenreichen Werk waren fühlbar geworden. Das schützende Publikationstabu über Unveröffentlichtes lockerte sich erst, als seit 1977 mit dem Pirmasenser ›Hugo-Ball-Almanach‹ durch Ernst Teubner ein Forum für die internationale Ball-Forschung geschaffen war und 1984 eine Auswahl aus dem Gesamtspektrum von Balls Schriften eine breitere Öffentlichkeit fand. Damals tauchte das maßgebliche Typoskript des Bakunin-Breviers wieder auf, das Paul Pörtner durch ein Versehen bei der Rückgabe des Nachlasses zurückbehalten hatte. Noch Annemarie Schütt-Hennings selbst hat die Zustimmung zur Veröffentlichung gegeben, für die sich schließlich innerhalb der Gesamtausgabe des Wallstein Verlages der angemessene Ort fand.

Aber auch für die Wahrnehmung Balls gilt, was er in einer kritischen Notiz festgehalten hat, die den auch vom Anarchismus geprägten Kern seiner physiognomischen Weltsicht formuliert und die Emmy Ball-Hennings 1931 aus dem Nachlaß publizierte:

205 Handschriftlicher Eintrag vom 22.10.1962 in Paul Pörtner: Notizkalender 1962. Pörtner-Sammlung der Stadtbibliothek Wuppertal, Signatur N6. – Pörtner bezeugt Ball-Lektüre für Januar 1960 (in einem Tagebuchordner; Signatur T6), den 30.10.1967 (Notizkalender 1967; Signatur N11) und den 19.7.1968 (Notizkalender 1968; Signatur N12). Verschiedene Ball-Texte veröffentlichte er in seiner Sammlung: Literatur-Revolution 1910-1925, Darmstadt: Luchterhand 1960-1961. Darunter war auch ein Erstdruck von Balls »Manifest zum 1. Dada-Abend«. Aber zu mehr Veröffentlichungen aus dem Nachlaß kam es durch Pörtner nicht, und sein »Ball-Buch« wurde nie realisiert.
206 Aus einem Gespräch mit Peter Keckeis im Jahr 2000, bezeugt von Bärbel Reetz: Emmy Ball-Hennings. Leben im Vielleicht. Eine Biographie, Frankfurt am Main 2001 (Suhrkamp Taschenbuch 3240), S. 315.

»Der Philosoph von heute wird in Büchern und selbst in Menschen wie in Referaten lesen, nach denen er sein Urteil richtet und seine Entscheidungen trifft. Er kann die Menschen nur noch selten um ihrer selbst willen gelten lassen. Er ist in einemfort aufs unliebsamste genötigt, sie als eine Semiotik zu betrachten, das eigene Ich nicht ausgenommen. Wo nicht das Menschenbild zu einer gegründeten Würde erhoben wird, ist ein harmlos geselliges Leben nicht denkbar. Einer wird den andern enttäuschen, einer vom andern beunruhigt sein.«[207]

---

207 Hugo Ball: Gedanken von Hugo Ball. In: Allgemeine Rundschau (München) Jg. 28, Nr. 38 (19.9.1931), S. 605.

Dank

Der Dank für das Zustandekommen dieser Erstausgabe gebührt zunächst denen, die die nachgelassenen Schriften Hugo Balls durch Jahrzehnte verlegerischen Desinteresses hindurch vor Achtlosigkeit und Vernichtung bewahrt haben: den Nachlaßverwalterinnen Annemarie Schütt-Hennings und ihrer Tochter Francesca Hauswirth sowie dem Sammler und Avantgarde-Vermittler Paul Pörtner, der das auf dem Weg durch die Verlage verloren geglaubte Typoskript des Breviers schließlich in den Nachlaß zurückgelangen ließ.

Herbert Heckmann hat mich beizeiten eingeladen, eine Buchausgabe dieses umfangreichsten Nachlaßtextes von Hugo Ball in der Reihe der Veröffentlichungen der Deutschen Akademie für Sprache und Dichtung herauszugeben. Daß dies nun in einer Kooperation von Akademie und Hugo-Ball-Gesellschaft innerhalb der ersten Gesamtausgabe von Balls Schriften geschehen kann, ist dem Verleger Thedel von Wallmoden, der Hugo-Ball-Gesellschaft und ihren Geschäftsführern Joseph Krekeler und Eckhard Faul zu danken. Bernhard Echte und Margit Gigerl haben im Züricher Robert-Walser-Archiv der Carl-Seelig-Stiftung große Teile des dortigen Nachlaß-Depositums zugänglich gemacht und ebenso wie Ernst Teubner, Gerhard Schaub, Bernd Wacker, Volker Michels und Bärbel Reetz wertvolle Hinweise auf Textzeugen und Entwicklungsumstände von Balls Bakunin-Projekt gegeben. Das Schweizerische Sozialarchiv in Zürich, das Internationale Institut für Sozialgeschichte und die Königlich Niederländische Akademie der Wissenschaften in Amsterdam, die Feltrinelli Stiftung in Mailand, das Alexander-Herzen-Haus in Moskau, das Heinrich-Heine-Institut in Düsseldorf, die Kunstbibliothek des Museum Ludwig in Köln, die Badische Staatsbibliothek in Karlsruhe, die Bibliothek der Außenstelle Rastatt des Bundesarchivs, die Universitätsbibliothek Freiburg und die Bayerische Staatsbibliothek München haben die Voraussetzungen für die Erschließung und Kommentierung der Entstehungsgeschichte und der von Ball zitierten Texte geschaffen. Die Kommentierung der internationalen Quellen wäre ohne die slavistische Kenntnis und Genauigkeit von Gisela Erbslöh nicht verantwortbar gewesen. Michael

Assmann von der Deutschen Akademie für Sprache und Dichtung, Thedel von Wallmoden und Andreas Haller vom Wallstein Verlag haben die Entstehung der Buchausgabe mit kundigem Rat und großer Sorgfalt begleitet.

Besonderer Dank des Herausgebers gilt den Mitherausgebern Ernst Teubner (Pirmasens), Peter Steinbach (Mannheim), Bernd Wacker (Nordwalde) und Hans Dieter Zimmermann (Berlin) für ihre aufmerksame Gegenlektüre. Barbara Fässler und Vincent Pick, Raimund Meyer und Julian Schütt (Zürich), Ursula Balzer und Jan van Herwijnen (Amsterdam), Giulio Schiavoni (Turin), Bärbel Reetz (Kiel), Hans Henning Hahn (Oldenburg), Michael Müller (Halle), Andreas Seiverth (Frankfurt am Main), Gerhard Schaub (Trier), Harald Friese (Köln), Marek Kedzierski (Freiburg), Bernd Kortländer und Hermann Wessels (Düsseldorf), Otto Künnemann und Jürgen Friedel (Leipzig) danke ich für detailreiche Hinweise und ermunternde Unterstützung.

Baden-Baden, November 2009　　　　Hans Burkhard Schlichting

Personenregister

Agassiz, Louis 269
Aksakov, Ivan Sergeevič 140, 163, 398, 412, 427
Aksakov, Konstantin Sergeevič 234, 269, 428
Aksakov, Nikolaj P. 300
Aksakov, Sergej Timofeevič 140, 428
Aleksej I., Zar 218
Alexander I., Zar 163, 216f., 220, 361, 380, 427
Alexander II., Zar 94, 96, 151, 162, 218, 232, 305, 339-343, 347f., 362, 366, 411f., 420, 423, 425-427
Amyot, Jacques 17, 219
Andrzejkowicz, Julius 309
Angelus Silesius 215
Annenkov, Pavel Vasil'evič 20, 21, 53, 57f., 222-225, 236, 281, 283, 290, 546
Arago, Emanuel 72, 292, 321
Arago, Etienne 292
Arnim, Achim von 320
Arnim, Bettine von 72, 222, 238f., 242, 244, 320
Arp, Hans 483, 495
Assing, Ludmilla 146, 158, 239, 406
Babeuf, François Noël 560
Bachmair, Heinrich Franz Seraphikus 445
Bahr, Hermann 518
Bakunin, Aleksandr (Bruder M. Bakunins) 234, 260, 342
Bakunin, Aleksandr Michajlovič (Vater M. Bakunins) 15-18, 24, 214f., 218, 224, 234, 252, 260, 342, 355
Bakunin, Aleksej Aleksandrovič (Bruder M. Bakunins) 94, 342

Bakunin, Michail Vasil'evič (Großvater M. Bakunins) 214f.
Bakunin, Nikolaj Aleksandrovič (Bruder M. Bakunins) 101, 355
Bakunin, Pavel (Bruder M. Bakunins) 215, 249, 252f., 271, 342
Bakunin, Petr (Men'šij) Vasil'evič 15, 215
Bakunina, Aleksandra (Schwester M. Bakunins) 219
Bakunina, Antonia (Ehefrau M. Bakunins) 101, 108, 355, 365
Bakunina, Ljubov' (Schwester M. Bakunins) 219
Bakunina, Sof'ja (Schwester M. Bakunins) 219
Bakunina, Tat'jana (Schwester M. Bakunins) 214, 219
Bakunina, Varvara Aleksandrovna (geb. Murav'eva, Mutter M. Bakunins) 16, 18, 94, 218, 342, 355
Bakunina, Varvara (Schwester M. Bakunins) 219, 271
Ball, Otto (Bruder Hugo Balls) 465
Balzac, Honoré de 262, 271f., 389
Barbey d'Aurevilly, Jules 536, 552
Barbusse, Henri 487, 500
Baudelaire, Charles 552
Bauer, Bruno 72, 318f., 345
Bauer, Edgar 319
Bauer, Egbert 319
Becher, Johannes R. 444, 467
Becker, August 332
Beerfelde, Hans-Georg von 536
Beethoven, Ludwig van 79, 330

Behr, Alfred von 75, 323f.
Belinskij, Vissarion Grigor'evič 21, 24, 26, 46, 96, 100, 105, 163, 223-227, 231f., 233, 235, 265f., 344, 345, 347, 355, 427, 504
Benjamin, Walter 456, 529f.
Benkendorf, Aleksandr Christoforovič 343
Béranger, Pierre-Jean de 250
Berezowski, Anton 96, 348
Bernstein, Eduard 525, 535
Bernstein, Elsa (Ernst Rosmer) 535
Bertoni, Luigi 470, 482
Bestužev-Rjumin, Michail P. 19, 217, 220f.
Bezobrazova, Sofia 407
Bismarck, Otto von 71, 294, 315f., 318f., 441, 462, 464, 486f., 555f.
Blanche, August Theodor 129, 390
Blanc, Jean Joseph Louis 44, 261f., 266, 287, 289, 316, 452
Blanqui, Louis-Auguste 256, 289, 298, 348
Blei, Franz 487, 534
Bloch, Ernst 456, 522, 525, 528-530, 539, 560f.
Bloy, Léon 487, 536, 551, 552
Blum, Robert 258, 297
Bluntschli, Johann Caspar 260
Böhme, Jakob 215
Börne, Ludwig 246
Bornstedt, Adalbert von 52, 281
Börnstein, Heinrich 48, 272
Born, Stephan 280, 332
Bossuet, Jacques Bénigne 17, 219
Botkin, Vasilij Petrovič 233
Boulanger, Georges 433
Branicki, Ksaweri Włacisław Graf 385
Brodnitz, Käthe 461, 463f., 466, 468, 476f., 482, 486f., 522
Brupbacher, Fritz 197, 213, 431, 439, 452, 455, 470-472, 476f., 481, 483, 489f., 492, 498, 500, 503, 510f., 513-516, 520, 523, 525, 528, 531f., 534, 541, 547
Bucher, Lothar 72, 318
Buchez, Philippe Joseph Benjamin 54, 287
Büchner, Georg 237, 269, 332
Büchner, Ludwig 27, 237f., 345
Buckle, Henry Thomas 504
Bürgers, Heinrich 312
Čaadaev, Petr Jakovlevič 46, 228, 265, 268f., 455, 504
Cabet, Étienne 232
Campanella, Tommaso 522, 559
Card siehe Ćwierciakiewicz
Carrà, Carlo Dalmazzo 450
Cassirer, Paul 507, 520
Caussidière, Louis-Marc 56, 289, 292
Cavaignac, Louis-Eugène 71, 287, 289, 316f., 357
Cavour, Camillo Graf Benso di 230, 402, 409, 415
Čechov, Anton 483
Černyševskij, Nikolaj Gavrilovič 96, 105, 109, 113, 132, 151, 168, 228, 345-347, 352, 360, 368, 370f., 391, 411, 431, 504, 512
Chamisso, Adelbert von 238
Chassin, Charles-Louis 555
Chopin, Frédéric François 48, 271f.
Christian IX., König von Dänemark 387
Cieszkowski, August 134, 393
Cobden, Richard 104, 358
Comte, Auguste 248, 433, 504
Condillac, Étienne Bonnot de 21, 226f., 253
Crispi, Francesco 153, 414
Ćwierciakiewicz, Józef (Pseudonym: J. Card) 123, 126f., 385-387
Czartoryski, Adam Jerzy 105, 276f., 283f., 306, 357, 360f., 373, 381, 400

PERSONENREGISTER

Darwin, Charles 96, 270, 344, 389, 504
Dehmel, Richard 446
Delmer, Frederick Stefton 519f.
Dembiński, Henryk 63, 284, 306
Demontowicz, Józef 123, 135, 141, 381, 385f.
De Paepe, César 434
Derby, Edward Stanley Lord 104, 358
d'Ester, Karl Ludwig Johann 72, 75, 318, 324
Devrient, Ludwig 318
Dickens, Charles 389
Diderot, Denis 226, 253
Dobroljubov, Nikolaj Aleksandrovič 168, 235, 346f.
Dolfi, Giuseppe 148, 406, 409, 511
Dostoevskij, Fedor 231, 265, 347, 369, 454f., 478, 485, 530
Dragomanow, Michail 136, 199, 245, 274, 283, 290, 328, 512, 547, 549
Dronke, Ernst 311
Duchâtel, Charles Marie Tanneguy Graf 52, 279
Dumas, Alexandre 44, 262
Durieux, Tilla 520
Dwernicki, Józef 50, 276, 277
Echtermeyer, Ernst Theodor 244
Eckhardt, Wolfgang 312
Eglhofer, Rudolf 538
Ehrenberg *siehe* Erenberg
Ehrenstein, Albert 493, 495
Eichhorn, Johann Albrecht Friedrich von 319
Eisner, Kurt 535, 537
Elagina, Av'dotja Petrovna 46, 267-269
Eliasberg, Alexander 454
Elysard, Jules (Pseudonym M. Bakunins) 31, 72, 242, 245, 249, 321, 324
Engels, Friedrich 48, 52, 61f., 68f., 195, 240, 242, 257, 261, 272, 278, 295, 299-302, 311f., 319f., 417, 419, 532f., 544, 549
Englert, Joseph 188, 562, 563
Enzensberger, Hans Magnus 264
Ephraim, Jan 482
Erenberg, Gustaw 99, 352f.
Espartero, Baldomero 104, 358
Ewerbeck, Hermann 312
Fanelli, Giuseppe 169, 185, 416-419
Feuerbach, Ludwig 27, 52, 237, 244, 250, 252, 257, 452, 504, 505
Fichte, Johann Gottlieb 21f., 33, 222, 225, 227, 246, 452
Figner, Vera N. 561
Filaret (V. M. Drozdov) 46, 267, 426
Filosofov, Dmitrij 454
Flesch, Siegfried 518-520, 524, 527
Flocon, Ferdinand 56f., 289, 291f.
Flotte, Paul René Vicomte de 60, 298
Foerster, Friedrich Wilhelm 535
Follen, August 249, 257, 363
Forster, Georg 248
Fourier, Charles 232
Frank, Leonhard 482, 486f., 493, 495
Fraundorfer, Heinrich von 440, 535
Freiligrath, Ferdinand 312
Friedrich II., König von Preußen 253
Friedrich August II., König von Sachsen 335
Friedrich Wilhelm IV., König von Preußen 246, 249, 320
Friscia, Saverio 169, 185, 416f., 419f.
Fröbel, Friedrich 257
Fröbel, Julius 40, 244, 250, 252, 256f., 304, 321
Gagern, Friedrich von 293
Galli, Angelo 450

Gambuzzi, Carlo 351, 416, 418f.
Garibaldi, Giuseppe 92, 139, 141f., 153-155, 157f., 161, 167, 230, 398- 400, 401-403, 407, 409, 413-419, 431, 434
Garrido, Fernando 169, 432f., 452
Gercen siehe Herzen
Gerlach, Hellmut von 518, 539
Giannelli, Andrea 406f.
Gigot, Philippe 53, 28f
Giller, Agaton 113, 372f.
Gippius, Zinaida 454
Glauser, Friedrich 493, 502
Goethe, Johann Wolfgang von 134, 289, 320, 351, 478
Gogol', Nikolaj Vasil'evič 26, 223, 236, 266, 339, 345f.; 504
Golovin, Ivan Gavrilovič 57, 291-293
Golyscheff, Jefim 540
Gorčakov, Aleksandr Michajlovič 95, 342
Gorki, Maxim 561
Graf, Oskar Maria 444
Granovskij, Timofej Nikolaevič 46, 100, 163, 223, 239, 265, 268f., 427
Grelling, Richard 481
Griboedov, Aleksandr S. 21, 228, 269
Grossmann, Rudolf (vgl. Ramus) 497, 532f., 544f.
Gross, Otto 444
Gruzd'ev, Ilja 561
Gubernatis, Angelo de 146, 407, 511
Guillaume, James 197, 302, 470f., 490, 505, 513f., 516
Guizot, François Pierre Guillaume 52, 56, 104, 247, 261, 280, 286, 287
Gurian, Waldemar 554, 563
Guttry, Aleksander von 120, 378, 380
Gutzkow, Karl 249, 345

Habicht, August 75, 323f.
Haguenin, Émile 440, 535
Hardekopf, Ferdinand 495
Harney, George Julian 299
Hartmann, Eduard von 320
Hartmann, Thomas von 444
Hauff, Wilhelm 331
Hausmann, Raoul 454, 540
Hecker, Friedrich 272, 293, 295, 297
Hegel, Georg Wilhelm Friedrich 21f., 27f., 33, 36, 46, 80, 134, 146, 222, 224-229, 231, 237, 244f., 247, 258, 260, 267, 319, 331, 452, 504f., 531
Heine, Heinrich 246, 257, 272, 331, 411, 437, 488f., 502
Hello, Erneste 536, 552
Hennings, Emmy 188f., 213, 286, 328, 364, 444, 467f., 477f., 479, 482, 485, 488, 490f., 495f., 501f., 507, 509f., 513, 515-517, 519f., 521, 523-527, 531, 541, 561-564
Herostratos 130, 390
Herwegh, Georg Friedrich 36, 48, 52, 58, 62, 73, 76, 79, 151, 246, 249f., 256f., 259, 269, 271f., 278, 281, 284, 289, 293f., 301f., 321, 324-326, 378, 480, 545
Herzen, Alexander (Aleksandr Ivanovič Gercen) 24-26, 46, 56, 93, 96f., 100f., 103-105, 107, 109, 112-115, 123, 134-136, 142, 151, 157f., 161, 163f., 169, 216, 220, 223, 225f., 227, 230-235, 245, 250, 263-265, 267- 270, 283, 288f., 291-293, 326, 336, 338, 344, 346f., 348, 349-351, 357, 359f., 366, 368-375, 381, 385, 388, 391-394, 398, 412, 420, 422-427, 435, 454, 476, 490, 497, 504, 512
Herzen, Saša (Aleksandr Aleksandrovič) 133, 388, 392

Herzfelde, Wieland 561-563
Hess, Moses 280
Hesse, Hermann 188, 561f.
Heubner, Otto Leonhard 84-87, 328, 332-335
Heymann, Walter 459
Hierta, Lars Johan 129, 327, 389
Hildebrand, Maria Anna (Schwester Hugo Balls) 442, 460, 462, 465, 481, 486, 488
Hindenburg, Paul von 520
Hoffmann, E. T. A 318
Hoffmann, Johannes 535, 537
Hofmann, August 442, 449, 457f., 471, 487, 495
Holzschuher, Hanns 489
Huelsenbeck, Richard 444, 447, 459, 461f., 466f., 474, 484, 493, 540
Hugo, Victor 250
Hume, David 253
Ignatius von Loyola 557
Itschner, Hans 517
Ivan III., Zar 430
Ivan IV., Zar 413
Jabłonowski, Antoni 19, 221
Jacobsohn, Siegfried 539
Jaeckh, Ernst 518
Jakoby, Johann 57, 293f.
Jakuškin, Ivan Dmitrievič 162, 426
Janco, Marcel 483, 495
Jaurès, Jean 448f.
Jazykov, Michail Aleksandrovič 26, 235
Jelagina *siehe* Elagina
Jung, Franz 444
Kachovskij, Piotr Grigor'evič 222
Kaliński, Antoni 141, 400
Kandinsky, Wassily 443f., 494
Kant, Immanuel 33, 227, 246, 447, 452, 530
Kapp, Wolfgang 455, 542
Karakozov, Dmitrij Vladimirovič 96, 341, 347f., 406, 424
Karl V., Kaiser 160

Karl X., König von Frankreich 260
Karl XV., König von Schweden 389
Karpeles, Gustav 489
Katharina II., Kaiserin (die Große) 15, 215f., 218, 367, 378, 430
Katharina I., Kaiserin 352
Katkov, Michail Nikiforovič 163, 234, 412, 427
Kečer, Nikolaj Kristoforovič 26, 235
Keckeis, Peter 563f.
Keil, Ernst K. 309
Keller, Gottfried 237
Kel'siev, Vasilij Ivanovič 113, 368-371
Kerenskij, Aleksandr Fedorovič 491, 521f.
Kerr, Alfred 448, 545
Kersten, Hugo 467
Kessler, Harry Graf 491, 501, 506f., 508, 520
Kiselev, Nikolaj Dmitrievič 52, 278f., 312
Klabund 445f., 461, 464, 486
Kochanowski *siehe* Kachovskij
Kolb, Annette 486, 501, 520, 527
Köppe, August 75, 323f.
Kornilow, Lawr G. 521f.
Kościelski, Wladislaw 69, 314f.
Kossuth, Lajos (Ludwig) 230, 244, 327, 357, 407
Kramer, Bernd 248
Kropotkin, Pjotr A. 449f., 451, 453, 458, 559
Kühlwetter, Friedrich von 72, 321
Kulczycki, Ludwig 132, 368, 370, 391, 490, 503, 512, 532
Kviatkovskaja, Antonia Ksaver'evna 351
Laban, Rudolf von 494
Lagrange, Charles 57, 292

Lamartine, Alphonse de 59, 62, 250, 286f., 298, 301
Lamennais, Hugues Félicité Robert 48, 54, 245, 271f., 353, 552
Landauer, Gustav 444, 451, 457, 458-460, 462-464, 475f., 481, 496, 534, 537f.
Langer, Resi 467
Łapiński, Teofil 122, 123, 378, 381, 386
Lassalle, Ferdinand 250
Lazare, Bernard 498
Lederer, Emil 525
Lederer, Moritz 536f.
Ledru-Rollin, Alexandre Auguste 230, 244, 261, 357, 386
Lehning, Arthur 335, 549
Lelewel, Joachim Józef Benedykt 53, 280, 283, 285, 361
Lenin, Wladimir Iljitsch 469, 483, 496, 515, 560, 562
Lermontov, Michail Jur'evič 26, 233, 236
Leroux, Pierre 304
Leviné, Eugen 537
Lewald, August 249
Leybold, Hans 444, 447, 459f., 461, 466
Libelt, Karl 304, 307-309
Lichtenstein, Alfred 467
Liebig, Justus 269
Liebknecht, Wilhelm 272
Liszt, Franz 250, 272
Livius 17
Lombroso, Cesare 485
Lo Savio, Nicoló 407
Lotz, Ernst Wilhelm 459
Ludwig Philipp (»Bürgerkönig« Louis Philippe) 33, 45, 246f., 260f., 280, 287
Ludwig XIV., König von Frankreich 219
Luther, Martin 457, 464, 522, 531, 557
Lüttwitz, Walther von 542

Macchiavelli, Niccoló 347
Mackay, John Henry 320, 446
Malon, Benoît 169, 185, 433
Marat, Jean Paul 130, 289
Marc, Franz 444
Marheineke, Philipp Konrad 319
Marschall von Bieberstein, Hermann 84, 332f.
Marx, Karl 27, 37, 44, 48, 52f., 61f., 68f., 72, 87, 103f., 143f., 195, 197, 223, 232, 237f., 244, 250, 252f., 257, 260f., 270, 272, 278-281, 283, 285, 295, 299-302, 311-315, 319f., 356f., 359, 381, 391, 402, 404, 405, 419, 435, 452, 462, 470, 486f., 492, 502, 505, 509, 516, 523, 532-534, 544, 552, 554f., 557, 560
Masaryk, Tomáš Garrigue 345, 429
Mazzini, Giuseppe 92, 103f., 139, 142, 147, 153, 155, 156, 158, 161, 166f., 195f., 208, 229f., 244, 277, 304, 356f., 372f., 381, 386, 398, 400, 402, 406, 413f., 417-419, 425, 431, 452, 456, 509, 511, 518, 548, 558
Mazzoni, Giuseppe 406
Mehring, Franz 488, 492, 498, 523, 532
Men'šikov, Aleksandr Danilovič 98, 352
Merežkovskij, Dmitrij 454-456, 458, 464
Metternich, Klemens Wenzel von 155, 239, 415
Meyenburg, Leo von 500
Michajlov, Michail Larionovič 151, 411f.
Michelet, Jules 44, 54, 261f., 498
Michelet, Karl Ludwig 247
Mickiewicz, Adam 264, 276, 285, 381, 393
Mierosławski, Ludwik 105, 114f., 122, 314, 360f., 375

Milde, Karl August 72, 321
Miljutin, Dmitrij Alekseevič 163, 428
Miljutin, Nikolaj Alekseevič 163, 428
Miller, Susanne 542
Mill, John Stuart 96, 344, 504
Miloradov, Olimpij 137, 362, 395
Miloradovič, Michail Andreevič 222
Miłowicz, Włodimierz 113, 372f., 386
Mirabeau, Honoré Gabriel Riqueti, Graf von 246
Moeller van den Bruck, Arthur 454
Moleschott, Jakob 237, 250
Montesquieu, Charles de Secondat, Baron de 226
Moraczewski, Jędrzej 63, 305f.
Mroczkowski, Valerian 169, 185, 398, 424, 434f.
Mühsam, Erich 444-446, 534f., 537
Münnich, Christofor Antonovič 98, 352
Münzer, Thomas 316, 456, 463f., 477, 522
Murav'ev, Aleksandr Nikolajevič 221
Murav'ev, Michail Nikolajevič 16, 162f., 217f., 221, 223, 426
Murav'ev, Nikita Michajlovič 221
Murav'ev-Amurskij, Nikolaj Nikolaevič 108, 151, 218, 220, 343f., 350f., 355, 357, 364f.
Murav'ev-Apostol', Matvej Ivanovič 220
Murav'ev-Apostol', Sergej Ivanovič 16, 19, 217f., 220f.
Muth, Carl 558
Nadeždin, Nikolaj Ivanovič 345
Nalbandyan, Mikael 136, 395
Napoleon I. 18, 33, 80, 140, 160, 216, 227, 276, 287, 289, 331, 415
Napoleon III. 71, 155, 160, 167, 277, 287, 292, 298, 316f., 342, 386, 399, 409, 415, 422
Naquet, Alfred Joseph 169, 185, 433
Nečaev, Sergej Gennadievič 96, 349, 433, 435, 491
Nekrasov, Nikolaj Alekseevič 345, 347
Nemerow siehe Neverov
Nerrlich, Paul 296
Nettlau, Max 63, 75, 169, 197, 199, 213-215, 219, 273f., 277, 280, 286, 290, 293, 299, 313, 315, 321, 323f., 328, 334, 336, 338, 364, 379, 407-409, 417, 431, 451-453, 462, 471, 475-477, 490, 505, 510-513, 514, 518, 525, 532, 547, 549f., 556
Neverov, Januarij Michajlovič 28, 239
Niekisch, Ernst 537
Nietzsche, Friedrich 195, 320, 437, 442f., 447, 475, 502, 557
Nikolaus I., Zar 18, 46, 78, 94f., 103, 130, 136, 151, 217, 220f., 225, 260, 264, 265, 267f., 278, 285, 292, 327, 339, 340f., 343, 357, 412
Nohl, Johannes 444
Nordau, Max 518
Novikov, Nikolaj Ivanovič 215f.
Nožin, Nikolaj Dmitrievič 146, 406
Obolenskaja, Zoja Sergeevna, Fürstin 161, 169, 424, 434f.
Ogarev, Nikolaj Platonovič 24, 26, 96, 101, 103, 105, 112f., 123, 136, 138, 142, 151, 157, 161, 189, 216, 227, 231, 233, 235, 268, 336, 344, 346f., 349, 351, 368-371, 391, 398, 412, 422, 425f., 435, 476, 490, 497
Orlov, Aleksej Fedorovič 93, 338f., 343
Oscar II., König von Schweden 129, 389, 390

Otten, Karl 444
Padlewski, Zygmunt 371f., 380, 386
Paget, Augustus Berkeley 125f., 387
Palacký, František 63, 142, 146, 304, 306-309, 401
Panaev, Ivan Ivanovič 26, 100, 234, 236, 347, 354
Panteleev, Longin Fedcrovič 96, 132, 346, 370
Paskevič, Ivan Fedorovič 46, 267, 339
Péguy, Charles 459
Perron, Charles 185, 436
Pescantini, Federico 252
Pescantini, Johanna 252
Pestel', Pavel I. 19, 109, 163, 217, 221, 341, 347, 351, 365-367, 375, 427, 503
Peter I., Zar (Peter der Große) 352, 430f.
Peter II., Zar 352
Peter III., Zar 367
Pfemfert, Franz 447, 450, 457, 461, 465f., 497f., 522f., 526, 533
Philaret siehe Filaret
Pisacane, Carlo 417
Pisarev, Dmitrij Ivanovič 96, 345f., 504
Pius IX., Papst 287, 409
Plato 331, 559
Plutarch 17, 219
Pörtner, Paul 187, 563f.
Potanin, Grigorij Nikolaevič 151, 411f.
Potebnja, Aleksandr 369
Potebnja, Andrej Afanasievič 113, 370, 372
Proudhon, Pierre Joseph 44-47, 73, 81, 143f., 169, 232, 248, 258, 260-262, 264, 265, 299, 322, 325, 330, 404f., 433, 480, 504, 553, 559
Pugačev, Emel'jan Ivanovič 109, 166, 366f., 429f.

Pulszky, Ferenc 142, 146, 400, 407f.
Puščin, Ivan Ivanovič 220
Puškin, Aleksandr Sergeevič 26, 223, 226, 236, 238, 269, 342, 346
Quanten, Emil von 389
Quinet, Edgar 44, 54, 261f.
Rachmaninov, Sergej 483
Ramus, Pierre (Pseudonym R. Grossmanns) 479, 490, 532f., 544
Rascher, Max 496, 500, 507, 525, 528
Rasin siehe Razin
Rasputin, Grigorij Efimovič 562
Ratazzi, Urbano 154, 415
Rathenau, Walther 444
Raveaux, Franz 332
Razin, Stepan Timofeevič 164, 166, 429
Reclus, Élie 169, 185, 433
Reclus, Jacques Elisée 169, 185, 302, 420, 433f. 436, 499
Reichel, Adolf 44, 46f., 49, 69, 252, 260, 273, 314, 363
Reichenbach, Oskar Graf von 57, 72, 294
Reinhardt, Max 442f.
Reiss, Erich 187f., 242, 439, 486, 496, 501, 510, 512, 516f., 523, 525-528, 540, 563
Rey, Jules Emile-Aristide 169, 185, 424, 433f.,
Richter, Hans 493
Rieger, František Ladislav 63, 307
Robespierre, Maximilien de 130, 162, 289, 348
Röckel, Karl August 79, 87, 298, 330, 335
Rocker, Rudolf 364, 523
Rosenkranz, Karl 244
Rostopčin, Fedor Vasil'evič 18, 80, 220
Rousseau, Jean-Jacques 37f., 80,

PERSONENREGISTER

226, 246, 250, 252, 253, 331,
453, 465, 503, 557, 559
Rubakin, Nikolaj Aleksandrovič
 491
Rubiner, Ludwig 469f., 474, 493,
 495, 507f.
Rubiner-Ichak, Frida 469
Ruge, Arnold 31, 36f., 48, 59,
 242-244, 248-250, 252, 257f.,
 261, 271, 293, 296, 335, 357,
 502
Russell, John 126, 387
Ryleev, Kondratij Fedorovič 19,
 217, 221
Saager, Adolf 540f., 558
Saffi, Aurelio 139, 398, 452
Saint-Just, Antoine de 162
Saint-Martin, Louis Claude de
 162
Saint-Simon, Claude Henri de
 Rouvroy, Graf 24, 231f., 234,
 287
Samarin, Jurij Fedorovič 163, 399,
 427f.
Sander, Enno 75, 323f., 549
Sand, George 48, 68f., 232, 250,
 27f., 311f., 314f., 389
Satin, Nikolaj Michajlovič 24, 26,
 233
Sazonov, Nikolaj I. 46, 53, 264
Schapper, Karl 295
Schaub, Gerhard 487
Schelling, Friedrich Wilhelm
 Joseph von 29, 33, 195, 227,
 240-242, 252, 323
Schickele, René 188, 439, 447,
 461, 465f., 482, 486-488, 491,
 493, 495-497, 500-502,
 506-509, 518-520, 524f., 527,
 563
Schiller, Friedrich 227, 235, 265
Schilling 75, 324
Schlieben, Hans 517, 520
Schmitt, Carl 456, 534, 536, 550,
 552-555, 558
Scholem, Gershom 456, 529f.

Schopenhauer, Arthur 146, 408
Schrimpf, Georg 444
Schüler, Friedrich 332
Schultze, Paul 364
Schultze-Karlen, Josephine 364
Schütt-Hennings, Annemarie
 187-189, 502, 541, 562-564
Semper, Gottfried 250, 331
Serner, Walter 466f.
Serno-Solov'evič, Aleksandr A.
 346, 370
Serno-Solov'evič, Nikolaj
 Aleksandrovič 96, 109, 113,
 346f., 368, 370f.
Ševyrev, Stepan 265
Shakespeare, William 233, 235,
 247
Siegmund, Emma 250
Simon, August Heinrich 332
Simon, Hugo 539
Skačkov, Konstantin Andreevič
 28, 240
Skarjatin, Vladimir Dmitrievič
 163, 428
Skrjabin, Aleksandr Nikolaevič
 483
Skrzynecki, Jan Zygmunt 53,
 284f.
Slepcov, Aleksandr Aleksandrovič
 392
Sohlman, August 129, 389, 404,
 425
Sokrates 331
Solowjow, Wladimir Sergeevič
 455
Spencer, Herbert 96, 344, 504
Springer, Anton 65, 309
Stadler, Ernst 459
Stankevič, Nikolaj Vladimirovič
 21, 100, 222-228, 231, 233,
 235f., 239, 246, 265, 269, 281
Sternthal, Fritz 551
Stirner, Max (Johann Kaspar
 Schmidt) 72, 318-320, 345
Strasser, Charlott (eigentl. Karl
 Ludwig) 495

Strauß, David Friedrich 244
Ströbel, Heinrich 539
Struve, Gustav 297
Stur, Ludwig (Ljudevit Štúr) 63, 305
Sue, Eugène 44, 262, 389, 469
Szittya, Emil 467, 473
Taeuber, Sophie 494
Talendier, Alfred 169, 185, 432f., 452
Tanajew siehe Panaev
Tchórzewski, Stanisław 139f., 398, 434
Teubner, Ernst 187, 564
Thape, Ernst 483
Thiers, Adolphe 261
Thun, Leo Graf von 63, 306
Tjučev, Fedor Ivanovič 426
Tkačev, P. N. 349
Tocqueville, Alexis de 353
Todt, Karl 298, 332f.
Toller, Ernst 537
Tolstoj, Lev 347, 454f., 469, 507, 561
Towiański, Andrzej 284f.
Trentowski, Bronislav Ferdinand 134, 393
Trotzki, Leo 515
Trubetskoj, Sergej P. 217
Tschaadajew siehe Čaadaev
Tschartorysky siehe Czartoryski
Tschernischewsky siehe Černyševskij
Tucci, Alberto 158, 169, 416f., 419, 433
Tučkova-Ogareva, Natal'ja Alekseevna 233, 326
Turgenev, Ivan Sergeevič 21, 28, 53, 57, 225f., 239, 345, 347, 512
Tyszkiewicz, Tadeusz Graf 53, 284
Tzara, Tristan 483, 493-496
Tzschirner, Samuel Erdmann 298, 332, 333
Urquhart, David 104, 357, 358, 359

Utin, Nikolaj Isaakovič 132, 370, 391f.
Valentin, Veit 333
Varnhagen von Ense, Karl August 28, 72, 238-240, 245, 317, 320f., 406, 502, 511
Varnhagen von Ense, Rahel (geb. Levin) 239
Vavin, Aleksis 50, 276, 287
Vetošnikov, Pavel Aleksandrovič 371, 395
Vierthaler 75, 324
Vittorio Emanuele II., König von Italien 154, 167, 398, 402, 409, 415
Vjazemskij, Pjotr Andreevič 426
Vogt, Adolf 364
Vogt, Emil 108, 364f., 434
Vogt, Felix 364
Vogt, Gustav 108, 364
Vogt, Karl 46, 269, 332
Vogt, Luise 108, 363
Vogt, Philipp Friedrich Wilhelm 108, 363
Vogt, William 364
Voltaire (François Marie Arouet) 37f., 216, 226, 246, 253f.
Voronov, russ. Journalist 136, 395
Wagner, Richard 79, 250, 298, 327-333, 477f., 502, 549
Wagner, Wilhelmine (Minna) 82
Waldeck, Benedikt Franz Leo 72, 318
Walden, Herwarth 493
Warens, Françoise-Louise de 253
Wedekind, Frank 442f., 483
Wedekind, Tilly 443
Weerth, Georg 311
Weidig, Friedrich Ludwig 269
Weitling, Wilhelm 40, 44, 254, 256f., 260, 299, 511, 551
Werder, Karl Friedrich 234
Weressájew, Wikentij 449, 451
Wetlitzky 26
Wietochin siehe Vetošnikov

PERSONENREGISTER

Wigman, Mary 494
Wilde, Oscar 444, 494
Wilhelm IV., König von Preußen 332
Willich, August von 57, 294f.
Witting, Richard 539
Wolff, Ferdinand 311
Wolff, Kurt 456, 467f.
Wolff, Wilhelm 280, 311

Wołowski, Ludwik Franciszek 50, 277
Wolter 75, 324
Worcell, Stanislaw 103, 357
Zach, František Aleksandr 304, 307-309
Zajčnevskij, Petr 96, 347
Žukovskij, Nikolaj 185, 435f.
Zychlinsky, Leo von 84, 333

Bibliografische Information der Deutschen Nationalbibliothek

Die Deutsche Nationalbibliothek verzeichnet diese Publikation in der Deutschen Nationalbibliografie; detaillierte bibliografische Daten sind im Internet über http://dnb.d-nb.de abrufbar.

Erste Auflage 2010
© Wallstein Verlag, Göttingen
www.wallstein-verlag.de
Vom Verlag gesetzt aus der Stempel Garamond
Umschlaggestaltung: Basta Werbeagentur, Steffi Riemann
unter Verwendung eines Portraitfotos von M. Bakunin
(1863, Fotograf: Nadar) © ullstein bild
Druck und Verarbeitung: Hubert & Co, Göttingen

ISBN 978-3-89244-778-8